人文学科
经典名著导读

王本朝 / 主编
张春泉　肖伟胜 / 副主编

西南师範大學出版社
国家一级出版社　全国百佳图书出版单位

图书在版编目(CIP)数据

人文学科经典名著导读 / 王本朝主编. — 重庆：西南师范大学出版社, 2019.1

ISBN 978-7-5621-9578-8

Ⅰ. ①人… Ⅱ. ①王… Ⅲ. ①人文科学—名著—介绍—世界 Ⅳ. ①Z835

中国版本图书馆CIP数据核字(2019)第010169号

人文学科经典名著导读

RENWEN XUEKE JINGDIAN MINGZHU DAODU

王本朝　主编

张春泉　肖伟胜　副主编

责任编辑　何雨婷　李浩强

装帧设计　闰江文化

排　　版　重庆大雅数码印刷有限公司

出版发行　西南师范大学出版社

地　　址　重庆市北碚区天生路2号

邮政编码　400715

网　　址　http://www.xscbs.com

经　　销　全国新华书店

印　　刷　重庆市正前方彩色印刷有限公司

幅面尺寸　185mm×260mm

印　　张　29.25

字　　数　600千字

版　　次　2019年1月 第1版

印　　次　2019年1月 第1次印刷

书　　号　ISBN 978-7-5621-9578-8

定　　价　118.00元

编 委 会

前言

经典名著,是传承文明、传播文化的最主要载体之一。经典名著又往往经历了岁月的检视,其相对于当下通俗读物而言,一般有一定的阅读接受难度。为了使大学本科生(尤指文学院各专业的本科生)更好地走进经典,我们组织西南大学文学院的相关教师编写了这部《人文学科经典名著导读》,以期引导相关专业的本科生在课内外细读经典名著原著。

西南大学文学院办学历史悠久,实力雄厚,学风优良,享有盛誉。其前身为20世纪40年代的国立女子师范学院国文系和四川省立教育学院国文系。1950年10月,国立女子师范学院与四川省立教育学院合并为西南师范学院,两个学院的国文系合并为中国语言文学系。1952年全国高等学校进行院系调整,重庆大学中文系并入西南师范学院中文系。1956年更名为汉语言文学系,2003年7月成立文学院。2005年7月,西南师范大学与西南农业大学合并组建西南大学,西南师范大学文学院更名为西南大学文学院。

在70多年的发展中,大师鸿儒、名家先贤会聚于此,研读学术,传承文脉。1949年前,有胡小石、吴宓、高亨、商承祚、唐圭璋、台静农、罗根泽、詹锳、李何林、魏建功、李霁野、赖以庄、吴则虞、舒芜等大师在这里潜心治学,为学院奠定了仁爱醇厚的文化精神和严谨求实的学术传统。1949年后,有吴宓、高亨、赖以庄、钟稚琚、郑思虞、吴则虞、何剑薰、徐德庵、杨欣安、徐无闻、魏兴南、曹慕樊、李景白、谭优学、李运益、刘又辛、荀运昌等大批学者继续在此传道授业,筚路蓝缕,为学院的发展奠定了坚实的基础。

学院现设有中文系、影视艺术系、汉语国际教育系,包括文艺学、中国古代文学、中国现当代文学、比较文学与世界文学、戏剧影视文学、汉语国际教育、汉语言文字学、语文教育与写作等8个教研室。本书的撰写即是以教研室为单位来组织的,具体撰稿人标注于相应文末。我们将每个教研室所撰写的稿子作为一个相对独立的板块进行编排。

大体上，本书的编排由上述教研室相关教师所撰写的8个板块组合而成。

我们所说的“经典名著”，是相应领域公认的具有重要价值和深远影响的作品，包括学术名著和文学名著、影视艺术名著。电影电视中业界和学界认可度高、社会效益好的作品也在我们所说的经典名著范围之内。

我们力图使涉及的范围尽量宽广一些，尽量涵盖中外语言文学、戏剧和影视学、哲学（美学）、史学等人文学科的相关领域。由于我们的编撰力量有限，其实还很难涵盖“人文学科”的所有领域，但“博雅”是我们努力的方向。此外，我们在编写时力求突出“导”的某些性质，不求面面俱到，也不求系统深入，我们尽量多关注相关文献史的梳理、主要内容的简介、研读方法的推介，有些导读还给出了进一步拓展研读的建议。

最后需要说明的是，由于各个分支领域的学科专业性质和撰稿人学术背景的差异，全书的体例未能形成“整齐一律”，我们只是力求相关相近学科领域的导读文稿的风格体例相对一致。或许，下一步我们分专题做成丛书时，每一个教研室可以出一本书，那时每本书应该可以做得更精细、更齐整一些。

目录

开篇页

文艺学、美学名著导读

古代文学名著导读

现当代文学名著导读

外国文学与比较文学名著导读

戏剧影视文学名著导读

古代汉语古文献名著导读

现代汉语与对外汉语名著导读

语文教育名著导读

文艺学、美学
名著导读

《毛诗序》导读

汉代传授《诗经》的有齐、鲁、韩、毛四家，即"四家诗"，齐、鲁、韩三家为官学，后世陆续散佚，毛诗为私学，东汉大儒郑玄为之笺注，遂而兴盛，被保存下来。《毛诗》的作者不详，有十几种说法，如孔子作、子夏作、子夏毛公合作等。学界一般认为，《毛诗》非成于一人一时，虽包含有先秦旧说，但主要完成于汉儒之手。《毛诗》之所以称之为"毛诗"，是因较为流行的说法为其为大毛公亨、小毛公苌所作。今本《毛诗》三百零五篇前都有序，称"小序"，介绍作者或写作背景，诗之题旨或为诗之用意等，多为穿凿附会之论。在《关雎》篇下有较长一段文字，论述了诗歌的性质、起源、社会作用等，称"大序"。它规范了儒家诗学观念的若干准则，对后世影响深远。学界对《毛诗序》的研究，主要集中于"大序"中的诗学思想。

一、诗歌的起源与本质

《毛诗序》阐明了诗歌的产生在于人心情动。"诗者，志之所之也，在心为志，发言为诗。情动于中而形于言。"诗歌是人怀抱情志的外显。《毛诗序》还阐述了诗歌的发生与音乐、舞蹈之间的密切关系。"言之不足故嗟叹之，嗟叹之不足故永歌之，永歌之不足，不知手之舞之，足之蹈之也。"

《毛诗序》对诗歌本质的理解，遵循的是"诗言志"传统。在《尚书·尧典》里，帝舜与乐官夔的对话里，出现了目前典籍中最早的有关"诗言志"的论述，即诗歌的本质是吟咏情志。此后《庄子》中提到类似观点，即"诗以道志"。《荀子》中也有"诗言是其志也"的说法。但相较于前人，《毛诗序》中的叙述更加详细。在心则为志，发言则为诗，诗是志的外在形式。并且，《毛诗序》还暗示出"情志一也"（孔颖达语）的后世理解倾向。关于"诗言志"中的"志"该作何解，一直是一个重要的理论问题。《毛诗序》中指出"情动于中而形于言"，"在心为志"，将其相合，很明显，作者是主张情志一体，二者是二而一的东西。

二、诗歌的社会作用

关于诗歌的作用,《毛诗序》中的理解是"风化""教化","风以动之,教以化之"。"风"可作二解:其一为名词,自然之风,诗应像自然界风吹万物一样,触动和滋润人之心灵;其二为动词,风即讽,诗通过讽喻的方式,来实现教育功能。"上以风化下,下以风刺上"。"风"不仅是在上的统治阶级对普通百姓的教化,也是普通百姓和为臣者对在上者和君主的讽喻。在下者对在上者的讽喻需要委婉曲致,符合儒家"温柔敦厚"的中和理想。

这会产生一个问题,就诗歌本质而言,它是吟咏情性的,源于内心情感的抒发,这种情自然是由个体出发,而诗歌的作用又是对社会的教化和感化,这二者之间必然存在一定的矛盾。《毛诗序》对此的解释是:"以一人之事,系一国之本。"这就意味着,诗歌中抒发的个体情感,不是个人私情,而是与国家和社会紧密联系在一起的一种情感。用余英时的观点来说,就是诗人抒发的并不是一己之情,而是与国家和社会前途命运休戚相关的集体情感。正因为这一点,后世才有"诗庄"之说。而也正是因为诗人在其诗歌世界里传达的是集体情感,才能够对社会起到教化作用。

诗歌的作用在于"风化",这种作用有着强烈的政治意味。《毛诗序》体现出了对诗歌与政治二者紧密关系的强调和关注。"治世之音安以乐,其政和;乱世之音怨以怒,其政乖;亡国之音哀以思,其民困。"不同的时代政治,在诗歌中都会有所体现,反之,诗歌能够折射出社会政治的治乱状态。由于诗歌与时代政治具有同步性,是时代政治的晴雨表,因此才能够"正得失",即实现"风化"的社会功能。

三、"诗之六义"

"诗之六义"是指赋比兴、风雅颂。孔颖达《毛诗正义》中云:"赋比兴是《诗》之所用,风雅颂是《诗》之成形。用彼三事,成此三事,是故同称为义。"学界一般认为前三者是《诗经》创作中常用的表现方法,后三者则属于《诗经》作品种类的划分方法。宋代朱熹认为,风雅颂是"三经",是"作诗的骨子",赋比兴是"里面横串的",因而是"三纬"。关于赋、比、兴,朱熹的解释是:"赋,敷陈其事而直言之者";"比者,以彼物比此物也";"兴者,先言他物以引起所咏之词也"。从朱熹的解释可知,诗歌创作,或者直抒胸臆,或者借助形象来传情。至于风雅颂,《毛诗序》中做出了解释。"风",是"以一国之事,系一人之本"。"雅",是"言天下之事,形四方之风"。政存在大小的区别,因此"雅"也有大小之别。"颂",是"美盛德之形容,以其成功告于神明者也"。后世一般从音乐类型角度来解释风雅颂,风是地方音乐,雅是京畿地区音乐,颂是庙堂音乐,与《毛诗序》中的理解略有差异。

一个值得注意的现象是,《毛诗序》中对"六义"的排序,是"风、赋、比、兴、雅、颂",以

“风”为首。这表明,《毛诗序》非常重视诗的教化作用。李泽厚的《中国美学史》曾据此认为,“六义”都是在讨论诗歌的功能。

《毛诗序》是有关儒家诗学观念的经典文献,除了以上总结外,它还提出了“四始”“变风、变雅”等重要概念,对后世诗学观念和诗歌批评都具有典范意义。

【参考文献】

[1]张西堂.诗经六论[M].北京:商务印书馆,1957.

[2]蔡镇楚.中国文学批评史[M].北京:中华书局,2005.

[3]郭绍虞.中国文学批评史[M].天津:百花文艺出版社,2008.

[4]朱自清.诗言志辨[M].上海:华东师范大学出版社,1996.

[5]王运熙,顾易生.中国文学批评通史:先秦两汉卷[M].上海:上海古籍出版社,2011.

(撰稿人:张冰)

《文赋》导读

一、陆机及《文赋》概说

陆机（261—303），字士衡，吴郡吴县（今江苏苏州市）人，西晋著名的美学家、诗人，被誉为“太康之英”，其文艺思想主要见于《文赋》。关于《文赋》的写作年代，历史上一直存在争议，杜甫曾有“陆机二十作文赋”①之说，也有观点认为《文赋》属陆机后期的作品。

《文赋》是我国第一部完整而系统地论述文学创作问题的重要专著。它侧重于创作构思和文体分类方面的理论探讨，其核心内容是以构思为主的创作论。陆机在序文中明确指出，《文赋》的写作目的在于论写作之“用心”，即如何用心写好文章。为了解决创作中“意不称物，文不逮意”的难题，陆机用心观察艺术构思的过程，分析文章的利病以及技巧的优劣。在此之前，还不曾有过像这样细致分析“作文之利害所出”，并以自身创作经验为基础的文论著作。

二、《文赋》的美学思想

（一）感物缘情思想的形成

“诗缘情而绮靡”，是《文赋》中最有代表性的诗学观念之一。所谓“诗缘情”，是指诗歌创作主要是缘己之情，强调诗歌创作与个体心灵的内在关联。在《文赋》中，陆机把情感因素放在诗歌创作的首要地位，要求诗歌作品必须做到以情感人，没有“情”便做不到真正的“悲”，“言寡情而鲜爱，辞浮漂而不归。犹弦么而徽急，故虽和而不悲”。把“悲”作为更高的审美标准，反对“言寡情而鲜爱”“虽和而不悲”的艺术创作，实际上正是对“情”的充分肯定：“悲，并不都是指悲哀的意思。它还有一层引申意，是指要能感动人。”②把“诗缘情”与“文体区分”相联系，则形成“诗缘情而绮靡”之说。在《文赋》所列举

① 杜甫在《醉歌行》中写道：“陆机二十作文赋，汝更小年能缀文。总角草书又神速，世上儿子徒纷纷。”后人根据诗中开头一句“陆机二十作文赋”，推测《文赋》是在陆机二十五岁至二十九岁之间所作。

② 张少康：《应、和、悲、雅、艳——陆机〈文赋〉美学思想琐议》，《文艺理论研究》1984年第1期，第72页。

的十体中，诗歌被定义为一种以“情”为标志的特殊文体，诗歌的本质就是对喜、怒、哀、乐等情感的艺术表现。陆机对“诗缘情”的解释，从文体角度明确规定了诗歌的本质，“缘情”二字后来成为中国古代情本体论美学思想的统称。

“诗缘情”的观念集中体现在陆机对“感物”现象的探讨中。陆机从“情”与“物”的关系着手，探寻诗人情感的触发机制。他认为，诗人的创作动机通常离不开外界景物对诗人心灵的感动激发。《文赋》云：“遵四时以叹逝，瞻万物而思纷；悲落叶于劲秋，喜柔条于芳春。心懔懔以怀霜，志眇眇而临云。”这段文字表明：“情”既是诗歌创作的动力，又是诗歌表现的重要对象。陆机提出“感物”一说，即强调诗歌创作源于外物的感发，从而使主体生情，引发诗人创作的生成与开展。确切地说，诗歌之“情”是心、物交互影响下的产物，是一种缘事睹物而兴起的情感，“所以‘缘情’的实质意义也就是一种‘体物’”[①]。相应地，诗人在表现这类情感时，也不应漠视“物”的存在，而应合理安排情与景的关系。于是，从发现感物兴情的情感机制，到提倡以景兴情式的情感表现，陆机充分肯定了自然景物的审美价值，既尊重自然景物本身的美学特征，又看到了自然景物与诗人性情的交感互动。

《文赋》中的“感物”与“缘情”主张，是在建安以来崇尚自然与个性自由的时代风潮的激发下应运而生的。在中国文论发展史上，这是第一次把“情”提到了文学本体的高度。虽然诗与情的问题，在中国文学批评史上由来已久，但陆机的“诗缘情”说，却像一面崭新的旗帜，使诗歌理论发生了划时代的变化。

（二）对创作心理的早期探索

《文赋》的突出贡献在于它对艺术创作过程的全面展示。作为“少有奇才，文章冠世”（《晋书·陆机传》）的杰出诗人，陆机比其他文论家更善于利用自身的创作经验，敏锐地把握各种幽微细腻的美感体验。在《文赋》之前，还未出现过这样直面整个创作过程、系统地研究创作心理的专论。其中，对灵感、想象等现象的说明，增进了人们对艺术思维的了解。

1.“应感之会”与灵感现象

《文赋》中关于“应感之会”的描述，是中国文论史上对灵感现象的最早记录：“若夫应感之会，通塞之纪，来不可遏，去不可止，藏若景灭，行犹响起。”这段文字形象地描绘了在“应感之会”来去之际诗人的文思开塞等情状，这是陆机重视灵感问题的最好证明。陆机认为，“应感之会”是一种极其隐秘、不可知的创作体验。这种现象完全取决于“天机”：“方天机之骏利，夫何纷而不理。”这里的“天机”，通常理解为自然，宇文所安释为“非自觉的力量”，“文学反应（‘应’）的到来犹如天机，它表现为一种自动展开的、不断

① 周汝昌：《陆机〈文赋〉“缘情绮靡”说的意义》，《文史哲》1963年第2期，第63页。

集聚动力的自然过程"[①]。就是说，灵感的获得不可以人力强求，而应当顺乎自然，文思虽出自作者，但天机却出自自然。尽管陆机并未就灵感的成因展开过多的探讨，而是笼统地归结于天机，但他对灵感的非自觉性、不确定性等状态的说明，以及对整个过程的逼真呈现，已超越了过去对艺术构思的认识，更多地触及了创作心理等内在因素。

2. 艺术想象的唤起与展开

陆机把艺术想象作为构思的核心内容，以它贯穿整个创作构思的过程。在《文赋》中，他用细腻的笔触生动描绘了想象的出现与展开过程："其始也，皆收视反听，耽思傍讯，精骛八极，心游万仞。其致也，情曈昽而弥鲜，物昭晰而互进。……观古今于须臾，抚四海于一瞬。然后选义按部，考辞就班。"

这里提到，想象活动由唤起到展开，往往需要经历若干心理环节。

首先是进入"玄览"的精神境界。《文赋》开篇提到"伫中区以玄览"，这是指构思开始前的准备工作。"玄览"本是悟道的方法，即观照万物时心灵明澈如镜。陆机把它引入艺术创造领域，旨在说明艺术想象的心理特征。《文赋》中所谓"伫中区以玄览"，实际上是主张作家在写作时应尽力摒除世俗功利观念，以空明澄净的心境面对天地万物，以至物我同一。陆机认为，艺术想象能否被成功唤起，很大程度上取决于虚静玄览的心境。只有充分满足了这一主观条件，作家的想象才有可能被成功唤起，并推动构思过程顺利地展开。

接着是自由想象的展开。陆机认为，想象一旦出现，即刻便把艺术创作引向一个不同寻常的境地。《文赋》中所说的"精骛八极，心游万仞"，就是指当想象展开时，作者的心灵变得极度自由，思绪变得极度活跃。"收视反听"，指向一种"不视不听"的虚静状态："罄澄心以凝思，眇众虑而为言。"但此时的不视不听，是为了引发更加自由的联想。当作者在排除一切杂念干扰、专注于表现对象之际，其思想就仿佛驰骋于无限广阔的时空，"笼天地于形内，挫万物于笔端"，最终实现心灵的自由创造。这表明艺术想象最突出的特征，即主体空前自由的精神状态。

最后是想象的物化阶段，指用语言文字将初步形成的意象加以具象化。作为想象活动的产物，意象在作家内心会经历一系列变化：由萌生而至鲜明，最终寻求生动确切的语言得以显现："于是沈辞怫悦，若游鱼衔钩，而出重渊之深，浮藻联翩，若翰鸟缨缴，而坠曾云之峻。"在运用文字将意象物化的过程中，意象变得越发清晰明朗，作家的心灵也会更加自由活泼，最终借助于恰当的文辞呈现出独特新颖的艺术形象。

(三)艺术表现问题新探

在《文赋》中，陆机始终围绕言、意关系来思考艺术表现问题。他在序言中指出，"恒患意不称物，文不逮意"，这是其《文赋》所要解决的中心问题。所谓"文不逮意"，主要是

① 宇文所安：《中国文论：英译与评论》，王柏华、陶庆梅译，上海社会科学院出版社，2003，第175页。

针对创作中的艺术表现而言。"意",指作者构思时的情志和思想;"文",则是用语言文字写成的文章。为了有效解决创作中的"文不逮意"的状况,陆机通过对言、意关系的辨析,提出以强化形式因素、注重表现技巧的方式来应对。

他先是确立了以"意"为主导、重视文辞技巧的基本思路。《文赋》云:"理扶质以立干,文垂条而结繁",这里用树来比喻文章,以"理"为主干,以文辞为枝叶。从主干和枝叶的主从关系中,可以看出陆机十分重视"理"("意")的主导作用;但若没有鲜活繁茂的枝叶,大树也就缺乏生机,故又强调"文垂条而结繁"。由此可见,《文赋》在以"意"为主的前提下,明确突出了艺术形式自身相对独立的美学价值。

针对艺术表现的技巧,陆机还提出诸多具体的新思路和新方法。在结构方面,他提出"或因枝以振叶,或沿波而讨源""或虎变而兽扰,或龙见而鸟澜"。《文赋》共列举了结构的八种变化,主张要根据具体情况,采用适合文章内容需要的多种结构方式。对于语言形式,则主张"其遣言也贵妍""暨音声之迭代"等,注重语言的形式美。为了体现诗歌的"绮靡"风格,《文赋》还列举了一系列具体的表现技巧:"其会意也尚巧,其遣言也贵妍,暨音声之迭代,若五色之相宣。"这里的"遣言""贵妍"之说,直指辞藻问题,注重语言的生动形象和色彩华丽;后一句"音声迭代"则针对语言的音乐美,讲求语言的对称奇偶,声韵节奏的变化有序。

总之,陆机提倡思想内容和艺术技巧并重,是在艺术表现问题上的创新。这种以"意"为主、把诗歌的"理"("意")和"文"("辞")相统一的做法,明显打破了传统诗学的文质观念,充分肯定了艺术形式的美学价值。《文赋》从审美角度对结构和语言技巧的详尽分析,为言意之辨开辟了更加广阔的空间。

三、文学自觉时代的先声

魏晋南北朝被称为一个文学自觉的时代[①]。《文赋》中的美学思想,正是这种审美风尚的理论结晶。在《文赋》中,陆机以其大胆的见地开一代之风气,"'言志'以外迫切的需要一个新标目。于是陆机《文赋》第一次铸成'诗缘情而绮靡'这个新语"[②]。"诗缘情"的观念把"情"与"志"对举,视诗歌为抒发一己之情的产物,这是一种大胆的创见。同时,陆机还把"绮靡"与"缘情"并置,强调文学语言"尚巧""贵妍",凸显了艺术形式的重要性。他对语言的色彩、声韵、节奏、均衡等问题的细致分析,突破了传统的文质标准,开启了对文学语言的全新认知。经过几代学者的努力,这些观念逐渐凝聚成独树一帜的文艺思潮,不断地冲击着根深蒂固的传统诗学观念。南梁萧统的《文选》在体目设定和选篇标准上,明显受到了陆机文学观念的启发,体现了鲜明的文之自觉意识。在这部

① 鲁迅:《魏晋风度及文章与药及酒之关系》,《鲁迅全集》,人民文学出版社,1981,第418页。
② 朱自清:《诗言志辨》,北京古籍出版社,1956,第33页。

中国现存最早的文学总集中，"论文"一目只选录了《文赋》一则，可谓专为它独设一体，体现了作者对《文赋》思想观念的认同。此外，陆机的诗学观念也启发了刘勰的《文心雕龙》的创作："刘勰氏出，本陆机氏说而昌论文心。"[①]刘勰在物感、神思、情采和文用等方面的精辟之见，几乎都能从陆机的《文赋》中寻到源头，所以说"没有《文赋》大概也就不会有《文心雕龙》"[②]。

【参考文献】

[1][晋]陆机.陆机集[M].金涛声点校.北京:中华书局,1982.
[2][清]章学诚.文史通义校注[M].叶瑛校注.北京:中华书局,1985.
[3]李泽厚,刘纲纪.中国美学史[M].北京:中国社会科学出版社,1987.
[4][晋]陆机.文赋集释[M].张少康集释.北京:人民文学出版社,2005.
[5]罗宗强.魏晋南北朝文学思想史[M].北京:中华书局,2006.
[6]郭绍虞.中国文学批评史[M].北京:商务印书馆,2010.

（撰稿人:邵薇）

① 章学诚:《文史通义校注》,中华书局,1985,第278页。
② 张少康:《谈谈关于〈文赋〉的研究》,《文献》1980年第2期。

《文心雕龙》导读

一、刘勰及《文心雕龙》的成书情况与思想倾向

《文心雕龙》作者刘勰(465？—531?)，字彦和，祖籍山东莒县(今山东莒县)，世居京口。少时家贫，曾依沙门僧祐居定林寺十余年。大概梁初出仕，做过临川王萧宏和南康王萧绩的记室，后为太子萧统的通事舍人，深得萧统爱敬。后奉敕令与沙门慧震于定林寺撰经。证功毕，遂启求出家，燔鬓发以自誓。敕许后，乃于寺中变服，改名慧地，不久病逝。刘勰在当时以文学著名，但功名不显，因此生平资料较少。除《文心雕龙》外，目前还可以确定属于他的著作有《灭惑论》和《梁建安王造剡山石城寺石像碑》。

据清代学者刘毓松考证，《文心雕龙》应成书于南齐末年。该书成书后，并没有引起时人重视，但刘勰本人却非常珍惜。沈约是当时极有权势的大学者，于是刘勰自负其书，在路上拦住沈约，献书于车前。沈约读后，大重其文，常置于案头。经沈约推荐后，《文心雕龙》获得了时人瞩目，大约也是因此刘勰才获得了出仕机会。

从思想上来说，刘勰是一个集大成者。他早年依身佛门，又曾奉敕撰经，晚年出家，这些都表明佛学对他影响颇深，而他对佛学的研究也应该很精深。然而，在他的生命里，儒家的影响始终居首。在《文心雕龙·序志》里，他说自己曾梦到孔子，这是他以儒门后继者自居的说明。儒家价值观念决定了他的人生抉择。他选择出仕，选择著书，书成后不是藏之深山，而是为名世而干谒沈约，如鬻货者。除儒佛之外，道家、阴阳家等思想在他的笔下也时常显现。在《文心雕龙·序志》里，他说自己“唯务折衷”，这是对自己思想倾向的中肯描述，也是《文心雕龙》这本著作的思想特点。学界考证，《文心雕龙》中儒、道、佛、阴阳家等思想都有所体现。对于儒家，刘勰基本上是持儒家正统观念，强调文学的教化作用，对易学和荀子思想情有独钟。对于道家，在老庄之间，他重老子而轻庄子。对于阴阳家，他对阴阳五行观念感兴趣。对于魏晋时期盛行的玄学，刘勰也没有像时论那样，一味否定，而是给出了比较客观的评价。至于佛教，在《文心雕龙》里直接体现得不多，但书中严密的逻辑论证，应是受到佛教因明学的影响。

二、《文心雕龙》的结构框架和体系

《文心雕龙》是中国文学批评史上第一部系统阐述文学理论的著作，体例完备，论旨明晰透辟，清人章太炎曾评价其为“体大而虑周”。

对“文心雕龙”一词，在《文心雕龙·序志》里，刘勰给出了解释。“夫‘文心’者，言为文之用心也。昔涓子《琴心》，王孙《巧心》，心哉美矣，故用之焉。古来文章，以雕缛成体，岂取驺奭之群言雕龙也。”也就是说，“文心雕龙”是指用心作文之要义。

《文心雕龙》10卷50篇，分上、下两编，各25篇。其中，最后一篇《序志》是全书总序，因此真正讨论文用的，则有49篇。在《序志》里，刘勰把全书分成五个部分：一、“文之枢纽”，包括《原道》《征圣》《宗经》《正纬》《辨骚》，这是全书核心，也是论文关键，是贯穿全书的根本观点。二、“论文叙笔”，共20篇。其中论文10篇，如《明诗》《乐府》《诠赋》等；叙笔10篇，如《史传》《诸子》《论说》等。这部分是全书的文体论，主要谈诸种文体的写作要求。三、“剖情析采”，共20篇，如《神思》《体性》《风骨》《通变》等。这是全书创作论，主要讨论创作中的一些问题。其中《总术》属于这部分的总论。四、《时序》《才略》《知音》《程器》，这是全书的批评论。《时序》讲的是历代文学演变。《才略》和《程器》是作家论，《时序》论述历代作家，《程器》是讲作家品德。《知音》是讨论鉴赏。五、“长怀序志”，即《序志》篇，系全书总序，讨论作文用意以及全书构架等。

总体来说，《文心雕龙》全书上编主要讨论文学的基本原则以及诸文体的渊源、流变、创作原则等，下编主要论述的内容是文学创作论、批评论等。文艺理论中重点讨论的，主要是下编内容。

三、《文心雕龙》里的主要文学思想

《文心雕龙》里对文学理论与批评的基本原理方面，论述非常全面，这在1000多年前，是非常了不起的。

对文学本质的理解，体现在《原道》《征圣》《宗经》等篇里。在刘勰看来，文是“道”“圣”“经”共同作用产生的。在刘勰那里，“道”是宇宙构成规律，是“自然之道”，因而是文的基础和本源。“道”“圣”“经”之间的关系，用刘勰的话来说，就是“道沿圣而垂文，圣因文而明道”。“道”由圣人而得彰显，圣人明道借助的是“文”，圣人所为“文”就是“经”。从这里就可以很清楚地看出由“道”而“文”的逻辑，也可以领会《文心雕龙》前几篇设计的思路，“文”之本源在“道”，“道”之显经由“圣”，“经”是“圣”之“文”。刘勰说的“文”是广义的，具体落实到文学中，可以这样来表述：文学的最终根源在“道”，但它有中间环节，即通过“圣”与“经”。因此，在进行文学创作前，创作者需要阅读圣人撰写的经书，宗法经书中的规范。

对文学创作活动的理解，主要体现在《神思》《风骨》《情采》《物色》等篇中。《神思》主要谈创作中的想象问题。刘勰对神思的定义是:“形在江海之上,心存魏阙之下。”形心分离,形在此而心在彼,这是想象的本质特征。刘勰认为,想象可以超越时间和空间,“寂然凝虑,思接千载;悄焉动容,视通万里”,但这种想象具有自由性的同时,又有一定限度,即“神与物游”,需与对事物的感知紧密联系在一起。

“风骨”是刘勰提出来的一个重要范畴。“风”是儒家诗学中的重要概念,是指教化、风化。刘勰的理解则更近一步,他把“风”和“情”联系在了一起。“诗总六义,风冠其首,斯乃化感之本源,志气之符契也。”“情之含风,犹形之包气。”“风”的教化功能是和“情”的感染力量紧密联系在一起的。“骨”的概念,在先秦道家等著作中已经出现,刘勰这里的“骨”,主要是指文章论理、思想等的力量。“结言端直,则文骨成焉”,这就要求作者在创作时,做到尊重事实,不伪饰,事信义直。“风”与“骨”合在一起,就是情与理的统一,是有着强烈感染力的情与刚健有力的思想的合一。

情采是讨论文质关系的重要篇章。刘勰认为,情与采(质与文)是相辅相成、互相依存的关系。“夫水性虚而沦漪结,木体实而花萼振,文附质也。虎豹无文,则鞟同犬羊,犀兕有皮,而色资丹漆,质待文也。”虽然刘勰主张文质合一,二者不可偏废,但同时他又认为,质是文的根本。“情者文之经,辞者理之纬;经正而后纬成,理定而后辞畅;此立文之本源也。”在“为情造文”与“为文造情”之间,刘勰主张前者,他说:“为情者要约而写真,为文者淫丽而烦滥。”情与文采,质与文,内容与形式,前者是核心,是本源,后者由前者而来。对于情,刘勰也有明确规定,其枢机在真,是真情,文学的创作需由真挚的情感出发。

《文心雕龙》中提出的文艺思想内容很丰富,除上述外,如“质文代变”的文学通变观、文学风格、“三准”创作观、“六观”批评论等,都对后世产生了重要影响。

四、《文心雕龙》的后世影响

《文心雕龙》成书距今已有1500多年,历代对其评价都很高。唐太宗李世民极为推崇刘勰,在其诏书中言:“彦和……绝响于今辰。”北宋黄庭坚在给友人的信中说:“刘勰《文心雕龙》……所论虽未极高,然讥弹古人,大中文病,不可不知也。”鲁迅在《论诗题记》中将它和亚里士多德的《诗学》并举:“篇章既富,评骘遂生,东则有刘彦和之《文心》,西则有亚里士多德之《诗学》,解析神质,包举洪纤,开源发流,为世楷式。”从现代开始,研究《文心雕龙》的成果越来越多,目前已经形成了世界范围的“龙学”。

【参考文献】

[1][南朝梁]刘勰.文心雕龙注[M].范文澜校注.北京:人民文学出版社,1958.
[2][南朝梁]刘勰.文心雕龙义证[M].詹锳义证.上海:上海古籍出版社,1989.
[3]王元化.文心雕龙讲疏[M].上海:上海古籍出版社,1992.
[4][南朝梁]刘勰.文心雕龙校注[M].杨明照校注拾遗.北京:中华书局,2012.
[5]黄侃.文心雕龙札记[M].北京:中华书局,2016.

（撰稿人:张冰）

《诗品》导读

一、钟嵘及《诗品》概说

钟嵘(468—518),字仲伟,祖籍颍川长社(今河南长葛市),齐梁时代著名的文学批评家。其代表著作《诗品》,本名为《诗评》,是我国现存最早的一部诗论专著,它以"妙达文理"与《文心雕龙》并称于史册。全书以"三品升降"的方式品评诗的优劣,从而突破了过去"不显优劣""曾无品第"的诗歌批评传统。钟嵘把评论的范围限定为"止乎五言",在三品论诗的框架之下,评论了汉魏至齐梁的120多位五言诗人。这些诗人按成就大小,被划分为上、中、下三品,钟嵘分别对其溯源流、论风格、言得失、定品第。序言是钟嵘诗歌批评的理论总纲,其中既交代了《诗品》的创作背景和原因,也评述了五言诗的发展历史,还深入探讨了诗歌的本质、艺术特征以及评定标准等问题,包含着丰富的诗歌美学思想。

二、《诗品》的诗学思想

(一)"吟咏情性"论

《诗品》中的"吟咏情性"论,重在突出诗歌的情感表现功能。钟嵘认为,诗歌是"感荡心灵"的产物,"情性"在诗歌创作中起着举足轻重的作用。他对"情性"一词的理解,很大程度上已摆脱了儒家政治伦理的框架,更注重的是一种本真、自然的个人情感,明显不同于过去以"志"为中心对诗歌情感的理解。经过钟嵘极具创见性的阐发,"吟咏情性"这一观念在魏晋时期被赋予了全新的诗学内涵。

钟嵘先从心物关系入手,探寻"情性"的缘起及其规律。《诗品》开宗明义地指出:"气之动物,物之感人,故摇荡性情,形诸舞咏。"这里以"气"为中介,动态地展示了"情性"作用于诗的整个过程:诗歌源于人心感物,物动情随,才能发而为诗。他明确肯定诗歌的本质就是"吟咏情性","至乎吟咏情性,亦何贵于用事";与此同时,又不断强调外物变化对“情性”的影响，并从“感物”的角度丰富了“情性”的内容。《诗品》中的“感物”，既包括自然景物对心灵的感召（“若乃春风春鸟，秋月秋蝉，夏云暑雨，冬月祁寒，斯四候之感诸诗者也”），也注重社会人生对诗人内心哀乐之情的激发（“至于楚臣去境，汉妾辞宫”，“塞客衣单，孀闺泪尽……感荡心灵”）。总之，无论感物或感事，都会引起诗人情感的变化，这就突破了过去的“感物”之说，它不再局限在单纯的“四时兴感”，而是把社会生活和人生际遇纳入其中，作为“摇荡性情”的重要源头。由此可见，钟嵘提出的“吟咏情性”，与其“感物”说实为一体，即主张通过诗歌表达对自然、社会人生的真实感受，它体现了对创作主体的高度重视，也揭示了“情性”与社会生活的密切关联。

在《诗品》中，“吟咏情性”的思想也贯穿在以“怨”评诗的批评实践中。书中围绕“吟咏情性”这一宗旨，提出诗“可以怨”“情兼雅怨”等具体主张，把“怨”作为全书评诗的基准，主张诗歌应以抒发“怨愤”之情为主。同时，在对五言诗的具体品评中，出现了诸多以“怨”字为核心的审美范畴，包括“雅怨”“凄怨”“典怨”“孤怨”“清怨”等。其中，钟嵘最推崇曹植的诗，并将其位列上品，关键在于“情兼雅怨”：“骨气奇高，词采华茂，情兼雅怨，体被文质，粲溢今古，卓尔不群”。这种以“怨”评诗的方式，实则规定了诗歌应有的情感基调，把怨情作为诗歌最有价值的表现对象，从而形成《诗品》以怨诗为美的审美标准。从“吟咏情性”到以“怨”为美，钟嵘对“情性”的探讨，已逐渐摆脱传统儒家思想的限定，更突出情感要素在诗歌创作中的审美价值。

（二）“自然英旨”说

“自然英旨”是贯穿《诗品》全篇的基本观念之一。这里的“自然”即天然，主要指诗歌的自然本性。《诗品》的“自然英旨”说，把自然天真作为诗歌的本性，主张诗歌创作应追求自然天成的艺术美，而不是过分雕琢的人工美。这一观念有着明确的针对性，其矛头直指六朝诗歌的不良之风。

一是堆砌典故、卖弄学问的诗歌创作倾向。在《诗品》中，钟嵘严厉斥责了六朝诗人的“用事”之风。“用事”，即在诗歌创作中大量堆砌典故。南齐以来，诗坛“钞书”成风，钟嵘却认为，诗歌创作不同于应用文章写作，不宜过多引经据典，而应以“吟咏情性”为本。为了实现这一目标，他努力探索恰当的创作手法。《诗品序》云：“观古今胜语，多非补假，皆由直寻”，“‘思君如流水’，既是即目。‘高台多悲风’，亦惟所见”。这里的“直寻”，是以“即目”“所见”为原则的一种即景会心、自然兴发的创作方法。与“用事”“补假”等手法不同，“直寻”更注重诗人对外物的直观感受，主张通过如实描绘自然风貌、呈现真实的内心，直抵诗的本性。

二是声律派讲求“四声八病”的创作风气。钟嵘极力反对六朝诗论中唯声律论的极端做法，于是他提出“清浊通流，口吻调利”，主张诗歌语言也应以自然美为宗旨，推崇清新自然的语言表达，明确反对为了琐碎繁苛的声律而牺牲掉语言的真实自然的美感。

钟嵘把诗歌的“美”和“真”相联系，提出“真美”的思想观念，把它作为评价诗歌的最高法则。所谓“真美”，即追求真实和自然，把自然天成的美作为诗歌的本性。钟嵘指出，六朝诗歌讲求“用事”或“声病”等习气，实际上都犯了“伤其真美”的大忌，从艺术表现上扼杀了诗歌的自然本性。因此，标举“真美”，提倡“直寻”，就是为了最大程度地保留诗歌的本性，这正是“自然英旨”说的宗旨所在。

(三)以“味”论诗

在《诗品》中，“味”“滋味”都是诗歌品评中常见的批评范畴，它们都指向一种与审美主体有关的特性。如批评玄言诗“理过其辞，淡乎寡味”，赞赏五言诗“居文词之要，是众作之有滋味者也”，或评张协诗曰：“辞采葱蒨，音韵铿锵。使人味之，亹亹不倦。”钟嵘将“味”引入诗歌批评，使其成为一种关乎“品第”的审美标准，作为专门评判诗歌高下优劣的圭臬，这是他对“味”这一传统观念的继承和拓展。虽然钟嵘并没有从理论上直接界定“滋味”，但是通过对五言诗的品评，其“滋味”说的要义已清晰可辨。

诗歌的“滋味”须以“指事造形”为基础。《诗品》提到的“指事造形”，是针对叙事写景而言；与之相关的是“穷情写物”，是指抒情状物，二者都注重诗歌对自然景物或社会风貌的形象化描绘。五言诗之所以有滋味，就在于它的艺术形象生动鲜明、思想感情真挚深厚。相反，玄言诗用抽象的道理写诗，既缺乏生动直观的形象，又缺乏真实的感情，自然丧失了滋味，显得“理过其辞，淡乎寡味”。在此，钟嵘以“滋味”为标准来评价诗歌，认为诗歌的美感很大程度上源于其中直观生动、如在目前的艺术形象。

“风力”和“丹采”是构成“滋味”的核心要素。钟嵘所说的“干之以风力，润之以丹采”，就是指诗歌作品中的“滋味”，首先取决于“风力”，或曰“骨气”。《诗品》中多次提到“建安风力”“建安风骨”“汉魏风骨”等说法，并将其作为“至味”的典范。这是由于其中饱含慷慨之气、怨愤之情，从而形成强大的艺术感染力，使“味之者无极，闻之者动心”。与此同时，《诗品》还强调“风力”与“丹采”并重。这里的“丹采”，主要指形式之美，尤其是文辞的华美。如《诗品》评班婕妤“怨深文绮”，称赞曹植“词采华茂”等等。由此可知，《诗品》中的“滋味”兼顾了风骨刚劲之力与华丽的形式之美。

“滋味”的形成取决于“三义”。《诗品序》云：“诗有三义焉：一曰兴，二曰比，三曰赋”；“文已尽而意有余，兴也；因物喻志，比也，直书其事寓言写物，赋也”。不同于以往从政教角度对比兴问题的阐发，钟嵘更注重发掘赋、比、兴各自的审美内涵。其中以对“兴”的解释最有创见：打破了过去“赋”在前而“兴”在后的顺序，“兴”被置于首位，以突出“兴”在三义中的核心地位。于是“兴”在《诗品》中不再是单纯的修辞技巧，而是实现“至味”这一审美理想的必要方式，其目的在于营造余味无穷的美感效果。此外，由于兴、比、赋三者各有其局限，因此要形成诗歌动人的艺术魅力，则三者不可偏废，只有“宏斯三义，酌而用之”，才能产生“滋味”。

钟嵘提出的"滋味",是在品评五言诗的基础上形成的一种审美理想。通过把假物取象、抒情言志、余味无穷等审美特性完美融合,形成了统一的批评标准,充分体现了对诗歌审美特征的关注。可以说,在《诗品》以"味"论诗的批评实践中,"味"才开始成为一个真正的审美范畴。

三、审美化诗歌理论的开端

在中国古代文学理论批评史上,《诗品》和《文心雕龙》并称为六朝文学批评的双璧。清代史学家章学诚指出:"《文心》体大而虑周,《诗品》思深而意远;盖《文心》笼罩群言,而《诗品》深从六艺溯流别也。"①由此可见,《诗品》具有重要的文学理论价值,尤其对我国诗歌理论的形成和发展有着重要意义。

《诗品》通过对前人五言诗进行系统的整理批评,形成自身独特的思想体系和批评方法,为齐梁以来的诗学带来了革命性的变化。其一,开创了专门以诗歌作品为研究对象的批评方式。正如序中所言"嵘今所录,止于五言",《诗品》是历史上第一部论述诗歌创作及其发展的诗论专著。它所提出的批评方法及诗学观念,成为之后诗评、诗话的理论源泉,"诗话之源,本于钟嵘《诗品》"(章学诚《文史通义·诗话》)。其二,建立起以审美意识为核心的诗学理论。魏晋时期审美意识的觉醒,促使人们不断发现和总结文学自身的规律。《诗品》从五言诗盛衰的历史背景入手,形成以审美为核心的诗歌理论体系。其中,以"味"论诗、以"怨"为美、提倡"直寻"等主张,为司空图"韵味"、严羽"辨味"以及苏轼"寄至味于淡泊"等观念的形成提供了重要启示,对唐宋诗歌理论的发展起了不可低估的作用。

【参考文献】

[1][清]章学诚.文史通义校注[M].叶瑛校注.北京:中华书局,1985.

[2][南朝梁]钟嵘.诗品集注[M].曹旭集注.上海:上海古籍出版社,1994.

[3][南朝梁]朱自清.诗言志辨[M].上海:华东师范大学出版社,1996.

[4][南朝梁]袁济喜.六朝美学[M].北京:北京大学出版社,2000.

[5][南朝梁]汤用彤.魏晋玄学论稿[M].上海:上海古籍出版社,2001.

[6][南朝梁]徐复观.中国艺术精神[M].上海:华东师范大学出版社,2001.

(撰稿人:邵薇)

① 章学诚:《文史通义》,上海古籍出版社,2015,第188页。

《沧浪诗话》导读

一、严羽及《沧浪诗话》概说

严羽，字仪卿，又字丹邱，号沧浪逋客，邵武（今属福建）人，生卒年不详，约活动于宋宁宗、理宗时期。《沧浪诗话》是其在诗论方面的代表作。

作为一部体系较为严整的诗歌理论著作，《沧浪诗话》在中国古代文论史上具有重要地位，是研究中国古代诗学的基本篇目。《诗话》共分“诗辨”“诗体”“诗法”“诗评”与“考证”五章。“诗辨”阐述了严羽基本的诗歌主张，是《诗话》的核心内容；“诗体”研究了诗歌的各种体制、风格与流派；“诗法”探讨了作诗的方法；“诗评”则以自己的诗歌主张为基准，评论了历代诗人诗作；“考证”则对一些诗篇的文字、篇章、写作年代与作者的真伪等问题进行了考证。除以上内容外，一般刻本也常将严羽另一篇诗论《答出继叔临安吴景仙书》附于《诗话》之后，可与《诗话》互相参看。

二、《沧浪诗话》的诗学思想

严羽写作《沧浪诗话》，主要针对宋诗的流弊而发，他反对以黄庭坚为首的江西诗派侧重于用典用事、以书为诗材的写作风气：“近代诸公，乃作奇特解会，遂以文字为诗，以才学为诗，以议论为诗。夫岂不工，终非古人之诗也。盖于一唱三叹之音，有所歉焉。且其作多务使事，不问兴致，用字必有来历，押韵必有出处，读之反复终篇，不知着到何在。其末流甚者，叫噪怒张，殊乖忠厚之风，殆以骂詈为诗，诗而至此，可谓一厄也。”[①]严羽认为这种作诗方法违背了诗歌自身的审美规律，带来了诗歌创作的“危机”（“可谓一厄也”）。进一步看，这也与他对政治方面的不满有关。江西诗派追求点铁成金、脱胎换骨，讲句法，讲布置，生活视野狭小，思想内容贫薄，实际上潜在地反映了宋代的积弱之势和士大夫的苟安心境。宋宁宗时，金人力量日渐衰弱，南宋主战的人多了起来，严羽

---

① 严羽：《沧浪诗话》，中华书局，1985，第7页。

的诗歌逼肖唐风,《诗话》主张诗学盛唐,这正是试图抗战复土、重现盛唐气象的思想意识的投射。在此意义上,严羽强调“兴趣”“妙悟”的诗论并非纯粹的艺术要求,而是融入了政治关切。

“兴趣”说。严羽不满江西诗派以“文字”“才学”“议论”为诗,主要就是因为这些诗尽管不乏理趣,但近于散文,缺乏诗歌应有的兴象与蕴味。对此,他主张“别趣”或“兴趣”,强调诗歌艺术的独特性:“夫诗有别材(才)、非关书也;诗有别趣,非关理也。然非多读书,多穷理,则不能极其至。所谓不涉理路、不落言筌者,上也。”[①]所谓“别趣”,即指诗歌有别于一般理论性著作的美学特点。“趣”,指作品呈现出来的艺术意蕴及由此引发的读者的审美快感;“别”,即在于强调这种审美意蕴不同于读书穷理所获得的知识、理性方面的快感。这种艺术意蕴,严羽也称之为“兴趣”,认为盛唐诗人尤擅于在诗中呈现“兴趣”,其艺术魅力是语言所不能穷尽的:“诗者,吟咏情性也。盛唐诸人唯在兴趣,羚羊挂角,无迹可求。故其妙处透彻玲珑,不可凑泊,如空中之音、相中之色、水中之月、镜中之象,言有尽而意无穷。”[②]“羚羊挂角”“无迹可求”,指的是诗歌作品中的语言、韵律、情感、理趣等各方面要素组合成一个水乳交融的整体。在此意义上,严羽所谓“兴趣”,即指诗人的情性熔铸于诗歌形象整体之后,形成一种浑成的意境、气象与风骨,产生出余味曲包、蕴藉深沉的美学特征。尽管在《诗话》中也强调诗歌的其他方面,但在严羽看来,“兴趣”是衡量诗歌的最基本的标准。

“妙悟”说。诗歌既然应以表现“兴趣”为中心,那么诗歌创作如何才能实现这种要求?在严羽看来,这就需要不同于江西诗派读书穷理的“别材(才)”。读书穷理固然重要,但最重要的是具有独特的艺术感受与创造才能,能够体验并在作品中表现“兴趣”的才能。这种才能,严羽称之为“妙悟”:“大抵禅道唯在妙悟,诗道亦在妙悟。且孟襄阳学力下韩退之远甚,而其诗独出退之之上者,一味妙悟而已。惟悟乃为当行,乃为本色。”[③]这里说得很清楚,“学力”并不能保证一个人的诗歌成就,“妙悟”才是根本所在。所谓“妙悟”,就是人们对“兴趣”的顿悟与领会。学者曹顺庆认为“妙悟”的意思就是灵感,他在《“迷狂说”与“妙悟说”》一文中比较了严羽的“妙悟说”和柏拉图的“迷狂说”,指出二者都是对灵感的论述。[④]但严格来说,这种说法并不确切,“妙悟”更多的是指作家掌握了诗歌艺术特点后那种融会贯通的自由,而不是指创作灵感。

作家如何获得“妙悟”的能力?严羽认为:“工夫须从上做下,不可从下做上。先须熟读《楚词》,朝夕风咏以为之本;及读《古诗十九首》、乐府四篇,李陵、苏武、汉魏五言皆须熟读;即以李杜二集枕藉观之,如今人之治经;然后博取盛唐名家,酝酿胸中,久之自

① 严羽:《沧浪诗话》,中华书局,1985,第6页。
② 严羽:《沧浪诗话》,第6~7页。
③ 严羽:《沧浪诗话》,第2页。
④ 曹顺庆:《“迷狂说”与“妙悟说”》,《中国比较文学》1984年第1期。

然悟入。”①作家应熟读前人诗作，但却不应滥读，换句话说，并非任何诗歌都有助于培养“妙悟”能力，而应研读那些具有“兴趣”、意境浑成的诗歌精品。与此同时，阅读的方式不是理性的思考与分析，而是熟读、反复吟咏与玩味，在感性、直觉的欣赏与感悟中，完成潜移默化的陶冶与提升。这也就是严羽所讲的“诗识”：“学诗者以识为主，入门须正，立志须高，以汉、魏、盛唐为师，不作开元、天宝以下人物。”②“识”就是整体的艺术鉴赏，是在熟读过程中，不断深入地体会到诗的意蕴、气象与境界。由此才有他所说的“悟入”“顿门”“单刀直入”“直截根源”③的时刻，也即达到所谓的“妙悟”这一境界。

在论述“妙悟”时，严羽采取了以禅喻诗的方法。禅宗与诗歌创作的确具有相通之处，禅宗提倡寂然静虑、顿悟成佛，这种修行追求与艺术创作中的虚静与顿悟颇为相似。尽管以禅喻诗的方法并非滥觞于严羽，但集其大成，并使之产生深远影响者却是严羽。

《沧浪诗话》是宋代诗话中理论性最强、影响最大的一部论诗专著，它提出的“兴趣”说与“妙悟”说，强调了诗歌艺术的特殊规律问题，推动了诗歌理论的深入发展。另外，它关于诗体辨析、写诗方法、诗歌评论、诗歌考证等方面也有不少真知灼见。《沧浪诗话》在历史上产生了深远的影响，后世的“格调”“性灵”“神韵”诸派都从它那里获得理论启发。但其也存在一些明显不足，它试图恢复盛唐气象，但宋朝社会生活已不同于唐朝，重现唐音只能是一种幻想，更重要的是，只是强调取法前人（盛唐诗人）的诗歌艺术，而不是从根本上重视现实生活对艺术创作的推动作用，无疑舍本逐末，并为明清两代的复古思潮开了不良的风气，在此意义上，它还不如陆游“工夫在诗外”的说法来得深刻。与此同时，也不能全然否定江西诗派在诗艺方面的贡献，由于时代气运和社会生活由简而繁的变化，宋诗逐渐接近普通语言，多用俗语，多写日常生活中的事物，也未尝不是诗歌艺术的进步。

【参考文献】

[1]曹顺庆.“迷狂说”与“妙悟说”[J].中国比较文学，1984(1).

[2][宋]严羽.沧浪诗话[M].北京：中华书局，1985.

（撰稿人：黎杨全）

① 严羽：《沧浪诗话》，中华书局，1985，第4~5页。

② 严羽：《沧浪诗话》，第4页。

③ 严羽：《沧浪诗话》，第5页。

《姜斋诗话》导读

一、王夫之其人

王夫之(1619—1692),字而农,号姜斋,又号夕堂,或署一瓢道人、双髻外史,今湖南衡阳人,杰出的思想家、哲学家,明末清初大儒,与顾炎武、黄宗羲并称为明清之际三大思想家。其父王朝聘曾就读于北京国子监,王夫之出身于书香门第,早年求学于岳麓书院,师从吴道行,吴以湖湘家学倾授之,"以朱(熹)张(栻)为宗"。明崇祯十二年(1639)秋,王夫之赴武昌参加乡试却名落孙山。是年十月,王夫之和郭凤跹、管嗣裘等设"匡社",取"互相匡正"之意。崇祯十五年(1642),王夫之中乡举第五名,以《春秋》试卷列第一,并于十二月到南昌等候会试。当时李自成的农民起义军已进入承天(今湖北钟祥),张献忠占领了黄梅,会试被迫延期,王夫之由南昌返回衡阳。待清兵南下之时,王夫之上书明朝廷,力主联合农民起义军共同抗清,其二兄、叔父、父亲均死于战火。崇祯十六年(1643),张献忠在湖南衡州招贤纳士,王夫之隐匿衡山,拒不受聘。清顺治十一年(1654),因清军搜捕,王夫之被迫流亡零陵、郴州一带,更名为瑶人,授徒著书,这期间著有《周易外传》《老子衍》。清康熙十四年(1675)秋,王夫之隐居于形如顽石的石船山,"安之若素,终日孜孜不倦,刻苦自励,潜心著述",并自署船山病叟、南岳遗民①,故后世称其为船山先生。康熙三十一年(1692)正月初二,王夫之去世,终身未曾剃发。王夫之的一生经历了国亡、家破、抗争、流亡、隐居等艰难的过程,然而他始终不屈不挠,坚贞不渝,切实做到了"历忧患而不穷,处生死而不乱"。

二、王夫之其学

王夫之的研究领域包括经、史、子、集、天文、历法、数学、地学等方面,他以"六经责

① 王夫之终身以"遗民"自居,这也深深地影响了其哲学思想和文艺趣味,在20世纪现代新儒家牟宗三、徐复观、唐君毅那里也有类似的心态和回响,我曾在文章中对二者"遗民情结"间的联系进行了分析和比较。可参看刘建平:《现代新儒学的"西迁"与"南移"》,载《北学南移》(文化卷),台湾秀威出版社,2015。

我开生面"的精神,继承了儒家传统文化的精髓,批判陆王,改造程朱,抨击佛老,吸收墨法,建立了一个博大精深、结构谨严的思想体系,不但在哲学、历史学、思想史等方面卓有建树,而且在诗学、美学方面也给后人留下了一份丰富而珍贵的遗产。

在哲学上,王夫之推崇"气一元"论,认为天地间存在着的一切具体的实物都是"气聚之客形","理"存在于具体事物之中,"气"是"理"的显现与完成。他在此基础上提出了"道器合一"的哲学、"性日生日成"的人性论以及"理在欲中"的道德哲学。在认识论上,王夫之反对陆王心学"以知为行"和禅宗"知有是事便休"的论点,反对"生而知之"的先验论。他强调行是知的基础,"力行而后知真",学是为了用,知是为了行,主张将内在的思想外化为积极的事功,进而改造自然与社会,这奠定了湖湘学派"躬行实践、知行合一"的思想特色,对曾国藩、毛泽东皆有影响。在社会历史方面,王夫之在《读通鉴论》中总结历代王朝盛衰的教训,以寻求民族复兴之良策,提出"理势合一"说,并对前人"复古论历史观""循环论历史观"等史观进行全面的批判和反思。他认为人类历史是不断进化的,历史发展有其自身的规律性,是"理势相成"。在此基础上,他提出"道因时而万殊"的改制思想,成为近代维新变法运动的思想根源。

王夫之著有《周易外传》《黄书》《尚书引义》《永历实录》《春秋世论》《噩梦》《读通鉴论》《宋论》等,其作品在生前皆未刊行,相当一部分在动荡时局中毁坏或遗失了。清道光十九年(1839),王夫之裔孙王世全与邓显鹤开始搜集散佚遗稿,刻成《船山遗书》150卷,史称邓显鹤刻本。清同治年间,曾国藩、曾国荃重刻《船山遗书》,有172卷。民国时期,刘人熙搜辑散佚,又有补刻本。1930年,谭延闿、胡汉民、于右任等重刊《船山遗书》,分经、史、子、集四部,凡70种,共358卷。1971年,台北船山学会重印《船山遗书全集》,共22册。

王夫之是中国明末清初时期的思想巨人之一,在哲学、史学、文论研究上都具有世界性的影响。苏联学者弗·格·布洛夫称:"研究王船山的著作是有重要意义的,因为他的学说是中国中世纪哲学发展的最高阶段……他是百科全书式的学者。"后代研究王夫之思想的学科,被称为"船山学"。

三、《姜斋诗话》

中国古代没有所谓的"美学"和"文艺学",从《毛诗序》《沧浪诗话》到《人间词话》,中国古典美学和文艺理论主要是通过诗话、画论等形式存在的。在两千年的诗话史上,王夫之的《姜斋诗话》是一部里程碑式的著作,集中而凝练地表达了王夫之的美学思想,这也奠定了他在中国文学批评史上承前启后的、具有独创性贡献的诗学大家的地位。

《姜斋诗话》收入王夫之诗论三种,卷一为《诗译》,计十六则,论《诗经》艺术及对后世的影响;卷二为《夕堂永日绪论内编》,计四十八则,泛论一般诗歌艺术;卷三为《南窗漫笔》，计三十二则，点评时人诗作。《姜斋诗话》有着极为丰富的思想内容与理论价值，从艺术形象、艺术真实、艺术创作、艺术鉴赏等四个方面对文学的存在价值、欣赏方法、创作规律进行了全面而系统的阐述，以下几点内容尤其值得留意：

一、诗的本体："以意为主"。王夫之认为诗歌必须重情重意，诗当意起而始，意尽而止，"意犹帅也"。"意"是统帅诗篇中所有字词句的中心，是蕴含于诗篇的思想内核。他提出的"诗道性情"说上承"诗言志"的诗学传统，下启"抒情美典"之理论滥觞[1]，体现了他在古典诗学传统的反思、总结和重建上的努力。王夫之在诗论中虽承认了"直抒胸臆"与"婉转言情"这两种"道性情"方式的合理性，但他认为含蓄婉转既是古代诗歌的优良传统，又是创造理想艺术境界的必要途径，对清代文学理论的发展起到了积极的推动作用。

二、诗的呈现："势"论。在《姜斋诗话》中，王夫之巧妙地将"势"与"意""神理"等范畴联系在一起，"势"就是用含蓄婉转的方式，达到表意"道情"的绝妙艺术手段，这大大拓宽了"势"论的美学维度。"不尽"是王夫之"势"论的审美特点，以适度反自然、反常规的语式表达不同凡响的情感体验，使意象获得立体的审美空间，形成矛盾的张力，从而产生"咫尺有万里之势"的艺术效果，"蓄势"和"自神""忍力"是营造"势"的两个重要途径。

三、诗的境界："情景妙合"。情景关系论构成了王夫之"以意为主"诗学理论的重要组成部分，《姜斋诗话》对情景关系的诠释也是别开生面的。作为一对重要的美学范畴，情、景关系自先秦提出，在魏晋、唐、宋、元、明、清时期多有论述，王夫之在继承前代情景关系理论的基础上，以"情中景""景中情""妙合无垠"三种情景结合方式为内涵，将情景关系与诗歌意境、诗人心境联系起来，将前两者归为"巧于诗者"，第三种则归于"神于诗者"，即情景关系的最高境界，这大大突破了前代情景关系的肤浅论述，深化了中国诗学意境理论。

《姜斋诗话》将古代诗歌批评提高到了一个新的水平，是一部自成体系、颇具新意的诗话著作。我们透过它不仅可以了解王夫之的美学思想，更可了解明清之际诗学发展的整体状况，从而把握中国诗学史的发展脉络。

（撰稿人：刘建平）

① 萧驰：《抒情传统与中国思想：王夫之诗学发微》，上海古籍出版社，2003。

《理想国》导读

公元前5世纪初的一个盛夏之日，苏格拉底和格劳孔一起来到雅典西南约7公里的比雷埃夫斯港，向女神献祭，同时观看赛会。在准备返回雅典的时候，被当地富商克法洛斯的儿子玻勒马霍斯等人截住，强留下来，展开了一场著名的对话，这就是《理想国》。《理想国》是柏拉图最重要的作品之一。

一、柏拉图简介

柏拉图（前427—前347）是古希腊著名的思想家、哲学家、教育家和诗人，出生于雅典名门望族，生活在雅典文化最繁荣、城邦开始衰败的时期。据说，柏拉图少年时热衷于诗歌，20岁左右遇上苏格拉底，成为其学生，走上哲学之路。公元前399年，掌权的雅典民主派判处哲人苏格拉底死刑，此事对柏拉图影响巨大，从某种程度上说，柏拉图所有的著作都是对苏格拉底和哲学的辩护。

苏格拉底的死使柏拉图长期厌恶民主政体，他因此离开雅典，四处漫游，三次去叙拉古推行自己的政治理想，都以失败告终。公元前387年，40岁的柏拉图自西西里返回雅典，在以希腊英雄阿卡德穆命名的运动场附近创立学园，后世的高等学术机构（academy）因此得名。学园培养了大量杰出人才，其中最著名的是亚里士多德。

公元前347年，柏拉图在朋友的婚礼上安然辞世。柏拉图是人类思想史上最具影响力的人物之一，美国著名哲学家怀特海有一句广为传颂的名言：整个西方哲学只不过是一连串柏拉图的注脚而已。

柏拉图流传下来的著作以对话体为主，相关注疏和研究著作汗牛充栋，解读柏拉图可谓西方的“经学”传统。有记载的第一个柏拉图全集是亚历山大时期的语文学家、皇帝顾问忒拉绪洛斯编辑的《柏拉图九卷集》，分9卷，每卷4部，收入对话作品35篇、书信集1种（13封），共36部。目前英文版比较权威的全集是：Plato : complete works. edited, with introduction and Notes by John M. Cooper. Hackett Publishing Company, 1984.（1997.）后世学者进行了大量的考辨，对部分传世柏拉图作品的真假有过激烈的争辩。

二、《理想国》的主题与结构

一般认为，《理想国》是柏拉图壮年时期的作品，成书于公元前374年左右。

（一）书名的翻译和内涵

这篇对话最早的完整中文译本是吴献书（1885—1944）翻译的，出版于1929年（1959年曾再版），他将题目译为《理想国》。后来较流行的郭斌和、张竹明译本（商务印书馆版）也将题目译为《理想国》。

将这篇对话译为《理想国》，许多学者认为不妥，因为希腊文原文标题“politeia”，并无“理想”之意。现代英文翻译“Republic”，与希腊文原义也有差异。英文Republic是根据古罗马人的拉丁文翻译名res publica来的。Res是事务（affairs）之义，publica是“公共”之义，因此，Republic直译为“公共事务”。这个译法也不能完全对应原书的标题。希腊文“politeia”一词源于polis（城邦）和polites（公民）。Politeia的直接含义有“政制”或“宪法”（constitution）之义。据吴寿彭在亚里士多德著《政治学》中译本的注释，“politeia”一词有几重含义：（甲）公民和城邦间的关系；（乙）由这种关系形成全邦的政治生活；（丙）把这种关系和生活厘定为全邦的政治制度，即宪法；（丁）有时就径指该邦的政府。德国学者亚历山大·施泰因默茨在《德语-新希腊语小词典》中将“politeia”释为二义：（1）国家（Staat）；（2）生活方式（Lebensfuehrung）。可见，politeia含有国家、政制（政体）、共和国、政治生活等义。因此，中文译名还有《国家篇》《政制》等。

近年的一个新译法：《王制》。刘小枫主张将这个书名改译为“王制”，“王制”中的“王”一字有动词的功能，王者，哲人也，王制就是哲人王之政治；中国古籍中，《荀子》和《礼记》都有《王制》篇，“王制”是与“民主制”对立的政体，“王制”的要义就是等级制和礼仪，这些与柏拉图这篇对话中的许多重要主题可以对应。

（二）副标题：“论正义”（on justice）

关于这篇对话，有的版本还有一个副标题：论正义。《理想国》从讨论“何谓正义，何以正义的人生是最幸福的人生”开始，实际上涉及的是“我们应当如何生活”的问题（352D），也是“一切问题中最大的问题：善的生活和恶的生活问题”（578C）。正义问题的确贯穿了整篇对话。但按照布鲁姆（Allan Bloom ）等人的看法，这个副标题并非柏拉图原著所有，而是后来编者所加，至少在亚里士多德的《政治学》相关论述中就无此副标题。

希腊语dikaisune“正义”源于dike。dike最初指宇宙中永恒的定律和规则，这是连奥林匹斯山上的神都要遵守的。因此，正义就是遵守dike，dike就是命运，遵守dike的人就是dikaios（正义的）。后来，dike的含义不断扩大，包括城邦的风俗和礼法，Dike和nomoi（法）结合，而nomoi源自nomos（约定、规范）。所以，正义的人就逐渐从遵从宇宙规范的人扩展到遵守社会习俗和礼法的人。[①]

由于人总是生活在城邦或共同体中，因此一个人是否正义，生活是否幸福必须放到城邦及其政治制度中去理解，这就必然引向讨论何谓美好城邦和美好政制的问题。苏格拉底提出，城邦是大写的人，要理解正义的本质，可以从城邦的正义开始，以大观小，城邦的正义与个人的正义是统一的。城邦的正义在于让各阶层和功能的人各行其是，各司其职。相应地，一个人的正义就是其灵魂的三个部分：理性（reason）、激情或血气（spiritedness）、欲望（desire）各司其职，理性部分具有智慧且居于统治地位，而且作为理性的服从者和同盟者的激情部分必须有助于理性抑制欲望的无限膨胀。苏格拉底认为人最重要的德性是勇敢、节制、审慎和智慧，勇敢是城邦守卫者的德性，节制是城邦一般民众的德性，审慎是政治家的德性，而智慧是将这一切恰当地融合在一起的德性，如同一个善好的灵魂必须由理性来掌管意志和欲望一样，美好的城邦是由哲人（热爱智慧的人）来当王。

（三）《理想国》的结构

根据沃格林的概括，《理想国》的结构如下[②]：

序言

（1）Ⅰ.1＝327a－328b [③]	下到比莱乌斯港
（2）Ⅰ.2－Ⅰ.5＝328b－331d	克法洛斯。老一代人的正义
（3）Ⅰ.6－Ⅰ.9＝331e－336a	玻勒马霍斯。中年人的正义
（4）Ⅰ.10－Ⅰ.24＝336b－354c	忒拉绪马霍斯。智术师的正义

导论

Ⅱ.1－Ⅱ.10＝357a－369b	问题：正义比不义好吗？

第一部分：城邦的起源及制度

（1）Ⅱ.11－Ⅱ.16＝369b－376e	城邦的起源
（2）Ⅱ.17－Ⅲ.18＝376e－412b	护卫者的教育
（3）Ⅲ.19－Ⅳ.5＝412b－427c	城邦的体制

① 余纪元：《〈理想国〉讲演录》，中国人民大学出版社，2009，第3~6页。

② 沃格林：《〈王制〉义证》，载刘小枫编，张映伟译：《〈王制〉要义》，华夏出版社，2006，第164~165页。

③ 1578年，法国学者H.厄斯蒂内（Estienne，拉丁名Stephanus，斯特方）编辑柏拉图希腊文本时，将柏拉图对话统一编订了页码，每页又分a、b、c、d、e五个部分，每一部分又有不同数目的项数，这种编码被称为斯特方码，后来的柏拉图对话的译本形成惯例，一般都会附上斯特方码。《理想国》始于327a，结束于621d。本导读在引用《理想国》原文时也标明了斯特方码，而未注明中译文页码，中译文一般采用的是郭斌和、张竹明译本（柏拉图：《理想国》，郭斌和、张竹明译，商务印书馆，1986）。

(4)Ⅳ.6－Ⅳ.19＝427c－445e　　城邦中的正义

第二部分:理念的具体化

(1)Ⅴ.1－Ⅴ.16＝449a－471c　　城邦与希腊的形体单位

(2)Ⅴ.17－Ⅵ.14＝471c－502c　　哲人的统治

(3)Ⅵ.15－Ⅶ.5＝502c－521c　　善的理念

(4)Ⅶ.6－Ⅶ.18＝521c－541b　　哲人的教育

第三部分:城邦的堕落

(1)Ⅷ.1－Ⅷ.5＝543a－550c　　荣誉政制

(2)Ⅷ.6－Ⅷ.9＝550c－555b　　寡头政制

(3)Ⅷ.10－Ⅷ.13＝555b－562a　　民主政制

(4)Ⅷ.14－Ⅸ.3＝562a－576b　　僭主政制

结论

(1)Ⅸ.4－Ⅸ.13＝576b－592b　　回答:正义比不正义好

尾声

(1)Ⅹ.1－Ⅹ.8＝595a－608b　　拒斥模仿的艺术

(2)Ⅹ.9－Ⅹ.11＝608c－612a　　灵魂不朽

(3)Ⅹ.12＝612a－613e　　正义生活的报酬

(4)Ⅹ.13－Ⅹ.16＝613e－631.d　　死后审判

三、《理想国》的读法

对柏拉图的作品一般有两种读法:哲学读法和文学读法。由于柏拉图的作品是戏剧或“诗”,而非“学术论文”,往往用“文学”的解读方法更贴近其“本意”。不能简单地将对话中的人物特别是苏格拉底的话直接当作柏拉图的哲学思想,而应当注意各种文学(诗、戏剧)要素,柏拉图总是将自己的思想和观念隐藏在其中的时空场景、人物对话、故事冲突和情节结构等文学技巧与细节之中。

四、柏拉图与“苏格拉底问题”

柏拉图现存所有作品都是对话体(戏剧),像其他大部分作品一样,《理想国》的主人公(主要对话者)是苏格拉底,整部作品可以看作是对苏格拉底这个人物的“模仿”,或如沃格林所说,《理想国》是一部“赞歌”,“赞美了一个好人——苏格拉底”[①]。因此,切入《理想国》的关键就是抓住“苏格拉底问题”。

① 沃格林:《〈王制〉义证》,见刘小枫编,张映伟译:《〈王制〉要义》,华夏出版社,2006,第261页。

古罗马思想家、政治家西塞罗有句名言："由于前苏格拉底哲学关注数字和运动，探究事物来自何处、去向何方，苏格拉底是第一个将哲学从天上唤到尘世之人，他甚至把哲学引入寻常人家，迫使哲学追问生命与风俗习惯，追问好与坏。"施特劳斯解释，苏格拉底是"最早将哲学的中心主题定义为人类活动——有目的的活动，并因此把目的理解为通向整全的关键"。他指出，哲学不单单是一种思考方式，一堆智性工具，乃至一种"整体的世界观"(total world-view)，哲学首先是一种独特的生活方式，真正的哲人(authentic philosophers)是一类与众不同的人。"苏格拉底是理论者(theoretical man)的原型和始祖。对理论者而言，科学(对真理的追求)不是某种工作或某项职业，它是一种生活方式，能够让理论者直面生存与死亡。因此，苏格拉底不仅是古代最令人不解的现象，也是'人类历史中的一个转折点和漩涡'。"[①]

然而，这种追求与生活方式是极其危险的。苏格拉底的"理论"追问，必然动摇"神话"(宗教)与"神圣习俗"的统治地位，直接审视人生的意义可能使大众习以为常的生活陷入无根的飘摇状态，使现存的宗教、习俗乃至礼法都变得可疑，哲学因此与神启(神话、宗教信仰)关系紧张。智慧、知识与宗教的对立构成了启蒙的核心问题。

正是由于苏格拉底这种对智慧的狂热追求(philosophy的本义就是"爱智慧")，导致他在公元前399年被雅典民主派法庭判处死刑。苏格拉底死于哲人与诗人、政治家、智术师、大众之间的冲突，哲学由此挑起了一场永远不会结束的精神战争。

哲学出现以前，关于存在的意义，何谓正义和高贵这样的问题，人们往往诉诸远古(祖先、传统)或神(诗、宗教)，哲学企图挑战这些精神权威。传统和神话关于最高价值的记载往往是任意的、充满矛盾的，因此哲人发现不能单单从诗人和先知的智慧中去寻求答案，必须去探寻"自然"(nature)，而非不加反思地因循"习俗"与"成见"，追问一切的"自然本性"与"自然标准"，各种价值和意见是"凭自然"(by nature)还是"凭人工"(by art)的？是否符合"自然正确"(natural right)？于是，哲学总是从追问"什么是……？"开始。

亚里士多德把哲学家称为"论述自然的人"，以区别于"论述神的人"。希腊语中表示自然的词physis，最初意指"生成"(growth)，区别于"做成"(made)，指某物是"凭自然"(by nature)而非"凭人工"(by art)的。因此，"自然"区别于人类的制造、约定(convention)和礼法(nomos)，自然先于约定。我们会问：法律是自然的还是约定的？政治是自然的吗？人类社会的自然是什么？人的自然(人性)是什么？

如果不追问这些，那么，我们在那些最重要的事情上可能都相互欺骗或自我欺骗，生活的基础可能因为我们的无知而建立在薄冰或沙滩之上，我们要么成为任性冲动的

---

① 列奥·施特劳斯：《苏格拉底问题六讲》，肖涧译，载刘小枫、陈少明主编《苏格拉底问题》，华夏出版社，2005，第12~13页。

本能动物，要么成为随波逐流、永远也不知自己是谁的可怜虫。正是在这个意义上，苏格拉底式的追问对人而言才是“最大的善”。在苏格拉底看来，最大的善无过于每天谈论德性，反省我们的内心，“未经省查的生活是不值得过的生活”（柏拉图《申辩篇》）。

苏格拉底的转向在于，他放弃了追问神圣或自然事物转而探索人类事物，即正义的事物、高尚的事物以及人之为人是善的事物。因此，他总是谈论什么是虔诚与不虔诚，什么是高尚与卑贱，什么是正义与不义，什么是节制与放纵，什么是勇敢与怯懦等问题。他从质疑约定的习俗、礼法和大众意见开始，讨论这些意见、约定和礼法在多大程度上是自然的。人的法律以某种神圣的或自然的法则为根源，但它不同于神圣的或自然的法则，因此不可能是绝对正确或公正的，只有自然的正义本身，即正义的“理念”或“形式”，才是绝对正义的。[①]苏格拉底的追问，不仅仅是哲学的辩论，更重要的是对生活理由的辩论，对德性与各种生存价值的辩论。这些辩论开启了以理性的眼光来审视一切，开启了以自由、平等的对话方式来怀疑与批判一切的西方理性主义传统。

然而，理性没有局限吗？哲学以理性为根基，这一行为和诉求本身理性吗？宗教的虔诚在于人坦诚自己在智识上的局限，哲学的理性能超越人的局限性吗？

五、“诗与哲学之争”

《理想国》中涉及众多的主题，其中在第十卷，苏格拉底直接指出了古希腊一个“古已有之”的“争吵”，即“诗与哲学之争”（607B），这实际上也是贯穿《理想国》始终的一个核心问题，甚至是西方思想史上贯穿古今的一个核心问题。

我们主要谈谈《理想国》中苏格拉底居于哲学的立场对诗最直接的两次攻击：

第一次是在讨论城邦的起源时，由战争谈到城邦护卫者的教育问题。对护卫者来说，最重要的德性是勇敢，因此需要体育与音乐教育，将音乐问题引入了“诗教”。苏格拉底在此第一次直接攻击了诗。在第二、三卷，苏格拉底首先指出荷马、赫西俄德等人的诗中许多内容对培养年轻人勇敢、尊老爱幼等德性是不利的。他们把最伟大的神描写得“丑恶不堪”，诸神之间钩心斗角，虚伪算计，父子相残，通奸放纵，等等。苏格拉底认为，神是人的典范和善的根据，“神是善的原因，而不是一切事物之因”（380C）。神是单一的，始终不失本相，因此，神不会变换外貌，乔装打扮惑世欺人（380D）。城邦要求的一些优秀品质：勇敢（386A）、严肃（388E）、节制（389D）、不贪财（390D）等，荷马等诗人都正好描写得相反：通过对彼岸世界的错误描写宣扬恐惧，通过行为丑陋的诸神宣扬各种放纵无度。苏格拉底对希腊神话的攻击，已经暗示了希腊道德危机的发生与神话（诗）

① 列奥·施特劳斯：《〈政治哲学史〉绪论》，载列奥·施特劳斯、约瑟夫·克罗波西主编《政治哲学史》，李洪润等译，法律出版社，2009，第2~5页。

的教诲有关,他因此而攻击诗人。教育、诗、神学、道德、政治在此被紧紧地联系起来。

苏格拉底还提出了诗的模仿原则——必须有利于人性的美善,因此那些不加节制,什么都模仿的诗人,应该被逐出城邦。如果说诗是人欲望的表达,是人性丰富性的载体和维护者,那么,特别是在"共产主义城邦"中,这是绝对不允许的。

第二次对诗的直接攻击是在第十卷。攻击的要点是:诗制造了影像(images),而非对事物本原的模仿,换言之,假象伪装成了真实,局部取代了整全。要理解这一点,必须搞清古希腊"诗与哲学之争"的内涵。

前面谈到,哲学是古希腊新兴的少数追求智慧和理性的人的生活方式,而诗则代表了古老的宗教传统,是习俗和礼法的根据,也是城邦中多数人的生活和信仰基础,"诗与哲学之争"实质是这两种人及其生活方式的纷争。

回到《理想国》第五至七卷,苏格拉底与格劳孔、阿得曼托斯讨论美好的城邦(共产主义)有几个基本特征:第一,"男女平等";第二,妇女、儿童共有;第三,哲人当王或王为哲人(472B—473D)。由此,苏格拉底论证何谓真正的哲人。哲学家是智慧的爱好者,他不是仅爱智慧的一部分,而是爱它的全部。真正的哲学家是"那些眼睛盯着真理的人",而非声色的爱好者,仅喜欢美的声调、美的色彩、美的形状以及一切由此而组成的艺术作品,因为他们的思想不能认识并喜爱美本身。哲人的心智具有"知识",而后一种人拥有的只是"意见"。因此,"爱智慧"(philosophy)与"爱看、爱听、爱从事各种技艺"是两回事,哲学"能认识美本身",哲人是清醒的,而热爱意见的人不知道自己是在"做梦",他们关注的是现实存在(being)和变动的世界(becoming)乃至"非存在",只有哲人是真正的爱智慧者、爱知识者(philosophos、philosopher),而一般大众至多只是"爱意见者"(德语 philodoxos ,英文无对应词)。问题是,我们常常会把"爱意见者"当作是真正的"爱智慧者"(哲人)。苏格拉底说,"哲学家是能把握永恒不变事物的人,而那些做不到这一点,被千差万别事物的多样性搞得迷失了方向的人就不是哲学家……"(484B)

哲人的教育,即"最大的学习",是认识"善的理念"(505A)。苏格拉底用了三个著名的比喻来表达我们的知识结构和认识层次。1.太阳喻。太阳是我们的眼睛能看见,事物能被看见的原因,就好比善使我们具备看到真相、真实、实在的理智一样;善是知识和真理的源泉,如同太阳是光的源泉。苏格拉底说:"关于善的理念我们知道得很少,如果我们不知道它,那么别的知识再多对我们也没有任何益处。"(505A) 2.分线喻。世界被分为"可见的世界"(visible world)和"可知的世界"(intelligible world)。前者对应"意见",后者对应"知识",而最高的知识是"至善"(the good)或"理念"(idea),只有理性(reason)才能认知它。3.洞穴喻。我们生活的世界被比喻为洞穴,教育使"灵魂转向",通过教育灵魂得以上升或下降,能够走出洞穴并在阳光下看到真理的人是哲学家,但真正的"灵魂转向"在于我们必须回到洞穴,学会如何与大众相处,即看到了真理后而又能处理好与以影子为真理的大多数人之间的关系，故真正的哲学不是抽象思辨与逻辑游戏，而是政治哲学。所以，哲学家不仅仅是要学习数学、几何学、天文学、诗、体育、辩证法等等，最重要的是真正的政治生活实践——"下到洞穴"(539E)。

第八、九卷，讨论现实中的政治制度，即从美好城邦向现实城邦的"堕落"，具体的思路是：每种城邦与其统治者的灵魂是对应的，从贵族政制到爱荣誉的政制，再到寡头政制，再到民主政制，最后是最坏的僭主政制。对应五种人：王者型、贪图名誉者型、寡头型、民主型和僭主型人物，分别追求的德性是智慧、荣誉、财富、自由和激情。这五种政体的顺序是模仿赫西俄德的五种人的顺序：金种、银种、铜种、英雄神种和铁种人。最坏的僭主式的灵魂就是完全被欲望和非理性主宰的人。苏格拉底说："关于最恶的人让我们一言以蔽之。他们是醒着时能够干出睡梦中的那种事的人。"(576B)

至此，苏格拉底基本完成了对正义的论证，"最善者和最正义者是最幸福的人。他最有王者气质，最能自制。最恶者和最不正义者是最不幸的人。他又最有暴君气质，不仅对自己实行暴政而且对他的国家实行暴政"(580C)。

第十卷，苏格拉底重申诗的问题，第二次直接攻击诗，苏格拉底是站在哲学生活的角度，重新审视诗的生活，指出诗所教导的生活存在的缺陷。按照前面的论证，苏格拉底提出要"拒绝任何模仿"(595A)。因为最高的是永恒不变的"善"(the good)、"理念"(idea)或"理式"(form)；其次才是反映理念的，自然的或人为的现实世界；最次的是对现实世界的反映，诸如水中、镜中的影像或艺术之类。显然，诗离真理很远，诗对真理来说，不过是模仿的模仿，影子的影子。"从荷马以来所有的诗人都只是美德或自己制造的其它东西影像的模仿者，他们完全不知道真实"(600E)。而且，诗不仅远离了真实，还"与我们身上那个也远离了审慎的部分交欢"，因此，"模仿术乃是低贱的父母所生的低贱的孩子"(603A-B)。

然而，正如罗森在《诗与哲学之争》中所发出的追问："诗与哲学之争"争论的性质究竟是什么？柏拉图创造了戏剧性的苏格拉底，作为哲学对话的作者，柏拉图也是个"诗人"，如何看待这一矛盾？柏拉图自己的著述(writing)是否也是"模仿"，也制造的是"影像"(images)？如果诗的缺陷在于怂恿"爱欲"的话，在柏拉图的著作里，苏格拉底也常常承认哲学的本质是"爱欲"，如何理解这个矛盾？对此，罗森指出："任何从其对话性和诗化表达中汲取所谓柏拉图理论观点和'争辩'的人，都不过在研究这些理论前提的影像，而非柏拉图本身。这样说并不意味着在柏拉图那里或在哲学中没有争辩，而是说人们必须既是诗人又是哲人，从而决定什么才是柏拉图所争辩的东西。就像荷马既是、又不是阿克琉斯、奥德赛、海伦以及安德洛马契，柏拉图既是、又不是苏格拉底、阿尔西比亚德、普罗塔戈拉以及狄俄蒂玛。"[①]

那么，我们有必要进一步追问：何谓"诗"？古典诗的本质何以是"模仿"？

① 罗森：《诗与哲学之争：从柏拉图到尼采、海德格尔》，张辉试译，华夏出版社，2004，第20~21页。

希腊语“poiema”(poem,诗)来自“piein”(to do / to make,制作)。荷马以来,诗人与医生、画家、木匠、预言者等都属于“工匠”,他们是“制作者”;“诗”与政治等都是人工作品,而非“自然”。

克吕格指出,不能用现代人的经验来理解古典艺术的本质是“模仿”而非(现代艺术的)“创造”。要理解古希腊人对诗的本质看法,首先要求我们从现代科学精神指导下的生活经验回到古代希腊人的“神话经验”中去。在科学技术对物的“统治”时代,存在者是我们可以完全控制的对象,没有什么神秘性。但在古人的经验中,存在者根本就是某种强有力的、难以认识的东西。人类是带着某种敬畏之心把存在物视为神圣事物的,因此,古希腊人的经验可以说是一种神话经验,他们对现实的理解一开始就不同。

神话(诗)在人们的日常生活中的作用与在我们今天生活中的作用是很不一样的。对于今天的人来说,艺术作为“虚构”与真实之间的区别是很容易分辨出来的,但对古人来说,神话就是真理,也是“法律”(神律)。基于此,艺术即模仿就不难理解。在古代世界,在人类日常经验中与世界的关系已是如此富有“艺术的”气息,根本无须再“创造”,只需去“制作”那在世界本身中存在着的、感人肺腑的、美丽而庄严的东西,即只需模仿。因此,在古人那里,艺术经验与日常经验常常是重叠的。

重要的不是形式,而是其模仿对象的真实性,艺术作品的美——在柏拉图那里是通过衡量对爱欲(eros)吸引力来判别的——主要不是依赖艺术家所创造的形式,而是依赖(只是借助形式来复述)被表现物本身的吸引力,依赖这种表现行为的忠实性,也即依赖真实性。在这里,艺术家不是制造这种存在的创造者,而是用他的全部审美力量首先去“直观”存在者的人;就此而言,他与研究者靠得很近,而且从起源上说,他要领先于研究者,他甚至是唯一有知识的贤哲之士。正是这个缘故,荷马才被称为“希腊人的老师”。

当哲人(苏格拉底)宣称真正值得模仿的是超越现象界的“理念”,或者说是美本身以及最高的善时,以模仿可感事物——现实的流动变化的一切的诗就必然遭到“不真实”的谴责。而荷马开创的神话的世界观就必然与在柏拉图以前就以批判感觉假象为己任的哲学家所主张的世界观发生冲突,这就是苏格拉底所说的“诗与哲学的古老争吵”[①]。

现代性的“祛魅”(Disenchantment of the World),使得艺术的“美感”对我们来说一去不复返。苏格拉底认为:“我认为我们要说,诗人虽然除了模仿技巧而外一无所知,但他能以语词为手段出色地描绘各种技术,当他用韵律、音步和曲调无论谈论制鞋、指挥战争还是别的什么时,听众由于和他一样对这些事情一无所知,只知道通过词语认识事物,因而总是认为他描绘得再好没有了。所以这些音乐性的成分所造成的诗的魅力是巨大的;如果去掉了诗的音乐彩色,把它变成了平淡无奇的散文……它们就像一些并非生得真美,只是因为年轻而显得好看的面孔,如今青春一过,容华尽失似的。”(601B)散

① 克吕格:《〈王制〉要义》,载刘小枫编,张映伟译:《〈王制〉要义》,华夏出版社,2006,第41~43页。

发着神话气息的诗歌的美，是一种“青春的美”，当人类从神话走向理性时，即当人类不再像理性和科学主宰之前那样轻信感觉印象时，那种美就烟消云散了。现代哲人帕斯卡提出“几何学精神”（逻辑推理精神）与“敏感性精神”（直觉的精神）的区分；尼采在《悲剧的诞生》中用“酒神精神”来对抗“日神精神”；后期海德格尔面对“技术统治”时代，倡导回到“诗”与“思”；等等，不过都是以不同的表述和方式，重申古老的“诗与哲学之争”。

从某种意义上说，诗与哲学之争即古今之争、灵魂内在之争。

前者唤起的是激情、血气与多愁善感，后者唤起的是“理性与法律”（604A），前者让灵魂“为被激动的部分”统治着，后者处在理性的统治下，理性已经认识到脆弱的尘世生活充满了不可预料得了、无法驾驭的危险，因而在厄运当头时能够保持心神宁静，不向悲伤让步（603E－604D）。柏拉图的苏格拉底最终批评了隐藏在灵魂深处的、引诱人胡作非为的那个根源，在诗歌中发现了这个根源。

一切的问题，或者说在《理想国》中所谓的城邦的悲剧与政制的堕落，其实都归结为人性的堕落，国家制度是从公民的性格中产生的，重要的是个人的灵魂，而不是国家。这就是《理想国》最后把个人在命运女神那里选择来世的生活方式作为结尾的原因。一切取决于个人，作为对悲剧的“必然性”命运的对抗，《理想国》告诉我们，人类与国家的命运从根本上说还是我们自己的选择与责任。“美德任人自取。每个人将来有多少美德，全看他对它重视到什么程度。过错由选择者自己负责，与神无涉。”（617E）

美好城邦（理想国）只能是“言辞中的城邦”，或者说只能通过言辞去模仿那个“自然”正义的城邦，在现实之中，这种正义是难以实现的，或者说只能是对其完美“理念”的不完善的模仿，因此，如果说美好城邦在世间存在的话，那只能是存在于我们个体的灵魂内，我们唯一能够去完善的只有我们个人灵魂的正义。

【参考文献】

[1]Strauss，L. The City and Man. Chicago: the University of Chicago Press.1964

[2] The Republic of Plato, translated with notes and an interpretive essay by Allan Bloom. New York: Basic Books Inc. 1968

[3][古希腊]柏拉图．理想国[M]．郭斌和，张竹明译．北京：商务印书馆，1986.

[4]刘小枫，陈少明．苏格拉底问题[M]．北京：华夏出版社，2005.

[5]刘小枫．《王制》要义[M]．张映伟译．北京：华夏出版社，2006.

[6][美]尼柯尔斯．苏格拉底与政治共同体——《王制》义疏：一场古老的论争[M]．王双洪译．北京：华夏出版社，2007.

[7][美]布鲁姆．人应该如何生活：柏拉图《王制》释义[M]．刘晨光译．北京：华夏出版社，2009.

[8]余纪元.《理想国》讲演录[M].北京：中国人民大学出版社，2009.

[9][古希腊]柏拉图.理想国[M].王扬译注.北京：华夏出版社，2012.

[10]张文涛.哲学之诗：柏拉图《王制》卷十义疏[M].上海：华东师范大学出版社，2012.

[11][美]伯纳德特.苏格拉底的再次起航：柏拉图《王制》疏证[M].黄敏译.上海：华东师范大学出版社，2015.

（撰稿人：张兴成）

《诗学》导读

一、亚里士多德及《诗学》概说

亚里士多德(前384—前322),古希腊斯吉塔拉人,他是世界古代史上最伟大的哲学家、科学家和教育家之一。亚里士多德是柏拉图的学生,是马其顿亚历山大的老师。公元前335年,他在雅典办了一所叫吕克昂的学校,被称为逍遥学派。马克思曾称亚里士多德是古希腊哲学家中最博学的人物,恩格斯称他是"古代的黑格尔"。亚里士多德的著作丰富,主要有《范畴》《解释》《前分析》《后分析》《论辩》《智者的驳辩》《工具论》《形而上学》《物理学》《论天》《论生灭》《论灵魂》《尼各马可伦理学》《欧德谟伦理学》,还有《政治学》《诗学》《修辞学》及其他有关生物、经济方面的著作。

《诗学》是亚里士多德关于文艺问题最重要的一部著作。车尔尼雪夫斯基曾经说,《诗学》是第一篇最重要的美学论文,也是迄至前世纪末叶一切美学概念的根据,他的概念雄霸了西方两千余年。从这我们可以看出亚里士多德《诗学》的崇高地位。

二、《诗学》主要内容

《诗学》现存二十六章,主要讨论史诗与悲剧,其大致结构如下:

第一部分(第一章到第五章)主要是艺术总论。亚里士多德认为"一切艺术都是模仿",所不同的是各种艺术所模仿的对象、模仿所采用的媒介和方式不同。由于对象不同、媒介不同、方式不同,各种艺术之间就有了差别。

第二部分(第六章到第二十二章)主要论悲剧,在第六章为悲剧下了一个定义,他认为:"悲剧是对一个严肃、完整、有一定长度的行动的模仿。"然后逐节解释了模仿的对象、行动中的情节、行动中的性格、情节中的发现、悲剧的布局,最后讨论了悲剧的写作,特别是讨论了词汇和风格。

第三部分(第二十三章和第二十四章)主要讨论史诗,对历史与史诗、史诗与悲剧进行了比较。

第四部分(第二十五章和第二十六章)主要为诗歌与悲剧辩护。讨论批评家对诗歌的指责,并为诗歌进行辩护;最后为悲剧辩护,比较史诗与悲剧,得出结论:庸俗只是演员的表演问题而非题材本身的问题,悲剧拥有史诗没有的成分,悲剧能在较短的时间内产生艺术的效果,达到模仿的目的,因此悲剧比史诗高。

《诗学》的方法论有两个特点:一是严谨的逻辑推理;二是自然科学方法和社会科学方法相结合。《诗学》是西方第一部从理论内容到理论形态都比较完整的美学、文论专著,深刻体现了亚里士多德的方法论。《诗学》揭示了"美的艺术"的本质特征,是古希腊文艺思想的结晶。柏拉图是唯心主义文艺思想的最大代表,而亚里士多德的《诗学》则代表着唯物主义文艺思想的最高成就。文艺的真实性,认为模仿必须揭示客观事物的内在本质和规律,强调有机整体概念;社会作用,指出创作的心理概要根据和理智过程,破除神秘的命运观等思想,都是《诗学》的重要贡献。

亚里士多德的理论是西方主要美学概念的根据之一,是马克思主义美学和文艺理论产生以前主要美学概念的根据,为西方文艺理论的建立和发展奠定了基础,是西方文艺思想的来源之一。《诗学》也有它的局限性,亚里士多德对文艺问题的观察比柏拉图客观,论述也比柏拉图更具体,但在有的地方仍流露出奴隶主贵族阶级的偏见。

(撰稿人:寇鹏程)

《新科学》导读

一、维柯生平及其代表著作

维柯(1668—1744)是意大利启蒙运动时期杰出的思想家,是公认的历史哲学和近代社会科学的奠基人。他的研究兴趣十分广泛,涉及神学、历史学、法哲学、医学、艺术等众多领域。维柯最有代表性的著作《新科学》,是一部百科全书式的作品。该书共有三个版本:初版于1725年,增改版于1730年出版,1744年出版更完备的第三版。序论为全书的总纲,正文部分包含五卷,主要内容分别是一些原则的奠定、诗性的智慧、发现真正的荷马、诸民族所经历的过程、各民族复兴时所经历的各种人类制度的复归历程,最后附全书的结论。

维柯的"新科学",是一门包括历史科学、社会科学在内的科学研究,它的出现极大地丰富了科学的研究对象。书名全称是《关于各民族共同性的新科学的原则》,这是一部研究古代文化史的理论著作,其核心问题是"人类是如何起源并发展到今天这种程度的"。在这部伟大的通史大纲中,维柯充分运用经验与理性相融合的方法,从产生原因和发展过程来研究对象的本质。这些新的观念和研究方法贯穿在全书的体系构架中,显示出"新科学"之"新"。

二、《新科学》的美学思想

(一)神话即历史

《新科学》的主题是"部落自然法",重点是研究原始社会的历史。维柯以人性论为基本出发点,主要根据神话、希腊拉丁语文和文献记载等资料,探讨各民族的自然本性及其发展演变。当他运用这种"还原历史的方法"考察原始文化时,"神话"("诗")受到了空前的重视。神话的本质、神话与历史的关系等,在维柯这里得到了全新的阐释。

维柯从词源学角度明确界定了"神话"范畴,并提出"神话即历史"的观点。他把神话看成一种隐喻，它代表早期人类对现实世界的认识：“神话故事在起源时都是些真实而严肃的叙述，因此mythos（神话故事）的定义就是‘真实的叙述’。”[①]“神话”一词，源出古希腊语“mythos”，这里突出“真实”之意，意在说明神话本身就是真实可靠的历史叙述。可见，维柯眼中的“神话”，不只是一种古老的文学形态，它本身就代表着人类古老的历史。维柯发现，各民族的历史都是从神话故事开始的，人类最初就是以“神话”的方式建立起人类社会。通过分析希伯来神话故事中的巨人形象，他将人类的历史追溯到传说中的巨人时代，试图复现人类文化早期的发展历程。

维柯通过对神话思维的分析，更深入地揭示了历史与神话的内在关联。他认为，在不同的历史阶段，人类各有其思维方式和价值标准，那么在人类文明的初期，神话的思维方式就是原始人最普遍的心智模式。比如，在神的时代，人只能凭着本能生活，具有强大的感觉力和生动的想象力，却缺乏理性能力。于是，原始人类在面对那些有着切身体验却无法解释的现象时，就习惯于用神话的方式形象地加以说明，最后的结果是“神本是人的虚构，人却把自己所虚构的信以为真，对神感到恐惧和虔敬”[②]。回到历史的起点，想象性的神话与真实的历史叙事似乎并不冲突，人类最初就是运用诗性的方式来讲述真实可感的历史。神话即历史，这正是维柯的神话研究带来的重要启示。

（二）“诗性智慧”

“诗性智慧”又称“诗性的思维”，是《新科学》的核心范畴之一。在维柯那里，诗性智慧是对人类早期思维方式的统称，它代表着一种原始的创造性智慧，即“凭想象来创造”的思维方式。这一发现得益于维柯对原始宗教、政治、伦理等意识领域的系统性研究。

“诗性智慧”观念的提出，标志着整个意识领域的革命性变化。维柯在《新科学》中明确赋予诗性智慧以历史优先性，他把诗性智慧作为人类意识和文化的源头：“这些原始人没有推理的能力，却浑身是强旺的感觉力和生动的想象力。”[③]维柯指出，诗性智慧是一种感官的智慧，与人的感官、情欲密不可分。由于原始民族不会抽象思维，他们对于世界的认识，只能凭借自己的身体感觉，即维柯所说的“把整个的心沉浸在感官里”。同时，它又是一种创造性的智慧，体现着原始人强大的想象力。维柯指出，正是由于人类对世界的“无知”，他们才会以神话与诗的方式来认识世界，即“凭想象来创造”。总之，这是一种原始粗野却饱含智慧的感性思维，人类最初的文化都是诗性智慧的产物，或者说，包括政治、语言、艺术乃至各种社会制度，最早都奠基于人的感性和想象力之上。在维柯的思想中，这种诗性思维才是人类知识与文明的起点和中心。

通过考察原始文化的发展历程，维柯进一步总结了“诗性智慧”的基本特征。

首先，它表现为一种“以己度物”的隐喻。这里的“以己度物”，是指当原始人类还不

① 维柯：《新科学》，朱光潜译，商务印书馆，1989，第454页。
② 朱光潜：《西方美学史》，人民文学出版社，2002，第320页。
③ 维柯：《新科学》，朱光潜译，商务印书馆，1989，第181~182页。

善于抽象思维、无法凭借概念去认识事物时，只能以自己的切身经验来衡量事物，把自己变成衡量一切事物的尺度。维柯把这种现象归因于早期人类思维的原始性，“人心由于它的不确定性，每逢它堕入无知中，它就会对它所不认识的一切，把自己当作衡量宇宙的标准”①。在各民族最初的语言中，维柯发现大量“以己度物”的隐喻，如田地“干渴”、波浪“呜咽”、流脂的树在“哭泣”等。这使本来无生命的事物具有了人的本性，形成物我同情的原始信仰，最终的结果是“人把自己变成了整个世界”。维柯还把这种隐喻与早期的诗歌创作相联系，发现最早的神话诗人就是用这种方式创造了伟大的神话故事：“一些物体成为具有生命实质的真事真物，并用以己度物的方式，使它们也有感觉和情欲。”②《新科学》中对“以己度物”的分析，重在突出诗性智慧的情感特征，由此证明，以主体的情感逻辑为中心的原始思维，从根本上决定了诗歌最初的功能和性质。

其次，诗性智慧还表现为一种“想像性的类概念”。原始人类以想象性的方式对事物之间的相似性加以类比或比附，进而形成某种共同印象或观念，即“想像性的类概念”。通过考察人类早期的语言文字，维柯发现，人类最初的语言多以感性化、具象性为基本特征，随着思维能力的不断发展，语言才愈发抽象化、符号化。同时，各民族早期神话和诗歌中的英雄人物，也是这种“想像性的类概念”的产物。例如，用阿克琉斯来代表“一切英雄的勇猛的特质”，实际上正是通过制造出特定的理想范例，以具象的方式表现同类事物的相似性。这种以形象思维为突出特征的“想像性的类概念”，显然还未脱离人类早期的诗性思维，确切地说，它是由人类的原始思维向逻辑思维转化的初始阶段。

（三）发现真正的荷马

《新科学》对美学的另一突出贡献，是从历史发展的角度发现“真正的荷马”。荷马是欧洲公认的诗歌创始人，历来被奉为人类文明的奠基者之一。当维柯致力于研究人类文化和制度的起源时，荷马自然就成为他关注的焦点之一。《新科学》第三卷题为“发现真正的荷马”，为了证明谁才是真正的荷马，维柯根据历史上关于诗人荷马的争议，通过历史考证和语言分析等途径，仔细辨认史诗中留存的人类早期文明的痕迹，从而有了许多重要的审美发现。

一是否定荷马在历史上实有其人。维柯认为，荷马史诗中两部史诗的风格悬殊，可见两部作品的创作者应当分属不同地区；从写作年代看，两部史诗的出现时间，也相隔长达八百年之久，所以绝不可能出自同一人。因此，他否定荷马在希腊确有其人，他“并不曾作为具体的个人在自然界存在过”③。在此基础上，他明确指出史诗乃集体创作的结果，荷马其实是希腊众多民间说唱人的象征（“理想中的诗人”），包括荷史诗在内的古代诗歌都是集体智慧的结晶。维柯大胆断言，史诗的真正创作者是人民，真正的荷马就

① 维柯：《新科学》，朱光潜译，商务印书馆，1989，第114页。
② 同上书，第200页。
③ 同上书，第471页。

是希腊各族人民自己。

二是通过寻找荷马而形成对诗歌本质的认识。维柯认为，要寻找真正的荷马，必须深入到诗的本质或诗性人物的性格中去。他根据荷马史诗的崇高风格和其中炽烈的想象力，判定这是一部凭借诗性智慧书写的人类历史。他说荷马不可能是哲学家，而只能是一个"理想中的诗人"。维柯还把诗的产生与原始思维相联系，以证明人按本性都是诗人，因为诗的动力来自原始的想象："正是人类推理能力的欠缺才产生了崇高的诗"，"诗性语句是凭情欲和恩爱的感触来造成的……哲学语句愈升向共相，就愈接近真理；而诗性语句却愈掌握殊相(个别具体事物)，就愈确凿可凭"[①]。维柯对诗与哲学做出明确区分，从而更好地突出了诗的本质，即诗歌自身相对独立的审美特征。

三、与时代错位的维柯及《新科学》

《新科学》堪称西方文化史上的一部奇书。它空前开阔的研究视野、超前于时代的思想观念和研究方法，无不令后人惊讶赞叹："这种新颖激进得令人惊讶的诗歌及其历史的观念构成了一种关于历史哲学和人类发展的复杂而又庞大的思辨体系。"[②]维柯在西方思想文化史上的地位，是在他去世多年以后才得到确认的。在他所生活的18世纪，由于在思想和方法论上与笛卡尔的严重分歧，维柯的思想几乎无人问津。在同时代的思想家中，他完全被笛卡尔、培根、莱布尼兹、洛克等人的光芒所遮盖。维柯的思想注定不属于自己的时代。

后经克罗齐等人的大力推介，20世纪的西方世界出现了"维柯复兴"。这位独立的思想家，在销声匿迹一个多世纪之后，终于在同众多现代学科的对话中获得新生。《新科学》代表着早期的跨学科研究模式，体现了人类古代史研究与神话学、人类学、美学等多学科的融合。维柯提出，不同的历史阶段各有其特殊的思维方式，这一观念被称为历史研究中"哥白尼式的发现"，它为美学及其他各学科带来了历史眼光和方法。作为维柯思想体系的核心内容之一，"诗性智慧"说具有思想史上的前瞻性，它第一次把感性上升为人类社会意识的核心。同时，对原始思维特性的深入分析，也影响了美学学科的形成和发展。维柯对荷马史诗和诗歌起源的考察，为研究民间创作带来了许多重要启示。总之，维柯思想中激进的反笛卡尔主义色彩，对诗性思维和语言问题的关注，都深深吸引了20世纪的现代学者们。正如克罗齐所言，对维柯的关注需要把眼光投向维柯身后的岁月，"注意到这位那不勒斯哲学家的学说与那些50年或100年之后的哲学家们的学说之间的相同与类似之处"[③]。

① 维柯:《新科学》,人民文学出版社,1986,第105页。
② 雷纳·韦勒克:《近代文学批评史》(第一卷),杨岂深、杨自伍译,上海译文出版社,1987,第178页。
③ 克罗齐:《维柯的哲学》,柯林伍德英译,陶秀璈、王立志汉译,大象出版社,2009,第163页。

【参考文献】

[1][美]雷纳·韦勒克.近代文学批评史(第一卷)[M].杨岂深,杨自伍译.上海:上海译文出版社,1987.

[2][美]维柯.新科学[M].朱光潜译.北京:商务印书馆,1989.

[3][美]维柯,[英]利昂·庞帕.维柯著作选[M].陆晓禾译.北京:商务印书馆,1997.

[4]朱光潜.西方美学史[M].北京:人民文学出版社,2002.

[5][意]贝奈戴托·克罗齐.维柯的哲学[M].[英]R.G.柯林伍德英译;陶秀璈,王立志汉译.郑州:大象出版社,2009.

[6][德]恩斯特·卡西尔.人论[M].甘阳译.上海:上海译文出版社, 2013.

(撰稿人:邵薇)

《拉奥孔》导读

一、莱辛及《拉奥孔》概说

莱辛（1729—1781），德国启蒙运动的杰出代表、文艺批评家、剧作家、德国民族文学的奠基人之一。1765年写成的《拉奥孔》，是体现莱辛美学思想的重要著作。

“拉奥孔”是古希腊一座著名的雕像群，是公元前1世纪时希腊雕塑家阿格德罗斯和他的儿子们合作完成的。1506年，意大利人佛列底斯在自家的宅基地偶然发掘出了这座雕像。雕像表现的是一个悲惨的故事，拉奥孔是特洛伊人，太阳神神庙的祭司，在特洛伊战争中，他警告同胞不要接受希腊人留下的木马，结果得罪了希腊保护神雅典娜。雅典娜派出两条巨蟒，勒死了拉奥孔和他的两个儿子。莱辛之所以写作《拉奥孔》，与德国其时启蒙运动的发展有关。建立统一的德意志民族文化与文学，是德国启蒙思想家们的首要目标，但在如何建立民族文学的问题上，却存在分歧。理论家高特舍德强调学习法国新古典主义文学，温克尔曼则推崇希腊古典文艺，与主要继承拉丁传统因而显得矫揉造作的新古典主义相比，希腊古典文艺更为自然与鲜活，但温克尔曼却继承了“诗如画”的传统观点，认为诗与画没有明显的界线，通过对“拉奥孔”雕像的分析，他把希腊古典艺术的理想归结为“高贵的单纯和静穆的伟大”，这在客观上迎合了封建贵族的艺术趣味，容易让艺术创作脱离社会现实，在诗中追求形象的静态与抽象性，而在画中追求寓意的狂热。莱辛的《拉奥孔》旨在纠正温克尔曼的错误观点，辨析诗与画的不同艺术特征，引导艺术遵循自身的规律去描写真实的生活。

二、《拉奥孔》的主要内容

在《拉奥孔》中，莱辛对诗与画的区别进行了辨析。需要说明的是，他所说的“画”泛指一般的造型艺术，而“诗”泛指文学。总括来看，他认为诗与画有这样一些区别：

画是空间艺术，描绘的是在空间中并列的物体，受空间规律的制约；诗是时间艺术，描写是在时间上先后承续的动作，受时间规律的制约。

画作用于人的视觉，画的题材限于眼见的事物，事物是平铺并列的，而视觉能够统摄空间中这些并列事物的全体与部分，因而较少借助于想象。诗诉诸人的听觉，听觉能够领会在时间中持续的事物，诗用语言叙述先后承续的情节，这不能凭感官在一瞬间掌握整体，而是靠记忆与想象来展开。

从表现事物的媒介来看，绘画运用空间中的线条和颜色，这是自然的符号，诗采用的是在时间中分节的声音，这是人为的符号。

绘画与雕塑着重表现的是事物的美，诗以动作情节的冲突发展为描写对象，不以追求美为主要任务，而重在表情与显出个性。对诗来说，可以写丑，也可以写美，既能表现嫌厌的事物，也能表现崇高的东西。拉奥孔在雕塑中只是轻微的叹息，而在诗歌中却大声呼号，正说明了诗与画在这方面的差异。

需要注意的是，莱辛虽然阐述了诗与画的区别，其意图却并非要在两者之间树立严格的界限，而是想说明诗与画尽管都是艺术，却有各自不同的反映现实的规律，因此没必要在诗中去表现抽象的、脱离现实的寓意，而应描写人的行动，表现活生生的现实生活。

莱辛在《拉奥孔》中还提出了一个很有意思的说法，即“包孕性顷刻”。他认为绘画雕塑这类造型艺术要避免描绘激情达到顶点的顷刻，而应选择“包孕性顷刻”：“既然在永远变化的自然中，艺术家只能选用某一顷刻，特别是画家还只能从某一角度来运用这一顷刻；既然艺术家的作品之所以被创造出来，并不是让人一看了事，还要让人玩索，而且长期地反复玩索；那么，我们就可以有把握地说，选择上述某一顷刻以及观察它的某一个角度，就要看它能否产生最大效果了。最能产生效果的只能是可以让想象自由活动的那一顷刻了。”[①]

莱辛的意思是说，艺术的“包孕性顷刻”能给受众提供想象空间，在这一顷刻，受众既能追溯情节的过去，也能想到故事的未来：“我们愈看下去，就一定在它里面愈能想出更多的东西来。我们在它里面愈能想出更多的东西来，也就一定愈相信自己看到了这些东西。”[②]空间性艺术由此获得了时间性。相反，如果造型艺术呈现的是情绪或情节的顶点，这就“到了止境”，“眼睛就不能朝更远的地方去看，想象就被捆住了翅膀”[③]。莱辛举例说，“拉奥孔”雕像中的拉奥孔在叹息时，观众通过想象似乎能听见他的哀号，反之，当他哀号时，“想象就不能往上面升一步，也不能往下面降一步”，“如果上升或下降，所看到的拉奥孔就会处在一种比较平凡的因而是比较乏味的状态了”[④]。也就是说，雕像必然缺乏足够的审美意蕴。莱辛进一步以古代画家提牟玛球斯为例来说明这个问题。这位画家知道选取哪一点才能够让观众不是看到而是想象到顶点：“他画美狄亚，并不

① 莱辛：《拉奥孔》，朱光潜译，商务印书馆，2016，第19~20页。
② 同上书，第20页。
③ 同上书，第20页。
④ 同上书，第20页。

选择她杀亲生儿女那一顷刻，而是选杀害前不久，她还在母爱与妒忌相冲突的时候。我们可以预见到这冲突的结果。我们预先战栗起来，想到不久就会只看到美狄亚的狠毒的一面，我们就可以想象到很远，比起画家如果选取杀儿女那一个恐怖的顷刻时所能显示出来的一切要远得多。”①观众可以想象之前的情节与未来的结局，以及体验美狄亚内心两种情感的激烈斗争与反复冲撞。相反，另外一位不知名的画家则选择了美狄亚极端疯狂的顷刻来表现，因而遭到人们的谴责。

莱辛“包孕性顷刻”的说法指出了在创作造型艺术时一个重要艺术法则，选择最富于孕育性的时刻来表现，能让不善于表现时间的造型艺术生成丰富的联想空间。但与此同时，莱辛又认为诗（文学）的写作没有必要去选择“包孕性顷刻”：诗人“毫无必要，去把他的描绘集中到某一顷刻。他可以随心所欲地就他的每个情节（即所写的动作）从头说起，通过中间所有的变化曲折，一直到结局，都顺序说下去”②。显然，莱辛的这一说法不尽合理，因为“包孕性顷刻”实际上是艺术创作的一条普遍规律，不仅适用于绘画、雕塑，也适用于诗（文学），文学的描写也需要追求含蓄蕴藉、意在言外的效果，让读者在有限的语言中体味无限的意味。在《读〈拉奥孔〉》一文中，钱锺书曾谈过这个问题，他列举了古今中外的例子来说明“包孕性顷刻”这一艺术法则“在文学艺术是同样可以应用的”③。

《拉奥孔》发表后，引起了德国理论界的高度关注，赫尔德、歌德、席勒、黑格尔、马克思都曾对此展开过相关论述。莱辛是德国古典美学第一个重要的奠基人，德国古典美学的蓬勃发展与对《拉奥孔》的讨论有紧密联系。

莱辛的美学思想是启蒙主义运动在德国的回应，《拉奥孔》进一步扭转了高特舍德等人崇拜法国新古典主义的不良风气，批评了抽象浮华、脱离现实的贵族艺术趣味，重视文艺与现实生活的联系，在客观上为德意志民族文学的发展奠定了良好的基础。

【参考文献】

[1]钱锺书.旧文四篇[M].上海：上海古籍出版社，1979.

[2][德]莱辛.拉奥孔[M].朱光潜译.北京：商务印书馆，2016.

（撰稿人：黎杨全）

① 莱辛：《拉奥孔》，朱光潜译，商务印书馆，2016，第21页。

② 同上书，第24页。

③ 钱锺书：《读〈拉奥孔〉》，载《旧文四篇》，上海古籍出版社，1979，第43页。

《判断力批判》导读

一、康德其人

康德(1724—1804),为西方柏拉图以降最重要的哲学家。康德出生于东普鲁士首府柯尼斯堡(今俄罗斯加里宁格勒)的一个马鞍匠家庭,家人都是虔诚的基督教新教徒,这对他的思想和生活产生了十分深远的影响。1740年,康德进入柯尼斯堡大学系统学习了古代经典、物理学和哲学,其思想深受克里斯蒂安·冯·沃尔夫的影响,强调理性在形而上学领域中发展演绎的能力。在马丁·克努真的引导下,康德接受了大陆理性主义传统。同时,康德对牛顿物理学的兴趣,也在他后来的批判哲学中发挥了非常重要的作用。1745年大学毕业后,康德做了将近八年的家庭教师。1755年,康德重返柯尼斯堡大学,取得编外讲师资格,主要讲授物理学、数学、逻辑学、形而上学、道德哲学、火器、建筑学和自然地理等。1770年,康德被任命为逻辑和形而上学教授。康德在柯尼斯堡大学任教期间先后当选为柏林科学院、彼得堡科学院、科恩科学院和意大利托斯卡那科学院院士。

中国人常讲“读万卷书,行万里路”,康德却不是这样的哲人。总体而言,康德的一生是平淡的。他的一生都是在小城柯尼斯堡度过的,从未外出游历,也没有什么引人注目的政治和社会关系。据说康德是一个非常好交际的人,十分健谈,经常邀请客人与他共进晚餐。有时,他也被形容为一个孤独的老单身汉,他生活十分有规律,每一个行动都经过了精确的计划,以至当他每天下午4点半在家附近的小路上来回散步8次时,当地的居民都以此来校对钟表。这种有规律的生活方式,使康德很少受到疾病的折磨,并得以完成一系列出类拔萃的鸿篇巨制。

二、康德其学

康德主要思考两方面的问题,他有一句广为流传的名言揭示了这一点:“有两样东西，人们越是经常持久地对之凝神思索，它们就越是使内心充满常新而日增的惊奇和敬畏：我头上的星空和我心中的道德律。”[1]以1770年为标志，康德的学术思想可以分为前期和后期两个阶段，前期主要研究自然科学，主要成果有1755年发表的《自然通史和天体论》，其中提出了关于太阳系起源的“星云假说”；后期主要研究哲学，主要成果包括《纯粹理性批判》（1781年）、《实践理性批判》（1788年）和《判断力批判》（1790年）。康德的“三大批判”分别探讨了认识论、伦理学以及美学问题，“三大批判”的出版标志着康德哲学体系的完成，给当时的哲学思想带来了一场革命。《判断力批判》是德国古典美学的奠基之作，对费希特、席勒、谢林、黑格尔、叔本华等人乃至整个欧洲和后世都产生了深刻影响。近代以来，西方所有有成就的美学家与美学流派，几乎都受到这部著作的启示和影响。

三、《判断力批判》主要内容

康德的美学在他整个哲学体系中既是独立的，同时又被看作其思想体系的一个重要组成部分。《判断力批判》又被称作“第三批判”，主要对美的本质问题进行了考察和分析，提出“美是无目的的合目的性”的论断，这一论断既是对鲍姆嘉通将美学界定为“感性学”的进一步发展，同时又通过对美的本质的辨析规定，开启了近现代美学对此问题追问的思潮。

西方学界早在古希腊时期就对美学进行了研究，18、19世纪以后才逐渐形成了两个流派，一个是英国经验派美学，坚持美在感性、愉快、客观，另一个是大陆理性派美学，强调了美在艺术、理性、精神。德国古典美学家们有一个共同的目的就是如何才能将英国经验派美学和大陆理性派美学统一起来。德国美学家们认为，无论是经验派美学坚持的美即愉快，还是大陆理性派强调的美在理性、主观等都是片面的，只有将自然与艺术、感性与理性、客观与主观等统一起来，才能揭示美的本质。在前两部《批判》中，康德分别探讨了理性认识和道德意志的先天法则，认为世界分为现象界与物自体两个领域。前者受自然必然律支配，属理解力的认识范围；后者行使自由的道德律令，属伦理学范围。康德在探讨人的理性逻辑、意志与欲求能力之外，认为还有一种涉及愉悦、感性的能力没有被探讨到，这也就是与艺术审美、鉴赏有关的能力。他在《判断力批判》中寻求达成两个分割世界的沟通，以实现自然界的必然王国与道德界的自由王国的和谐。

该书分为两个部分，第一个部分重点分析“美”和“崇高”两个概念。在“美的分析”中，康德提出了一套具体的道德规则，通过它可以判断一个行动能否被合法地称作“善的”。这些规则具有一个客观的标准，因而适用于所有的人和事，例如科学知识。然而，他认为不存在任何一个客观的规则，使某人根据它而必然地将一个东西认作是美的。

① 康德：《实践理性批判》，邓晓芒译，人民出版社，2003，第220页。

尽管我们主观上认为,我们称作美的东西也会被别人称作美的东西,但那并不是必然的,也不是普遍的。康德从质(肯定、否定等)、量(普通、个别等)、关系(因果、目的等)和方式(必然、偶然等)四个方面对审美判断做了严格的界定。康德认为,判断力是一种天赋的能力,可意会而不可传习。尽管我们的审美判断是基于主观感受,美的定义却是"令人普遍感到愉悦的东西",并从这个定义出发来调和自然与艺术、感性与理性、客观与主观等之间的矛盾。

质	美是主观的、无利害的快感(超功利、愉快)
量	审美判断是无概念(非逻辑、客观的)而又有普遍性
关系	审美判断是无目的(无主客观目的、无利害的目的)又合目的性(人性舒展、唤起主观情感的愉快)
方式	审美判断不但是可能性、现实性且要求必然性

在"崇高的分析"中,康德把"崇高"作为与"美"对立的审美范畴,"崇高"与"美"在原则上都是一致的,即都是无目的的合目的性、非概念的主观普遍性的愉快情感。然而,"美"只涉及对象的形式,美感是直接单纯的快感,"美"可以在对象的形式中找到。而"崇高"的对象既无形式又无限制,它只存在于审美主体的心里,崇高感是由痛感转化为快感,并与人的理性观念密切相关。他将"崇高"划分为"数学的崇高"与"力学的崇高"两种类型,由"力学的崇高"进而提出"美是道德的象征"的重要命题。

第二部分重点探讨了自然观的问题。虽然康德认为"目的论也许是最缺乏确定的先天根据的",但是他在《判断力批判》中依然试图寻找如何把自然界看成具有自身内在目的的系统的问题。康德从心理功能角度细致地分析了人的审美活动的特殊规律,对艺术与自然、天才的特征、艺术与工艺品、自然美和艺术美的关系、自由与必然等许多重要美学问题进行了分析,尤其是提出了历史发展的趋势是"自然的人要走向社会的伦理道德的人、必然的人要成为自由的人"的"自然向人的生成"问题,影响深远。

(撰稿人:刘建平)

《美学》导读

一、黑格尔其人

黑格尔(1770—1831),出生于德国的斯图加特,少年时期深受古希腊文化的影响,他认为柏拉图和亚里士多德不仅是哲学的源泉,甚至直到现在也是精神生命的根基。1788年,黑格尔进入图宾根大学神学院就读,开始对哲学和神学产生浓厚的兴趣。大学毕业后,黑格尔在伯尔尼和法兰克福做了六年的家庭教师。1801年,黑格尔在耶拿大学哲学系任编外讲师(拿课时费,没有薪水),在此期间出版了他的第一本著作《论费希特与谢林哲学体系的差异》。1811年,黑格尔结婚,并在耶拿大学关闭后担任纽伦堡中学的校长,在此期间出版《精神现象学》和《逻辑学》,这两部伟大的著作让他一举成名。1816年,黑格尔来到海德堡大学任教,在那里出版了《哲学全书纲要》,将逻辑学、自然哲学和精神哲学作为自己哲学体系的三个重要构成部分。1818年,黑格尔获得了柏林(洪堡)大学的哲学讲席,并一直在那里工作到1831年因感染霍乱而病逝。

二、黑格尔其学

政治、经济与思想、文化发展不平衡的现象,在黑格尔生活的时代表现得特别突出。18、19世纪的德国,是一个君主专制、国家分裂、生产力落后的穷国,但这一时期也是德国思想和文化发展最为辉煌的年代。在那个时代,德国文学巨匠、艺术大师、思想大家辈出,他们与黑格尔或师或友,共同将德国的精神文化推向了一个令人敬畏的高峰。在黑格尔出生的1770年,德国音乐大师贝多芬也刚刚诞生,德国文学史上"狂飙突进运动"的代表人物席勒那一年11岁,而"集整个文明于一身"的德国诗人、科学巨匠歌德这一年20岁,德国古典美学的"奠基者"康德这一年46岁,被誉为"美学之父"的鲍姆嘉通这一年56岁。黑格尔在图宾根大学读书时与哲学家谢林是同窗好友,他在早期曾受到了谢林哲学的影响,但他哲学的成熟期却要比谢林晚得多,直到《精神现象学》的出版,黑格尔才表达了自己独特的、原创性的哲学探索。黑格尔与哲学家叔本华也是同时代的人，两人曾同为柏林大学的同事，但叔本华十分瞧不上黑格尔，他曾自信地说："在康德和我自己之间的这段时间里没有哲学，只有大学里假充内行的伎俩……我比以前任何一个人都更高地掀起了真理的面纱。"为了和黑格尔竞争，叔本华甚至把自己上课的时间安排在和黑格尔上课的同一时间……黑格尔与另一位著名诗人荷尔德林也是好友，与这些时代的巨匠们交往时激起的火花后来构成了黑格尔哲学核心问题的萌芽。

黑格尔被认为是德国古典哲学中康德哲学当之无愧的继承者，他在将康德的批判哲学转化为形而上学的唯心哲学体系过程中做出了卓越的贡献。康德认为形而上学是不可能的，人类心灵不可能达到对实在全体的理性认识，而黑格尔则认为"凡是合理的都是实在的，凡是实在的都是合理的"。黑格尔认为：(1)宇宙间的万事万物都可以通过哲学以一些普遍的范畴而推演出来，由此可见万事万物都是理性的存在。(2)范畴与感性的事物结合就产生了人的认识与现实世界。这种逻辑推演的过程即人的思想的发展过程，也反映了客观世界的发展过程。由此，黑格尔进一步得出真实的世界的演变即思想的演变、哲学的演变，人类通过理性可以认知一切东西。黑格尔以他规模宏大、逻辑严谨、复杂详尽的形而上学哲学体系的建构彻底地完成了此前还被康德所宣称是不可能完成的事情。当代美国哲学家怀特曾这样评价黑格尔："几乎二十世纪的每一种重要的哲学运动都是以攻击那位思想庞杂而声名赫赫的十九世纪的德国教授的观点开始的，这实际上就是对他加以特别显著的颂扬。我心里指的是黑格尔。"①

黑格尔最重要的著作包括《精神现象学》(1806年)、《逻辑学》(1812年)、《法哲学原理》(1812年)、《历史哲学》(1818年)，还有一部分重要的作品是在他去世后才出版的，例如《美学》《哲学史讲演录》等。

三、《美学》主要内容

《美学》是西方美学史上具有里程碑意义的鸿篇巨制，它集古典美学传统之大成，代表着德国古典美学发展的顶峰，也是世界上最早的、成体系的美学专著之一。事实上，黑格尔的《美学》并不是一部专门写就的"著作"，而是他的学生H.霍托根据黑格尔在海德堡大学和柏林大学讲课的学生笔记与黑格尔本人的部分讲稿加以整理而成的，在黑格尔去世后，于1835年出版为《美学讲演录》。这部著作的中文译本题名为《美学》，是由朱光潜翻译而来的。

德国美学家虽然都是从自然和艺术、感性和理性、客观和主观等的统一中去建构真、善、美的体系，但由于哲学基础的差异，具体方法也是不一样的。鲍姆嘉通从知、情、意人格三要素提出建立美学这门学科，而康德是从主观的心灵中去寻找真、善、美的基础，黑格尔则在客观唯心主义的基础上建立真、善、美统一的美学体系。黑格尔认为，研

---

① M.怀特：《分析的时代：二十世纪的哲学家》，杜任之主译，商务印书馆，1987，第7页。

究美学的目的“不是为了刺激艺术创作，而是从科学的角度来理解艺术”，黑格尔是把康德哲学、美学思想放在近代哲学不断寻求思维与存在、普遍性与特殊性、自由与必然、客观与主观、理性与感性、生活和意识等一系列矛盾、对立的和解统一的历史过程中来考察和评价的。黑格尔还认为，美学的中心课题也是寻求上述矛盾的和解，只有在此基点上，才能正确理解艺术和美的本质，才能使美学获得科学性。

《美学》的中心线索是黑格尔对“美”下的定义，即“美是理念的感性显现”，是由理念而显现为具体的感性形象。这里的“显现”并不是指实际实在的存在，而只是将其“现外形”，与存在是对立的，“显现”出来就成为艺术品，没有艺术品，就没有所谓的“感性显现”。那么“感性显现”的目的是什么呢？那就是人意识到自己的存在，并且要通过对象化的方式印证或观照这种存在。

《美学》第二个主题是艺术美与自然美的关系。对黑格尔来说，艺术美与自然美的区别体现在质与量上，其根本差别在于：自然只能自在的而非自为的，因为它认识不到自我的存在；而艺术美（理念）作为绝对精神，其特点就是自在自为、自我认识，也就是心灵上的自我观照。艺术是对自然的征服，艺术要表现的东西应是有力量的、本质的、经过提炼后的东西。黑格尔不承认先有自然美，然后才有艺术美，而是强调了艺术美是从心灵中产生的美，艺术美高于自然美，因此他未能正确把握到美的本质。

《美学》第三个主题是从精神发展史的视角勾勒了艺术发展的精神历程，他将艺术划分为“象征型”“古典型”“浪漫型”。从整体上说，艺术愈前进，物质的因素就愈下降，而精神的因素就愈上升，由于浪漫型艺术的精神压倒物质，这种分裂必导致艺术本身的解体，艺术最终让位给哲学，而艺术历史就此终结。黑格尔指出，近代人的灵魂是一个分裂的灵魂，分裂的灵魂必然导致与客观世界的分裂，这样，也导致了浪漫型艺术的解体，整个艺术也就解体了，艺术的解体也就是美学的解体，我们不再对艺术（美学）屈膝膜拜了。在美学史上，黑格尔是第一个探讨艺术死亡问题的人，近代思想家如本雅明等亦谈到在机械复制年代造成艺术品灵光的消逝，后来美国艺术理论家阿瑟·丹托于1984年也提出了“艺术终结论”（the End of Art）[①]，影响甚大。

黑格尔《美学》强调人类正是在对客观事物的改造中，把原来的自然改造为“人化的自然”，使得人类从物质自然的束缚中获得解放，并由此深入讨论了艺术的理性内容和艺术的发展史，史无前例地拓宽了美学研究的范围，代表了那个时代的美学的最高成就，对现代美学也产生了深刻的影响。

（撰稿人：刘建平）

① 当前“艺术终结论”仍然是美学界探讨的热点问题，比较有代表性的观点有阿瑟·丹托的“艺术终结论”以及希利斯·米勒的“文学终结论”，尽管他们的表述方式不同，对“艺术终结”概念的诠释也各异，但都可以看出受黑格尔美学的影响，了解此间的脉络和关系，可参见刘建平：《东方美典——20世纪“中国艺术精神”问题研究》，人民出版社，2017。

《悲剧的诞生》导读

一、尼采及《悲剧的诞生》简介

尼采(1844—1900),德国著名哲学家、诗人。《悲剧的诞生》是其第一部著作,也是代表作之一,在尼采整个哲学思想中占据重要地位。写作《悲剧的诞生》,尼采是试图对自己先前景仰的哲学家叔本华的悲观主义哲学进行改造,同时也是对欧洲理性主义传统的深刻反思。叔本华的悲观主义哲学认为,人的存在就是痛苦,在意志的盲目力量的支配下,人因欲望不可能得到满足而不断陷入痛苦之中,要么通过艺术的审美观照获得暂时的逃避,要么否定生存意志,以求永久解脱。面对叔本华指出的悲观厌世的人生结局,尼采不甘心承受生命的绝望与无意义,他试图从古希腊人身上找到力量。在他看来,古希腊人呈现出极为健康、美丽、坚强与欢乐的人生态度,但这并非廉价的乐观,相反,他们深刻地认识到生存的荒诞与深渊,但希腊人并不屈从于悲观主义,而是借艺术的手段让世界与人生变成审美对象。在《悲剧的诞生》中,尼采试图阐明希腊人如何处理与克服悲观主义,以及这种悲剧精神如何因"苏格拉底精神"的兴起而走向消亡的过程。

二、《悲剧的诞生》主要内容及思想

在《悲剧的诞生》中,以日神精神和酒神精神作为基本概念,尼采展开了对希腊艺术及人生态度的阐释。日神是光明之神,让万物呈现出美的外观与幻象。日神精神类似于梦的世界,一方面,梦的世界是形象而直观的,呈现出的是美丽外观,另一方面,梦中的事物是虚幻的,做梦者能将梦中景象置于一个超然静观的位置。因此,日神精神代表的是一种安坐于其中欣赏美丽外观的静穆,获得一种从人生悲剧中解脱的宁静愉悦。这也是希腊人的节制之德的表现,免受剧烈的刺激。由于这种幻象的面纱与距离,人生被美化,故希腊人能够抵御惨淡人生。

与日神精神相比,酒神精神是更为原始的本能与冲动。在酒神节的狂欢中,人们打破一切禁忌，狂饮滥醉，放纵性欲。如果说日神象征着美的外观的幻觉力量，酒神则表现着惊骇狂烈的情绪的放纵力量。个体解除一切束缚，复归原始自然的体验。个体的解体带来了至深的痛苦，却获得了与世界本体融合的最高欢乐，因此酒神状态是一种痛苦、恐惧与狂喜相交织的癫狂状态。如果说日神精神体现为梦境，酒神精神则体现为醉态，它以激情的狂热与忘我为特征，整个世界呈现为强有力的、欢快的、不断变化生成的海洋，主体从自我的崩解中体验到生生不息的意志的永恒。人不再是艺术家，而成了艺术品。如同后来巴赫金对狂欢节的描述，尼采认为在醉态的狂欢中，凭借酒神的魔力，人与人重新修好，奴隶成为自由人，大地自愿献出它的礼物，猛兽温和地接近山岩和荒野。人与人、人与物之间一切僵硬、敌意的界限都被打破，世界呈现在和谐的福音中，仿佛幻象的面纱已被扯碎，只有碎片在神秘的原初前到处飘扬。在这种酒神狂欢中，处于日神精神支配下的希腊人感受到了自己与酒神冲动的深刻联系，他的整个生存，以及全部的美与适度，都建立在某种隐蔽的痛苦和根基上，酒神冲动地向他揭示了这种根基。显然，在尼采所描绘的个体在醉境中与之合为一体的本体世界，正是叔本华所说的生命意志，但在叔本华那里，生命意志是一种无意义的挣扎，而在尼采这里，他强调的是生命意志为自身的不可穷竭而欢欣鼓舞，是强大生命力与痛苦和灾难相抗衡的创造激情。个体生命是稍纵即逝的，但是，隐蔽在个体生命背后的生命本体，即生命意志却是不断再生的。面对人生的悲剧性、荒诞性这一真理，尼采清除了叔本华哲学中否定生命、灭绝自我的悲观主义成分，而注入了奋斗、创造与生命意志的积极精神。

在尼采看来，正如生殖源于两性间不断的冲突与协调活动一样，希腊艺术正是日神与酒神的冲突与结合的产物。日神是造型艺术之神，这是用轮廓分明的形象去模仿，酒神是音乐艺术之神，这是用浑然一体、流动变化的非形象之物去模仿，艺术就存在于这两种本能之间的斗争和暂时调解之中。受叔本华影响，尼采认为音乐是作为世界本质的意志的直接表现，它不需要语言加以说明，或者说，它本身就是意志的直接语言。与之相反，古希腊的造型艺术（雕塑、绘画）与大部分文学（史诗、神话）都只是对世界表象的静观呈现，所以必须借助于纹理分明的形象，因而它们是日神精神的体现。而对抒情诗来说，它也需要形象，但这种形象往往是模糊或纷乱的，缺乏史诗中形象的明朗性与一贯性，这是因为抒情诗的内核不是造型性的而是音乐性的，音乐精神才是抒情诗的本质。因此，抒情诗呈现的是酒神的内容与日神的形式。与抒情诗相似，悲剧的内容也体现了酒神激情，而形式是日神的，换句话说，日神冲动与酒神冲动的斗争与和解促成了希腊悲剧的诞生。日神精神沉湎于外观的幻觉，酒神精神却要破除幻觉而直面人生悲剧，两者如何融合？外观的幻觉一旦破除，世界露出了残酷与荒诞的本相，如何再肯定人生？悲剧把个体的痛苦与毁灭展示给观众看，又如何能生成快感？在尼采看来，在悲剧中固然看到了个体的毁灭，但个体在这种毁灭中与天地万物融为一体，反而让人感觉到世界生命意志的丰盈与不可遏止，顿然生出由衷的快感。每部真正的悲剧都用一种形而上的慰藉来解脱我们:不管现象如何变化,事物基础之中的生命仍是坚不可摧和充满欢乐的。由此,悲剧世界观就不是否定生命而是肯定生命,悲剧则是肯定人生的最高艺术。

但是,古希腊的悲剧却走向了衰亡,而造成这种衰亡的罪魁祸首就是"苏格拉底精神",也就是尼采所说的"科学精神",一种最早显现于苏格拉底人格之中,对于自然界之可以追根究底与知识之普遍造福能力的信念。苏格拉底的这种理智主义与浅薄的乐观主义,扼杀了日神与酒神的艺术本能,这是一种新的对立,酒神狄俄尼索斯和智者苏格拉底的对立,希腊悲剧在这种对立中归于毁灭。到了欧里庇得斯那里,悲剧已被篡改,欧里庇得斯用理性和探究精神把原始的酒神因素从悲剧中排除出去。欧里庇得斯以后的艺术堕落成了伪艺术,其代表是伊索寓言和现代歌剧。这暴露了苏格拉底式乐观主义否定艺术与摧残生命的本性。

《悲剧的诞生》出版后,遭到了学术界的批评与敌视,但这本书的影响是巨大的。尼采对古希腊文化中酒神精神的论述,改变了那种认为希腊文化只是阿波罗精神的传统观念,也改变了启蒙主义者与浪漫主义者仅从人与自然的和谐、灵肉的统一等角度来理解希腊人的局限,深入展示了希腊人的悲剧世界观;而他对苏格拉底理智主义的分析,开启了对西方理性主义传统的深刻反思,对西方哲学乃至整个西方文化的走向有不可低估的影响。尼采以生命意义作为哲学主题,也深刻地改变了哲学的研究对象,用非理性的酒神精神取代理性,强调非理性的情绪体验,把情绪状态引入哲学,导致了哲学的诗化。而酒神精神所蕴含的身体性、狂欢性也影响了身体美学。《悲剧的诞生》对存在主义也产生了深远的影响,存在主义对情绪体验的重视,以及在人生已经失去绝对背景的条件下,要为生命寻找一种绝对的意义的努力,都与此具有相关性。

【参考文献】

[1][德]尼采.悲剧的诞生[M].周国平译.北京:生活·读书·新知三联书店,1986.

(撰稿人:黎杨全)

弗洛伊德文学思想导读

弗洛伊德是一位心理学家和心理医生，当我们说他的文学思想时，并不是说他就是一位文学理论家，而是因为在他的心理学著作中提到了很多文学作品，而他本人对文学又非常感兴趣，非常喜欢用文学现象来阐明自己的心理学观点。文艺理论界将他的这些著述集结到一起，就形成了一个非常有特色的文艺思想体系。

一、弗洛伊德的生平与著作

弗洛伊德，奥地利人，20世纪最有影响的思想家之一，精神分析学派创始人。1856年出生于现属捷克的摩拉维亚，4岁时全家迁往维也纳。他自幼就聪颖过人，中学时代曾连续几年获得第一名。1873年入维也纳大学学习医学，他最初学习的是生物学，研究动物的睾丸结构，后转攻神经病理学。1881年获得医学博士学位。1885年，弗洛伊德获得助学金到法国师从著名精神科医生沙科从事歇斯底里症研究，开始了他从性的角度来阐释心理和精神问题的旅程。

弗洛伊德一生著作丰富。1895年，弗洛伊德与布洛伊尔合作出版了他的第一部著作《歇斯底里症的研究》。该书的问世，标志着精神分析学派的诞生。1900年，《释梦》出版，这是精神分析学的典范之作。1905年，《性学三论》出版，在伦理学领域引起了轩然大波。1905年之后，进入了所谓的弗洛伊德后期研究，出版的著作有《图腾和禁忌》（1913年）、《超越惟乐原则》（1920年）、《自我和本我》（1923年）、《一个幻想的未来》（1927年）、《文明及其不满》（1930年）。他的最后一部著作是《摩西与一神教》，由于他大胆的观点，遭到了宗教界的强烈反对。1939年，在病痛和战乱双重折磨中的弗洛伊德离开人世。

二、弗洛伊德心理学关键词

作为精神分析学派创始人，弗洛伊德的心理学思想有着鲜明的特点，自诞生以来，虽然经历了各种争议，但一个不争的事实是，他的思想已经深深影响了20世纪。从心理学的角度来看，弗洛伊德的突出贡献可以用如下关键词来描述。

其一，无意识。西方哲学传统主要是理性主义传统，高扬理性，探究的都是人类的意识世界。18世纪哲学家莱布尼茨曾经指出，除了清晰的意识之外，人类还有模糊的、不是非常清晰的意识。这是较早对人类无意识心理的哲学讨论。而从心理学角度讨论，并使这一词语耳熟能详的人是弗洛伊德。弗洛伊德把人的心理分成两大块：意识和无意识。他以冰山作喻，露在海面上的冰山是意识部分，隐藏在水面之下的是无意识部分。这就是冰山理论。冰山理论表明，意识部分只是人类心理的冰山一角，而隐藏在心理深处的无意识才是一个庞大的躯体，是人类行为的决定性力量。

其二，性本能。这个概念是与无意识紧密联系在一起的。性的欲望，作为人类本能之一，在弗洛伊德这里被赋予了强烈的生命力和破坏性力量。它是无意识的主要内容，仿佛汽车的发动机，是人类行为的内驱力。所有的人类行为都可以从这里得到解释。

其三，童年创伤。弗洛伊德认为，人类的精神疾病往往与童年创伤有关。由于他是一个泛性论者，因此这种童年创伤主要是一种性欲无法得到满足所带来的心灵伤害。他的俄狄浦斯情结就是童年创伤的典型表征。

其四，梦。弗洛伊德有一个重要观点，即梦是愿望的达成。梦中的内容往往是人类欲望的象征性传达，如长形物体都与男性生殖器有关，而圆形物体都与女性生殖器有关。性欲作为原始欲望，被文明或文化所压抑，人们通过梦的方式曲折地表达自己的欲望。

其五，本我、自我和超我。这是弗洛伊德后期思想中的重要概念。后期弗洛伊德，思想开始向文化转型，他逐渐从精神分析视角来解释社会或文化问题。在这一过程中，他提出了有关人格理论的这三个概念。本我是人的潜意识部分，它代表人的本能，遵循的是快乐原则。自我是人的前意识部分，它代表人的理智，遵循现实原则。超我是人的意识部分，代表人的理想，遵循的是理想原则。

三、弗洛伊德文学观念关键词

在其著作中，弗洛伊德引用了很多文学作品，如《俄狄浦斯王》《哈姆雷特》《一个女人一生中的二十四小时》等。他也对一些作家作品做出过评析，如《列奥纳多·达·芬奇和他童年的一个记忆》《陀思妥耶夫斯基与弑父》等。我们仍以关键词的方式，来扫描其文学思想。

其一，俄狄浦斯情结。这一术语源自索福克勒斯的悲剧《俄狄浦斯王》，讲述了一个杀父娶母的故事。文学史中历来都是把它作为命运悲剧的典范。但弗洛伊德指出，人类无意识中都有一个恋母情结，视父亲为情敌，都有弑父想法，即杀死情敌的欲望。这部作品由于属于人类早期作品，因此是直接表现了这种弑父娶母的愿望。而《哈姆雷特》《卡拉马佐夫兄弟》等，则是以别人杀死父亲来曲折表达这种愿望的。俄狄浦斯情结是恋母情结，与之相对应的是恋父情结，即列克屈拉情结。

其二，白日梦。弗洛伊德曾经写过一篇长文，叫作《作家与白日梦》，把作家当作白日梦患者来研究。在他看来，儿童有游戏本能，成人不再游戏，但把这种游戏本能转成了幻想。作家的创作是成人幻想的一种表现方式。弗洛伊德把作家的创作分成两种：一种是接受现成题材，一种是自己选择题材。后一种作家是典型的幻想型，即白日梦患者。这种作家在自己的作品中或是表现一个至高无上的自我，或是通过旁观者角色来满足自己。在弗洛伊德看来，作家可以通过这种白日梦方式达到无意识欲望的满足。

其三，升华。弗洛伊德认为，人类的一切外显行为都可以从性欲的象征或者变形的角度获得解释。在性欲的转化活动中，一些转化成了邪恶的行为，理应受到谴责或者惩罚，而还有一些，如科学、文学、艺术等，则属于性欲升华的产物，它引向了高尚、文明的人类生活。

四、对弗洛伊德思想的简单评价

在弗洛伊德八十岁生日的那一年，全世界很多文化名人举行了签名活动，庆祝他的生日，领衔者是爱因斯坦。从这一活动就可以知道，弗洛伊德在20世纪思想界中的崇高地位。伴随着这种地位的，是他思想里某种程度上的离经叛道，以及由此带来的知识界的轩然大波。

弗洛伊德的无意识理论，正行走在19世纪末以来的非理性思潮的路上。他用无意识和性欲理论，颠覆了西方理性主义传统和文艺复兴以来的人文主义传统，拓展了人类对自我的深层认识。然而，他将人类性本能泛化，将人沦为动物等，也是他理论中常被人诟病的地方。

然而，自弗洛伊德始，思想界开始重视性本能在人类活动中的重要性，强调童年经验对人一生的影响，重视梦的象征意义等，这些都与弗洛伊德的推动有直接关系。到目前为止，无意识、俄狄浦斯情结、本我、自我、超我等术语深入人心，成为人们的日常语言，这些都足以说明弗洛伊德对今天的深刻影响。

就文学领域来说，弗洛伊德的观点主要属于作家作品论范畴，强调作家童年的性意识对其创作的影响。这些都为文学解读提供了新的视角。但同时我们也应该看到，他理论中的泛性论倾向、男权主义等，又会限制对作家作品理解的有效性。

【参考文献】

[1][奥地利]西格蒙德·弗洛伊德.精神分析引论[M].高觉敷译.北京:商务印书馆,1986.

[2][奥地利]西格蒙德·弗洛伊德.弗洛伊德论美文选[M].张唤民,陈伟奇译.上海:知识出版社,1987.

[3][奥地利]西格蒙德·弗洛伊德.释梦[M].孙名之译.北京:商务印书馆,1996.

[4][奥地利]西格蒙德·弗洛伊德.弗洛伊德后期著作选[M].林尘,张唤民,陈伟奇译.上海:上海译文出版社,2005.

[5][奥地利]西格蒙德·弗洛伊德.弗洛伊德自传[M].廖运范译.北京:东方出版社,2005.

(撰稿人:张冰)

《在通向语言的途中》导读

一、海德格尔及其《在通向语言的途中》概说

海德格尔(1889—1976),出生于德国巴登邦梅斯基尔希。1903—1906年,他在康斯坦人文中学就读。17岁时,进入弗莱堡人文中学读书。这本书是他后期的一部重头著作,所收共六篇文章均是其在20世纪50年代做的演讲报告,主要围绕着Ereignis和Sage两个核心词语展开,集中呈现了他关于语言与存在的思想。

海德格尔17岁那年读到布伦坦诺《亚里士多德所说的存在的多重意义》一书,对存在的意义问题产生了浓厚的兴趣,大学第三年,这个天主教家庭的孩子就从神学转入了哲学。他1913年完成博士学位论文《心理主义的判断学说》,后在弗莱堡大学任讲师,讲师资格论文为《邓·司各脱关于范畴的学说和意义的理论》。1927年,为晋升教授职称,他发表未完手稿《存在与时间》,后成为20世纪最重要的哲学著作之一。他后期讲授赫拉克利特、巴门尼德及莱布尼茨、尼采等人的著作,在语言、艺术(诗)以及技术等问题上的研究有很大的成就,《在通向语言的途中》是其重要的一个部分。

该书六篇文章的出处分别为:《语言》演讲于1950年10月7日,为纪念马克斯·科默雷尔而作,1951年曾重作,一直以多种抄本和笔记的形式流传;《诗歌中的语言》最初发表于《水星》杂志1953年第61期,原题为《乔治·特拉克尔——对其诗歌的探讨》;《从一次关于语言的对话而来》系因东京帝国大学的手冢富雄教授的一次来访而作,作于1953至1954年间,此前从未发表过;《语言的本质》里有三个在弗莱堡大学的普通研究班上的演讲,时间分别是1957年12月4日、18日和1958年2月7日;《词语》是1958年3月11日他在维也纳城堡剧院黎明庆祝日上做的演讲,原题为《诗与思——关于斯退芬·格奥尔格的〈词语〉一诗》;《走向语言之途》是1959年1月巴伐利亚美学艺术协会和柏林艺术协会举办的题为“语言”的系列演讲之一,最初发表在《形态和思想》1959年第6期上。

二、对本书的理解至少需要注意以下几个方面

（一）对语言的把握不同于语言学

语言学研究语言不问语言说了什么，虽然这是语言之所以是语言的前提，语言学甚至也不关心语言的说话特性，而只研究语言本身的形式构造。这种研究再深入，最后也无法揭示语言的本质，如同生理学对人体的研究解决不了人之所以为人的精神本质一样。以往哲学家思考语言问题总是将语言与事物或世界相联系，但也无法解决语言说了什么这一问题。海德格尔说，语言说了存在，语言从存在而来，为存在从而也为人提供居所。那么，这个断言是怎样得到的？本书诸篇就告诉大家理由与过程。

海德格尔的语言研究特点完全不同于语言学，这场“通往语言之途”的语言本质之沉思不再是语言学那样的关于语言形式的考察，而是“从那种与‘道’相涉的事情出发来经验通向语言的道路”，“语言的固有特性隐藏在大道中”，对语言之本质的沉思不应该是对象性的观审，而只能是通过“顺从道说的听”而来通达，因为关于“道”的考察一刻也无法离道旁观，而只能在“行道”之中切身“体道”。本书诸篇以Ereignis为引线把语言带上了道，以及带向了对道路的道说。道说之情形一如存在之情形，对它的把握自然就不同于语言学的对象性的把握方式。

（二）用西方的方式表达“道”的思想

海德格尔通过对《中庸》《老子》等的引述和发明，解决了词源学解决不了的思想起源。对于德语来说，这种思想的命名是困难的，因为无论Ereignis还是Sage，就其德语字面和词根而言，都与道路（Weg）了无瓜葛。Ereignis，Sage和Weg之间的关联，海德格尔无法通过惯用的词根分析方法在德语内部来聆听词语的道说，只能借助外来思想资源的指引：“老子的诗意运思的引导词语就是‘道’（Tao），根本上意味着道路。……‘道’或许就是产生一切道路的道路，我们由之而来才能去思理性、精神、意义、逻各斯等根本上也即凭它们的本质所要道说的东西。也许在‘道路’（Weg）即道（Tao）这个词中隐藏着运思之道说的一切神秘的神秘。”在本书的最后一篇文章“走向语言之途”中，Ereignis，Sage和Weg之间的关系是通过如下两个简洁的断言而得到界定的：Der Weg ist ereignend.（道路是成道着的）Das Ereignis ist sagend.（大道是道说着的）。孙周兴的中文翻译里，大道、道说和道路之间的关联直接可见，而在德文的Ereignis，Sage和Weg之间却远不明显。这是翻译文本对于被翻译文本的贡献。

（三）语言的本质与本质的语言

道说（Sage）超出现实语言的规定范围，犹如存在之思要超出已存在的词语的支配领域。但一旦抛开已存在的词语，思想就会陷入无名之中。所以新的命名将不得不出现，Ereignis便是在此困难处境中的命名。这个从日常德语化用来的思想命名之所以可能，首先有赖于把语言的本质转换为本质的语言，把语言的渊源追溯为道说（Sage），只

有道路(Weg)的开道(Bewëgung)才能实现从语言到道说的追溯以及回过头来从道说到语言的表达(Aussprechen)。也就是说,只有依循通往语言的道路,顺从道说的寂静之音,并从道说达乎有声的语言,Ereignis才能取代存在而成为思想之事的合适名称。

本质的语言是寂静之音,它通过道路的开辟(命名),带向有声的词语(Wörter)和说话(Sprechen),道路的开辟必须从其自身而来得到思考,比如存有(esse)的真理不是指主观与客体之间的符合,而是指存有居有(Seyn west)、大道成道(Ereignis ereignet)的油然发生、豁然敞开,让存在者在敞开中现身在场,以及在现身在场的存在者中抽身隐退(entziehen,enteignen)。与"大道成道"相关的还有时间到时(Zeit zeitigt)、空间空间化(Raum räumt)、世界世界化(Welt weltet)、物物化(Das Ding dingt)等等。这些句子都是"从其自身而来思考"的"道自道"句式,预示着道路思想对于思之事情的本质重要性。

《在通向语言的途中》考察语言的自道,但又不仅限于考察语言。它不是"关于"语言的考察,而是"从语言而来"的道说。语言的情形犹如行道的情形,对语言的沉思被用作开辟道路的引线。从语言而来的道说,是为了开辟一条道路,以便道说所有那些必须从自身而来才能得到思考的事情,以及思考那些事情的自道性质。这些事情以其自道性质而与道路有着天然的本质联系。一切本质和存在都在语言中说话,命名作为道路的开辟,不是像贴标签一样把语词和事物联系起来,而是拢集物,使物在与他物的关联中显现,从而具有意义。因此,命名不是建立一个对象和一个语词之间的联系,而是从建立一个语词在语言整体中的位置来建立一物在世界中的位置,而一物只有在世界中有一个位置才能显现。那么,事物唯有通过语言才是其所是而不是其所不是,其存在才显现出来。

(撰稿人:姜永琢)

《词与物：人文科学的考古学》导读

福柯的《词与物：人文科学的考古学》（以下简称《词与物》）从引用一段令人匪夷所思的中国某部百科全书对动物的分类开始。这段博尔赫斯杜撰的荒诞分类，使我们脑洞大开：突然意识到，事物之所以能邻近并置，需要有一个共同的基础。这个基础常常是被视而不见的，只有在眼前的基础与我们惯常的基础相抵触时，我们才会意识到它的存在。例如，我列下：1.买胡萝卜、豆芽；2.打电话给张老师，问候他父亲；3.至少开怀大笑一次；4.完成《×××》的写作；5.比较鱿鱼和墨鱼的区别。这几件不相关的事情之所以得以并置，是因为它们有一个共同的场基——今日待办事宜。这个场基就是隐含在以物的分类为代表的一切知识之中的基础——秩序。“秩序既是作为物的内在规律和确定了物相互间遭遇的方式的隐蔽的网络而在物中被给定的，秩序又是只存在于由注视、检验和语言所创造的网络中。”然而，福柯的《词与物》并不是讨论这个经验秩序自身，对于它的反思，已由科学理论或哲学阐释完成。“它们阐明了为什么一般来说存在着秩序，它遵从什么普遍规律，什么样的原则能说明它，为什么是这个特殊秩序（而不是其他的秩序）……”但在经验秩序与对秩序的反思之间，还存在一个区域，一个中介地带——“一个释放秩序本身的中介地带”。这个区域既成就了秩序，又排斥了秩序，正是它在不知不觉中偏离了经验秩序，才使得这些秩序丧失了它们初始的透明性，使得文化发现“自身面临一个原始事实：在其自发的秩序下面，存在着其本身可以变得有序并且属于某种沉默的秩序的物”。也就是说，这个区域让我们发现“存在着秩序”，就其宣明了秩序的存在方式而言，这个区域被福柯认定为最基本的区域。《词与物》就是对这一区域的注视与检验，研究“纯粹的秩序经验”和“秩序存在方式的经验”，研究我们的经验秩序得到可能的基础，去重新发现在何种基础上，我们的知识才是可能的——我们知识空间的那些构型——我们知识的“认识型”。

对于“认识型”的考察，不可能出现在历史的连贯处。认识型的显现，只会发生在经验秩序的偏离、排斥与冲突中——我们原有的思考方式突然终止和改变，原本平静和连续的景象被打破，出现了断裂。福柯就是在这个断裂处，以考古学的方式揭示了西方文化认识型的两个巨大的间断性。第一个中断，由文艺复兴时代过渡到古典时代，发生的时间大约是17世纪中叶；第二个中断，发生在19世纪初，由古典时代过渡到现代性，这个现代性一直延续到福柯自己所处的时代。福柯强调"这样的分析并不属于观念史或科学史"，因为观念史或科学史是对秩序之反思的反思，是连贯的历时考察，而福柯的探究与其说是反思，不如说是一种直觉，是对共时现场的直觉。所以，《词与物》中常有这样的考古现场出现——"宫中侍女""堂吉诃德"，都成为福柯对认识型进行考察的考古现场。

《词与物》一书出版时，福柯倾向于将该书命名为"事物的秩序"，但西方文化认识型的转变集中体现在语言与事物的关系上，最终此书以《词与物——人文科学的考古学》出版。在认识型的第一次转变前，语言与事物处于相似性的关系中，"直到16世纪末，相似性在西方文化知识中一直起着创建者的作用"。在这样的认识型中，语言是物的完全确实和透明的符号，因为语言与物相似，所以语言与世界形成一种类推关系，而不是指称关系。物在语言的符号体系中能像在镜子中一样被映照。世界的景象是一个词与物的"巨大的统一的平面"。由17世纪开始的新时代，彻底改变了词与物的原有构序。语言不再直接与事物相似，而是成为事物的表象。作为新科学始祖的培根和笛卡尔也都批判和拒斥了相似性，相似性成为不确定和模糊性的代名词，被排斥到认识的边缘。长期以来曾是基本知识的相似性（既是认识的形式，又是认识的内容），在一种基于同一性和差异性的术语的分析中解体了，这种变化的最终结果是表象取代了相似性成为认识世界的核心。当语言与事物的关系从相似走向表象时，世界的景象也从一个"巨大的同一平面"走向了由精确的计算和可操作性的组织化构成的图表。在其中，符号分派给我们的表象被连接成有区别的小区域，这些小区域因可确定的特征而相互分隔开来，又准许确立一个同时性的体系，来表明自身的差异与距离。19世纪初，认识型由古典时代过渡到现代性时代，在福柯看来，在18世纪末以前，人并不存在。生命、劳动、语言的历史深度也不存在。"人"是新近的产物，是现代认识型的产物。

福柯对中世纪末—古典—现代这三个时期的认识型变迁进行知识考古，基于相似性—同一与差异性—人之限定性，将词与物的关系概括为复杂缠结—话语直接表象观念—语言获得独立自存。"人"的观念产生自现代认识型的需要，人文科学乃是对"人"的研究，"人"的出现和现代性的到来，人的有限性也愈加突出。福柯看到了新的认识型的萌生，现代的基于"人"的认识型的崩溃，标志着"人之死"，这也是对尼采思想的一种回应。

福柯声称他不是结构主义者，但符号、分类、秩序、意义等概念始终贯穿全书，从某种意义上看，此书也是一部符号学思想史。"相似性"当初是符号之所以为符号的表意基础，能指和所指二者之间的必然关系遭到质疑而破裂后，语言和事物逐渐分离，其中可看出两大符号学系统即索绪尔的和皮尔斯的，在该书中得到较为完美的结合运用，我们应该继续思想方法、真理、符号之间的关系。语言之所以能言说，在于词与物的分离，在词与物的差异性之间知识才会出现。这是一种裂隙，与认识型转换之间的裂隙属于同一种性质，有人将库恩的范式理论与之相提并论，多少有些误解了福柯，两者表面上相似，实际上福柯强调的不是结果，不是认识型或范式本身，而是断裂。断裂处可呈现秩序本身何去何从，这个才是福柯锁定的基本区域，裂隙产生的地方，是应该扔个火把去照亮的地方。

最后大家要明白的是此书表面上在批判康德以来建立的人的概念，包括以萨特为代表的主体哲学，实际上他的理论衣钵还是承自康德，因为认识型毕竟仍是在康德的人类认识条件基础上产生的。福柯并不一定主张后现代精神，而是预感到后现代将开启一种新的认识型，并涉及了此认识型的特征。

（撰稿人：姜永琢）

《论文字学》导读

《论文字学》是20世纪下半叶法国重要的思想家雅克·德里达(1930—2004)的代表作之一,初版于1967年。

德里达是解构主义的代表,他出生于法国的殖民地阿尔及利亚,19岁时回到法国读书。20世纪60年代他成为《泰凯尔》杂志的核心人物。该杂志创刊于1960年,终结于1982年,造就了一大批重要思想家、理论家、批评家、文学家、艺术家,如罗兰·巴尔特、福柯、雅克·德里达、马塞林·普雷奈特、让·里卡多、克里斯蒂娃、索勒尔等等,影响了法国乃至欧洲文化的发展。这些人的著作都具有实验性质,把语言作为理论分析起点,对政治、历史与写作提出一种全新的阐释视角。德里达的思想是整个后现代思潮最重要的理论源泉之一,在20世纪60年代以后掀起了巨大波澜,成为欧美知识界最有争议性的人物。他的理论动摇了整个传统人文科学的基础,主要代表作有《论文字学》(1967年)、《声音与现象》(1967年)、《书写与差异》(1967年)、《散播》(1972年)、《哲学的边缘》(1972年)、《立场》(1972年)、《人的目的》(1980年)、《文学行动》(1992年)、《马克思的幽灵》(1993年)等。

《论文字学》从解构主义的基本精神出发追溯了"文字"概念的历史,对以逻各斯中心主义和语音中心主义为特征的西方形而上学传统做出了深刻的分析与批判。在写作上,本书创造了与其思想相一致的风格,通过对莱维-施特劳斯和卢梭的著作的解读,展示了一种新的阅读风格和阅读策略,揭示了文字对社会组织、情感世界、文化生活乃至生存方式的深刻影响。

阅读本书需要理解其批判工具的源头,德里达以索绪尔的符号学理论为工具,但又反过来批判后者的"语音中心主义",他的"延异"与"文字"在多大程度上拓展了索绪尔思想,是很值得质疑的。索绪尔认为语言中只有差异,他的研究对象既非"语音",更不会是"语音中心主义",并对能指与所指的划分所带来的矛盾有着清醒的认识,他说语言单位也只是假设,差异原则足以禁止所指滑向"先验所指"。实际上,索绪尔已先于德里达在符号学中完成了对传统形而上学的颠覆。与其说德里达批判索绪尔,不如说是重新发现索绪尔。

对文字学的考察成了语音对原初文字施加压力与暴力的揭示，反思文字就是对语音中心的自然消解，也是对在场的形而上学的有力批判，但文字是否会替代语音，再次成为一个中心。这是不可能的，德里达非常清楚，将形而上学的对立简单翻转过来并不能真正推翻形而上学思想的框架和立足点。他的"文字"是一个全新的概念，是指在与一种"表达实体"发生关系之前的文字。原初的文字对意义的"延异"特质，使意义表现为踪迹的踪迹，或者说在原初文字中意义从未表现，从未现身，它甘愿冒虚无主义的风险，只留下踪迹的踪迹，因此，它绝不会为任何在场提供保障，不会为理想性的意义提供栖身之所，不会成为形而上学的支撑。德里达在新世纪回顾《论文字学》时说："这不是一个用书写中心主义来反对逻各斯中心主义的问题，一般地说，也不是用一个中心去反对其他中心的问题。《论文字学》不是对文字学的捍卫和说明，甚至也不是恢复所谓文字的地位。这不是有关将文字的权力、优越性或地位还给文字的问题。"他的目标是通过在界限两边的一番活动，带来内部领域的变动，而实现颠覆。

德里达从未对"延异"(différance)做出过定义，因为任何定义都将是形而上学的。"延异"既不是一个词也不是一个概念，当你试图给它定义时，它就会马上溜走。它的词形构造或可提供一些说明。différance是对法语词différence(差异)的改写，通过引入"a"，唤起了空间上的间隔，间隔引起拖延，拖延又带来延迟。间隔是如何引起拖延带来延迟的呢？德里达解释为"通过差异原则来延迟"。那么，什么是差异原则？"一个要素要发挥作用和有所表征，包含或传达意义，惟有在踪迹中指涉另一个过去的或将来的要素才能达到。"也就是说，差异原则使意义永远不可能在场，一个要素想要达到意义，总要指涉另一个不在场的要素才有可能，而另一个不在场的要素，也只有通过指涉另另一个不在场的要素，无穷往复。这样，意义最终就只留下踪迹的踪迹，意义的赋予成为踪迹的形式游戏。这就是所谓的"延异"。

différance一词词形异常特殊，可见德里达费尽了心思，然而如上所述，其承载的思想可能没有太多的原创性，延异得以可能的机制——"差异原则"实际上直接来自索绪尔。索绪尔对符号中普遍差异的揭示可以总结为：语言中没有任何要素是积极的存在，它只有依靠与其他要素之间的差异，才有存在的可能。因此，语言中既没有符号，也没有声音，也没有意义，有的只是符号的差异，声音的差异，意义的差异，而所有这些符号也好，声音也好，意义也好，绝不在差异之前存在，语言中没有任何出发点，或者任何固定的参照点。1996年发现的索绪尔手稿(中译本于2011年由南京大学出版社出版)对"差异"阐述得非常透彻，但德里达的延异思想所面向的理论视野更宏大，批判性更强大，可与之相辉映。

本书的关键词"解构、文字、言语、所指、先验所指、踪迹、撒播、符号、接缝、印记、在场、形而上学、笔迹学、自恋、欲望、怜悯……"需要特别注意，比如"解构"，它源于胡塞尔和海德格尔的“拆毁”概念，包含两方面意思，其一为突破原有系统，打开其封闭的结构，排除其本原和中心，消除二元对立；其二为瓦解后的系统的各种因素及其外在因素自由组合，相互交叉、相互重叠，从而产生一种无限可能性的意义网络。德里达把这种解构活动称为“旧语移植逻辑”，即在保留旧概念的同时将新意义移植进去。这种“撒播”本身并非无意义，而是意义的“种植”，解构证明了意义的不断生成性，也证明了文本的非自足性和无限开放性。

（撰稿人：姜永琢）

《东方学》导读

《东方学》(Orientalism)是后殖民理论与批评最重要的著作之一,作者是萨义德。

一、萨义德简介

萨义德1935生于耶路撒冷,在英国占领期间就读于巴勒斯坦和埃及开罗的西方学校,接受英式教育。1950年赴美,获哈佛大学博士学位,1963年起任教于哥伦比亚大学。萨义德著作丰富,如《康拉德与自传小说》(1966年)、《东方学:西方对于东方的观念》(1978年)、《巴勒斯坦问题》(1979年)、《探访伊斯兰:媒体与专家如何决定我们观看世界其他地方》(1981年)、《世界·文本·批评家》(1983年)、《最后的天空:巴勒斯坦众生相》(1986年)、《文化与帝国主义》(1993年)、《知识分子论》(1994年)。其中《东方学》影响最大,对后殖民理论的建立与发展起到了决定性作用。萨义德还以知识分子的身份投入到巴勒斯坦的政治运动中,在学术研究和政治参与中都扮演了重要的角色。

二、"Orientalism"的含义与汉语翻译

对于"Orientalism"一词,汉语学界有多种译法,如东方主义、东方学、东方话语、东方学主义、东方志述等等,这说明"Orientalism"一词有着多重内涵。萨义德在书的绪论中总结了三层含义。

第一个层面,Orientalism是指关于东方的一门学科。

根据《牛津英文词典》,"Orientalism"一词最早在1769年被侯霍沃特用来评论荷马。作为一门学科,东方学产生于16、17世纪欧洲资本主义对外扩张时期,首先是一批欧洲商人、传教士和其他最初到东方传教、贸易和探险的人员编写的有关东方多国的记载。16世纪末至18世纪是东方学酝酿阶段,19世纪是东方学的确立阶段,大约在1850

年至1945年间成为规范化知识领域，进入大学，建立学会，形成系统化、制度化的研究学科。[①]20世纪东方国家的学者也加入东方学的研究队伍，东方学成为国际性的研究领域，主要有中国学（汉学）、西夏学、敦煌学、藏学、埃及学、赫梯学、亚述学、伊朗学、阿拉伯学、日本学、印度学、朝鲜学等分支，涉及历史、语言、艺术、文学、宗教、哲学、经济、社会政治等诸多领域，是一个综合性的学科群体。

但正如萨义德所指出，东方学的词尾用的是"-ism"，不像一般学科以希腊文的"logus"（学问、哲理）或英文的"（o）logy"为后缀，"-ism"在英语中主要是指一种主义，很显然，"东方学"这词一开始使用就隐含着明确的意识形态性。萨义德也不是在一般学科意义上来使用东方学的，他的论述主要集中在伊斯兰学和埃及学、印度学领域。同时，他主要是从福柯意义上强调了东方学作为知识与殖民意识形态、文化霸权之间的互动，"东方学是一种关于东方的知识，这一知识将东方的事物放在课堂、法庭、监狱或教科书中，以供人们仔细观察、研究、判断、约束或管制"[②]。他认为："将东方学理解为一套具有限制或控制作用的观念比将其简单地理解为一种确实的学说要好。"[③]

第二层，Orientalism指一种思维方式，一种建立在"the Orient"（东方）和"the Occident"（西方）二元对立基础之上的有关东方的思维方式，并以此来"建构与东方、东方的人民、习俗、'心性'（mind）和命运等有关的理论、诗歌、小说、社会分析和政治论说的出发点"[④]。

从这个意义上说，Orientalism就不仅局限于学科意义上了，它是西方人进行文化研究和社会实践的基本思维方式和出发点，包含了更为广阔的含义，萨义德追溯到了荷马史诗和古希腊戏剧，涉及多种文字表述而不仅仅是学术研究。同时，萨义德强调了其意识形态性与权力运作机制，指出它不仅仅是学者的创造物，还可以"被视为一种规范化（或东方化）的写作方式、想像方式和研究方式，受适用于东方的各种要求、视角和意识形态偏见的支配。东方通过一些具体的方式被教学，被研究，被管理，被评判"[⑤]。在这个意义上说，Orientalism可以被理解为一套权力话语规则，萨义德认为："它是地域政治意识向美学、经济学、社会学、历史学和哲学文本的一种分配；……与其说它与东方有关，还不如说与'我们'的世界有关。"[⑥]萨义德的批判矛头指向的是各种文化霸权表述（representation），学术上、观念上、思维上的有关东西方之间的支配关系与霸权关系的话语模式统统在内。这也是我们在一般意义上所使用的东方主义的含义。

第三层含义，是在前两种含义基础上所做的进一步限定，是"从历史的和物质的角

① 参见《中国大百科全书》《社会科学辞典》以及华勒斯坦等：《开放社会科学》，刘锋译，生活·读书·新知三联书店，1997，第22~34页。

② 萨义德：《东方学》，王宇根译，生活·读书·新知三联书店，1999，第50页。

③ 同上书，第52页。

④ 同上书，第4页。

⑤ 同上书，第258页。

⑥ 同上书，第16~17页。

度进行界定的”，时间上是18世纪晚期以来，西方（主要是英、法、美的东方学界）怎样表述东方（主要指中东伊斯兰世界），以及这种表述与帝国殖民扩张之间的关系。全书集中探讨这套表述话语的基本模式、结构与历史，尤其是它至今依然挥之难去的持久影响力。

萨义德在书中不同的地方强调了Orientalism的不同含义，但总体来说是通过Orientalism探讨18世纪至20世纪中叶英、法、美知识界怎样建构、生产有关“东方”（主要是中东阿拉伯世界以及印度、埃及）的形象、观念、习俗的种种话语（历史学、语言学、文学、人类学、政治报告、探险游记等），对这套话语的意识形态性质、结构模式、生产机制、修辞策略等进行解构与批判。

三、《东方学》的主题

萨义德通过对东方主义话语的分析与批判，“力图提出与探讨人类经验有关的一系列问题：人们是如何表述其他文化的？什么是另一种文化？文化（或种族、宗教、文明）差异这一概念是否行之有效，或者，它是否总是与沾沾自喜（当谈到自己的文化时）或敌视和侵犯（当谈到“其他”文化时）难解难分？文化、宗教和种族差异是否比社会经济差异和政治历史差异更重要？观念是如何获得权威、‘规范’甚至‘自然’真理的地位的？知识分子扮演的是什么样的角色？他是否只是在为他所属的文化和国家提供合法证明？他必须给予独立的批评意识，一种唱反调的批评意识，多大重要性？”[①]这些问题涉及他者文化与历史的再现、知识与权力的关系、知识分子的角色等议题，核心是对以理性主义和欧洲中心主义为代表的现代性观念与权力意识形态的批判。

（一）知识-权力与异文化表述

萨义德在方法论上采用了后结构主义思想家福柯的知识-权力话语理论和意大利思想家葛兰西的文化霸权理论。萨义德的创造性使用在于将他们的理论框架置于西方对异文化的表述领域，以图刺痛整个西方以自我为中心的知识界，进而达到对整个人文学科、对知识的全面反省。“如果东方学知识有什么价值和意义的话，那也正在于它可以使人们对知识——任何知识，任何地方、任何时候的知识——的堕落这一现象能有所警醒。”[②]

萨义德在《东方学》的扉页标列了马克思在《路易·波拿巴的雾月十八日》中一句著名的话：“他们无法表述自己；他们必须被别人表述”，并在书中两次重复引用了这句话。在他看来，《东方学》涉及的最核心问题就是异文化再现与表述问题。再现的研究是一个重大的文化议题，萨义德在一次访谈中明确表示，他的“中东研究三部曲”（《东方

① 萨义德：《东方学》，王宇根译，生活·读书·新知三联书店，1999，第418页。
② 同上书，第422页。

学》《报道伊斯兰》《巴勒斯坦问题》)都集中于再现(representation)问题,以及再现作为研究的对象与政治、经济机构的研究之间维持着多少自主——而不是完全独立、不相往来——的关系。①

斯皮瓦克在《属下能说话吗?》一文中对马克思这句话中的"表述"一词进行了语义辨析,她认为该词在德文和英文中都有两种含义,一是作为"代言"的再现或表述,如在政治领域;一是作为"重新表现"的再现或表述,如在艺术或哲学领域。"再现的这两种意义——一方面在国家构造和法律内部,另一方面在主体的表述中——相互关联但却是无法还原的、断裂的。"②而这两种意思在斯皮瓦克看来是混为一谈的,不存在真正的"再现",你以为你是"属下"的代言人,你"代表"他们说话,你再现了他们的真实与意愿,其实你不过是"狭义上的自我表现"。因此,"属下"不管是被"再现"还是被"代表",他们都被权力话语他者化了,他们不可能真正说话。在萨义德看来,西方表述中的"东方",就形同如此。东方学中出现的东方是由许多表述组成的一个系统,这些表述受制于将东方带进西方学术、西方意识,以后又带进西方帝国之中的一整套力量。表述的"客观性发现"不过是尼采意义上的"真理体系",即"语言的非透明性",或一种真理的语言包装与修辞。在尼采看来,语言表述的"真理"只不过是"一群活动的隐喻、转喻和拟人法,也就是一大堆已经被诗意地和修辞化地强化、转移和修饰的人类关系,它们在长时间使用后,对一个民族来说俨然已经成为固定的、信条化的和有约束力的。真理是我们已经忘掉其为幻想的幻想,是用旧了的耗尽了感觉力量的隐喻,是磨光了压花现在不再被当作硬币而只被当作金属的硬币"③。福柯的话语分析方式强化了尼采这一观点。福柯指出,人文科学一直为话语的修辞所控制,在其中,这些修辞构造(而不仅仅意指)它们假装研究的对象。福柯对人文科学演变及其沿革的多种研究旨在戳穿这些学科的修辞(虚构)策略。在福柯那里,"任何特定的话语形态不是通过它允许意识言说世界而通过它禁止意识言说世界,即语言本身切断了语言中再现的经验领域,来进行辨别的。说话(Speaking)是一种压抑性行为(repressive act),无语的经验领域把它辨别为一种具体的压抑形式"④。因此,在福柯看来由语言建构的知识学科,构成了对世界与人的一种规约(discipline),真理不过是语言的建构物,反过来语言又生产了一套真理体制,为权力运作提供必要的知识,形成一套知识管理技术,乃至一种知识政治(politics of knowledge)。东方学不过是这套知识-权力建构起来的真理体制中的一个组成部分,东方实

① 萨义德:《论知识分子:萨义德访谈录》,载《知识分子论》,单德兴译,生活·读书·新知三联书店,2002,第106~107页。

② 斯皮瓦克:《属下能说话吗?》,载罗钢、刘象愚编《后殖民主义文化理论》,中国社会科学出版社,1999,第105页。

③ 尼采:《真理与谎言之非道德论》,载《哲学与真理:尼采1872—1876年笔记选》,田立年译,上海社会科学院出版社,1993,第106页。

④ 海登·怀特:《解码福柯:地下笔记》,载张京媛主编《新历史主义与文学批评》,北京大学出版社,1993,第111、120页。

质上是一个被阐释的“西方”，一个东方学家们自我表现的文本舞台。

（二）他者形象与“东方化东方”

从文学的角度看，对异文化的表述结果常常是一系列的有关他者的形象，这些形象是东方主义虚构的，经过了“东方化”的处理，成为“想象的地理和表述形式”。对于他者形象与文化身份之间的关系及其重要性，萨义德有明确的论述，在他看来，“身份，不管东方的还是西方的，法国的还是英国的，不仅显然是独特的集体经验之汇集，最终都是一种建构——牵涉到与自己相反的‘他者’身份的建构，而且总是牵涉到对与‘我们’不同的特质的不断阐释和再阐释。每一时代和社会都重新创造自己的‘他者’。因此，自我身份或‘他者’身份决非静止的东西，而在很大程度上是一种人为建构的历史、社会、学术和政治过程，就像是一场牵涉到各个社会的不同个体和机构的竞赛。……简而言之，身份的建构与每一社会中的权力运作密切相关，因此决不是一种纯学术的随想”[①]。

后殖民理论与批评关注的重点是他者形象与殖民扩张、帝国主义意识形态之间的关系；他者表述作为殖民者对被殖者、强势文明对弱势文明进行文化塑形与身份改写的权力运作机制；受殖者如何改写被他者化的“自我”，清除文化殖民带来的身份扭曲与“镜像迷误”等问题。萨义德将问题直接纳入东西对立的不平等关系中，他关注的是与帝国叙事有关的他者形象，尽管他将东西方之间的形象建构追溯到了荷马时代，但他的重点和绝大部分篇幅还是在18世纪晚期以来西方帝国扩张时的东方论述与形象建构上。因此，他在《东方学》的第一章一开始就直接引入西方两位现代政治家贝尔福和克罗默的东方表述，他们以知识权威的方式表达了殖民统治的政治需要与合法性，这种合法性建立在如下的“真理”基础之上：西方人理性、爱和平、宽宏大量、合乎逻辑、有能力保持真正的价值、本性上不猜疑……而东方人缺乏理性、肮脏、好色、贪婪、不可理喻、懒惰……犹如福楼拜笔下的中东人，是一群只知肆无忌惮地展示“它们的性的动物”。萨义德的问题就从这样的对比与差异开始。“这些论断源于一种什么样的观点，这一观点虽经集体形成然而却又有其特定的内含？是什么样的特殊技巧、什么样的想象动力、什么样的体制和传统、什么样的文化力量使克罗默、贝尔福和当代政治家们在描述东方时出现如此惊人的相似？”[②]萨义德将这些行为集中概括为“东方化东方”，一种对东方的“彻底的皈化”。“东方学家都将皈化东方作为自己的工作；他做这些是为他自己，为他的文化，在某些时候自以为是为了东方。”[③]更重要的是这些行为“都与西方起支配作用的文化规范和政治规范紧密联系在一起。……当我们考察19世纪和20世纪的东方学时，

① 萨义德：《东方学》，王宇根译，生活·读书·新知三联书店，1999，第426~427页。
② 同上书，第61页。
③ 同上书，第96页。

给我们印象最深的是东方学对整个东方所进行的机械的图式化处理"[①]。东方被一种他者"套话"——"思想的现成套装"(吕特·阿莫希),一种加工既定文化模型的"修辞方式"与"修辞策略"囚禁起来,从而在时间和空间上被双重压抑。

通过东方学的"他者"表述——"东方化东方",东西方关系被书写为一种"看"与"被看"的关系。东方被小丑化、女性化,被西方人观赏,是西方人"怪异性"取之不尽的源泉。西方人是看客,居高临下地审视(gase)自我强大神话的虚弱陪衬——"东方",产生《埃及志》中所称的"怪异的快乐"。东西方成为阐释与被阐释的关系,西方人有权随心所欲地对东方人的历史、文化、性格、传统进行"自我关涉"的阐释,作为自我行为实践(支配,占有东方)的合法化依据。东方被他者化的过程也就是西方强行赋予东方以形式、身份和定义的过程,西方人有权对东方人进行分类,他们可以从一个具体的细节上升到普遍的概括,将一位10世纪的阿拉伯诗人的看法提升为埃及、伊拉克或阿拉伯这些东方人心性的普遍证据。东方的文化身份在西方的阐释视野中被改写,文化形象被重塑,东方不过是西方人可以随意撮捏的橡皮泥。这样,东方乃是为西方而存在,而且永远沉默在凝固的时空当中,东方文化、政治和社会历史是对西方的被动回应,"西方是积极的行动者,东方则是消极的回应者。西方人是东方人所有行为的目击者和审判者"[②]。

在文学创作中,这集中体现为谁在书写,并以什么样的方式来书写。因为西方的"东方化"书写,所以有了东方的沉默。福楼拜在东方之旅中偶然与埃及歌妓邂逅并一夜销魂的经验,使他将东方与性紧紧编织在一起。萨义德认为福楼拜所传达的不过是西方的东方态度中的一个长盛不衰的母题而已——东方是西方性幻想和欲望的飞地,西方以男性视角审视(gaze)女性化的东方。这一母题长久不变,存在于福楼拜之前,福楼拜不过是其中最富天才的表现。福楼拜之后,纪德、康拉德、毛姆等等,都在20世纪重复着这一母题,最终,"'东方的性'像大众文化中其他类型的商品一样被标准化了,其结果是读者和作家们不必前往东方就可以得到它,如果他们想得到它的话"[③]。这样,在一种共同的意象、观念或者更确切地说西方中心主义的创作中东方同质化、凝固化、非历史化了,东方学家们如同一批工人在东方学的车间里复制着同样的产品。

(三)文化霸权与现代性批判

萨义德通过引入福柯知识-权力理论,在批判西方知识分子在东方学中表现出来的对异文化表述上的文化霸权问题时,对现代性展开了批判。

首先,通过对东方学知识的客观性、真理性的质疑,直接导致对现代人文社会科学的科学性、合法性问题的反思,如人类学中文化描述的真实性问题,历史学中对异民族

---

① 同上书,第86~87页。

② 萨义德:《东方学》,王宇根译,生活·读书·新知三联书店,1999,第142页。

③ 同上书,第246页。

历史的书写问题，尤其是西方现代学科的欧洲中心主义是怎样根深蒂固，并广泛渗透进各门学科的问题。萨义德以思想史的写作方式对此展开了全面深入的批判，使我们得以理解文化是一个规训体，这个规训体具有知识的有效力量，而这种力量同权力系统性地——但又绝非直接和有意地——联结起来。萨义德的批评直接击中了西方社会科学、人文科学在文化上的偏狭性这一当今日益受到关注的问题。正如华勒斯坦等人在《开放社会科学》一书中所展示的，自19世纪以来在欧洲和北美建立起来的社会科学打上了浓厚的欧洲中心主义色彩，但在二战后，尤其是20世纪70年代以来在世界权力分配格局发生变化的背景下，西方社会科学在文化上的偏狭性问题凸现出来。女权主义、文化多元主义、少数话语与后殖民话语构成了对西方形形色色居主导地位的"普遍价值"与"范式"的批评，因此，它们要求开放社会科学，要求"对我们关于差异性（种族、性别、性关系、阶级）的理论研究进行反思"[①]。毫无疑问，萨义德的《东方学》是这种呼声中的代表。

其次，在全球化时代，文化间的急剧融汇、冲突、兼并等复杂状态使得文化表述问题显得更加突出与重要。《东方学》关于异文化表述的问题至少向我们发出了这样的追问：作为个体叙述者，作为知识分子，如何认识"文化"这个概念？如何处理自己的社会角色、言述方式与立场，是真理的代言人还是权力的合谋者？个体研究者如何在文献、文本与个人经验之间做出区分与判断？如何进行跨文化、跨地域、跨语境发言？在东方学中，我们可以看到现代性价值预设中的理性、真理等理念遭到践踏，东方主义的失败是学术的失败，知识分子的失败，也是人类的失败[②]。萨义德认为福柯最重要的贡献是，社会和历史中实施主导控制的意愿是如何通过真理、纪律、合理性、功利价值和知识等语言来系统地自我掩盖、欺骗、解释和伪装的。萨义德将福柯思想中一个最重要的主题——知识与权力关系问题延伸到东方学，目的是要揭示掩盖在东方学表面的真理、客观性、合法性、科学性、真实再现等等的欺骗性伪装，使隐含在东方学内部复杂深固的权力关系暴露无遗。如果说福柯通过一系列的历史-哲学研究：精神病、诊所、监狱、工厂、犯罪、性意识等等，目的是要揭示权力与现代知识形式之间的合谋，进而对启蒙话语展开全面的批判的话，萨义德的《东方学》也可以说是这种批判的延伸，不过他是站在人本主义立场上的。福柯认为："自18世纪以来，哲学和批判思想的核心问题一直是、今天仍旧是、而且我相信将来依然是：我们所使用的这个理性（Reason）究竟是什么？它的历史后果是什么？它的局限是什么？危险又是什么？"[③]通过对东方学话语本质的分析与批判，萨义德在一定程度上回答了这些问题。

---

① 华勒斯坦等：《开放社会科学》，刘锋译，生活·读书·新知三联书店，1997，第59页。

② 萨义德：《东方学》，王宇根译，生活·读书·新知三联书店，1999，第421页。

③ 福柯：《什么是启蒙》，转引自道格拉斯·凯尔纳、斯蒂文·贝斯特：《后现代理论》，张志斌译，中央编译出版社，2001，第47页。

第三，对历史理性的批判。批判东方学的异文化表述本质，既勾勒出了西方现代文化与帝国主义历史之间紧密一致的关系，也为受殖民民族重新审视自我文化与历史提供了契机。“永远历史化”！詹明信认为历史化操作主要有两条路经，但殊途同归：“客体的路线和主体的路线，事物本身的历史根源和我们试图借以理解那些事物的概念和范畴的更加难以捉摸的历史性。”[①]因此，历史化意味着既要尊重、着手于特定历史客体的文本本质的研究与经验，同时又要考查其文化传播与流传中的再符码化历史过程。让对象永远尽可能成为一个变动发展的整体，而不作同质化、凝固化的抽象概括，这是文化表述问题的核心和批判东方主义权力逻辑的一个基点。东方主义对第三世界的文化历史的塑形与第三世界批评的自我历史书写，都面临着历史化问题。“如何将经验放回到历史中，把第三世界文化的历史经验置入整个世界文化格局的权力话语彼此起伏消长的过程中去，使‘潜历史’的表达成为可能，是摆在当代学者面前的艰巨任务。”[②]

四、东方主义与当代文化批评

雷蒙德·威廉斯说得好，一个词语的广泛使用及其变迁样式，可以视为一张特殊的地图，通过这张地图人们可以看到更为广阔的社会思想、政治经济生活的演变与现状。[③]“东方主义”无疑也是一张特殊的地图，透过它我们获得了怎样的认识论、价值论和方法论启示呢？

（一）东方主义与“东方人的东方主义”

萨义德后来在《文化与帝国主义》中强调：“文化决不是一个所有权的问题，一个有着绝对的借、贷双方的借和贷的问题，而是转换、共同经历以及不同文化间的所有种类的相互依赖性。这是一条普遍性的标准。”[④]因此，我们有必要强调跨文化、跨语际研究的重要性，既要研究西方世界的“东方学”，也要研究中国语境中的“西方学”。西方人出于他们的问题与需要创造了“东方学”，同样东方人在怎样引入、利用、阐释与再阐释“西方”呢？尤其是近现代以来，西方文艺思潮的涌入与中国语境的接受达成了怎样的关系？阿里夫·德里克曾发出这样的追问：东方主义是否是欧美发展的、尔后抛向“东方”的一个自治产物，抑或是欧美与亚洲之间一种扩展中的关系的产物？他认为这是理解“东方主义及其在现代性中的位置的根本”[⑤]。在他看来，欧美东方主义的认知和方法在

---

① 张进：《历史诗学通论》，暨南大学出版社，2013，第129页。詹姆逊：《政治无意识》，王逢振、陈永国译，中国社会科学出版社，1999，第3页。

② 王岳川：《后现代主义文化与价值反思》，《文艺研究》1993年第1期。

③ 雷蒙德·威廉斯：《文化与社会》，吴松江、张文定译，北京大学出版社，1991。

④ 佛克马、蚁布思：《文学研究与文化参与》，俞国强译，北京大学出版社，1996，第139页。

⑤ 阿里夫·德里克：《中国历史与东方主义问题》，见《后革命氛围》，王宁等译，中国社会科学出版社，1999，第278页。

20世纪已经成了“中国自我形象的构成”。“东方主义原本表示亚洲社会与欧美社会之间的一种疏离，现在，随着亚洲社会以全球资本主义的能动参与者的身份出现，它似乎表达全球现代性内部的诸种差异了。在这个当代的掩盖之下，东方主义为冲突的意识形态之间的竞争提供了场所，而这些意识所效忠的中坚力量已不再容易辨别出是东方的或西方的，中国的或非中国的了。”[①]基于此，德里克提出一个明确的概念：“东方人的东方主义”，探讨东方社会的知识分子是怎样促成了作为实践和概念的东方主义的出现。还有的学者提出了“后东方主义”的概念[②]，这些都可以看作是东方主义问题的当代语境化和进一步拓展。

（二）文化研究与文学理论的拓展

后殖民理论在文学研究中强调了历史的维度，使人们在纯文学的形式与文本分析技术之外，重新审视近现代文学与帝国权力之间复杂的社会历史关系，尤其是在一种更为宽阔的世界体系中来分析问题，这是文学研究思维范式的一次蜕变。

我们必须强调东方主义问题不是一个简单的文化问题，更不是单纯的文学问题；但是，通过东方主义问题我们看到，狭隘地将文学问题理解为形式或美学趣味的封闭式研究法很难解释当今诸多的文学问题与现象。我们反对将文学看作无所不能，对社会影响“巨大”的观点，同样也反对仅仅将文学看作个人精神的书写与抚慰。我们强调在一种更为开阔的语境中去审视文学问题，打破传统狭义的文学理论范畴，进入泛文化研究和“大文学理论”的广阔视野，将作家、作品纳入文学甚至文化理论的“森林”中去探讨，看到文学与历史、政治、经济、传媒以及不同民族国家、东西方文化之间的关系。在文学研究中应该拓展研究空间，重申“世界文学”观，关注国别文学、地域文学、民族文学、移民文学以及其他边缘文学话语。在萨义德等人的文化研究视野中，文学不再是“纯文学”，而是泛化为文化文本中的“亚文化”和话语陈述，文学批评开始走向广阔的文化批评维度，文学批评家成为文化研究者。但是这并不意味着文学研究走向完全的外部规律化、他律化，而重要的是在文化研究中如何将文学文本自身的内在丰富性潜能与广阔的外部关系结合起来，从而使文学研究走向美学与文化批评的新的整合。

（三）话语分析与文化批评的问题

萨义德一直倡导文化研究，将文学与政治、社会、历史结合起来，将文学、文化研究与文本分析融为一体，使文学研究摆脱了单纯的形式趣味玩赏。在《东方学》中，萨义德既展示了文化研究的魅力，但同时也暴露出文化研究的一些问题。

---

① 王岳川：《后现代殖民主义在中国》，首都师范大学出版社，2001，第24页。

② 关于“东方人的东方主义”问题，参见张兴成：《他者与文化身份书写：从东方主义到“东方人的东方主义”》，《东方丛刊》2001年第1辑；关于“后东方主义”，参见香港学者朱耀伟：《后东方主义——中西文化批评论述策略》（骆驼出版社，1994）。

萨义德在批判东方学时像福柯那样将各种具体的话语形式：文学的、人类学的、语言学的、历史学的、哲学的、政治学的统统纳入一个知识-权力阐释系统中来，先验地设定了东方主义的性质与结构特征，这样他在批判东方学将东方同质化、非历史化时，却将东方学本身也同质化、非历史化了，将东方话语内部存在多种复杂的，充满矛盾分歧的声音，尤其是一直存在的反帝反殖民话语隐而不彰。受福柯影响，将社会和文化过程简化为"话语式实践"，必然导致缺乏对文化、文学与社会历史语境之间更为复杂的关系做出完整的分析与考察，从话语直接到权力，这种直线式的论证方式常常带来阐释学短路，即在文章的论点中已经包含了论证，这也是萨义德的行文有时让人觉得有些强词夺理的原因。最重要的是，话语分析不能代替历史分析，不能将一切论点建立在纯粹的思辨基础之上。如何更历史地分析话语，寻找话语背后复杂的历史事实，是萨义德必须面对的问题，这是后结构主义的症结之一。

在话语分析和文化批评中，将文学艺术这种创造性活动完全等同于其他人文学科和社会科学，将作家等同于学者，纳入统一的东方学结构中做同质化分析，这显然没有考虑到文学自身的规律性。文学话语的生产机制、表达形式以及接受过程与其他话语毕竟有很大的区别，正如布尔迪厄所阐述的文学场一样，虽然文学场与整体的社会场、政治场以及科学场等在结构和功能上存在着"差异中的相似性"，表现出一定的同源性，但是"如果文学场像其他场一样，是权力关系的所在地，那么，加到进入这个场的所有的行为者身上的权力关系，就会呈现一种独特的形式……把文学或艺术场变形为直接对抗建构它的世界，这是通过把文学或艺术场中的策略、利益或斗争，变形为政治场或日常存在中发生的情形而实现的"①。

萨义德指责东方主义话语不是对"东方"的真实表述或再现，但他的分析又始终停留在自洽的东方主义话语之内，因此，正如佛克马等人所指出的，要证实东方主义话语的荒谬性，萨义德应该在东方主义的圈子之外拥有某个参照。"福柯关于话语的概念从原则上说不重视它与真实情况的关涉性，这迫使萨义德不能够论证说，他自己对东方或伊斯兰文化的理解要比所谓的东方主义者的理解更符合真实情况。"②

【参考文献】

[1]Edward Said. Orientalism. New York: Vintage Books.1979

[2]Edward Said. The World, the Text, and the Critics. Harvard University Press.1983

[3]Edward Said. Culture and Imperialism. New York: Alfred A.Knopf.1993

① 布尔迪厄:《文化资本与社会炼金术:布尔迪厄访谈录》,包亚明译,上海人民出版社,1997,第80~81页。

② 佛克马、蚁布思:《文学研究与文化参与》,俞国强译,北京大学出版社,1996,第134~135。

[4]张京媛.新历史主义与文学批评[M].北京:北京大学出版社,1993.

[5][美]萨义德.知识分子论[M].单德兴译.(台湾)麦田出版社,1997.

[6][萨]萨义德.东方学[M].王宇根译.北京:生活·读书·新知三联书店,1999.

[7][美]萨义德.赛义德自选集[M].谢少波,韩刚等译.北京:中国社会科学出版社,1999.

[8]罗钢,刘向愚.后殖民主义文化理论[M].中国社会科学出版社,1999.

(撰稿人:张兴成)

古代文学
名著导读

《周易》导读

一、《周易》释名

《周易》又称为《易经》《易》。自古以来对“周易”两字的解释，众说纷纭。主要有：

(一)关于“周”的含义。1.东汉郑玄《易论》认为“周”指“周普”“普遍”，即易道广大，无所不包。2.唐代孔颖达《周易正义》认为“周”是周王朝，《周易》即周朝的《易经》。

(二)“易”字含义有四说。1.易由蜥蜴而得名说。此说始于东汉许慎。《说文解字》曰：“易，蜥蜴、蝘蜓、守宫也，象形。”2.日月为易说。即“易”字的构成是上“日”下“月”，象征日月阴阳变化。3.变易说。《易传序》云：“《易》，变易也，随时变易，以从道也。”4.一易三义说。东汉郑玄说：“易一名而含三义：简易一也；变易二也；不易三也。”周振甫认为上述四说都不可信，他认为易的得名是由古代龟卜兆辞的简化而致。[①]

总之，《周易》是周代占卜的书，旨在研究宇宙万事万物变化的规律，预示吉凶祸福。

二、《周易》《易传》成书时代及作者

东汉班固说《周易》的作者：“人更三圣，世历三古。”[②]意思是《周易》由伏羲、文王、孔子三个圣人完成，经历了上古、中古、下古三个时代。《易·系辞传下》说八卦是包牺(即伏羲)创作的，周文王作六十四卦和卦爻辞，孔子作《易传》。司马迁也说：“孔子晚而喜《易》，序《彖》《系》《象》《说卦》《文言》。”[③]但此说并不可靠，颇受现代学者质疑。[④]

一般认为，《周易》非一时一地一人所作，《周易》的六十四卦爻辞编纂时间大约在西周中后期，出自周王室的一位太卜或著人之手。《易传》成书于战国后期，作者不是孔子，而是儒家后学。

① 周振甫：《周易译注》，中华书局，1991，第2~5页。

② 班固：《汉书》，中华书局，1962，第1704页。

③ 司马迁：《史记·孔子世家》，中华书局，1959，第1937页。

④ 刘建臻：《二十世纪〈周易〉作者研究述略》，《福建省社会主义学院学报》2002年第2期。

三、《周易》的构成

《周易》包括“易经”和“易传”两部分。“易经”是由六十四卦的卦形符号、卦名、卦辞与爻辞组成。“易传”是解释《周易》经文的。

(一)《易经》

1. 卦画符号与八卦

—(阳)与--(阴)两个符号是《周易》的基本卦画符号。八卦是由—(阳)与--(阴)两个符号连叠三层构成,分别代表八种自然物,即“乾为天、坤为地、震为雷、巽为风、艮为山、兑为泽、坎为水、离为火”。为了便于记诵,南宋朱熹编写了《八卦歌诀》:“乾三连(☰),坤六断(☷);震仰盂(☳),艮覆碗(☶);离中虚(☲),坎中满(☵);兑上缺(☱),巽下断(☴)。”

2. 六十四卦结构及卦名卦象

《周易》以“卦”为单位,共六十四卦,每卦由卦画、卦名、卦辞、爻辞四部分组成。(1)卦画(卦的符号),即由六个爻象符号组成。(2)卦名,即所在卦画后的文字,如“䷾,既济”,前是卦画,后是卦名。(3)卦辞,是在卦名后有一段文字对一卦六爻总的说明。(4)爻辞,一卦共有六个爻象符号组成,每一爻都有一个意思,表达这个意思的文辞就叫作爻辞。

古人把六十四卦卦象编成顺口溜:“乾(䷀)为天,天风姤(䷫),天山遁(䷠),天地否(䷋),风地观(䷓),山地剥(䷖),火地晋(䷢),火天大有(䷍)。坎(䷜)为水,水泽节(䷻),水雷屯(䷂),水火既济(䷾),泽火革(䷰),雷火丰(䷶),地火明夷(䷣),地水师(䷆)。艮为山(䷳),山火贲(䷕),山天大畜(䷙),山泽损(䷨),火泽睽(䷥),天泽履(䷉),风泽中孚(䷼),风山渐(䷴)。震为雷(䷲),雷地豫(䷏),雷水解(䷧),雷风恒(䷟),地风升(䷭),水风井(䷯),泽风大过(䷛),泽雷随(䷐)。巽为风(䷸),风天小畜(䷈),风火家人(䷤),风雷益(䷩),天雷无妄(䷘),火雷噬嗑(䷔),山雷颐(䷚),山风蛊(䷑)。离为火(䷝),火山旅(䷷),火风鼎(䷱),火水未济(䷿),山水蒙(䷃),风水涣(䷺),天水讼(䷅),天火同人(䷌)。坤为地(䷁),地雷复(䷗),地泽临(䷒),地天泰(䷊),雷天大壮(䷡),泽天夬(䷪,guài),水天需(䷄),水地比(䷇)。兑为泽(䷹),泽水困(䷮),泽地萃(䷬),泽山咸(䷞),水山蹇(䷦),地山谦(䷎),雷山小过(䷽),雷泽归妹(䷵)。”

(二)《易传》

《易传》又称《易大传》《周易大传》。传,即“解释”,《易传》就是对《周易》经文的解释。因其阐发经文大义,其作用和形式犹如鸟的翅膀,故汉人称之“十翼”。《易传》是现存最早最系统的注释《周易》的著作。它把《周易》六十四卦三百八十四爻上升到理论高度来概括说明和解释,发挥了儒家伦理传统,从社会、人生道德等角度注释《周易》,赋予

《易经》新的思想，使《周易》变成一部道德修养的书，这是研究中国古代思想文化史的必读书。《易传》还对《易》的体例（如卦象、爻象、爻位等）做了详细说明，保留了古代原始的大衍筮法，即蓍草揲蓍法。这对研究《周易》体例、筮法的起源有很大意义。《易传》由十篇文章组成。分别是：

1.《彖传》，解释六十四卦卦名、卦义、卦辞。“彖”，即“断”，就是要判断每一卦的吉凶。《彖传》分上、下两篇，把占筮性的卦辞加以理性化、条理化，有时还赋予卦辞以新的意义。

2.《象传》，分上、下两篇，包括“大象”和“小象”。“大象”是解释卦象（卦名和卦义）的，先用八卦之象解释卦，然后比拟人事，说明根据此卦象当如何去行动。“小象”是解释爻象的。

3.《文言》，文者，饰也。是对《乾》《坤》两卦的文饰和解释，并由此阐发天地阴阳变化之理，君臣上下、安邦治国、修心养性之道。

4.《系辞》，指系属在卦爻之下的文辞。《系辞》分上、下两篇，是对《周易》总的说明，其内容博大精深，包含了易气、易象、易数等内容，是研读《易经》的入门篇章。

5.《说卦》，主要说明八卦产生过程，八卦的性质、功用、方位，以及八卦所代表的事物。

6.《序卦》，是对《易经》六十四卦排列顺序所做的说明，包含了朴素的辩证法。

7.《杂卦》，错综杂糅六十四卦，把它们分为三十二对，两两相对，简要地解说卦义。

四、《周易》的性质及影响

《周易》究竟是一部什么性质的书？或曰筮书，或曰史书，或曰哲学书等。从《周易》的产生及早期应用看，《周易》主要用于占筮。《左传》《国语》等就记载了二十多个运用《周易》占筮的事例。但发展到后来，《周易》又不局限于占卜问卦，其内容博大精深，古奥艰深，难以蠡测。《周易》的卦爻辞虽为只言片语，但它保留了许多我国上古时代的珍贵历史文献资料，诸如祭祀、战争、婚姻、渔猎、畜牧、农耕、水旱、地震灾害等情况。它是一部旷世奇书，是世界上唯一由符号和文字组成的神秘典籍，是中华民族集体智慧的结晶，是一部影响中国思想文化数千年的古老典籍。《周易》还包含了矛盾对立的观念、交感相斥的观念和发展变化的观念。

《四库全书总目·易类》序言说：“易道广大，无所不包，旁及天文、地理、乐律、兵法、韵学、算术，以逮方外之炉火，皆可援易以为说，而好异者又援以入易，故易说愈繁。”[①]《周易》哲学思想无所不包，像天文地理、音乐律吕、军事兵法、数学算术、占卜数术、语言方面的音韵学，甚至于道教的炼丹养生术，都可以从《周易》中汲取营养。由此可见，《周

① 永瑢等撰：《四库全书总目·易类》，中华书局，1965，第1页。

易》在中国文化中的地位与影响。

总之，在性质上看，《周易》本来是一部占卜的书籍，后来，由于《易传》的出现，使它上升为一部特殊的哲学著作，后来又成为儒家的五经之首，从而成为代表中国文化特征的最重要的典籍之一，其影响深远广大。

【推荐书目】

[1]李镜池.周易探源[M].北京:中华书局,1978.
[2]高亨.周易大传今注[M].济南:齐鲁书社,1979.
[3][唐]李鼎祚.周易集解[M].北京:中国书店,1984.
[4]刘大钧.周易概论[M].济南:齐鲁书社,1986.
[5]周振甫.周易译注[M].北京:中华书局,1991.
[6]傅佩荣.傅佩荣译解易经[M].北京:东方出版社,2012.

（撰稿人：王广福）

《论语译注》导读

杨伯峻的《论语译注》，是目前流传最广、影响最大的《论语》注本。杨伯峻（1909—1992），原名杨德崇，湖南长沙人，语言学家，现代著名学者，曾先后任教于北京大学、兰州大学，生前为中华书局编审，参加过点校本“二十四史”的整理工作。杨伯峻博通小学经史，精专于古汉语语法和虚词研究，著作有《论语译注》《孟子译注》《列子集释》《春秋左传注》《中国文法语文通解》《文言语法》《文言文法》《文言虚词》《古汉语虚词》《春秋左传词典》等。

一、主要内容

《论语译注》于1956年完稿，1957年增改，1958年出版，1979年再次修订，1980年中华书局再版，是研究《论语》的重要参考资料。《论语译注》包括《试论孔子》《导言》《例言》《论语译注》20篇、《论语词典》等几部分。

《试论孔子》部分探讨了孔子身世，孔子思想体系的渊源，孔子论天、命、鬼神和卜筮，孔子的政治观和人生观，关于忠恕和仁，孔子对后代的贡献等问题。这对我们了解孔子的生平、思想及其对中华文化的贡献非常重要。

《导言》包含“论语”命名的意义和来由、“论语”的作者和编著年代、“论语”的版本和真伪、略谈古今“论语”注释书籍等几部分。这些看似常识的问题，杨伯峻都做了周详通俗的辨析和解释，使我们有“知其所以然”的收获。《导言》还列出了进一步研究《论语》的参考文献，如《论语注疏》《论语集注》《论语正义》《论语集释》《论语疏证》等，这等于给我们指出了研究《论语》的门径。

《例言》部分用十五条分别说明编著的意图、注释所据版本的取舍原则、注释内容和标识等问题。对于《论语》20篇的译注，该书把每篇经文分为若干条，分别标上序号，然后再分条加以译注。译注内容可以分为两个部分。首先是对于整章经文的白话翻译，列于经文之后，称为“译文”。“译文”之后是对经文或译文的补充说明，这部分则称为“注释”。译文明白流畅，注释重字音词义、语法规律、修辞方式、历史知识、地理沿革、名物制度和风俗习惯等的考证。所得结论，在集古今学者之大成的基础上颇多个人新见，且论证明晰，表述准确，既具有很高的学术性，又通俗易懂，是了解《论语》的一本入门参考书。

书后所附《论语词典》是杨伯峻在撰述“译注”之前所展开的准备工作。他对《论语》中每一字、每一词都做过研究。“词典”与“注释”可交相为用：详于“注释”的，“词典”的解释就简略些，并标明出处；“注释”不完备的，“词典”就能让读者了解一个词完备的含义。且每一词每一义都标明出现的次数，每一义还要举一例句或两三例句。这给好学深思之人提供了研治古代经典的得力工具。

二、学术特点

《论语》是一部语录体著作，其中有些语录，是在随时听闻的环境下，仓促记录的。记录的重心更关注言语本身或心得体会，而言辞产生的前因后果却大多没有记载。语境的缺失，是我们解读言辞的最大障碍。比如随口一个“好”字，如果不表明语境，我们至少可以推测出三种不同的情感判断和语气。如果不解决语境问题，解读《论语》，就难免陷入主观臆断的误区。言辞的具体语境，可以称之为“小语境”；整个时代的社会语言习惯，可以称之为“大语境”。小语境的缺失，有时可以通过大语境来弥补。杨伯峻的《论语译注》，正是通过大语境来解读《论语》的典范。

比如“学而时习之”一句，有人把它理解为“学习了，就要经常复习它”。杨伯峻考察了周秦时代的大语境，认为“时”应该解读为“以时”而非“时常”；“习”应该解读为“实习”“演习”而非“温习”。他说：

“时”字在周秦时候若作副词用，等于《孟子·梁惠王上》“斧斤以时入山林”的“以时”，“在一定的时候”或者“在适当的时候”的意思。王肃的《论语注》正是这样解释的。朱熹的《论语集注》把它解为“时常”，是用后代的词义解释古书。

一般人把“习”解为“温习”，但在古书中，它还有“实习”“演习”的意义，如《礼记·射义》的“习礼乐”“习射”。《史记·孔子世家》：“孔子去曹适宋，与弟子习礼大树下。”这一“习”字，更是演习的意思。孔子所讲的功课，一般都和当时的社会生活和政治生活密切结合。像礼（包括各种仪节）、乐（音乐）、射（射箭）、御（驾车）这些，尤其非演习、实习不可。所以这“习”字以讲为实习为好。

杨伯峻从周秦时代的语言习惯出发来解读周秦时代的《论语》，并且强调不能以后代词义解释古书，这是非常让人信服的。他还从当时的礼乐文化背景出发来进行文字的解读,时代语言习惯与文化背景相结合,在一定程度上弥补了小语境的缺失所带来的困惑。

杨伯峻的《论语译注》初版于1958年,一部书经过差不多60年的时光仍然盛行,充分证明了其不朽的学术价值。这既取决于他对古汉语语法的深刻研究,也取决于他严谨的学术态度。如《为政》篇“至于犬马,皆能有养;不敬,何以别乎?”一句中的“至于”,他说:

> 张相的《诗词曲语词汇释》把“至于”解作“即使”“就是”。在这一段中固然能够讲得文从字顺,可是“至于”的这一种用法,在先秦古书中仅此一见,还难于据以肯定。

可见,他对大语境的考察建立在充分占有材料的基础上,“仅此一见”之类的孤证,他是不会轻易采纳的。他说:“一切结论都是从细致深入的考证中提炼出来的。”又说他在写《论语译注》之前,“曾经对《论语》的每一字、每一词做过研究,编著有‘论语词典’一稿。其意在尽可能地弄清《论语》本文每字每词的涵义,译注才有把握。”(《例言》)为了写《论语译注》,他进行了长期的积累和准备工作,这种严谨的学术态度,造就了《论语译注》经典的学术地位。

除了具有极高的学术价值外,《论语译注》也是一部通俗易懂的书。历来注释《论语》的书很多,但多为烦冗之作,一般读者难以卒读。加之《论语》几乎每一句都有几种不同的解释,更增添了阅读的难度。杨伯峻发现了这一问题,认为如果能贴近原著本意,并翻译成现代汉语加以通俗地解释,那么一般的读者就会因此而受益。他在《例言》中说,编著本书是“帮助一般读者比较容易而正确地读懂《论语》,并给有志深入研究的人提供若干线索。同时,有许多读者想借自学的方式提高阅读古书的能力,本书也能起一些阶梯作用”。凭借深厚的学术功力和严谨的学术态度,他将《论语译注》深入浅出地介绍给读者,从此开创了《论语》研读的新气象,使《论语》能够为更多的读者所接受。

【推荐书目】

[1]《十三经注疏》整理委员会编. 十三经注疏[M]. 北京:北京大学出版社,1999.

[2]杨伯峻. 论语译注[M]. 北京:中华书局,2004.

[3]程树德. 论语集释[M]. 北京:中华书局,2006.

[4]孙钦善. 论语本解[M]. 北京:生活·读书·新知三联书店,2009.

(撰稿人:何涛)

《孟子选译》导读

《孟子选译》精选《孟子》中的47章做了注释与翻译，每章前有章旨，后有注释（包括字音词义、历史知识、名物制度等）和译文，虽然该书是青年学子文化学习的自修读物，不过杨伯峻先生以其《孟子译注》为基础，精挑细选、去伪存真、字斟句酌，故其注释的水准之高亦超出常人。此书作为《孟子》入门的首选，能够帮助一般读者正确地读懂《孟子》，亦可帮助专业人士用于学术探究。

孟子，名轲，战国时邹（今山东邹城）人，中国古代伟大的思想家、哲学家、政治家，儒家的主要代表人物之一，被后人尊奉为“亚圣”，地位仅次于孔子。《孟子》有意师法《论语》，是由孟子及其弟子共同完成的关于孟子的言论汇编。《史记·孟子荀卿列传》说“孟子受业子思之门人”，他的思想继承孔子，同时又有发展和创新，特别是除了儒家的“仁义”，还提出了“民本”“无神”“非战”“重故”（“故”就是所以然，客观规律）等新思想。孟子的文章议论风发，气势磅礴，势不可挡，譬喻贴切，一体而成；读之足消胸中之块垒。快哉！快哉！其文思精深、文采飞扬、文气磅礴，自成书以来，历来备受后人重视。

一、精微深刻的思想

（一）“仁政”思想

孟子主张行“王道”，施“仁政”。所谓“仁政”，就是“以不忍人之心”，推行“不忍人之政”，是怜民、惜民、宽民和生民之政。孟子思想发端于孔子，治国、平天下是儒家一以贯之的思想，孟子不仅发扬了这一思想还对实现“治国平天下”这一理想的路径进行了探索，并将之明确为“霸道”与“王道”两条。他指出：“以力假仁者霸，霸必有大国。以德行仁者王，王不待大，汤以七十里，文王以百里。以力服人者，非心服也，力不赡也。以德服人者，中心悦而诚服也，如七十子之服孔子也。”[①]崇尚暴力、以力服人为霸道，崇尚道

① 徐洪兴：《孟子直解》，复旦大学出版社，2004，第75页。

义、以理服人为王道；霸道可以开疆扩土，可以暂时称霸，却不能长久；王道不一定能成就霸业，却使人心悦诚服，使国家长治久安。但同时“王道”离不开“仁政”，“王道与仁政”互为因果，相辅相成，“王道”侧重于结果，而施行“仁政”是达成“王道”的手段，孟子反对春秋五霸，强调“义战”，并言“得道者多助，失道者寡助”，相信“仁者无敌”，因此主张推行仁政王道。

（二）“民贵君轻”思想

孟子主张王道仁政，提出“民为贵，社稷次之，君为轻”的民本观点。他说“人人皆可以为尧舜”，还说“得乎丘民而为天子”，“国人百姓皆曰可杀，然后察之，见可杀焉，然后杀之”。就是说，统治者当为有德者居之，而人民有权对政治进行监督。“保民而王”“独乐乐不如众乐乐”等民本思想、平等化倾向，在其文字中随处可见，对后世影响也极大。不过，需要特别说明的是，孟子的民贵君轻思想是有前提条件的，那就是儒家的“君本位”。孰轻孰重，不是绝对，而是相对，“君轻”则“民贵”，“民贵”后“君更贵”，而后天下太平，所以一切逻辑的起点和终点都到了“君”这里。

（三）“性善”的道德观

孟子认为人的本性是善的，他说：“恻隐之心，人皆有之；羞恶之心，人皆有之；恭敬之心，人皆有之；是非之心，人皆有之。恻隐之心，仁也；羞恶之心，义也；恭敬之心，礼也；是非之心，智也。仁义礼智，非由外铄我也，我固有之也，弗思耳矣。故曰：‘求则得之，舍则失之。’”[①]怜悯同情、羞耻憎恶、恭敬辞让、是非之心人皆有之，是仁义礼智的萌芽。孟子的重要论断“仁义礼智根于心”，是不需要通过外在证明的，“四端”之心，施于“四体”，四体即不言而喻。“人性之善也，犹水之就下也。人无有不善，水无有不下。”[②]水总是自上而下流动，虽然人们可以把水引上山，但向上流却不是水的本性，而是外力使它这样的。人也是这样，人性本善，就像水向下流，而人的不善，不是由他的本性决定的，人的恶，是违背其本性的。

二、无懈可击的辩才

孟子的渊博学识，为其辩论提供了坚实的基础。他随口引述《诗经》与《书经》，把古典引入现实处境，往往使诸侯无言以对，只能茫茫然“顾左右而言他”。孟子有创造格言的超凡能力，还能用形象生动的语言和比喻阐述枯燥艰涩的理论，前者如“守望相助”“出尔反尔”“缘木求鱼”“五十笑百步”，较长的句子更是所在多有，譬如“生于忧患死于安乐”“老吾老以及人之老，幼吾幼以及人之幼”，皆深入人心，后者如“齐人有一妻一妾”等。孟子说理生动，用词简洁准确，表意明快。

---

① 徐洪兴：《孟子直解》，复旦大学出版社，2004，第261页。

② 同上书，第255页。

另外，孟子的辩论技巧也着实高超，他的论证逻辑严密、高屋建瓴，世称“雄辩”。辩论时，他时而穷追猛打、步步紧逼，在气势上形成压倒性优势；时而循循善诱，抓住对手的好奇心，因势利导，留下疑问让对手主动开口，落入其“圈套”而无法自拔；时而变被问为反问，进而追问，让对手忙中出错，漏洞全开，落荒而逃。

三、宏大磅礴的气势

孟子谈修养、谈养气、谈知言、谈治国平天下的一切理论与其辩才所产生的气势，古今罕见。孟子的气势，首先来自其自身的浩然正气，源于孟子人格的巨大力量。孟子以“贫贱不能移、富贵不能淫、威武不能屈”的气度激荡文字，气势本就非同一般，加之大量排偶、叠句等修辞手法的运用，使两者产生“共振”，气势自然就呈几何指数增强了。《孟子》所论都忧世忧民，且将特有的高傲气质注入其中，形成《孟子》行文宏大磅礴的气势。全书开篇，述梁惠王见孟子来，便急问：“亦将有以利吾国乎？”孟子寥寥数语：“何必曰利？亦有仁义而已矣。”大手笔一挥而就，其“舍我其谁”的高度自信，发自肺腑的激越之情，“塞于天地之间”的“浩然之气”，“舍生取义”劳筋饿体的进取精神，令后世竞相取法就学。

《孟子》的字里行间，是孟子对于使命的自觉，对于理论的自信，对于人格的自尊，这构成了孟子的伟大形象；《孟子》的一言一行，是孟子对民众的悲悯，对儒家理论的自我实践，对人性的自我认知和斗争，刻画出了一个爱憎分明的血肉英雄。用今天的眼光来看，孔子与孟子、圣人与亚圣、第一与第二、正统与创新都不那么重要，重要的是他们思想上的光辉能够让我们引起共鸣，他们实践的人生让后人啧啧称奇。

《孟子》一书，《汉书·艺文志》列在《诸子略》中，但两汉却把它看作辅翼“经书”的传记，汉文帝为《孟子》与《论语》《孝经》《尔雅》各立“传记博士”；宋太宗翻刻母昭裔楷书《易》《书》《诗》《仪礼》《周礼》《礼记》《公羊传》《穀梁传》《左传》《论语》《孟子》十一经刻石，《孟子》于是也被列入“经书”；到南宋时，理学家朱熹从《礼记》中抽出《大学》和《中庸》，与《论语》《孟子》合注为《四书章句集注》，《孟子》正式列入“十三经”。

【推荐书目】

[1][宋]朱熹.四书集注[M].长沙：岳麓书社，1985.

[2][清]焦循.孟子正义[M].北京：中华书局，1987.

[3][汉]赵岐注，[宋]孙奭疏.孟子注疏[M].上海：上海古籍出版社，1990.

[4][战国]孟轲.孟子[M].上海：上海书店影印世界书局，2004.

[5]徐洪兴.孟子直解[M].上海：复旦大学出版社，2004.

[6]杨伯峻.孟子译注[M].北京：中华书局，2010.

（撰稿人：黄大宏）

#《老子道德经河上公章句》导读

一、初学《老子》的版本选择

《老子》这部经典,是中华民族宝贵的思想财富,但是古往今来对它的解读,一直存在比较大的争议。1927年王重民著《老子考》时存目400余种,1965年严灵峰辑《无求备斋老子集成》时收录了356种。这么多版本,该选哪一个来读？这是一个非常重要也是非常困扰我们的问题。

今天,随着出土文献的增多,《老子》又分为传世本与出土本两大类。出土本如郭店竹简本、马王堆帛书本、北京大学藏西汉竹书本等,其产生年代早,学术价值大。但是出土本或残缺不全,或难以辨读,对于初学者而言,并不是理想的入门读物。初读《老子》,最好从传世本中择取。

传世本中,以河上本和王弼本影响最大,是魏晋以来注解《老子》的两个主要流派。朱谦之《老子校释》认为,河上本近民间系统,文句简古,其流派为景龙碑本、遂州碑本与敦煌本,多古字亦杂俗俚;王弼本属文人系统,文笔晓畅,其流派为苏辙、陆希声、吴澄诸本,多善属文,而参错己见,与古老子相远。两者之中,以河上本影响最大。它不但成为道教徒的经典,更成为唐初官方学校的教科书,甚至被刻为碑文,长久流传。

所谓河上本,就是以《老子道德经河上公章句》(以下简称《河上公章句》)的经文为底本,其中的章句,就是河上注。河上注通俗易懂,以黄老之学为主,融修身与治国为一体,符合汉初黄老之学的思潮,也符合司马谈《论六家要旨》"六家务为治者"之论。这与王弼等魏晋玄学家从哲学本体论解读《老子》有所不同,更不同于东晋南朝以后道教徒以参杂佛学义理的哲学来疏解《老子》。版本的选择,取决不同的阅读需求。河上注,深深扎根于民众之间,深远地影响了民族文化。初学者,选择河上本,对把握《老子》学说的文化性、宗教性、学术性,都具有直接的帮助。

二、河上公其人与《河上公章句》的成书

《河上公章句》，初载于《隋志》，此书流传最广，争议也最多，如河上公其人就是悬而未解的问题。据葛洪《神仙传》卷三《河上公传》称：

河上公者，莫知其姓字。汉文帝时，公结草为庵于河之滨。帝读《老子经》，颇好之，敕诸王公及大臣皆诵之，有所不解数事，时人莫能道之。闻时皆称河上公解《老子经》义旨，乃使赍所不决之事以问。公曰："道尊德贵，非可遥问也。"帝即幸其庵，躬问之。帝曰："普天之下莫非王土；率土之滨莫非王臣。域中有四大，王居其一。子虽有道，犹朕民也，不能自屈，何乃高乎？"公即拊掌坐跃，冉冉在虚空中，去地数丈。俯仰而答曰："余上不至天，中不累人，下不居地，何民臣之有？"帝乃下车稽首曰："朕以不德，忝统先业，才小任大，忧于不堪，虽治世事，而心敬道，真以暗昧，多所不了，唯愿道君有以教之。"公乃授素书二卷与帝，曰："熟研之，此经所疑皆了，不事多言也。余注此经以来，一千七百余年，凡传三人，连子四矣，勿以示非其人。"言毕，失其所在。须臾，云雾晦冥，天地泯合。帝甚贵之。

葛洪虽然语涉荒诞，但至少说明河上公之名已经流传久远。西汉司马迁撰《史记·乐毅列传》时说：

乐臣公学黄帝、老子，其本师号曰河上丈人，不知其所出。河上丈人教于安期生，安期生教毛翕公，毛翕公教乐瑕公，乐瑕公教乐臣公，乐臣公教盖公。盖公教于齐高密、胶西，为曹相国师。

上述河上丈人的弟子乐瑕公、乐臣公、盖公，皆系战国末至西汉初年的隐士。这说明，河上丈人是战国至秦汉之际的人。但是河上丈人的生平比较神秘，连汉初的司马迁都"不知所出"。他是否注释过《老子》，从《史记》《汉书》以及汉代的其他典籍中，都找不到明确的记载。直到魏晋之际，皇甫谧《高士传》才提到河上丈人著《老子章句》一事。

今天的学者多认为《河上公章句》成于东汉。理由是，东汉章句之体盛行，此书于文体上正反映当时学风。但实际上章句一体在西汉就已经产生，而且从思想内容来看，河上注符合西汉初期的黄老思想，所以很难说它一定不是西汉的作品。在无确切证据之前，我们暂且按照《隋志·道家》的记载，以此书为汉文帝时河上公所作。

三、《河上公章句》的特点

(一)以黄老思想注释《老子》

1. 重视长生

《河上公章句》将《老子》解释为长生之术,具有浓厚的黄老神仙思想。如第一章,它将“常道”解释为“自然长生之道”;第六章,它将“谷神不死”解释为“人能养神则不死”,并指出口鼻在其中的重要作用。河上注强调精气神对于长生的重要性。如“爱精重施,髓满骨坚”(第三章);“人能保身中之道,使精气不劳,五神不苦,则可以长久。……深藏其气,固守其精,无使漏泄。深根固蒂者乃长生久视之道”(第五十九章)。河上注也强调“除情去欲”对于长生的重要性。如:“除情去欲,守中和,是谓知道要之门户也”(第一章);“人能除情欲,节滋味,清五藏,则神明居之也”(第五章);“治身者当除情去欲,使五藏空虚,神乃归之”(第十一章);“得道之人,捐情去欲,五内清静,至于虚极”(第十六章)。除情去欲,爱精重施,其实就是清静无为思想的体现。

2. 治身与治国相通

河上注认为“圣人治国与治身同也”(第三章)。因此,治身的原则适用于治国,反之,治国的原则也适用于治身。如第十章经文“爱民治国,能无为乎”,文句本身明确是指治国,河上注却将其与治身联系起来,即“治身者爱气则身全,治国者爱民则国安。治身者呼吸精气,无令耳闻也;治国者布施德惠,无令下知也”。又如第二十六章经文“轻则失臣,躁则失君”,文句也明确是指治国,河上注却说:“王者轻淫则失其臣,治身轻淫则失其精。王者行躁疾则失其君位,治身躁疾则失其精神也。”谈到治国,它总要将治身也拉进来。

3. 天人相通

身与国可以互通,同样,人与天也可以互通。第四十七章河上注:“天道与人道同,天人相通,精气相贯。人君清净,天气自正。人君多欲,天气烦浊。吉凶利害皆由于己。”第六十五章:“能知治身及治国之法式,是谓与天同德也。”身国互通、天人互通,它们皆需清静无为,这体现了鲜明的黄老思想。

(二)将经文分章,且冠以标题

《河上公章句》共二卷,《道经》三十七章为上篇,《德经》四十四篇为下篇。它与其他版本在体例上的最大区别,便是经文分章,且每章都冠以标题。通常来讲,标题是内容与观点的概括。河上本章题的出现,对我们理解《老子》的思想,提供了巨大的帮助。当经文难以理解的时候,我们还可以通过标题来探索主旨。如第三章《安民》,从标题可知是探讨治国安民之道;第五章《虚用》,讲解“虚”的作用;第十八章《俗薄》,讲风俗败坏的表现;第十九章《还淳》,讲如何移风易俗,复归淳风。可见,章题与内容之间,是一一对应的。河上注的章题，虽然一定程度上反映了经文的主旨，但它也有局限，即过多强调治国色彩，有明显的黄老政治思想倾向。但对于初学者而言，有章题的河上本无疑是最好的入门读物。

【推荐书目】

[1]王卡．老子道德经河上公章句[M]．北京：中华书局，1993.

[2]《简帛法选》编辑组．马王堆帛书·老子[M]．北京：文物出版社，2000.

[3]荆门市博物馆．郭店楚墓竹简：老子甲[M]．北京：文物出版社，2002.

[4][魏]王弼．老子道德经注校释[M]．楼宇烈校释．北京：中华书局，2008.

[5]北京大学出土文献研究所朱凤瀚．北京大学藏西汉竹书[贰]：《老子》卷[M]．上海：上海古籍出版社，2012.

（撰稿人：何涛）

《庄子今注今译》导读

庄子(约前369—约前286),名周,战国中期宋国蒙(今河南商丘)人,先秦道家学派代表人之一。据《史记·老庄申韩列传》所记,其大约与梁惠王、齐宣王、孟子等同时,生平事迹难以详考。曾短暂担任漆园吏,后辞去,织履为生,终身不仕。《庄子》一书,为先秦道家代表作之一。今存三十三篇,分内篇、外篇、杂篇三部分。如先秦绝大多数著作一样,《庄子》一书,非出于一人一时之手,有庄子自著,也有门人、后学甚至附会文章的掺入。大体说来,《庄子》一书反映了以庄子为代表的战国时期道家的学术思想。

庄子在"道"的基本理念上与老子一脉相承,又有所强调和生发。孔子说"书不尽言,言不尽意",庄子主张"得鱼忘筌,得意忘言",《庄子》一书内容宏富驳杂,意蕴深刻幽微,本不适合也无法一言以蔽之,为方便计,姑将其主要思想大致罗列为以下几端:

一、道自然无为

在庄子的思想观念里,"道"是最核心最重要的范畴,道的主要特征和表现方式是自然无为。具体而言,这大致包含两层意思:一是,道在本质上的"无为"。它无声无息地存在着,并不依赖于人们的认知与否,也不刻意地做什么,更不会宣示对世界的主宰,但它又实实在在地化育、主宰着天地万物。所谓"天地有大美而不言,四时有明法而不议,万物有成理而不说"(《庄子·知北游》),在道的支配下,万物各得其所,各尽其妙,自足自洽。人也是天地万物中的一分子。人的存在,于空间而言是渺小的:"吾在于天地之间,犹小石小木之在于大山也……中国之在海内,不似稊米之在大仓乎？号物之数谓之万,人处一焉"(《庄子·秋水》);于时间而言是短暂的:"人生天地之间,如白驹之过隙,忽然而已"(《庄子·知北游》)。由此,庄子试图指出人在大千世界中的真实处境,高屋建瓴地把人放在一个更广阔的时空背景下观照,以破除人类因对大道的无知无觉而滋生的自我中心、痴心妄想。比如所谓的"人定胜天",比如违背大道的盲动妄为。二是,道的呈现是自然无为的状态。它在世间万物的自然状态中呈现出来,随物赋形,千姿百态。事物自然的状态，有着道的内在规定，具有必然性和微妙的内在平衡，但它未必是人们基于各自需求、主观好恶而想象出来的“完美状态”。基于此，人类必须对大道有所觉知、有所敬畏。如果人类一味地以自我为中心，按各自的利益需求、主观好恶肆意妄为，势必导致不可估量的灾难性后果。“混沌之死”的寓言形象地说明了这一点：

南海之帝为倏，北海之帝为忽，中央之帝为混沌。倏与忽时相与遇于混沌之地，混沌待之甚善。倏与忽谋报混沌之德，曰：“人皆有七窍，以视听食息，此独无有，尝试凿之。”日凿一窍，七日而混沌死。（《庄子·应帝王》）

寓言里的倏和忽想要报答混沌之德，给本无七窍的混沌开凿七窍，却破坏了混沌的本来面目，导致混沌死亡，造成无法挽回的悲剧。他们这么做的原因，一方面固然是因为想要报恩，但另一方面，也是因为在他们看来，混沌的样子不够完美，或者异于常人，于是想当然地要对其加以改变。殊不知，却破坏了混沌的自然状态，最后害死了混沌。这则寓言绝不仅仅是说好心办坏事这个道理，而是深刻揭示了人们的一个认识盲区：在观念上对大道无知无觉、无所敬畏，在行动上就会盲动妄为。在庄子看来，这极其愚蠢而且危险，严重的情况下甚至是毁灭性的。

二、道无所不在

如果说老子特别强调道的根源性，即道是世界的起源，是万物之母。那么在庄子思想体系中，再三致意的就是道的无所不在，即道的普遍性。在庄子看来，大千世界，芸芸众生，形态样貌，千姿百态；人们对世界的看法、好恶、评价也是众声喧哗，莫衷一是，“公说公有理，婆说婆有理”，诸子异说，百家争鸣。但实际上，世间万物在本质上是齐同的，即庄子所谓“齐物”。因为道生万物，本是“同源”；又因道在万物，因此“同质”。既然在根源和本质上都是“道”，当然万物齐同，千江有水千江月，“道通为一”“天地一指也，万物一马也”（《庄子·齐物论》）。

虽然，万物齐同，但并不意味着庄子由此否认了世界的多样性、多元化。不但没有否认，正是庄子的齐物思想从哲学的角度论证、肯定了世界的多样性、多元化。在庄子看来，“道通为一”的世界就是一个形态丰富的统一体，万物都有其存在的理由和价值，或者说，万物的存在本身就是价值：“物固有所然，物固有所可；无物不然，无物不可。”也因此，庄子认为，人们对世界的认知和判断标准，包括是非标准、审美标准等都是相对的：“彼亦一是非，此亦一是非”“毛嫱丽姬，人之所美者，鱼见之深入，鸟见之高飞”（《庄子·齐物论》）。人们对世界的认知，角度不同，看到的不一样，但都只是大千世界的某一个方面而已，因此在对待不同于自己的观点时，没有必要争个你高我低，也不存在所谓的终极答案。智慧的做法或许是:各自照见,大辩不辩。

道的无所不在,还引申出庄子平等的观念。《庄子·知北游》里有一则寓言“东郭子问道”:

东郭子问于庄子曰:“所谓道,恶乎在?”庄子曰:“无所不在。”东郭子曰:“期而后可。”庄子曰:“在蝼蚁。”曰:“何其下邪?”曰:“在稊稗。”曰:“何其愈下邪?”曰:“在瓦甓。”曰:“何其愈甚邪?”曰:“在屎溺。”东郭子不应。

这则寓言里,东郭子貌似谦虚地请教庄子道之所在,庄子的回答却让东郭子大感意外,大为不满,甚至以为庄子所言荒诞,故意忽悠自己,终至于“不应”。而其实,庄子的回答再简练准确不过。万物皆有道存焉,哪怕是某些人眼里不齿的“稊稗、瓦甓、屎溺”等也不例外。只不过东郭子这样的人,已习惯性地把世间万物划分为三六九等、高低贵贱,因而无法理解庄子的思想。

三、道生逍遥

独特的观照世界的角度和方式,决定了庄子在人生观、价值追求上的特立独行。如果说儒家以道德修养的完善(修身)、事功的完成(齐家、治国、平天下)为两大价值追求,那么庄子则把与道合一,体验生命的自然过程,获得身心的大自由,视为最高境界。用庄子的话说,就是逍遥游,要达到逍遥游,就要做到无己、无功、无名,也就是无待、无为。要放下对世俗“功”“名”的追逐,对“己”的执着,将个体生命与更恒久广阔的自然视为一体,放下对生死的恐惧;顺其自然,对生命中的一切变化不迎不拒,过一种与世无争也不屑于争的淡泊宁静的生活。庄子本人,也正是这样生活的,终身不近名利,最大限度地保全了自己的身心自由,如庖丁手里的那把刀,在纷纷扰扰的战国乱世里游刃有余,留给后世一个逍遥的背影。

《庄子》一书,思想深刻,见解独到,此处所举,不过一二。庄子思想学说对后世的哲学、艺术影响深远,从文学的角度看,也堪称瑰宝。其文基本由寓言连缀而成,“寓言”一词,即为庄子首创,在寓言的运用上庄子有着文体的自觉:“寓言十九,重言十七,卮言日出,和以天倪。”(《庄子·寓言》)庄子散文大多构思奇特,文辞美富,恢诡谲怪,汪洋恣肆,为后世所爱重。

《庄子》向以难读著称。庄子本人对此似乎早有“自知之明”,曾自嘲其说为“谬悠之说,荒唐之言,无端崖之辞”,“以天下为沉浊,不可与庄语”(《庄子·天下》)。究其原因,一来,是由庄子思想本身的特点所决定的。道家思想,穷根究底,自根自本,极具思辨性、形而上的意味,加上庄子的寓言文辞宏富,意蕴深刻,具有相当的象征性和模糊性,要真正读懂,难度确实不小;二来,庄子的时代离我们已十分遥远,在语言文字上多有障碍,仅从文字上面捋顺、理解,对初学者已非易事。

为了方便初学者,在此我们推荐台湾学者陈鼓应先生的《庄子今注今译》(中华书局,2001年版)。陈鼓应,1935年生人,福建长汀人,曾任台湾大学哲学系教授、北京大学哲学系客座教授、美国加州大学伯克利分校研究员,现任台湾中国文化大学哲学系教授、华东师范大学先秦诸子研究中心名誉主任、《道家文化研究》主编。研究领域为中国哲学史、道家哲学、尼采哲学。陈鼓应先生青年时期曾接受过严格的西方哲学训练,其研究庄子的缘起也与他对尼采思想和存在主义的兴趣不无关系。将庄子与德国哲学家尼采进行比较研究,以求中西文明的会通,是其治学的一大特点。陈鼓应先生的这本注译,参考了古今中外的各种校注本,择善而从;既有对字词训诂比较详细的注解,也有全文流畅的翻译,是现在最为通行的一个注译版本。

【推荐书目】

[1][清]王夫之.庄子解[M].王孝鱼点校.北京:中华书局,1964.
[2][汉]司马迁.史记[M].北京:中华书局,1982.
[3]王卡校.老子道德经河上公章句[M].北京:中华书局,1993.
[4]陈鼓应.庄子今注今译[M].北京:中华书局,2001.
[5][清]王先谦.庄子集解[M].西安:三秦出版社,2005.
[6][清]郭庆藩.庄子集释[M].北京:中华书局,2006.

(撰稿人:王春冰)

《诗经选》导读

《诗经》原称"诗"或"诗三百",收集了西周初年至春秋中叶(公元前11世纪至公元前6世纪)的诗歌共305篇,反映了周初至周晚期约五百年间的社会面貌。对于《诗经》的解释,两千多年来众说纷纭,有些很难达成共识。余冠英的《诗经选》共选《诗经》精华90篇,以阮刻《毛诗注疏》为底本,对诗中罕见字皆注明读音,一般的字只注今音,韵脚读今音不协者同时注明古音,篇后附有诗释;除解释诗文词句外,又在必要处联串上下文略加解说,并说明篇义,是被公认为最有代表性的《诗经》选注本之一。

余冠英(1906—1995),古典文学专家,毕生致力于古典文学的教学和研究。由他主持编写的《中国文学史》(三卷本)是古典文学研究领域中的重要成果,有论文集《古代文学杂论》等。由他选编及注释的《诗经选》《汉魏六朝诗选》《三曹诗选》《唐诗选》等,均被学界公认为各领域的最佳选本之一。

一、现实主义创作传统

古时贵族阶级学诗有其实用的目的,诗和礼乐不能分,礼乐是贵族阶级生活的重要部分,诗除了具有讽谏与颂美作用外,在日常生活中还常常要借诗来表示情意,在外交场合尤其不可少,其作用几乎等于语言的一部分了。《诗经》是我国第一部诗歌总集,标志着中国文学史光辉的起点,为现实主义文学传统的源头,被称为"中国古代风俗画卷"和认识中国古代社会的"百科全书"。

《诗经》中的内容十分广泛,当时的政治、经济、军事、文化以及世态人情、民俗风习等,在其中都有形象的表现。如《公刘》篇写周人由北豳到豳的一次移民,从准备起程写到定居营建。关于观测地形、经营宫室、分配田亩、君臣宴饮,以及水利、军制,甚至锻冶等事都有叙写。"陟则在巘,复降在原。何以舟之？维玉及瑶,鞞琫容刀。"[①]挂着佩刀,上下山原,这就是勤劳的移民领袖公刘的形象。"于时处处,于是庐旅。于时言言,于时语

① 王秀梅译注:《诗经》,中华书局,2006,第341页。

语”[①]，这就是开始得到安居的大众欢乐笑语的生活图景。

可以说，《诗经》向我们展示了周代社会各阶层的生存状况和阶层间的悬殊差异。一方是“普天之下，莫非王土”，不稼不穑却锦衣玉食；一方是“无衣无褐，何以卒岁”。《诗经》里许多篇什表现了人民在徭役重压之下的呻吟和怨恨。《唐风·鸨羽》写道：“王事靡盬，不能艺稷黍，父母何怙？悠悠苍天！曷其有所？”[②]描写了一位农民常年在外服役，不能在家耕作，家中田园荒芜，父母衣食无着。他只能高声呼喊苍天，发泄心中的愤懑。《王风·兔爰》道：“我生之初，尚无为。我生之后，逢此百罹。尚寐无吪。”[③]表现了人民忍受不了无休止的奴役，以至于宁愿早早结束生命。还有比这更沉痛的陈诉么？

再如《豳风·七月》所描述的农家全年的辛苦生活，充分反映了被剥削的痛苦。诗中的农民是男为主人耕，女为主人织，还要为主人打猎、盖房子、做衣服、藏冰、造酒。自己的生活是衣不蔽体，吃的是极粗糙的东西，住的是破屋。剥削越重，农民的反抗便越强烈。《魏风·硕鼠》写道：“硕鼠硕鼠，无食我黍！三岁贯女，莫我肯顾。逝将去女，适彼乐土。乐土乐土，爰得我所。”[④]这里包蕴着强烈的愤恨。正是诗人们如实地歌咏其事，真实地为我们描绘了一个时代历史发展的面貌与轨迹。

二、理想爱情的梦之境

爱情是诗歌永恒的主题，古今中外皆然。作为中国文学源头的《诗经》，其中以爱情和婚姻为主题的诗歌约60篇，占总篇数的五分之一。这些诗大多以真挚、纯朴、热烈而健康的歌唱，展现了爱情生活中各种典型的情感，反映了古代青年男女对爱情与幸福的渴望，描绘了婚恋生活中相会的欢乐、相思的痛苦、失恋的悲伤、热恋过程中的波澜，以及大胆追求的个人意志与家长、家庭、礼教的冲突等，相当全面地反映了当时各个阶层人们的爱情生活。

如对于女子到了适当年龄尚无配偶唯恐耽误青春的心理，《召南·摽有梅》表现得非常真切。“摽有梅，其实七兮。求我庶士，迨其吉兮！摽有梅，其实三兮。求我庶士，迨其今兮。摽有梅，顷筐塈之。求我庶士，迨其谓之。”[⑤]有些诗表现两情未通的时候，一方面的爱慕之情，如《郑风·东门之墠》：“东门之墠，茹藘在阪。其室则迩，其人甚远。东门之栗，有践家室。岂不尔思？子不我即。”[⑥]“室迩”是说形迹并不疏远，“人远”是说感情还有距离。这两句写情是很深刻的，已经成为后人常常借用的言语了。

---

① 王秀梅译注：《诗经》，中华书局，2006，第341页。
② 同上书，第160页。
③ 同上书，第104页。
④ 同上书，第148页。
⑤ 同上书，第21页。
⑥ 余冠英注译：《诗经选》，人民文学出版社，1979，第89页。

有些诗写相思离别，如“彼采萧兮。一日不见，如三秋兮”（《王风·采葛》），或“未见君子，忧心钦钦。如何如何？忘我实多”（《秦风·晨风》）。有些诗写别后重逢，如“既见君子，云胡不夷”（《郑风·风雨》），或“亦既见止，亦既觏止，我心则降”（《召南·草虫》）。

三、“风雅比兴”传统

《诗经》从内容上分为风、雅、颂三部分，因音乐而得名。《墨子·公孟篇》道：“儒者诵诗三百，弦诗三百，歌诗三百，舞诗三百。”《史记·孔子世家》道：“三百五篇，孔子皆弦歌之。”“风”是地方乐调，分十五国风，多来自民间，是上古的情歌与民歌。“雅”是贵族士大夫的献诗，雅是正的意思，周人所认为的正声叫作雅乐，正如周人的官话叫作雅言，分大雅（多论政议事）和小雅（多叙事抒情）。“颂”为讴歌祭祀先祖之诗，是用于宗庙祭祀的乐歌。国风与小雅是《诗经》的精髓。

“赋、比、兴”是《诗经》的艺术表现手法。“赋、比、兴”与“风、雅、颂”合称“六诗”或“六义”。“六义”又常被简括为“风雅比兴”，完美地体现了《诗经》的内容与形式的高度统一，概括了《诗经》的基本创作精神。“风雅”传统指反映现实、通过美刺而“补察时政”“泄导人情”的创作精神；“比兴”传统指的是通过“托物寓志”“托物寄兴”的艺术经验，要求反映现实，干预时政，关怀民生，继承“言者无罪，闻者足戒”的讽喻精神，揭发社会弊病，发挥社会教育与改造作用。“风雅比兴”是《诗经》的基本创作精神，在中国古典文学史上形成了长久的影响。

《诗经选》所选篇目很有特色，很值得读者仔细品读。如《豳风·鸱鸮》就是非常别致的一篇。这篇全用一只母鸟的口吻诉述她遭受的迫害，育子和营巢的辛苦以及目前处境如何艰难危殆。第一章母鸟对鸱鸮说：“鸱鸮鸱鸮！既取我子，无毁我室。恩斯勤斯，鬻子之闵斯。”[①]一开始就哀痛迫切，使读者深受感动。末章不但作鸟的口吻，简直模仿了鸟的声音：“予羽谯谯，予尾翛翛。予室翘翘，风雨所漂摇。予维音哓哓。”[②]这应该是我国最早的“禽言诗”了。

对于《诗经》的理解，因人因时因环境之不同而迥然有异，这正是《诗经》的妙处。这本《诗经选》是《诗经》的缩编本和普及本，目的是把《诗经》里优秀的作品推荐给一般文学爱好者。

---

① 余冠英注译：《诗经选》，人民文学出版社，1979，第160页。

② 同上书，第161页。

【推荐书目】

[1]孙作云.诗经与周代社会研究[M].北京:中华书局,1979.
[2]余冠英.诗经选[M].北京:人民文学出版社,1979.
[3][清]方玉润.诗经原始[M].李先耕点校.北京:中华书局,1986.
[4]刘冬颖.诗经[M].北京:中华书局,2013.
[5]王力.诗经韵读　楚辞韵读[M].北京:中华书局,2014.
[6]王晓平.日藏诗经古写本刻本汇编[M].北京:中华书局,2016.

（撰稿人:黄大宏）

《楚辞选》导读

马茂元(1918—1989),字懋园,安徽桐城人,桐城派殿军马其昶之孙。1938年毕业于无锡国学专修学校。曾担任安徽省中小学教材编审会编审、安徽省教育厅秘书。新中国成立后,历任上海第一师范学院教师、上海师范大学文学研究所教授。专于唐诗、楚辞研究。著有《古诗十九首初探》《晚照楼论文集》,编有《楚辞选》《楚辞研究集成》《唐诗选》《中国历代文学作品选》等。

《楚辞选》在体例上,由前言、作品正文和注释组成。前言由六部分组成,马茂元先生在此主要探讨了楚辞产生的条件、楚辞所体现的南楚文化的特点和精神、屈原的创造及其后楚辞作家的创作情况。在此基础上,总结了楚辞作品的积极浪漫主义特征、比兴手法的创新及语言特点等。本书所选楚辞作品是屈原的《离骚》《九歌》《九章》《招魂》《卜居》《渔父》和宋玉的《九辩》、贾谊的《吊屈原赋》、淮南小山的《招隐士》。《楚辞》的精华大都包括进去了。

本书对上述各篇做了比较详细的注释。注释的主要内容:一是解决文字上的声音训诂问题,扫除阅读时的障碍;二是阐明作品的意义,它所表现的作者的思想感情;三是通过词的用法、句的结构的分析,使读者进一步体会作品的艺术特色。"注释"的方式:一般都是一句或数句为单元加以串释。有的还把它和上下文联系起来,说明两者之间的关系。不须释句的,就把一个词语或有关的几个词语单独或并列为一条来解释。除一般的字音词义外,采用别人的说法,一一注明出处。引文艰深不易理解的,也做了必要的注解,用括号括在原文字或句下面。其属于注者个人心得者,根据行文时的具体情况,有的加上按语字样,有的不加。除极少数几篇外,作品都是被分段注释,篇中的段落大意,根据原文的长短深浅也做了详略不同的述说。这有利于读者掌握作品的结构和作者的思路。

"注释"之外,绝大多数正文的前面有类于"解题"的文字,篇末有"说明"文字。"解题"是解释题旨,并对有关作者生平和作品时代背景的资料加以分析。组诗如《九歌》

《九章》一类，在总的“解题”之外，每一首诗前还有一个分“解题”，主要是对篇题含义及有关文化知识的介绍。“说明”则综论全篇的内容及形式。

“注释”“解题”和“说明”三部分，从不同的角度来阐释作品的内涵，它们形成了一个相互配合的有机体，便于读者由浅入深、由点到面地理解作品。这三部分的文字深入浅出，一般都是以一种说法为主。对存在分歧的问题，除连类而及的，不一一列举。其中有一些影响较深广而注者认为不妥当的说法，也都加以辨析。这对开阔我们的视野和思路，探索治学门径，是有帮助的。

屈原的作品，历代评论的很多。大概以司马迁《史记·屈原列传》为最早、最切实，也评价得最高。《屈原列传》中说：“屈平之作《离骚》，盖自怨生也。《国风》好色而不淫，《小雅》怨诽而不乱。若《离骚》者，可谓兼之矣。上称帝喾，下道齐桓，中述汤武，以刺世事。明道德之广崇，治乱之条贯，靡不毕见。其文约，其辞微，其志洁，其行廉，其称文小而其指极大，举类迩而见义远。其志洁，故其称物芳。其行廉，故死而不容自疏。濯淖污泥之中，蝉蜕于浊秽，以浮游尘埃之外，不获世之滋垢，皭然泥而不滓者也。推此志也，虽与日月争光可也。”[①]这段话比较恰切地指明了屈原的代表性作品《离骚》的思想内容和艺术特点，并把《离骚》与《诗经》的传统联系起来，使后世的评论者注意到中国文学史上南北两大文学源头的融合和发展，同时对屈原作品做出了较高的评价。而对于屈原其人的评价，在司马迁之后，就是贾谊的《吊屈原赋》。从此一切政治事功不得意的人，都可以借着屈原来发泄胸中的不平之气。贾谊一生的遭遇与屈原有相似之处，也有屈原愤世嫉俗的感情，因而后人经常将二人并列评析。而从作品的艺术特点上来看，贾谊是骚赋的继承者，又有许多创新。因此，马茂元《楚辞选》中所选的宋玉、贾谊等人的作品实际是向读者揭示屈原及楚辞作品对后来文学创作和文人的影响。《九歌》是屈原吸取楚地的民间故事和神话传说，并利用民间祭祀乐歌形式写成的一组抒情诗。《九歌》着重描写祭神场面及诸神婉转悱恻的情感，但却充满了凡人的情趣，确实能够反映出南楚地区信鬼好祠、歌舞娱神的风俗，再加上屈原的艺术创作和想象，造成其瑰丽缥缈、意象清新、语言精美的艺术风格，可称为古代文学史上罕见的艺术珍品。《九章》《卜居》《渔父》在内容、风格上皆与《离骚》相同，主要是情感与现实描写结合。因此，从马茂元先生的选编体例来看，《楚辞选》大致是按照屈原作品的重要性进行编排，并按内容风格分类。这表现出他对屈原及其作品的独特认识。

① 司马迁：《史记》，中华书局，1959，第2482页。

【推荐书目】

[1]马茂元.楚辞选[M].北京:人民文学出版社,1998.

[2][清]戴震.屈原赋注[M].北京:中华书局,1999.

[3]王力.诗经韵读　楚辞韵读[M].北京:中华书局,2014.

[4][宋]洪兴祖.楚辞补注[M].上海:上海古籍出版社,2015.

[5][宋]朱熹.楚辞集注[M].上海:上海古籍出版社,2015.

[6]朱季海.楚辞解故[M].上海:上海古籍出版社,2017.

（撰稿人:张桂萍）

《史记选》导读

王伯祥(1890—1975),苏州人,原名王钟麒,字伯祥,号碧庄、巽斋、苏亭、容堂、容安、容叟,晚年以字行。青年时期他怀着爱国热情,积极参加新文化运动,曾任教于福建集美学校、北京大学,任职于商务印书馆、开明书店等。

1953年,王伯祥应郑振铎之邀,到文学研究所(原属北京大学,后属中国科学院,今属中国社会科学院)任研究员。所里给他的第一项工作,就是选注一部《史记选》,由人民文学出版社出版。《史记选》的工作开始于1953年,王伯祥为了迎接司马迁2100诞辰周年纪念,夜以继日地著书,终于在1955年8月定稿,1957年4月正式出版。选注历时虽仅两年,实际上融入了王伯祥一生研究《史记》的心血,迄今为止它仍是国内外出版的《史记》选本中学术水平最高的一种。《史记选》曾一再地重印或再版。1982年第二版时附上了一些重大史事的插图,是另一位历史地理学家专门绘制的,很有参考价值。1995年已是第8次印刷。

《史记选》前有《序例》,它系统地论及司马迁的生平、《史记》的伟大史学成就、伟大文学成就、深远的影响以及版本知识等,是一篇有独到见解的《史记》论,也是一篇富于启示性的《史记》研究指南。王伯祥编选这部书特别强调《史记》在传记文学上的独创性。他说:“在司马迁以前,没有专写个人的传记。他独能窥见人的一生是活生生的整体,若把它分系在‘以事为纲’的记载上就算了事,那就破坏了这个整体,无异支解了这个人物。所以他每用多种多样的方式来写传记。就这一点看,可以说司马迁在中国文学史上是第一个发见‘典型人物’的人。”[①]基于这一认识,他只选了《史记》中“描写生动而故事性较强的记叙文二十篇”[②]。从他选的《项羽本纪》《陈涉世家》《留侯世家》《陈丞相世家》《孙子吴起列传》《商君列传》《平原君虞卿列传》《魏公子列传》《范雎蔡泽列传》《廉颇蔺相如列传》《田单列传》《刺客列传》《淮阴侯列传》《季布栾布列传》《张释之冯唐列传》《魏其武安侯列传》《李将军列传》《汲郑列传》《游侠列传》《滑稽列传》等篇来看,确

① 王伯祥:《史记选·序例》,人民文学出版社,1982,第9页。

② 同上书,第15页。

实篇篇都是文艺珍品。

本书所选的这20篇传记都是照录《史记》原文，不加删节；篇次的前后也依照原本的顺序。但每篇都分段，加以标点并进行注释。本书注释详赡准确，其特点在于：

(1)校记和注释合一，称为“校释”

王伯祥先生在选注之前，先以校勘版本，弄清各本间文字异同为基础。他所选定的底本是清同治时张文虎校订的“金陵本”。校以宋蜀大字本、百衲宋本、南宋黄善夫本、汲古阁十七史本，以及日本泷川资言的《史记会注考证》本。这些版本文字之异同，凡牵涉意思上有区别的，都出校于注文之中。这对读者了解真谛，以及版本源流等等，是极有裨益的。如《淮阴侯列传》注“间道”：《蜀本》《百衲本》《黄本》《汲古本》都作“间路”。[①]

(2)注重对古代文化常识的介绍

内容涉及音读、字义、语汇、地名、人名、官名、器物名和典章制度，对拓展读者的知识面和更准确地理解《史记》有很大帮助。如《魏其武安侯列传》注[86]“起家至二千石”：“从家居之人平地升拔到二千石的级位。起家犹出身。汉禄秩之制凡十五等：一，万石，其俸谷月各三百五十斛；二，中二千石，月各百八十斛；三，二千石，月各百二十斛；四，比二千石，月各百斛；五，千石，月各九十斛；六，比千石，月各八十斛；七，六百石，月各七十斛；八，比六百石，月各六十斛；九，四百石，月各五十斛；十，比四百石，月各四十五斛；十一，三百石，月各四十斛；十二，比三百石，月各三十七斛；十三，二百石，月各三十斛；十四，比二百石，月各二十七斛；十五，一百石，月各十六斛。百石以下尚有斗食(月俸十一斛)、佐史(月俸八斛)两级，不以官禄论。当时的三公秩皆万石，九卿皆中二千石，太子太傅以下至三辅长官(京兆尹、左冯、右扶风分掌京畿地方之政)及地方长官(郡国守相)皆二千石。”[②]这是对汉官制的详考。还有对地名沿革的考释。如《李将军列传》注[1]“成纪”：“汉所置县，故治在今甘肃省秦安县北三十里。初属陇西郡(今甘肃省东部)，故云陇西成纪。武帝元鼎三年(公元前114年)置天水郡，成纪县改属天水，故《汉书·地理志》载成纪于天水之下。”[③]

(3)注重文词解说的准确性和文意的疏通

本书校释对字句的解释力求字字坐实。如《张释之冯唐列传》注[23]“任刀笔吏”：“信任刀笔之吏。掌管案牍的书吏。古时记事于竹简之上，有谬误，用刀削去它。笔是记事的工具，刀是削误的工具，本是两物。刀笔连称，有添增从心，舞文弄法的意义。”注[24]“争以亟疾苛察相高”：“互相以办事紧急，督察苛刻来争胜。亟是紧急。疾是快速。苛是深刻。察是督责。”注[26]“无恻隐之实”：“毫无体贴人情的实际。恻隐，怜悯痛伤。伤之切叫恻，痛之深叫隐。”[④]有时候对司马迁的文意加以解说。如《季布栾布列

① 王伯祥：《史记选》，人民文学出版社，1982，第353页。
② 同上书，第412页。
③ 同上书，第436页。
④ 同上书，第386页。

传》注“摧刚为柔”:“指季布原是‘为气任侠’的刚强人,却能在必要时软化,接受‘髡钳为奴’的屈辱。”[1]有时候对《史记》的体例加以按语。如《留侯世家》注释第[79]:“按《史记》一书,把各篇汇成一个整体,所以一事详于彼即略于此。如果我们对于记事的纪传都理解为一个单篇,是有缺陷的。”[2]这些校释,看似平常,但实际来自选注者综合各本、选择考究的苦功。

本书在校释体例上有些地方也用了《史记》的“互见法”。比如,对某些人物的注释,若是“关涉较广的人物而并无他的传记入选的,叙述也略为加详,并且注明《史记》本书中有他的传,以便读者需要时的考索”[3]。这个方法对于选本来说确实是考虑较为周详的注释法,但是本书在处理出自不同篇章的同一词条的注释也采取“互见”之法,就显得不便观览。比如“云中”一条在前面《张释之冯唐列传》已经注释过了,那后面的《李将军列传》在注此条时即提示“已见《张释之冯唐列传》校释[136]”。这样虽然避免了重复注释的麻烦,但读者在看这条注释时就要翻阅前面篇目的校释,颇费时间。如果直接注明前出此条的页码,可能翻检更为便捷。

【推荐书目】

[1][汉]司马迁.史记[M].北京:中华书局,1959.
[2]王伯祥.史记选[M].北京:人民文学出版社,1982.
[3]李长之.司马迁之人格与风格[M].北京:生活·读书·新知三联书店,1984.
[4]杨燕起.历代名家评史记[M].北京:北京师范大学出版社,1986.
[5][日]泷川资言.史记会注考证[M].太原:北岳文艺出版社,1999.
[6]韩兆琦.史记笺证[M].南昌:江西人民出版社,2004.
[7]张大可.史记今注[M].南京:凤凰出版社,2013.

(撰稿人:张桂萍)

① 王伯祥:《史记选》,人民文学出版社,1982,第374页。
② 同上书,第101页。
③ 同上书,第16页。

《陶渊明集》导读

陶渊明(365—427),字元亮;一说名潜,字渊明。浔阳柴桑(今江西九江市西南)人,别号五柳先生,卒时友人私谥靖节,世号"靖节先生"。陶渊明在中国诗歌史上号称"隐逸诗人之宗"[①],以田园诗著称,是第一个将隐逸生活与田园诗创作结合起来的诗人。

隐逸的生活方式,早在先秦时期就出现了。载之典籍的隐士,如传说中的商山四皓、楚狂接舆、许由、伯夷,以及楚辞中的渔父等;对田园生活的描写,在《诗经》的农事诗里,也已初现端倪:"春日载阳,有鸣仓庚""春日迟迟,采蘩祁祁"(《诗经·七月》)。东汉时期的文学家张衡,在其《归田赋》里,第一次以文学的形式抒发士人强烈的"归田"愿景,开田园写作之先声。在张衡的笔下,田园俨然成为士人仕途失意的避难所和远离现实纷扰的清净地。但张衡终究没有"归去",田园,于他而言,是远方的呼唤,梦中的家园。到了陶渊明,才将张衡笔下向往不已的"归田"落实为真正的生活。田园,在陶渊明这里,不再只停留在想象或向往当中,而是自主选择的真实人生。如果说张衡写完《归田赋》后,他关于田园的歌唱就此消歇,那么陶渊明是在回归田园后,才真正开启了他的田园诗创作。田园与隐逸,田园与诗歌,第一次真正地融合在一起,并成为中国古典诗歌宝库中引人注目的主题。

选择回归田园,对陶渊明而言,是一个艰难的决定。他的这一人生选择,代表着古代士人的另一种生活样态。秦汉以后,在王权笼罩下的封建官僚体系建立,绝大多数士人成为这一体系的附庸。一方面,他们大多深受儒家思想影响,将入仕视为人生的一大追求,是安身立命、兼济天下、实现自我价值的最重要途径。另一方面,当其入仕后,又常会发现理想与现实的差距。人前显贵的背后,付出的也许是失去尊严和操守、失去自由甚至性命的代价;官场中的争斗倾轧以及身不由己的窘迫感,也常常让其心生厌倦。于是,仕与隐、去与留、山林与庙堂之间的矛盾,成为内心挥之不去的心结。他们徘徊于儒、道,在进退出处,事功与自由,生计与理想之间挣扎煎熬。陶渊明也不例外。陶渊明出身于官宦家庭,曾祖陶侃以军功官至大司马,祖父、父亲均曾为官。在这样的家世背

① 曹旭:《诗品集注》,上海古籍出版社,1994,第260页。

景下，他深受儒家思想影响，喜读六经，有大济苍生的志向，并于29岁入仕，做过州祭酒、参军一类的小官。陶渊明生当晋、宋之际，正值一个篡乱相替的乱世。官场种种，远不是他理想中的样子，反而让他越来越清楚，自己天性淡泊，热爱自然："少无适俗韵，性本爱丘山"（《归园田居》其一），内心深处亲近老庄思想，不慕荣利，渴望过一种自然随性的生活。但迫于生计，他又无法完全听凭内心，于是他先后四次出仕，又屡次辞官。期间的反复折腾，令他身心俱疲，痛苦不堪。正如他后来所描述的那样："既自以心为形役，奚惆怅而独悲？"（《归去来兮辞·并序》）终于，在他41岁那年（一说38岁），因不愿"为五斗米折腰"[①]他以奔妹丧为由，毅然辞去在任仅八十余日的彭泽县令，归隐柴桑，从此隐居田园，再未出仕。在他回归田园后，他对自己的这一选择，虽然从不后悔，但内心感受上也是五味杂陈的。一方面，田园生活让他夙愿得偿，如释重负，是"羁鸟恋旧林，池鱼思故渊"（《归园田居》）。但另一方面，当他偶尔回首少壮志向时，还是不无怅然："日月掷人去，有志不获逞。念此怀悲戚，终晓不能静。"（《杂诗》其二）"忆我少壮时，无乐自欣豫。猛志逸四海，骞翮思远翥。荏苒岁月颓，此心稍已去。"（《杂诗》其三）归耕之后的生活，也非一味闲适，也不可避免地面临现实中的艰难困苦。陶渊明本一介书生，为官多年，本就不善稼穑。他在诗中曾写道："种豆南山下，草盛豆苗稀"（《归园田居》其三），是幽默，也是实情；隐居的后期，更是接连遭遇天灾人祸，房屋失火，贫病交加，加上农人背负的各种苛捐杂税，艰难困窘，可想而知。有时甚至到了乞食的地步："饥来驱我去，不知竟何之。行行至斯里，叩门拙言辞。"（《乞食》）但即便如此，陶渊明也再未有出仕之心，因为"饥冻虽切，违己交病"（《归去来兮辞·并序》）。他深知，违背天性的痛苦远甚于物质的匮乏。他在清贫的乡居岁月中守住了本心，开创了一种新的人生境界，完成了他那个时代士人对自我的救赎。渊明其人其文之独标一格，与此大有关系。在他之前之后，有相似处境的士人，何止一人？但真正毅然决然，听从内心呼唤，躬耕于田园、终老于田园者，唯渊明而已。苏轼对此深为折服，他深知其中的不易。他在一首词里自言："常恨此身非我有，何时忘却营营？"（苏轼《临江仙·夜饮东坡醒复醉》）又说渊明"欲仕则仕，不以求之为嫌；欲隐则隐，不以去之为高；饥则叩门而求食；饱则具鸡黍以迎客。古今贤之，贵其真也"[②]，一个真字，知易行难。

当然，偶尔的回首与怅惘，并非陶渊明田园生活的主调。更多的时候，在他笔下，田园、乡居生活，呈现出前所未有的诗意。在他眼里，田园是美的，美得朴素，美得自然："方宅十余亩，草屋八九间。榆柳荫后檐，桃李罗堂前。"（《归园田居》）在他心中，田园是静的，静得可以听见"狗吠深巷中，鸡鸣桑树颠"（《归园田居》），静得可以看见光阴在门前树林里静静沉淀："蔼蔼堂前林，终夏贮清阴。凯风从南来，回飚开我襟。"（《和郭主簿》其一）在乡村，他是一个勤劳的农夫，自食其力，日出而作，日入而息。苦在其中，乐

① 房玄龄：《晋书·陶潜传》，中华书局，1974，第2460页。

② 北京大学、北京师范大学中文系教师、同学编：《陶渊明研究资料汇编》，中华书局，1962，第111页。

在其中："人生归有道，衣食固其端。孰是都不营，而以求自安？开春理常业，岁功聊可观。晨出肆微勤，月入负耒还。"(《庚戌岁九月中于西田获早稻》)在乡村，他是一位悠然自得的隐士。他的心境一如他所在的乡村一样，淡泊宁静。他规避掉所有不必要的人事往来："结庐在人境，而无车马喧。问君何能尔，心远地自偏。"(《饮酒》)却与邻人农夫们自然而然地建立起单纯美好的关系："时复墟曲中，披草共来往。相见无杂言，但道桑麻长。"(《归园田居》其二)"过门更相呼，有酒斟酌之。农务各自归，闲暇辄相思。相思则披衣，言笑无厌时。"(《移居》其二)更重要的是，他找到了与田园、与自然之间的那种呼应与默契。四季往来，寒暑更迭，身边的一草一木，都能给他无比安逸、美好的享受："春秋多佳日，登高赋新诗。"(《移居》其二)"欢然酌春酒，摘我园中蔬。微雨从东来，好风与之俱。"(《读山海经》其一)在对自然的静观里，他觅得了精神归宿："采菊东篱下，悠然见南山。山气日夕佳，飞鸟相与还。此中有真意，欲辨已忘言。"(《饮酒》其五)他与南山为伴，如飞鸟一般，与自然融为一体，身心安泰，坦然悠然。然而，陶渊明并非出世的隐者，他结庐人境，躬耕自给，于世事本未全然忘怀。又因亲身体验了普通农人的生活，他对生活的艰辛、世道的黑暗看得更为清楚。所以，他也有直面民生疾苦，"金刚怒目"的一面。其著名的《桃花源记·并诗》，虚构了一个人人平等、丰衣足食、古风犹存的桃花源，与现实形成鲜明对照，寄寓着他的社会理想。

古代文学史上，陶渊明以其为人为文的真实真诚，思想的丰富深刻，文笔的自然清新、朴素隽永，跻身一流的文学大家，对唐宋以降的文人及诗歌创作，有着深远影响。盛唐时期的王维、韦应物，宋代苏轼、范成大等，都曾学陶、拟陶。直至今日，其作品也广为人知，堪称经典。但是，在陶渊明在世时及他身后相当长的时间里，史传上的记载一般仅将其归于"隐逸"一类，其诗文因质朴无华，与当时审美趣味不合而不被爱重。唐宋以后，陶渊明的文学价值才像被埋没的精金美玉般被人们重新发现。苏轼盛赞其诗为"质而实绮，癯而实腴"[①]，道出陶诗看似平淡，实则醇厚的特质。陶诗的高妙之处，多非刻意安排，而是诗人情感胸襟的自然流露。

最早将陶渊明诗文辑录成集的是六朝时梁太子萧统所编的《陶渊明集》8卷；北齐阳休之又在此基础上，修订出10卷本《陶潜集》，为最早刊本；但后来均未流传下来。现在能看到的最早版本是南宋至元初本。目前，《陶渊明全集》的版本、注本众多，在此推荐逯钦立校注、中华书局1979年版的《陶渊明集》。逯钦立(1910—1973)，字卓亭，山东巨野人。1939年毕业于北京大学中文系，曾在中央研究院历史语言研究所、广西大学、东北师范大学、山东大学任职。逯先生深研汉魏六朝文学，撰述宏富，最为著名的是他从1940年至1964年间，耗时二十余载，呕心沥血完成《先秦汉魏晋南北朝诗》的编订。《陶渊明集》是逯先生用力甚深的注本。此注本注释准确、要言不烦，在陶渊明全集的校勘方面贡献卓著。《陶渊明集》流传广，版本也较多，各种版本的差异早在宋代就已经成为

① 北京大学、北京师范大学中文系教师、同学编：《陶渊明研究资料汇编》，中华书局，1962，第203页。

问题。这导致历代注家和研究者意见分歧,莫衷一是。逯先生知难而进,对多种版本做了校勘比对,才有了今天这部超越前代注本的《陶渊明集》。书后所附《陶渊明事迹诗文系年》,也为后来的研究者提供了更多的参考和方便。虽然,此书成书于20世纪60年代,难以避免地带有一些那个时代的印记,但无损其在陶集的整理、校勘、考证、注释、评论等方面的重要贡献。

【推荐书目】

[1][唐]房玄龄.晋书·陶潜传[M].北京:中华书局,1974.
[2][南朝梁]沈约.宋书·陶潜传[M].北京:中华书局,1974.
[3][唐]房玄龄.南史·陶潜传[M].北京:中华书局,1975.
[4]逯钦立.陶渊明集[M].北京:中华书局,1979.
[5]袁行霈.陶渊明集笺注[M].北京:中华书局,2003.

（撰稿人:王春冰）

《唐诗选》导读

《唐诗选》由中国社会科学院文学研究所集体编纂而成，参与编写工作的不少都是古典文学研究领域的知名学者，包括余冠英、王水照、陈友琴、乔象钟、钱锺书、吴庚舜、董乃斌等。此选本囊括唐代133家、630余首诗作，兼顾思想性和艺术性，按时代先后排序。小传扼要叙述诗人生平和创作特点，注释注意解决作品疑难和关键节点，评议、纠订旧说谬误。

此书由人民文学出版社1978年初版，是"中国古典文学读本丛书"之一，也被列为"教育部高等教育司指定大学生必读100本书"之一，是目前公认的收录较为全面、注释较为精当的唐诗选本之一，堪称流行最广、发行量最大的当代唐诗选本。

一、唐诗繁荣的原因

唐代是我国古代诗歌创作极其辉煌灿烂的时代，流传下来的诗近5万首，诗人有2000多家，这些诗歌深刻地反映社会生活，揭露社会矛盾，广泛地映照了唐代社会生活的方方面面。《唐诗选·前言》长达15000多字，对唐诗繁荣的原因做了比较全面的分析，认为是当时的政治、经济、文化等外在因素和文学内在发展规律双向作用的结果。唐诗的繁荣既与宗教、音乐、绘画、书法、舞蹈等艺术的发展密切相关，又受益于当时庶族地主阶层崛起及科举制度盛行的社会大环境。

二、唐诗的思想内容

唐诗内容包罗万象，是窥视唐代社会思潮和生活面貌的一个窗口，其中既体现出唐代诗人慷慨激昂、积极进取的精神风貌，也反映了诗人关注下层人民生活疾苦、忧国忧民的高尚情怀；既有耽于"陶然共忘机"[①]的山水田园作品，也有表现战争凄苦和边地风貌的边塞诗作。诗歌的表现领域在唐代得到进一步的拓深拓宽，批判力量亦显著加强。

不过，最能体现现代唐诗经典观念的则是《唐诗选》相较传统诗选而新增的作品。从新增作品的题材来看，《唐诗选》最重视那些反映民生疾苦之作，如李白《宿五松山荀媪家》、杜甫《负薪行》、李绅《悯农》、白居易《卖炭翁》《盐商妇》等，它们多描绘统治者穷奢极欲、横征暴敛之下普通民众的痛苦生活，揭露并谴责了统治者的罪恶。另外，《唐诗选》也增选了一些反映时事的现实题材和志士不遇及蔑视权贵之作，如杜牧《感怀诗一首》、李商隐《行次西郊作一百韵》、刘禹锡《平蔡州三首》和李白《将进酒》《行路难》、刘禹锡《元和十年自朗州召至京戏赠看花诸君子》《再游玄都观》等。这些作品从不同侧面反映了唐王朝复杂、混乱、动荡的社会生活。

值得注意的是，《唐诗选》也增入了一些平易自然之作，如孟浩然《春晓》、白居易《问刘十九》、张旭《桃花溪》、贺知章《咏柳》、李白《山中问答》《望庐山瀑布》、张谓《早梅》等。这类作品以日常风物和生活为描写对象，尽管没有蕴含深刻的政治内涵，但能够精细地传达出诗人刹那间的情绪，彰显唐诗"兴象玲珑"的美学品质，故历来颇受推崇。

三、唐诗"八期"说

唐代社会的起伏变化引起诗歌风格的相随跌宕，自然呈现出不同的诗歌发展阶段。"四唐分期"是传统诗学中影响最大、通行最广的唐诗观念，即初唐、盛唐、中唐、晚唐。此说源于严羽、方回和杨士弘，成型于高棅《唐诗品汇》，其积极意义在于启发人们从整体风貌上认识和理解唐诗的流变，有利于揭示唐诗不同阶段的艺术特点和差异。

《唐诗选》提出的"八期"说是新时期对传统"四唐分期"说加以完善的尝试。"八期"说将唐诗分为唐初三四十年、开元前五六十年、开元初到安禄山兵变前约四十年、安史之乱到大历初十几年、大历初到贞元中二十余年、贞元中到大和初约三十年、大和初到大中初约二十年、大中初到唐末约五十年。此种分法有利于弥补传统"四唐分期"时代先后与价值高下不尽吻合的缺陷，揭示唐诗发展不同阶段更为细微的艺术差异，启发人们从整体风貌上认识和理解唐诗的流变。

此外，《唐诗选》不同于传统诗学对盛唐群体的推崇，而有意于提升白居易、李商隐等中晚唐诗人的地位，延续了《唐诗别裁集》以来矫正明七子"独尊盛唐"的诗学思潮。《唐诗选》既强调政治标准第一，又注重风格的多样与创新，它对唐诗富有个性色彩的论断是以古典唐诗观念诸多共识作为前提的。"八期"说反映了对唐诗分期研究愈发精细的特点和趋势。

① 李白著，王琦辑注：《李太白全集》，中华书局，1957，第930页。

四、选诗与注释的精当

《唐诗选》从2000多名唐代诗人、5万多首唐代诗作中精选出诗人130余家、诗630多首，尽管择取标准带有当时浓重的意识形态烙印，但不可否认的是，绝大多数入选诗歌还是基本符合思想性和艺术性相结合的标准，如选李白64首、杜甫71首、王维20首、白居易30首、李商隐30首等，也基本上与这些诗人的文学地位相当。从编撰体例来看，《唐诗选》不是按体编选，而是以诗人时代先后为序，如生年无考，则以史书所载中举时间为序；若两者皆无法落实，再根据交游来判断其大致的生活时代。古代唐诗选本出现"王孟""高岑""李杜"等两两并举的情况，此选本则与之不同，使得诗人次序完全失去了价值高下和诗学批评的意味。

从诗人小传来看，《唐诗别裁集》等古代唐诗选本一般包含生平和诗评两部分，前者多涉及字号、籍贯和仕宦，后者多涉及艺术风貌、诗坛地位。《唐诗选》除了附每位作家的生平小传与创作特色分析之外，还包括诗人的生平大事、政治主张、文学史上的地位等，论述详细，意识鲜明，以便读者知人论世；其注释涉及作品主旨、非常用字读音、疑难词语释义（包括典故出处）、各句诗大义等多方面的内容，真正兼顾了字词训诂与诗意疏通，达到了"文质彬彬"的要求，这是与注诗者本身深厚的文学修养和扎实的文献功底分不开的。

综上而言，作为新中国成立以来一部体现官方意志和现当代审美观念的唐诗选本，《唐诗选》突破了"发乎情，止乎礼义"[①]的诗教传统和重视含蓄蕴藉的主流审美观念，对那些直斥时弊、风格浅近之作多有接纳，这种选诗观代表了新时期主流意识观念对唐诗的定位，有利于展示唐诗丰富多彩的艺术风貌。同时，《唐诗选》的"八期"说和对中晚唐诗人的重视，既是对明代高棅、前后七子以来所形成的"四唐分期""诗必盛唐"等传统诗学观念的修正，又是明末清初以来纠正七子极端复古思潮的延续，从中不难看出传统诗学强大而深远的影响力。

《唐诗选》撷英采华，蕴含着丰富的理论内涵，有助于读者更加深刻、系统地理解唐诗发展的社会背景及作品思想内容，探讨当代唐诗经典观念，进而揭示古典唐诗观念的流变轨迹。

① 阮元校刻：《十三经注疏·毛诗注疏·大序》，中华书局影印，1982，第272页。

【推荐书目】

[1][明]胡应麟.诗薮[M].上海:上海古籍出版社,1958.

[2][清]沈德潜.唐诗别裁集[M].上海:上海古籍出版社,1979.

[3][明]高棅.唐诗品汇[M].上海:上海古籍出版社,1982.

[4][宋]严羽.沧浪诗话校释[M].北京:人民文学出版社,1983.

[5][清]彭定求.全唐诗[M].郑州:中州古籍出版社,1996.

[6]中国社会科学院文学研究所.唐诗选[M].北京:人民文学出版社,2003.

(撰稿人:周睿)

《李白选集》导读

《李白选集》，郁贤皓选注，上海古籍出版社，1990年版。郁贤皓，1933年生人，曾任南京师范大学中文系教授、中国古代文学专业博士生导师、中国李白学会副会长、《中国李白研究》主编，著有《李白丛考》《谪仙诗豪李白》等。

一、选本特点

《李白选集》在当代李白作品选本史上占有重要地位。据《李白大辞典》介绍：它是新中国成立以来最大的李白作品选本，选录数量居各种选本之冠。计选诗歌300余首，选赋、表、书、序等各类文章18篇。所选诗歌分为“编年诗”和“不编年诗”两部分，给全书240余首诗歌以及选录的全部文章做了编年，编年诗文大多经过认真考订，有坚实的根据。选篇突出李白各个时期的代表作品，同时兼顾各种诗体、文体。注释详赡，对人名、地名、名物、典章制度、用事用典都加以注释，训诂多有精湛的发明创见。书中还汇集了著者多年李白研究的成果，同时综合了当代李白研究的成果，其前言、注释、评笺、按语，反映出著者在李白研究上的深厚造诣。

二、李白诗文的主要蕴涵

李白诗歌具有浓厚的盛唐气象，体现了盛唐诗人心胸宽广、积极进取的精神面貌和时代性格，表达了同时代诗人济苍生、安社稷、以天下为己任的共同理想，及其在追求功业的现实中所产生的不平之气。他的诗歌具有积极向上的精神，如《上李邕》《留别王司马嵩》《梁园吟》《行路难》等等；他的诗歌表现出蔑视权贵、否定功名富贵的思想，如《梦游天姥吟留别》《答王十二寒夜独酌有怀》《将进酒》《江上吟》等等；他的诗歌表现出抗敌戍边、为国立功的英雄主义精神，如《塞下曲》（六首）、《白马篇》《送程刘二侍御兼独孤判官赴安西幕府》《送族弟绾从军安西》等等；他的诗歌描绘了祖国山河的壮丽雄伟，表现出阳刚之美，如《蜀道难》《西岳云台歌送丹丘子》《公无渡河》《关山月》等等。

李白的赋、表、书、序等文章，多有自己经历的记叙以及性情、人格和理想的表现，而且也有飘逸英爽之气，语言也不假雕琢，自然流畅。阅读其《大鹏赋》，可以了解李白年轻时不同凡俗的性格、气概和抱负；阅读其《上安州裴长史书》，可以了解李白的家世、身世和个人经历等；阅读其《春夜宴从弟桃花园序》，可见其幽怀逸趣和潇洒之姿，亦可见其骈文小品少用典故、转折灵活、明快流利的特点；阅读其《与韩荆州书》，可见其干谒时不卑躬屈膝，表现出傲岸的性格和豪放不羁的浪漫气质；阅读其《为宋中丞自荐表》，可以了解天宝初年唐玄宗召见他并供奉翰林的历史以及"遇永王东巡胁行"的经过。这些都是了解李白、研究李白的第一手材料。

三、李白诗歌的艺术成就

李白诗歌艺术成就最高的是乐府诗。他的乐府诗将近200首，占其现存诗作的五分之一以上。他的乐府诗，感情一气直下，意象组合跨度大，多用比兴手法，又有神奇瑰丽的想象，明快流畅，给人以行云流水之感。他使乐府旧题获得新的生命，把乐府旧题发展到顶峰，从此以后，再也没有人能用乐府旧题写出超越李白的作品。

李白的绝句，成就也极高，特别是七绝，为历来诗论家所推崇。胡应麟《诗薮》曰："太白五七言绝，字字神境，篇篇神物。"[①]沈德潜《唐诗别裁集》云："七言绝句以语近情遥、含吐不露为贵，只眼前景、口头语而有弦外音，使人神远，太白有焉。"[②]李白绝句的成就，在于自然天成而又含蕴浑厚，仿佛信口说出而又韵味无穷。

李白诗歌的抒情极具特色，常用爆发式抒情方式。李白被称为"主观之诗人"，是一位带着强烈主观色彩的诗人，他的诗，并不侧重于描写客观物象，不侧重于叙述客观事件，而侧重于主观抒情。他的抒情方式是一旦感情兴发，便不可遏止，奔涌而出，一泻千里。严羽评点李白诗集谓："一往豪情，使人不能句字赏摘。盖他人作诗用笔想，太白但用胸口一喷即是，此其所长。"[③]如《宣州谢朓楼饯别校书叔云》开篇就感情突然爆发，奔突而出："弃我去者，昨日之日不可留；乱我心者，今日之日多烦忧。"中间写抱负不能实现，愁苦怨愤又一下子涌出："抽刀断水水更流，举杯消愁愁更愁。"

李白诗歌"想落天外"，想象变幻莫测。前人指出李白诗歌"发想无端"，有如天马行空。的确，李白诗中的想象极为奇特，常人难以预料，一个想象与另一个想象之间，跳跃极大。如《赠裴十四》："黄河落天走东海，万里写入胸怀间。"《寄东鲁二稚子》："南风吹归心，飞堕酒楼前。"《金乡送韦八之西京》："狂风吹我心，西挂咸阳树。"

---

① 胡应麟：《诗薮》，上海古籍出版社，1979，第108页。
② 沈德潜：《唐诗别裁集》，中华书局，1975，第265页。
③ 郁贤皓：《李白大辞典》，广西教育出版社，1995，第26页。

李白诗歌的意象鲜明独特，具有显著的个性特征。其诗意象雄伟阔大，非凡奇特。他往往用阔大的意象来表现他壮阔的胸襟、豪迈的情怀。如“身长数千里”的巨鱼，“扶摇直上九万里”的大鹏，“西来决昆仑”的黄河，“大如席”的雪花，“吞舟鱼”等等。

李白诗中的意象普遍带有一种明丽的基调。有学者统计，李白诗歌用得最多的色彩字是白、金、青、黄、绿、紫。这里只有青、绿是冷色调的字，但是这两个字出现频率最高的是青天、青山、绿水，色调虽冷，而形象却是明朗的。李白诗中的意象大多明净、明秀，如《秋浦歌》十三：“渌水净素月，月明白鹭飞。”《清溪行》：“人行明镜中，鸟度屏风里。”《泾溪东亭寄郑少府谔》：“白鹭闲时散飞去，又如雪点青山云。”即使是写秋景，李白也写得明丽清朗，没有萧瑟、凄凉、晦暗的意味。如《陪族叔刑部侍郎晔及中书贾舍人至游洞庭五首》其二：“南湖秋水夜无烟，耐可乘流直上天？且就洞庭赊月色，将船买酒白云边。”

李白诗歌意象的组合比较疏朗。袁行霈《中国诗歌艺术研究》指出：“李白不肯在诗里堆砌过多的意象，不少诗沉闷壅塞是一句一个意象，或两句合起来才构成一个完整的意象，读起来疏疏朗朗，没有堆砌、壅塞、沉闷之感。”[①]没有这种疏朗之气，也就不会有飘逸之气。如其《关山月》：“明月出天山，苍茫云海间。长风几万里，吹度玉门关。”相对来说，“杜甫诗中的意象组合就比较紧密，往往把几个意象压缩在一句诗中，显得凝重、老成、深沉”[②]。如其《登高》：“风急天高猿啸哀，渚清沙白鸟飞回。”其《秋兴》：“珠帘绣柱围黄鹄，锦缆牙樯起白鸥。”

【推荐书目】

[1][唐]李白.李太白全集[M].北京：中华书局，1977.

[2]安旗，薛天纬.李白年谱[M].济南：齐鲁书社，1982.

[3]郁贤皓，张启超.谪仙诗豪李白[M].上海：上海人民出版社，1986.

[4]郁贤皓.李白大辞典[M].南宁：广西教育出版社，1995.

[5]詹锳.李白全集校注汇释集评[M].天津：百花文艺出版社，1996.

（撰稿人：胥洪泉）

① 袁行霈：《中国诗歌艺术研究》，北京大学出版社，1987，第253页。

② 同上，第253页。

《杜甫诗选注》导读

《杜甫诗选注》，萧涤非选注，人民文学出版社1979年版。杜甫（712—770），字子美，自号少陵野老、杜陵野老、杜陵布衣，世称杜少陵、杜工部，河南巩县（今巩义市）人。伟大的现实主义诗人，诗风“沉郁顿挫”。他的诗被誉为“诗史”，后人尊称他为“诗圣”。选注者萧涤非（1906—1991），原山东大学中文系主任、教授、博士生导师、中国唐代文学学会首任会长，著名杜甫研究专家。《选注》虽多选众所公认的名作，但注释却常是“以杜解杜”，作者博观约取前人成果，深入浅出，力求推陈出新。此书由人民文学出版社1979年初版，1998年入选人民文学出版社“中国古典文学读本丛书”而再版，2002年以“教育部高等教育司指定大学生必读100本”丛书形式三版。该书是目前公认的最有权威性兼可读性的杜诗选本之一。

前言部分从“知人论世”的角度走近杜甫和杜诗，首先简要介绍了杜甫生平分期和思想特征，继而概括了杜诗体现出的各种思想内容，最后剖析了杜甫在追求作品艺术性方面所做出的努力。杜甫所生的时代是唐朝三百年历史中由盛而衰的一个大转折的时期。他继承并发展了《诗经》以来的现实主义传统，他的诗歌忠实全面地反映了唐王朝由盛转衰过程中的历史面貌，蕴含了丰富的社会内容，体现出鲜明的政治倾向性，誉为“诗史”名不虚传。他以“不薄今人爱古人”[①]的宽广胸襟，广泛继承和吸收前代诗人的创作成就，并以“语不惊人死不休”的认真态度，创作出1400多首诗歌。

一、读书游历时期

杜甫出生在一个“奉儒守官”的仕宦家庭，“诗是吾家事”[②]（《宗武生日》），他把诗歌作为家族的一项成就，具有承前启后、继往开来的意义。这段时期是杜甫的创作准备期，本部分收录了杜甫34岁以前的部分作品。“读万卷书，行万里路”，这是古代文人学士

① 萧涤非：《杜甫诗选注》，人民文学出版社，1979，第176页。
② 仇兆鳌：《杜诗详注》，中华书局，1979，第1477页。

必不可少的生活经历，它与一个人的功名前途有关，乃至成为一种社会习俗和风尚，为人们爱好和追求。从20岁到30岁，杜甫前后共花十年工夫，南游吴越，北游齐赵，“放荡齐赵间，裘马颇清狂”[①]（《壮游》）。年轻时代的杜甫，豪情满怀，意气风发，在齐赵游历期间，他结交了李白和高适，三人意气相投，豪饮畋猎，赋诗论文。这时期杜甫的诗歌以个人生活或摹写景物为主要内容，多五律、五古之作，代表作品有《望岳》《房兵曹胡马》《画鹰》《赠李白》等。其中个别诗篇已可窥见杜甫对劳苦人民的同情。青年时代的诗歌，还只是他诗歌艺术的长江大河里最早形成的一条涓涓细流。然而，由于它有着丰富不竭的源泉和开阔正确的流向：曲折蜿蜒，奔流向前，也就终于呈现出“浑涵汪茫，千汇万状”的壮观景象了。诗人早期奋发向上的精神、昂扬激进的斗志，以及他的文化素养和诗歌造诣，都是和这个“盛唐”时代精神密切相关的。

二、困守长安时期

本部分收录了杜甫从35岁到44岁的部分作品，是杜甫的创作发展期，也是大唐日渐衰弱，安史大乱的酝酿时期。杜甫怀着“致君尧舜上，再使风俗淳”[②]的火热的政治抱负来到长安，却屡次受挫，过着“残杯与冷炙，到处遭悲辛”[③]的屈辱日子，陷入“平明跨驴出，未知适谁门”[④]（《示从孙济》）的凄惨生活中，以至经常挨饿受冻，“饥卧动即向一旬，敝衣何啻联百结”[⑤]，“长安苦恨谁独悲，杜陵野老骨欲折”[⑥]，都如实地记载了杜甫当时的困顿。他既感受了人民的痛苦，也看到了统治阶级的罪恶，对贪官污吏的深恶痛绝：“必若救疮痍，先应去蝨贼。”[⑦]（《送韦讽上阆州录事参军》）这些作品既表现自己政治上的失意和生活上的凄苦，也流露出对统治者奢靡腐败的痛恨和对下层民众生活困苦的同情，而形式上多采用五古、七古，创作出《兵车行》《丽人行》《自京赴奉先县咏怀五百字》等现实主义杰作。如在这首《自京赴奉先县咏怀五百字》中，他描绘了“穷年忧黎元，叹息肠内热”[⑧]，“朱门酒肉臭，路有冻死骨”[⑨]，“默思失业徒，因念远戍卒”[⑩]等景象，深刻地展示出各种社会矛盾和危机，也使人们看到了一个号称盛唐的庞大帝国大厦行将动摇的种种征兆。这首诗是杜甫诗歌创作中里程碑式的作品，标志着他“沉郁顿挫”诗风的正式形成。此外，《兵车行》是作者对当时政府穷兵黩武，向民间强迫征兵的罪行提出的控

① 萧涤非：《杜甫诗选注》，人民文学出版社，1979，第267页。
② 同上书，第20页。
③ 同上书，第20页。
④ 仇兆鳌：《杜诗详注》，中华书局，1979，第206页。
⑤ 萧涤非：《杜甫诗选注》，人民文学出版社，1979，第26页。
⑥ 同上书，第25页。
⑦ 同上书，第227页。
⑧ 同上书，第55页。
⑨ 同上书，第56页。
⑩ 同上书，第57页。

诉;《丽人行》讽刺杨氏姊妹虢国夫人、秦国夫人等荒淫无耻;“炙手可热势绝伦,慎莫近前丞相嗔”[①],更突出了杨国忠是如何权势显赫,气焰逼人。杜甫在长安十分孤寂苦闷,因此也有《前出塞》《后出塞》《奉赠韦左丞丈二十二韵》《春日忆李白》《同诸公登慈恩寺塔》等想念旧友、登高望远的作品。

三、陷安史叛军、为官时期

这段时期是杜甫的创作高潮期。本部分收录了杜甫从45岁到48岁的部分作品。天宝十四载(755年),安史之乱爆发,乱事长达八年之久。正是在这样一个转折的时期,杜甫曾见证过开元盛世,也曾经历过天宝乱离,这些诗篇反映现实有时比史书还要深刻而真实,所以后人称杜甫诗为“诗史”。杜甫民胞物与的这些作品主要表现了百姓饱受兵燹的痛苦和作者强烈的爱国之情,实现了内容性、思想性和艺术性的高度统一,而形式上与上一时期相似,亦多五古、七古之作。由于深入人民生活,这就使他写出了《北征》《洗兵马》《曲江二首》“二悲”“二哀”“三吏”“三别”等一系列具有高度的爱国精神的诗篇,并达到了现实主义的高峰。除了陈诉人民的疾苦,揭露统治阶级的罪恶的诗篇,杜甫也有《春望》《月夜》《羌村三首》《梦李白二首》《天末怀李白》等思念亲友、悲叹山河破碎的作品。

四、漂泊西南时期

这段时期是杜甫的创作完善期。本部分收录了杜甫从49岁到去世的部分作品,主要以抒情诗为主。这个时期的诗歌,见证了杜甫的心境的变迁历程,他对统治者绝望,不再求官,甘愿过穷苦流浪的生活,因此更与人民接近,他写下“晚憩必村墟”[②](《溪涨》)、“田父实为邻”[③](《从驿次草堂复至东屯茅屋》)这一类诗歌,可以看出他乐于生活在人民中间。此时期诗歌类型多为景物抒情诗、怀古抒情诗、生活抒情诗、回忆抒情诗等,其中成就最高的当属政治抒情诗。形式上与前期出现了较大变化,多律诗、绝句及组诗,艺术性日臻完美。在漂泊的十一年间,他写了1000多首诗存世,《蜀相》《客至》《春夜喜雨》《茅屋为秋风所破歌》《闻官军收河南河北》《忆昔》等都是这时期最优秀的作品。他还开创了“联章组诗”的新形式,如《诸将五首》《秋兴八首》《咏怀古迹五首》,扩大了诗歌的表现内容,以及《又呈吴郎》《登高》《登岳阳楼》《戏为六绝句》等优秀诗篇,带有更多的抒情性质,形式也更多样化。

---

① 萧涤非:《杜甫诗选注》,人民文学出版社,1979,第30页。

② 仇兆鳌:《杜诗详注》,中华书局,1979,第909页。

③ 同上书,第1772页。

杜甫是中国历代被研究最多的作家，在中国文学史上没有哪位作家的作品能拥有像杜甫这么多的注本。宋代就有“千家注杜”的说法，自宋迄今，杜诗的注家、选家和研究者不断增加，成为文学史上罕见的壮观。总之，《杜甫诗选注》按照杜甫生平分期排列诗序，甄选作品280余首，每首诗均配有题解，介绍诗歌的创作背景及思想艺术特征；注释简明扼要、字斟句酌、引经据典，并间以注诗者的独到看法和精辟议论，做到了学术性和知识性的统一。

诚如闻一多先生所云，杜甫是“四千年文化史中最庄严、最瑰丽、最永久的一道光彩！”①

【推荐书目】

[1][清]浦起龙.读杜心解[M].北京:中华书局,1978.

[2][清]仇兆鳌.杜诗详注[M].北京:中华书局,1979.

[3]莫砺锋.杜甫评传[M].南京:南京大学出版社,1993.

[4]陈贻焮.杜甫评传[M].北京:北京大学出版社,2003.

[5]萧涤非,张忠纲.杜甫全集校注[M].北京:人民文学出版社,2014.

（撰稿人:周睿）

① 闻一多:《唐诗杂论·杜甫》,上海古籍出版社,1998,第135页。

《宋诗选注》导读

《宋诗选注》，钱锺书选注，人民文学出版社2005年版。钱锺书先生是宋诗研究大家，不仅有“唐诗多以丰神情韵擅长，宋诗多以筋骨思理见胜”（钱锺书《谈艺录》）的论断，还留下了最富有影响的宋诗选本——《宋诗选注》。《宋诗选注》由人民文学出版社1958年初版，列入该社“中国古典文学读本丛书”，现已被教育部高等教育司列入大学生中文学科指定必读书目。《宋诗选注》因“名家名著”而版本甚多，发行量极大。自初版问世以来，已重印、再版20多次。[①]

钱锺书（1910—1998），字默存，号槐聚，江苏无锡人，当代中国著名的学者、作家，主要著述有《谈艺录》《管锥编》《七缀集》等。其学富五车、才高八斗，被誉为“博学鸿儒”“文化昆仑”。其《宋诗选注》可谓研读宋诗的重要范本。该书是钱先生在没有《全宋诗》之类的书可参考的情况下，在北京大学图书馆和文学研究所图书资料室“晨书暝写细评论”，足足“饱蠹”两年而成。该书涉猎甚广，选材极精。据杨绛介绍：“钱先生作《宋诗选注》时，工作量很大。他没有从选本到选本，而是从各类总集、别集中直接选诗，几乎把宋人集子都看完了。”[②]《宋诗选注》1958年出版以来，便受到了广泛关注。因当时盛行以政治标准取代艺术标准，故在“插红旗、拔白旗”的批判运动中，该书遭到激烈批判，被认为体现了“资产阶级唯心主义”和“形式主义”，但其学术的价值和地位还是获得了人们的认可。夏承焘认为，钱先生以其非凡的识力和胸襟“充分地表露了他的一般对于诗的和特别对于宋诗的见解”，“这个选本，确实冲破了选宋诗的重重难关，无论在材料的资取上，甄选的标准上，作家的评骘上，都足以使读者认识到宋诗的面貌，它的时代反映和

① 人民文学出版社1958年9月北京第1版，1989年第2版，其后多次重印或重排，至2002年7月已重印18次，累计242325册（据人民文学出版社总编室2002年7月统计）。北京生活·读书·新知三联书店2000年出版的繁体字本《钱锺书集》和2002年出版的简体字本《钱锺书集》，也都收录了《宋诗选注》，并单册零卖。另外，港台版本至少有5种：香港天地图书出版公司1990年版、台湾学海出版社1979年版、木铎出版社1980年版和1987年版、书林出版社1990年版。详见王兆鹏：《钱锺书〈宋诗选注〉的文献价值及文献疏失》，《中国文化研究》2003年第1期，第46页。

② 王水照：《钱锺书先生与宋诗研究》，载《鳞不文辑》，陕西人民出版社，2007，第35页。

艺术表达，它所能为我们今天欣赏和接受的东西”①。该书还得到日本汉学泰斗吉川幸次郎、小川环树等人的高度评价。小川环树认为：“这是一本从不同于前人的角度出发来对宋诗进行全面观察的书，它的注释和简评都特别出色”，“可以说是迄今为止全部选本中最好的”②。

钱先生坚持以文学为本位的批评立场，在该书序中提出的“六不选”③原则，多从艺术角度着眼，强调诗歌的境界和意趣，讲究内容与形式的完美统一，注重诗歌内容与形式整体的完美和谐，讲求诗歌的时代感和情感共通性，而较少关注诗歌的思想内容，也较少考虑读者群的文化差异，非常难得。④《宋诗选注》反映了政治规训与个人趣味之间的焦虑与纠结，钱先生在接受彦火采访时说：“这部选本不很好，由于种种原因，我以为可选的诗往往不能选进去，而我以为不必选的诗倒选进去了。”⑤在当时的条件下，钱先生选宋诗肯定会受到当时政治批评观念的约束，个人批评观念与时代规范之间也必然存在抵牾。难得的是，钱锺书以严谨的学术良知、渊博的中西学养、通达的睿智卓识，在一定程度上体现了个人的性情与识见，这从批评者认为钱先生未给予“伟大诗人以选入的机会”即可看出。批评者多批评其应选文天祥的诗歌而没有选，把王安石在学士院值班的诗选上了，却不选他的《寄王逢原》和《绝句》，梅尧臣的《村豪》和王禹偁的《感流亡》都没有选。此外，还批评他放过了南宋遗民的诗。“像谢迭山、郑思肖、林景熙、游古意等人的作品，都充满了高度爱国主义和现实主义的精神，但也由于钱先生以艺术标准代替了政治标准，以个人兴趣、爱好代替了党在古典文学方面取其精华去其糟粕的方针，因而也就没有给予上述这些伟大诗人以选入的机会。”⑥近来学者们的研究，揭示出钱先生选诗坚持的依据，如王水照指出：钱先生认为《正气歌》虽为名作，但它在结构与立意上模仿石介的《击蛇笏铭》及苏轼的《韩文公庙碑》，加上“中间逻辑亦尚有问题”⑦，是探讨钱先生不选《正气歌》之因的最有说服力的资料。⑧钱锺书坦陈：“它当初不够趋时，但终免不了也付出趋时的代价——过时”，“我企图识时务守规矩，而又忍不住自作聪明，稍

① 爱默：《钱锺书传稿》，百花文艺出版社，1992，第242~243页。

② 小川环树：《钱锺书的〈宋诗选注〉》，京都大学《中国文学报》第十册，1959年4月，转引自钱锺书《模糊的铜镜》，《随笔》1988年第5期，第43页。

③ “六不选”：押韵的文件不选，学问的展览和典故成语的把戏也不选。大模大样地仿照前人的假古董不选，把前人的词意改头换面而绝无增进的旧货充新也不选；前者号称“优孟衣冠”，一望而知，后者容易蒙混，其实只是另一意义的“优孟衣冠”，所谓：“如梨园演剧，装抹日异，细看多是旧人。”有佳句而全篇太不匀称的不选，这真是割爱；当时传颂而现在看不出好处的也不选，这类作品就仿佛走了电的电池，读者的心灵电线也似的跟它们接触，却不能使它们发出旧日的光焰来。（见钱锺书：《宋诗选注序》，《文学研究》1957年第3期，又见钱锺书：《宋诗选注·序》（第2版），人民文学出版社，1989，第19页）

④ 李松：《钱锺书〈宋诗选注〉的诗学困境与“十七年”文学批评》，《文学评论》2016年第6期，第71页。

⑤ 杨联芬：《钱锺书评说七十年》，文化艺术出版社，2009，第93页。

⑥ 黄肃秋：《清除古典文学选本中的资产阶级观点——评钱锺书先生〈宋诗选注〉》，《光明日报》1958年12月14日。

⑦ 详见1978年5月24日钱锺书写给《宋诗选注》责任编辑弥松颐的信，载弥松颐《“钱学”谈助》，《人民政协报》2005年4月18日。

⑧ 王水照：《〈正气歌〉所本与〈宋诗选注〉“钱氏手校增注本”》，《文学遗产》2006年第4期，第5页。

微别出心裁”[①]。因他没有“趋时”，故夏承焘肯定他能甄录反映“宋代的民族矛盾和阶级矛盾”“爱国主义和反抗的精神”的诗，既选录名家名作，也不忽视如左纬、董颖、吴涛等小家的诗。[②]

《宋诗选注》具有较高的理论价值。作为文学研究所编校的“中国古典文学作品第五种”，原本是一本普及性读物，不是理论著作，但书前的《宋诗选注序》可谓是长篇宋诗研究论文，评述宋诗之发展历程、特征、成就，并指出其局限所在，完全是钱锺书先生多年潜心研究宋诗心得的总结。“序”中主要谈三个问题：一、宋诗的时代背景、思想内容及其所反映的社会生活；二、宋诗的艺术表现和对宋诗的整体估价；三、选诗的标准和材料问题等。[③]序文高屋建瓴，对宋诗进行总体性的评价，对宋诗历史背景、优缺点分析精到，对宋诗的历史地位及其成败得失的分析见解独到。书中八十篇诗人短论也可视为一部宋诗简史，部分注文夹杂的简评也时有胜义。书中通过对具体作品的分析总结出文艺创作的特点和规律，具有较高的理论性。

《宋诗选注》开拓出了一条诗歌注解的新路径。该书诗文选注颇有创见，其选材、注释、评析皆富有特色，眼光独到，纵横古今，融汇中西，时见精辟之论。所选各家附小传外，都有对其创作成就及艺术风格的评析；注释不仅注出用典、字词，更着重艺术分析。胡适看了此书后又说：“他是故意选些有关社会问题的诗，不过他的注确实写得不错。还是可以看看的。”[④]王水照先生在《关于〈宋诗选注〉的对话》中将该书的“注”与“评”并称为“此书最见精彩的两个部分”，而且还赞扬“钱先生的注释，打破了传统选本着重于词语训释、名物阐解、章句串讲的框架，而是把注释和鉴赏、评判结合起来”[⑤]。张锡金认为，钱先生选注宋诗不满足于一般编写者“只要把诗歌中的难点如用典、字义、中心内容，至多是章法上的起承转合等等注出来”，“他不仅注出用典、字词，更着重在诗作的品藻、鉴赏、穷源、溯流等。从把握整体方面入手，开拓出了一条诗歌注解的新路径”[⑥]。

《宋诗选注》具有趣味性。该书熔理论性、知识性、趣味性于一炉，没有采用笺注诗文的规范方式，而代之以幽默诙谐的口吻、轻松流畅的语言。其论评皆警醒显豁，虽然不是文学创作，但却有着浓厚的文学性，不仅以它精辟的理论、丰富的知识吸引人，而且以它生动的语言吸引人。钱先生善用比喻，常别出心裁，因而形象生动，说理透辟，使人如读文艺散文，感到妙趣横生。学者们高度评价《宋诗选注》注释语言的丰富、幽默与生动的突出特色。张仲谋对钱注语言的丰富赞不绝口：“他把话本、杂剧及现代生活中的俚语俗谚与文言古典糅合到一起，加之口角生动，唇吻调利，庄谐杂出，妙趣横生，学问与

① 钱锺书：《模糊的铜镜》，《随笔》1988年第5期。又见姜德明主编《七月寒雪·随笔卷下》，大众文艺出版社，2000，第684页。

② 夏承焘：《如何评价〈宋诗选注〉》，《光明日报》1959年8月2日。

③ 钱锺书：《模糊的铜镜》，《随笔》1988年第5期，第42页。

④ 胡颂平编：《胡适之先生晚年谈话录》，中国友谊出版公司，1993，第20页。

⑤ 王水照、内山精也：《关于〈宋诗选注〉的对话》，《文史知识》1989年第5期，第26~27页。

⑥ 张锡金：《钱锺书与〈宋诗选注〉》，《纵横》2005年第5期，第41页。

才气相彰，老辣与幽默并存，使人读之会心解颐，倾心折服。”①

《宋诗选注》的写作特色与研究方法对诗词选注也具有范式意义。王水照认为，该书主要采用文本细读与连类比较的研究方法，旁及哲学、史学、民俗学、心理学、逻辑学、方言学等其他学科，对所选作品进行了全方位、多维度的艺术观照与审美透视，其论述的范围涉及宋诗的语言、句式、修辞、意象、境界、风格等诸多学术问题。钱先生特别注重沿波讨源，寻究委曲，梳理和勾勒诗中各种审美因素嬗递演变的动态轨迹。②

值得一提的还有，《宋诗选注》从一个侧面反映出钱先生作为名家大家治学态度之严谨与待人之平易。钱先生治学素以严谨、精深取胜，但他能不断地采纳他人意见，反复修改前作。③

【推荐书目】

[1]陈幼璞．宋诗选[M]．上海：商务印书馆，1948.

[2]程千帆，缪琨．宋诗选[M]．上海：古典文学出版社，1957.

[3][清]吴之振，[清]吕留良，[清]吴自牧，[清]管庭芬，[清]蒋光煦．宋诗钞[M]．北京：中华书局，1986.

[4]傅璇琮，孙钦善．全宋诗[M]．北京：北京大学出版社，1991—1998.

[5]张鸣．宋诗选[M]．北京：人民文学出版社，2009.

（撰稿人：占如默）

① 张仲谋：《〈宋诗选注〉商榷》，载王友胜主编《亦鸣集：湖南科技大学中国古代文学学科论文选》，上海古籍出版社，2009，第228页。

② 王水照、内山精也：《关于〈宋诗选注〉的对话》，《文史知识》1989年第5期，第26页。

③ 直到1992年4月，钱锺书为该书第七次印刷所写的《附记》还说“承戴鸿森同志精密地校订印刷错误和补正注解，为排版方便起见，我把增订的注解作为书末补页”，吴宗海的《关于〈宋诗选注〉的几处疑点》一文指出，作者对秦观《金山晚眺》诗中“西津”渡的改订就被钱先生附录于该书第七次印刷时的《补注》中。

《唐宋词选》导读

唐诗和宋词，被誉"一代之文学"①。词在隋唐时代伴随着当时新兴的音乐——燕乐而兴起。燕乐是"胡夷里巷之曲"，即汉族民间音乐和少数民族以及外来音乐交融而产生的新的音乐。词，原是配合燕乐的不同曲调所谱写的歌词，当时称"曲子"或"曲子词"，如最早的词总集——《云谣集杂曲子》。五代后蜀欧阳炯为最早的文人词总集——《花间集》所作序亦说"诗客曲子词"。在唐宋词演变的历史进程中，词的文学生命逐渐高于词的音乐生命，从而成为韵文中与诗并列的一体。最早为这种新兴音乐谱写歌词的，主要是民间艺人或民间知识分子。中唐以后，文人写词渐渐地多了起来。晚唐五代，词已经相当成熟，出现了词史上第一位以词名世的词人温庭筠。林大椿先生编《唐五代词》，收1148首。宋代是词创作最繁荣的时代，两宋词坛名家辈出，名篇如云，词风多样，流派纷呈，气象恢宏。据《全宋词》及《全宋词补辑》所收，词家达1400余家，词作两万余首。

词选是词学批评的独特形式，对词的传播与接受具有重要意义。自唐五代以来，历来就不乏词的选本，尤以唐宋词选本居多。从现存选本来看，其编选目的、取舍标准以及编纂体例各具特色。现存早期的选本为选录民间词的《云谣集杂曲子》30首，文人词的选本，有五代后蜀赵崇祚所编《花间集》（所录主要是晚唐和前、后蜀词），宋初编有《尊前集》（所录主要是晚唐和南唐词）。南宋出现的词选有《复雅歌词》《乐府雅词》《梅苑》《阳春白雪》《草堂诗馀》《花庵词选》《绝妙好词》等，金元明刊刻汇编的唐宋词选有《花间集》《草堂诗馀》等。清初词坛派别林立，各家通过选词来表达他们的主张，其中以张惠言《词选》与朱彝尊《词综》影响最大，清末有冯煦《宋六十一家词选》等。进入20世纪，随着词学研究的深入，产生了大量适应社会大众文化普及要求的唐宋词选本。20世纪出现的唐宋词选本主要有朱祖谋《宋词三百首》（1924年选编，后经唐圭璋先生笺注，广为

① 王国维在《宋元戏曲考·序》中说："凡一代有一代之文学：楚之骚，汉之赋，六代之骈语，唐之诗，宋之词，元之曲，皆所谓一代之文学，而后世莫能继焉者也。"（王国维：《王国维文学论著三种》，商务印书馆，2001，第57页）

流传），胡适《词选》（商务印书馆，1927年版），龙榆生《唐宋名家词选》（1949年版），胡云翼《宋词选》（中华书局，1962年版），《唐宋词一百首》（上海古籍出版社，1978年版，属"中国古典文学作品选读"系列之一种），俞平伯《唐宋词选释》（人民文学出版社，1979年版），沈祖棻《宋词赏析》（上海古籍出版社，1980年版），中国社科院文学研究所编《唐宋词选》（人民文学出版社，1981年版），刘永济《唐五代两宋词简析》（上海古籍出版社，1981年版），陈匪石《宋词举》（金陵书画社，1983年版），唐圭璋主编的《唐宋词鉴赏词典》（江苏古籍出版社，1986年），等等。这些词选不仅能为读者提供唐宋词人词作的相关知识，也给读者许多新的启迪和感发，提高了读者的文化素质和审美趣味。

中国社科院文学研究所编选的《唐宋词选》，系"中国古典文学读本丛书"之一，为古典文学的普及提供了成功的范例。本书由何其芳亲自主持编选，余冠英阅读了全部初稿。具体选注和编写工作，由资深的古典文学研究者担纲（如胡念贻、刘世德、许德政、陈毓罴等）。正如曹济平所说："《唐宋词选》作为中国古典文学普及读本，可说是迄今所见选录较广，注释详细而时有创见的选本。""该书对于从事宋词的研究和古代文学教学工作者来说，是一部极有参考价值的读本。"[①]该书兼具经典性及学术性，既可作为从事专业学习和学术研究不可缺少的重要书籍，也可作为加强人文素养、丰富文化底蕴、促进专业学习的重要读物，教育部将其列入了大学生必读丛书中。

《唐宋词选》既突破旧选本的藩篱，又能兼采各选家之长。该书《前言》共分六部分。第一部分叙述了"词在诗歌历史上的地位和它的特点"，第二、三、四部分分别概述了唐五代词、北宋词和南宋词，第五、六部分介绍了词的选本和该书的选录标准、注释原则等。该书所选唐宋词从"敦煌曲子词"开始，凡312首，其中唐五代56首、北宋89首、南宋167首。选词"注重思想内容较好、艺术成就较高、情调基本健康的作品，并兼顾到各个流派、各种风格的代表作，使读者对这一时期的词作有较为全面的了解"[②]。按照这一标准，作者对不同时期词人词作的选录各有偏重，前言说："南宋时代主要选录以辛弃疾一派为代表的反映抗金贵族统治者的侵掠和揭露南宋集团苟且偷安的作品。北宋选录重点是苏轼，晚唐五代侧重在李煜、冯延巳。像温庭筠、韦庄、晏几道、吴文英、王沂孙、张炎等这样一些过去有名的作家，我们都选录较少；对于过去被人们忽视的作家如吴潜、陈人杰等，我们却是较多地选入了他们的作品。"[③]书中认为"陈人杰在南宋后期是一位很值得重视的爱国词人"[④]，这些都反映了本书独特的选录标准。总的来说，本书所收作品偏重于思想性和人民性，所选词作思想内容较好，艺术特色鲜明，情调高雅健康。

① 曹济平：《读〈唐宋词选〉小札》，《教学与进修》1983年第4期，第14页。
② 中国社会科学院文学研究所编：《唐宋词选·前言》，人民文学出版社，1981，第21页。
③ 中国社会科学院文学研究所编：《唐宋词选·前言》，人民文学出版社，1981，第21页。
④ 中国社会科学院文学研究所编：《唐宋词选》，人民文学出版社，1981，第461页。

既能为学习者提供一个对唐宋词以及某词作家、词史流派的一般性知识了解，并给以启迪和感发，又兼顾到各个流派、各种风格的代表作，使读者对这一时期的词作有较全面的了解。

本书的体例是每位作家先列小传，次列作品，再作注释，最后综合评析。小传概述作者生平经历、艺术成就、创作风格和存词状况。注释对词中较有难度的字、词、典故和艺术手法等都做了详细深入的解释，还往往概括句意，点明作者用心，以便于读者理解。综合评析则较为简略，多用来指出该词的思想内容、作词背景或艺术特色，使读者能较明确地把握本词的主要特点。选注工作做到雅俗共赏，注释细致，讲评精到，将词中真义尽数挖掘，兼及作者情况与时代的背景，书“善于吸取近人研究成果，并进一步做深入探讨。例如，陈人杰，又名经国，前人误为广东潮州人。……是书引用有关文献资料进行具体分析，考订为福建长乐人，并深入研究其词作”①，是学习古典诗词的重要的参考书。

当然，任何一种词选都不会尽善尽美，都会存在局限性和不足之处，《唐宋词选》也不例外。所选之词也多为佳作，但受时代限制，一些艺术性强、众口传诵的佳作未能选入。相对而言，俞平伯先生将《唐宋词选释》编选宗旨定位为“为古典文学研究者提供参考”，学术性更强。此外，书中也存在值得商榷之处，如书中“注释”“说明”“作家小传”，已有学者指出其可议之处②，也有学者指出了其作家生平、词注和资料考辨方面的瑕疵。③

整体来看，《唐宋词选》不仅适合一般文化水平的读者阅读，而且适合词学研究者参考，是一部深入浅出、雅俗共赏的普及型词选。

【推荐书目】

[1]唐圭璋.宋词三百首笺注[M].上海:上海古籍出版社,1979.

[2]俞平伯.唐宋词选释[M].北京:人民文学出版社,1979.

[3]龙榆生.唐宋名家词选[M].上海:上海古籍出版社,1980.

[4]中国社会科学院文学研究所.唐宋词选[M].北京:人民文学出版社,1981.

[5]俞陛云.唐五代两宋词选释[M].上海:上海古籍出版社,1985.

[6]唐圭璋.全宋词[M].北京:中华书局,1999.

[7]彭玉平.唐宋词举要[M].北京:商务印书馆,2014.

[8]吴熊和.唐宋词汇评:两宋卷[M].杭州:浙江教育出版社,2004.

（撰稿人：占如默）

---

① 曹济平:《读〈唐宋词选〉小札》,《教学与进修》1983年第4期,第14页。

② 王明孝:《试评文研所编〈唐宋词选〉》,《扬州师院学报》(社会科学版)1983年第2期,第52~57页。

③ 曹济平:《读〈唐宋词选〉小札》,《教学与进修》1983年第4期,第14~18页。

《元人杂剧选》导读

《元人杂剧选》，顾肇仓选注，人民文学出版社1998年版。顾学颉（1913—1999），笔名肇仓，男，曾任西北大学等院校教授及人民文学出版社高级编辑、国家古籍整理出版规划小组顾问、元代文学学会名誉会长等职，著有《顾学颉文学论集》《元明杂剧概说》《元曲释词》（二人合著）、《关汉卿戏曲选》（二人合作）、《白居易集》（校点）等。

一、选本特点

《元人杂剧选》选录元代杂剧15本，除篇幅较长的《西厢记》没有选入以外，具有代表性的元人杂剧都选入了，大体体现了元代杂剧的总体面貌。被誉为"元曲四大家"的关汉卿、马致远、白朴、郑光祖，都选入了其代表作。元代前期的"四大历史剧"，除关汉卿的《单刀会》和纪君祥的《赵氏孤儿》外，选录了马致远的《汉宫秋》和白朴的《梧桐雨》，而这两本杂剧是元代历史剧中的双璧，都表露了历史兴亡之思和作者强烈的民族感情。关汉卿的杂剧，选录了悲剧代表作《窦娥冤》和喜剧代表作《救风尘》。《窦娥冤》是元代前期社会悲剧的光辉代表作，诚如王国维所说"即列之于世界大悲剧中，亦无愧色"[①]，《救风尘》是元代士妓之恋杂剧中的名篇。马致远的《汉宫秋》，被臧晋叔列于《元曲选》之首，是反映民族矛盾和民族压迫的著名悲剧。康进之的《李逵负荆》和高文秀的《双献头》是元代水浒戏中的双璧，选本选入了刻画李逵疾恶如仇、知过即改性格的《李逵负荆》。尚仲贤的《柳毅传书》和李好古的《张生煮海》是元代人神相恋剧的双璧，选本选入了以浪漫主义手法创作的《张生煮海》。选本所选郑光祖的《倩女离魂》是元代后期杂剧中最优秀的作品。选本也选入了包公判案的公案戏名作——无名氏的《陈州粜米》，此剧演述的虽然是民间流传的北宋故事，却打上了元代社会现状的鲜明印记，剧中的包待制俨然是痛苦无告的黎民百姓用集体的智慧塑造而成的"青天大老爷"。

---

① 王国维撰，马美信疏证：《宋元戏曲史疏证》，复旦大学出版社，2004，第177页。

二、重要剧作讲说

(一)关汉卿《窦娥冤》和《救风尘》

从《窦娥冤》的情节关目来看,导致窦娥悲剧的直接原因是高利贷剥削,流氓恶势力横行和官府贪赃枉法、草菅人命。就窦娥本人来说,她是一个善良的弱女子,安分守己,忠贞孝顺,恪守传统伦理纲常,竭力维护封建伦理道德,但最终却被黑暗腐朽的专制政权推上了刑场。这是令人深思的,这个社会不仅毁灭它的反叛者,而且还将魔掌伸向了它的顺民。

关汉卿的杂剧塑造了一系列光彩照人的女性形象,这些女性形象具有平民性、反抗性、崇高性。关汉卿杂剧的主角大多是平民妇女,关汉卿常常把"正旦"的角色给予那些受尽压迫的底层妇女,如《窦娥冤》中的童养媳窦娥、《救风尘》中的妓女赵盼儿、《望江亭》中的寡妇谭记儿、《调风月》中的婢女燕燕等,她们都是地位低下的女性。关汉卿杂剧中的"正旦"多具有反抗性,她们虽然身处下层,遭遇厄难,但大都反抗棱角十分鲜明,不是让人随意宰割的羔羊,而是敢怒敢争的斗士。关汉卿杂剧中的"正旦"还具有崇高性。所谓崇高,是指能引起人的尊敬、赞扬等特殊美感的事物的本质。关汉卿以满腔激情颂扬敢于反抗封建压迫的下层妇女,赋予她们美好的性格特质。如窦娥的忠贞、孝顺、坚强不屈,赵盼儿的侠义、机智、老练等,特别是《蝴蝶梦》中舍弃亲子、保护王老汉前妻之子的王婆婆。但是关汉卿杂剧中的女性,仍然没有摆脱男权思想的束缚:他杂剧中的女性形象,尽管地位、身份、性情各不相同,但都存在着许多传统男权社会赋予女性固有的角色内容:美丽、贞节、富于自我牺牲精神;杂剧在表现女性机智勇敢地反抗黑暗社会现实时,安排的最终结局,或者是女性借助男性的直接或间接干预取得胜利,或者是给女性形象安排一个符合男权社会道德伦理秩序的理想结局。

关汉卿的《救风尘》敷演妓女赵盼儿营救结义姊妹宋引章的故事。赵盼儿的对手周舍是宦门子弟加奸商的恶棍,所以无权无钱、地位低下的赵盼儿,凭着一副侠肝义胆、机智勇敢和她对情场淫恶之徒的了如指掌,只有用风月的手段才能救出其结义姊妹。剧作褒扬正义,恶人受惩,弱者获救,充满了喜剧色彩。王国维《宋元戏曲史》指出:"武汉臣之《老生儿》,关汉卿之《救风尘》,其布置结构,亦极意匠惨淡之致,宁较后世之传奇,有优无劣也。"[①]王国维所说"布置结构",即指戏曲情节的构思与安排。而喜剧性的"布置结构"使全剧引人入胜,正是本剧最突出的艺术成就。

(二)马致远《汉宫秋》

马致远的《汉宫秋》描写皇帝和妃子的爱情,而且爱情与政治斗争、民族矛盾联系在一起。选美,是政治的腐败;毛延寿的作弊,是政治上奸臣乱国的反映,他的叛逃给国家

① 王国维撰,马美信疏证:《宋元戏曲史疏证》,复旦大学出版社,2004,第177页。

带来了严重的政治危机。爱情上的悲欢聚散与政治上错综复杂的矛盾斗争融为一体，使柔媚的爱情同朝廷斗争、塞外风烟联系在一起。虚构的胡强汉弱的社会背景，使爱情悲剧带有民族压迫的性质，寄寓了作者在元代民族压迫下的不平之气。《汉宫秋》的悲剧，是先进的封建王朝被落后的游牧民族覆灭的悲剧，是一代帝王的悲剧（皇帝送心爱的妃子和亲），是王昭君的命运悲剧。

《汉宫秋》对“昭君和番”母题有突破和创新。第一，把个人悲剧深化为时代悲剧，借汉匈矛盾影射元与宋、金的矛盾，表现出反对民族压迫的爱国主题。第二，突破了以前作品中塑造的王昭君自悲、自怜的“薄命女”形象，塑造出具有悲壮美、崇高美的王昭君悲剧形象。第三，把抒情诗的手法运用到戏剧创作中，使《汉宫秋》具有诗剧特征。

《汉宫秋》还突破了我国悲剧在“有价值的东西”被毁灭之后，结尾还有一条欢乐的尾巴或者结尾“团圆”的模式，以“一悲到底”结局。

（三）康进之《李逵负荆》

《李逵负荆》不仅歌颂了梁山英雄打击豪强、扶弱济困的侠义精神，而且着力塑造了李逵行侠仗义、疾恶如仇、坦荡磊落、知过即改的绿林豪侠形象。第一折中李逵这个鲁莽汉下山时一路欣赏风景的关目设置，刻画了李逵粗鲁之外的细腻一面，既诙谐有趣，又丰富了李逵的性格，还使李逵形象真实、可爱。

（四）郑光祖《倩女离魂》

《倩女离魂》取材于唐人陈玄祐的传奇《离魂记》。该剧最大的特点是构思独特，剧中女主角灵魂与身体分离。张倩女与王文举虽是指腹为婚，但两情相恋，后来张母以三辈不招白衣女婿为由，要王文举得官后再来完婚；王文举走后，张倩女思念成疾，躯体卧病在床，灵魂却离开躯体去追赶赴考的恋人王文举；王文举考中状元，携倩女衣锦还乡，到家后倩女的灵魂与床上的躯体合二为一。这是受道教形神认识的启发想象虚构的。道教认为：“人有一身，与精神常合并也。”[①]人身藏魂、魄、形、神，其中，魂与魄、神与形相合相依，魄依魂而立，形依神而生。魂、神属阳，好动驰；魄、形属阴，喜静止。作者按这种形神认识来构思，不仅使剧本歌颂青年男女反抗封建礼教囿禁身心、赞扬对自由恋爱的追求的主题更加鲜明突出，而且还形象地说明了封建礼教只能拘禁青年男女的形体，不能拘住他们的神魂，从而深化了杂剧的意旨。

① 王明编：《太平经合校》，中华书局，1960，第716页。

【推荐书目】

[1]隋树森.元曲选外编[M].北京:中华书局,1959.
[2][元]王实甫.西厢记[M].上海:上海古籍出版社,1978.
[3]顾学颉,王学奇.元曲释词[M].北京:中国社会科学出版社,1983、1984、1988.
[4]王季思.全元戏曲[M].北京:人民文学出版社,1990.
[5][明]臧懋循.元曲选[M].杭州:浙江古籍出版社,1998.
[6]顾肇仓.元人杂剧选[M].北京:人民文学出版社,1998.

（撰稿人:胥洪泉）

《西厢记》导读

《西厢记》全名《崔莺莺待月西厢记》，作者王实甫，元代才华横溢的著名杂剧作家。他一生写作了14种剧本，分别为《东海郡于公高门》《孝父母明达卖子》《曹子建七步成章》《才子佳人拜月亭》《韩彩云丝竹芙蓉亭》《崔莺莺待月西厢记》《苏小郎月夜贩茶船》《四大王歌舞丽春堂》《吕蒙正风雪破窑记》《赵光普进梅谏》《诗酒丽春园》《陆绩怀橘》《双渠怨》《娇红记》。现在保存下来的仅有《西厢记》《破窑记》《丽春堂》三种及残存《芙蓉亭》《贩茶船》各一折，而《西厢记》为其代表作。该书明刻本有明弘治十一年金台岳家刻本、明万历三十八年起凤馆刻本、明万历四十二年香雪居刻本、明万历间萧腾鸿刻本、明天启间乌程凌氏朱墨套印本等。

一、《西厢记》的主题倾向

《西厢记》取材于唐代传奇《莺莺传》，作品中张生谓“大凡天之所命尤物也，不妖其身，必妖于人。……予之德不足以胜妖孽，是用忍情”[①]，认为莺莺是红颜祸水，而抛弃了莺莺。时人也多认为张生是“善补过者”。《莺莺传》故事在唐代得以广泛流传，典型者如赵德麟《商调蝶恋花》、秦观《调笑转踏》等，对莺莺则颇有同情之意。而金代董解元之《西厢记诸宫调》（简称《董西厢》），五万许言，其内容之丰富、情节之曲折、艺术之卓越，都大大超过了前代（长期以来，《董西厢》与王实甫《西厢记》之优劣，是有不少争论的，这也可以从侧面看出其成就）。王实甫《西厢记》和前代同类题材如《莺莺传》《西厢记诸宫调》相比，在思想上有了明显的发展。它所宣扬的“愿天下有情的都成了眷属”的主张，具有更鲜明的反对封建礼教和要求婚姻自主的主题。

其一，《西厢记》歌颂了以两情相知相悦为基础的结合，否定了传统的父母之命、媒妁之言的伦理教条。作为大家闺秀的莺莺和书剑飘零的张生相爱本身，在很大程度上就是对以财产和权势为条件的择偶标准的挑战。莺莺和张生对婚姻自由的追求在作品

① 鲁迅校录：《唐宋传奇集》，文学古籍刊行社，1956，第135页。

中得到了一个很有层次的展现。他们最初是彼此对外貌的倾心，经过联吟、寺警、听琴、赖婚、逼试等一系列事件，他们对相互的了解不断增加，感情得到不断加深，主导双方感情的正是一种心灵上的契合。

其二，莺莺和张生实际上已把爱情置于功名利禄之上，特别是莺莺形象，在《西厢记诸宫调》中，她是专等着张生金榜题名和张生的凤冠霞帔。在王实甫的《西厢记》中，她并不看重功名，认为"但得一个并头莲，煞强如状元及第"。张生为了追求莺莺，而把金榜题名丢到一边，不去赶考；为了爱情，他置一切于不顾，直至被迫进京应试，得中之后，他也还是"梦魂儿不离了蒲东路"。《西厢记》虽然也是以功成名就和有情人终成眷属作为团圆结局，但全剧贯穿了重爱情、轻功名的思想，显示出王实甫思想的进步性。

二、《西厢记》的艺术成就

王实甫的《西厢记》在艺术上也取得了非凡的成就。主要人物个性非常鲜明，金圣叹在《读〈第六才子书西厢记〉法》中说："《西厢记》止写得三个人：一个是双文，一个是张生，一个是红娘。其余如夫人，如法本，如白马将军，如欢郎，如法聪，如孙飞虎，如琴童，如店小二，他俱不曾着一笔半笔写，俱是写三个人时所忽然应用之家伙耳。"[①]与《莺莺传》相较，除了姓名之外，张生之性格已完成了其发展与升华。一方面他有儒家文士之抱负胸襟，故一出场就有"才高难入俗人机，时乖不遂男儿愿"的慨叹，有面对雄阔壮丽河山所抒发的豪情。但是作品最重要的则是写张生对纯洁爱情的热烈追求。他已不再是一个寻花问柳、始乱终弃的轻薄负心之人，而是一个憨厚志诚之情种。其他主要人物中如莺莺的美丽、端庄，红娘的聪明乖巧，都无不塑造得形象生动。如作品中对莺莺美丽的描绘，她是一位出身于相国之门的娇丽多情的千金小姐，剧本一开始就对她的美貌做了多方面的渲染，通过张生初次见到莺莺的印象，感觉、视觉和听觉，写尽了莺莺迷人的容貌、声音和体态，纯洁可爱，端庄娇丽，如在目前。"宫样眉儿新月偃，斜侵入鬓云边。樱桃红绽，玉粳白露，千般袅娜，万般旖旎，似垂柳晚风前。""恰便是呖呖莺声花外啭，行一步可人怜。解舞腰肢娇又软，千般袅娜，万般旖旎，似垂柳晚风前。"即使是次要人物如法本、崔老夫人、郑恒，也能从三言两语的刻画中展现人物的独特个性。

《西厢记》在语言艺术上同样取得了很高的成就，诗情画意盎然。《太和正音谱》评价其"若玉环之出浴华清，绿珠之采莲洛浦"[②]。典雅富丽是其最重要的特征。如写在一个春日迟迟的季节莺莺思念张生时的唱词："落红成阵，风飘万点正愁人；池塘梦晓，栏槛辞春。蝶粉轻沾飞絮雪，燕泥香惹落花尘。系春心情短柳丝长，隔花荫人远天涯近。香消了六朝金粉，清减了三楚精神。"丽句蹁跹，镂金错彩，真如蝶舞花飞。再如"联吟"时

① 金圣叹著，曹方人、周锡山标点：《金圣叹全集（三）贯华堂第六才子书西厢记等十种》，江苏古籍出版社，1985，第17页。

②《太和正音谱》，民国影印本，卷上，第2页。

所营造的清丽环境:“玉宇无尘,银河泻影,月色横空,花荫满庭。”剧作家特别强调了景物的静态美,以表现环境的美,而这种景物的描绘同时也就是为崔张幽会这一富有诗意的爱情唱的赞歌。与此相对,在莺莺离去时的环境描绘:“扑剌剌宿鸟飞腾,颤巍巍花梢弄影,乱纷纷落红满径,碧沉沉苍苔露冷,明皎皎花筛月影。”以动态映衬张生的惊恼之意。其次,《西厢记》在语言上还注重修辞的运用。如骈俪中景语、骈俪中情语、骈俪中诨语:“雪浪拍长空,天际秋云卷,竹索缆浮桥,水上苍龙偃”“不近喧哗,嫩绿池塘藏睡鸭;自然幽雅,淡黄杨柳带栖鸦。”“他做了影儿里情郎,我做了画儿里爱宠。”“哭声儿似莺啭乔林,泪珠儿似露滴花梢。”“系春心情短柳丝长,隔花荫人远天涯近。”“拄着拐帮闲钻懒,缝合唇送暖偷寒。”“昨夜个热脸儿对面抢白,今日个冷句儿将人厮侵。”更有诗中所无、词中罕见的三句对:“东风摇曳垂杨线;游丝牵惹桃花片;珠帘掩映芙蓉面。”“休教那淫词儿污了龙蛇字,藕丝儿缚定鲲鹏翅,黄莺儿夺了鸿鹄志。”又有四句对(又称连璧对):“裙染榴花,睡损胭脂皱;纽结丁香,掩过芙蓉扣;线脱珍珠,泪湿香罗袖;杨柳眉颦,人比黄花瘦。”又有精彩的比喻:“从今后玉容寂寞梨花朵,胭脂浅淡樱桃颗,这相思何时是可昏邓邓黑海来深,白茫茫陆地来厚,碧悠悠青天来阔;太行山般高仰望,东洋海般深思渴。毒害的恁么。俺娘呵,将颤巍巍双头花蕊搓,香馥馥同心缕带割,长搀搀连理琼枝挫。”又有夸张:“把一天愁都撮在眉尖上”“来回顾影,文魔秀士,风欠酸丁,下功夫将额颅十分挣,疾和迟压倒苍蝇,光油油耀花人眼睛,酸溜溜螫得人牙疼。”或者将各种修辞方法综合运用,如“崔莺莺听琴”一回,从不同角度描绘琴音,写得妙不可言:

【天净沙】莫不是步摇得宝髻玲珑?莫不是裙拖得环佩玎咚?莫不是铁马儿檐前骤风?莫不是金钩双控吉丁当敲响帘栊?

【调笑令】莫不是梵王宫,夜撞钟?莫不是疏潇潇曲槛中?莫不是牙尺剪刀声相送?莫不是漏声长滴响壶铜?潜身再听在墙角东,原来是近西厢理连结丝桐。

【秃厮儿】其声壮,似铁骑刀枪冗冗;其声幽,似落花流水溶溶;其声高,似风清月朗鹤唳空;其声低,似听儿女语,小窗中,喁喁。

尽管《西厢记》是元杂剧中文采派的代表作,但是其有的地方也采用了生活化的俗语,并且这些俗语运用也是十分精彩的:“那里有粪堆上长出连理树,淤泥里生出比目鱼,不明白展污了姻缘簿。莺莺呵,你嫁个油炸猢狲的丈夫;红娘呵,你伏侍个烟熏猫儿的姐夫;张生呵,你撞着个水浸老鼠的姨夫。”

《西厢记》的语言还具有非常鲜明的个性化特点。无论是唱词还是宾白,都完全切合戏剧角色的身份、地位、教养和性格,如莺莺的多愁善感、温柔妩媚,张生的文雅风流、真诚敦厚,红娘的机智泼辣、善解人意,以及惠明的粗犷豪爽,郑恒的粗鄙奸诈,都表现得恰如其分。

【推荐书目】

[1]隋树森.元曲选外编[M].北京:中华书局,1959.

[2][元]王实甫.西厢记[M].上海:上海古籍出版社,1978.

[3]钱南扬.永乐大典戏文三种校注[M].北京:中华书局,1979.

[4][明]臧懋循.元曲选[M].杭州:浙江古籍出版社,1998.

（撰稿人:赵章超）

《牡丹亭》导读

本书作者汤显祖(1550—1616),字义仍,号海若,又号若士,别署清远道人。临川(今属江西)人。14岁补县诸生,21岁中举人,34岁中进士。曾任礼部观政、南京太常寺博士、南京礼部祠祭司主事等职。因上疏弹劾首辅申时行,被贬徐闻县典史,内迁浙江遂昌知县。终不堪税吏扰民,挂冠而去,归隐乡里。汤显祖戏曲代表作为"临川四梦"(又称"玉茗堂四梦",即《紫钗记》《牡丹亭》《邯郸记》《南柯记》),其中以《牡丹亭》最负盛名。汤显祖在中国和世界文学史上有着重要的地位,被誉为"东方的莎士比亚"。

一、汤显祖的"至情"论

汤显祖少年时受学于罗汝芳。罗汝芳是泰州学派王艮三传弟子,这一学派承继了王守仁哲学思想中有积极意义的部分并加以发展,又称"左派王学"。左派王学抨击程朱理学,怀疑封建教条,反对束缚个性。万历年间左派王学的最突出代表人物是李贽。汤显祖离遂昌任后,曾在临川和李贽相见。李在狱中自杀后,汤显祖作诗哀悼。汤显祖还推崇反理学的达观(紫柏)禅师,称李贽和达观是一"雄"、一"杰",认为"寻其吐属,如获美剑"。左派王学的思想浸染,使得汤显祖的文学创作表现出揭露腐败政治、反对程朱理学和追求个性解放的鲜明的思想倾向。

汤显祖"至情"论大致表现在三个方面。

从宏观上看,世界是有情世界,人生是有情人生。"世总为情"①,"人生而有情"②,"情"与生俱来并始终伴随着生命进程。而且"万物之情,各有其志"③,各有其秉性和追求。"思欢怒愁"等表象、感伤宣泄等渠道,都是情感流程中的不同环节。世间之事,非理所能尽释,但一定都伴随着情感的旋律。

---

① 《耳伯麻姑游诗序》,汤显祖著,徐朔方笺校:《汤显祖诗文集》,上海古籍出版社,1982,第1050页。
② 同上书,第1127页。
③ 同上书,第1502页。

从程度上看,有情人生的最高境界是"至情",《牡丹亭》便是"至情"的演绎。汤显祖在《牡丹亭·题词》中说:"情不知所起,一往而深。生者可以死,死可以生。生而不可与死,死而不可复生者,皆非情之至也。"这种贯通于生死虚实之间、如影随形的"至情",呼唤着精神的自由与个性的解放。

从途径上看,最有效的"至情"感悟方式是借戏剧之道来表达。戏剧表演可以"生天生地生鬼生神,极人物之万途,攒古今之千变",使得观众在戏剧审美活动中无故而喜,无故而悲,将旁观者的冷漠与麻木不仁的状态调整过来,"无情者可使有情,无声者可使有声。……人有此声,家有此道,疫疠不作,天下和平"[①],人们最终在"至情"的照耀下,于戏剧的弦歌声中,把世界变成美好的人间。

二、《牡丹亭》的思想倾向:情理冲突

作者站在新的认识高度即情有者理无、理有者情无的新认识高度来描写封建社会男女青年与封建礼教在爱情问题上的冲突,把这种传统对抗模式上升到了哲学层面的情与理的斗争高度。

汤显祖所说的"情",指人们的真正感情,人的正常生理、心理需求;在《牡丹亭》表现为女主人公杜丽娘的青春觉醒及其对爱情生活的渴望,也就是对异性的渴望,青年男女对自由爱情生活的追求。"理",是指以程朱理学为基础的封建道德观念,在《牡丹亭》里表现为封建礼教和封建家长对青年一代婚姻自由的束缚。《牡丹亭》中杜丽娘为爱情所付出的生死代价,就深刻反映了在礼教束缚下明代妇女痛苦的精神世界,揭露了以程朱理学为基础的封建道德观念对人性的扼杀,通过女主人的梦中幽会,深切表现出了明代妇女要求个性解放,要求摆脱封建礼教束缚的心声,这就使《牡丹亭》比同时代其他爱情剧主题显得更为深远。剧本表现了这种情与理的冲突,反叛程朱理学,具有强烈的时代意义,与明中叶左派王学所倡导的思想解放运动一脉相通,表现的个性解放的要求已远远超过其所描写的爱情故事本身所具有的价值。女主人公杜丽娘因此成了中国文学史上第一个具有明确个性解放要求的女性形象。《牡丹亭》问世之际,正是西方文艺复兴时期,所以,本剧也被誉为东方文艺复兴的一面旗帜。

三、《牡丹亭》的艺术成就

首先,它是继《西厢记》之后中国文学史上又一大型诗剧,全剧语言华美典雅,色彩绚丽,作者用诗一样的语言创造出了一个个美丽动人的场面。剧中人物的心理变化,也在这诗的世界中得到了细致入微的描写,抒情气氛极为浓厚。构成这种抒情气氛的主

① 汤显祖著,徐朔方笺校:《汤显祖诗文集》,上海古籍出版社,1982,第1127页。

要因素，一是众多的浪漫的幻想场景，一是大量的内心独白，再就是显示出作者富赡才华的优美文辞。我们读《惊梦》《寻梦》《闹殇》《冥誓》等出时，诸如"良辰美景奈何天，赏心乐事谁家院""则为你如花美眷，似水流年"等等，把春日园林的明媚风光、杜丽娘的伤春情怀和内心深处的隐秘融为一体，用艳丽而精雅的语言写出，非常动人。阅读过程中，我们更多地像在读抒情诗而不像在看剧本。这充分表现了汤显祖的语言创造才能。用写诗的手法写戏本来是我国许多戏曲作家的共同特征，汤显祖在这方面表现得更突出。

第二，组织戏剧冲突上，作者有意识地用情与理组织戏剧冲突，虚实相生，从而深刻揭示出封建礼教与青年男女爱情的不相容，使一出普通的爱情剧富于强烈的时代意义，使观众能从剧情发展过程中体验到"理学杀人"这一抽象的哲学命题的丰富内涵，表现出了作者处理戏剧冲突手法的高妙。

在真实的现实世界里面，人是社会的人，必须时时事事恪守封建礼教的伦理纲常，要突破封建礼教，只有在虚拟的鬼神世界中去。换句话说，你必须死去才能真正地获得个性的自由解放。杜丽娘与柳梦梅的梦中交欢，是在虚拟世界；后来感梦而亡，在神鬼世界中与柳梦梅交欢，也是在虚拟世界。再后来，杜丽娘死而复生之初，柳梦梅便迫不及待地要与之交欢，却遭到了杜小姐的拒绝。在遭到小姐的婉拒后，柳生便以日前的云雨之情反唇相讥。于是杜丽娘便耐心解释说："秀才，比前不同。前夕鬼也，今日人也。鬼可虚情，人须实礼。"她反复表白自己依旧是豆蔻含苞的处女身，魂梦之时的交合与兴奋，原于真身无碍。每当汤显祖笔下的人物在梦境魂乡时，那一种泼天也似的自由精神便无所不在、无所不为；一旦梦醒还阳，便"成人不自在"，往往必须遵循人间的礼法，受种种无奈的束缚。这种先虚后实、虚实结合乃至虚则虚之、实则实之的写法，正好将理想与现实融会贯通起来。

第三，剧本在安排故事情节、创造人物形象时，所采用的浪漫主义手法也引人注目，主人公杜丽娘由梦生情、因情而死、死而复生等全剧关键性情节，充满了离奇的幻想色彩。通过"梦而死""死而生"的幻想情节表现了理想和现实的矛盾。杜丽娘所追求的理想在当时的现实环境里几乎是不可能实现的；可是在梦想、魂游的境界里，她终于摆脱了种种封建礼教的束缚，改变了一个大家闺秀的软弱性格，实现了自己所梦寐以求的美好愿望。如在《冥判》里，杜丽娘还敢于向阎王殿下的胡判官诉说她感梦而亡的全部经过，还得了判官的允许自由自在地去寻找梦里的情人，而在还魂之后，她的亲爹却不认她作女儿，更不同意她和柳梦梅结合。就这样，作者通过一些富有奇情异彩的艺术境界，突出了现实和理想的矛盾，也表现了在封建闺范束缚下的青年妇女对自由幸福生活的强烈追求。

四、《牡丹亭》影响

《牡丹亭》的舞台生命力极强，很多著名折子戏是昆曲表演艺术的珍贵遗产，为梨园子弟的必修科目，如《学堂》《游园》《惊梦》《寻梦》《拾画》《叫画》《写真》《离魂》《还魂》等。

汤显祖在当时和后世都有很大影响。即使是认为他用韵任意，不讲究曲律的格律派评论家，也无一不称赞《牡丹亭》。沈德符说："汤义仍《牡丹亭》梦一出，家传户诵，几令《西厢》减价……才情自足不朽也。"[①]和沈德符同时的戏曲家吕天成推崇汤显祖为"绝代奇才"和"千秋之词匠"[②]。王骥德说，汤显祖"可令前无作者，后鲜来者，二百年来，一人而已"[③]。

《牡丹亭》以情反理的思想启蒙影响深远。《牡丹亭》反对处于正统地位的程朱理学，肯定和提倡人的自由权利和情感价值，褒扬像杜丽娘这样的有情之人，从而拨开了正统理学的迷雾，给受迫害最深的女性带来了希望。明清的中国大地上，遍地矗立着贞节牌坊，这些牌坊下所镇压着的，是一个个贞节女性的斑斑血泪和痛苦不堪的灵魂。一出《牡丹亭》，温暖了多少女性的心房！封建卫道士们痛感"此词一出，使天下多少闺女失节"，"其间点染风流，惟恐一女子不销魂，一才人不失节"[④]。而且，《牡丹亭》在青年女性中传唱尤广。娄江女孩俞二娘因读《牡丹亭》，年十七岁即断肠而死，汤显祖为此还写了《哭娄江女子二首》，其一云："如何伤此曲，偏只在娄江！"[⑤]才女冯小青挑灯夜读《牡丹亭》，题诗《读牡丹亭绝句》曰："冷雨幽窗不可听，挑灯闲看《牡丹亭》。人间亦有痴于我，岂独伤心是小青。"[⑥]

【推荐书目】

[1][明]汤显祖.汤显祖戏曲集[M].上海：上海古籍出版社，1978.

[2][明]汤显祖.牡丹亭[M].北京：人民文学出版社，1978.

[3][明]汤显祖.汤显祖诗文集[M].上海：上海古籍出版社，1982.

[4]徐朔方.论汤显祖及其他[M].上海：上海古籍出版社，1983.

[5]徐朔方.汤显祖评传[M].南京：南京大学出版社，1993.

[6][明]汤显祖.牡丹亭[M].合肥：黄山书社，2001.

（撰稿人：杨理论）

① 沈德符：《顾曲杂言》，中华书局，1985。

② 吕天成著，吴书荫校注：《曲品校注》，中华书局，1990，第34、37页。

③ 王骥德：《曲律》卷四，明天启五年毛以遂刻本。

④ 佚名《远色编》卷中，康熙四十八年(1709)刊本。

⑤ 汤显祖著，徐朔方笺校：《汤显祖诗文集》，上海古籍出版社，1982，第654~655页。

⑥ 张潮：《虞初新志》，文学古籍刊行社，1954，第17页。

《长生殿》导读

本书作者洪昇(1645—1704),浙江钱塘人,出生世代书香门第之家,才华很高,所创作的诗、词、戏曲俱佳,而《长生殿》是其代表作。前后历十余年始成,曾三易其稿,初名《沉香亭》,继改称《舞霓裳》,三稿始定其名为《长生殿》。有稗畦草堂本、文瑞楼刊本、《暖红室汇刻传奇》本等流传。

《长生殿》和《桃花扇》都是清代初年的优秀作品,也代表了清代戏曲的最高成就,在当时影响很大,有"南洪北孔"的美誉。

一、《长生殿》的创作主旨

《长生殿》所写李隆基和杨玉环的情缘,为历代文学作品的一个传唱不衰的题材。唐代有白居易的《长恨歌》、陈鸿的《长恨歌传》,宋代乐史的《杨太真外传》,元代王伯成的《天宝遗事诸宫调》、白朴的《梧桐雨》,明代吴世美的《惊鸿记》、屠隆的《彩毫记》等等。此外,还有其他不少史料笔记、文言小说也有载录。

《长生殿》的创作宗旨,洪昇序言谓:"余览白乐天《长恨歌》及元人《秋雨梧桐》剧,辄作数日恶。南曲《惊鸿》一记,未免涉秽。从来传奇家非言情之文,不能擅场;而近乃子虚乌有,动写情词赠答,数见不鲜,兼乖典则。因断章取义,借天宝遗事,缀成此剧。凡史家秽语,概削不书,非曰匿瑕,亦要诸诗人忠厚之旨云尔。然而乐极哀来,垂戒来世,意即寓焉。且古今来逞侈心而穷人欲,祸败随之,未有不悔者也。玉环倾国,卒至陨身。死而有知,情悔何极。苟非怨艾之深,尚何证仙之与有。孔子删《书》而录《秦誓》,嘉其败而能悔,殆若是欤?第曲终难于奏雅,稍借月宫足成之。要之广寒听曲之时,即游仙上升之日。双星作合,生忉利天,情缘总归虚幻。清夜闻钟,夫亦可以遽然梦觉矣。"剧本描写唐玄宗宠幸贵妃杨玉环,终日游乐,将其哥哥杨国忠封为右相,其三个姐妹都封为夫人。但后来唐玄宗又私召梅妃,引起杨玉环不快,最终两人和好,于七夕之夜在长生殿对着牛郎织女星密誓永不分离。为讨杨玉环的欢心,唐玄宗不惜耗费大量人力物力为杨玉环采集新鲜荔枝，一路踏坏庄稼、踏死路人，运至长安。但是这些类似的内容都仅仅作为背景简要交代，且都是因爱而起。作者所主要表现的是“情之所钟，在帝王家罕有”这一个主题，基于对情的赞扬，较之以前同类作品，作者对唐明皇和杨贵妃多所回护。由于唐玄宗终日和杨玉环游乐，不理政事，宠信杨国忠和安禄山，导致安禄山造反，唐玄宗和随行官员逃离长安，在马嵬坡军士哗变，强烈要求处死罪魁杨国忠和杨玉环，杨玉环被处死。杨玉环死后唐玄宗深切痛悔，受到神仙的原谅，织女星说：“既悔前非，诸愆可释。”这与前代作品相比，作者的思想意识达到了一个新的高度。郭子仪带兵击溃安禄山，唐玄宗回到长安后日夜思念杨玉环，闻铃肠断，见月伤心，对着杨玉环的雕像痛哭，派方士去海外寻找蓬莱仙山，最终感动了天孙织女，使两人在月宫中最终团圆。

作者一方面指出“情之所钟，在帝王家罕有”，另一方面又通过生动丰富的情节充分展现了李隆基与杨贵妃的情深义重，显示了作者对这一历史题材的崭新认识。而作为封建帝王，其爱情又远非普通百姓那么简单，而常常与国家之兴衰成败直接相关，李隆基之沉浸情爱不能自拔，又导致了给国家带来巨大灾难的安史之乱，其爱情也同样陷入了悲剧，这就是作品的垂戒后世之意。

二、《长生殿》的艺术

《长生殿》在艺术上取得了很高的成就。首先，作品成功地塑造了唐明皇和杨贵妃的性格特征。比如杨贵妃这一形象，由于受篇幅的限制，在元代白朴《梧桐雨》中涉及内容很少，显得比较苍白。《长生殿》很好地解决了这一问题，作品没有提到寿王、安禄山与她的关系；作品也同样写到了杨氏姐妹与杨国忠的宠幸以及他们的荒淫腐朽的生活，但是杨贵妃却没在场；历史上因唐明皇怀疑其不检点等原因杨贵妃曾经两次被遣出宫，而《长生殿》只写了一次，原因却是李隆基勾搭虢国夫人的缘故……诸如此类的处理，使得杨贵妃形象变成一个值得人同情的形象。唐明皇形象是作品塑造得最成功的形象，比如作者刻意让他不与政治发生太多的联系，而把国家大政的处理都归之于杨国忠，以使得哀艳动人的爱情主题成为作品的主旋律。也就是作者例言所谓：“忆与严十定隅坐皋园，谈及开元、天宝间事，偶感李白之遇，作《沉香亭》传奇。寻客燕台，亡友毛玉斯谓排场近熟，因去李白，如李泌辅肃宗中兴，更名《舞霓裳》，优伶皆久习之。后又念情之所钟，在帝王家罕有，马嵬之变，已违夙誓，而唐人有玉妃归蓬莱仙院、明皇游月宫之说，因合用之，专写钗合情缘，以《长生殿》题名，诸同人颇赏之。乐人请是本演习，遂传于时。盖经十余年，三易稿而始成，予可谓乐此不疲矣。史载杨妃多污乱事。予撰此剧，止按白居易《长恨歌》、陈鸿《长恨歌传》为之。而中间点染处，多采《天宝遗事》《杨妃全传》。若一涉秽迹，恐妨风教，绝不阑入，览者有以知予之志也。今载《长恨歌传》，以表所由，其杨妃本传、外传及《天宝遗事》诸书，既不便删削，故概置不录焉。”除此而外，作品对其他的忠臣、权奸的刻画也比较生动，比如杨国忠的卖官鬻爵、专权误国，安禄山的阴险狡诈、贪婪残暴，郭子仪的忠君爱国、心系万姓，雷海青的坚贞不屈、正气凛然，都给读者以深刻印象。

其次，是浓郁的抒情气氛，典型者如在《闻铃》中结合铃声、雨声，表达唐明皇对杨贵妃的怀念：“淅淅零零，一片凄然心暗惊。遥听隔山隔树，战合风雨，高响低鸣。一点一滴又一声，一点一滴又一声，和愁人血泪交相迸。对这伤情处，转自忆荒茔。白杨萧瑟雨纵横，此际孤魂凄冷。鬼火光寒，草间湿乱萤。只悔仓皇负了卿，负了卿！我独在人间，委实的不愿生。语娉婷，相将早晚伴幽冥。一恸空山寂，铃声相应，阁道崚嶒，似我回肠恨怎平！”又如《弹词》一出中，从金钗钿盒定情弹唱到銮舆西巡，低回深郁，曲曲动人。“破不刺马嵬驿舍，冷清清佛堂倒斜。一代红颜为君绝，千秋遗恨滴罗巾血”，这些唱词很好地把环境气氛与人物性格特征结合起来。

其三，《长生殿》的场面壮丽，情节曲折，曲词清丽流畅，充满诗情画意。

【推荐书目】

[1][清]洪昇．长生殿[M]．北京：人民文学出版社，1958.

[2][清]孔尚任．桃花扇[M]．北京：人民文学出版社，1984.

[3][五代]王仁裕．开元天宝遗事[M]．北京：中华书局，1985.

[4][明]臧懋循．元曲选[M]．杭州：浙江古籍出版社，1998.

（撰稿人：赵章超）

《桃花扇》导读

该书作者孔尚任(1648—1718),字聘之,又字季重,号东塘,别号岸堂,自称云亭山人。山东曲阜人,孔子第六十四代孙,清初诗人、戏曲家。与洪昇并称“南洪北孔”。

此书由人民文学出版社1958年初版,参校兰雪堂本、西园本、暖红室本、梁启超注本而成,王季思、苏寰中合注,校勘较精。1998年入选人民文学出版社“中国古典文学读本丛书”而再版,2002年入选“教育部高等教育司指定大学生必读100本”丛书而三版。该书选本精当,注释通俗,是一本具有较高的欣赏与品读价值的中国古典戏曲名著。

《桃花扇》是中国古典四大名剧之一,王国维《文学小言》、吴梅《顾曲麈谈》、梁启超《小说丛话》都认为该剧是中国戏曲史上的杰作。这部传奇剧一开始就获得读者赞赏,“王公荐绅,莫不借钞,时有纸贵之誉”[①],甚至皇帝都感兴趣,令太监索取一抄本送入宫中。

这是一部借复社文人侯方域与秦淮名妓李香君的爱情故事来反映南明一代兴亡的历史剧,作者将二人的悲欢离合同南明弘光朝的兴亡有机地结合在一起,塑造了一系列栩栩如生的人物形象,悲剧的结局突破了才子佳人大团圆的传统模式,男女之情与兴亡之感都得到哲理性的升华:离合之情,兴亡之感,融洽一处。细细归结,最散最整,最幻最实,最曲迂最直截,此灵山一会,是人天大道场。而观者以使生、旦同堂拜舞,乃为团圆。何其小家子样也。全本《桃花扇》不用良家妇女出场,亦忠厚之旨。[②]

在中国古典名剧中,《桃花扇》以其发人深省的政治思想内容和新颖瑰丽的艺术特色而显得光彩夺目。几百年来,它与《西厢记》《牡丹亭》《长生殿》媲美,在舞台上久演不衰。“借离合之情,写兴亡之感”[③]——这是《桃花扇》作者的创作动机,孔尚任成功地把侯方域、李香君悲欢离合的个人遭际同南明弘光朝昙花一现的命运结合起来,形成两条线索,牵引着四十出的内容,时分时合,巧设悬念,高潮迭起,引人入胜。

---

① 孔尚任:《桃花扇·本末》,人民文学出版社,1997,第5页。

② 孔尚任著,迟崇起评点:《桃花扇》,花山文艺出版社,1997,第211页。

③ 孔尚任:《桃花扇·试一出》,人民文学出版社,1997,第1页。

一、《桃花扇》的创作背景、人物形象

《桃花扇》完成于清康熙三十八年(1691年),共计40出。作者曾三易其稿,创作历经十年之久。其成书正值清初乾嘉学派考据之风极盛之时,孔尚任深受影响,表现出忠于历史的创作态度,剧本中绝大部分人物和事件能在历史中找到原型,以艺术的真实再现了历史的真实。

明朝末年,李自成攻陷北京,崇祯皇帝自缢煤山,吴三桂引清兵入关,中土大乱。凤阳总督马士英在南京拥福王为帝建立南明政权,年号"弘光"。但弘光皇帝耽于声色,无心治国;朝臣卖官鬻爵,鱼肉百姓;武将拥兵自重,内讧不断。只有史可法率3000残兵坚守扬州,后因敌众我寡,扬州陷落,南明王朝随之覆灭。《桃花扇》深刻地揭示了南明王朝迅速覆亡的原因:当时形势危急,清兵正欲大举南下,农民起义军仍有一定势力,同南明形成三方较量的格局。统治了将近300年的明朝早已元气大伤,昏君弘光和奸臣马阮凑在一起,正所谓君不君臣不臣,这样腐败的政权如何能不速亡?最后的赢家是坐收渔利的爱新觉罗氏。

《桃花扇》人物众多而形象生动,上自帝王将相,下至艺人歌妓,有姓名可考者就达39人之多。虽然是历史戏剧,但它不像一些古典小说那样虚构很多情节,人物基本上忠实于原型。作者善于刻画人物性格的复杂性和各自的内心活动,避免脸谱化。这些人物之间既有主次之分,也有褒贬之别:敢于同黑暗作斗争的歌妓李香君、"家家夫婿是东林"的侯方域、忠心耿耿的抗敌英雄史可法、贪鄙而无才略的马士英、狡猾而富有才情的阮大铖,以及周旋于复社与马、阮之间的杨龙友、冒险投书的柳敬亭、与黑暗势力决裂的"有志之士"苏昆生,还有当年一些骄横跋扈的将领和秦楼楚馆的歌姬,其言行举止也都各有特点。

《桃花扇》曲词刻意求工,典雅亮丽,以淋漓酣畅、悲凉沉郁见长;说白整练自然,雅饬顺畅;成语典故运用灵活,宾白亦庄亦谐,适合人物身份和演出环境。此剧语言极见功力,是一部古往今来的难得之作。

二、《桃花扇》的情节梗概

明末,代表文人士大夫势力的"东林党人"逃难南京,组织"复社",与魏忠贤阉党余孽阮大铖继续斗争。复社文人侯方域邂逅秦淮歌妓李香君,两人陷入爱河。侯方域赠予李香君题诗扇一把,私订终身。阮大铖为拉拢侯方域,遣人赠送丰厚妆奁,被李香君得知后坚决退回。阮大铖怀恨在心。弘光皇帝即位后,阮大铖再度得宠,他趁机陷害侯方域,迫使其投奔史可法,并强将李香君许配他人。香君誓死不从,撞头自尽而未遂,血溅诗扇,侯方域的朋友杨龙友利用血点在扇中画出一树桃花。时香君师傅苏昆生前往

扬州，香君便托他将溅血诗扇带给侯方域以代书信。马士英、阮大铖为了迎合福王的意旨，大肆抓捕秦淮歌女排演《燕子笺》，香君借机自编新词，痛骂马、阮。后清兵攻破扬州，史可法殉国，南京城里一片混乱，福王和马、阮仓皇逃窜，南明灭亡。香君在栖霞山白云庵出家。扬州陷落后侯方域逃回南京寻找李香君，二人重逢，携手出家学道。“两个痴虫，你看国在那里，家在那里，君在那里，父在那里，偏是这点花月情根，割他不断么？”[①]国破家亡的沉痛的民族意识，使他们猛醒，于是入山“修真学道”。

三、《桃花扇》的艺术价值与历史影响

《桃花扇》以侯方域和李香君的爱情故事为线索，涉及明末南明政权的诸多历史事件，既昭示出南明覆亡的历史教训，也表现了孔尚任的亡国之痛和“借离合之情，写兴亡之感”[②]的创作意图。

作者以穿云入雾的游戏之笔，将十五出有关侯、李爱情的情节和二十五出有关南明王朝灭亡过程的情节有机地组织起来，细针密线、秩序井然，构成了一个有机的庞大的情节体系和“借离合之情，写兴亡之感”[③]的整体格局。情节安排上，将爱情和政治两线交错延伸，融为一体，脉络贯通，转换灵活，使之不可更移，不可减少；结构布局上，通过侯、李由合到离，由离到合，由合又到以出家而相离以及与此相关的诗扇定情、血溅诗扇、撕扇出家等情节的描写，环环相扣地再现了南明王朝由建立到覆灭的动荡而短暂的历史及其无可避免的最后崩溃，从而将一代兴亡“系之桃花扇底”[④]。

全剧以典型道具为贯穿主线，情节纷繁复杂，却以侯方域和李香君的定情物桃花扇贯穿始终，一线到底。桃花扇经历了一个从赠扇、溅扇到画扇、寄扇，最后撕扇的过程，由此串联起各色人物和诸多事件。小小一把桃花扇，蕴含了无比丰富的历史内容，是推动全剧情节展开的红线，串起了男女主人公的沉浮命运及其他形形色色的人物活动。它既是侯方域与李香君坚贞爱情和高尚情操的象征，亦是马、阮迫害复社文人，追求声色之乐，败坏明代江山的铁证。“南朝兴亡，遂系之桃花扇底”[⑤]，在民族危亡的时代，作者将孱弱的灵魂赋予了享有盛名的才子侯方域，却将高尚的人格赋予了身为妓女的李香君，并将深沉的同情寄托于卑微的民间艺人身上。孔尚任借他们之口，发出了末世既临而无可奈何的叹息。

该剧形象地刻画出明朝灭亡前统治阶层腐化堕落的状态，“以古为镜，可以知兴

---

① 孔尚任：《桃花扇·入道》，人民文学出版社，1982，第265页。
② 同上书，第1页。
③ 同上。
④ 同上书，第5页。
⑤ 同上。

替”[①]，故剧本问世后立即引起社会的关注。据说康熙皇帝在读到其中描述南明皇帝耽于声色的情节时，曾评价道：“弘光弘光，虽欲不亡，其可得乎！”[②]

【推荐书目】

[1]梁启超.桃花扇注[M].北京:中华书局,1936.

[2]Chen Shih-hsiang (陈世骧), Cyril Birch(白芝).The Peach Blossom Fan. Berkeley: University of California Press.1976

[3][清]孔尚任.桃花扇[M].北京:人民文学出版社,1997.

[4][清]洪昇.长生殿[M].上海:上海古籍出版社,2016.

（撰稿人：周睿）

① 刘昫:《旧唐书》,中华书局,1975,第2561页。
② 吴梅:《顾曲尘谈》,商务印书馆,1926,第184页。

《三国演义》导读

《三国演义》是罗贯中在历史记载、群众传说和民间艺人创作的基础上创作而成的一部历史演义小说。所谓“历史演义”，就是用通俗的语言，将争战兴废、朝代更替等为基础的历史题材组织、敷演成完整的故事，并以此表明一定的政治思想、道德观念和美学理想。[①]自罗贯中《三国演义》一出，人们纷纷模仿这种体裁进行小说创作，形成了一个创作历史演义的传统。

关于罗贯中的生平，目前知之甚少。据贾仲明的《录鬼簿续编》可知，罗贯中号湖海散人，生活在元末明初。罗贯中写过杂剧和词曲，但以小说创作为主。《西湖游览志馀》称他“编撰小说数十种”，今存署名罗贯中的作品，除《三国演义》外，还有《隋唐志传》《残唐五代史演传》和《三遂平妖传》等。

罗贯中的这些作品中以《三国演义》的成就最高。其现存最早刊本为明弘治甲寅（1494年）序、嘉靖壬午（1522年）刊刻的嘉靖本，署“晋平阳侯陈寿史传、后学罗本贯中编次”，说明陈寿《三国志》是其成书的主要依据。该书卷首蒋大器《序》曾对“演义”之名解说：“文不甚深，言不甚俗，事纪其实，亦庶几乎史。盖欲读诵者人人得而知之，若所谓里巷歌谣之义也。”[②]后人一般也是这样理解“演义”一词的。嘉靖本共24卷240则，每则前有七言一句的小目。至《李卓吾先生批评三国志》本，将240则合并为120回，回目也由单句变为双句。该书最为流行的本子是清代康熙年间毛纶、毛宗岗父子的修改本。毛氏父子以李卓吾评本为基础，对回目和正文进行了较大的修改、增删，并做了详细的评点，自定名为《三国志演义》，或称《四大奇书第一种》，近人常将它简称为《三国演义》。

全书以宏大的结构描绘了三国时期复杂的政治军事斗争，起自黄巾起义，终于西晋统一。作品主要以儒家的政治道德观念，谴责了导致天下大乱的统治者的残暴和丑恶，反映了动乱时代人民的痛苦和对清明政治及仁君良臣的渴慕，体现了鲜明的“拥刘反曹”倾向。当然，关于《三国演义》的主题历来众说不一，主要有：一、“为蜀汉争正统

① 袁行霈：《中国文学史》（第四卷），高等教育出版社，1999，第24页。

② 人民文学出版社影印本，1975年。

说”[①]；二、“描绘三国时代各封建集团之间的斗争说”[②]；三、“反分裂、求统一说”[③]；四、“歌颂理想英雄或讴歌封建贤才说”[④]；等等。总体上看，《三国演义》全书写人论事基本以“忠义”观念来区分善恶，评定高下。

取材于历史，又不为历史事实所限制，是《三国演义》创作方法的一个突出特点。清代的章学诚在《丙辰札记》中说它是“七分事实，三分虚构”。但《三国演义》之所以在虚实结合方面比较成功，主要不是简单的量的合理搭配，而是它在按照一定的政治道德观念重塑历史的同时，也通过艺术构思进行了再创造，塑造出具有一定认识意义和艺术价值的人物。

《三国演义》塑造了一批性格鲜明、影响深远的艺术形象，如奸诈雄豪的曹操、忠义勇武的关羽、仁爱宽厚的刘备、谋略超人的诸葛亮、浑身是胆的赵云、忠厚老实的鲁肃、老奸巨猾的司马懿等。这些艺术典型都具有鲜明的个性，其性格的主要特征甚至被夸大而显得比较单一和稳定，具有类型化的特点。在这些人物形象身上，作者突出了智慧的重要性，如小说中的诸葛亮，不但是忠贞的典范，也是智慧的化身。此外，魏之曹操、司马懿，吴之周瑜、陆逊，蜀之庞统、姜维等，都是长于计谋的。这些艺术形象展现了作者的审美理想，也适应并规范了读者的艺术欣赏趣味，具有长久的艺术魅力。

《三国演义》还善于描写战争。其描写战争，又突出智斗，特别是写官渡之战、赤壁之战、彝陵之战等重大战役时，把错综复杂的政治、外交等交织在一起，重视写统帅谋士们的运筹帷幄，决胜千里。在激烈的战争中，还穿插着一些比较轻松的场面。如在赤壁之战中，作者写了诸葛亮和鲁肃乘雾连舟、群英会蒋干中计、庞统挑灯夜读、曹操横槊赋诗等，把战争写得有张有弛，富有节奏感。在艺术结构上，《三国演义》体现了作者高超的叙事才能。小说以魏、蜀、吴三国的矛盾斗争为主线，以描写战争为主要情节，串联数以百计的故事和人物，参差错落，而前因后果都很明晰，各种叙述方法的运用也较成熟。

新中国成立后，《三国演义》最初由作家出版社整理，于1953年初版。人民文学出版社于1954年以此为基础，重加整理，自1955年出版后，印行较久。1973年又再度整理，改出横排简体的新版。本版书前附印“三国演义地图”，书中还附有个别回目的插图。

---

① 毛宗岗：《读三国志法》，上海古籍出版社，2010。

② 游国恩：《中国文学史》（四），人民文学出版社，1964，第16页。

③ 刘大杰：《中国文学发展史》（下），中华书局，1963，第1025页。

④ 沈伯俊：《向往国家统一，歌颂“忠义”英雄》，载段启明等《中国古典小说新论集》，西南师范大学出版社，1987，第6~8页。

【推荐书目】

[1][明]罗贯中.三国演义[M].北京:人民文学出版社,1973.
[2][晋]陈寿.三国志[M].北京:中华书局,1982.
[3][晋]陈寿,卢弼.三国志集解[M].北京:中华书局,1982.
[4]朱一玄,刘毓忱.三国演义资料汇编[M].天津:百花文艺出版社,1983.
[5][明]罗贯中.三国演义:毛评本(上)[M].上海:上海古籍出版社,1989.

(撰稿人:张桂萍)

《水浒传》导读

施耐庵,生平不详,一般认为是元末明初人。《水浒传》祖本早已不存。明清以来出现的多种《水浒传》版本,一般可以分为繁本与简本两个系统。繁本与简本之分,不在情节、人物本身,而是指叙述描写的文字有粗略与细腻之不同。繁本系统中,嘉靖本为仅存八回文字的残本,另有天都外臣本与容与堂刊本两个重要版本。

一、主要内容

宋哲宗时,东京有一个浮浪落魄子弟名叫高俅,他因踢得一脚好球成了端王的亲信。后来端王当了皇帝,这就是徽宗。高俅飞黄腾达,不断升官,成为殿帅府太尉。高俅整治因病未到的教头王进,逼得王进逃离东京,被史进收留,拜为师父。后因高俅追捕得紧,王进只好告别史进投奔延安府。王进去后,史进被诬陷私通草寇,只得离开华阴。途经渭州,王进结识了鲁达并遇到史进的师傅李忠,引出鲁达抱不平三拳结果了镇关西的性命,随即离了渭州。由鲁达引出林冲的被迫害及投靠梁山。山寨首领王伦嫉妒林冲,要他下山打劫,又引出杨志上山。林冲入伙坐了第四把交椅,杨志不愿入伙,下山去了。梁中书看中了杨志的武艺,要杨志护送价值十万贯钱的生辰纲到东京为蔡京祝寿。晁盖等劫下这批不义之财,被搜捕。押司宋江是晁盖好友,闻讯后立即给晁盖报信。晁盖率领众人投奔梁山泊。林冲杀了嫉贤妒能的王伦,推举晁盖为梁山泊首领。阎婆惜以晁盖书信要挟宋江,宋江苦苦哀求无效,一气之下,杀了阎婆惜,逃到了柴进庄上。宋江在那里遇见了逃难到此的武松,二人拜为兄弟。接着交代武松路过景阳冈打死猛虎、斗杀西门庆、痛打蒋门神、大闹飞云浦,逃出孟州。宋江在江州题了反诗,被江州知府蔡京的儿子蔡九判处死刑。正准备行刑时,梁山泊英雄前来劫走了宋江。事后,29位英雄在江州白龙庙聚会,浩浩荡荡地返回梁山泊,宋江在山寨中坐了第二把交椅。为救时迁,晁盖、宋江发兵三次攻打祝家庄,并荡平了祝家庄,攻打高唐州、攻打青州、攻打曾头市。在打曾头市战斗中,晁盖被毒箭射中,回山寨身亡。宋江被推为山寨之主,改聚义厅为忠义堂。为报晁盖遇难之仇，宋江设计让卢俊义上梁山。宋江与卢俊义一道领兵攻打曾头市，杀了曾家五虎，回山祭奠晁盖之灵。接着又乘胜攻破了东平、东昌二府，大军凯旋。此时，梁山泊大小头领正好108位，合了当年洪太尉所放走的魔王之数。梁山泊义军数败官军后，接受招安，受诏破辽、平定河北田虎、平定淮西王庆和江南方腊。在平定方腊军的过程中，义军损失惨重，阵亡72条好汉。蔡京、童贯、高俅、杨戬四大奸臣待宋江等封官之后，他们设计用水银害了卢俊义，用毒药掺入御酒毒死了宋江和李逵。就这样，一场轰轰烈烈的农民起义在悲剧中结束了。

二、《水浒传》的主题

《水浒传》的主题，占主流地位的是农民起义说，不过近几十年来也有不少学者提出商讨意见。比如有人认为"替天行道"是梁山泊一百单八将大聚义后正式树立的大旗，小说并未对此做具体解释。不过，《水浒传》第42回，九天玄女授天书于宋江，并这样告诫他："汝可替天行道，为主全忠仗义，为臣辅国安民，去邪归正。"这段话说明了"替天行道"四个字的全部内涵与意义：宋江作为梁山之主，要做到全忠仗义，作为赵宋皇朝之臣，必须辅国安民，二者相辅相成，最终达到去邪归正的目的，也就是说要收其放心，效忠朝廷，成为忠义双全的道德上的完人。

《水浒传》鞭挞高俅、杨戬、蔡京、童贯及梁中书等，正因为这些人是祸国殃民、不忠不义的奸佞之徒，而不是因为他们的阶级出身（高俅倒是出身下层市井，但此人"仁义礼智，信行忠良，却是不会"，见第1回）。因此，梁山英雄反对天子的爪牙，但决不反对天子本人。武松杀嫂，其意义不仅是复仇，更是为了伸张正义，维护传统的道德观。又如宋江，通风报信，救了晁盖七人，并积极介绍、鼓动其他英雄好汉共赴梁山，但自己却不愿落草。几经周折上山后，他率领梁山义军扫荡土豪劣绅，大败官军，梁山事业蓬勃发展，但又念念不忘建功立业，名垂青史，最终走上了招安之路，成为朝廷荩臣。这是多么矛盾的心，一在"替天行道"下统一了。显而易见，宋江之所以为梁山英雄一致拥戴，根本原因是这位"孝义黑三郎"是一位忠义的化身、"替天行道"的领袖。所以，武松也好，宋江也好，一举一动无不在躬行着"替天行道"的大义，"聚义厅"之改为"忠义堂"，并不是性质有什么改变，而是"替天行道"自然发展的结果。

梁山英雄为何要"替天行道"呢？李卓吾认为，"宋室不竞，冠履倒施，大贤处下，不肖处上。驯致夷狄处上，中原处下。一时君相犹然处堂燕雀，纳币称臣，甘心屈膝于犬羊"[①]。朝廷、天子无以"行道"，梁山英雄才起来"替天行道"。

梁山泊108位头领中，主要不是农民，八十万禁军教头林冲，生活在繁华的东京，"每日六市三街，游玩吃酒"，只因衙内倚势力欲占其妻，被逼才上梁山。杨志做过殿司制使

① 张建业、张岱注：《李贽全集注·焚书注》，社会科学文献出版社，2010，第301页。

官，他虽然一再遭到挫折，但是还是愿意为同志者效犬马之劳的，直到失陷了生辰纲，无法向主子交差，才不得已上山落草。晁盖、宋江、柴进等人，原来是统治阶级内部的人物，只因在复杂纷争的矛盾中丧失了赖以生存的经济条件才上山。鲁智深、武松等由于打抱不平才上山，原本也属于统治阶级内部。真正属于农民身份的，只占108人的极小部分。

梁山泊发动的战争也不是农民战争，如钟相等主均贫富。所谓农民战争，是为了让农民解放过上幸福生活，但全书中发动的战争都看不出这一目的。打江州、取无为军是梁山泊主动发起的第一场战争，起因是因为宋江浔阳楼醉后题反诗，被捕入狱，与戴宗两人被处斩，梁山泊为了搭救他们而发动了这场战争，目的是为弟兄义气。打高唐州是为了救柴进，打青州为了救孔明，属于同一类。三打祝家庄，起因是时迁偷了祝家庄酒店的报晓鸡，使梁山泊的名声受到了污辱。两打曾头市，是因为好马被曾家五虎偷去，显然都不是为农民利益而发动的战争。至于后来征伐王庆、田虎、方腊等更是如此。

三、《水浒传》的艺术

《水浒传》在艺术上取得了很高的成就。首先是人物性格鲜明。《水浒》之所以让人百看不厌，主要是因为108将每个人都有自己的独特性格。所以《水浒》的人物描写，向来就受到很高的评价。

其次是在语言方面。之前的《三国演义》，虽然被称为白话小说，但是有不少内容是用浅显的文言文写成，《水浒传》则基本上都是用口语书写，并且取得了很大的成就。具体而言，有以下诸端。一、俗语运用。其一是以俗语传神。比如《水浒传》中没有一个刚正不龌龊的官僚，洪太尉也不例外。作者写他见到大虫时，“倒在树根底下，唬得三十六个牙齿捉对儿厮打，那心头一似十五个吊桶，七上八落的响，浑身却如重风麻木，两腿一似斗败公鸡……”这里用了一连串生活中的口语，非常传神地表现出人物的那副狼狈可笑之相。其二是俗语的引申活用。所谓活用，即赋予俗语以新意，甚至改变了原来词语的本义。比如“若留提辖在此，诚恐有些山高水低”（第三回），这里“山高水低”有了新意义，比“三长两短”更有文学意味。再如“小人家下，萤火之光，照人不亮，恐后误了足下”（第二回），这里也是活用，把家小力薄比作萤火之光，比直言穷困好得多。

作者对人物语言的描写，都能准确地展现人物独特之性格。比如，初见宋江，戴宗道：“原来兄长正是及时雨宋公明。”李逵道：“莫不是山东及时雨黑宋江?”（第三十七回）从不同声口中，分明看出二人文野的不同。又如戴宗道：“你哥哥误题了反诗，在这里吃官司……朝暮全靠你看觑他则个。”李逵道：“吟了反诗，打什么鸟紧！万千谋反的倒做了大官！……好便好，不好，我使老大斧头砍他娘！”（第三十八回）这又明显分出粗细不同，一个很谨慎，一个不怕官司不怕天。从这些对话中，生动地刻画出人物的不同性格。就是同样是粗鲁，李逵和鲁智深也不一样，鲁智深粗中有细，李逵一味蛮干。两个人同样都心直口快，语言却各不相同。

【推荐书目】

[1]陆贾.万有文库第二集七百种新语[M].上海:商务印书馆,1937.
[2]无名氏.杨家府演义[M].上海:上海古籍出版社,1980.
[3][明]施耐庵.水浒传[M].北京:人民文学出版社,1985.
[4][清]陈忱.水浒后传[M].上海:上海古籍出版社,1993.
[5][清]钱彩,[清]金丰.说岳全传[M].天津:天津古籍出版社,2004.
[6][清]俞万春.荡寇志[M].北京:人民文学出版社,2006.

（撰稿人:赵章超）

《西游记》导读

《西游记》描写了孙悟空、猪八戒、沙僧三人保护唐僧西行，经过八十一难才取得真经的故事。它是一部融汇儒、释、道三家思想的章回体长篇神魔小说。

一、作者问题

《西游记》的作者，在学术界存在争议，今天以吴承恩之说最为通行，它由鲁迅、胡适、陈寅恪等人考证而来，并借其巨大学术影响力，广泛流行。

但吴承恩一说也有漏洞，俞平伯、太田辰夫（日本）、章培恒等人都曾撰文加以质疑。他们认为：1.清初黄虞稷所撰《千顷堂书目》，明确将吴承恩所撰《西游记》列为地理类的游记，而不是章回体小说。2.鲁迅等人所依据的明代《淮安府志》虽然有“吴承恩……《西游记》”的记载，但没有明确指出其是章回体小说。3.现存的明代百回本小说《西游记》，均不题撰者。4.元末明初陶宗仪《辍耕录》、清初刊刻的《西游证道书》，皆以丘处机为作者。由此可见，吴承恩是否是小说《西游记》的作者，是存在疑问的。作者到底是谁，学界提出的观点不下六种，以吴承恩说、丘处机说影响最大，但皆无确凿证据。

吴承恩是明代落魄儒生，约生活于1500—1582年；丘处机是全真龙门派祖师，生活于1148—1227年，远早于吴承恩。丘处机曾以74岁高龄西行至中亚大雪山，劝说成吉思汗去暴止杀。有人认为《西游记》就是将“丘祖西游”嫁接到“唐僧取经”的故事框架上，从而超越《大唐三藏取经诗话》，成为体现全真教义的小说。我们无法确定这种观点的真实性，但丘处机所倡导内丹心性说理论和三教合一思想，在今本《西游记》中确实是有所体现的。

二、思想与艺术

《西游记》全书一百回，从大的结构上看，可分成三个部分：第一回至第八回是第一部分，主要写孙悟空出世、拜师、大闹天宫的经过；第八回至第十二回是第二部分，主要写唐僧的出身及取经的缘由；第十三回至最后一回是第三部分，主要写唐僧师徒历经磨难，终于取到了真经，修成了正果。

胡适《西游记考证》："道士说，这部书是一部金丹妙诀。和尚说，这部书是禅门心法。秀才说，这部书是一部正心诚意的理学书。这些解说都是《西游记》的大仇敌。"[①]可见，关于《西游记》的主题，同样存在着争议。"传统的评论家因为更习惯偏重于小说中的神秘教义，从而一致强调它的寓言特征。从胡适开始，现代批评家却反其道而行之，否定小说的寓言意义，强调其深厚的戏剧性和讽刺性。"[②]也就是说，胡适等人更关注它的社会性，从而强调文学反映社会现实的功能；传统评论家更关注它的宗教性，强调文学辅助"证道"的教育功能。由于《西游记》的作者无法确定，所以我们无法从"知人论世"的角度准确分析其创作目的。但毫无疑问，无论是社会性还是宗教性，都是以高超的文学技巧来体现的。思想性与文学性的紧密结合，是小说独特的魅力所在。

首先，《西游记》以超现实的艺术笔法来深刻描绘的社会现实，体现了文学性与社会性的统一。作品以诡异的想象、极度的夸张，创造了一个神异奇幻、绚丽多彩的神魔世界。这种奇幻境界中或有现实的影子，或含生活的哲理，达到了幻与真的统一。如取经路上遇到的妖魔，它们贪婪、凶残、阴险和狡诈，是人类社会黑暗势力的象征。再如玉皇大帝统治的天宫、如来佛祖管辖的西方极乐世界，都带有封建社会的浓厚色彩。作品所塑造的文学形象，也将动物性、神性统一到人性之中，进而借人的生活方式来反映社会现实。如孙悟空，它是一只神猴，有动物的形体特征和习性，同时也是人们理想中的人间英雄。他有勇有谋，坚韧不拔，积极乐观，而又心高气傲，争强好胜。他有着大英雄的气度，也有凡人的弱点，是幻中有真的艺术典型。作者在塑造这些神魔形象的时候，还注意把人物置于日常的平民社会中，多色调地去刻画其复杂的性格。如猪八戒，他憨厚，有力气，是孙悟空的得力助手；但他又贪吃、贪睡、贪财、好色；遇到困难时，又胆小怕事；他有时爱撒谎，甚至挑拨唐僧念紧箍咒，让孙悟空吃点苦头。这些恶习，往往是出于人的本能欲求，反映了社会人性的普遍弱点，因而这一形象让人感到真实、可爱。作者善于以诙谐的笔墨、游戏性的情节来塑造形象，在增强小说趣味性的同时，也使作品具有了浓厚的生活气息。

其次，《西游记》的文学性与宗教性也得到了完美的统一，这突出地体现为它继承了中国古代的寓言传统，以形象化的方式来表达思想。如"心猿归正六贼无踪"一回，写唐僧初遇悟空时遇到六贼抢劫，这六贼分别唤作眼看喜、耳听怒、鼻嗅爱、舌尝思、意见欲、身本忧，被悟空尽皆打死。作品以六个贼人形象，比喻眼、耳、鼻、舌、意、身等感官所引发的喜、怒、爱、思、欲、忧等情感对修行的破坏与干扰，又以唐僧怒斥悟空无情，比喻凡

① 胡适：《西游记考证》，载胡适《中国章回小说考证》，上海书店出版社，1980，第366页。

② 夏志清：《中国古典小说导论》，安徽文艺出版社，1988，第149页。

人的无知。这与《庄子·应帝王》中“倏忽与混沌”的寓言何其相似。若想达到“混沌”的境界,必须去除七窍的干扰。作品将孙悟空的形象概称为心猿,比喻人心如猿猴般好动不好静,因而需要约束;又将白龙马的形象概称为意马,比喻修行需借助意念方能进步。如此种种,皆体现了以形象来反映宗教哲理的寓言传统。文学性与宗教性的统一,使我们看到的不是枯燥与抽象的论断,而是鲜活感人的形象,并在文学审美的愉悦中潜移默化地接受了宗教教育。在《西游记》中,也有一些宗教性文字看似与故事毫无关联,但它们与故事相结合,弥补了以故事暗喻教义的不足,使教义得以更直接地表达。因此,才有人把《西游记》看作“证道”之书。《西游记》中的宗教思想,既包含道教内丹学说,也包含佛教学说,体现了元明之际儒、释、道三教合一的趋势。

三、取经故事的形成与影响

唐僧取经本是一个真实的历史事件。唐太宗贞观年间,僧人陈玄奘只身赴天竺,用了17年时间取回657部梵文佛经。回国后,他把沿途所见诸国风情口述出来,由其弟子辩机辑录成《大唐西域记》十二卷。后来,其弟子慧立、彦悰在此基础上撰写了《大唐大慈恩寺三藏法师传》,穿插进一些神化、神奇的故事,从此开启了“唐僧取经”题材的神话型创作。随着奇幻性、趣味性的增强,取经故事开始在民间广泛流传,并不断进行着层累式的艺术加工。唐代末年,笔记体小说如《独异志》《大唐新语》等开始记录取经故事。到了宋代,话本中出现了取经故事的专题。如成书于北宋的话本《大唐三藏取经诗话》,将取经的中心人物变成了神通广大的猴行者,并描写其如何降妖伏魔,帮助三藏西行。话本中猪八戒的形象还未出现,故事情节也相对简单,但已经构成了《西游记》故事的基本框架。元代,取经故事渐趋定型。如元代磁州窑瓷枕上就绘有唐僧师徒四人的形象;元末明初杨讷所作杂剧《西游记》中,也明确出现了猪八戒、沙和尚等文学形象。《西游记》的成书,经过唐、宋、元、明各个时代的发展,直到明代万历二十年(1592年)金陵世德堂百回本《新刻出像官板大字西游记》(简称“世本”)的问世,才写定成书。在此之前,取经故事的框架已大致齐备。

“世本”,20卷100回,是现存最早的,也是最重要的刊本。此后,清初汪象旭、黄周星评刻《西游证道书》,在“世本”基础上增加了专叙玄奘出生的一节,题为“陈光蕊赴任逢灾,江流僧复仇报本”,作为第九回插入。1980年人民文学出版社对《西游证道书》重新排版,恢复了世德堂本的原貌,将“陈光蕊赴任逢灾,江流僧复仇报本”一回附录于第八回后。此版《西游记》作者署名为吴承恩,是今天影响最大的一个版本。

在《西游记》之后,一大批神魔小说相继产生,如《三宝太监西洋记通俗演义》《封神演义》《三遂平妖传》等。一些续书、仿作也纷纷出现,续书如明代百回本《续西游记》、十六回本《西游补》、四十四回本《后西游记》等;仿作如方汝浩的《东游记》(一名《续证道书东游记》)、吴元泰的《八仙出处东游记传》等。《西游记》开创了长篇章回体神魔小说的新门类，在文学史上具有深远的影响。

【推荐书目】

[1]大唐三藏取经诗话[M].上海：中国古典文学出版社，1954.
[2][法]施博尔.正统道藏[M].台北：艺文印书馆，1977.
[3]向达.大唐西域记古本三种[M].北京：中华书局，1981.
[4]无名氏.后西游记[M].杭州：浙江文艺出版社，1985.

（撰稿人：何涛）

《红楼梦》导读

一、《红楼梦》概说

(一)曹雪芹的生平与《红楼梦》的成书

曹雪芹(1715—1764),名霑,字梦阮,号雪芹,又号芹圃、芹溪。祖籍辽阳,先世原为汉族,后为满洲正白旗"包衣"(家奴)。祖先随清兵入关,立有军功。曾祖父曹玺、祖父曹寅、伯父曹颙和父亲曹頫相继担任江宁织造达60多年,深受康熙信任,曹家显赫一时。康熙驾崩后,雍正五年(1727年),曹頫被革职抄家。次年被遣回北京,家道日渐衰落。曹雪芹大概30岁时开始创作《红楼梦》,呕心沥血,"批阅十载,增删五次"(第一回)。在他去世前,只整理完前80回,后40回的手稿已亡佚。约20年后,高鹗续补写了40回,改名《红楼梦》。高鹗(1738? —1815?),字兰墅,号红楼外史。汉军镶黄旗人。乾隆六十年(1795年)进士,曾任内阁侍读、顺天乡试同考官等职。

(二)《红楼梦》的版本

《红楼梦》的版本有两个系统。一是80回抄本系统,附有脂砚斋、畸笏叟、棠村、梅溪等人的评语,故习惯上称之为"脂评本"。主要流传于乾隆十九年(1754年)至五十五年(1790年)。现在这一系统的本子有"甲戌本"(1754年,残本,仅存16回)、"己卯本"(1759年,书名《脂砚斋重评石头记》,残本,存43回)、"庚辰本"(1760年,残存78回)、戚沪本(乾隆时戚蓼生作序)、戚宁本、列藏本、蒙府本、甲辰本、己酉本等十几种。另一种是120回的刻本系统,因有程伟元和高鹗的序,又称程本、高本或程高本。"程甲本",即乾隆五十六年(1791年),程伟元、高鹗刊印本。次年,程伟元又对程甲本有所增删,重新排印,通称为"程乙本"。这是社会上最为流行的版本。

二、《红楼梦》的内容和主题

《红楼梦》以宝玉和黛玉、宝钗的爱情婚姻悲剧为中心线索,写出了贾府这一世代富贵之家从鼎盛走向衰落的过程,还写出了"千红一哭""万艳同悲"的"女儿国"的悲剧。

(一)《红楼梦》的五个书名对应五大主题

《红楼梦》第一回提及五个人与五个书名,分别是石头编写的《石头记》,情僧(空空道人)改为《情僧录》,吴玉峰题名《红楼梦》,东鲁孔梅溪题名《风月宝鉴》和曹雪芹题名《金陵十二钗》。五个书名实则对应小说五大主题:《石头记》,所记石头之事,是无才补天的顽石在人世间的传记,它经历了人生失意和爱情悲剧,着眼于功名幻灭。《情僧录》的书名,即由情到僧的记录。空空道人"因空见色,由色生情,传情入色,自色悟空"[①],着眼于情。《红楼梦》,本是太虚幻境中警幻所演之曲名,暗示富豪权贵家族兴衰,富贵如梦幻。《风月宝鉴》,是风月情场的一面镜子,正面是风月,反面是一个骷髅,是对欲望的衡量,劝诫人们不要妄想乱动"风月之情",着眼于欲。《金陵十二钗》的书名,即为太虚幻境薄命司里记录的十二个女子作传,只为"闺阁昭传",反映女子悲剧命运。

(二)三则神话故事富有象征色彩

一是顽石无材补天的故事,二是神瑛侍者灌溉绛珠仙草的故事,三是贾宝玉游太虚幻境的故事。第一则神话描写了无材补天的顽石在人世间的经历。这块顽石幻化的贾宝玉,体验了贵族家庭由盛而衰的巨变,从而对人生和尘世有了独特的感悟。它所对应的是贾宝玉的性格和命运,也注定了他作为封建大家庭叛逆者的命运。第二则对应的是宝黛爱情悲剧,贾宝玉经历了"木石前盟"和"金玉良缘"的爱情婚姻悲剧。第三则对应的是金陵十二钗的命运。借宝玉梦游,将十二钗正册、副册、又副册的女子统统归入"薄命司",正册十二人的介绍都有图、有诗、有曲,预示了人物的性格特征、生活道路和悲剧结局。此外,《好了歌》和《红楼梦十二支曲》等寓意深刻,对主题也有暗示意义。

三、《红楼梦》的多重悲剧意蕴

(一)贾宝玉、林黛玉和薛宝钗的爱情、婚姻悲剧

宝玉、黛玉、宝钗的爱情婚姻悲剧是全书的主线。"木石前盟"和"金玉良缘"两条线索贯穿始终,上演了一出"悲金悼玉"的爱情悲剧。宝、黛有爱情无婚姻,宝、钗有婚姻但无爱情,前者是爱情悲剧,后者是婚姻悲剧。象征着知己知心的具有诗意化的"木石前盟"被象征着富贵结合的"金玉良缘"所取代。虽然贾宝玉被迫与薛宝钗结婚了,但宝玉无论如何也绝不迁就,最后选择出家,所以,宝玉与宝钗的婚姻悲剧也难以避免。

(二)"千红一哭""万艳同悲"的"女儿国"的悲剧

第五回,写宝玉梦游太虚幻境时,警幻称此茶名曰"千红一窟",甲戌脂批"隐哭字",意即"千红一哭"。警幻又称酒名为"万艳同杯",甲戌脂批"与千红一窟一对,隐'悲'

---

① 冯其庸重校评批:《瓜饭楼重校评批〈红楼梦〉》,辽宁人民出版社,2005,第6页。

字”[1]。茶、酒名就是“千红一哭”“万艳同悲”的谐音双关，还有“群芳髓”谐音“群芳碎”，这都是对书中众女子悲剧命运的暗示。小说描写大观园里的女子聪明美丽、纯洁多情，都是“水做的骨肉”(第二回)，但无论是出身贵族的元春、迎春、探春、惜春，还是身处女奴的丫鬟晴雯、鸳鸯、金钏、司琪，还有秦可卿、妙玉、香菱、尤二姐、尤三姐等，最后都像花儿一样无可挽回地枯萎。这些年轻女子在各自不同的遭际中被摧残、被扭曲、被蹂躏、被吞噬，殊途同归于“薄命司”，无可挽回地走向“千红一哭”“万艳同悲”的悲剧归宿。大观园的女儿悲剧是青春、美、爱和一切有价值的生命被毁灭的悲剧，这是《红楼梦》中女儿悲剧的深刻意义之所在。

(三)家庭和社会的悲剧

《红楼梦》以贾府的衰落过程作为一条重要的副线，贯穿起史、王、薛等各大家族的没落，描绘了上至皇宫、下至乡村的广阔历史画面，广泛而深刻地反映了封建末世尖锐复杂的矛盾冲突，从而客观上显示了封建社会必然走向没落的历史趋势。荣、宁两府，系开国勋臣之后，“功名奕世，富贵传流”(第五回)，正是康乾时期贵族世家的典型代表。诗礼簪缨之族，钟鸣鼎食之家的贾府，由“烈火烹油，鲜花着锦”(第十三回)的盛世，无可奈何地走向日暮途穷的“末世”，最后“忽剌剌似大厦倾，昏惨惨似灯将尽”(第五回)，表演了一出“树倒猢狲散”的家庭悲剧。究其原因：首先，封建官僚家族政治上的腐败是他们必然衰败的根本原因。其次，家族内部矛盾重重。主子们养尊处优，饱食终日，无所用心，下人们得过且过，离心离德。第三，奢侈浮华，经济上入不敷出的危机。第四，贾府的子孙后代如以贾赦、贾琏、贾蓉辈为代表的堕落贪婪、丧失廉耻之徒，一代不如一代，后继无人，这些都预示着他们必然衰败。

(四)人生悲剧

《红楼梦》对中国传统悲剧意识的最大突破，就在于它彻底抛弃了那种自欺欺人，始终幻想喜从天降的浅薄悲剧意识，将人生无所不在的悲剧现象上升到哲学高度来认识其永恒的不幸。第一回，跛足道人(渺渺真人)用《好了歌》点悟甄士隐，点悟人生。《好了歌》揭示了现实人生的所谓美好都是假象，都是虚幻的、不真实的，死去万事空才是真实的，因此点明世人对功名、金钱、妻妾、儿孙等诸多方面的痴心与追求必将以落空而告终。甄士隐听后，顿时大悟，并对《好了歌》做了注解。《好了歌注》列举了世上种种荣枯悲欢的情景，表达了人生无常、万境归空的厌世情怀，只有断绝俗缘才能得到解脱。这本身就是一篇悲剧人生论。王国维曾借用叔本华的人生悲剧理论，称《红楼梦》“可谓悲剧中之悲剧也”[2]。因为这一类悲剧非由坏人作恶造成，也不是由偶然的意外所致，而是在于一切都由人世间通常之道德、通常之人情、通常之境遇所造就，是不可避免的。

① 冯其庸重校评批：《瓜饭楼重校评批〈红楼梦〉》，辽宁人民出版社，2005，第82页。

② 俞晓红：《王国维〈红楼梦评论〉笺说》，中华书局，2004，第97页。

四、《红楼梦》的地位和影响

《红楼梦》是一部熔写实与写意、现实与神话、诗情与哲理于一炉的小说，在思想深度和艺术高度等方面都堪称中国古代小说的巅峰之作。《红楼梦》继承了《金瓶梅》世情小说的写实精神，而又突破了它那自然主义的写法，又避免了一般才子佳人小说的公式化、概念化的失真写法，标志着写实题材的成熟。《红楼梦》精美绝伦的结构艺术、典型化的人物塑造、高超的叙事技巧、具有浓厚生活气息和强烈感染力的文学语言，都成为中国古典文学的集大成。《红楼梦》自问世以来，影响强烈，反响很大，盛况空前，甚至家传户诵，妇孺皆知。嘉庆年间，有诗云："开谈不说《红楼梦》，读尽诗书是枉然。"①（得硕亭《京都竹枝词》）文人在茶余饭后谈论《红楼梦》，成为时尚和炫耀的资本。从清嘉庆、道光年间始，有人把研究《红楼梦》当作一种专门的学问，称之为"红学"。

【推荐书目】

[1][清]曹雪芹.红楼梦[M].北京:北京师范大学出版社,1987.

[2][清]曹雪芹.脂砚斋评批《红楼梦》[M].济南:齐鲁书社,1994.

[3][清]曹雪芹.脂砚斋重评石头记(庚辰校本)[M].北京:作家出版社,2000.

[4]朱一玄.红楼梦资料汇编[M].天津:南开大学出版社,2001.

[5]冯其庸.瓜饭楼重校评批《红楼梦》[M].沈阳:辽宁人民出版社,2005.

[6][清]曹雪芹.增评校注《红楼梦》[M].北京:作家出版社,2007.

[7][清]曹雪芹.红楼梦[M].北京:人民文学出版社,2008.

（撰稿人：王广福）

① 郭豫适:《红楼研究小史稿(清乾隆至民初)·引言》,上海文艺出版社,1980,第1页。

《聊斋志异》导读

一、蒲松龄的生平与《聊斋志异》的成书及版本

蒲松龄(1640—1715),字留仙,一字剑臣,别号柳泉居士,世称聊斋先生,山东淄川(今淄博市淄川区)蒲家庄人。蒲松龄大半生都在科场挣扎,读书、教书、著书是其一生的主要内容。蒲松龄20岁左右开始创作,约40岁,他将已完成的篇章结集成书,定名为《聊斋志异》,以后又不断增订、修补。

《聊斋志异》的版本较多,初步统计超过60种。分六大类,即手稿本、抄本、刻本、评注本、三会本、全译本。

1.蒲松龄手稿本。现存的仅有237篇,由辽宁省图书馆珍藏。

2.抄本。现存较完整的抄本有乾隆十六年(1752年)张氏铸雪斋抄本(12卷,存目488篇,实存474篇);乾隆黄炎熙选抄本;二十四卷抄本(存474篇)。

3.刻本。今存最早的刻本为乾隆三十一年(1766年)赵起杲所刻青柯亭刻本(16卷,431篇),还有乾隆三十二年(1767年)王金范刻十八卷本。

4.评注本。有何守奇评本,吕湛恩注释本(第一注本),何彤文刻、何垠注释本(第二注本),但明伦评本,四家合评三色套印本(本书首次汇刻王士祯、冯镇峦、何守奇、但明伦四家评语)。

5."三会本"。全称《聊斋志异会校会注会评本》,该本汇集了各种版本的校勘、各家的注释及评点。由张友鹤负责辑校,上海古籍出版社1962年出版,共收录491篇。这是目前最为完备的版本。

6.全译本。将文言文翻译成白话文。如丁如明等译的《聊斋志异全译》(上海古籍出版社,2012年版),于天池注、孙通海等译的《聊斋志异》(中华书局,2015年版)

二、《聊斋志异》的思想内容

蒲松龄在《聊斋自序》中云:"才非干宝,雅爱搜神;情类黄州,喜人谈鬼。闻则命笔,

遂以成编。久之，四方同人，又以邮筒相寄，因而物以好聚，所积益夥。”这段话表明了作者的情趣爱好及小说的素材来源：一是自己的经历或见闻，二是友人的提供，三是借鉴前人的笔记和小说。他又说：“集腋为裘，妄续幽冥之录；浮白载笔，仅成孤愤之书；寄托如此，亦足悲矣！”[①]可见，蒲松龄描写花妖狐魅，不仅为了志怪，而且是有所寄托的。他是想借鬼神世界，反映社会现实，从而发泄悲愤的。小说主要内容有：

其一，反对封建婚姻，歌颂青年男女的真挚爱情，肯定个人情欲的美好愿望，如《阿宝》《婴宁》《香玉》《娇娜》《青凤》《莲香》《巧娘》《鸦头》《细侯》《晚霞》《小翠》《小谢》等。这类故事数量最多，最为精彩，许多作品堪称爱情经典。蒲松龄带着浪漫的情思描写了青年男女真诚相爱、自由结合，歌颂“真情”的意义和它的巨大能量。小说虽有描写人世间普通男女相恋的，但都有死后魂魄相聚或死而复生的情节。如《阿宝》中的孙子楚，因爱阿宝，把阿宝的戏言当真，自断枝指。孙子楚后又因情离魂，魂随阿宝，被巫招回，又魂附鹦鹉，飞到阿宝家，衔绣鞋作为信物。孙子楚的“情痴”换回了阿宝的真情。当得知孙子楚病死后，阿宝竟以死相从。阎罗王被他们生死不渝的真情所感动，让其双双复生，他们终于在阳间结为夫妻。《连城》写连城与乔生因情而死，死而复生，赞美爱情的力量可以超越生死。有人与鬼相恋的，如聂小倩、鲁公女、梅女、伍秋月。有人与狐相恋的，如娇娜、青凤、红玉、辛十四娘、素秋。有人与仙相恋的，如嫦娥、云萝公主。还有人与昆虫禽鸟，以及花木的精灵恋爱。这些精灵都是女的，都渴望爱情，如《莲花公主》《绿衣女》写蜂，《香玉》写牡丹，《黄英》写菊，《荷花三娘子》写荷花，《白秋练》写白鲤等。小说塑造了许多“情痴”“情种”的形象，刻画了他们对爱情的坚贞专一。

其二，小说揭露科举考试的腐败和弊端，讽刺考官的昏庸和贪鄙，如《叶生》《司文郎》《考弊司》《贾奉雉》《于去恶》《王子安》等。蒲松龄屡试不第，对科场积弊有透彻了解，他认为最大的问题是考官的昏庸，他们有眼无珠、不辨优劣，致使贤愚倒置。《叶生》揭露了科举制度对人才的压抑。《司文郎》讽刺考官不学无术、良莠不分、有眼无珠，还不如一个瞎和尚。贾奉雉在屡试不第后，把自己落第试卷中那些鄙陋的、毫无文采的句子胡乱地连缀成篇，记在心里，再去应试，竟然高中经魁（《贾奉雉》），真是黑白颠倒，荒唐可笑。《王子安》将热衷科举的读书人那种空虚的精神世界描写得极为形象。

其三，揭露了社会政治黑暗和吏治的腐败，如《席方平》《促织》《梦狼》《红玉》等。《席方平》揭露官府的贿赂成风、贪赃枉法和暗无天日。《促织》描写了由于皇帝爱斗蟋蟀而逼得成名一家家破人亡的故事，揭露了皇帝的荒淫昏庸和现实政治的腐败。小说在暴露统治阶级贪暴不仁的同时，还写出了被压迫人民的反抗斗争，对他们表示深切的同情，如席方平、向杲（《向杲》）、王鼎（《伍秋月》）、郎玉柱（《书痴》）等等。特别是一些反抗的女性形象，尤为感人，如《博兴女》《商三官》《梅女》《庚娘》《侠女》等。

其四，总结生活中的经验教训，赞扬高尚的道德情操。教育人要诚实、乐于助人、吃

① 蒲松龄：《聊斋志异》，齐鲁书社，1981，第6页。

苦耐劳、知过能改等等，带有道德训诫意义的作品，如《种梨》《劳山道士》《画皮》《瞳人语》《狼》（三则）等。《种梨》寓意深刻，教人不要吝啬。《崂山道士》讽刺那些好逸恶劳、不学无术的人，结果四处碰壁，一事无成。《画皮》告诉人们不要为假象所迷惑，应该透过现象看本质。

毋庸讳言，《聊斋志异》也包含着一些消极落后的思想，如宣扬宗教迷信、因果报应和宿命论等。蒲松龄的爱情婚姻观也有保守、落后、迂腐的一面，如在多妻制度下，男性可以娶三妻四妾，而对于女性贞节的要求却极为严格，他反对寡妇再嫁，如《金姑夫》《牛成章》《耿十八》等。至于反对丈夫纳妾的妇人，在《聊斋》则被写成泼妇、悍妇。

三、《聊斋志异》的艺术成就

其一，“用传奇法，而以志怪”[①]。鲁迅的评语指出了《聊斋志异》独特的艺术风格。所谓“用传奇法”是指蒲松龄通过“尽设幻语”的虚构手法，描写了情节离奇曲折、优美动人的故事。无论在内容的深度和广度上，还是在结构布局、描写细腻的艺术表现上，《聊斋志异》都大大超过了以往粗陈梗概的六朝志怪小说。《聊斋志异》的想象丰富，谈鬼说狐，写仙描神，百幻并作，无奇不有，展示出一个个神奇瑰丽的迷人境界。其情节曲折多变，脉络贯通，结构谨严。

其二，塑造了一系列栩栩如生、性格鲜明的人物形象，特别是那些花妖狐魅，往往具有纯洁善良、多智果敢的性格。如鲁迅所说：“使花妖狐魅，多具人情，和易可亲，忘为异类，而又偶见鹘突，知复非人。”[②]

其三，语言精练含蓄、幽默风趣、生动活泼、充满感情色彩和富有表现力。《聊斋志异》是文言小说的典范，既保留了文言体式的规范，又大量提炼和吸收了当时的方言俗语。叙述语言平易简洁，文约事丰，明白如话。人物语言灵活多变，富有个性化，雅中有俗，俗中见雅，雅俗结合，更生动活泼，谐谑有趣。

四、《聊斋志异》的地位和影响

《聊斋志异》继承了六朝志怪和唐代传奇的优良传统，代表中国古代文言小说的最高成就。问世以后，仿效之作蔚然成风，出现了《新齐谐》《谐铎》《夜谭随录》《子不语》《萤窗异草》《阅微草堂笔记》等一批小说。《聊斋志异》在19世纪中叶就流传到国外，已有英、法、德、俄、日等二十多个语种的译本。

---

① 鲁迅撰，郭豫适导读：《中国小说史略》，上海古籍出版社，1998，第147页。

② 同上。

【推荐书目】

[1][清]蒲松龄,张友鹤.《聊斋志异》会校会注会评本[M].上海:上海古籍出版社,1978.

[2][清]蒲松龄.聊斋志异选[M].北京:人民文学出版社,1978.

[3][清]蒲松龄.铸雪斋抄本聊斋志异[M].上海:上海古籍出版社,1979.

[4][清]蒲松龄.聊斋志异[M].济南:齐鲁书社,1981.

[5][清]蒲松龄.全本新注《聊斋志异》[M].北京:人民文学出版社,1989.

（撰稿人:王广福）

《儒林外史》导读

《儒林外史》是一部描绘知识分子形象的白话长篇小说，作者吴敬梓(1701—1754)，字敏轩，晚号文木老人，安徽全椒人。出身于科举世家，自称"家声科第从来美"[①]，曾祖辈中四人成进士(其中榜眼一人，探花一人)。吴敬梓自幼习举业，也曾热衷科举，18岁中秀才，但此后却屡试不第。嗣父吴霖起被罢县学教谕，吴敬梓随其回到老家。第二年，嗣父抑郁而死，吴敬梓也被族人侵夺了部分田舍。吴敬梓秉性慷慨，居全椒时，乐于周济贫困，不多年便挥霍掉许多家产，遭到"宗族诟谇"，招来"乡里传为子弟戒"的败家子的名声。33岁时，他移家南京秦淮河旁，自号秦淮寓客。因对封建科举制度的腐败深有所感，渐由热衷变为冷漠，36岁时，决意不再应科举考试。[②]移家南京后靠卖文和亲朋资助为生，最后病死扬州。

《儒林外史》清人有五十回本[③]、五十五回本[④]之说，今存最早刻本为嘉庆八年(1803年)卧闲草堂五十六回本。其后，有同治十三年(1874年)的齐省堂评本，以及天目山樵(张文虎)评本。今人整理的排印本多是据卧闲草堂本，如人民文学出版社1958年版张慧剑校注本。[⑤]

关于《儒林外史》的主题，清代评点派即有"穷极文士情态"、鄙视"功名富贵"、"反科

① 吴敬梓:《乳燕飞·甲寅除夕》，载吴敬梓著，李汉秋辑校《吴敬梓诗文集》，人民文学出版社，2002，第63页。

② 三十六岁时，安徽巡抚荐举他应博学鸿词科，他怀着矛盾心情参加了省学院的考试，却以病笃为由没有完成江南督院的考试。此后，他便放弃诸生籍，决意不再应科举考试。

③ 程晋芳在为之作的《文木先生传》中说:"又仿唐人小说为《儒林外史》五十卷"。

④ 晚清金和在《儒林外史跋》中说:原书为五十五回，第五十六回系人"妄增"。

⑤ 其他整理本尚有山西古籍出版社1995年版周月亮《儒林外史》；江苏古籍出版社1989年版陈美林批点，陈全胜插图本《新批儒林外史》；中华书局1999年版李汉秋校点，杜维沫注释《〈儒林外史〉精校精注卧闲草堂本》；上海古籍出版社1999年版李汉秋辑校《〈儒林外史〉汇校汇评本》；新世界出版社2002年版陈美林批评校注本《清凉布褐批评〈儒林外史〉》；黄山书社1986年有黄小田评本《儒林外史》；中国书店1988年影印了增补齐省堂六十回本。

举”等观点。[①]进入20世纪,钱玄同认为《儒林外史》是“讪笑举业,怀疑礼教”;胡适考证《儒林外史》重“反科举”说;鲁迅认为其“机锋所向,尤在士林”,提出“讽刺士林”说(实是“穷极文士情态”说的另一提法)。1954年,学界又提出“反礼教”说以作为“反科举”说的补充。傅继馥提出《儒林外史》写的不是“儒林丑史”而是“儒林痛史”。潘昭君在《论〈儒林外史〉的主题和结构艺术》一文中,提出寄托“富国裕民,作育英才的理想”说。张国光提出《儒林外史》是我国唯一的一部讲人才的小说。[②]华德柱认为《儒林外史》的主题就是展示了一位18世纪中国的知识分子探求人生真谛的心灵历程,《儒林外史》实为一部“儒林心史”[③]。20世纪90年代以后,学者们从更广阔的文化视角探讨《儒林外史》所潜藏的文化意蕴,又不断地赋予其更深广的文化内涵。杨义提出“文化小说”说,认为《儒林外史》是对八股取士制度进行百年沉思,因而是充满着世纪悲凉的文化小说。[④]陈美林认为《儒林外史》是我国小说史上第一部全面反映知识分子命运的长篇讽刺小说。[⑤]作为一部伟大的小说,《儒林外史》的主题并非单一的,既描写了儒林畸人,借以批判封建科举制度,又描写了正面形象和市井奇人,借以寄寓人文理想。

就批判科举制度而言,该书以写实手法描绘各类人士对于“功名富贵”的不同表现,揭示了人性被腐蚀的过程和原因,从而对当时吏治的腐败、科举的弊端和礼教的虚伪等进行了深刻的批判和嘲讽。书中通过对封建文人、官僚豪绅、市井无赖等各类人物无耻行为的真实生动的描写,深刻地揭露了封建制度的腐朽性,抨击了罪恶的科举制度;书中暴露出封建社会的腐朽和黑暗,并不只是讽刺八股取士的制度,还涉及了政治制度、伦理道德、社会风气等等,封建的妇女观、节烈观,以及士林学风、官场腐败、乡村势利习气等都在讽刺之列。

就寄寓人文理想而言,书中热情地歌颂了少数人物以坚持自我的方式所做的对于人性的守护,从而寄寓了作者的理想。书中杜少卿出身科举世家,却淡泊功名,托病不应征聘;体恤落难者,周济贫困无助者;拒绝纳妾,说纳妾伤天害理,但不受礼俗拘束,公然携手妻子游清凉山;对不愿受欺辱从为富不仁的盐商家逃出而在南京卖文度日的女子沈琼枝,别人疑为非娼即盗,他不畏人讥,认为“可敬的极了”。小说以自己为原型塑造了杜少卿形象,闪现着人文主义的曙光。与杜少卿一起修建吴泰伯祠(吴泰伯是周太王长子,因放弃继承权让位于弟季历,成为后世辞让的典范),并参加主祭的人物庄绍光、虞博士等,也都淡泊功名富贵、讲究“文行出处”,有着关怀世道的志节、精神,寄寓作

① 程晋芳在《文木先生传》中说“穷极文士情态”;闲斋老人序云:“以功名富贵为一篇之骨”;黄小田评本中的评语云:“总无非写富贵之害人耳”,赞同“功名富贵”说,但又在王冕的“这个法却定得不好”的话后批道:“作书本旨。”事实上开了“反科举”说的先河。齐省堂评本的评语是赞同“功名富贵”说的,而张文虎的评语则对“反科举”说不以为然,更倾向于“穷极文士情态”的观点。

② 李灵年:《纪念吴敬梓学术讨论会综述》,《南京师大学报》(社会科学版)1985年第1期。

③ 华德柱:《艰难的心灵历程——关于〈儒林外史〉结构与主题的思考》,《中国古代近代文学研究》1988年第8期。

④ 杨义:《〈儒林外史〉的时空操作与叙事谋略》,《江淮论坛》1995年第2期。

⑤ 陈美林:《吴敬梓评传》,南京大学出版社,1990,第2页。

者挽救士风、裨助政教的社会理想。[①]书中还叙写有文才武略的萧云仙在青枫城开垦农田，兴修水利，办学堂开民智，实践着“礼、乐、兵、农”，显示了作者的“实学”理想。书中四位市井奇人，赋予他们不以文人能事的才艺为邀名逐利工具的清高情操，同样寄寓着作者的人文理想。

《儒林外史》艺术上具有文本结构和叙事笔法的新颖独到的特征，突破了传统小说的叙事模式，艺术成就主要表现在：

第一，以思想贯穿全书的连环短篇结构。整部书是一个首尾呼应的回环式结构，第一回“说楔子敷陈大义借名流隐括全文”可看作总纲，点明主题和创作意图；第56回则借“幽榜”回应“楔子”，首尾呼应。从第2回到第55回是主体，第2至11回写科举中人人生价值的失落，第12回至30回写“名士”的虚伪荒唐，第31回至37回写觉醒文士欲挽救世风的理想，第38回至48回写理想实践者的无效，第49回至54回写世风依然恶劣，第55回推出与开头的王冕人格一致的理想文士的范型。书中没有贯穿全书的主要人物，及由之生成的主体事件，而是各以一个或几个人物的活动为中心，构成若干相对独立的故事情节。诚如鲁迅所说：“全书无主干，仅驱使各种人物，行列而来，事与其来俱起，亦与其去俱讫，虽云长篇，颇同短制。”[②]这种结构表面上缺少情节的自然联系，却用揭露和批判科举考试制度的深刻意蕴将分散的人物与自成段落的故事贯穿起来，这种“碎锦”式的“散点透视”，恰恰为作者对整个儒林文化进行深刻反思和批判提供了最佳模式。

第二，鲜明的讽刺特色。小说将讽刺艺术发展到新的境界，鲁迅盛赞其“秉持公心，指擿时弊”，“感而能谐，婉而多讽：于是说部中乃始有足称讽刺之书”[③]。小说借描写接近真实的生活深刻讽刺了封建制度和世态。小说借鉴了史传“外无臧否，内有褒贬”的春秋笔法，全用白描，而内寓深蕴。作者摒弃了传统的叙事方法，退居幕后对作品中的人物做旁观式的笔录，人物的可笑、可悲、可叹之处全由人物自己的行动和言语来表现。鲁迅举范进居母丧期间外出打秋风一段情节，宴席间“翼翼尽礼”，不肯用银镶杯箸，换了白竹筷子，主人尤为未曾准备素菜担心，“后看见他在燕窝碗里拣了一个大虾元子送在嘴里，方才放心”，称为“无一贬词，而情伪毕露”[④]。在冷静犀利的笔调之外，作者运用了夸张、对比、戏拟、互文等一系列的讽刺手法，精心设计了一个个富有讽刺性的场面。如杜慎卿、杜少卿分别叙写，而事事都是对比，彰显人物之美丑及其行事之意义。

第三，再现性的纯客观叙事。《儒林外史》虽然仍用章回体，但基本上摆脱了传统的叙述模式，不再是每回以诗词开头和收束，叙述中间也不再掺入诗词和采用套话。全部情节，包括写景状物，通用白话散文叙出，人物相貌不再是脸谱化的，环境描写随人随事

① 他们祭祀吴泰伯这位古圣先贤的目的是：“借此大家学习礼乐，成就些人才，也可以助一助政教。”祭祀吴泰伯的主要的社会理想，是做“经史上的礼、乐、兵、农”的事，也就是讲“经世致用”的学问，使天下文明、富强。

② 鲁迅：《中国小说史略》，《鲁迅全集》（第九卷），人民文学出版社，2005，第229页。

③ 鲁迅：《中国小说史略》，《鲁迅全集》（第九卷），人民文学出版社，2005，第228页。

④ 鲁迅：《中国小说史略》，《鲁迅全集》（第九卷），人民文学出版社，2005，第231页。

点染，真切自然，饶有韵致。尤为根本性的是叙事方法的改变，由“说话人”式的主宰一切的叙述者，变为隐身的叙述者，叙述者不直接介入发表议论，不对所叙人物及其言行进行褒贬；叙述话语不进行过度形容，只是如实描写出社会人生的实况，让人事自身呈现出其美丑意义，让读者心领神会。如第二回写周进在薛家集观音庵坐馆事，事情极寻常琐碎，呈现出举人的傲慢、老书生的怯懦无奈，显示了科举功名扭曲的人性和人际关系。这种再现性的纯客观叙事，标志着中国长篇小说的创作具有写实主义的审美特征。

《儒林外史》是一部杰出的章回体现实主义长篇讽刺小说，以其深刻的思想内涵和卓越的讽刺艺术，代表着中国古代讽刺小说的高峰，对后世小说产生了巨大影响，清代许多“写社会之恶态而警笑训诫之”的社会小说，都是仿效《儒林外史》的。①

【推荐书目】

[1][清]吴敬梓.儒林外史[M].北京：人民文学出版社，1958.
[2]范宁.吴敬梓集外诗[M].北京：科学出版社，1958.
[3]胡适.胡适古典文学研究论集[M].上海：上海古籍出版社，1988.
[4]陈美林.吴敬梓评传[M].南京：南京大学出版社，1990.
[5]陈美林.儒林外史辞典[M].南京：南京大学出版社，1994.
[6]朱一玄，刘毓忱.儒林外史资料汇编[M].天津：南开大学出版社，1998.
[7]竺青.名家解读《儒林外史》[M].济南：山东人民出版社，1999.
[8][清]吴敬梓.《儒林外史》汇校汇评本[M].上海：上海古籍出版社，1999.

（撰稿人：占如默）

① 韩邦庆说他的《海上花列传》“全书笔法自谓从《儒林外史》蜕化出来”。李伯元的朋友在《谭瀛室随笔》中也说《官场现形记》“其体裁仿《儒林外史》”；包笑天在《钏影楼笔记》中回忆当时的情形说：“当时写社会小说的人最崇奉《儒林外史》一书，因此人人都有模仿《儒林外史》。”参见李汉秋：《〈儒林外史〉研究》，华东师范大学出版社，2001，第292页。

《古文观止》导读

吴楚材，名乘权；吴调侯，名大职，楚材之侄。二人皆为浙江山阴（今绍兴）人，以授馆为业，广招生徒。此外，吴楚材另有《纲鉴易知录》传世。该书是其教授弟子诵读古文的讲义，汇聚了先秦至明末散文的精华名篇，堪称“简编版”中国古文史。《古文观止》是自清代以来最为流行的古代散文选本之一。鲁迅先生评价《古文观止》时认为它和《昭明文选》一样，“在文学上的影响，两者都一样的不可轻视”①。此书于康熙年间编录，各家版本甚多。目前较好的是由安平秋在中华书局1958年排印本的基础上，参校鸿文堂本、文富堂本、怀泾堂本而校勘整理的版本，由中华书局于1987年出版；2008年中华书局又出版了由葛兆光注解的新版本。

《古文观止》的目的是“正蒙养而裨后学”②，其主要特点有三：

一、广跨度的选材

《古文观止》以散文为主，兼取骈文，上起先秦，下迄明末，大体反映了先秦至明末散文发展的轮廓和面貌。全书收文共220余篇，分为十二卷，包括周文三卷、秦文一卷、汉文两卷、六朝文半卷、唐文两卷、宋文两卷半、明文一卷，时间跨度极大。选文范围也十分广博，既能选篇于《左传》《战国策》《史记》等文史名著，也能兼顾语词相对晦涩的《公羊传》《穀梁传》、楚辞文；既录有唐宋八大家的经典之作，也不排斥知名度较低的作家诸如钱公辅、李格非、方孝孺等的优秀作品，可谓轻重得宜，取舍有据。此书既有长篇大论，又有精短美文，反映出编者眼光的细致和周到，使其具有鲜明的特点与突出优势，或以文采斐然，或以寓意深远，或以内容生动，或以易于记诵，或以实用性强，或以欣赏价值高，三百年来有口皆碑。

先秦两汉时期的散文几乎占了全书的一半，且突出了三部史传散文：《左传》《国语》

① 鲁迅：《集外集》，《鲁迅全集》（第七卷），人民文学出版社，2005，第138页。

② 吴楚材、吴调侯编选：《古文观止·序》，中华书局，1959，第2页。

《战国策》。例如先秦部分，有《左传》的《曹刿论战》《宫之奇谏假道》《烛之武退秦师》，《国语》的《里革断罟匡君》《叔向贺贫》，《战国策》的《冯谖客孟尝君》《触龙说赵太后》《唐雎不辱使命》，屈原的《卜居》，宋玉的《对楚王问》等。两汉部分，有《史记》的《屈原列传》《太史公自序》，贾谊的《过秦论》，邹阳的《狱中上梁王书》，诸葛亮的《出师表》。魏晋部分，有李密的《陈情表》，王羲之的《兰亭集序》，陶渊明的《归去来辞》《桃花源记》等。这些无不是此段中的古文经典之篇。

至于唐宋部分的韩愈、柳宗元、欧阳修、苏轼诸家散文，更是千古传诵、脍炙人口的佳作。明代部分，它没有选取复古模拟的李梦阳、何景明，而选了王守仁、茅坤、唐顺之、归有光、袁宏道、张溥等人的作品。可以说，《古文观止》以独有的厚重遗产意识，勾勒出了中国古代散文史大致而清晰的脉络。

这些优秀的散文篇章记述了不同时代、不同阶层人民的生活情景，反映了不同时代、不同阶层人民的思想、情感和愿望，表达了对真善美的讴歌以及对假丑恶的鞭挞，可谓中国文化生活的百科全书。所选文章的艺术风格，更是众彩纷呈，各有特色。

二、多维度的标准

从体裁来讲，《古文观止》所选文章篇幅适当，倡导先秦汉唐时的朴质文风，尤其推崇《左传》等先秦散文典籍及唐宋八大家的名篇，以求正本清源，而对六朝文、元文的重视度不够。《古文观止》文包众体，文体多达三十多种，基本上涵盖了古文的各种体式，对于读者全面了解古文起到了很好的桥梁作用。整体选文仍以散文为主，如陶渊明《归去来兮辞》、刘禹锡《陋室铭》、苏轼《前赤壁赋》等，同时兼顾骈文、韵文二体，如杜牧《阿房宫赋》。既录有《滕王阁序》《原道》等鸿篇巨帙，又录有《春夜宴桃李园序》《小石城山记》等精短美文，体现出吴氏叔侄编选标准的细致和周到。"观止"二字，出自《左传·襄公二十九年》："德至矣哉，大矣！如天之无不帱也，如地之物不载也。虽甚盛德，其蔑以加于此矣。观止矣。若有他乐，吾不敢请已！"[①]书名为"观止"，意在力图选编达到尽善尽美，达到思想性与艺术性的高度统一，《古文观止》庶几近之。鲜明的特点与突出优势，使它在问世以来就成为最流行、最通俗、最广为人知、最有影响的古文初学选本。

虽以"古文"命名，但它兼收骈文佳作，例如孔稚珪《北山移文》、骆宾王《为徐敬业讨武曌檄》、王勃《滕王阁序》等。同时，《古文观止》打破了历代文章选本不收经、史的旧例，收入了不少经、史文章，如《礼记·檀弓》中的《晋献公杀世子申生》《曾子易箦》等，《史记》的《伯夷列传》《管晏列传》《屈原列传》等。

从题材来说，收文包括有揭露统治者荒淫无耻的，有劝诫统治者纳谏的，有歌颂舍己为人、排忧解难的，有抒发壮志难酬的愤懑的，也有抒发非罪贬谪的怨恨的，抑或是模

① 杨伯峻：《春秋左传注》，中华书局，1981，第1165页。

山范水、勾画山川秀色的……不管是人物性格、情感心理，还是自然风貌、动物万象，读者都可从《古文观止》中窥见一二，以此了解到题材的多样性和古代散文丰富多彩的风貌。

三、深纵度的影响

《古文观止》以时代为经，以作家为纬，将每位作家的各类文体的作品编排在一起，便于快捷查阅，使读者对散文史上的重要作家和作品了然于胸。其注释体例保持了清代初版的原貌，采取了"意译"和"直译"相结合的方式来疏通文本；在每篇文章中加上夹批或尾批，对文章结构和艺术性进行独到而精辟的点评，这些评语总是具体而微，容易启发人的联想。此外，篇末亦附有点校者的校勘记。

选文论说抒情，写景状物，众体兼备，以其流行性、通俗性和权威性成为今天国学普及的最佳读本之一；其中不少作品也被选用于中学课本当中，如《曹刿论战》《过秦论》《陈情表》《师说》《六国论》《五人墓碑记》等，还有部分入选高校的古代汉语教材，如《郑伯克段于鄢》《烛之武退秦师》等。

鲁迅先生说："选本所显示的，往往并非作者的特色，倒是选者的眼光。"[1]二吴严格遵守以汉族为中心的大一统的政治原则，体现了《古文观止》的编选者的古文正统观念与其历史正统观念的内在联系。选文较多是先秦、两汉、唐、宋，这四个时期共同的特点都是中央集权的统一王朝。编选者以弘扬儒道为己任，以儒家道统作为古文的根本，并以此作为是否入选的重要标准。先秦两汉时期，我国散文取得了辉煌成就，极大地影响了后世散文的发展，直到明代许多散文家还推崇"文必秦汉"。《古文观止》选取了秦汉时期的散文104篇，几乎占了全书篇目的一半。"唐宋八大家"的出现代表着自秦汉以来我国散文的第二个高峰，所以"唐宋八大家"在《古文观止》中也受到了足够的重视。"唐宋八大家"被选中的文章共78篇，《古文观止》中收录作品最多的三位就是韩愈、苏轼、欧阳修。

由于二吴受正统思想的支配，《古文观止》里还有不少名家名作未能入选。究其缘由，这可能和本书的编选目的有关，即选与不选与举业有关，以致遗漏了很多优秀作品，这是此书的一大遗憾之处。

中国古代散文卷帙浩繁，《古文观止》总共不过两百余篇，却记录了朝代更替的盛衰兴亡，记录了众多贤哲的襟怀抱负。今人陈蒲清先生在谈《古文观止》时说："熟读古文两百篇，等闲可过文言关。"[2]读者可把此书当作在中国书山中寻胜探幽的指南，以了解中华传统文化和人文精神。

① 鲁迅：《且介亭杂文二集》，《鲁迅全集》（第六卷），人民文学出版社，2005，第436页。

② 阙勋吾等译注，陈蒲清校订：《古文观止（言文对照）·前言》，岳麓书社，1988，第1页。

【延伸阅读书目】

[1][清]吴楚材,[清]吴调侯.古文观止[M].北京:中华书局,1987.
[2][南朝梁]萧统编.文选[M].北京:中华书局,1997.
[3][清]吴楚材,[清]吴调侯.古文观止译注[M].上海:上海古籍出版社,1999.
[4][清]张伯行,萧瑞峰,张星.唐宋八大家文钞[M].上海:上海古籍出版社,2007.
[5]葛兆光.中国思想史[M].上海:复旦大学出版社,2013.
[6][清]姚鼐.古文辞类纂[M].上海:上海古籍出版社,2016.

（撰稿人:周睿）

现当代文学
名著导读

《阿Q正传》导读

有一个词,叫"说不尽的阿Q"。确实从《阿Q正传》诞生以来,对它的种种解读与讨论就从未停止过。其实鲁迅一开始的时候,并没有想把《阿Q正传》写成所谓的"名著"。在《〈阿Q正传〉的成因》一文中,鲁迅非常诙谐地回忆了《阿Q正传》当时被孙伏园逼稿的过程。一开始,小说是发表在《晨报副刊》的"开心话"栏目,因此序言里"就胡乱加上些不必有的滑稽"。后来小说移到"新文艺"栏里,阿Q也"渐渐向死路上走",作者的笔调也逐渐沉重起来,于是小说似乎变成前后两个部分,前半部戏谑多于沉痛,而后半部似乎沉痛多于戏谑了。

说到《阿Q正传》的主题,评论家们一定都会引用鲁迅在《俄文译本〈阿Q正传〉序及著者自叙传略》中的一句话:"要画出这样沉默的国民的灵魂来。"确实,在对小说的解读中,最常见的一种是对主人公阿Q身上所具有的国民劣根性的分析。这种解读方式一方面非常切合鲁迅作品中常被提及的"改造国民性"主题,也与五四时期的启蒙思潮暗暗合拍。《中国现代文学三十年》中曾经将这种国民性做了很好的一段总结:

尽管阿Q处于未庄社会的最底层,在与赵老爷、假洋鬼子以至王胡、小D的冲突中,他都是永远的失败者,但他却对自己的失败命运与奴隶地位采取了令人难以置信的辩护与粉饰态度。或者"闭眼睛",根本不承认自己落后与被奴役,沉醉于那种臆想的自尊之中:"我们先前——比你阔多啦!你算什么东西!";或者"忘却":刚刚挨了假洋鬼子的哭丧棒,啪啪响了之后,就忘记一切而且"有些高兴了";或者向更弱者(小尼姑之类)泄愤,在转嫁屈辱中得到满足;或者自轻自贱,甘居落后与被奴役:"我是虫豸——还不放么?"在这些都失灵以后,就自欺欺人,在自我幻觉中变现实真实的失败为精神上的虚幻胜利:说一声"儿子打老子"就"心满意足的得胜了"。甚至用力在自己脸上连打两个嘴巴,"仿佛是自己打了别个一般",也就心平气和,天下太平。[①]

① 钱理群、温儒敏、吴福辉:《中国现代文学三十年(修订本)》,北京大学出版社,2016,第43~44页。

“精神胜利法”以及后来出现的“阿Q精神”这两个词逐渐成为中国国民性的代称，而“自轻自贱”、愚昧、落后、麻木，永远被人欺辱，却永远自欺欺人地自我安慰，在这种自我麻醉中走向最后末路的阿Q的一生，也被解读为中国半殖民地半封建社会的隐喻，小说也就成了中华民族积贫积弱的寓言。从这个角度上说，鲁迅似乎以一种启蒙者的姿态批判了不觉醒的愚弱国民，呼应了他在《〈呐喊〉自序》中疗救精神上有疾病国人的心愿，并进一步推广到挽救民族危亡的宏大主题。《阿Q正传》这篇诞生于五四时期的小说成为当时救亡与启蒙二重奏中的主旋律之作。

当然，除了对《阿Q正传》做“国民性”解读之外，“阶级分析”是另外一种常见的解读方式。在这个解读的体系中，阿Q从两个几乎完全相反的角度，被作为农民阶级的典型代表。其中一个角度是承接五四启蒙思想而来的，即是认为阿Q的身上带有很多农民阶级不觉醒的局限与缺点。特别是他在革命中所表现出来的那种农民革命的狭隘与不彻底，更是可以和鲁迅对辛亥革命的批评态度相对应。当革命的讯息传到未庄，阿Q将其理解为“造反”，而他积极参与造反的动因，无非是想获得钱财与女人。他平时受到白举人、赵太爷的欺辱，听说他们对革命感到恐惧，就认为造反是件极好的事情。而阿Q造反的最具体实施，也不过是去欺负静修庵的尼姑而已，这个想法却正好与秀才和洋鬼子的计划不谋而合。所以，阿Q的革命不过是挟私报复，如果革命真的成功，阿Q也会成为白举人、赵太爷一流的人物。革命在这种盲目的农民造反中，不会有进步，只是无尽的循环而已。但也有另一个角度与之相对立，赞扬阿Q身上的造反精神和革命暴力。陈涌在《论鲁迅小说的现实主义》一文中这样分析阿Q的阶级性质：他“是一个被压迫被剥削，到了后来甚至连生活也难以为继的雇农”，而因为“过去一切阶级社会的历史都在证明：被压迫的群众所处的被压迫的地位，必不可免的会发生民主主义的和社会主义的思想”，于是“阿Q身上发生了本质上是农民革命的思想”，“他终究认识了革命是暴力，是暴力对于农村的统治；因为他毫不犹豫地要把地主阶级的私有财产变为农民的私有财产，因为他的行动的实际结果是破坏统治了农民几千年的地主阶级的秩序和‘尊严’，这一切都是和封建传统的观念绝不相容的，只有深受压迫的苦痛，已经觉醒和正在觉醒的农民才可能产生这样的思想”①。在这种机械的阶级分析中，阿Q与小D的争斗、阿Q去静修庵偷萝卜等等造反前的可笑行为，都成为他最后完成阶级觉醒之前的摸索。阶级论的解说方式曾在20世纪五六十年代颇为流行，所幸从20世纪80年代之后就很少被评论者提及了。

其实，想更好地解读《阿Q正传》，有一个问题很重要，即作者鲁迅怎样看待他笔下的阿Q这个人物。如果用我们最熟悉的一个词，鲁迅对阿Q的态度就是“哀其不幸，怒其不争”。确实，正像文章开始就提出的那样，《阿Q正传》似乎前后两部分是有所区别的，前面戏谑大于沉痛的一部分，着重点在于“怒其不争”，后面沉痛大于戏谑的一部分，

① 陈涌：《论鲁迅小说的现实主义——“呐喊”与“彷徨”研究之一》，《人民文学》1954年第11期，第22~24页。

着重点却逐渐变成了“哀其不幸”。这样的解释出现一个问题,即是如果我们坚持用“国民劣根性”的主题来分析小说,那么怎么解释后面部分作者越来越多地流露出的对阿Q的同情和悲悯？如果我们不用“国民劣根性”的分析角度,用阶级分析的方法,也没有办法解释鲁迅对阿Q这种态度上的复杂与转变,总不是阿Q身上的农民革命暴力思想让鲁迅对他的“大团圆”结局产生共鸣的吧。为了解决这个问题,20世纪80年代以后的评论者更倾向于从人性视角来重新审视《阿Q正传》的多重内涵。

理解从人性视角进行的解读,我们可以问自己两个简单的问题,第一个问题是,如果你处在阿Q那样的地位和环境之中,你会怎样选择？第二个问题是,在你切身的经历中,你是否曾经有过使用“精神胜利法”而自我安慰的时刻？第一个问题可以解释鲁迅同情的来源,第二个问题可以解释鲁迅同情的价值。

先说第一个问题。鲁迅曾经有篇文章,题目叫作《无声的中国》,开篇就说:“发表自己的思想,感情给大家知道的是要用文章的,然而拿文章来达意,现在一般的中国人还做不到。”[①]所以像阿Q这样“沉默的国民”只好作者去写出他的“行状”来,只好鲁迅代“他”来发声,从这个意义上说,《阿Q正传》的写作过程,就是作者努力去揣摩和表现“阿Q”的过程。在这个过程中,作者虽然常常对阿Q充满讽刺,但也因为要设身处地,所以多少总会有因理解而同情的一面。在未庄的社会环境中,阿Q没有家人,没有亲眷,没有土地,没有安身立命之处,每一点作为人最基本的生存需要都得不到满足。特别是最后,当他成为抢劫案的替罪羊,在没有任何同情与惋惜的看客的目光中走上刑场时,作者写了特别感人的一段:

四年之前,他曾在山脚下遇见一只饿狼,永是不远不近的跟定他,要吃他的肉。他那时吓得几乎要死,幸而手里有一柄斫柴刀,才得仗这壮了胆,支持到未庄;可是永远记得那狼眼睛,又凶又怯,闪闪的像两颗鬼火,似乎远远的来穿透了他的皮肉。而这回他又看见从来没有见过的更可怕的眼睛了,又钝又锋利,不但已经咀嚼了他的话,并且还要咀嚼他皮肉之外的东西,永是不远不近的跟他走。

这绝对不是阿Q可能会有的想法与感受,这已经是作者进入到阿Q的躯壳之中,代替阿Q说出了他朦胧感受到却永远无法说出来或是说清楚的东西。在无法争取到生存权利、平等对待权利和自我表达权利这个层面,鲁迅没有将阿Q看成是某个阶级的代表,也没有将他看成是某个社会政治历史阶段的代表,而是整个中国普通百姓的一种常态,一种长期在畸形文化浸润下,人思想状态的常态。从这个意义上说,阿Q不是只属于20世纪20年代救亡与启蒙时代的典型,也不是只属于农民阶级的典型,而是普通“人”的典型。

① 鲁迅:《无声的中国》,载《鲁迅全集》(第四卷),人民文学出版社,2005,第11页。

再看第二个问题。普遍生存的困境以及在困境中对自我的精神抚慰也并非只存在于阿Q一个人身上。反躬自身，处于挫折和困境时，每个人的思维模式上多多少少都会有“精神胜利法”的影子。鲁迅在小说序中借叙述者“我”之口，说“我”本不是一个“立言”的人，又说“我”只想做一篇“速朽”的文章。而在《〈阿Q正传〉的成因》中，鲁迅又说：“但我还恐怕我所看见的并非现代的前身，而是其后，或者竟是二三十年之后。”可见，鲁迅知道自己笔下的阿Q不但不会“速朽”，可能还会一直借尸还魂，永远在普通人的思想深处存身。对待“阿Q精神”，不能只停留在批判层面，还要有不断自我审视和自我反思的勇气。对自我的审视与反思是鲁迅思想特质中特别有价值的东西，也是鲁迅思想能不断超越与深化的深层动源。在《狂人日记》中，狂人就在思考是否也吃过几片妹子的肉，同样在《阿Q正传》中，也涉及阿Q的幽灵是否存在于所有人的灵魂深处，且绵延不绝的问题。鲁迅在《野草·墓碣文》中这样写道：

> 有一游魂，化为长蛇，口有毒牙。不以啮人，自啮其身，终以殒颠。……
>
> ……
>
> ……抉心自食，欲知本味。创痛酷烈，本味何能知？……
>
> ……痛定之后，徐徐食之。然其心已陈旧，本味又何由知？……①

可见鲁迅不但在解剖着阿Q的灵魂，也无时无刻不在以决绝的方式逼问、迫近自身。所以，鲁迅的《阿Q正传》最成功的地方在于，将人思想深处隐约存在的惰性与迁就、敷衍与逃避给予了“精神胜利法”“阿Q精神”这样的命名，让传统中国文化中，我们本来予以宽容、予以默认的消极思维方式，成为可以被分析和被反省的对象。这样，不管时代如何变迁，阶级如何演化，阿Q都可以成为审视自我的镜子和直面现实的动力。

【参考文献】

[1]鲁迅.鲁迅全集：第1卷[M].北京：人民文学出版社，2005.
[2]鲁迅.鲁迅全集：第3卷[M].北京：人民文学出版社，2005.
[3]鲁迅.鲁迅全集：第7卷[M].北京：人民文学出版社，2005.

（撰稿人：王晓冬）

① 鲁迅：《野草·墓碣文》，载《鲁迅全集》（第二卷），人民文学出版社，2005，第207页。

《骆驼祥子》导读

《骆驼祥子》最初连载于《宇宙风》第25期（1936年9月）至第48期（1937年9月），每期一章。

老舍在致《宇宙风》编辑的信中说："这是一本最使我自己满意的作品"，"是我的重头戏，好比谭叫天唱《定军山》……是给行家看的"。可见，老舍对《骆驼祥子》是相当有自信心的。小说通过祥子拉车、买车终不能实现而堕落的悲剧命运，揭示了城市文明对人性的伤害，对人性的腐蚀，这也是学术界最为通行的阐释。但经典的意义在于不同时代不同的人总能够从中读出与自己和时代相关的意义。在中国社会革命语境中，人们把它解读为"一个旧社会的悲剧"，由此引申出社会的"革命""阶级"话语。后来，随着当代中国社会城市化进程的加快，小说被阐释为一个"农民工进城的故事"，由此涉及城乡二元对立里的现代性话语。也有将其理解为宗教主题，认为小说具有"反成长"小说的典型特征，它以宗教方式展现一个原本无罪的人坠入地狱的过程，祥子在社会生活中逐渐妥协、溃败，最后的毁灭恰是对小说设定的祥子英雄形象的反讽。祥子的悲剧注定是灵魂的堕落。小说展示了"恶"不可逆转地战胜"善"的故事。作者对基督教"罪"的观念的确认决定了小说对人性的关注，特别是对人之罪的根源在于自由意志的关注，祥子因自由意志而成为强大的个体，同时也因滥用自由意志而走向毁灭，他必须为自己的决断与行动担负全部责任，这也是小说所说的"个人主义的末路鬼"的深层寓意。小说显示了老舍的基督教思想视野，特别是对源于自由意志的个人主义思想的反思，由此呈现了老舍对个人力量及局限、人的复杂性等问题的哲理思考。

以上种种说法都有一定的道理。小说最动人的是祥子的悲剧命运，但祥子的性格并不丰富和复杂，反而是祥子的命运，从英雄到流氓，从争强好胜到听天由命，刻画了一个城市底层小人物的挣扎和堕落，呈现出强大的审美力量，特别是小说中对祥子与车之间发生的"三起三落"故事的细致描述，抓住了读者的心。"一起一落"，写祥子来到北平当人力车夫，苦干三年，凑足一百块钱，买了一辆新车，但不久却连人带车被宪兵抓去当壮丁。"二起二落"：祥子卖掉了骆驼，再拼命拉车，省吃俭用攒钱准备买新车，但在拉包月时，辛苦攒来的钱却被孙侦探搜去，希望再次破灭。“三起三落”：虎妞以低价为祥子买了邻居二强子的车，祥子有车了。但虎妞因难产而死，祥子为置办虎妞的丧事，又卖掉了车。祥子认命了，堕落了。这样，小说展现了祥子命运的三部曲，从“向上”到“失败”再到“堕落”。祥子的悲剧是社会的悲剧，他想“做一个独立的劳动者”的善良愿望最终破灭，这有一定的社会必然性，军阀混战、城市凋敝，侦探横行、老板强取豪夺，这是现代中国的社会现象，生存的基本权利无法得到保障直至被剥夺，有如此社会就有如此人生。祥子的悲剧又是精神意志的悲剧。祥子的生活理想及其为实现这一理想的行为方式，都带有个体劳动者的思想意志。他对个人力量及勤劳品质有着高度的自信，他的善良诚实又与社会现实形成了强大的反差。祥子的悲剧还是文化的悲剧。祥子身上有着宿命式的文化根性，他从农村进入都市，但生产和生活方式、人生观念，依然同传统农业文化根连枝接，他身上的传统美德，如善良、勤劳、侠义、朴实等，以及狭隘、自私、愚昧等负面因素，都是传统文化的产物。这些文化胎记使其无法完全适应现代城市的生活方式。小说对现代中国城市底层生存状态的揭示，既是对现代社会的批判，也是对传统国民性的反思，包括对文明与人性的批判。由一个纯朴农民与现代城市文明的对立而导致道德的堕落与心灵的腐蚀，反思现代城市文明对人性的压抑和伤害。由此，小说揭示了城市文明失范所引发的人性污浊，表达了对病态城市文明的忧思。

应该说，老舍的忧虑和思考是深刻而独特的。在某种意义上，老舍的《骆驼祥子》与沈从文的《边城》拥有相近的思想共振，对城市与乡村、文明与人性、欲望与感情都有独特体验和丰富想象。

《骆驼祥子》的语言也值得认真揣摩。老舍采用了地道的白话文写作《骆驼祥子》，追求白话的原味儿，发扬白话的本色美，力求“俗与白”，简洁而生动，他仅用了两千多个常用字，让小学水平的人也能顺利阅读小说。老舍是一位杰出的“语言艺术大师”，他对新文学的语言艺术发展做出了重要贡献。他自幼生活在北京大杂院，喜欢北京地方戏曲和曲艺，对北京话十分熟悉，这也是他在创作中大量融入北京地方口语的良好根基。他曾说：“有人批评我，说我的文学缺乏书生气，太俗，太贫，近于车夫走卒的俗鄙；我一点不以为耻！”但老舍并不是原始地运用北京方言，而是经过了自己的提炼和加工。《骆驼祥子》是老舍语言艺术走向成熟的标志性作品，他的语言既保留了民间口语的活泼生动，又具有艺术语言的简洁明快、精警醇厚。没有学生腔的苍白，没有戏台语的做作，没有欧化式的冗长，一切都是那样的平易、自然而纯粹，直白、干净而有趣味。如叙述人物：“他忽然想起来，今年是二十二岁。因为父母死得早，他忘了生日是在哪一天。自从到城里来，他没有过一次生日。好吧，今天买上了新车，就算是生日吧，人的也是车的，……”简洁明快，有话本、评书味道，不但读得懂，也便于听。又如写人物心理：“他大着胆子坐起来，从骆驼的双峰间望过去，什么也看不见，四外极黑。逃吧！不管是吉是凶，逃！”有着显著的口语化特点。再如第18章写自然环境：“云还没铺满了天，地上已经很黑，极亮极热的晴午忽然变成黑夜了似的。风带着雨星，像在地上寻找什么似的，东一头西一头的乱撞。北边远处一个红闪，像把黑云掀开一块，露出一大片血似的。风小了，可是利飕有劲，使人颤抖。一阵这样的风过去，一切都不知怎好似的，连柳树都惊疑不定的等着点什么。又一个闪，正在头上，白亮亮的雨点紧跟着落下来，极硬的砸起许多尘土，土里微带着雨气。大雨点砸在祥子的背上几个，他哆嗦了两下。雨点停了，黑云铺匀了满天。又一阵风，比以前的更厉害，柳枝横着飞，尘土往四下里走，雨道往下落；风，土，雨，混在一处，联成一片，横着竖着都灰茫茫冷飕飕，一切的东西都被裹在里面，辨不清哪是树，哪是地，哪是云，四面八方全乱，全响，全迷糊。风过去了，只剩下直的雨道，扯天扯地的垂落，看不清一条条的，只是那么一片，一阵，地上射起了无数的箭头，房屋上落下万千条瀑布。几分钟，天地已分不开，空中的河往下落，地上的河横流，成了一个灰暗昏黄，有时又白亮亮的，一个水世界。”一个单字、一个词语、一个短句均可成句，也好像下雨的雨点，掉在读者的心里，干净而明白。有修饰，但一点儿不繁复、冗杂，没有叠屋架梁的欧化病。作者在小说里也时时发表议论，如“钱会把人引进恶劣的社会中去，把高尚的理想撇开，而甘心走入地狱中去”，起点题之用。

如果说鲁迅的文学实践实现了现代白话丰富与深刻的个人化表达，那么，老舍及《骆驼祥子》的创作则体现了现代白话俗白而简洁、生动而有趣的社会化探索。

最后提一个小问题，为什么小说取名为“骆驼祥子”，而不是“车夫祥子”？“骆驼”是小说情节，还是一种象征？寓意何在？

（撰稿人：王本朝）

《茶馆》导读

老舍的话剧创作起步于抗日战争时期。1938年，中华全国文艺界抗敌协会成立后，老舍被推为理事兼任总务部主任，他开始思考在抗战的时代背景下，应该如何利用文学这种形式更好地凝聚人心、展开动员。这时候老舍开始了话剧的创作，写出了《残雾》（1939年）、《国家至上》（1940年，与宋之的合写）、《张自忠》（1940年）、《谁先到了重庆》（1942年）等剧本。1949年之后，老舍延续为人民进行创作的主张，把主要精力放在了剧本创作方面。在他看来，“以一部分劳动人民现有的文化水平来讲，阅读小说也许多少还有困难。可是，看戏就不那么麻烦。这就是我近来不大写小说，而爱写剧本的另一原因”[①]。至1965年为止，老舍陆续创作了《方珍珠》《龙须沟》《生日》《春华秋实》《青年突击队》《西望长安》《茶馆》《红大院》《女店员》《全家福》等剧作。

1956年创作、1957年刊登于《收获》创刊号的三幕话剧《茶馆》，堪称老舍话剧的经典之作、代表之作。剧本的三幕分别择取了中国近现代史中三个特殊的时代，在这近50年的时间跨度之中和日趋动乱的时局之下，不变的只有剧中这个裕泰茶馆苦苦支撑、惨淡经营的现状，以及普通百姓日益艰难的生存环境。第一幕所写的是1898年初秋维新运动失败后的一个上午，在掌柜王利发的茶馆里所发生的一幕幕荒唐闹剧。行尸走肉般的庞太监竟然要买一个穷苦人家的大姑娘作为媳妇，而穷苦农民已经无法生存只能卖儿鬻女；两户有钱人家为了争一只家鸽竟大打出手，而感怀时事的旗人常四爷因为说了一句“大清国要完”就被密探强行带走，这个上下颠倒的时代正如剧中那个卖杂货的82岁老头的感慨一般：“这年月呀，人还不如一只鸽子呢！”第二幕则写到了1916年袁世凯死后军阀割据的动荡时代，裕泰茶馆为求生存而改良，结果“改良！改良！越改越凉，冰凉！”茶馆还未开张，特务、兵痞等已经不请自到进行敲诈。在这一幕里，两个逃兵竟想合买一个老婆，身份暴露之后收买密探却能平安无事，将心狠意毒、说媒拉纤的刘麻子送出去做了替罪羊，这一结果固然大快人心，但也使人看到这个时代草菅人命、黑白不分的现实。第三幕写1945年抗日战争胜利后，国民党特务和美国兵在北京横行的时

① 老舍：《〈老舍剧作选〉序》，载《老舍全集》（第十八卷），人民文学出版社，2013，第44~45页。

候。这个时期群魔乱舞，乱象丛生，掌柜王利发的茶馆终于被国民党党棍沈处长当作逆产强行接收了，王利发、秦仲义与常四爷三个老人，经历了人世间的这一遭而大有窥破红尘之意，常四爷发出了剧中最让人振聋发聩的一句喟叹："我爱咱们的国呀，可是谁爱我呢？"三个大活人遂照着出殡的规矩大撒纸钱自我祭奠。这既是为自己不幸的命运进行凭吊，同时也暗示了三个时代的寿终正寝。在这样的内容设计下，《茶馆》因此确立了一个严肃而重大的主题："葬送三个时代""埋葬旧时代，暗示光明的到来"。正如老舍夫人胡絜青女士所理解的那样，"看过这个戏，人们自然地能明白这样一个真理：只有共产党能够救中国，只有社会主义能够救中国。别的道路统统不行，资产阶级改良主义不行，实业救国不行，乞求洋人不行，委曲求全不行，个人奋斗不行，唯有共产党和社会主义行，这就是《茶馆》的主题，这就是《茶馆》的现实意义"①。

《茶馆》的艺术特色首先来自老舍在剧本创作时所精心搭建的戏剧结构。艺术构思方面，老舍采取的是"侧面透漏"而非直接"正面描写"的方式，通过暗示、象征等手法来设计剧本。因此《茶馆》完全突破了传统的"一人一事，一线到底"的戏剧结构方式，不再单纯地以剧情的发展作为话剧结构的线索，更加注重人物在剧作中的作用。这也是老舍选取"茶馆"这一特殊的空间来构架这部戏的根本原因："茶馆是三教九流会面之处，可以多容纳各色人物。一个大茶馆就是一个小社会。……我只认识一些小人物。这些人物是经常下茶馆的。那么，我要是把他们集合到一个茶馆里，用他们生活上的变迁反映社会的变迁，不就侧面地透露出一些政治消息了么？这样，我就决定了去写《茶馆》。"②因此，为了适配主题的表现，《茶馆》的结构艺术才会如此大刀阔斧地锐意创新，采取了纵横交错、虚实结合的"坐标式结构"。《茶馆》的时间线索是从清末到新中国成立前，这是剧本的纵坐标，作者选取了三个最具有代表性的时间节点的横断面（维新运动失败后、袁世凯死后、抗日战争胜利后）与之相交，二者之间的交叉点便是这部戏的三幕内容。三幕戏都有着同一个主题，那就是人物与时代之间的冲突。老舍自谓他"设法使每个角色都说他们自己的事，可是又与时代发生关系"③。如此一来，虽然剧作并不完全按照单一事件发展的内在逻辑展开结构，却因为人物自己的事情与时代环境之间的结合，使得戏剧内部充满了张力，戏剧冲突反而更加集中，并且在各色人物、各个时代的众声喧哗之中，显示出每一个时代的真实面貌、每一个时代里面各色人物的内心体验，极大地拓展了戏剧的表现容量。

既然这部戏的中心是人物与时代的冲突，那么在剧本中如何巧妙调度剧中人物遂成为结构的一大关键。老舍在创作时匠心独运，自有妙窍。他提出了以下几个原则：主要人物自壮到老，贯穿全剧；次要的人物父子相承，父子都由同一演员扮演；无关紧要的

① 胡絜青：《关于老舍的〈茶馆〉》，载《戏剧艺术论丛》（第2辑），中国戏剧出版社，1980，第153~155页。
② 老舍：《答复有关"茶馆"的几个问题》，《剧本》1958年第5期。
③ 同上。

人物一律招之即来，挥之即去，毫不客气。“自壮到老，贯穿全剧”的主要人物即王利发、秦仲义以及常四爷。茶馆掌柜王利发信奉“多说好话、多请安、讨人人的喜欢”的道理，在社会流变中寻求经营的生机不断改良：卖茶、增加公寓、设置评书、改用女招待……能想到的办法都想到了、都用了，到头来却只能悲怆地接受茶馆被国民党党棍霸占的事实：“我可没做过缺德的事、伤天害理的事，为什么不叫我活着呢？”房东秦仲义一生寻求实业救国却最终失败，只能感慨：“有钱哪，就该吃喝嫖赌，胡作非为，可千万别干好事！”侠肝义胆的旗人常四爷只是说一句“大清国要完”而被暗探逮捕，出牢后成为一个自食其力的劳动者，末了“七十多岁了，只落得卖花生米”，满腔爱国热忱却未得善果。这三个主要人物的悲剧命运明白无误地展示出在旧中国的社会制度下，好人并没有好报的悲惨现实。而“父子相承”的次要人物包括二德子与小二德子、吴祥子宋恩子与小吴祥子小宋恩子、刘麻子与小刘麻子、唐铁嘴与小唐铁嘴等等，他们作为乱世群魔中的几个典型，很好地衬托了主要人物。“招之即来，挥之即去”的人物就更多了，比如马五爷、黄胖子、康六、明师傅、庞四奶奶、沈处长等等，他们通常戏份不多，可是却总在自己那一幕里面有画龙点睛之作用。正是在这样的戏剧结构的统摄之下，《茶馆》人物繁多却“各司其职”，避免了杂芜混乱的戏剧呈现方式。

其次，《茶馆》中的戏剧语言也为剧本增色不少。老舍的戏剧语言固然源自他所熟悉的北京市民社会，同时亦极大程度地汲取了作者在小说创作中所专擅的那种京味。这种戏剧语言既精炼，又极富个性化特色，为刻画人物形象、烘托人物性格起到了非常好的效果。在剧本的叙述语言中，老舍通常寥寥几笔便能将人物性格于极简中表现到极致，比如在剧中的两个人物常四爷、松二爷登场的时候，老舍使用的叙述语言是这样的：

松二爷和常四爷都提着鸟笼进来，王利发向他们打招呼。他们先把鸟笼子挂好，找地方坐下。松二爷文绉绉的，提着小黄鸟笼；常四爷雄赳赳的，提着大而高的画眉笼。茶房李三赶紧过来，沏上盖碗茶。他们自带茶叶。茶沏好，松二爷、常四爷向邻近的茶座让了让。

表面看来这段文字只是在叙述两位人物登场亮相时的情景，却已经通过几个细节、几个动作将时代背景、人物个性交代清楚了。同是提着鸟笼登场，松二爷“文绉绉”、常四爷“雄赳赳”，正对应了这两个旗人不同的性格，也为后文中二人不同的遭际埋下伏笔；二人赴茶馆却“自带茶叶”，表面上看是自有饮茶品味、不愿俯就大众茶馆，但实际上却很可能是为了节省茶钱只付开水钱而有意为之。这个细节将晚清旗人子弟“有钱的真讲究，没钱的穷讲究”的生活方式展现在了读者和观众面前；“茶沏好，松二爷、常四爷向邻近的茶座让了让”，邻近的茶座却未必都是两位爷的熟人，这一举动又将“旗人多礼”“北京人连走卒小贩全另有风度”的特点表现得淋漓尽致。

在剧本的人物语言中，老舍遵循着“各色百态、开口就响”的原则，在人物独白、人物对话之中凸显人物性格。虽然《茶馆》中人物繁多、时空错置，作家却能使每个人物一开口就显示出他的个性来，让这个人物与那个角色之间呈现出鲜明的区分度。比如剧本里面写到老式特务吴祥子、宋恩子敲诈王利发的时候有这样一段对话：

宋恩子：不看，拿不到人，谁给我们津贴呢？

吴祥子：王掌柜不愿意咱们看，王掌柜必会给咱们想办法！咱们得给王掌柜留个面子！对吧？王掌柜！

王利发：我……

宋恩子：我出个不很高明的主意：干脆来个包月，每月一号，按阳历算，你把那点……

吴祥子：那点意思！

宋恩子：对，那点意思送到，你省事，我们也省事！

王利发：那点意思得多少呢？

吴祥子：多年的交情，你看着办！你聪明，还能把那点意思闹成不好意思吗？

这一段对话围绕着“意思”这个词语大做文章，引人发噱，在笑过之后却又让人深刻地感受到军阀割据时代特务活动的无孔不入，以及这些蝇营狗苟的特务阴狠毒辣的个性。除了这些主要人物的语言颇具个性外，就连着墨不多，甚至只有一两句话的过场人物，老舍也能让他们“开口就响”。比如“吃洋教的小恶霸”马五爷，目睹打手二德子逞凶与常四爷发生矛盾时一直冷眼旁观，只在听二德子说了一句“我碰不了洋人，还碰不了你吗”时，甚觉不快，才并未立起地说了一句：“二德子，你威风啊！”一句话遂将二德子的气焰打压下去。马五爷的挺身而出却并非出于公理正义，只是在二德子言语间不提防得罪了他这个“信洋教、说洋话、官方上都惹不起”的“洋奴”的主子——“洋人”时才肯出头。又比如说第三幕出场的有胆有识的女招待小丁宝，她单纯、善良、涉世未深，她向王利发讲述自己的身世时说：“胜利以后呀，政府硬说我爸爸给我们留下的一所小房子是逆产，给没收啦！妈妈气死了，我作了女招待！老掌柜，我到今天还不明白什么叫逆产，您知道吗？”王利发告诫她：“姑娘，说话留点神！一句话说错了，什么都可以变成逆产！你看，这后边呀，是秦二爷的仓库，有人一瞪眼，说是逆产，就给没收啦！就是这么一回事！”这一段对话，在显示小丁宝的单纯之余，还将抗战胜利之后国民党统治下的疯狂“劫收”的社会现实显露了出来。

《茶馆》的成功并非偶然，剧作的演出其实并不是一帆风顺的。北京人艺的著名表演艺术家、《茶馆》中吴祥子的扮演者林连昆曾回忆说：“我们剧院上演老舍《茶馆》，开始命运也不好，三大罪状是一无党的领导，二是小业主不能为戏剧主角，三是一代不如一代的满清贵族的没落的思想感情。当时险遭禁演。"①在特殊时代背景下,政治方面的苛责曾经给作品带来过一些无妄之灾。为了"抢救"当时评论界所提出的《茶馆》的所谓"缺点",剧作曾被迫添加一些情节来显示"斗争"的"红线"。这些画蛇添足之举极大地伤害了原作的整体艺术风貌。"文革"结束,《茶馆》才恢复了本来面貌,重新出发并显示出更加蓬勃旺盛的生命力,由此可见一部经典作品确是经得起时间的考验的。

此外,还应当注意到戏剧作为一种表演类的文学,除却剧本的创作之外,它还需要借助演员的表演、舞台服装、化装道具等技术手段的辅助,才能完成最终的对审美观照对象的创造。从这个意义上来看,《茶馆》的成功不单单是因为老舍的剧本写得精彩,还有北京人民艺术剧院的导演焦菊隐、表演艺术家于是之等的助力。出色而深刻的剧本,加上演员精湛而到位的演技,造就了《茶馆》的口碑,形塑了《茶馆》的经典地位。因此,当《茶馆》于1980年"出访西欧"赴德国演出的时候才会产生巨大的轰动。当地报纸评论这部戏"用了大量的丰富的、典型化了生活细节,丰富到如此程度,以致不必再听同声翻译便可以理解";有德国观众表示"看了这个戏知道了中国是怎样一步一步发展过来的";还有德国当地的评论盛赞:"老舍笔下的人物,已化在演员们的血液中。"②这正说明了这样一部经典的文学作品既是民族的,同时也是世界的。

【参考文献】

[1]李健吾.读《茶馆》[J].人民文学,1958(1).

[2]北京人民艺术剧院《艺术研究资料》编辑组.《茶馆》的舞台艺术[M].北京:中国戏剧出版社,1980.

[3]冉忆桥,李振潼.老舍剧作研究[M].上海:华东师范大学出版社,1988.

[4]王本朝.老舍研究[M].重庆:重庆大学出版社,2013.

（撰稿人:马泰祥）

① 《〈茶馆〉当初险遭禁演的三大罪状》,《文艺理论研究》1996年第5期,第27页。

② 周瑞祥:《〈茶馆〉访欧演出散记》,《人民戏剧》1980年第12期,第43~44页。

《雷雨》导读

《雷雨》于1934年发表于《文学季刊》第1卷第3期，是曹禺的成名之作，也是他最重要的作品，中国现代话剧成熟的里程碑。在中国，现代话剧是一个舶来品，从文明戏到爱美剧，现代语境中中国很多剧作家做了多方面尝试，但不管是在现代戏剧观念的体现或者是作品的表达方式等方面都不尽完美。曹禺以其深厚的中国传统戏剧文化积淀，以其对西方话剧艺术的全面了解和接受，以其独特的人生体验和高超的艺术创造力，奉献了话剧《雷雨》。作为中国现代戏剧文学的经典文本，《雷雨》自发表开始就有很多文学研究者对其进行了全方位的探讨研究，从现实主义到人文主义，从本体研究到文化批评，从阶级分析到审美意蕴的发掘，《雷雨》为中国现代文学的研究提供了一个经典文本。著名的曹禺研究专家田本相认为："《雷雨》就具有这样的典范性，是其他的剧作家的剧作所未能达到的，也是曹禺的其他剧作所没有全部具备的。"[①]总体看，《雷雨》的经典性主要体现在以下几个方面：首先，《雷雨》表达了以人性为基本的悲剧多重性内涵；其次，《雷雨》揭示了以社会生活为逻辑参照的人物的复杂性；再次，《雷雨》以精巧的结构呈现了丰富的戏剧性。

《雷雨》的悲剧性表达始终围绕人性内涵展开，从人性与人的社会角色的关系演绎了深刻的社会悲剧，从人性与人命运的关系演绎了无奈的命运悲剧，从人性的复杂方面演绎了多重的伦理悲剧。《雷雨》多重的悲剧性不仅体现了作者对人生对社会的人文关怀和哲理思考，同时也体现了作品极高的美学价值。从《雷雨》发表以来，对《雷雨》以反封建以及阶级矛盾为内容的社会学批判在众多解读中占据了重要的地位，甚至至今还流行于很多的学术论文和教学实践中。"五四"反传统的现代启蒙思想是中国现代文学的思想起点，长时间影响了中国现代文学的价值取向。在《雷雨》中，周朴园的封建性与鲁大海的革命性之间的矛盾完整体现了文学的现代启蒙主题，虽然工人领袖鲁大海的革命性主张和行为符合人性的基本价值，但被统治的社会地位和孱弱的反抗力量将他

① 田本相：《论〈雷雨〉的典范性——为纪念〈雷雨〉发表八十周年而作》，载田本相《曹禺探知录》，北京时代华文书局，2016，第225页。

置于孤立无援的境地,最后只能出走。周朴园是一个非常复杂的人物,从他的个人情感的角度看,他具有性格的多面性,但从社会角度看,作者将周朴园塑造成了一个具有反动性的人物。他专制,不管是在公司还是在家庭,他总想将他人纳入自己的控制之中,以极不人道的方式左右着他人的命运。在家里,他以家长的姿态控制着妻子蘩漪,甚至让周萍跪地逼蘩漪喝药,其家长的威严让他的孩子对他充满着陌生和恐惧。他问小儿子周冲:"你怕我么?"周冲回答说:"是的,爸爸。"周朴园的这种专制和残忍与鲁大海坚决的革命性,以及周冲的理想主义正是"五四"启蒙主题的表达,也是在启蒙主义思想影响下各类社会人的基本选择。当然,周冲理想的幻灭,鲁大海革命的失败,周朴园家庭的分崩离析就是剧中以人性价值为基本内容的社会悲剧的具体体现。《雷雨》表达的命运悲剧内涵也是较早就被文学批评者所注意到的,1935年刘西渭在文章《〈雷雨〉——曹禺先生作》中首次提出《雷雨》中的"命运观"。对《雷雨》中命运悲剧解读的文章层出不穷,从将其与古希腊命运悲剧的比较到对其进行宿命论的批判,文学批评者从不同的价值角度对《雷雨》所呈现的命运悲剧进行关注。从《雷雨》序看,作者有在作品中表达人物命运悲剧的主观企图,他认为:"与《雷雨》俱来的情绪蕴成为我对宇宙间许多神秘的事物一种不可言喻的憧憬。……我不能断定《雷雨》的推动是由于神鬼,起于命运或源于哪种显明的力量。""这主宰,希伯来的先知们赞它为'上帝',希腊的戏剧家们称它为'命运'。"[①]有钱人家的周公子喜欢上了老妈子的女儿侍萍,侍萍为周朴园生下了两个孩子,如果把周朴园为了另娶他人将侍萍和奄奄一息的小儿子赶出家门视为一种欺凌,把投河自尽的侍萍母子二人被救看成是一种幸运的话,那三十年后侍萍阴差阳错又回到周家的行为就很容易让人认为是巧合,经历了刻骨铭心的爱与恨的侍萍显然没有再次回到周家的主观意图。但当她回到周家后才发现,与周朴园罪恶行径相关的巧合竟然太多。她与鲁贵所生的女儿四凤也在周家做事,同是周家少爷的周萍居然喜欢上了同母异父的四凤,而且还让四凤有了身孕,这是侍萍命运的再次轮回。身为周朴园亲生儿子的鲁大海此刻却以工人领袖的身份与周朴园作针锋相对的斗争。周朴园当初将侍萍母子赶出家门的罪恶行为导致了诸多围绕他而产生的悲剧似乎是上帝的报复,是无法规避的命运的惩罚。伦理悲剧是《雷雨》人性罪恶最集中的揭露,在人性的扭曲中挣扎的蘩漪将周萍视为救命稻草,最终导致了与继子的乱伦,继母热烈而疯狂的爱使周萍感到万分恐惧,为了摆脱蘩漪的纠缠,周萍将爱转移到丫头四凤身上。周萍的这一选择不仅将蘩漪置于"母亲不像母亲,情妇不像情妇"的地步,同时也陷入了另一种血缘乱伦的悲剧之中。周萍并不知道四凤是自己同母异父的妹妹,他只觉得这个单纯的已经为自己怀孕的女孩能帮他摆脱母子乱伦的困境,所以,当他们的关系暴露后,他们只能选择死亡。《雷雨》正是因其社会悲剧、命运悲剧以及伦理悲剧等的多重悲剧意蕴,被认为是中国悲剧甚至世界悲剧的典范之作。

① 曹禺:《〈雷雨〉·序》,载曹禺《曹禺选集》,人民文学出版社,2004,第182页。

《雷雨》的经典性还表现在其为中国现代文学乃至世界戏剧艺术奉献了经典的文学形象。叙事文学最重要的是人物形象的塑造和故事的铺陈，中国"五四"以来的新文学创作为了追求启蒙以及后来的革命等现代主题，部分作家的创作不够重视文学基本观念的确立，不够重视以人物形象塑造和情节发展为体现的文学性，导致很多作品观念大于形象，情节简单生硬。曹禺在《雷雨》中塑造了八个人物形象，这八个个性鲜明的人物形象既在很大程度上实现了生活逻辑的还原，又满足了以戏剧冲突推动戏剧情节发展的需要。从性格内容及人物符号意义看，《雷雨》的八个人物遍及从简单到复杂的多个层次，其中周冲、鲁大海与蘩漪代表了两端。作品中，性格构成、情感表达最复杂的人物是蘩漪，从性格内容的丰富性看，蘩漪一方面敢于表达和追求自己的爱情，为了能跟自己的情人周萍在一起，她可以放弃一切，例如家庭、亲情等，甚至她觉得如果周萍喜欢四凤的话，"甚至于你要把四凤接来——一块儿住，我都可以"，但另一方面，蘩漪面对丈夫周朴园家长式的强权，她的反抗又是有限的，她不得不整天封闭在家，不断接受医生诊治，被迫喝下自己不愿喝的药。从道德角度看，蘩漪反抗专制统治追求自由生活似乎符合启蒙主义的现代价值理想，但她的情人是她自己的继子，这又完全颠覆和否决了基本的人伦道德，所以，作品中蘩漪的形象执着而恶毒、热烈又阴鸷。这种性格内容与道德价值矛盾性形成的艺术张力使蘩漪这个人物具有更大的思想内涵的包蕴性，透过这个丰满的形象，人性内涵的丰富性与深刻性也得以充分表达。与此相对应，周冲、鲁大海是《雷雨》中最单纯的人物。周冲是一个善良、单纯的学生形象，他对周公馆随时可能爆发的潜在危机的感知是非常迟钝的，对父亲的畏惧、对母亲的关心以及对自己青涩爱情的追求是他生命中的全部。他善良，试图说服父亲用自己的一半学费来供周家丫头四凤读书；他宽容，自己喜欢的四凤要跟随哥哥周萍出走，他居然说"只要四凤愿意，我没有一句话可说"。作为一个戏剧人物而言，周冲的单纯使其在一定程度上失去了角色感，以至于很多读者将其视为半个人物，但这个简单的人物符号却也较为准确地表达了"五四"以来很多具有理想主义倾向的知识分子的精神世界。与周冲相似的另一个比较简单的人物是鲁大海，与周冲的理想主义相反，鲁大海是一个充满仇恨且具有彻底反抗精神的革命者形象。鲁大海是矿上工人的罢工领袖，为了给工人运动中的死难者报仇，他坚决站在对抗资本家周朴园的立场上，以至于被周朴园开除。鲁大海人物形象的单纯性首先体现在他的阶级立场充分代表了他的情感世界，不但对反动的资本家周朴园只有仇恨，对周公馆公子周萍只有仇恨，就连对鲁贵也充满不满和仇恨。鲁大海处理矛盾的办法也很简单，动不动就掏出枪，大有为了报仇将自己生命置之度外的英雄气概。所以，鲁大海也是一个比较简单的革命者形象，只是作品中暗含的他与周朴园的血缘父子关系，使这一形象具有了戏剧性的结构意义。在《雷雨》中，较为复杂的人物是周朴园和鲁贵。一般认为，周朴园是一个具有封建性的资本家，是一个反动的、残暴的、凶狠的工厂和家庭的统治者。实际上，周朴园的性格构成也是比较复杂的。一方面，残忍、强权构成了周朴园性格的主体，他可以为了自己的利益强行赶走刚生下孩子的侍萍，同时抛弃自己的亲生儿子，而且他自己也清楚这种行为必然会置母子俩于死地，所以后来他多次谈到周萍的生母已经投河自尽了。另外，通过鲁大海之口我们可以得知，周朴园在包修哈尔滨江桥时，故意淹死了两千二百个小工，每一个小工的性命他扣三百块钱。这是周朴园毫无人性的残忍性格的体现，也是周朴园反动性的体现。除了残忍，周朴园还有明确的强权意识，不管是在工厂的管理还是在家庭中，他都习惯于将自己的意志强加于别人的头上，让所有人无条件服从自己的统治，这是周朴园专制性的体现。从作品看，周朴园性格中实际上还存在一些暖色的因素，不过这些因素在长期的社会的、阶级的批评视角中被忽略。实际上，冷漠掩盖下的周朴园是有过一段热烈的爱情的，甚至有研究者认为周朴园“爱梅侍萍爱得刻骨铭心”[①]。以至于周朴园几十年来一直保留侍萍在周家时家具的摆放方式，保持了侍萍坐月子不开窗的习惯，保留了侍萍年轻时的照片。这些行为虽然不能完全说是周朴园对侍萍的怀念，但至少能说明面对蘩漪的折腾，周朴园的确怀念当初与侍萍的爱情。鲁贵形象的复杂性表现在这个表面上卑躬屈膝的下人在掌握了周家的一些秘密后，会在恰当的时候在周家当事人面前暗示，以谋取一定的金钱或其他好处，来满足自己赌博和酗酒的嗜好，这些性格内容在他身上体现为一种痞性。另外，《雷雨》中比较单纯的人物形象是四凤和侍萍，这两个人物身上秉承了很多中国传统女性的性格内容和品质，她们都十分善良单纯，都有对爱情的美好憧憬，也都是专制家庭伦理的受害者。

《雷雨》经典的戏剧性主要体现在其精巧的戏剧结构方面。整体上看，故事围绕周朴园与蘩漪的家庭冲突展开，他们的矛盾是多重的，一方面，周朴园与蘩漪是法理和道德意义上的夫妻，另一方面，周朴园年长蘩漪二十岁，也即是整整一代人。在年龄差异的掩盖下，具有现代意识的蘩漪对自己爱情生活的追求与具有传统性的周朴园家长式的压制之间形成了极大的冲突，蘩漪对周朴园强权歇斯底里的反抗最终导致了蘩漪与周萍乱伦的畸形恋情。这种矛盾的释放在很大程度上推动了剧情的发展，导致了剧情的复杂性。在《雷雨》中，这种戏剧性的结构很多，八个人物中，几乎任意两个人物都会形成一种矛盾性的关系，都会在不同程度上推动剧情的发展。除了蘩漪与周朴园外，蘩漪与周萍的关系既是伦理上的母子关系，又是情感上的情人关系；周萍与四凤既是同母异父的兄妹，又是情人关系，而且四凤还怀上了周萍的孩子；周萍与周朴园既是父子关系又是情敌关系；周朴园与鲁大海既是父子关系又是资本家与工人运动领袖的关系；侍萍与周朴园既是主仆关系又是情人关系，……这些人物关系的矛盾性蕴含了很大的推动剧情复杂化发展的力量。从《雷雨》的整体结构看，周朴园显然是作品中最核心的人物，几乎所有的故事以及悲剧性的发展都因他而起，他三十年前爱上了女佣梅妈的女儿侍萍，随后又抛弃并将其赶出家门是整个故事的起点。但真正将故事展开的是侍萍的

① 陈思和：《细读〈雷雨〉——现代文学名作细读之三》，《南方文坛》2003年第5期，第24页。

回归，当周朴园等人以为已经死亡的侍萍回到周家后，围绕周家的诸多伦理情感错乱的事实逐渐大白于天下，最后导致悲剧性结局。所以，是侍萍撬动了《雷雨》的悲剧链条，她是悲剧第一动力的发出者。而推动剧情急速发展的人物是蘩漪，蘩漪发现周萍移情四凤后十分紧张，极力挽留周萍，甚至跟踪周萍到了鲁家，并锁上鲁家的窗户，将正在与四凤约会的周萍暴露在鲁家众人的目光之中。当众人回到周公馆后，蘩漪又当着周、鲁两家人的面揭穿了周萍与四凤的情人关系，并通过周朴园暴露了侍萍的真实身份，实际上也揭露了周萍与四凤的兄妹关系，矛盾急速激化并以悲剧收场。作者将这个故事结局集中安排在周公馆一天之内，符合古典主义戏剧"三一律"的基本法则，表现了作者精当的艺术构思和高超的驾驭能力。

（撰稿人：何圣伦）

《边城》导读

发表于1934年的《边城》是沈从文最负盛名的代表作。一个美丽的不为人知的城，一群纯朴的有情有义的人，一段淡淡的不凑巧的爱，让无数的读者魂牵梦绕，让无数的评论者费尽心神。

要理解《边城》，必须先了解沈从文笔下的"都市世界"与"湘西世界"。在沈从文看来，"都市世界"意味着病态、畸形，"都市人"表面道貌岸然，内心龌龊不堪。他说："城市中人生活太匆忙，太杂乱，耳朵眼睛接触声音光色过分疲劳，加之多睡眠不足，营养不足，虽俨然事事神经异常尖锐敏感，其实除了色欲意识以外，别的感觉官能有点麻木不仁。"①沈从文认为，汲汲于色欲和个人得失的人生观充满了市侩色彩，是民族衰败与堕落的表现。与之相对，"湘西世界"则代表着健康和美。人们勇敢正直，豪爽豁达，以俯仰不愧于天地的态度担负着自己的人生。他们没有读过多少书，一言一行一举一动却无不符合至情至性的天地大道。这样的"湘西世界"正是对"都市世界"的救赎，是沈从文为"都市人"献上的一份苦口良药。

《边城》正是沈从文"湘西世界"里最耀眼的那颗明珠，这里山清水秀，人和自然极和谐地共存。"溯流而上，则三丈五丈的深潭可清澈见底。深潭中为白日所映照，河底小小白石子、有花纹的玛瑙石子，全看得明明白白。水中游鱼来去，全如浮在空气里，两岸多高山，山中多可以造纸的细竹，长年作深翠颜色，逼人眼目。近水人家多在桃杏花里，春天时只须注意，凡有桃花处必有人家，凡有人家处必可沽酒。"②这里的房子"黄泥的墙，乌黑的瓦，位置则永远那么妥贴，且与四围环境极其调和，使人迎面得到的印象，实在非常愉快"③。因此，"一个对于诗歌、图画稍有兴味的旅客，在这小河中，蜷伏于一只小船上，作三十天的旅行，必不至于感到厌烦。正因为处处若有奇迹……自然的大胆处与精

① 沈从文：《习作选集代序》，载沈从文《沈从文全集》（第九卷），北岳文艺出版社，2002，第4页。

② 沈从文：《边城》，浙江文艺出版社，2003，第5页。

③ 同上。

巧处，无一地无一时不使人神往倾心”[①]。

这里的人忠实而庄严地活着，以诚相待，以善相亲，对个人得失毫不计较。不收钱的摆渡老人和非要给钱的渡客的争执，上好猪肉只卖少少钱的肉贩与坚持货价相符的买家的纠纷，都显示了当地人的质朴热情。即便是妓女，也有真心实意的一面："遇不相熟的主顾，做生意时得先交钱，数目弄清楚后，再关门撒野。人既相熟后，钱便在可有可无之间了。妓女多靠四川商人维持生活，但恩情所结，则多在水手方面。感情好的，互相咬着嘴唇咬着颈脖发了誓，约好了'分手后各人不许胡闹'；四十天或五十天，在船上浮着的那一个，同在岸上蹲着的这一个，便各在分上呆着打发这一堆日子，尽把自己的心紧紧缚定远远的一个人。"[②]所以沈从文感叹："这些人既重义轻利，又能守信自约，即便是娼妓，也常常较之讲道德知羞耻的城市中绅士还更可信任。"[③]

这样的环境、这样的人，就是沈从文心目中与"都市生活"截然不同的"优美，健康，自然，而又不悖乎人性的人生形式"[④]。或许有些读者会认为这样的生活过于古朴，美则美矣，不适合现代社会。沈从文对这种观点心知肚明，在《〈边城〉题记》里他写道："照目前风气说来，文学理论家，批评家及大多数读者，对于这种作品是极容易引起不愉快的感情的。前者表示'不落伍'，告给人中国不需要这类作品，后者'太担心落伍'，目前也不愿意读这类作品。"[⑤]沈从文不在意这些人，因为《边城》本不是写给他们的，而是写给"极关心全个民族在空间与时间下所有的好处与坏处"[⑥]的人的。"我的读者应是有理性，而这点理性便基于对中国现社会变动有所关心，认识这个民族的过去伟大处与目前堕落处，各在那里很寂寞的从事于民族复兴大业的人。这作品或者只能给他们一点怀古的幽情，或者只能给他们一次苦笑，或者又将给他们一个噩梦，但同时说不定，也许尚能给他们一种勇气同信心！"[⑦]之所以能激发起勇气和信心，因为沈从文坚信，不管社会的器物、制度如何变革，边城人顺应自然、合于大道的人生态度都永远应该肯定和弘扬。

"优美、健康、自然，而又不悖乎人性的人生形式"并不意味着圆满，《边城》实在是一个悲剧。悲剧中的每一个人物都善良、正直，他们的所行皆高尚磊落，可是到故事结束时，偏偏每个人都心碎难补、伤痕累累。天保是个好男儿，正直坦荡，在知道傩送对翠翠的心思后，没有依仗哥哥的身份和先提亲的优势打压傩送，拒绝傩送替他唱歌，选择退出竞争。傩送也是个好男儿，不为利诱，忠实于自己的情感，不要碾房要渡船，与哥哥公平竞争，甚至愿意帮哥哥唱歌。顺顺是好人，不势利，在天保遇难后明事理、不迁怒，在摆渡老人去世后为翠翠提供无私的帮助。摆渡老人也是好人，忠于职守，不占别人一丁

① 沈从文：《边城》，浙江文艺出版社，2003，第5页。

② 同上书，第8页。

③ 同上。

④ 沈从文：《习作选集代序》，载沈从文《沈从文全集》（第九卷），北岳文艺出版社，2002，第5页。

⑤ 沈从文：《〈边城〉题记》，载沈从文《沈从文全集》（第八卷），北岳文艺出版社，2002，第57~58页。

⑥ 同上书，第59页。

⑦ 同上书，第59页。

点儿便宜，用尽自己的心力爱护翠翠。还有翠翠，那皮肤黑黑，“一对眸子清明如水晶”[①]，“和山头黄麂一样”[②]纯洁美丽的姑娘，那真是一个山水的精灵。可最终的最终，天保死了，带着求而不得的遗憾；爷爷死了，带着对翠翠未来的担忧；顺顺对接纳这个间接导致儿子死亡的女孩有了介怀；傩送或许明天回来或许永远不回来，即便回来，对翠翠的情感也难于保持最初的纯粹。没有人做坏事，没有人做恶事，却仍然支离破碎，让人嗟叹。

翠翠是在爷爷死后，在杨马兵的叙说中，才明白了所有的事，“翠翠把事情弄明白后，哭了一个夜晚”[③]。哭，是与从前懵懂岁月的告别，是对无忧无虑童年的最后一次哀悼。因为爷爷说过：“做一个大人，不管有什么事都不许哭。要硬扎一点，结实一点，才配活到这块土地上！”[④]

是啊，在这块土地上，人必须硬扎一点，结实一点，才能活得下去！天地不仁，视万物为刍狗。面对不幸，众生平等，唯一可选择的仅是承受不幸的方式。在沈从文看来，当不可抗的天灾人祸来袭时，沉湎于悲伤、怨天尤人或胡乱抗争，都是无益的，人应该在不幸面前保持尊严。就像边城的人民对待洪水，“水若来得特别猛一些，沿河吊脚楼，必有一处两处为大水冲去，大家皆在城上头呆望，受损失的也同样呆望着，对于所受的损失仿佛无话可说，与在自然安排下，眼见其他无可挽救的不幸来时相似”[⑤]。沈从文在小说的结尾写翠翠拒绝了顺顺接她到家生活的提议，宁愿守着渡船，等待傩送归来，再根据傩送的意思，安排自己的未来。傩送会不会回来？傩送回来后还愿意娶翠翠吗？一切都是不可知的。选择这样一条充满不可知的道路，正是翠翠尊严的体现，是翠翠的硬扎、结实的活法。

1942年，沈从文在时隔八年后创作了《水云——我怎样创造故事，故事怎样创造我》，其中有对自己创作《边城》时的心境的剖解。这次他没有从民族文化的角度阐释《边城》，而是叙说了《边城》对于他个人的意义。他着意点明了《边城》悲剧的原因：“一切充满了善，然而到处是不凑巧。既然是不凑巧，因之素朴的善终难免产生悲剧。”[⑥]《边城》的悲剧如此，人生的悲剧又何尝不是如此。如何能摆脱？似乎毫无办法。沈从文只能感叹：“一个人的一生可说即由偶然和情感乘除而来。”[⑦]此时的沈从文刚刚迈入“不惑之年”，但《水云——我怎样创造故事，故事怎样创造我》却处处流露着深深的“惑”。他解释《边城》的创作动因是对完美生活的“突围”：“一切似乎都安排对了。我心想：‘我要

① 沈从文：《边城》，浙江文艺出版社，2003，第3页。
② 同上。
③ 同上书，第78页。
④ 同上书，第52页。
⑤ 同上书，第4~5页。
⑥ 沈从文：《水云——我怎样创造故事，故事怎样创造我》，载沈从文《沈从文文集》（第十卷），花城出版社、生活·读书·新知三联书店香港分店，1984，第280页。
⑦ 同上书，第267页。

的,已经得到了。名誉或认可,友谊和爱情,全部到了我的身边。……可是不成,我似乎还有另外一种幻想,即从个人工作上证实个人希望所能达到的传奇。我准备创造一点纯粹的诗,与生活不相粘附的诗。……我需要一点传奇,一种出于不巧的痛苦经验,一分从我'过去'负责所必然发生的悲剧。换言之,即完美爱情生活并不能调整我的生命,还要用一种温柔的笔调来写爱情,写那种和我目前生活完全相反,然而与我过去情感又十分相近的牧歌,方可望使生命得到平衡。"①这样的感受不为人理解,所以分外孤独:"我的新书《边城》出了版。这本小书在读者间得到些赞美,在朋友间还得到些极难得的鼓励。可是没有一个人知道我是在什么情绪下写成这个作品,也不大明白我写它的意义。即以极细心朋友刘西渭先生的批评说来,就完全得不到我何如用这个故事填补我过去生命中一点哀乐的原因。唯其如此,这个作品在我抽象感觉上,我却得到一种近乎严厉讥刺的责备。"②沈从文继续写道:"这是一个胆小而知足且善逃避现实者最大的成就。将热情注入故事中,使他人得到满足,而自己得到安全,并从一种友谊的回声中证实生命的意义。可是生命真正意义是什么?是节制还是奔放?是矜持还是疯狂?是一个故事还是一种事实?"③这样的疑问是1934年就存在的,还是1942年追加的,我们不得而知。但不管怎样,沈从文都提供了另外一个进入《边城》的通道。

美丽的《边城》,忧伤的《边城》,说不尽的《边城》,愿每个读者都能以《边城》为镜,找到想要的东西,勇敢地面对命运,勇敢地面对自己。

【参考文献】

[1]苏雪林.沈从文论[J].文学,1934(3).

[2]刘西渭.《边城》与《八骏图》[J].文学季刊,1935(3).

[3]吴立昌.论沈从文笔下的人性美[M].艺文论丛,上海:上海文艺出版社,1983.

[4]汪曾祺.沈从文的寂寞[J].读书,1984(8).

[5]凌宇.沈从文传[M].北京:东方出版社,2009.

(撰稿人:徐茜)

---

① 沈从文:《水云——我怎样创造故事,故事怎样创造我》,载沈从文《沈从文文集》(第十卷),花城出版社、生活·读书·新知三联书店香港分店,1984,第279页。

② 同上书,第281~282页。

③ 同上书,第282页。

《随想录》导读

"人只有讲真话，才能够认真地活下去。"①这似乎并不是一句深奥的话，似乎不值得郑重其事地一说再说，巴金却不顾老、衰、病，用他颤巍巍的手和近八年时间（1978年到1986年），为读者献上42万字的《随想录》（包括《随想录》《探索集》《真话集》《病中集》《无题集》五卷），篇篇句句行行的背后都站立着这句简单的话。

什么是讲真话？巴金说："我所谓真话不是指真理，也不是指正确的话。自己想什么就讲什么；自己怎么想就怎么说——这就是说真话。"②这样看来，讲真话不应该是一件困难的事。怎么想就怎么说，每个人在幼年时都这样干过。不谙世事的孩子能做到的事，成人反而做不到，需要巴金大声疾呼？事实就是如此。《皇帝的新装》里满朝文武、满城百姓众口一词颂扬皇帝的新装多么漂亮多么合身，只有一个小孩子说：他什么衣服都没有穿。难道成年人中没有一个看清楚真相？我相信一定是有的。之所以不说，是因为他不敢！鲁迅的《立论》早就告诉我们了，说谎话得好报，说真话遭痛打。这就是讲真话的下场。

不用讳言，在中国这块土地上，真话从来就是稀缺品。特别是在20世纪下半叶，假话、空话、套话、大话满天飞，真话却踪迹渺茫。"文革"更是使"说谎的艺术发展到了登峰造极的地步，谎言变成了真理，说真话倒犯了大罪"③。对于"一切旧的传统观念，一切阻止社会进步和人性发展的不合理的制度，一切摧残爱的努力，它们都是我最大的敌人"④的巴金来说，这是令人痛苦的，是必须与之战斗的。所以，"文革"结束后不久，巴金就拿起了笔。"讲真话"是巴金在《随想录》中反复提及的话题，他曾经写过五篇专门谈论"讲真话"的文章（《说真话》《再论说真话》《三论讲真话》《说真话之四》《未来（说真话之五）》），顺带提及"讲真话"的更是不计其数。不仅如此，在写作中，巴金也严格恪守"讲

① 巴金：《再论说真话》，载《巴金全集》（第十六卷），人民文学出版社，1991，第239页。

② 巴金：《说真话之四》，载《巴金全集》（第十六卷），人民文学出版社，1991，第387页。

③ 巴金：《说真话》，载《巴金全集》（第十六卷），人民文学出版社，1991，第230页。

④ 巴金：《我和文学》，载《巴金全集》（第十六卷），人民文学出版社，1991，第268页。

真话”的信条，不掩藏自己的过往的历史，不隐瞒自己现在的观点，在那个乍暖还寒、政治风向多变的时代，真正做到了人品与文品的统一。

真实地记录“文革”、思考“文革”，是《随想录》最打动读者的地方。清醒的自审意识是巴金“文革”书写的核心。他认为：不能把“文革”的罪责“都推在‘四人帮’身上。我自己承认过‘四人帮’的权威，低头屈膝，甘心任他们宰割，难道我就没有责任！难道别的许多人就没有责任！”[①]巴金对自己做过的事毫不遮瞒，在《随想录》里他坦承自己曾经人云亦云地批判过丁玲、冯雪峰、艾青，做了“跟在别人后面丢石块”[②]的人；迫于压力，违心地写了对柯灵《不夜城》的批判；面对对丰子恺《阿咪》的错误批判，“在私下议论时我不曾替《阿咪》讲过一句公道话”[③]；当满涛被莫名其妙地宣布为“反革命分子”时，“没有支持他，没有出来说一句公道话，只是冷眼旁观”[④]。这一切都让巴金感到抱歉、内疚、惭愧。之所以会做这些对不住人的事，是因为在“文革”中自己经历了“奴在心者”和“奴在身者”两个阶段。

“奴在心者”即完全失去了自己的思考能力，处于盲目迷信状态。巴金写道，“文革”初期“我完全用别人的脑子思考，别人大吼‘打倒巴金！’，我也高举右手响应。……当时我并不是做假，我真心表示自己愿意让人彻底打倒，以便从头做起，重新做人。我还有通过吃苦完成自我改造的决心。我甚至因为‘造反派’不‘谅解’我这番用心而感到苦恼”[⑤]。在那个时候，“我真的相信只有几个‘样板戏’才是文艺，其余全是废品。我彻底否定了自己”[⑥]。对此，巴金感叹道：“在一九六七、六八年中我的精神状态就是这样可怜、可鄙的。这才是真的着魔啊！”[⑦]

1969年后，巴金眼前的迷雾开始消散，“我无法再用别人的训话思考了。我忽然发现在我周围进行着一场大骗局”[⑧]。“我渐渐地脱离了‘奴在心者’的精神境界，又回到‘奴在身者’了。换句话说，我不是服从‘道理’，我只是屈服于权势，在武力之下低头，靠说假话过日子。”[⑨]在巴金看来，“奴在身者”比“奴在心者”清醒，但仍是一种“奴”的状态，背后隐含着明哲保身的活命哲学。而这种哲学最终将导致“把真话隐藏起来，随风向变来变去，变得连自己的面目也认不清楚”[⑩]。不管“奴在心者”还是“奴在身者”，都是不正常的，都是非人性的。

巴金曾说，《随想录》“是从解剖自己、批判自己做起的。我写作，也就是在挖掘，挖

---

① 巴金：《〈探索集〉后记》，载《巴金全集》（第十六卷），人民文学出版社，1991，第275页。
② 巴金：《纪念雪峰》，载《巴金全集》（第十六卷），人民文学出版社，1991，第134页。
③ 巴金：《怀念丰先生》，载《巴金全集》（第十六卷），人民文学出版社，1991，第315页。
④ 巴金：《怀念满涛同志》，载《巴金全集》（第十六卷），人民文学出版社，1991，第386页。
⑤ 巴金：《十年一梦》，载《巴金全集》（第十六卷），人民文学出版社，1991，第323页。
⑥ 巴金：《现代文学资料馆》，载《巴金全集》（第十六卷），人民文学出版社，1991，第292页。
⑦ 同上书，第293页。
⑧ 巴金：《十年一梦》，载《巴金全集》（第十六卷），人民文学出版社，1991，第327页。
⑨ 同上书，第327~328页。
⑩ 巴金：《未来（说真话之五）》，载《巴金全集》（第十六卷），人民文学出版社，1991，第394页。

掘自己的灵魂。必须挖得更深，才能理解更多，看得更加清楚。但是越往深挖，就越痛，也越困难"[①]。痛、难皆在于不得不面对自己灵魂中可能存在的龌龊肮脏。巴金没有退缩，他诚恳地写道："在那个时期我不曾登台批判别人，只是因为我没有得到机会，倘使我能够上台亮相，我会看作莫大的幸运。我常常这样想，也常常这样说，万一在'早请示、晚汇报'搞得最起劲的时期，我得到了解放和重用，那么我也会做出不少的蠢事，甚至不少的坏事。当时大家都以'紧跟'为荣，我因为没有'效忠'的资格，参加运动不久就被勒令靠边站，才容易保持了个人的清白。使我感到可怕的是那个时候自己的精神状态和思想情况，没有掉进深渊，确实是万幸，清夜扪心自问，还有点毛骨悚然。"[②]这样的解剖不是为了沽名钓誉，故作惊人之语，更不是抢占道德制高点，而是实实在在地践行"讲真话"。"我从来不是战士。而且就在《随想录》开始发表的时候，我还在另一本集子的序文中称'文革'为'伟大的革命'。"[③]敢于承认这一点的巴金，谁能否认他的大勇气？

"讲真话"，为的是直面残酷的过往。那么多的亲人、朋友在"文革"中身心受创、含冤去世（《怀念萧珊》《怀念老舍同志》《怀念胡风》《纪念雪峰》等），那么多的荒唐闹剧在"文革"中一一上演（《多印几本西方文学名著》《"长官意志"》《"腹地"》等），没有个交代，如何让逝者安息、生者奋然？"讲真话"，也为的是更美好的明天。巴金说：《随想录》的这些文章"大都是不曾愈合的伤口出来的脓血。我挤出它们，不是为了消磨时间，我想减轻自己的痛苦。……我知道不把脓血弄干净，它就会毒害全身"[④]。巴金还说："我们解剖自己，只是为了弄清'浩劫'的来龙去脉，便于改正错误，不再上当受骗。分是非、辨真假，都必须先从自己做起，不能把责任完全推给别人，免得将来重犯错误。"[⑤]巴金特别反感那些一味叫嚷"向前看"的人，在巴金看来："我们背后一大片垃圾还在散发恶臭、染污空气，就毫不在乎地丢开它，一味叫嚷'向前看'！……难道为了向前进，为了向前看，我们就应当忘记过去的伤痛？就应当让我们的伤口化脓？"[⑥]那样的"向前看"，岂不是另一种模样的假话？

"讲真话"是"认真地活"的第一步，但仅仅"讲真话"是不够的。因为"真话"不一定是"正确的话"。《爝火集》收录了巴金1949年后写的一些充满豪言壮语的"歌德"式文章。巴金坦言："我当时的感情是真挚的，我确实生活在那样的气氛中。"[⑦]也就是说，这也是一些"真话"，但这样的"真话"显然是有局限性的。巴金意识到，"真话"还需要精神层面的支撑，那就是独立的思考和正确的人生观。

巴金用1949年后的历史告诉大家："把自己的命运交给别人，甚至交给某一个两个

① 巴金：《〈随想录〉日译本序》，载《巴金全集》（第十六卷），人民文学出版社，1991，第366页。
② 巴金：《解剖自己》，载《巴金全集》（第十六卷），人民文学出版社，1991，第398页。
③ 巴金：《合订本新记》，载《巴金全集》（第十六卷），人民文学出版社，1991，第Ⅵ页。
④ 同上书，第Ⅲ至Ⅳ页。
⑤ 同上书，第Ⅳ页。
⑥ 巴金：《绝不会忘记》，载《巴金全集》（第十六卷），人民文学出版社，1991，第129页。
⑦ 巴金：《"豪言壮语"》，载《巴金全集》（第十六卷），人民文学出版社，1991，第144页。

人,自己一点也不动脑筋,只是相信别人,那太危险了。碰巧这一两个人是林彪、江青之类,那就更糟了。好人做好事,不错;好人做错事,怎么办? 至于坏人呢? 坏人做起坏事来,不只是一件、两件啊!"[①]巴金一再强调:"人是十分复杂的。人是会改变的。"[②]"他的头脑并不像评论家所想象的那样简单。在我非常敬佩的某些人身上我也发现过正在斗争着的矛盾。即使在他们身上,也不是每个细胞都是大公无私的,私的东西偶尔也会占了上风。这是合乎情理的。……对好人也不应当一味迷信。"[③]所以,必须用自己的头脑思考和判断。只有"大家都肯独立思考,就不会让人踏在自己身上走过去。大家都能明辨是非,就不会让长官随意点名训斥"[④]。巴金断言:"一个人倘使不用自己的脑子思索,一个作家倘使不照自己思考写作,不写自己心里的话,那么他一定会让位给机器人。"[⑤]

正确的人生观也是巴金在《随想录》里反复提及的。巴金认为,"文革""搞乱了人们的思想,把人的最崇高、最优美、最纯洁的理想、感情践踏、毁坏,使得不少人感到国家、民族的前途跟自己脱离关系"[⑥],因而只关心个人的利益和出路。巴金对此极不赞成,他认为"再没有比'没有信仰'、'没有理想'更可悲的了!"[⑦]在评价《人到中年》里的陆文婷时,巴金说:"我更敬佩她的'勇气和毅力',敬佩她那平凡的不自私,她那没有尘埃的精神世界使我向往,使我感动。"[⑧]巴金还多次分享他的人生信条:"生命的意义在于付出,在于贡献;不在于接受,不在于获取。"[⑨]

讲真话、独立的思考、正确的人生观构成了"认真地活下去"的基本内涵,是《随想录》的精髓所在,是巴金的领悟,是巴金的期待,更应该是我们每个人的奋斗目标。

让我们用巴金《怀念鲁迅先生》里的一段话作为本文结尾吧:"在他,写作和生活是一致的,作家和人是一致的,人品和文品是分不开的。他写的全是讲真话的书。他一生探索真理,追求进步。他勇于解剖社会,更勇于解剖自己;他不怕承认错误,更不怕改正错误。他的每篇文章都经得住时间的考验,他的确是把心交给读者的。"[⑩]鲁迅如此,巴金也是如此,他们的书都是热透纸背、情透纸背、力透纸背的大书。

① 巴金:《小人·大人·长官》,载《巴金全集》(第十六卷),人民文学出版社,1991,第72页。
② 巴金:《观察人》,载《巴金全集》(第十六卷),人民文学出版社,1991,第121页。
③ 同上书,第123页。
④ 巴金:《究竟属于谁》,载《巴金全集》(第十六卷),人民文学出版社,1991,第256页。
⑤ 巴金:《春蚕》,载《巴金全集》(第十六卷),人民文学出版社,1991,第195页。
⑥ 巴金:《"结婚"》,载《巴金全集》(第十六卷),人民文学出版社,1991,第12页。
⑦ 巴金:《怀念烈文》,载《巴金全集》(第十六卷),人民文学出版社,1991,第204页。
⑧ 巴金:《人到中年》,载《巴金全集》(第十六卷),人民文学出版社,1991,第233页。
⑨ 巴金:《我的"仓库"》,载《巴金全集》(第十六卷),人民文学出版社,1991,第515页。
⑩ 巴金:《怀念鲁迅先生》,载《巴金全集》(第十六卷),人民文学出版社,1991,第341页。

【参考文献】

[1]楼肇明.搏动着赤子之心的诗篇——读巴金《随想录》一、二集[J].当代杂志,1981(4).

[2]陈丹晨.战士的性格——从《爝火集》到《随想录》[J].读书,1981(6).

[3]朔北.《随想录》书评随笔[J].特区文学,1982(3).

[4]袁鹰.《随想录》的启示[J].随笔,1988(1).

[5]范伦.关于《随想录》的反批评[J].文学自由谈,1989(2).

（撰稿人:徐茜）

《再别康桥》导读

如果单从文体形式上看，现代白话新诗是最不能显示和古典文学渊源的一种文体。当胡适提出"推翻词调曲谱的种种束缚；不拘格律，不拘平仄，不拘长短；有什么题目，做什么诗；诗该怎样做，就怎样做"[①]的时候，意味着古典律诗的形式被"五四"一代的新诗人彻底摒弃了。梁宗岱称其为"一种玉石俱焚的破坏"[②]，白话新诗成了一种无形式的形式。但随之而来的却是诗歌无形式的难题。人们逐渐意识到，新诗在破除古典形式拘囿，被泼洗澡水的时候，把诗美也一并倒掉了。

胡适在诗歌文体的"破"上有功，但在"立"这方面，虽有过真诚的试验，但尝试的结果却是《尝试集》中诗美的乏善可陈。郭沫若的《女神》，虽开一代诗风，但个人化的表达方式，创作的偶然性，别人无法效仿，自己也未能重复。进入20世纪20年代后，新诗已近穷途末路，再次引发人们关于白话能否作诗的疑虑。此时，新月派登场了。新月派诗人提出自己的理论，重要的是贡献出了自己的作品，最终为新诗挣得了美学上的合法性。

徐志摩就是现代文学史上第一位把新诗写得具有较高艺术水准的诗人。如邵洵美所言："我以为胡适之等虽然提倡了用白话写文章写诗，但他们的成就是文化上的；在文学上，他们不过是尽了提示的责任。我相信文学的根本条件是'文字的技巧'，这原是文学者绝对不能缺少的工具；但是他们除了用文言译成白话以外，并没有给我们看过一些新技巧。这番工作到了徐志摩手里，才有了一些眉目。"[③]这也是我们一谈到中国现代新诗，就会想到徐志摩，并提及《再别康桥》的原因。

徐志摩是新月派的健将，他对新诗形式的探索，为新诗艺术的发展注入了活力，带来了新诗创作的转机。如刘梦苇的观察："新诗经了这几年的摸索，渐渐地到了光明的路上了。从最近来的报章杂志上看来，我们知道，《尝试集》已是陈迹，《繁星》《春水》也

① 胡适：《谈新诗》，《星期评论》"双十节纪念专号"，1919年10月10日。
② 梁宗岱：《新诗底纷歧路口》，载《诗与真·诗与真二集》，外国文学出版社，1984，第167页。
③ 邵洵美：《诗二十五首》，时代图书公司，1936，第3页。

成了往事,《冬夜》《草儿》等底时代甚至《女神》《红烛》《蕙的风》底时代都已经过去了。凡留心诗坛的人,大概都读到了徐志摩、闻一多、于赓虞、蹇先艾、朱湘诸先生底近作罢;他们彼此或者认识或者还是陌生,但他们无形中走上了很近似的路。"[①]这一条很近似的路,就是对新诗形式的建构和艺术的探索。从徐志摩的《再别康桥》这首诗,我们可以还原当时的一些情形。

《再别康桥》写于1928年11月6日,是徐志摩第三次游历欧洲后归国途中,在中国南海的轮船上写成的,最初刊登在1928年12月10日的《新月》月刊第1卷第10号上,后收入《猛虎集》。诗中徐志摩把英国的剑桥译为康桥。1920年10月,时年25岁的徐志摩曾在此就读。他曾写过《康桥,再会吧》《康桥西野暮色》《康河晚照即景》等诗作,还创作过散文《我所知道的康桥》。因是故地重游,所以徐志摩用"再别"为题。

为何徐志摩对康桥念兹在兹,情不自禁要多次以诗文追忆?这是因为,康桥的学习和生活,是徐志摩一生重要的转折点。徐志摩本是在美国哥伦比亚大学学经济学,因倾慕哲学家罗素,于是放弃学业及博士学位的诱惑到英国,入了伦敦大学政治经济学院,后转入剑桥大学国王学院。遗憾的是,徐志摩去的时候,罗素已被学校除名。但徐志摩在剑桥遇到了两个重要的改变他一生的人,一是狄更生,把徐志摩引入文学的殿堂,一个是林徽因,触碰出了徐志摩性灵深处的诗情。徐志摩曾这样回忆剑桥的时光:"我在康桥的日子可真是享福,深怕这辈子再也得不到那样蜜甜的机会了。……我的眼是康桥教我睁的,我的求知欲是康桥给我拔动的,我的自我意识是康桥给我胚胎的。"[②]

诗人的自陈由此也引出了对《再别康桥》这首诗主题的争讼。主要有两种观点:一种观点认为诗作表达的是政治主题,是诗人"资产阶级理想破灭之后的散发弄舟之作"[③],即所谓的徐志摩小资产阶级的"康桥理想"的破灭,由此带来的失望和感伤。有"徐志摩先生除了为新诗输入了新形式之外,还有一大贡献就是输入了他的'康桥性灵'"[④]一说。所以茅盾称徐志摩是"中国布尔乔亚开山的诗人",同时也是"末代的布尔乔亚诗人"[⑤]。另一种观点认为,《再别康桥》"是一首爱情诗而非咏物诗"[⑥],主要表达的是诗人对一段往事和情感的追怀与告别。古人云"诗无达诂",要阐释清楚一首诗的主题内涵,是相当困难的事情。对诗歌作品的把握,我们还应更多地着眼于美感层面。

如果从美学层面去分析,我们可以看到《再别康桥》实际上是新月派实践其诗歌美学——"三美"的典型文本。

首先是这首诗体现出的建筑美,或称作形式的美感。

① 刘梦苇:《中国诗底昨今明》,《晨报·诗镌》1925年第51期。
② 徐志摩:《吸烟与文化》,载徐志摩著,赵遐秋等编《徐志摩全集》(第三卷),广西民族出版社,1991,第103页。
③ 刘廷乾:《沉默的康桥——徐志摩〈再别康桥〉评析》,《玉林师范学院学报》2001年第2期。
④ 林丽桃:《〈再别康桥〉文本接受研究》,硕士学位论文,福建师范大学文学院,2010,第2页。
⑤ 茅盾:《徐志摩论》,《现代》第2卷第4期,1933年2月1日。
⑥ 高占伟、丁毅:《初恋失败的咏叹调——读徐志摩〈再别康桥〉》,《湘潭大学学报》(哲学社会科学版)1997年第3期。

诗作共七节，每节四行；每节的一、三行稍短，大约为六字，二、四行稍长，大约为八字，这样显得诗行整齐又错落有致，而且首尾相接，相互呼应，形成了一种参差的形式美感。诗句长短错落，也便于表达跌宕变化的情感。同样是新格律诗，徐志摩的诗作不像闻一多那样整严，整饬中又有细微变化，更能体现出形式的意味。郭沫若《女神》中的自由体诗，更多是天马行空，是对规矩的有意破坏。而新月派倡导的新格律诗，则是对新诗形式的一种创构，但也形成了豆腐干体的呆板。徐志摩同为新月派成员，新格律诗的创作者，但诗体更能体现整齐中的变化，能于变化中产生灵动的诗意。《再别康桥》体现了徐志摩对白话诗形式的刻意把握，既没有使其落入规范的俗套，又体现了自由中的限定，这种参差的形式，被后来的很多诗人采纳。

其次是音乐的美，或称作韵律的美感。

诗作每节四行，二、四句押韵，节奏上每行二顿或三顿。从韵脚看，一、二、六、七节显得较迅捷明亮，中间三、四、五节较为曲折迂缓，这样就令诗作在声音上有了一个由轻快到低沉，再由低沉到轻快的回环变化。韵律和节奏的变化，也呼应着诗人情绪上由明快到深沉，再回归明快的起伏。古典律诗的音乐性主要是通过平仄、对仗和押韵来实现的，新诗采用白话，其音乐性主要依仗的是句式的长短变化、语词的停顿和不严格的押韵。所以，新诗句式的长短、语词的安排就特别考验诗人的匠心。

诗歌最早是歌诗一体，虽后来分离成两种不同的艺术，但诗歌依然保留着音乐的听觉美感。音乐美被新月派诗人强调和追求到了极致。朱湘说："无音乐性的诗！这决不是我们所能想象得出来的。诗而无音乐，那简直是与花无香气，美人无眼珠相等了，那时候如何能成其为诗呢？"[①]

徐志摩在谈到诗歌音乐美的时候，还用神秘的生命观来加以阐发。强调音节化就是"诗化"，"一首诗的秘密也就是它的内含的音节的匀整与流动。这当然是原则上极粗浅的比喻，实际上的变化与奥妙是讲不尽也说不清的，那还得作诗人自己悉心体会去。明白了诗的生命在它的内在的音节(Internal rhythm)的道理，我们才能领会到诗的真的趣味；不论思想怎样高尚，情绪怎样热烈，你得拿来彻底的'音节化'(那就是诗化)才可以取得诗的认识"[②]。

《再别康桥》中，诗人安排"轻轻的"这个状语在不同诗行里的位置显得就别出心裁。第一行采用西洋句法，把状语前置，意在强调一种状态，第二、三行则按汉语句法，状语放在主谓语之间，以修饰动作"来"和"招手"，形成对称性的重复，与第一行"轻轻的"形成音节的错杂。同时，诗句中的"走"与"手"押韵，"来"与"彩"押韵，并且这些韵具有柔婉、舒缓的音调，与"轻轻的"所营造的境界和谐一致，这样就做到了诗歌情绪、情感的音乐化。徐志摩不但重视外在的语言节奏感，更重视诗歌内在情感的流动，是情感内

---

① 朱湘：《评闻君一多的诗》，载朱湘著，蒲花塘、晓非编《朱湘散文·上》，中国广播电视出版社，1994，第178页。
② 徐志摩：《诗刊放假》，《晨报·诗镌》1926年第57期。

在节奏与外在音节的统一。徐志摩对诗歌音乐美感的追求，并非纯形式主义的，而是形式与内容、诗情以及音节的和谐，追求的是一种综合美感。

著名诗歌研究专家陆耀东先生评价说："徐志摩对新诗的最大贡献是在音乐美方面。他把音乐美放到了诗美诸要素的很重要的位置上。"[①]从《再别康桥》中，可以明显地感受到这一点。黑格尔说："音节和韵是诗的原始的唯一的愉悦感官的芬芳气息，甚至比所谓富于意象的富丽词藻还更重要。"[②]徐志摩在论波德莱尔的诗时也说过类似的话："诗歌的真妙不在它的字义里，却在它的不可捉摸的音节里。"[③]徐志摩对诗歌音乐美感的重视，是对现代诗美的一种有意识创造。

再次是绘画的美，或称作意象的美感。

《再别康桥》可以说是一步一景，移步换景，采用的是视觉感强烈的意象。诗的主体部分，先是渲染故地重游之乐。诗的二、三节，借康河的"金柳""艳影""青荇""柔波"，描摹出初到康桥时的惬意："河畔的金柳"美得像"夕阳中的新娘"，康河"波光里的艳影""荡漾"在"心头"，"水底"下是"软泥上的青荇"在"油油的""招摇"，在"康河的柔波"里，诗人甘愿做一条"水草"。这是诗人美好的理想。

诗的四、五、六节，却是理想的破碎，以及寻梦，梦醒之后的幻灭感。过去的幻影遭遇生活的现实后，"榆荫下的""潭"已"不是清泉"，而变成了"天上虹"；"揉碎在浮藻间"的，是前面"彩虹似的梦"。然而诗人心有不甘，还要"撑一支长篙""向青草更青处"去"寻梦"，还想着"满载一船星辉，在星辉斑斓里放歌"，然而最终是"但我不能放歌"，因为"悄悄是别离的笙箫"，"夏虫也为我沉默"，"沉默是今晚的康桥"。这些意象和拟想动作的组合，极富动感和画面感。

诗歌开头"轻轻的招手，作别西天的云彩"的欢快，经由康桥景色的重新过滤后，却变成了再次离别时，"挥一挥衣袖，不带走一片云彩"的悲凉。轻轻的来，悄悄的走，悠扬婉转中是怅然；"不带走一片云彩"，因为无法带走，也不想带走，一切都化成了梦幻。

经由诗人对意象的精心组织，整首诗就像一幅幅的美丽图画次第展开，也类似于影像展示，令读者与诗人一道游历康桥的人文美景，也体念着诗人情感的欢愉与失落。

现代新格律诗由陆志韦发端，闻一多、徐志摩、朱湘为其主力。所以新月派也被称为新格律诗派。新诗中的格律，与古典律诗中的格律有本质区别。"律诗的格律与内容不发生关系，新诗的格式是根据内容的精神制造成的"，"律诗的格式是别人替我们定的，新诗的格式可以由我们的意匠来随时构造"[④]。古典律诗的格律，最初的设定，也是出于形式规范化的需要，但到后来，格律与内容逐渐失去联系，成为僵化形式和表达障碍，成了思想的禁锢。因此胡适才最恨律诗，展开对律诗形式的破坏。而新月派诗人所

---

① 陆耀东：《徐志摩评传》，陕西人民出版社，1986，第168页。
② 黑格尔：《美学》（第三卷下册），朱光潜译，商务印书馆，1981，第279~280页。
③ 徐志摩：《〈死尸〉译诗前言》，《语丝》第3期，1924年12月1日。
④ 闻一多：《诗的格律》，载闻一多著，孙党伯等主编《闻一多全集》（第二卷），湖北人民出版社，1993，第141页。

讲的格律，其实是一种格式，是根据表达内容而设定出来的形式，是为更好地表达内容而设定的。并且，新诗的格律，并没有一种本质性的规定，更多是对句式、音韵、节奏、意象的美感强调，并非要为新诗造一个固定的形式标准。新诗的格律化，更多是对形式的强调和对古典资源的挪用，是对传统的吸取与转化。所以，看似变体最为剧烈的新诗，实际上依然与古典文学有着千丝万缕的联系。中国现代文学和古典主义的关系，也如鲍曼所说，并非是为了“一次性地、一劳永逸地清除传统”，而是要“用另外一套更为完美先进的传统，来取代原有的残缺不全、弊端重重的传统”[①]。表面上看似反传统的现代文学，其实在深层结构上依然与传统有着错综复杂的勾连。

新诗的形式与美感创造，也是精神现代性表达的需要。徐志摩说：“我们信诗是表现人类创造力的一个工具，与音乐与美术是同等同性质的；我们信我们这民族这时期的精神解放或精神革命没有一部像样的诗式的表现是不完全的；我们信我们自身灵性里以及周遭的空气里多的是要求投胎的思想的灵魂，我们的责任是替他们搏造适当的躯壳，这就是诗文与各种美术的新格式与新音节的发见；我们信完美的形体是完美的精神唯一的表现……最后，我们信我们的新文艺，正如我们这民族本体，是有一个伟大美丽的将来的。”[②]新诗格律化的形式追求，更是为表达新的思想而创设的。

新月派对“三美”的追求和呈现，体现了对文学形式的自觉。中国传统文学的“文以载道”，强调以内容为主体，虽也演化出了种种文体形式，但形式仅仅是为内容服务的，在观念上缺少对形式的自觉。但西方美学，尤其是近现代美学越来越意识到形式的重要性。苏珊·朗格说：“形式是一件奇异的法宝。通过形式，那些模糊的、令人不安的和奇怪的情感统统变成了确切的、合乎逻辑的和超然的感情。”[③]克莱夫·贝尔则把艺术的美定义为“有意味的形式”。对形式的自觉，意味着对艺术理解的深化，是对传统文以载道观念的拒斥，使中国现代文学更多朝向审美的道路演进。初期白话诗的共同弊端是它的非诗化倾向，而到徐志摩他们这里，诗美已经作为一个重要的问题得到重视。“在新诗已经基本立足以后，新月派要做的，一是‘在新诗与旧诗之间建立一架不可少的桥梁’，二是把创造的重心从早期白话诗人关注‘白话’（‘非诗化’）转向‘诗’自身。”[④]对徐志摩而言，他更强调“美是人间不死的光芒”[⑤]。由于文学史观的原因，徐志摩在文学史上的地位有过起伏变化，但最终还是占据着杰出诗人的位置，这主要源于他对诗歌的美的信念和追求。

有研究者说：“在某种意义上讲，新诗确实是汉语诗史上的‘怪物’。新诗生长于乱世，是政治激进主义和文化激进主义的‘牺牲品’，是政治革命、文化革命及文学革命的

① 齐格蒙特·鲍曼：《流动的现代性》，欧阳景根译，上海三联书店，2002，第5页。
② 徐志摩：《诗刊弁言》，《晨报·诗镌》1926年第1期。
③ 苏珊·朗格：《艺术问题》，转引自奥尔德里奇《艺术哲学》，中国社会科学出版社，1986，第99页。
④ 钱理群、温儒敏、吴福辉：《中国现代文学三十年》，北京大学出版社，1998，第128页。
⑤ 顾永棣编：《新编徐志摩全诗》，学林出版社，2006，第355页。

'替罪羊'。'白话诗运动'不是纯粹的诗体革命。这种在'诗体大解放'口号下出现的新文体,完全打破了'无韵则非诗'的做诗原则。"[①]而徐志摩、闻一多等新月派诗人,却是对"非诗化"潮流的反驳,是现代诗美重要的建构者。林语堂说:"志摩情才,亦一奇才也","吾于白话诗念不下去,独于志摩诗念得下去"[②]。而茅盾的评价是:"《猛虎集》是志摩的'中坚作品',是技巧上最成熟的作品;圆熟的外形,配着淡到几乎没有的内容,而且这淡极了的内容也不外乎感伤的情绪,——轻烟似的微哀,神秘的象征的依恋感喟追求……而志摩是中国文坛上杰出的代表者,志摩以后的继起者未见有能并驾齐驱。"[③]

龙泉明先生在《中国新诗流变论》中这样评价徐志摩:"他精心严谨地组织着每一首诗的音韵格律……同时,徐志摩又从不呆板地拘于格律形式,他组织音乐的目的是更好地表现自己内心的情绪波动,而他的性情永远是冲动性的,从不安分……所以他的诗能够随情景的不同而变换节奏音韵,谨严而有所变化,工整又摇曳多姿。《再别康桥》一诗就是很好的说明……全诗错落有致的节韵变化,贴切地传达出了诗人离别康桥愉快又感伤的情思,可见格律只是使他的感情流泻得更有秩序罢了,并不是束缚,所以,徐志摩总是抓住每一首诗特有的'诗感''原动的诗意',寻找相应的诗律。他的确是'纯艺术'忠实行者。""徐志摩复杂而认真的实践,造出了迷人的艺术奇观,他的重要贡献不在于诗歌的思想内容,而在于他以一批艺术珍品撑起新格律诗体的宫殿。"[④]

(撰稿人:刘志华)

① 王珂:《论新诗诗美的构建》,《东南大学学报》(哲学社会科学版)2013年第4期。

② 蒋复璁、梁实秋:《徐志摩年谱》,台湾传记文学出版社,1996,第641页。

③ 茅盾:《徐志摩论》,《现代》第2卷第4期,1933年2月1日。

④ 龙泉明:《中国新诗流变论》,人民文学出版社,1999,第248页。

《诗八首》导读

穆旦写于1940年代的《诗八首》，通过对爱情内在困境的诗意呈现与考量，昭示了自我与他者之间激荡起的灼热的“爱”并不能消除自我内在的孤独本性。这首诗作透显出穆旦对爱情、生命自我的深刻洞察，诗篇中浸染的现代存在主义思想，无疑深受以奥登、艾略特以及里尔克等为代表的象征主义诗歌的影响；同时，在诗艺上穆旦以肉体的感觉与玄学的思考熔铸在一起的方式，创造了仅仅属于他自己的诗歌语言，给中国20世纪40年代的诗坛带来一股异域的清新之风。在穆旦的诗集中，对“自我”的抒写可以说贯穿了他整个的诗歌生命。早在学生时代的穆旦就把世界的神秘归属于自我：“朋友，宇宙间本没有什么神秘，要记住最神秘的还是你自己。”（《神秘》）他在西南联大期间所写的《我》与《诗八首》则在更深的层面上继续拓展了这一主题。直到晚年，经历了“文革”的穆旦在《自己》的诗篇中，仍然在追问“不知我是否失去了自己？”

尼采那句“上帝死了”的呼喊，昭示出随着传统纲纪的崩塌，尘世的生命再也没有“坚固根基”，正如马克思所说：“一切坚固之物都烟消云散了。”（《共产党宣言》）我们从此被裹挟跌进了现代性的“旋涡”，没有了可靠支撑的神秘的自我，没有了上帝眷顾挚爱的自我，只能永远地挣扎在生与死撕扯紧绷的充盈丰硕里。孤独的自我于是重新寻找那“失去的温暖”，“离开群体”想从过往的时流中找到些什么，可是“不断的回忆带不回自己”；终于在初恋的狂喜里，以为寻到了属于自己的另外一半：“伸出双手抱住了自己。”很显然穆旦在此运用了古希腊神话中关于“爱”的原型模式。在古希腊人看来，最初的始原人是圆形的：“它有四只手，四只脚，一个脑袋，一个脖子上有两张一模一样的脸，其他身体部件也是这样成双的。”他们可以像现代人一样行走。由于他们力大无穷，因而非常骄傲，甚至雄心勃勃地向众神发起了进攻，要与众神一试高低，被激怒的众神于是商议惩治始原人，是宙斯找到了惩治的办法：“我把他们劈为两半，一方面使他们更为弱小，一方面有更多人为我们服务。”于是始原人被劈成了两半。被劈以后，始原人的一半总是寻觅着从前与自己连成一体的另一半，当碰着自己的另一半时，他们就拥抱在一起，怎么也不分开，不吃不喝直到死去。对于这个神话，柏拉图认为："这种原始的追求和合而为一的欲望和过程就是爱。"爱植根于人类的古老由此可见一斑，它带领我们重返始原的状态，努力合而为一，愈合人的裂痕。穆旦在《我》这首诗中对此神话做了现代性的诠释。在"初恋的狂喜"里，以为遇见了自己的另一半，就像始原人的一半终于找到了与自己连成一体的另一半，心情自然亢奋、激动甚至哭喊。可当"冲出樊篱"抱住属于自己的另一半时，发现却是一个"幻化的形象"，那是"母亲给分出了"的"梦境"，"我"依然孤独地立于荒野，内心涌动着的是"更深的绝望"。这绝望的孤独和孤独里的绝望，一如《墓碣文》中那条自啮其身的大毒蛇，紧紧纠缠死不放开，即便是在"合而为一"灼热的情爱中。如果说传统的爱情诗抒写的更多的是找到"自己另一半"的激动和狂喜，也就是说对神话中始原人的一半找到与自己连成一体的另一半的结果格外倾心，而很少再关注始原人寻找过程本身的艰难，以及究诘那"合而为一"的结果中是否暗藏欺骗的诡计之类的问题，而穆旦在《我》这首诗里则把笔墨更多地用在寻找的过程本身和戳穿"合而为一"的幻象所带来的孤独体验上。在此我们似乎已瞥见穆旦那双闪着鬼魅般冷峻之光的魔眼，它撕破了我们千百年来披在爱情之上的温软面纱，直刺我们灵魂的根底。这种如同陀斯妥耶夫斯基式的近乎残酷的拷问，在随后写的《诗八首》中以更为深邃、宽广的视野，敞开了被情爱灼热的双方暂时的同一幻觉与自我本真的孤独。

在《诗八首》开篇中，我们就不禁被抒情主体的冷峻所吸引。与以往抒发亢奋激情的爱情诗的基调明显不同，抒情主体"我"被情欲"火灾"所点燃，但那"燃烧着"的"成熟的年代"，似乎早就识破了这爱情所点燃的"火灾"的幻象，没有了初恋时那般亢奋、激动与狂喜，反而发现被情爱灼烧的"我们相隔如重山"；虽然在这情欲"火灾"里，"我"也曾激动、哭泣，但这一切会随"自然底蜕变"而消逝，"我"爱上的不过是"一个暂时的你"；于是热恋的心"变灰"而冷却，如同凤凰涅槃"变灰又新生"，终于懂得爱情只是"上帝玩弄他自己"的把戏。

第二首以肉体的感觉与玄学的思考，对爱情只是"上帝玩弄他自己"的把戏做了进一步的探寻。"水流山石间沉淀下你我"，作为自然之子的肉身"我们"，自呱呱坠地起就注定要死去；"在死的子宫里"这句把生命的"诞生"之地"子宫"与死亡维系在一起，充满巨大的诗性张力，激荡起我们无限的遐想；"我们"就在这"生"与"死"之间成长，这"之间"虽有限，但却蕴藏着"无数的可能"，只要死亡还未降临，"一个变形的生命"就"永远不能完成他自己"。在"向死而生"的本真存在里，自我体认到自己生命的唯一性与不可替代性，即便在努力合而为一的爱情中。"我和你谈话，相信你，爱你"，然而处于旁观的"我"知道，热恋的"我"爱上的不过是"一个暂时的你"，这些萌动的恋情均会随"自然底蜕变"而消逝。穆旦在这里对"爱情"中两个"自我"的描述，与鲁迅在《影的告别》中对

“绝望”的“自我”和“现实”的“自我”的悖论性复杂关系的揭示，均是对生命现代体验的深切洞察与敞露。这个处于旁观而冷静的“我的主”，也就是另一个“自我”，由于他洞识爱情的诡计，因此他的“暗笑”戳穿了“你我”之间的“相信”和“爱”，并且“他”不断地“添来另外的你我”，“使我们丰富而且危险”。

第三、四首对爱情中理智与情欲充满悖论的复杂意蕴进行了诗意呈现，同时剖析了爱情之所以让人如此销魂沉迷的缘由。“你底年龄里的小小野兽”，这句里的“野兽”显然喻指人的“情欲”，它如“春草一样地呼吸”，随日而疯长，同时带来了“你”青春勃发，浑身洋溢着“颜色”“芳香”和“丰满”的生命气息；然而这些如“小小野兽”的“情欲”要受制于理智的控制，即便萌动而“疯狂”，也只“在温暖的黑暗里”。一旦爱神降临在“你我”的头上，“我”便会“越过你大理石的理智殿堂”。初尝爱欲的滋味，“你”自然有点羞涩与“固执”，而“我”品尝到的更多是“惊喜”；然后“我们”互诉衷肠，拥抱在“用言语所能照明的世界里”。而那由理智所埋藏，不能用言语表达的“情欲世界”，因其“未成形的黑暗”，让“我”惊喜之余又隐隐地害怕起来；那“未成形的黑暗”的“情欲世界”既让“我们”感到熟悉同时又感到陌生，或许就因为由爱所激荡的世界既“熟悉”而又“陌生”，既“可能”又“不可能”才使“我们”如此“沉迷”。在无数次地体验爱欲的销魂之境，又无数次地“拥抱在用言语所能照明的世界里”，“我们”彼此渐渐地体会不到当初的“甜蜜”；从那“死”的寒暄的“言语”里，“我们”已感到“窒息”的空气到处弥漫，飘散到“自由和美丽”的“爱底”；这“窒息”的幽灵从此“使我们游离”。

第五、六首接着上面的问题进一步地探询：那当初让“我们”如此“沉迷”的情爱，为何渐渐地感到“窒息”？热恋时贴得那么近的两颗滚烫的心，为什么不能永远地守候“爱底自由和美丽”，反而日渐“游离”？第五首以古典诗中常见的“兴”的手法，委婉地回答了上述疑问。带着一颗抑郁的心漫步于“夕阳西下”，一阵微风拂过田野，在斜阳的柔光里那熟悉而又泛新的迷人景致似乎让“我”领悟到什么；“微风”“田野”和“夕阳”所编织而成的景致古老而又充满活力，历久而弥新；自人类诞生起，生命就在“爱河”中嬉戏、欢悦，这“最古老的开端”流向“你”，同样也注入了“我”的心。而怎样让“我你”之间的“爱”焕发活力，青春永驻？“那移动了景物的移动我底心”，使“我”懂得要像“树林和屹立的岩石”一样永存，就必须如“移动”的“景物”时时“变更”，在流动过程中才能真正葆有“美”的青春、“爱”的永存。如果说，“兴”的手法主要借助外物而婉转言志，即所谓“先言他物以引起所咏之辞”，因而更多地具有“肉体”的质感，接下来的第六首则主要运用玄学的笔墨，在诗性的哲理层面继续回应上面所提出的问题。“相同和相同溶为怠倦，在差别间又凝固着陌生。”这句直接点出“沉迷”的情爱日渐“窒息”，同时被爱灼热的双方日趋“游离”的缘由：两颗心因为“相同和相同”变得没有生趣而逐渐“怠倦”。两人的“差别”将越来越大，这些“差别”如同鸿沟把“你我”越隔越远，两颗心也就变得“陌生”而遥远。处在最亲密的内在关系之中的双方对于“爱的爱”就一直这样不平静地被维持着。一方面，当“爱的关系”白热化的时候，“我”与“你”之间宛如发生了一种合一，双方感到似乎“从内侧深深地了解了”对方，彼此如同自己本身一样活在对方的世界。但在另一方面，恰恰由于这一点，“我”又不断地被导向深化了的未知，常常感到“你我”并没有真正地相遇。于是对双方来说，又相互成为陌生人，一方对另一方来说，经常隐藏着一个“陌生的世界”，成为“未知的事物”，“他保护，而把我留在孤独里”。爱之力就被双方的“相同”与“陌生”所拉拽、摩荡，如此来回摇摆着、重复着：“他底痛苦是不断的寻求/你底秩序，求得了又必须背离。”因而“我你”踏上这紧绷的爱的旅行，“是一条多么危险的窄路”。

第七首抒写了在对“爱”的辩证法有所洞察之后的平静、无奈以及对生命自我本真——孤独的彻悟和咀嚼。“风暴，远路，寂寞的夜晚，/丢失，记忆，永续的时间”，生命就在“风暴”的吹打中，向远去延伸的路的召唤和夜晚的寂寞、无聊的剥蚀中“丢失”殒没，又在“记忆”的翻检里寻找那失去的过往，骨子里涌动“永续的时间”的永恒信念。所有这些生命里的沧桑、风雨、苦痛和“恐惧”，都不能用所谓“科学”的因果来“祛除”。于是为排遣生命自我本体论上的生存焦虑，“我”寻求“你怀里”的“安慰”。在“爱”的共同的震颤里，“你”的心“不能自主”，被激情所焚烧的“你”于是幻化出“随有随无的美丽形象”。但“我”知道在这“爱情”的辉光之下，“你”仍然是一个孤独的自我，“笔立着，和我底平行着生长”。

最后一首抒情主体经历了“爱”的灼烧又体悟到本真自我的孤独，在日渐平静的心境里“放眼远眺神明的宁静”“再没有更近的接近，所有的偶然在我们间定型”。人类只有在“爱”的合一亲和力中拉得最近，但这“爱情”的赢获却来自无数的“偶然”，在“因缘”的指引下把“两片情愿的心”绞合在一起。作为自然之子的肉身“我们”，等到“季候一到就要各自飘落”；尘世生命的情爱、孤独只不过是“上帝”对“我们的不仁的嘲弄”，在“巨树”“合一的老根下”终于“化为平静”，只有那“赐生我们的巨树永青”。

《诗八首》主要通过对“爱”的双方之辩证关系的动态性诗意呈现，敞露出“爱的关系”中内在的悖论、丰富及其动力结构，同时也揭橥了即使在靠得最近的“情爱”中本真自我依然孤独的处境。通过阅读穆旦这几首诗，我们知道了神话中始原人的一半找到与自己连成一体的另一半“合而为一”的结果确实暗藏欺骗的诡计。共同被移向爱的激情的“我”与“你”，双方其实都已经不是以自身为主体、以对方为对象加以捕捉的样态而相遇。因此对双方来说，“爱的对象”分明是如此近在眼前的邻人，然而却又是无论如何不能作为邻人完全加以捕捉的他者，经常是逃逸而去的存在。按巴塔耶的说法，“爱的关系”是独特的他者经验。“对于爱的爱”这种经验，是作为我的活生生的不可完成的经验。在“爱的关系”中的主体，经常被导向未知、陌生之境，一面被移向强力的内在的生之运动，一面在弗洛伊德所谓“死的本能”的宰制下消尽自己。“爱的存在”把爱着、欲望着的那个主体向着无穷的宇宙打开了，这可以说是激情，是摇动，是出离到外的运动。因此，这又是通往可能性事件的极限之旅，而且只能成为一趟没有终点的旅行。穆旦就在这无休无止地不断追问的“诗思”的荆棘丛林中，为后来者开辟了一块赏心迷人的“林中澄明空地”。

（撰稿人：肖伟胜、胡安定）

《车过黄河》导读

在20世纪后期以来的中国诗坛，伊沙是一位非常重要的诗人。《车过黄河》写于1988年，是伊沙的成名作，也是新生代诗歌中的名作之一，问世后引发读者的广泛关注，也备受争议。在伊沙的诗歌中，《车过黄河》与《饿死诗人》《结结巴巴》等均是被提说频率较高的诗作，它们充分凸显了伊沙诗歌的特色。伊沙推崇“民间立场”[①]的写作，作为诗人，他不喜欢以一本正经的知识分子的姿态来发声。其诗歌的突出特点是，常常在世俗生活中寻找诗意，在戏谑顽皮中解构崇高，在直白的口语中追寻诗歌语言的革命性意义，这些特点也鲜明地体现在他的《车过黄河》一诗中。

从内容上看，《车过黄河》记述的是列车经过黄河时发生在“我”身上的日常事件：“列车正经过黄河/我正在厕所小便”，“只一泡尿工夫/黄河已经流远”。吃喝拉撒本是人的基本生活内容，但把神圣的黄河与“如厕”这种庸常琐事粘连在一起，便具有了反叛、另类的意味，由于伊沙“以浑浊的小便链接神圣、伟大的黄河意象”，他被视为“反骨”很重的“解构高手”[②]。在《车过黄河》中，诗人摒弃了附丽于黄河的各种伟大、壮美、深情的歌咏，而以庸常的俗事——上厕所撒尿消解/解构了黄河的神圣性。在中国人的心目中，黄河不是一条普通的河流，它是中华文明的“发祥地”，它是中华民族的母亲河。在中国人的集体无意识中，黄河已成为一个具有重大意义的文化符号，负载着丰富的历史、文化内涵。按照惯常的意识逻辑，车过黄河时，人们必然会表现出种种膜拜的方式，比如“坐在窗前/或站在车门旁边/左手叉腰/右手作眉檐/眺望像个伟人/至少像个诗人”。然而车过黄河时，“我”却并没有满怀崇敬地“眺望”黄河，或者追想有关黄河的峥嵘岁月，“想点河上的事情/或历史的陈账”，因为“我”正在上厕所，生理的需要取代了对黄河的敬仰与眺望。这里，撒尿的生理需要战胜了对黄河的朝拜，诗人回归生活与人性的本色，以日常性的琐事完成了对崇高的解构。

① 叶龙飞：《民间立场诗歌写作：从布考斯基到伊沙》，《文学教育》（上半月）2014年第8期。
② 罗振亚：《“后现代”路上的孤绝探险——1990年代伊沙诗歌论》，《广东社会科学》2013年第4期。

伊沙自称这是"以其真实的身体性对黄河的文化意义所做的一次还算干净的解构"[①]，这种解构精神与此前韩东写作的《有关大雁塔》(1986年)一诗遥相呼应。在《有关大雁塔》中，韩东对大雁塔进行了"祛魅"和解构，剥离了大雁塔负载的历史文化内涵与象征意蕴，弃绝了深度模式和对大雁塔的歌咏赞美。在韩东笔下，大雁塔不过是一个普通的建筑物和风景点而已，对大众而言，有关大雁塔的历史记忆已然隔膜，正如诗中所说"有关大雁塔/我们又能知道什么/我们爬上去/看看四周的风景/然后再下来"，在俗世中生活沉重的人们有的还会把它当作自杀地，"也有有种的往下跳/在台阶上开一朵红花"……韩东的《有关大雁塔》在毫无激情的平淡叙说中消解了大雁塔的崇高神圣感。毋庸置疑，伊沙《车过黄河》的解构精神与此是一脉相承的。从20世纪80年代的文学现状来看，韩东、伊沙等诗人对崇高、宏大的解构，对庸常生活状态和日常生命体验的关注，正凸显了一种与新中国成立以来的新诗包括朦胧诗所不同的诗歌取向与创作追求，也反映出诗人对"圣化写作"、宏大写作说"不"的叛逆精神。

从艺术表达上看，在《车过黄河》中，诗人把如厕、小便这样的俗事与神圣的黄河相对应，虽然引起不少人的诟病和反感，但其艺术表达却有独特之处，这不仅造成了一种巨大的落差和反常化的艺术张力，也体现出戏谑不羁中的严肃正经和逆反中的顽皮。这种戏谑调侃与批判思索紧密交织在一起的特点在伊沙的其他诗作如《饿死诗人》中也有所表现，在《饿死诗人》中诗人大声疾呼："饿死他们/狗日的诗人 /首先饿死我 /一个用墨水污染土地的帮凶 /一个艺术世界的杂种。"这里，诗人不仅呼吁饿死那些饱食终日、虚造"麦地"乌托邦的诗人，饿死那些把"人文关怀与社会承担"刻意"夸张化"[②]的诗人，也痛快淋漓地喊出要饿死自己——"一个用墨水污染土地的帮凶""一个艺术世界的杂种"，其抨击嘲讽的对象既有诗人的同类，也有自己，从中凸显出"亦庄亦谐"的艺术效果和诗人独特的个性气质。

诗歌的本质是抒情的，但伊沙在《车过黄河》中却化用了叙事文学的技巧，将时间、地点、人物、情节细节等元素统合在一起，糅合进诗歌的叙述中，不仅铺陈出普通的生活事态及其来龙去脉，传递出丰富的信息，也更能抓住读者。

《车过黄河》值得注意的还有它那口语化的诗歌语言，这与大多数新生代诗人的语言追求是一致的。新生代诗人反对修饰雕琢、典雅抒情的语言，追求诗歌的口语化，无论是韩东、于坚，还是伊沙，都是"口语诗歌写作"的杰出代表，他们试图革新诗歌的语言风貌，在诗歌创作中努力践行口语化的语言追求，其重要诗作如《尚义街6号》《你见过大海》《车过黄河》等都可说是采用口语写作的极佳范例。

---

① 伊沙主编《被遗忘的经典诗歌》(下编)，太白文艺出版社，2005，第1页。

② 徐江：《饿死诗人：诗歌的误读与生长》，《诗刊》2002年第4期。

从诗歌语言来看,《车过黄河》并不优美精致,也没有繁复动人的意象,只是一些大白话的串联,从开篇的"列车正经过黄河/我正在厕所小便",到其后的"我在厕所里/时间很长/现在这时间属于我/我等了一天一夜"等语句,每一句诗都浅白如话,但大白话并不等于软骨缺钙或没有表现力,总体来看,《车过黄河》仍然有语感、有情绪、有节奏,透过那些浅白平实的语言,我们依然可以触摸到其富有震撼力的意涵,感受到其背后的"深刻的意图和灼灼的锋芒"①,诗中那种生活流式的大白话及其自然的口语状态也是与本真的生命状态同构的,彰显出不事雕琢的率真。

《车过黄河》虽然是伊沙早期的诗作,不乏粗粝与油滑之处,但在中国诗歌史上却具有特别的意义,它向人们宣告:诗人可以仰望星空,也可以打量身边琐事;诗可以关注崇高伟大的事物、关注风花雪月,也可以关注吃喝拉撒的俗事,撒尿也可以入诗。《车过黄河》也昭示了中国新诗的世俗化道路和日常化选择。在这首诗中,"厕所""小便"和"一泡尿"的出现无疑在一定程度上将诗歌从神圣的殿堂拉下来,亲近日常生活,使得诗歌更具有人间烟火的气息,而诗歌的魅力也许正在于烟火和冷暖。

《车过黄河》也凸显了伊沙和同时代诗人如海子所不同的创作个性。海子的诗歌注重精神归宿的探讨和灵魂疼痛的书写,常常通过对"麦地""村庄""大地"等书写来寻找精神的寄托和安慰,来缓释灵魂的孤独痛苦和矛盾挣扎。而伊沙则强化了对琐细生存细节的书写,注重对个人感受和生命状态的真实裸露。

对于伊沙的诗歌,我们也许会因找不到神圣的意义而在精神的丰富和深度方面有所不满,但他对个人感受和生命体验的呈现依然能打动我们,让我们看到生命中的沉静与激愤,看到"此在"的种种景观。也许我们会觉得其诗歌语言有些粗放和鄙俗,但在本真的口语中也散发出鲜活的气息和真切的情感,"它较之书面语言,与凡人俗世的生存状态更为贴近,更能表现和描摹真切易感的生存现场和内心图景"②。

《车过黄河》所体现出的日常性、戏谑调侃与口语化,对于中国诗歌而言,包含着解构与建构的双重意义。伊沙出现在诗坛的时候,正值"旧日的诗歌精神和艺术法则以及长期支撑着它们的悲剧价值观和形而上神话正在新的现实生存场景中破败下去"③,他的《车过黄河》等诗作摒弃了原有的诗歌精神,也远离了"风雅华贵的诗歌传统"而走向"直率和粗鲁",这种对诗歌既定法则的挑战和诗歌艺术的突围是值得肯定的,"这种有意为之的粗鲁、鄙俗,这种近乎肮脏的、矫枉过正的直觉真实和官能快感,这种几乎残暴的、蛮不讲理的反文化姿态,不正是对那高处不胜寒的形而上神话和这种神话所规定出

① 陈仲义:《伊沙诗歌论——"杀毒霸"播撒及"互文性"回收》,《文艺争鸣》2009年第10期,第136页。
② 张强、李明艳:《语词与结构:伊沙诗歌艺术初探》,《燕山大学学报》(哲学社会科学版)2007年第2期,第87页。
③ 李震:《伊沙:边缘或开端——神话/反神话写作的一个案例》,《诗探索》1995年第3期,第91页。

的诗歌——美学信念和原则的强硬抵制吗？不正是用一种感官的轻松和快乐去除掉我们躯体上超载的文化负荷吗？不正是以对‘此在’真实的确认来杜绝中国现代诗歌对所谓‘绝对精神’的妄想吗？”①

我们承认，伊沙的诗歌有得有失，称不上完美；依照某种美学惯性，我们也许会排斥伊沙的诗歌，但我们仍无法漠视伊沙诗歌所具有的价值与意义。

（撰稿人：曾利君）

① 李震：《伊沙：边缘或开端——神话/反神话写作的一个案例》，《诗探索》1995年第3期，第92页。

《红高粱》导读

莫言是新时期风格特异、成就卓著的小说家,《红高粱》典型地体现了他的艺术追求,并给他带来了巨大的声誉。小说发表于《人民文学》1986年第3期,获第四届全国优秀中篇小说奖。《红高粱》以一种新鲜的笔调和姿态来书写战争、家族和乡土,高扬生命意志,反思现代文明,形成了一种重感觉、自由跳跃的叙事风格,在文学史上具有审美转型的重要意义。《红高粱》发表后,作者又陆续创作了《高粱酒》《狗道》《高粱殡》《奇死》,这五篇小说1987年结集为长篇小说《红高粱家族》出版。

《红高粱》的创作,缘于一次文学创作讨论会。会上几位老作家提出有关战争小说的问题,认为他们亲历过战争时代,拥有很多素材,但青春年华被"文革"耽搁,创作精力已不济,而年轻一代有精力却没有亲身体验,那么该怎样通过文学来更好地反映战争历史呢?当时因《透明的红萝卜》初入文坛的莫言初生牛犊不怕虎,认为写战争小说并不是复制历史,那是历史学家的任务,小说家感兴趣的是战争对人的灵魂的扭曲或人性在战争中的变异。从这个意义上讲,即使没有经历过战争的人也可以写战争。莫言的看法遭到部分与会作家的奚落,对此莫言颇为不服。散会后,莫言想起一个好友曾和他谈过的发生在故乡高密的公婆庙大屠杀:1938年3月,由曹克明领导的国民党游击队在孙家口的大桥埋上连环铁耙,伏击了日本鬼子的汽车队,经过浴血奋战,打死日本鬼子三十多人,还击毙了日本少将中岗弥高。几天后鬼子来报复,因为搞错方向没有包围孙家口,反而包围公婆庙,屠杀了无辜村民百余人,将村庄夷为平地。莫言想起这,文思泉涌,不到一周便完成了《红高粱》初稿。不久,经过润色修改的《红高粱》在《人民文学》上发表。

《红高粱》的故事发生在山东高密东北乡,小说以1939年余占鳌司令率领土匪伏击日本鬼子为情节主线,借助回忆联想,把"我爷爷"余占鳌、"我奶奶"戴凤莲以及罗汉大爷、余大牙、任副官、玲子等人的爱欲、情义与生死故事穿插其中,谱写了一曲野性生命的颂歌。"我奶奶"戴凤莲十六岁时,被她贪财的父亲许配给患有麻风病的单家独子单扁郎。迎亲途中,"我奶奶"与轿夫余占鳌暗生情愫,在迎亲队伍遭遇拦路打劫时,余占鳌率领轿夫救了“我奶奶”。在单家，“我奶奶”被迫与单扁郎拜堂成亲，却在新婚夜用剪刀捍卫了自己的贞洁。三天后，“我奶奶”在回门途中被余占鳌劫到高粱地里野合，并因此有了“我父亲”豆官。当“我奶奶”返回单家，发现单家父子已被人杀死。此后，“我奶奶”接手了单家的高粱酒作坊。为了维持作坊的正常运转，“我奶奶”不惜委身罗汉大爷。1938年，日本鬼子修筑胶平公路，来村里抓民夫、拉骡马。“我奶奶”为免于侵犯被迫装疯，罗汉大爷则被押往工地。杀猪匠孙五在日本鬼子的逼迫下，将罗汉当众剥皮凌割。为了抗日，“我爷爷”余占鳌聚集了一支五十多人的土匪队伍在村里练兵，并与冷支队长商量好两支队伍一起伏击日本汽车队。1939年古历八月初九，“我父亲”豆官跟着余司令的队伍一块去胶平公路伏击日本人，他们用连环铁耙在墨水河大石桥设下埋伏，然而冷支队长的队伍并没有如约出现。“我奶奶”前来给打伏击的队伍送拤饼，恰好碰上日本鬼子的汽车队，倒在了日本人的枪口下。余司令率众与日本鬼子展开厮杀，击毙了日军的中岗尼高少将。冷支队长的人姗姗来迟，顺利结束战斗，并拿走大部分胜利果实。几天后的八月十五，余司令和“我父亲”在高粱地里目睹了日军杀死的三百多个乡亲的尸体，余司令开枪打死了几只啃食尸体的狗，带着“我父亲”消失在高粱地里。

《红高粱》突破了历史战争题材小说既有的观念体系。就主题表达而言，小说着力处不在呈现战争过程，更无意绘制细腻逼真的战争历史图画，战争只是故事的框架，在此框架下，小说所要凸显的是红高粱般质朴强悍的生命形态。莫言创作《红高粱》时，正值文坛掀起文化寻根热，他不满于正统文化的纤弱僵化和现代生命的苍白萎缩，故而对自然野性、元气充沛的生命形式心驰神往，认为原始、强悍的生命才是中华民族的根。作者笔下野生、蓬勃的“红高粱”，无疑是这种生命形式的象征，鲜红如血的红高粱与先辈强悍不羁的生命力交相辉映。与爷爷、奶奶辈魁伟美丽、活力充沛、性情剽悍、血性方刚、带有豪强气息的生命形式相比，“我们这些活着的不肖子孙相形见绌，在进步的同时，我真切感到种的退化”。小说构设了生命力的族系等差：“我爷爷”余占鳌—“我父亲”豆官—“我”。这一“族系链”表现为生命力的衰减，在祖辈与后辈的对照中，小说生发出对自然野性、丰沛强悍的生命意识的呼唤。

《红高粱》对历史战争题材的突围，还表现在民间的叙述立场。小说抛开意识形态对战争历史的图解，始终站在民间立场进行审视。这种民间立场，在情节结构的安排和人物形象的塑造上均有所体现。小说情节由两条故事线索交织而成，主线写余占鳌带领民间武装伏击日本汽车队，副线由余占鳌和戴凤莲的野性故事串起相关的人物事件。小说主线呈现给读者的是一场由土匪和农民参加的民间战争，所宣泄的是底层民众为生存而奋起反抗的复仇欲望。这很大程度上弱化了战争的政治色彩，而将其还原为一种自然主义式的生存斗争。副线呈现的是强悍郁勃的民间激情，是狂野不羁的性爱与不受拘束的暴力。小说既挣脱了礼教道德对人的行为的规约和束缚，又拒绝意识形态对人的天性的导引和戕害，作者满怀敬意呈现了民间社会自由自然的生命形态。

可见，小说虽讲述了一个抗战故事，但从情节构成来看，它所遵循的始终都是民间世界既有的暴力与性爱等内容，从而体现出独特的民间立场。

在人物形象塑造上，小说有意凸显的英雄人物余占鳌有着土匪头子和抗日英雄的双重身份。作为土匪头子，他杀人越货、强占人妻；作为抗日英雄，他以命相搏，不减英雄本色。他身上的江湖草莽气息和民间英雄气概既未遭遇现代文明的污染，又避开了政治力量的矫正，以其率真的性格还原了民间本色。此外，丰腴温热、果断泼辣、不守妇道的戴凤莲，既坚韧忠诚又贪恋女性身体的罗汉，既莽撞冲动又勇敢坚毅的少年豆官……都有一种无法被压制的民间生气充溢其中。这不仅体现了作者以民间立场表现战争的初衷，又暗扣了高扬生命意识、寻回文化之根的深层表意。

与高扬生命意识和民间立场的观念相适应，《红高粱》在艺术上主要表现为感觉的狂欢。对感官经验的大肆铺张，几乎是莫言小说的标志性风格。在《红高粱》中，作者以对象唤起的感觉取代了对对象的客观呈现，以感觉的奇特置换了描写的逼真酷似，借由跃动的感官意识将历时性的叙事转化为此刻的生命体验，从而建构出非线性时间、非因果逻辑的自由灵活的叙事结构。

喧嚣细密的感觉世界的营造，首先源于叙述视角的选择。小说采用儿童视角，通过"我"来叙述故事。从儿童的眼光来打量世界，能够实现对现实世界的变形与移位、对想象世界的创造和扭曲，进而创造出新颖奇特的陌生化效果。文中充斥大量透过儿童眼光折射出的感觉意象，如"熟葡萄一样的紫手印""白云坚硬的边角"、奶奶临终一笑"象烙铁一样，在父亲的记忆里，烫出一个马蹄状的烙印"等，这些新奇怪诞的意象通过通感、比喻等修辞手法来呈现，给予读者新奇强劲的冲击力，具有意想不到的审美效果。小说选择第一人称"我"来进行叙述，使客观的历史叙述化为主观的家族回忆，严肃的历史在"我"的主观感觉中，转化为此刻可以清晰感知的感官体验。身为"种的退化"的"不肖子孙"，"我"与战争历史、家族风流史拉开了时间距离，但透过祖孙三代这一族系链，又将历史与真实间的距离拉得很近。"我爷爷""我奶奶""我父亲"的叙事称谓既在叙事上拥有虚拟的权威性，又将一个发生在过去的故事直接呈现在当前的时间。作为叙述者的"我"可以随意在现在和过去之间游移穿梭，这不仅切割了故事的线性发展，还不断对故事的讲述过程进行主观化的干预，使过去接通了现在，使得历史和现实的叙述都被充分地感觉化了。

小说叙事的感觉主义色彩，还有赖于异彩纷呈的意象的运用。文中最为突出的意象是红色意象与死亡意象，这些意象包含着丰富的文化信息。小说中恍如血海的红高粱、殷红的鲜血、紫红色的仇恨火焰、血红的朝阳、通红的脸、深红的嘴唇、火红的盖头……这些与齐鲁故地东夷的日神文化精神有关的红色，具有强烈的视觉效应，情感充沛，象征生命的激情、悲壮的历史和英雄的情绪等。莫言在小说中对描写死亡有着独特的偏好。罗汉大爷被剥皮，写得细致无比，让人汗毛直竖；余大牙被枪毙，写得豪气冲天，让人心生敬意；"我奶奶"死时，写得如同活着一样美丽崇高……作者笔下的死亡，不是一种被剥夺生命的"展览"，而是表达了直面死亡的气概与豪情，与其说作者着意渲染死亡，不如说作者借死亡书写彰显了生命的强力和绚烂。

莫言曾坦言，在创作上受到美国作家福克纳与拉美作家马尔克斯的影响，从他们那里大胆借鉴了魔幻现实主义的情节结构方式，以及意识流小说的时空表现手法。《红高粱》在结构上巧妙借用了福克纳在《喧哗与骚动》中所采用的同一故事多人讲述的方式。小说中"我父亲"对"我爷爷"和"我奶奶"的事一知半解，但作为叙述者的"我"却全都知晓，且不断对故事进行修正和补充。作者所采用的魔幻现实主义与意识流手法，使小说在不同时空穿插跳跃，将故事经营得摇曳多姿、旁逸斜出，同时作品的情节、逻辑却十分清晰，时刻与主题紧密相扣。《红高粱》在20世纪80年代反响很大，其中一个原因，借莫言自己的话来说："因为这部作品表达了当时中国人一种共同的心态：中国在长时期的个人自由饱受压抑之后，《红高粱》恰好张扬了个性解放的精神——我要敢说，敢想，敢做。"

（撰稿人：张伟、李永东）

《我与地坛》导读

史铁生的创作起步于20世纪70年代末期。出生于1951年的他，在清华大学附中毕业之后于1969年前往陕西延安插队，却因为一场突如其来的疾病导致他双腿瘫痪，从此失去行走的自由。1972年回到北京以后，史铁生的生活陷入了困窘的境地，他将很多时间用于读书、思考与尝试写作。文学创作对他而言，是与现实搏击的一种存在方式。此后，他的文学作品开始陆陆续续在全国各地的文学刊物上发表，其中颇具影响的作品包括短篇小说《午餐半小时》（1980年）、《我的遥远的清平湾》（1983年）、《来到人间》（1985年）、《命如琴弦》（1985年）；中篇小说《关于詹牧师的报告文学》（1984年）、《原罪·宿命》（1988年）、《一个谜语的几种简单猜法》（1988年）；长篇小说《务虚笔记》（1996年）等等。当然，史铁生最具有知名度的作品应属在《上海文学》1991年第1期上发表的散文《我与地坛》。作家韩少功曾说："《我与地坛》这篇文章的发表，对当年（1991年）的文坛来说，即使没有其他的作品，那一年的文坛也是一个丰年。"[①]其实，《我与地坛》的影响力又何止是在1991年，这部作品堪称中国当代文学中最美丽的收获之一。

《我与地坛》这篇散文全文不过一万三千字左右，从篇幅来看并不很长，但却极有分量。它的出现显示出了散文这种文体在新时期以来如何冲破固有表现形式的具体实践。如洪子诚指出的那样，"60年代形成的散文文体模式，在'新时期'主要成为散文发展的障碍。这种写作模式，通常表现为以表现'时代精神'的目标和'以小见大'、'托物言志'的主题和结构趋向，刻意追求散文的'诗化'和对'意境'的营造"[②]。以往的这种散文模式对于现时散文发展的束缚，文学批评家多有发见，并从理论上试图加以引导与匡正，可是直到《我与地坛》的发表，才显示出散文的创作实践真正意义上走出了往昔散文所固有的那种概念化积弊。

从内容上看，《我与地坛》一共有七节，其中蕴含了两条线索。一条线索是"我"与地坛之间那种近乎宿命般的密切联系，另一条线索则是"我"在地坛的空间范围中所观察

① 史铁生：《灵魂的事》，天津教育出版社，2010，第268页。
② 洪子诚：《中国当代文学史（修订版）》，北京大学出版社，2007，第316页。

到的人间世相、诸多风流。第一节叙述了"我"与地坛之间的缘分,"五十多年间搬过几次家,可搬来搬去总是在它周围,而且是越搬离它越近了。我常觉得这中间有着宿命的味道:仿佛这古园就是为了等我,而历尽沧桑在那儿等待了四百多年"。第二节写到了因为自己常去地坛而给母亲带来的担心:"这么大一座园子,要在其中找到她的儿子,母亲走过了多少焦灼的路。多年来我头一次意识到,这园中不单是处处都有过我的车辙,有过我的车辙的地方也都有过母亲的脚印。"第三节写了地坛四季变换与园中景致变化,"我甚至现在就能清楚地看见,一旦有一天我不得不长久地离开它,我会怎样想念它,我会怎样想念它并且梦见它,我会怎样因为不敢想念它而梦也梦不到它"。第四节与第五节讲述了十五年间曾与"我"在地坛有过交集,却又倏忽离散的那些"最熟悉的陌生人"。他们中有相濡以沫相互依偎的一对老人,有"也许交了好运气"的爱唱歌的小伙子,有一直运气不佳的长跑爱好者,有外表漂亮却有着智力障碍的小姑娘,还有文中着墨不多的饮酒老人、捕鸟汉子、素朴并优雅的中年女工程师……第六节中作者进入了玄思与幻想之中,将自己生命体验中最炽热的部分呈现出来:关于轻与重、灵与肉、生与死、生命中的诸多不解之词……"我"与地坛之间于是产生了直接对话。第七节"我"又复归现实,"摇着车在这园子里慢慢走",继续体味人世间的现在种种带给一个平凡而又特殊的个体在这漫长生命中的诸种试炼与磨砺,"宇宙以其不息的欲望将一个歌舞炼为永恒。这欲望有怎样一个人间的姓名,大可忽略不计"。散文以一种追索宇宙间终极奥义的探求者形象出发,却以一个漫游者且战且走的从容态度逐渐顿悟自己上下求索的答案,在叙述中将看似琐屑的情节片段连缀成章、形散意聚,因而具有了极其广大的文学容量与极为炽烈的情感温度。

在所有的这些内容中,《我与地坛》中描写母子之间的亲情牵挂的文字让人格外动容。史铁生因为苦闷与烦忧,常常自己推着轮椅去地坛,"我那时脾气坏到极点,经常是发了疯一样地离开家,从那园子里回来又中了魔似的什么话都不说",母亲则以极具耐烦心和包容心的态度,默默地为儿子动身去地坛进行准备,目送儿子离开,尽可能地去体谅儿子摇着轮椅在地坛独处的孤僻举动,并在不伤害他自尊的状况下尽量守护着他。"在那段日子里——那是好几年长的一段日子,我想我一定使母亲作过了最坏的准备了,但她从来没有对我说过:'你为我想想。'事实上我也真的没为她想过。那时她的儿子,还太年轻,还来不及为母亲想,他被命运击昏了头,一心以为自己是世上最不幸的一个,不知道儿子的不幸在母亲那儿总是要加倍的。她有一个长到二十岁上忽然截瘫了的儿子,这是她唯一的儿子;她情愿截瘫的是自己而不是儿子,可这事无法代替;她想,只要儿子能活下去哪怕自己去死呢也行,可她又确信一个人不能仅仅是活着,儿子得有一条路走向自己的幸福;而这条路呢,没有谁能保证她的儿子终于能找到。——这样一个母亲,注定是活得最苦的母亲。"母亲的劬劳,使得儿子燃起了生命的斗志。可是命运的残酷却再一次加之于这一对母子身上:身体残疾的儿子终于活了下去,而原本健康的母亲却因病离开了人世。当史铁生的头一篇小说发表、头一次小说获奖的时候，他悲哀地发现自己的这一点点小小的文学成就无法为母亲所亲见，这种痛苦至痛无言：“我便又不能在家里待了，又整天整天独自跑到地坛去，心里是没头没尾的沉郁和哀怨，走遍整个园子却怎么也想不通：母亲为什么就不能再多活两年？为什么在她儿子就快要碰撞开一条路的时候，她却忽然熬不住了？莫非她来此世上只是为了替儿子担忧，却不该分享我的一点点快乐？”这份难以为外人理解的情结，是只有放置在作家与母亲之间这样特殊、深刻、独一无二的亲情关系中才能明晓其严肃与悲怆的。

对于母亲“艰难的命运、坚忍的意志和毫不张扬的爱”的歌颂，显示了作家对于人世间诸多美好情感的敬重与珍惜，体现出《我与地坛》的尘凡性、人间性。那么在这种尘凡性、人间性的基础上，史铁生产生了一个形而上的哲理性思考，发出了一个终极性的追问：生命的意义究竟何在？作者尝试对这个问题予以回答，这一部分由此构成了《我与地坛》的神性、宗教性的书写。这个问题的浮现并不是史铁生从抽象的玄思中直接得出，却残酷地出自作家一己的现实际遇。曾经坚定地笃信自己是在广阔天地大有作为的健壮青年，却在“活到最狂妄的年龄上忽地残废了双腿”，“两条腿残废后的最初几年，我找不到工作，找不到去路，忽然间几乎什么都找不到了”，在近乎绝望的精神状态下“我”与地坛相遇了：“十五年前的一个下午，我摇着轮椅进入园中，它为一个失魂落魄的人把一切都准备好了。”地坛为他准备好了一个反顾自身、思考未来生路的场域，一个升华悲恸、探索生死意义的契机。在地坛求索的这么多年间，史铁生终于有了自己的答案。生与死不再是一种苦难的召唤，而是一种必然完成的过程，这一思考过程使得《我与地坛》成了史铁生与过去、未来的自我形成对话的文字记录：

我一连几小时专心致志地想关于死的事，也以同样的耐心和方式想过我为什么要出生。这样想了好几年，最后事情终于弄明白了：一个人，出生了，这就不再是一个可以辩论的问题，而只是上帝交给他的一个事实；上帝在交给我们这件事实的时候，已经顺便保证了它的结果，所以死是一件不必急于求成的事，死是一个必然会降临的节日。这样想过之后我安心多了，眼前的一切不再那么可怕。比如你起早熬夜准备考试的时候，忽然想起有一个长长的假期在前面等待你，你会不会觉得轻松一点？并且庆幸并且感激这样的安排？

《我与地坛》之所以能够取得如此高的艺术成就，原因是多方面的。首先应该注意到这篇作品所具有的兼容并收的跨文体风格。今天在讨论这篇文本的时候，通常将其置放在“散文”的文体领域中进行讨论，但是实际上在《我与地坛》发表的时候，《上海文学》编辑部对这篇作品应归类于小说还是散文曾有过讨论。王安忆回忆说：“《我与地坛》这篇东西怎么给它归类，也是经过一番争论的。它当时在《上海文学》发表时，《上海文学》的编辑和主编都认为它是一篇好小说，可以作为一篇小说来发表，可是史铁生自己不愿意，他说这一定是散文，而且他说为什么要把散文看低呢？这就是散文，因此它后来还是作为散文发表了。我也同意他的话，我觉得是一篇好散文。"[①]为什么会有这部作品应该归类于小说还是散文的争议呢？原因在于《我与地坛》在结构谋篇布局、人物形象塑造、叙事人称转换等诸多环节都有"小说嫌疑"。有学者即指出："虽然史铁生不同意把《我与地坛》看成小说，但作为'散文'的《我与地坛》之所以特别感人，特别成功，却与作者史铁生本是一个'小说家'有着某种关系：不知不觉地把一些'小说手法'用于《我与地坛》的写作，是《我与地坛》特别感人、特别成功的一种原因。"[②]换一个角度看，《我与地坛》能够取得如此高的文学评价，可能也跟作家在创作时并未被某一种文体所独有的规范性特质所拘束、限制，显示出一种"打通"小说、散文文体特质而拿来为我所用的创作姿态，将小说文体所专擅的塑造人物形象的特质以及散文文体所突出的抒情、叙事、议论结合的风格统摄起来，形成了《我与地坛》这部作品的跨文体特征。这是一种似乎没有先例的文体形式，却正与作者尝试表现的文学内容完美匹配，"自从那个下午我无意中进了这园子，就再没长久地离开过它。我一下子就理解了它的意图。正如我在一篇小说中所说的：'在人口密聚的城市里，有这样一个宁静的去处，像是上帝的苦心安排。'"作品如此娓娓道来，将一幅幅平凡却隽永、平淡却充实、平常却惊心动魄的生命图卷渐次展开。史铁生那散点式的结构、皴染一般的笔致道尽了"我"在这弹指一挥间般的"十五年中"与已经"四百年"的地坛之间的生死之交。

其次，我们也应该注意到《我与地坛》在文学语言方面的匠心独运。在史铁生的文学世界里，很大一部分经验都是源自他个人所遭遇到的那种残酷体验，无论是身体的挑战，还是心灵因为身体状态而无法彻底自由的现状，抑或是面对命运的残酷无情，在他的笔下这些极致体验都显示出了苍凉、悲壮、苦涩的美学色彩。在《我与地坛》中，史铁生从个体经验出发，检点自己的命运中的悲怆之处，却并不止步于此，他将更多的笔墨挥洒在了对整个人类生存困境的思考之上。这种由己及人的思考路径，展示出史铁生超越了自怨自艾的惨淡心境，而具有了悲天悯人的慈悲意绪。与这种情绪相适配的，正是作者在散文中所使用的那种特殊的文学语言，一种解说从深奥的玄思中所取得的深刻思想的全新语言。在这种语言的运作下，似乎作者在平淡的叙述中已经显露出了含泪的微笑，这微笑中蕴含着对过去纠结岁月的彻底释怀、与无意间作弄自己的命运的握手言和、对生命最本质存在的大彻大悟。《我与地坛》的语言洗尽铅华，不事雕琢，却带着生命本真所具有的质朴、极富哲理性的感悟：

我说不好我想不想回去。我说不好是想还是不想，还是无所谓。我说不好我是像

① 王安忆：《心灵世界：王安忆小说讲稿》，复旦大学出版社，1997，第362页。

② 王彬彬：《王彬彬专栏："姑亡言之"之三〈我与地坛〉的小说嫌疑》，《小说评论》2003年第4期。

那个孩子，还是像那个老人，还是像一个热恋中的情人。很可能是这样：我同时是他们三个。我来的时候是个孩子，他有那么多孩子气的念头所以才哭着喊着闹着要来；他一来一见到这个世界便立刻成了不要命的情人；而对一个情人来说，不管多么漫长的时光也是稍纵即逝，那时他便明白，每一步每一步，其实一步步都是走在回去的路上。当牵牛花初开的时节，葬礼的号角就已吹响。

但是太阳，它每时每刻都是夕阳也都是旭日。当它熄灭着走下山去收尽苍凉残照之际，正是它在另一面燃烧着爬上山巅布散烈烈朝晖之时。那一天，我也将沉静着走下山去，扶着我的拐杖。有一天，在某一处山洼里，势必会跑上来一个欢蹦的孩子，抱着他的玩具。

当然，那不是我。

但是，那不是我吗？

史铁生的语言就是这样的舒缓、静谧而沉潜地进入生命深处，并不凌空高蹈，并不故作高深。在叙事、抒情以及描写中，他的文学语言与创作情绪紧密系连，互相制约形成了这样恳切纯净的语言感觉以及细密绵长的言说节奏。这也正是为什么一代又一代读者会为《我与地坛》中这些带着血泪的文字所打动、震撼而掩卷沉思。史铁生真是这个时代的西西弗斯，他以不懈创作超克了一个又一个的阻碍，与命运展开了殊死的争斗，并在搏斗中痛定思痛，对生命本真产生顿悟。《我与地坛》就是一份史铁生存在过且仍存在着的文字证言。

【参考文献】

[1]史铁生.想念地坛[M].海口：南海出版公司，2003.

[2]林建法.永远的史铁生[M].北京：华夏出版社，2011.

[3]张建波.逆游的行魂：史铁生论[M].济南：山东人民出版社，2012.

[4]李伟.坚定地向存在的荒凉地带进发：史铁生传[M].长春：长春出版社，2017.

（撰稿人：马泰祥）

《乡土中国》导读

《乡土中国》一书是费孝通根据自己20世纪40年代后期在西南联大和云南大学讲授乡村社会学课程时的课程内容整理而成的。费孝通自述说："我当时在大学里讲课，不喜欢用现存的课本，而企图利用和青年学生们的接触机会，探索一些我自己觉得有意义的课题。"讲课的过程是一边探索，一边讲授，所讲的观点完全是讨论性的。费孝通认为："我敢于在讲台上把自己知道不成熟的想法，和盘托出在青年人的面前，那是因为我认为这是一个比较好的教育方法。我并不认为教师的任务是在讲授已有的知识，这些学生们自己可以从书本上去学习，而主要是在引导学生敢于向未知的领域进军。作为教师就得带个头。"先生的课堂，真是令人神往。

在这本书里，费孝通尝试着回答一个问题：作为中国基层社会的乡土社会究竟是个什么样的社会？

从对《乡土中国》一书的阅读中，我们可以直接感受到的是费先生的研究不只是拎着舶来的概念来套用中国社会的现实，而是所有的研究都是从中国实际现象中去思考问题，这是极为可贵的。

《乡土本色》一篇，从乡土社会的人们对土地的执着，我们可以了解农耕文明与其关联在一起的人们的观念，如"安土重迁"等由何而来，从而引发对这个国家农耕文化特点、形成原因的继续追问。乡土社会作为熟人社会，其对法律及规则的理解有其不言自明的部分。而在激剧的社会变迁中，又将如何对应和调节，《乡土中国》给我们提出了很好的课题。

《文字下乡》两篇，费孝通指明了我们自认为必要的东西，却并不是能拿来简单评价他人的指标，譬如文字。这个问题放在今天也许已不再是那么明显的问题，因为乡村人能识字的已增加了许多。但类似的思维方式却仍在主导着我们对乡村的看法，比如科技下乡、文化下乡等。下乡做什么和怎么做，关键应当明确乡村的主体是谁。乡民们并不是如一般人所谓的用"封闭愚昧"一词可以限制的。若我们总是自视甚高，凡事皆以居高临下的态度去处理乡村的事情，我们不免就会出现诸如“科技下乡”就等同于农机下乡、化肥下乡、农药下乡之类的问题。由此看来，所谓文化下乡就更值得商榷了。文化是什么？乡村没有文化吗？在人类学看来，乡村是一个完整的系统，尤其在中国这样一个有着悠久农耕历史的国度，乡土社会更有其特殊的意义。即使在现代化变迁的今天，中国问题也无法脱离乡村的实际来获得解决。这才是《乡土中国》一书的价值所在。迄今为止，中国的很多民族，尤其是南方民族，并没有自己的文字。费孝通的论述也从侧面说明了这一点，即文字的使用是从人们的需求决定的，它并不能作为判断人群愚笨或先进的标准。这部分内容大学生、乡村工作者应当深刻领悟，同时也可以校正一般人对于拥有文字的优越感和对乡村人的偏见。

《差序格局》一文，讨论中国社会的公与私的问题。中国人的“私”受限于自身社会格局，常以自身引发，以自家、家门、自家人的概念，如投石入水而成的水圈一般散开，缺少对公共社会和他人的认知。在某种程度上，这是由于中国社会长期以来以血缘社会、氏族为基础构成，缺乏须经由血缘社会打破之后形成的地缘社会所必需的人与人之间的契约和连接方式的熏染。这样的状况放在今天这个变动巨大的社会，问题就尤其明显。对民众公共意识的培养，也将是这个时代必须去完成的事情。对私人权利和公共权利的分别，也显得特别重要。在力图使公权力不侵犯个人权利的同时保证让公权力不致为私人所用。

我们由此可以看到，费孝通先生探讨中国问题，眼光不仅在认识过往形成并影响至今的中国社会结构，更在于如何从今天的探讨能够找到通向未来的路径。这也是《乡土中国》作为中国社会学经典至今为学人称道的原因。

《家族》和《男女有别》两篇分析中国的家是一个事业组织，它的关系主轴是纵向的，而不是横向的。因此，相比于父母、婆媳关系，夫妻关系反成配轴，这导致夫妇之间关系的淡漠，也导致了男女双方在婚姻中找不到自己合适的位置，出现所谓妈宝、父亲角色缺失等问题，这一点在当前社会可以说也并未过时。

《礼治秩序》和《无讼》两篇着重讨论的是乡土社会的社会治理。费孝通在这里明确指出了中国乡土社会是一个礼治的社会。所谓礼治，在这里是指依据社会公认的合适的行为规范来判断和行事。而维系这种规范的关键是传统。传统是社会所累积的经验，而行为规范的目的是配合人们的行为以完成社会的任务。这是社会运行必须的部分。乡土社会由于其稳定度较高，传统在其中的价值就显得尤为明显。突然简单地改变或否定传统，将在很大程度上引发社会的不适和混乱。礼并不是靠一个外在的权力来推行的，而是在教化和熏养过程中养成的个人的敬畏之感，使人服膺。它不像法律甚至道德，在某种程度上都不能排斥外在的压力，礼只是一种内化于心的个人习惯，是主动的服膺于传统的习惯。礼治的可能必须以传统可以有效地应付生活问题为前提，乡土社会的稳定性正好满足了这一点。但面对急速的变迁，传统的效力将不免受到质疑，这个时候，法治的必要性便显现了出来。

但如《无讼》一篇所揭示的一样，是否有法就能解决所有问题？尤其在中国这样的有着礼治传统的国家，人的自律与底线是否应该放弃而仅以合不合法来判断问题？礼治就是对规则的服膺，就是内心的律法，我们是否要放弃内心的律法，而仅求外在的法治？

《无为而治》《长老统治》两篇，着重揭示乡土社会的权力结构。在我看来，中国社会从来就存在着横向权力和纵向权力两种权力方式，或者说是有限的中央权力与地方权力的共存。这也是中国社会能长期保持弹性和张力的原因之一，这完全不是一句"两千年的封建专制制度"所能代替的。如果有谁试图推进中国政治，也必先懂得这一点才行。

《血缘与地缘》《名实的分离》两篇，阐明了在新的变化与传统之间需有学习、需有试验，必有一变换的过程。这才需有文化英雄的出现。此处所谓文化英雄，我以为并非仅止一个两个领袖人物，振臂一呼，应者云集。我认为这里的文化英雄，更应是这个国家民族的先进者或知识分子，能坚守科学理性的立场，立足于一国文化的现实，做扎扎实实的研究。立足中国，眼观世界，能踏实工作，力行实践，能于实践中探出民族前进的路来。

而以社会学的立场而言，社会的进展是由多向的力量共同构成的。因此，它断然不是少数人能够做成的事情，社会的努力必依据本土社会的心理和文化传统，方能有效推动。就像乡村建设运动的重要人物之一卢作孚所言，社会应作微生物式的改变，而不是频繁的革命。最后一篇《从欲望到需要》，很好地证明了我上一段的话语。

费孝通先生写作《乡土中国》《江村经济》等书，对中国社会学来说有其奠基意义，同时从这本书中我们可以看到一个真正从中国事实出发，秉承真正的学术研究态度的学者之风范。

费孝通（1910.11.2—2005.4.24），江苏吴江（今苏州市吴江区）人，著名社会学家、人类学家、民族学家、社会活动家，从事社会学、人类学研究，写下了数百万字的著作。费孝通在其导师马林诺夫斯基指导下完成了博士论文《江村经济》，该书被誉为"人类学实地调查和理论工作发展中的一个里程碑"，成为国际人类学界的经典之作。费孝通先后对中国黄河三角洲、长江三角洲、珠江三角洲等地进行实地调查，提出既符合当地实际，又具有全局意义的重要发展思路与具体策略。同时，开始进行一生学术工作的总结，提出并阐述了"文化自觉"的重大命题，被誉为中国社会学和人类学的奠基人之一。

费孝通是中国社会学的总设计师。从历史上看，费孝通对中国社会学的贡献大体上可以分为三个阶段。第一个阶段是1949年以前，费孝通关于社会学的大部分经典之作都是在这个时期完成的,如《江村经济》《乡土中国》《皇权和绅权》等等,也都是在这个阶段发表的。第二个阶段是从1949年到改革开放以前,这是费孝通经历坎坷的一段时间,尽管身处逆境,他还是仗义执言,提出“为社会学说几句话”“再为社会学说几句话”,然而,最后终于不许说话了。1957年以后,费孝通主要从事翻译和边界问题研究。第三阶段是改革开放以后,费孝通重建中国社会学的一段时间。费孝通为今日中国社会学做出了总体设计,勾画了今日中国社会学的蓝图,确立了中国社会学的实证风格。

(撰稿人:王倩予)

外国文学与比较文学
名著导读

《荷马史诗》导读

一、《荷马史诗》简介

如果说神话体系主要是古人阐释世界的体系的话，那么英雄传奇则主要是一种记录体系，它主要以口头流传的形式保留下古人的历史记忆。《荷马史诗》就是这样一种用口传形式记录历史的伟大文学作品。它记录了约公元前12世纪希腊攻打特洛伊的战争。民间歌手们通过吟唱、承传和增删，记录下这一战争的来龙去脉和其中的英雄故事，描述了希腊人在这一历史背景中的生活状况。不仅如此，人们还在口头吟诵伟大的战争和英雄的同时，把民间流传的神话故事和人们对生活的思考融汇了进去。因此，《荷马史诗》包罗万象，不仅具有极高的文学价值，并且也成为研究希腊史前文明的极为宝贵的资料，在历史、地理、考古、政治、民俗和伦理等领域都有很高的研究价值，一直都被认为是西方最伟大的作品之一，对西方后世的文化影响深远。尽管学界对荷马的身世并无定论，但一般认为，《荷马史诗》最后的定型是由伟大的盲诗人荷马在公元前8世纪左右完成的，文字的固定是在雅典时代皮斯特拉图(约公元前605年—527年)执政时期，最后的定本则是公元前3世纪左右希腊化时期的亚历山大里亚学者们编订的。

二、《荷马史诗》故事梗概

《荷马史诗》由六音部抑扬格诗句组成，包括了《伊利亚特》和《奥德赛》两个部分，各分为二十四章，分别有1万5千多行和1万2千多行。《荷马史诗》主要围绕的是希腊和特洛伊人之间的一场战争。故事起源于希腊神话中的“金苹果之争”。宙斯因为害怕与海神的女儿忒提斯结合后生下的孩子会推翻自己的统治，于是把忒提斯嫁给了凡人佩琉斯，由于婚礼没有请争吵女神厄里斯，于是厄里斯就在婚宴上故意放下了一只金苹果，上面写着“给最美的”。这引来了天后赫拉、智慧女神雅典娜和爱神阿芙洛狄忒之间的争执，宙斯把评判权交给了特洛伊小王子帕里斯。赫拉许诺让帕里斯做国王，雅典娜许诺让他做英雄，而阿芙洛狄忒则愿意给他天下最美的女子为妻。最后帕里斯选择了美人。在阿芙洛狄忒的帮助下，他拐走了斯巴达的王后海伦。恼羞成怒的斯巴达国王墨涅拉俄斯与其余希腊城邦的首领阿伽门农、奥德修斯以及英雄阿喀琉斯等，千舸竞发，带领希腊联军渡过爱琴海，向特洛伊人复仇。战争打了十年，希腊联军一筹莫展，虽然阿喀琉斯杀死了特洛伊第一战士、帕里斯的哥哥赫克托尔，但特洛伊依旧久攻不下，阿喀琉斯也因身中帕里斯利箭而亡。最后，奥德修斯利用木马计，藏兵入城，里应外合，特洛伊城终于在战火中毁灭。十年战争，远离家乡，获胜的希腊人纷纷荣归故里。奥德修斯也带着他的部下搏浪还乡，但是由于他得罪了海神波塞冬，因此在海上经历了百般艰险，被各路神仙阻拦、扣留、诱惑，同伴尽失，历经十年，最后得以在天神的帮助下回家与妻儿团聚，重振王者雄风。

《伊利亚特》就是"关于伊利昂(特洛伊别称)的故事"，它截取了十年战争最后五十一天发生的事情进行正面描述，并由此涉及整个战争的状况。它以希腊联军主将阿喀琉斯钟爱的女俘布里塞伊斯被统帅阿伽门农抢夺，阿喀琉斯因此一怒退出战争开始，描写希腊联军因阿喀琉斯的退出而遭遇巨大损失。阿伽门农不得不向阿喀琉斯道歉求和，但是自尊受损的阿喀琉斯拒不领情，他的挚友帕特洛克罗斯眼看希腊人节节败退，于是偷穿阿喀琉斯的铠甲，伪装成阿喀琉斯上场奋战，结果惨死于赫克托尔枪下。阿喀琉斯因此重返战场为挚友复仇，终于杀死赫克托尔，并拖着他的尸首于马后绕城示威。特洛伊老王普里阿摩斯以一个父亲的身份请求阿喀琉斯归还儿子尸体，被感动的阿喀琉斯答应了老王，特洛伊人最后才得以用最隆重的火葬礼来悼念他们的英雄，《伊利亚特》也在哀伤而肃穆的葬礼中结束。

《奥德赛》就是"关于奥德修斯的故事"。奥德修斯海上漂泊十年，经历了各种艰难险阻。故事同样只是截取了十年最后四十多天的情况来进行正面描述。它开始于天神的一场聚会，会上宙斯应允了雅典娜的提议，让困在神女卡吕普索小岛上的奥德修斯返归家园，雅典娜于是让奥德修斯的儿子出海向回到希腊的老英雄们打听父亲的消息。与此同时，在雅典娜的帮助下奥德修斯离开了恋恋不舍的神女卡吕普索。但因为波塞冬怒气未消，又使他流落到一个岛上，被岛上的公主救起，得到国王的礼遇。岛上的歌者唱起广为流传的希腊英雄故事，奥德修斯忆起自己的苦难往事，涕泪涟涟，于是在国王等人的请求下展开回忆：先是逃脱吃人的独眼巨人，然后是风王的帮助与同伴的失误退回海上；遭遇把同伴变成猪的魔女；到冥府询问未来；逃过女妖塞壬的歌声；吃牛肉冒犯日神失去所有同伴；只身一人遇到神女卡吕普索。奥德修斯回忆完自己的经历，这才离开海岛返回故土。《奥德赛》后半部，较为详细地描述了奥德修斯乔装打扮查看家里状况、与儿子一起杀死那些向他的妻子求婚的人、一家人终于相认团聚的过程。

三、《荷马史诗》的艺术成就和影响

史诗气势恢宏，描写了神话时代的古希腊人神人共存的生活，生动细致地刻画了古人们的情感世界和他们对外部世界的思虑，以点带面，从具有戏剧性冲突的场景出发，扩展为时间跨度二十年、空间包括地中海和爱琴海沿岸的巨幅画卷。《荷马史诗》首先体现了它在艺术结构上的非凡技艺，按照亚里士多德的说法，《荷马史诗》没有力图描写整个战争，因为那样的话，“故事就会太长，不能一览而尽”，同时，“细节繁多，故事就会趋于复杂”，[①]而是仅仅截取了一个片段。但这一片段自身具有整体性，是一个有头、有身、有尾的完整的有机体，是环绕着一个“整一的行动”来构成的。[②]《伊利亚特》围绕的是“阿喀琉斯的愤怒”这个故事，《奥德赛》围绕的则是“奥德修斯回家”的故事。故事一边向前发展，同时也通过回忆和插叙向后回溯，形成一个更大的整体，即“特洛伊战争”整体和“奥德修斯的漂泊与回家”整体。最后，两部史诗又形成一个更大的整体，即《荷马史诗》，它包含了特洛伊战争的背景、起因、过程、结局和后续影响。另外，《荷马史诗》还隐含了一种著名的“环形结构”，例如，《伊利亚特》第一卷和第二十四卷呼应对称，第二卷和第二十三卷呼应对称，等等。这种对称呼应既有宏观的也有微观的，“大环包小环”“外环套内环”，呈现出令人惊讶的“对称”奇观。[③]在语言上，《荷马史诗》体现出原始口头文学和民间文学的质朴、生动而又宏大庄严的特征，充满力量感和悲悯的气质。修辞方面，《荷马史诗》的夸张和比喻几乎存在于每一诗行，形成了著名的以长句比喻为特点的“荷马式比喻”，加上吟唱艺术的节奏感，使得整部史诗云卷云舒，气势恢宏。

《荷马史诗》在内容上包罗万象，对其主题的理解也是常谈常新。历史、政治、伦理、哲学等方面，都可作为理解其主题的一个角度。但是整体上讲，我们还是能够较为容易地看到，《荷马史诗》通过对战争和人物的描写，表露出较为明确的对古希腊人的文化与价值观念的忧虑和反思。“金苹果之争”中，帕里斯对三位女神的选择象征性地表达了古希腊人的三种主流价值观念：权力、荣誉和美人，而这正是人最原始的个人欲望。只不过在这三种欲望类型中，权力和荣誉指向的是个人的“不朽”和像天神一样的永恒，它们的实现常常超出个人的范围；而“色欲”却具有明确的个人特征，它们共同体现了古希腊人个性主义的文化追求。个人欲望的价值观既是一种生存的动力，同时也是人间灾祸的根源：帕里斯因为选择了“美人”引发了特洛伊战争，弄得国破家亡；阿喀琉斯为了名誉，可以视死如归走向战场，也可以为了它置希腊联军于不顾，任其死伤无数。

与《伊利亚特》的欲望反思相对应，《奥德赛》却反映出一种新的价值选择。奥德修斯历尽艰险的故事，不只是在于赞美他的聪慧和英雄主义，而是反过来证实了他“回家”这个信念的坚定。奥德修斯在美丽的海上花园住了七年，美丽的神女卡吕普索许诺让

① 亚里士多德：《诗学》，载罗念生译《罗念生全集》（第5卷），上海人民出版社，2004，第96页。
② 同上书，第43页。
③ 程志敏：《荷马史诗导读》，华东师范大学出版社，2007，第144页。

他变成“不死的天神”，但是他依旧毫不动摇，每天临海挥洒英雄泪，念着“回家”。他已经抛弃了希腊人所追求的终极价值：美人和“不死”。《奥德赛》表达了理想的世俗生存状态：国与家，以及得到他们所需要的审慎、牺牲，以此为基础的理想的伦理关系等。一个以力量取胜的时代似乎正在远去，奥德修斯作为伊塔卡的国王二十年在外而家国依旧，是因为他从前的开明、公正和治理有方；是因为这个家庭的所有成员都是他们自身所扮演的角色的典范：有一个持家而顾全大局的母亲，忠贞而富有智谋的妻子和聪明、能承续父志的儿子，连他家的仆人都是典范——几十年如一日地忠心不二。奥德修斯与“金苹果之争”中的帕里斯和《伊利亚特》的阿喀琉斯在牺牲和责任方面形成鲜明的对比。《荷马史诗》正是通过这种对比，表达出了对那种基于对身体力量和个人欲望的个性价值观念的忧虑，以及对一种基于凡人智力的、更加理性、更注重群体伦理的价值观念的诉求。

《荷马史诗》是西方文学最重要的原典之一，它不仅是古希腊历史文化的“百科全书”，同时也是西方文学艺术的宝库。一方面，它为后世提供了丰富的思想可能性，被看成是韦伯所说的那种“哲学的突破”，荷马也被贺拉斯认为是“哲学与伦理学之父”。[①]同时在天文、历史、地理等方面，《荷马史诗》也为后世提供了广阔的探索空间。另一方面，从文学的角度看，《荷马史诗》在情节结构、叙事技巧、节奏控制、修辞等方面，对古希腊以及欧洲的戏剧、流浪汉小说、历史小说等叙事文学都有着直接而强大的影响，而它所涉及的神话和英雄故事以及寄予其中的丰富思想内涵，也为维吉尔、但丁、歌德和乔伊斯等许多伟大的后世文学家提供了创作的素材和思想灵感。

【参考文献】

[1]罗念生.罗念生全集(第5卷)[M].上海:上海人民出版社,2004.

[2][古希腊]荷马.奥德赛[M].王焕生译.北京:人民文学出版社,2003.

[3]陈中梅.荷马史诗研究[M].南京:译林出版社,2010.

[4]程志敏.荷马史诗导读[M].上海:华东师范大学出版社,2007.

[5][英]加斯帕·格里芬.荷马史诗中的生与死[M].刘淳译.北京:北京大学出版社,2016.

[6]罗青.荷马史诗研究——诗魂贯古今[M].台北:台湾学生书局,1994.

（撰稿人：李应志）

① 程志敏：《荷马史诗导读》，华东师范大学出版社，2007，第282~285页。

《俄狄浦斯王》导读

一、《俄狄浦斯王》简介

古希腊在希波战争之后，进入到以雅典为中心的“黄金时代”，文化十分繁荣，对西方文化有着决定性的影响。戏剧是雅典时期最重要的文学形式，出现了埃斯库洛斯、索福克勒斯、欧里庇得斯和阿里斯托芬等伟大的戏剧家。其中，索福克勒斯因其在悲剧艺术上的杰出成就而被称为“戏剧艺术的荷马”。他生活于雅典最繁盛的时期，家庭条件优越，早年受过良好的教育。他在政治、军事和音乐等方面均表现出突出才能，但成就最高的是他的戏剧。他一生创作过123部作品，目前流传下来的只有7部悲剧，其作品主要为参加狄俄尼索斯戏剧节而写。公元前468年，他首次战胜“悲剧之父”埃斯库洛斯，其后大约24次获奖，直到70多岁的时候输给戏剧节大赛的新秀欧里庇得斯。

索福克勒斯的戏剧在埃斯库洛斯戏剧的基础上，把演员增加到三人，使得戏剧在对话和动作等表演方面得到强化，不仅增加了戏剧内容的表现空间，而且加快了戏剧节奏，减少了歌队舒缓的演唱内容，人物性格也由于表演成分的增加而更丰满和生动。在内容上，索福克勒斯戏剧强调精神力量和坚忍不拔的意志，但是另一方面也十分强调当时的主流观念：对神的宗教虔敬，顺从神的意志，宣扬命运的力量，承认在神和命运面前人所具有的局限性和悲剧性。

《俄狄浦斯王》是索福克勒斯的代表作，它取材于“俄狄浦斯杀父娶母”的传说。俄狄浦斯的父亲拉伊俄斯年轻时曾被国王珀罗普斯收留，但是他却恩将仇报，把珀罗普斯美貌的儿子克律西波斯诱拐到忒拜，致使其自杀身亡。拉伊俄斯于是受到诅咒：“自己的儿子命中注定杀父娶母。”拉伊俄斯后来做了忒拜国王，生下了俄狄浦斯，为了逃避诅咒，他叫仆人把生下的婴儿双脚刺穿钉在一起，抛弃山中喂飞禽走兽。但是这位忒拜国的仆人在山上正好遇见科林斯国王的仆人，于是就把俄狄浦斯赠送给了科林斯国王。就这样，俄狄浦斯被无子嗣的科林斯国王收养。俄狄浦斯长大后从别人的口中偶然得知自己并非国王亲生子，于是到神庙求神谕，不料神谕却说自己将来会杀父娶母。惶恐的俄狄浦斯遂离开科林斯，逃往忒拜。在忒拜，他打死了一个跟他争道路的老人，这正是他的亲生父亲、前往神庙以求解决斯芬克斯之乱的忒拜国王拉伊俄斯。斯芬克斯之谜随后被聪明的俄狄浦斯回答，斯芬克斯自杀，俄狄浦斯被忒拜人立为新王，并娶了忒拜的王后为妻。俄狄浦斯不知不觉杀父娶母，没能逃脱自己的命运。俄狄浦斯杀父娶母犯下大罪，引发了忒拜大瘟疫。俄狄浦斯派人问神，神谕说必须清除杀掉前国王的凶手。作为国王的俄狄浦斯发誓要找到这个凶手。但是在追查的过程中，他逐渐明白，这个凶手正是他自己，他也逐渐明白了自己的身世以及杀父娶母的命运与命运已经应验的事实。羞愤难当的俄狄浦斯刺瞎自己的双眼，将自己流放。

二、《俄狄浦斯王》故事梗概

戏剧《俄狄浦斯王》从忒拜流行大瘟疫开始。已经做了十年忒拜国王的俄狄浦斯，一直被百姓看成拯救忒拜的大英雄，因此人们纷纷到王宫门前请求俄狄浦斯想办法消除瘟疫。俄狄浦斯从神谕得知，瘟疫是由于没有清除掉杀害前国王的凶手而引起的。于是俄狄浦斯为了查清凶手，派人找来了盲人先知特瑞西阿斯，不料特瑞西阿斯到来后却躲躲闪闪不愿说出真相，俄狄浦斯一气之下怀疑其先知的能力并与其争吵起来。情急中特瑞西阿斯暗示出俄狄浦斯本人就是凶手，这更让俄狄浦斯怀疑先知恶意诽谤，有政治图谋。忧郁难解的俄狄浦斯与先知不欢而散，回到宫中向王后诉说了自己的苦恼和怀疑。谁知王后为了安慰俄狄浦斯，说出了从前因为自己的孩子会杀父娶母把婴儿刺穿脚踝丢弃深山的事情，也说出了前国王拉伊俄斯死在三岔路口的强盗手下而非被自己儿子杀死的情况，因此她认为命运是可以反抗的，叫俄狄浦斯无须太在乎神谕和先知的话。但是王后的话却让俄狄浦斯心里深感惶恐，他告诉王后自己因为杀父娶母的神谕而离开科林斯前往忒拜，也曾经在一个三岔路口打死一个人。为了查证清楚，他下令去找唯一的证人：那个从三岔路口逃回的仆人。

以上内容是戏剧的第一个故事线索，构成了戏剧的前半段：因瘟疫问题而查找杀害前国王的凶手。戏剧的另一个构成性线索贯穿了戏剧的后半段：科林斯国王的仆人因为自己的主人去世而前来请俄狄浦斯回科林斯继位，结果却由此揭开了俄狄浦斯的身世。俄狄浦斯害怕回到科林斯，因为他害怕自己杀父娶母的命运应验。为了消除俄狄浦斯心中的疑云，科林斯仆人告诉俄狄浦斯他并非科林斯国王波吕玻斯的亲生子，而是他在卡泰戎山上放羊时从忒拜前国王拉伊俄斯的仆人那里捡来的，并描述了俄狄浦斯被丢弃时双脚被刺穿的情形。故事到此，俄狄浦斯的身世和杀父娶母的命运基本弄清，唯一缺少的就是证据。

追查杀害前国王凶手的证人，那个唯一活着从三岔路口逃回来的仆人，正是他当年把婴儿俄狄浦斯挑到卡泰戎山上，并亲手把他交给了科林斯牧羊人。这样，两个故事的线索汇集到了一起：无论是查证凶手还是证实俄狄浦斯的身世，前国王拉伊俄斯的仆人都是唯一的证人。由于俄狄浦斯杀死拉伊俄斯之后，不料又做了新国王，那个从三岔路口逃回来的老仆人在恐惧中隐居到了乡下。最后，他被重新找出来，两位仆人一起证实了俄狄浦斯的一切：杀父娶母的命运。俄狄浦斯刺瞎自己的双眼，请求把自己流放他乡，全剧在俄狄浦斯痛苦的哀号中结束。

三、《俄狄浦斯王》的艺术成就及影响

罗念生先生指出，索福克勒斯把希腊戏剧艺术大大向前推进了一步，他不写神而写人，增加了演员的数量和戏剧的表演成分，把人物刻画得栩栩如生。[①]《俄狄浦斯王》正是如此：先知知晓内情，又害怕告诉俄狄浦斯，实在无奈的情况下采用暗示，最后挑明情况；正直、公正、不弄清真相不罢休的俄狄浦斯步步紧逼，怀疑和自我怀疑；人物个性都十分自然鲜明。《俄狄浦斯王》的语言质朴，因果鲜明，充满论辩色彩和逻辑力量。

《俄狄浦斯王》作为古希腊悲剧艺术的典范，是"阿提克戏剧的杰作，在戏剧发展史上，还没有其他的作品表现出与它同等的艺术性"[②]。它在结构布局上的完美精巧尤其为人称道。[③]第一，整部剧情节发展环环相扣，悬念贯穿始终，直到最后真相大白。结构上具有亚里士多德所说的那种有机整体性，每一个情节、每一句话都具有自身的存在理由和价值，都是推进情节发展的必要力量。第二，它采用了双线并行的结构，"发现"与"突转"同时进行，亚里士多德认为这是最好的"发现"：案情追查向前推进的过程，同时也是故事向后回溯的过程，前一个问题的解决又带来后一个问题的出现，当案件侦破完成，整个故事也不多不少全部完成。[④]第三，在剧情节奏上，《俄狄浦斯王》也设计得十分精当：开始时瘟疫横行，原因不明，使人骤然紧张；在俄狄浦斯和先知争吵得不可开交、陷入胶着的情况下，王后的出场看似宽慰丈夫，为其解决了疑难，但重新提出了一个巨大悬念；报信人的到来同样如此，看上去既是在解决问题，但又引出了更加令人惊恐的悬念。一波未平一波又起，使全剧呈现出跌宕起伏的旋律和节奏感，一步一步把故事渐渐推向高潮，并在极限处结束。

---

① 索福克勒斯：《俄狄浦斯王》，载罗念生《罗念生全集》(第2卷)，上海人民出版社，2004，第281页。

② R.C.Jebbedt., *Sophocles:The Playsand Fragments* (Cambridge University Press, digitally printed version 2010), P.Ⅻ.

③ 该剧的结构研究可参见让-皮埃尔·韦尔南等《古希腊神话与悲剧》，华东师范大学出版社，2016，第71页。

④ 亚里士多德：《诗学》，载罗念生《罗念生全集》(第1卷)，上海人民出版社，2004，第50页。

正如全剧结束时歌队所唱:"在最末的日子还未到来,在还没有跨过生命的界限,还没有解脱苦难之前,不要说一个凡人是幸福的。"《俄狄浦斯王》在主题上首先让人感到的就是凡人难以摆脱苦难的命运。在剧中,俄狄浦斯以及他的父母都尽了最大努力来摆脱定数,但是他们的这种努力却刚好使自己落入了命运的陷阱。俄狄浦斯自身没有过错,他有能回答斯芬克斯之谜并救忒拜人于水火的聪明、勇敢和担当,也有表现出跟命运对抗的自由意志,但是这种凡人的力量最终也无法拯救自己。戏剧反映出冥冥中神决定人的一切、不可违抗的必然性;相反,力图掌握自身命运的凡人,其能力在未知面前显得荒谬可笑,无能为力。俄狄浦斯无论武力还是智力,都是人中强者,他的悲剧正说明了命运的强大力量。

在《俄狄浦斯王》中,导致悲剧的最重要的能力是自由意志和人的理性,其要摆脱的是作为异己力量的"神"的控制。因此,该悲剧也是一出以"知"的方式出现的人神冲突所带来的悲剧:"索福克勒斯创造了一个道德空间,其中不是罪与罚,而是一个无辜的人遭遇了可怕的灾难。俄狄浦斯之罪不是一个人物的罪行,因为他其实是一个伟大的人,而是知识之罪:他以为自己知道,而其实他并不知道。"[①]"先知"特瑞西阿斯代表了掌控并知晓人的未来命运的神的"知",而俄狄浦斯的聪明才智所能够知道的只能是既已发生的事实,即"真相"。俄狄浦斯对斯芬克斯之谜的解答,以及他对整个案件的追查,都反映了人的理性和求知意志,在这里,"真相原则"高于"生存原则"。但是这种能力似乎只是限定在一种表层的对事物的现象性理解或者解释之中。通俗地说,凡人费尽九牛二虎之力得到的只能是事后诸葛亮似的"知",是现象的和表层的。俄狄浦斯的悲剧可以看成对理性萌芽状态的希腊人的一个警告:不要对自己的能力过于狂妄自大。不过,从另一个角度看,《俄狄浦斯王》尽管体现了神的力量的强大,表现出一种对神的敬畏,但正是如此,它也才把人的所有力量对象化出来,体现出人的悲剧精神和人格力量,尽管弱小,但在与神力的对抗中获得了与神同等的位格。从这个角度看,《俄狄浦斯王》反映的是一个神的统治开始受到质疑、人的力量在艰难中成长的时代。这个力量不是身体之力,而是体现在人的求知意志之中的、力图摆脱蒙昧的理性力量。

对于《俄狄浦斯王》的主题思想,还有弗洛伊德的"俄狄浦斯情结"[②]、伦理禁忌等著名的阐释角度。[③]在弗洛伊德看来,由于文明秩序的建立,人的本能受到压抑,其中性和暴力,即生本能和死本能是最重要的两种,而针对族人的性和暴力更是因为社会秩序的要求而被禁止,乱伦和弑亲被看成极大的罪恶,从而压抑在心灵深处,针对双亲的这种冲动,即"杀父娶母"更是如此。正如王后为了宽慰俄狄浦斯时所说的"很多人都在梦中

① Ian C, *Storey and Arlence Allan*,*A Guide to Ancient Greek Drama* (Blackwell Publishing,2005),P.254.

② 车文博主编《弗洛伊德文集2释梦》,长春出版社,2010,第172~181页。

③ 聂珍钊:《伦理禁忌与俄狄浦斯的悲剧》,《学习与探索》2006年第5期。

娶过他们的母亲”，俄狄浦斯的悲剧反映了人们对这一原始本能的恐惧和强烈的罪恶感。与此相关的是“伦理禁忌”的主题。《俄狄浦斯王》反映了一种新的伦理秩序已经建立，“杀父娶母”作为这一秩序最重要的障碍而被禁止，而违反这一禁忌的人必然遭到命运最严酷的惩罚。这种伦理意识在剧中已经成为一种集体无意识得到认同，因此“杀父娶母”本身才能够作为一种可怕的惩罚和命运而令人惊恐。一个“杀死强盗”和“娶了王后”的俄狄浦斯是万民拥戴的，但“杀死父亲”和“娶了母亲”的俄狄浦斯则沦为可悲的罪人，必然遭受比死亡更加严酷的自我流放，尽管这一切都是在俄狄浦斯并不知晓，甚至努力对抗的情况下促成的。

因此，总体上讲，《俄狄浦斯王》的主题都可以归结为希腊人最重要的命题：认识自己。俄狄浦斯对斯芬克斯之谜的解答表明，人看上去是可以凭借理性认识自我的；但是他在努力对抗命运的情况下还是不知不觉地“杀父娶母”，这又表明他对自己一无所知。无论是命运，还是伦理禁忌与本能压抑，这些主题都反映了人自身那难以把握的复杂性。直到今天，我们还是处在自我认识的途中。从这个角度说，俄狄浦斯的命运反映的不过是人类在“认识自己”这个问题上的难以摆脱的悲剧性处境，而俄狄浦斯则是探讨这一永恒问题的人文知识分子的原型。

无论从艺术处理的精密性，还是从所涉主题的复杂性和永恒性看，《俄狄浦斯王》都可以看成古希腊戏剧艺术的典范，是亚里士多德在《诗学》中探讨悲剧艺术时“完美悲剧”的范本，对后世的戏剧艺术乃至整个文学艺术都形成了深远的影响。不仅有塞内加、弥尔顿、伏尔泰、克莱斯特和纪德等古今作家直接重写，同时还有莎士比亚、格里耶、曹禺等中外作家受其影响而进行数不清的改编。它的主题涉及哲学、宗教、心理学、伦理学和政治学等方面，从古至今几乎所有西方著名哲学家、美学家和文学批评家都对其发表过自己的看法。无论是对于西方文学史还是西方思想史，《俄狄浦斯王》的影响可以说都是难以估量的。

【参考文献】

[1][古希腊]埃斯库罗斯等.古希腊悲剧经典[M].罗念生译.北京:作家出版社，1998.

[2]Sophocles: The Plays and Fragments, R. C. Jebb edt., Cambridge University Press. 2010

[3]Ian C. Storey and Arlence Allan, A Guide to Ancient Greek Drama, Blackwell Publishing. 2005

[4]陈洪文,水建馥.古希腊三大悲剧家研究[M].北京:中国社会科学出版社,1986.

[5]肖厚国.自然与人为:人类自由的古典意义——古希腊神话、悲剧及哲学[M].上海:华东师范大学出版社,2006.

[6]王以欣.神话与历史:古希腊英雄故事的历史和文化内涵[M].北京:商务印书馆,2006.

[7][美]玛莎·C.纳斯鲍姆.善的脆弱性:古希腊悲剧和哲学中的运气与伦理[M].徐向东,陆萌译.南京:译林出版社,2007.

[8][法]韦尔南,[法]维达尔-纳凯.古希腊神话与悲剧[M].张苗,杨淑岚译.上海:华东师范大学出版社,2016.

（撰稿人:李应志）

《神曲》导读

但丁·阿利盖耶里(1265—1321),是13世纪末14世纪初的意大利诗人,是中世纪欧洲最重要的作家。恩格斯曾经对但丁的历史地位做过精确的评价:"封建的中世纪的终结和现代资本主义纪元的开端,是以一位大人物为标志的。这位人物就是意大利人但丁,他是中世纪的最后一位诗人,同时又是新时代的最初一位诗人。"写作贯穿了但丁的生命:青年时期为爱写诗,取名《新生》;流亡时期,写过3部著作,《筵席》(又译为《飨食》)、《帝制论》《论俗语》。在放逐期间,但丁亲眼见到祖国的壮丽河山,也亲自接触了社会的各个阶层,目睹了整个意大利甚至是欧洲的纷乱状态,他意识到了自己的责任。1307年,他开始创作《神曲》,直至1321年《神曲》才最终完成。

《神曲》本名为《喜剧》(*Commedia*),薄伽丘为其冠以"神圣"之名,从而演变为《神圣的喜剧》,中译本通称为《神曲》。《神曲》全诗分为3部,《地狱》《炼狱》以及《天堂》,每部33曲,加上序曲,总共100曲,14233行。诗歌的主要内容是,在人生的中途(但丁35岁时),"我"已经迷失了正路,走进了一座幽暗的森林;彷徨了一夜之后,"我"走出了森林,来到一座曙光笼罩着的小山脚下,刚一开始登山,就被三只野兽(豹、狮、狼)挡住去路。正在危急时刻,古罗马诗人维吉尔出现了,他受贝雅特丽齐嘱托,来搭救"我",引导"我"去游历地狱和炼狱,接着贝雅特丽齐又亲自引导"我"游历天国。游历的过程和见闻则是《神曲》3部的主要内容。

《地狱》篇写的是痛苦和绝望,笔调是阴暗的,是浓淡不匀的。《地狱》篇中,但丁以其丰富的想象和精妙的文字,刻画出一个又一个凶恶的魔怪,一种又一种残酷的刑罚。读来,不禁使人战栗。在但丁的想象中,地狱共九层,呈一个上宽下窄的漏斗状,每一层都囚禁着不同罪孽的灵魂。第一层为最轻的人类固有的原罪,第二至第九层,便是罪孽深重的区分。每层对照各种罪名,如无节制(贪色、贪财、吝啬、浪费、愤怒……)、强暴、欺诈……在跟随但丁游历的过程中,笔者除了心惊肉跳外,又多了一份赧然。

《炼狱》篇写的是宁静和希望,笔调是柔和的,是爽目的。由地狱升至炼狱,这是一个洗礼的过程,笔者看到了一个个忏悔的灵魂。在但丁的想象中,"炼狱"是在南半球的海中,人是不能去那儿的。炼狱是一座可分七层的山,这是灵魂洗涤罪孽的地方,他们唱着祷文,上帝再加以与其罪名相应的刑罚:贪食者看着树上的甜果和清净的甘泉却不能品尝,贪财者永远背负着重重的财物……只有在炼狱洗涤了人类七种罪恶:骄、妒、怒、惰、贪财、贪食、贪色之后,才是纯洁的灵魂,才可进入天堂。炼狱由底层到上层均有阶梯相通,岩石小径崎岖难走,越往上越狭(与地狱相反)。但丁和贝雅特丽齐在山顶——"地上乐园"相会,而"地上乐园"也就是亚当和夏娃犯罪之前的伊甸园。

《天堂》篇写的是幸福和喜悦,笔调是光辉的,是耀眼的。在但丁的想象中,"天堂"比较复杂。但丁把天堂分作九重,分别为月天、水星天、金星天、日天、火星天、木星天、土星天、恒星天、水晶天。天层越高,居住在那里的灵魂越纯洁。而每重天都是透明的气体和光,神的形体是看不见的,他们只是一片光明。从炼狱至天堂,灵魂不断得到净化,意境仿佛豁然开朗,心中的沉闷也一扫而光。天堂是上帝的所居,是至高至善至美的境界,是真理的顶点,是人类的理想和希望。进入天堂就接近了真理,达到了至高至善至美的目的,这才是人类的光明前途,也是人类的终极追求。

对于《神曲》的三部分,我想大多数人都很喜欢《天堂》篇,因为天堂里只有美好和光明,而我却更喜欢《地狱》篇和《炼狱》篇。

《地狱》篇,是对社会真实状况的描写。但丁通过地狱的罪与罚对社会现实罪恶进行了深刻的揭露和批判。但丁十分痛恨背叛者,他认为背叛是所有罪行中最为深重的。因此,他把叛徒安排在地狱的最底层,称他们是"最卑下的罪人",对他们施加最为严厉的刑罚。其中第一环是叛卖亲属者,又称该隐环[①];第二环是叛卖国家者;第三环是叛卖宾客者;第四环是叛卖恩人者,又被称为犹大环[②]。出卖耶稣的犹大最为但丁所痛恨,在地狱的最底层被魔鬼撒旦撕咬着,受着最为酷烈的刑罚。

但丁在《地狱》篇中把现实社会中不法的教皇、残暴的君王、贪官污吏、玩弄阴谋的政客、民族分裂者、意大利党派头目、重利盘剥的商人、阿谀逢迎者、挑拨离间者、偷盗伪善者、淫媒诱奸者通通打入地狱,让他们遭受酷刑,受尽痛苦。教皇卜尼法斯八世尚在人世,作者就预先将其罚入地狱,栽倒在燃烧着火焰的石穴里,痛斥他贪婪,欺压善良的人民。作者让虚伪的僧侣居于地狱第八层,身穿沉重的铅衣哭泣。《地狱》篇中有一句话说道:"我们唯一的悲哀是生活于愿望之中而没有希望。"一直处于一种美好的愿景中,却也只能被愿景裹挟,无法突围,没有希望。这是一种希望看见上帝,却没有达到目的的痛苦。

《炼狱》篇是过渡环节,是由地狱到天堂的必经之路,是人类从现实到理想必须经历的苦难历程。在这里洗尽罪恶,赎清罪孽的灵魂可以得到天堂里上帝的接见。但丁在

① 该隐(Cain)《圣经》中的杀亲者,是世界上所有恶人的祖先。该隐是亚当(Adam)和夏娃(Eve)最早所生的两个儿子之一,为兄长。因为憎恶弟弟亚伯(Abel)的行为,而把亚伯杀害,后受上帝惩罚。

② 犹大(Judah),《圣经》中的人物,耶稣十二门徒之一,因为三十个银币将耶稣出卖给罗马政府,耶稣被十字架钉死后,犹大因悔恨而自杀。

现实生活中深深感到人类自身存在的罪恶:淫欲、贪婪、野心、残暴……这些罪恶阻挡了人类走向真理和善良的步伐,导致了社会的黑暗,因此他急切地渴望为意大利人民,为社会,乃至为整个人类寻找一条救赎的道路。这条路便是在炼狱中经受罪与罚的考验。但丁从基督教观念出发,把民族、社会乃至人类的希望寄托在上帝身上,主张人要在上帝所设置的地狱、炼狱中经受罪与罚的考验,赎清罪孽,然后通过忏悔和净化升入天堂。因此,在炼狱中的每一个灵魂都是希望升入天堂见到上帝的。在这种恩德到来之前,处在炼狱中的人每天都迎接着不同的希望,这种希望一天比一天大,一天比一天浓烈。但丁希望人们认识罪恶,悔过自新,达到最理想的境界,这在当时是非常难得的思想,显示了新的文化思潮的萌芽。

其实《神曲》这本书并不是很能吸引读者读下去,因为它没有一个很完整的故事情节。而且,如果不熟悉《圣经》和宗教,阅读起《神曲》来就比较吃力。因此,"知人论世"便成为我们解密名著的一把钥匙。

《神曲》代表了中世纪文学的最高成就,而这样一部不朽名著的产生有着其深刻的内在和外在原因——意大利的社会状况、诗人的深厚学识和独特的个人经历都是其中的重要因素。

但丁生活的时代是13世纪下半叶至14世纪初,基督教思想不可避免地会在他身上留下深刻的烙印。在但丁生活的时代,意大利已经出现了资本主义萌芽。13世纪时,意大利北部的热那亚、威尼斯、佛罗伦萨、米兰等地,由于海上贸易和工商业的蓬勃发展,成为欧洲最富庶的地区。早期资产阶级日益强大,并建立了城邦共和国,取得了自治权。尽管与整个欧洲甚至意大利其他大部分地区比较而言,这只是资产阶级取得的小小的胜利,但它对社会现实和欧洲的历史进程产生了深刻的影响。但丁在政治倾向上就是与意大利的资产阶级相一致的。

当时的意大利,并不是今天意义上的统一国家意大利,而只是一个四分五裂的地域名称,经济的发展也极不平衡。政治上主宰意大利的,主要有两大势力:一为神圣罗马帝国的皇帝,二为罗马教皇。所谓的"神圣罗马帝国",是中世纪中期遗留下来的一个历史名称。教皇和皇帝之间存在着尖锐的矛盾,各城邦也相互争斗,形成了依托教皇的贵尔弗党和依托皇帝的吉伯林党。两党于佛罗伦萨自1216年起斗至14世纪,但丁时代的政治状况也贯穿其中。两党争斗,但丁是牺牲品。1302年1月27日,但丁被判流放到托斯卡那域外两年,罪名是贪污公款,反对教皇和查理,扰乱共和国和平;1302年3月10日,又被判处永远流放,一旦落入共和国政府手中,将会被处以火刑。从此,他开始了长达20年的流浪,至死也未能再返回那梦寐以求的故乡。

20年的流放使但丁几乎走遍了意大利的每个角落。于颠沛流离中,但丁对意大利社会的现实有了更深切的了解,他的精神世界不断升华,逐渐将自己的命运与民族国家前途联系在一起并加以思考。新世纪人文精神的曙光开始照耀他的心灵,使他的作品迸射出了理性、人道、世俗的人文主义思想光芒。《神曲》是但丁基于对人类存在、人类自身弱点、人类生存困境以及人类命运的思考，交织着作者理性与信仰、人道与神道、灵与肉的矛盾和痛苦。它意在探索诗人自身、意大利民族乃至人类的未来命运。但丁认为，意大利民族和整个人类必须在信仰的启示下，以理性规范的行为实行道德完善和精神境界的不断超越，才能获得光明的前途。

鲁迅曾说过："在年轻时候，读了伟大的文学者的作品，虽然敬服那作者，然而总不能爱的，一共有两个人。"一个是陀思妥耶夫斯基，还有一个，就是但丁。说是读《神曲·炼狱》篇时，见"有些鬼魂还在把很重的石头，推上峻峭的岩壁上去。这是极吃力的工作，但一松手，可就立刻压烂了自己。不知怎的，自己也好像很是疲乏了，于是我就在这地方停住，没有能够走到天国去"。《神曲》不是一本具有吸引力的故事书，在阅读的过程中，如果你的心境不能达到绝对的平静、心无杂念，那么你的思想就会跟着你的内心跑掉。当你再次回到你阅读的地方，你就无法回忆或者记忆起上一秒你阅读了什么，更别想去读懂它。唯一的解决办法就是返回去，重新再阅读一次。

在这一部卷帙浩繁的诗歌总集中，我几经放弃，又几度拾起。从地狱到炼狱再到天堂，在艰涩的文字中，在广博的知识海洋里，经过一番艰难痛苦的挣扎，我完成了一次心灵的旅程。对我而言，《神曲》是艰涩高深的。读完全本书，也只是略知皮毛而已，就好像进入一片茂密的森林中，却只捡到几片树叶。然而，这片茂密的森林还是深深地震撼了我，或许，仅仅是因为它的葱茏。但丁在《天堂》篇第二篇中说："你们呀！坐着一条小筏子、跟着我唱着前进的船，一路听到此地，请你们回到自己熟悉的岸上去吧！"我虽然没有学力、勇气，可我却凭着一种蛮劲跟着但丁直至天堂的最高层。只是，得之甚微。无奈，但丁在《神曲》中所涉及的神学、天文、地理等各种知识，非吾所知也。至于如何，只待准备进入《神曲》的你，去阐释自己的领悟和理解。

（撰稿人：张武军）

《堂吉诃德》导读

米格尔·德·塞万提斯·萨维德拉，(1547—1616)，西班牙小说家、剧作家、诗人，被誉为西班牙文学世界里最伟大的作家；1569年开始军旅生活，直至1580年退役；1583年开始创作并出版了《加拉特亚》第一部，随后出版了《阿尔及尔生涯》和《努曼西亚》等，到1585年他已经写下20多个剧本。1605年，《奇情异想的绅士堂吉诃德·德·拉曼恰》即《堂吉诃德》上卷出版，初版500册，当时西班牙举国上下争相阅读，宫廷里，大街上，小酒店里，客厅里，炉火旁，人人争相谈论《堂吉诃德》，一年之内再版6次。但因塞万提斯一次性地卖断版权，导致其生活并未得到大的改善。同年6月，塞万提斯蒙冤入狱，其名誉遭受了巨大的损失，健康也每况愈下。塞万提斯自知来日无多，加紧写作《堂吉诃德》第二部，四年里写了七十二章。不料一个署名阿隆索·费尔南德斯·德·阿维亚内达的冒名者，借着《堂吉诃德》的盛名，抢先出版了《奇思异想的绅士堂吉诃德·德·拉曼恰》第二部。这部山寨作品破绽百出，难以卒读，但因打着《堂吉诃德》续编的幌子而得以大卖。悲愤的塞万提斯加快了写作速度，期间于1613年出版《训诫小说集》《惩恶扬善短篇小说集》，后终于1615年完成了《奇情异想的骑士堂吉诃德·德·拉曼恰》第二部，但第二年(1616年)4月23日，塞万提斯去世，享年68岁。其遗作《贝尔西雷斯和西希斯蒙达历险记》在塞万提斯死后一年后，即1617年出版。《堂吉诃德》达到了西班牙古典艺术的高峰，标志着欧洲近代现实主义小说的创作进入了一个新的阶段。评论家们称他的小说《堂吉诃德》是文学史上的第一部现代小说，同时也是世界文学的瑰宝之一。

《堂吉诃德》是塞万提斯的代表作，小说全名为《奇情异想的绅士堂吉诃德·德·拉曼恰》，共两部，是文艺复兴时期的现实主义巨著。第一部叙述拉曼恰的地方穷乡绅吉哈达因阅读骑士小说入迷，企图仿效古老的游侠骑士生活，于是他拼凑了一副破盔烂甲，改名为堂吉诃德，骑上一匹叫作罗西南多的瘦马，物色了一个邻村挤奶的姑娘作为意中人，决心作为骑士终生为她效劳。他第一次单枪匹马外出，在经历受封仪式、解救牧童、与商人作战后受伤而归，第二次找到邻居农民桑丘·潘沙作为侍从一同出游。堂吉诃德满脑子都是骑士游侠幻想，导致其将风车当作巨人，把旅店当作城堡，将羊群视为敌人，把理发师的铜盆认作魔法师的头盔，将苦役犯视为受迫害的骑士，认为赶路的贵妇人是落难的公主，不分青红皂白地乱砍乱杀，干了无数荒唐可笑的蠢事，却仍执迷不悟，直至几乎丧命才被人救护回家。第二部叙述堂吉诃德和桑丘·潘沙第三次出游，起因为堂吉诃德的邻居参孙·加尔拉斯果学士为了医治堂吉诃德的精神病，故意怂恿他再次外出，然后自命为镜子骑士，准备打败他迫使他放弃荒唐的念头回家养老，却不料交手后反被打败。堂吉诃德在战胜镜子骑士后改称为狮子骑士，后受到公爵夫妇的戏弄致使桑丘被鞭打，而骑着木马的堂吉诃德本人也受到戏弄，骑着木马以为在开着飞机作战。在桑丘任总督后，参孙自诩为白月骑士，于三个月后重新找到堂吉诃德决斗，终于打败了这位奇情异想的骑士。根据事先约定的条件，堂吉诃德回到家中，而后其病倒在床，临终时才恍然大悟，痛斥骑士小说的毒害，并嘱托外甥女不得嫁给骑士，否则将得不到遗产。

塞万提斯笔下的《堂吉诃德》是一部风格独特、内涵丰富的长篇荒诞骑士小说。塞万提斯认为骑士小说对读者来说是精神鸦片，会使人落入不切实际的幻想。为了抨击骑士制度的腐朽和罪恶，嘲讽骑士小说的荒诞滑稽以及对读者的毒害，塞万提斯塑造堂吉诃德这样一个读骑士小说入迷而做出许多在一般人看来十分荒唐之事的“疯癫”骑士形象；一方面针砭时弊，揭露并批判社会的丑恶现象；另一方面赞扬除暴安良、惩恶扬善、扶贫济弱等优良品德。小说以堂吉诃德企图恢复古代的骑士精神来扫尽人间不平的主观幻想与处在资本主义兴起阶级的西班牙社会的丑恶现实之间的矛盾作为情节的基础，以犀利的讽刺笔锋对西班牙的上层统治阶级进行无情的鞭挞和嘲讽，对人民的苦难寄予深切的同情，结构以主仆游侠历程为主线，穿插一些相对独立但又与主题相联系的故事作为补充，加深了故事的深度与广度。小说刻画出贵族、教士、地主、市民、士兵、农夫、囚徒、强盗、妓女等近700个人物形象，同时描绘出从贵族的城堡到外省的小客栈，从农村到城镇，从平原到深山，从大路到森林等广阔的生活画面，真实而全面地反映了16世纪末到17世纪初西班牙的社会现实，揭露了正在走向衰落的西班牙王国的各种矛盾，谴责了贵族阶级的荒淫无耻，对人民的疾苦表达了深切的同情。此外，小说还广泛地触及了当时的政治、经济、道德、文化和风俗等方面的问题，成为我们了解和研究西班牙历史的一部百科全书，因而奥克斯才会说“人生在世，如果有什么必读的作品，那就是《堂吉诃德》”这样的话。

海涅曾言：“塞万提斯、莎士比亚、歌德成了三头统治，在叙事、戏剧、抒情这三类创作里分别达到登峰造极的地步。”塞万提斯在艺术上不仅创新地将骑士小说和流浪汉小说相结合，还运用讽刺、对比、真实与想象、严肃与幽默、准确与夸张、故事中套故事，甚至元小说叙事等手法创作《堂吉诃德》，从而奠定了世界现代小说的基础。元小说叙事，又名超小说叙事，是后现代小说创作的一种现象，主要是叙述者超出小说叙述文本的束缚，常打断叙事结构的连续性直接对叙述本身进行评论，作家习惯于悄无声息地将某种思想或认识插入原文当中。例如第八章末，当堂吉诃德和比斯开人的厮杀进入最紧要关头的时候，叙述者突然就此打住，说“下面的事再也没有文字记载了”。转而在第九章叙述其如何在阿尔卡纳市场觅得全本《堂吉诃德》手稿，以及如何请摩尔人将之“忠实通顺”地译成卡斯蒂亚文字。巴赫金在论及戏仿的双重性时曾谈到“不同的形象以不同的方式，从不同的角度，相互戏仿，这很像一整套的哈哈镜，有把人相拉长的，有缩短的，有扭曲的，方向不一，程度不同”，简而言之为“哈哈镜”效果，即一种整体性变形，真实景象和幻象在其中被糅合成一个既真实又夸诞的完整形象。塞万提斯在堂吉诃德的见闻或行动中糅合了现实与幻想，使得堂吉诃德的言行既有真实的观察和思考又有骑士小说神怪的元素，既真实又虚幻，从而营造出“哈哈镜”式的文本效果。在“冲杀羊群”的情节中，堂吉诃德将羊群视为一群显赫的贵族骑士，如“勇敢的劳尔卡勒克，银桥国的君主；可怕的米科科棱波，吉罗西亚的大公爵；永不畏缩的布朗达瓦尔瓦兰·德·波里切，阿拉伯三大郡的主子”。这种清单式的列举将骑士传奇的战争叙事程式模仿得惟妙惟肖，使人几乎相信这就是一场骑士战争。但当他信心满满地冲杀进去时，桑丘才赶紧提醒道：“那明明是公羊母羊，您去冲杀什么！哪里有什么巨人、骑士、金猫、盔甲呀！”结果，堂吉诃德被牧羊人掷的石块打缺了几颗大牙和门牙。如此这般，哈哈镜式的戏拟尤为展露了堂吉诃德疯狂而又不失勇敢的性格。

堂吉诃德和桑丘·潘沙是文学作品中的两个经典人物形象，法国文学批评家圣伯夫将《堂吉诃德》称为“人性的《圣经》”，认为我们每个人既是堂吉诃德，又是桑丘·潘沙，无一例外地兼有两面性：狂热的理想和世俗的功利。我们睡下时是堂吉诃德，醒来时是桑丘·潘沙。从巴赫金的理论角度看“不同的声音不仅各自独立，相互间保持着距离；它们更是互相敌视，互相对立的”，即巴赫金所意味的“两重性”。在这里，“所有的形象都是合二为一的，它们身上结合了嬗变和危机两个极端：诞生与死亡、祝福与诅咒、夸奖与责骂、青年与老年、上与下、当面与背后、愚蠢与聪明”。堂吉诃德与桑丘的相对立的形象、堂吉诃德是理智与疯癫并重的性格等，都体现出了这种两重性，因而评论界多是将堂吉诃德定义为“理性的疯子”，他是矛盾人物，属禁欲主义、象征过去、代表幻想，他既炽热理想、果敢良善又主观偏执、乖戾荒唐，既睿智博学、洞明锐利又呆板机械、死抱教条，既单纯幼稚、粗莽妄为又谦恭有礼、深情柔肠。福柯指出，疯癫的艺术魅力与力量“远远超出了梦幻，超出了兽性的梦魇，而成为最后一个指望，即一切事物的终结和开始。这不是因为它像德国抒情诗那样表达了一种希望，而是因为它包含着混乱和末日启示的双重含义”。他说：“当绘画、小说或创作质问标准的经验阐释时，艺术就诞生了。没有疯癫即空无一物的反抗际遇，这种质问是不可能的。这种际遇正是个体拒绝接受事物秩序的所在。”由此可知，堂吉诃德的疯癫，究其实质是因为他们的理想在现实面前屡屡受挫而陷入了一种混乱和末日情绪。拜伦也曾说过：“《堂吉诃德》是一个令人伤感的故事，它越是令人发笑，则越是令人难过。这位英雄是主持正义的，制服坏人是他的唯一宗旨。正是那些美德使他发了疯。”堂吉诃德是一个脱离现实、耽于幻想的理想主义者，同时他又是一个永不妥协的斗士，他的双重人格及其精神自我与现实的巨大冲突，注定了他只能是一个悲剧性的追梦者。而桑吉·潘沙则不同，桑丘·潘沙作为一个农民，有小私有者的缺点，然而真正把他放在治理海岛的位置上时，他又能够秉公办理，不徇私情，不贪污受贿。他是享乐派，象征未来，代表实际。他既是无知的侍从又是生活的"谚语家"，既是埋怨生活的悲观者又是困境中的乐天派，既是贪婪的农民又是正直的总督。

或许，每个人心中都有一个堂吉诃德，希冀持长枪骑骏马，在喧嚣而寂寞的世间，踏上骑士之旅。于是信马而行，恣意所为，而其胸中自有繁华。但"伤筋断骨，踏遍歧路"是何其艰险，"破帽闹市，千夫所指"又何其难堪，故此，《堂吉诃德》最大的价值，或许就在于主人公甘为理想承受这种艰险和难堪，即使明知其理想不过是镜花水月、黄粱一梦。重读经典，阅读名著，不是为了读而读，而是要在阅读重读中重新发现并思考问题。名著之所以是名著，正是因为它们可以穿越时空，对每个时代的每个读者有着激励和感动的作用，对每个时代、每个民族都具有永恒的价值。在这里笔者仅想抛砖引玉为众多读者提供一种解读思路，以便读者从更多的角度去理解这部文学著作，进而深入探讨、挖掘其深刻而丰富的内涵。

（撰稿人：张武军）

《哈姆雷特》导读

威廉·莎士比亚(1564—1616),英国文学史上最杰出的戏剧家,有“英国戏剧之父”之誉。他16岁开始自己谋生,做过杂工,后入剧团,做过演员、编剧,并最终成为剧院股东。他一生创作无数,代表作品有“四大悲剧”(《哈姆雷特》《奥赛罗》《李尔王》《麦克白》)、“四大喜剧”(《仲夏夜之梦》《皆大欢喜》《第十二夜》《威尼斯商人》)和正剧《罗密欧与朱丽叶》、历史剧《亨利五世》等。而《哈姆雷特》自1601年问世以来“作为世上最有魅力和最富争议的作品,剧中几乎没有哪一行对白未曾引起人们的关注并为此发表过一两篇述评”(Harold Jenkins)。美国莎学专家科勒姆(Richard Corum)曾高度赞誉:“如果我们把莎士比亚的作品看成文学界的喜马拉雅,那么《哈姆雷特》则可是他的珠穆朗玛。”英国诗人兼文学评论家艾略特更将其称为“文学界的蒙娜丽莎”。由此可以看出《哈姆雷特》在文学界的地位与影响。但远不止如此,它的影响还蔓延到了影视及舞蹈领域。中国电影作品《夜宴》,以电影的方式创作重构了一台中国版的《哈姆雷特》,提取了《哈姆雷特》故事大致的内容,忠实于原著主人公的性格特点,但时间、空间、人物称呼、情节等都与原著有所不同,这是导演对他眼中《哈姆雷特》的诠释。

莎翁笔下的哈姆雷特是丹麦的一个王子。他原在德国人文主义思想中心威登堡大学求学,得知父亲暴毙后回国奔丧。当他回国后,发现他的祖国早已变成一个黑暗的地狱。父亲突然去世,王位被叔父克劳狄斯篡夺,而母亲也在父亲死后不到两个月的时间里匆匆改嫁新王。在一个月黑风高的夜晚,哈姆雷特终于与父亲的亡魂相遇,鬼魂向哈姆雷特说出自己被谋杀的真相。于是,这个年轻的王子决定为父报仇,重整乾坤。哈姆雷特并没有立即行动,而是采取装疯的形式一边掩护自己,一边调查真相。他精心安排了一场“戏中戏”,这场戏的演出内容正是故去的国王被害的过程,前来观演的克劳狄斯面露心虚,仓皇离去。在确信克劳狄斯就是杀害父亲的凶手之后,哈姆雷特决心复仇,但面对独自忏悔的克劳狄斯,他没有下手。他在与母亲谈话时误杀了躲在幕后偷听的波洛涅斯——恋人奥菲利亚的父亲。王子的举动让新王心有不安,欲除之而后快,故意派遣他出使英国,企图借刀杀人,不料哈姆雷特识破克劳狄斯的阴谋并用计破解,中途折回丹麦。爱人的疯癫、父亲的死亡给奥菲利亚带来沉重的打击，伤心过度的她不幸溺水身亡。急切想要为父亲、妹妹复仇的雷欧提斯被新王挑唆利用，与哈姆雷特决斗，克劳狄斯则暗中备下毒剑、毒酒。不巧，王后误饮毒酒而后身亡。哈姆雷特在决斗中被毒剑刺中后又夺剑刺中对方，在生命最后一刻雷欧提斯揭露了克劳狄斯的阴谋，哈姆雷特拼尽全力用毒剑刺中克劳狄斯，四人同归于尽。临终前他托付好友把自己的故事讲述给世人听。

莎士比亚以哈姆雷特的复仇为中心线索，展开一系列的情节发展，由此也推动了一个又一个悲剧的发生。以死亡开始，以死亡结束。死亡的气息从始至终都存在，哈姆雷特作为满怀复仇之心的王子，不仅失去了最心爱的爱人、亲人，也在一连串的误会、对峙中失去了自己的生命。莎士比亚曾说过，他的作品就是“给自然照一面镜子，给德行看一看自己的面目，给荒唐看一看自己的姿态，给时代和社会看一看自己的形象和印记”。从这个角度来看，《哈姆雷特》就是一个社会时代的缩影。哈姆雷特的形象之所以影响深远，就在于身为王子，他的“复仇”不仅是为个人复仇，他的身份使他的复仇更带有社会性。哈姆雷特向往善良、爱情、道德等一切美好的东西，然而残酷的现实给了他沉重的打击：父亲的暴毙、叔父的篡位、母亲的改嫁、朋友的背叛、朝臣的阿谀、恋人的疏离。这一系列打击，使他陷入痛苦的挣扎。不断思考、不断审视人性的哈姆雷特最终成了“思想上的巨人、行动上的矮子”，但正因他复仇的延缓，戏剧情节和戏剧冲突才更为丰富，哈姆雷特的个性特征才更为饱满。研究界也已围绕着该剧在很多方面都进行了研究与探索，并取得了显著的成果。对剧作及悲剧成因的研究，对其中人文主义内涵的研究，对作品中人物形象的研究，对剧本隐喻辞格的研究，或者用弗洛伊德的精神分析法的学说看哈姆雷特的复仇等，还有的把它放在比较文学视野下与中国的悲剧进行比较研究。总而言之，几乎每一个新的理论都可以在《哈姆雷特》上看到他们的努力与阐释。这些研究成果对于读者来说是件好事，可以帮助我们从不同的角度理解这部作品，也能看到作品本身深厚的艺术底蕴与思想内涵，其中不乏各种对哈姆雷特“延宕”的阐释。

哈姆雷特并非没有当机立断的能力。从他一怒之下刺死波洛涅斯便可以看出他的执行力。当他知晓克劳狄斯的预谋后，当机立断修改文书让背叛自己的罗森格兰兹、吉尔登斯吞双双送命，其行动之中透露出他的果敢、英勇和睿智。但是为何哈姆雷特在对克劳狄斯的复仇行动上一再拖延？

“延宕说”流行已久，北大学者乐黛云也曾说：“延宕是这出悲剧最重要的特征之一。”自 18 世纪英国戏剧评论家托马斯·汉莫认为剧情的发展产生了延宕行为开始，便有了从内因和外因来解释这一行为的说法。内因将其归为人物性格的影响，外因则强调外在条件中的客观因素对复仇计划的一再阻拦，譬如克劳狄斯的政治势力、礼乐崩坏的凋敝时代症状等。另外，更有从戏剧常规创作手法的角度得出不存在特意延宕之目的一说。

延宕对于哈姆雷特来说确实是一种必需。

哈姆雷特是一个王子，这是他最重要的身份特征。在作品中，从雷欧提斯劝诫奥菲利亚的话中可以看出，身为王子，他并不是拥有绝对自由。国王暴毙，得知真相之后作为儿子、作为一国储君他有义务为父报仇，但同时他更要小心谨慎，因为他的对手是国王，他需要丹麦的支持。雷欧提斯在劝诫奥菲利亚的时候曾提道："可是你必须留心，他有这样高的地位，他的意志并不属于他自己，因为他自己也要被他的血统所支配；他不能像一般庶民一样为自己选择，因为他的决定足以影响到整个国本的安危，他是全身的首脑，他的选择必须得到各部分肢体的同意；以他王子之尊究竟能做到几分，那是必须以丹麦的公意给他的赞同为限的。"王子本身复仇的行为已经不仅仅是子报父仇，更因为其特殊的身份而具有了社会性的意义。哈姆雷特也深知，作为王子，他的决定足以影响整个国本的安危，他必须小心谨慎。作品中能够体现丹麦公意的就是朝臣、军官、伶人、小丑，具有代表性的就是掌握话语权的官员。但是哈姆雷特在与他们的交往中看不到他们对故去国王的哀悼，只有对新王权力的臣服。最具代表性的就是雷欧提斯之父波洛涅斯。他对新王言听计从，想尽办法讨好国王。至于那些小人物，他们服从的只是权力，即使哈姆雷特振臂一挥需要他们的帮助，可能也得不到他们的支持，他们的态度模糊而暧昧。如果哈姆雷特不是王子，他戏中戏的安排与设计伶人怕是也不会听从，连哈姆雷特曾经的朋友都听从新王的命令去试探他，甚至帮助新王想要杀害他，可以看出哈姆雷特的势单力薄。而他的对立面，克劳狄斯，一国之君王，拥有让人们甘愿为之臣服的无上权力，敌我力量的悬殊可见一斑。

作为一个王子，他的复仇不是简单地杀死一个人，因为他所要杀的人是国王。他自己也曾感叹说他是一个倒霉蛋，肩负起的是重整乾坤的任务。乾坤颠覆可以看作王朝更迭或是君主易位的表现。哈姆雷特把自己的父亲比喻成非常完美的神，老国王被他盛赞为："眉宇之间何等的光辉，有亥伯龙的卷发，头额简直是朱庇特的；眼睛像马尔士的，露出震慑的威严；那姿势，就像是使神墨丘利刚刚降落在吻着天的山顶上，这真是各种风姿的总和，美貌男子的模型，所有的天神似乎都在他身上盖了印为这一个人做担保一般。"哈姆雷特这样的对比老国王使他得到了神化。但这个生前作为各种风姿的总和、美貌男子的模型的国王，受到了兄弟的谋害，死后却变为罪孽深重的亡魂。老国王王权被颠覆，他的死亡导致丹麦这座曾经百花盛开的伊甸园马上变为"一座蔓草未芟的花园，到处是蓬蒿荆棘"。国王的离奇去世带来的后果是母亲改嫁、王位被夺，以至于哈姆雷特觉得世界都已颠倒，本该是那样的却变成这现实中的这样，对叔父的复仇无异于重整乾坤。哈姆雷特在复仇过程中看到了人性的丑恶。他的复仇虽然目的是死亡，但是是为了更多的新生，为了新生的力量，为了新生的权力，为了新生的世界。然而在这个过程中，事态不受他控制地发展下去，他最爱的两个女人都因他而死，有的人死有余辜，但也连累了很多无辜的人。哈姆雷特让那些演戏剧的人演出戏中戏，这些演员很可能遭到国王的毒手。个人的复仇兼具了社会性，就不再是一家之仇，他不得不思考。旧王已经死去，万一鬼魂在说谎又误杀新王，后果不堪设想！这也是他设计戏中戏的原因。哈姆雷特延宕的过程中处处可以看出他对人性的思考，因为他的延宕，让这部本来情节简单的故事有了更多更丰富更深厚的内涵。复仇过程中，他发现十万个人里面有一个说实话的人，谎言遍地、朋友背叛、爱人疏离、亲人残杀，这不是他的复仇就能改变的，他由向一个人的复仇，到思考人性的问题，到最后不得不复仇。哈姆雷特逃避的不是复仇的行动，杀一个人并不难，难的是改变这混沌的世界。他所提出的问题，更多的是涉及人类社会中的诚信、爱情、亲情、友情的质疑与思考，而不仅仅是复仇本身。这一系列的思考呈现出哈姆雷特的内心世界，他为丹麦的现状而痛心，为人类世界的混沌而忧虑。人是精巧的杰作，但同时也是源于泥土的精英。面对这令人失望的现实总和，最终引出了那场经典独白——"毁灭还是存在"。我的复仇行为真的能够改变乾坤吗？如果不能，那么我还要活着继续面对这尘世的羁绊。作者的安排是让哈姆雷特的生命伴随着复仇的胜利而结束，哈姆雷特死亡之前，还在给福丁布拉斯留下遗言，希望能把事情的真相公之于众，目的是澄清事实，伸张正义，为污浊世界净化出一丝新鲜的空气。

哈姆雷特身上有着双重角色，他是复仇者同时也是一个被复仇者。在给自己的父亲复仇的过程中杀死了雷欧提斯的父亲，他原先坚守的正直光明的原则被自己打破。这正如人类身上自相矛盾的双重性格一样。他在为父复仇寻求正义的过程中犯下了罪行，他的正直和罪行旗鼓相当，善与恶在他的身上并存，而正是由于他的复杂性，才让这个人物具有了普适性，在他的身上我们甚至可以看到自己的影子。

读完《哈姆雷特》，你可能会为哈姆雷特历尽艰辛终于在自己死前为父报仇、手刃仇人而拍手称快，也可能会为因复仇而搭上自己性命的哈姆雷特惋惜，还可能会为美人奥菲利亚的香消玉殒而叹息……但同时可能也会存在些许的疑问。经典阅读不是为了记住经典，而是质疑经典。经典之所以成为经典，也正是因为它经得起人们的质疑与思考。在这里不想为读者提供某一种固定的解读思路，只起到一个抛砖引玉的作用，在这部经典的剧作中还有更多更丰富精彩的内涵等待挖掘。"一千个人眼中有一千个哈姆雷特"，或许，这正是《哈姆雷特》的永恒魅力所在！

（撰稿人：张武军）

《鲁滨孙漂流记》导读

1719年4月，丹尼尔·笛福最重要的小说作品《鲁滨孙漂流记》出版，受到英国读者的喜爱，至当年年底，这部小说再版了4次，依然是供不应求。

《鲁滨孙漂流记》是一部反映现实生活的小说。1704年，苏格兰水手亚历山大·塞尔柯克与船长发生争执，被抛弃在南太平洋靠近智利海岸的一个荒岛上，他奇迹般地活了下来，并独自一人生活了四年多，直到被经过荒岛的另一个船长搭救。亚历山大的经历震撼了笛福，使他产生了强烈的创作冲动。他花了大半年的时间，结合自己海上生活的体会与经验，写成了这部畅销书。

小说用第一人称讲述主要人物鲁滨孙的人生经历，故事有头有尾，非常完整。鲁滨孙出生在约克郡的一个中产阶级家庭，生活优裕，他的父母希望他长大以后从事法律工作，维持稳定的中产状态。这种生活不是鲁滨孙想要的，整个青少年时期他的梦想就是航海，他不愿意与父母妥协，过波澜不惊的生活。在朋友和朋友父亲的帮助下，鲁滨孙开始了他人生的第一次航行：从家乡附近的赫尔港出发，驶向伦敦。航行的过程中，船遇上了风暴而沉没，鲁滨孙第一次感受到了海上生活的危险以及死亡的恐惧。当他们获救之后，鲁滨孙的内心曾经有过短暂的思想搏斗，他面临回家还是继续海上航行的抉择。

海上生活的巨大魅力吸引着鲁滨孙。在伦敦，他认识了一个在西非海岸做生意的好心船主，并且跟着船主出发去更遥远的非洲海岸冒险。第一次去西非，鲁滨孙就以四十英镑的本钱收获了大约三百英镑。巨额利润促使他再次踏上去往非洲的航程，船行至加那利群岛附近时，鲁滨孙和同伴被海盗俘获，他成了海盗船长的家奴。两年之后，鲁滨孙瞅准机会，带着海盗的小奴隶摩尔人佐立划着小艇逃了出来，重新获得了自由。

鲁滨孙和佐立在西非海岸继续漂流，经历了各种各样的恐惧和求生挣扎，直到有一天，经过此地的葡萄牙船长搭救了他们。鲁滨孙跟随葡萄牙船长去了巴西，他把小艇和佐立及逃生时的随身物品全部卖给船长，获得了一笔资金。鲁滨孙用这笔钱在巴西购买了一块荒地，开始了种植园的垦拓，依靠勤劳和智慧，他又过上了稳定富裕的中产阶级生活，但不久，他又厌倦了这种生活。

带着对冒险生活的渴望，鲁滨孙跟随一群做奴隶贸易的人从巴西出发驶向非洲海岸。厄运再次袭来，他们的船没有战胜风暴，遭遇了海难，只有鲁滨孙一人死里逃生，最后漂流到了一个不知名的荒岛。当鲁滨孙发现自己还活着的时候，巨大的狂喜让他开始反思个人的渺小，也让他开始重新审视上帝与人之间的关系。小说的绝大部分篇幅，描绘的都是鲁滨孙流落荒岛后顽强求生的经历以及他重新回归上帝怀抱的虔诚。

劫后余生，鲁滨孙开始关注生存问题。他先找到了淡水，然后爬上一棵大树美美地睡了一觉。醒来时，他发现大船并未完全沉没，于是他想尽办法，将大船上遗留下来的生活生产物资慢慢转移到荒岛上，暂时解决了温饱问题。在“一种世界上闻所未闻的忧郁而寂寞的生活”中，他用刀子刻下了自己登陆荒岛的日子，并用斫痕当日历以免忘记时间。在大船上，他还找到了很多工具、文具和书籍，其中包括三本给他带来巨大精神力量的《圣经》。

为了获得更好的生存环境，鲁滨孙开始建造自己的居所，用简单的工具给自己打制桌子、椅子和木架子，一到雨季闲暇无事，他就编藤筐来装粮食和物品。为了得到烹煮食物的器皿，他还学会了烧制粗糙的泥陶制品。当所有东西收纳整齐之后，他开始记日记。因此，小说中有一部分采用日记的形式，按时间先后顺序排列，叙述每天发生的事件。鲁滨孙也开始打猎，驯养小动物，为将来弹药用完之后的生活做准备。偶然的一次，清理装粮食的口袋时抖落在地上的一些残余谷皮居然长出了大麦和稻谷，他开始感激上帝的神迹，认为这是上帝让他在这荒凉可怜的地方活下来。他用微小的收获播种，到第四年终于吃上了自己亲手种下的粮食。

荒岛求生的鲁滨孙，经历了各种各样的艰辛：地震、风暴、疾病……当疟疾袭来，死亡的痛苦开始摆在他面前时，他感到“沉睡已久的良心”开始觉醒，他责备自己过去的生活，并诚心诚意地向上帝祷告，请求上帝拯救他。重病之中，鲁滨孙打开《圣经》，觉悟到上帝正在拯救自己。因此，当他痊愈之后，他开始潜心研读《圣经》，反思自己的罪，这后来成为他荒岛上精神生活的重要部分。他感激上帝时刻与自己在一起，在这样的心境中，鲁滨孙感觉到了整个人的重生。

鲁滨孙渐渐适应了荒岛的生活，生活相对安宁，他甚至还驯化了一只鹦鹉跟自己进行简单的对话。单调的生活使不安的心又躁动起来，他造了一只独木舟，出海进行环岛探险，几乎葬身漩涡之中。在遇见险境重获安全之后，他总会感谢上帝的仁慈。

很难想象，如果没有对上帝的信仰，在极度孤独的环境中鲁滨孙怎么能坚持二十多年。他依靠自己的勤劳和坚韧，拥有了固定的居所、田地和牧场，但精神上的寂寞只有依靠沉思默想上帝的荣耀来缓解。虽然在危难时鲁滨孙对上帝的信仰会发生动摇，但最终他都会在《圣经》中寻找到上帝的鼓励，更加坚定对神的信仰。小说后半段写鲁滨孙信仰回归的部分，充满说教的意味，虽然是现身说法，却显得有些枯燥，特别是鲁滨孙从食人部落解救出“星期五”,把他从一个野蛮人教化成基督徒的部分。

后来鲁滨孙还解救了“星期五”的父亲和一个西班牙水手,并且制订了如何带领另一个岛上的西班牙人和葡萄牙人返回欧洲的计划。鲁滨孙成了统治荒岛的“总督”。此时一艘英国船被叛乱的水手劫持,鲁滨孙帮助船长夺回了船只,带着“星期五”搭乘这艘船回到英国。此时他在荒岛上已待了二十八年,离开英国已三十五年。

《鲁滨孙漂流记》通过对主人公鲁滨孙多次奇幻漂流生活故事的叙写,展现了出身平民的英国青年不安于平庸的中产阶级生活,积极向海外开拓以实现个人人生价值的冒险精神和不屈不挠的生存信念。小说也详细描写了他奇迹般生还之后灵魂皈依上帝的过程,这是一段心路历程,不仅让鲁滨孙深思自己获得救赎的原因,还让他诚心诚意忏悔过去的罪,彻底感受到从肉体到灵魂的重生。作为一个新教教徒,鲁滨孙是新时代宗教精神的代表,他勤劳、诚实、坚韧、节制、守信,并且拥有对财富的合理欲望,在完全自发的状态下完成了基督教对自己的精神洗礼。小说家詹姆斯·乔伊斯把鲁滨孙看成大英帝国的象征,他认为“鲁滨孙是英国殖民主义者真正的原型,在他身上体现着非常完整的盎格鲁-撒克逊精神:强有力的独立精神,下意识的残忍,坚忍不拔,深思熟虑而卓有成效的智慧,有点性冷淡,精于算计的沉默寡言”[①]。鲁滨孙成功地在荒岛上复制了欧洲社会的简单模式,他与“星期五”之间的主仆关系模式,可以看作文化帝国主义的观念,鲁滨孙代表的是启蒙时代的欧洲精神,而“星期五”则是野蛮的象征。

在形式上,《鲁滨孙漂流记》采用日记体、忏悔录和宗教说教相结合的写作方式,让主人公鲁滨孙以第一人称的方式讲述自己的故事,很像真实人物的自传。在小说第一版出版的时候,很多读者都以为这个小说写的是真实发生过的故事。在情节结构的安排方面,《鲁滨孙漂流记》延续了欧洲流浪汉小说的传统,让主人公自述身世,情节单线发展,结构并不复杂。从鲁滨孙离开家至他回到英国,小说写了他五次出海冒险的经历,但笛福着重描写的是鲁滨孙离开巴西之后流落荒岛艰难求生的经历,这也是小说最精彩的部分。从总体上看,小说情节的安排有张有弛,节奏变化多端。尽管叙述方式非常简单,却是一部被广泛接受的小说作品。在文学研究领域,人们普遍认为这是英国文学中的第一部长篇小说,也标志着现实主义小说文类的开端。

(撰稿人:任小娟)

---

① James Joyce, Daniel Defoe, translated from Italian manuscript and edited by Joseph Prescott, *Buffalo Studies*(1964), PP.24-25.

《浮士德》导读

《浮士德》是德国诗人歌德最重要的作品。歌德在幼年时代就看过浮士德题材的木偶戏，后来通过阅读民间故事书，更增添了写作浮士德故事的兴趣。因此，还不到20岁的歌德就已经开始构思安排这部作品了。他花了约60年的时间写成了这部世界文学史上的巨著，其中第一部出版于1808年，第二部出版于1832年，其创作几乎贯穿歌德从青年时代开始的整个生命历程，他最终完成这部作品时已是82岁高龄。

民间传说中的浮士德是一位炼金术士，很有本事，他为了获得知识、权力和享受，满足自己的各种欲望，写下血书将自己的灵魂抵押给魔鬼，最后下了地狱。传说中的浮士德是一个神秘、可怕又别具魅力的人物。在歌德之前，英国著名戏剧家马洛和德国的作家莱辛都创作过以浮士德传说为题材的剧本。

《浮士德》以诗剧的形式写成，共12111行，分两部。第一部共计25场，只分场不分幕；第二部共5幕27场。展开正式剧情之前，还有一段《献词》和两个序幕。

《献词》大约作于1797年，歌德此时年近半百，他再次提笔继续这部已经中断了很长时间的巨著时，如赫尔德这样的朋友已经离去。感怀人生，歌德写到自己人生旅途的迷茫，恋人和挚友带给自己的欢乐和痛苦，“哀良朋挚友，一个个都先我而逝，让眼前幸福骗去他们美好的光阴”[①]。《献词》让我们很清楚地了解到，《浮士德》不是民间故事简单的翻版，诗剧中的情节很多都来自歌德早年的恋人和朋友的经历，歌德笔下的浮士德，已经融入了他自己鲜活生动的人生体验。

《献词》之后是《舞台上的序幕》，这个部分跟第一部和第二部的剧情都没有关系。三个人物分别是戏班班主、剧作家和小丑，每个人都表明了自己的戏剧观念。在正式进入诗剧之前，这个序幕让我们看到了歌德时代德国戏剧从写作、演出到经营的复杂状况。剧作家的艺术理想、小丑取悦观众的实用立场、班主对剧作家的票房期望，混合成充满现实张力的多音齐鸣状态。

① 歌德：《浮士德》，杨武能译，燕山出版社，2000，第1页。

接下来的《天堂的序幕》里，上帝和魔鬼靡非斯托同时登场并开始了一场以全剧主人公浮士德为核心的争论与赌博：魔鬼认为浮士德“永远心神不宁，老向往远处，从天上，他想摘最美的星星，在人间，他想登享乐的极顶”[①]，可以引诱他堕入魔道；上帝却认为，善良的人在追求的过程中不免有迷茫和堕落，但最终会回归正途。于是上帝和魔鬼打赌，任由魔鬼去引诱浮士德堕落，看他最后是否会成为魔鬼的俘虏。

《浮士德》的第一部，开始于沉沉的黑夜。主角浮士德首次登场，哀叹自己的书斋生涯。他发现自己徜徉于知识的海洋，钻研过人间所有的学问，内心世界却无比迷茫，毫无欢乐可言。于是他潜心魔法，希望借此探寻世界的奥秘，“扫净知识的雾障”。复活节的钟声唤醒了浮士德生命的活力，他带着学生瓦格纳逃离书斋，来到鲜活的自然之中，呼吸另一种空气。当他重新回到书斋，魔鬼靡非斯托趁机潜入，用尘世的享乐引诱他订下盟约：只要浮士德感到满足，魔鬼就收走他的灵魂。随后浮士德来到巫厨，从魔镜中看到的美丽女子引发了他内心的欲望，他喝下了巫婆的魔药，返老还童。

随后他们来到街头，浮士德路遇美丽的少女格莉琴，非常喜欢。在靡非斯托的帮助下，浮士德开始接近这个纯洁天真的少女，他们之间产生了热烈真挚的爱情。为了与浮士德私会，格莉琴偷偷让母亲服了过量的安眠药，导致了母亲的死亡。格莉琴的哥哥瓦伦廷与浮士德决斗，死于浮士德的剑下。犯下杀人罪的浮士德跟靡非斯托一起逃走，继续游历生涯，格莉琴独自生下了与浮士德的孩子并将他溺死。被判死刑的格莉琴被囚禁在狱中，浮士德在靡非斯托的帮助下赶来搭救她，但格莉琴深受良心的谴责，她要用死亡来忏悔自己所犯下的罪过，浮士德只好跟靡非斯托离开了监狱。

《浮士德》的第二部，黄昏时分在风景优美的郊外拉开了第一幕。精灵们环绕在浮士德的周围，爱情的痛苦渐渐离他远去，他的内心深处萌生出新的生命希望。浮士德随靡非斯托来到皇城，这里正经历着财政危机，宫廷内上至皇帝下至宠臣都为此担忧发愁。靡非斯托的主意是大量发行纸币，他们受到皇帝的重用，用这种荒唐的方法暂时解决了这个国家的危机。

可是皇帝并不满足于此，他命令浮士德用魔法使古希腊的帕里斯和海伦复生。靡非斯托无奈之下交给浮士德一把魔钥，凭借它的力量，浮士德果然唤来了帕里斯和美丽的海伦。众人皆为海伦的美所倾倒，在争夺海伦的过程中，浮士德再次使用魔钥想要救出被掳走的海伦，当他的钥匙碰到帕里斯，浮士德自己却倒在了地上，古希腊的幽灵们全部都化作青烟散去。

目睹了海伦美貌的浮士德从此对她念念不忘，他的学生瓦格纳在实验室里造出了一个神奇小人荷蒙库鲁斯。荷蒙库鲁斯通过魔法，用毡子把浮士德和靡非斯托带回了古希腊。在荷蒙库鲁斯的带领下，他们历经千难万险，终于抵达古希腊的城邦斯巴达，见到了浮士德日夜想念的海伦。海伦与浮士德相爱并结为夫妇，还有了一个儿子欧福

① 歌德：《浮士德》，杨武能译，燕山出版社，2000，第12页。

良。欧福良不满足于平淡的尘世生活，他渴望披坚执锐奔向战场，即使牺牲也在所不惜。在奋力向上飞升的过程中，欧福良最终坠落而亡，悲痛的海伦也隐身而去，只留下面纱和衣服在浮士德怀中。

浮士德失去海伦之后，心中痛苦，但并没有放弃生命的想法。他向魔鬼宣称："我要赢得统治权连同财富！事业是一切，声名乃虚无。"此时，他们曾经辅佐过的昏庸皇帝正在跟篡权的伪王交战，浮士德主动请战，他运用自己的聪明才智和雄才大略指挥军队，靡非斯托施展魔法，最后帮助皇帝夺回了皇权，但功劳却被教会和其他重臣所攫取。

皇帝将一片不毛之地——海滩赐予浮士德作为封地，浮士德开始了他围海造田的伟大事业，他想造就富足安居的生活，魔鬼却通过杀人放火帮助他实现自己的理想。忧愁精灵向年迈的浮士德吹了一口气，他的双眼失明了。浮士德心中的宏图大志却依然热烈，他想唤醒臣民，连夜为自己的伟大事业干活。魔鬼唤来僵尸鬼为浮士德掘墓，浮士德听见叮叮当当的掘墓声，误以为民众正在围海造田，他不禁由衷赞美："你真美啊，请停一停！"正当魔鬼准备收走他的灵魂时，上帝派天使把浮士德接上了天堂。

浮士德的人生，经历了从"小世界"向"大世界"的遨游过程，他先后追求过知识、爱情、政治功名、纯粹的美和围海造田征服自然的成就感，上帝与魔鬼同时居住在他的身上，一个指引他不断向上抵达清朗之境，一个引诱他堕落。虽然浮士德最后升上了天堂，有了一个光明的结局，歌德自己却称这是一部悲剧。诗剧中的浮士德，被上帝和魔鬼视为人类的代表，他在魔鬼的帮助下，不择手段满足自己各种各样的欲望，最终都以失败告终。临死的时候，他还将僵尸鬼掘墓的声音误以为围海造田的壮举。失败从来没有让他放弃过追求，他的人生充满了理想主义的悲剧色彩。郭沫若曾经这样评价："谁要不曾奋斗求索过，有了些人生阅历，谁对它就会一筹莫展。"

在艺术表现上，《浮士德》运用了大量象征手法和典故。象征手法的运用，既有统摄全篇的大的象征，也有诗剧发展过程中出现的丰富而具体的象征形象。例如在诗剧的最后一个部分沉思神父吟诵："周围传来狂暴轰鸣，/似林涛吼空谷回应，/清清溪流，丰盈充沛，/湍急坠下，谷底幽深，/不负灌溉山谷使命；/长空霹雳，电火闪明，/驱散大气胸中毒雾，/令它变得更加清新。"[①]林涛轰鸣、空谷回响、清溪激流、霹雳电火、毒雾大气等，都不是单纯的自然景物本身，它们象征着以浮士德为代表的人千变万化的生存和奋斗境遇。例如人的恐惧、激情和奋力突围时的各种心理状态，仅用"狂暴轰鸣"这样的象征，就能得到生动形象而丰富的展现。此外，诗剧中的一些人物形象例如上帝、魔鬼等都是具有象征意义的。最有意思的是最后一幕的《子夜》一场，四个灰色女人，她们的名字分别是"匮乏、负债、忧愁和穷困"，她们来到浮士德的门前，房门紧闭，"匮乏""负债"和"穷困"没法也不想进去。"忧愁"说："姐妹们，你们进不去，不好进去，忧愁我却能从锁孔溜进屋。"名叫"忧愁"的女人，象征着年迈的浮士德被忧愁的情绪环绕，无法摆脱。

① 歌德：《浮士德》，杨武能译，燕山出版社，2000，第570页。

此外,《浮士德》中的典故也比比皆是。这些典故来源广泛,基督教经典的《圣经》、古希腊及古罗马的神话和史诗、流行于欧洲各国的民间故事等,都是歌德写作《浮士德》的典故来源。浮士德返回古希腊去寻找绝色美女海伦的整个漫游剧情,就是建立在特洛伊之战这个大的典故之上的。

《浮士德》是世界文学宝库中最伟大的经典之一,从诞生至今已被翻译成各种文字,在中国也有诸多译本,对近现代中国文学产生了较大影响。

(撰稿人:任小娟)

《悲惨世界》导读

《悲惨世界》出版于1862年，是法国浪漫主义作家维克多·雨果最重要的小说之一，这是一部雨果倾注了极大心血和热情写成的作品，从构思到最后写成经历了漫长的时间。从1829年开始，雨果不断地获得《悲惨世界》写作的素材，并于19世纪40年代开始了小说的写作，到写作结束时，法国已经进入了七月王朝的时代。在构思时，雨果打算写"一个圣人的故事——一个男子的故事——一个女人的故事——一个娃娃的故事"，《悲惨世界》的四个主要人物：米里哀主教、冉阿让、芳汀、珂赛特的人生及其相互关系，最终形成了篇幅宏大的叙事结构。

小说的基本情节是冉阿让的生活史。塑造这个人物形象时，雨果综合了来自多方面的素材。冉阿让前半生的偷盗和监狱生涯，来自雨果阅读和亲身经历的有关偷面包入狱的囚犯生活，在他早期的小说《死囚末日记》和《克洛德·格》中，曾写过这样的题材。此外，现实生活中的迪涅主教热情接待并挽救苦役犯的故事也深深地打动了雨果，这都成为《悲惨世界》主人公冉阿让前半生生活和他如何洗心革面的主要情节来源。冉阿让传奇人生的另一个素材来源，是曾经做过囚犯的秘密警察头子、法国最早的私人侦探社的发起人尤金·弗朗索瓦·维多卡。维多卡也是一位成功的商人，因为他的社会贡献和博爱精神曾经受到极大的关注。在他开办的纸厂里，他曾经用自己的肩膀救起过一个被沉重的包装箱压住的工人。

《悲惨世界》的主要人物冉阿让出身低微，原是一个善良淳朴的工人，失业以后无法养家糊口，面对忍饥挨饿的姐姐的七个孩子，迫不得已他偷了面包，结果被捕入狱，前后在监狱和苦役场度过了十九年。他带着一纸服役证书离开监狱后，一路风餐露宿，受尽了他人的白眼。当他来到米里哀主教的驻地，主教不仅提供食宿，还饶恕了他偷窃祖传银器的行为，并且将家里的银烛台也送给了他。后来他化名马德兰，成了一个成功的商人，深受人们爱戴，也因此被推举为市长。他满怀同情之心救了芳汀。但是后来他因为过去的身份暴露而被捕入狱，越狱之后，他从贪婪狠心的泰纳迪埃夫妇手中解救了小珂赛特。在修女的帮助下，他在巴黎隐姓埋名养大了珂赛特。冉阿让的人生充满了牢狱、苦役和颠沛流离的痛苦,他拥有向善的力量却始终无法摆脱犯罪的过去。通过冉阿让这一中心人物,作者在他周围聚集起芳汀、小珂赛特等这些不幸陷入艰难世道的人们,让读者看到当时法国社会"贫穷使男子潦倒,饥饿使妇女堕落,黑暗使儿童羸弱"的悲惨画面。这些受苦受难的人,用僵硬的法律条款是无法拯救的。

米里哀主教在冉阿让的人生中起着至关重要的作用,他是仁爱的化身。在当时人人都像狼一样的社会中,米里哀主教用最柔软的仁慈和爱感动了冉阿让,冉阿让也变成了一个充满爱心、精神境界高尚的人。雨果认为,人世间有两种法律:一种是低级的,也就是维持社会基本秩序的法律条文,这种法律是冰冷无情的,警长沙威就是这种法律的代表;另一种是高级的,是仁慈与博爱的精神,只有这种法律才可以感动并拯救人的精神和灵魂。米里哀主教把自己宽阔的主教府改成了穷人的医院,将自己年薪的绝大部分捐出去救助需要帮助的人,自己却生活简朴。迪涅教区的人们十分敬重他,像"迎接阳光一样"接待他。对服过苦役的冉阿让,他不仅毫不嫌弃,还以德报怨,最终让冉阿让幡然悔悟,立志要做一个像主教那样的人。国家法律的惩罚没有让冉阿让意识到自己的罪恶,以致离开苦役场后他抢了一个比自己更弱小的人的钱,而仁爱的精神却唤醒了他,让他开始做一个好人。

《悲惨世界》所展现的以仁爱为核心的人道主义,是指引不幸的人们脱离苦难的精神之光。米里哀主教用爱感化了冉阿让,冉阿让变成了精神高尚的马德兰市长,他又用爱救下芳汀、小珂赛特和其他人。甚至在冉阿让以德报怨饶恕了沙威之后,仁爱的伟大彻底颠覆了沙威对冰冷的法律的盲目信仰,他以自杀结束了凶狠残酷的人生。

《悲惨世界》还表达了雨果的共和理想,小说用了很多篇幅描绘1832年发生在巴黎的人民起义。共和派为拉马克将军出殡的队伍受到政府军的阻挠,双方发生冲突。共和派在巴黎的大街小巷筑起街垒,与政府军对峙。雨果赞扬共和派的起义是"真理的发怒",他怀着极大的热情塑造了一系列共和派的英雄形象。起义领袖昂若拉是罗伯斯庇尔的信徒,他认为目前的斗争是为了未来而付出的代价,因为未来的世界将会消灭贫困、剥削、饥荒和卖淫,为了这样的美好世界即使付出生命也是值得的。他坚定沉着,临危不惧,他的共和理想,也是雨果的理想。老人马伯夫英勇无惧,最后牺牲在街垒战中。加弗罗什是流浪儿,他勇敢善良,是"世上最好的孩子",他跑出街垒搜集子弹,最后被子弹击中身亡。马里于斯受父亲共和思想的感召,最后也从保皇派变成了坚定的共和主义者。

《悲惨世界》是一部具有史诗风格的浪漫主义小说。雨果在创作方面接受了司各特历史小说的影响,力图把这部作品写成"掺杂戏剧的历史",是"从人生的广阔生活的特定角度,去如实反映捕捉人类的一面巨大镜子"。小说的时间跨度,从拿破仑滑铁卢战败展开,经过复辟时期直至七月王朝的前期,在这个大的时代背景中,法国社会的波诡云谲和共和派革命的波澜壮阔都有体现。苦役场、修道院、医院、法庭、监狱、巴黎拉丁区、街垒、战场、工业小城、小酒馆,19世纪法国社会生活的各种场景几乎都在小说中出现过,人物生活的历史在这样的环境中展开。冉阿让、芳汀、珂赛特、米里哀主教、沙威、马里于斯的人生各自展开,他们各自生活在自己的世界之中,然后奇迹般相遇。冉阿让从一个囚犯到富翁再沦为阶下囚的过程,以及他多次奇迹般地脱险;芳汀去世之后珂赛特幸运地被冉阿让解救;马里于斯发现泰纳迪埃居然是滑铁卢战场上救了父亲性命的恩人;这些传奇色彩浓郁的情节,充满了浪漫主义小说想象和理想化的特征。小说的抒情特征也十分明显,小说中很经典的一段写道:"在精神之眼看来,没有什么地方比人心更令人炫目,也更黑暗。它注视的任何东西,也没有人心那么可怕、复杂、神秘和广袤无边。比海洋更壮伟的景色,这就是天空;比天空更广阔的景色,这就是人心。"在叙事的同时,作者时不时会出现在前台,发表见解,也抒发感情,这是浪漫主义小说很重要的一个特征。

小说也实践了雨果最重要的文艺思想观念即美丑对照原则。充满仁爱精神的米里哀主教和凶恶的沙威,童年孤苦伶仃的珂赛特惨遭虐待与青少年时期在充满父亲关爱的环境中成长的冉阿让,前期冉阿让身上狼一般的恶与马德兰市长的仁慈博爱,马里于斯从保皇走向共和等等,都形成了对照。

《悲惨世界》也重视心理描写。小说中已经当上市长的马德兰先生听见尚马蒂厄要为自己的偷盗行为顶罪时,他经历了一场"脑海中的风暴"。如果他不自首,一个无辜的人就要替自己去忍受监狱里地狱一般的苦;如果自首,不仅自己要重回监狱,当地又要回到经济困难的状态。五个小时的思想斗争之后,他还是犹豫不决,由此我们也可以想象他内心深处的矛盾达到了什么样的程度。小说对恋爱心理的描写也非常精彩。当马里于斯在卢森堡公园散步时,遇见了美丽的珂赛特,他立刻被她吸引,同时也懊恼,穿得那么寒酸还出来散步。第二天,他把自己最好的行头穿在身上,当他看到姑娘和她的父亲时,他感觉自己像上了战场一样,然后小说写他走向姑娘坐的板凳,像走向"炮台"一样,当他快接近姑娘时,脚步明显放慢,"几秒钟后,他从那板凳前面走过,身躯笔直,意志坚强,连耳朵也涨红了,不敢向右看一眼,也不敢向左看一眼"。这一段对初恋中马里于斯的心理描绘是真切的,他的犹豫、胆怯、紧张,展示了这个涉世未深的年轻人在感情上的纯真。

《悲惨世界》是迄今为止篇幅最长的小说之一,也是公认的19世纪最重要的小说之一,它是雨果小说创作的代表作,也是浪漫主义文学的重要成就。

(撰稿人:任小娟)

《包法利夫人》导读

一、基本史实

长篇小说《包法利夫人》是居斯塔夫·福楼拜的成名作和代表作,也是19世纪法国批判现实主义的杰作。福楼拜是一位崇尚精雕细琢的艺术家,共用了五年时间来创作《包法利夫人》。因为《包法利夫人》的批判性,所以当它于1856年10月在《巴黎杂志》上发表时,立即受到法国第二帝国政府的追究。司法部门给福楼拜加上了"亵渎宗教""伤风败俗""污蔑法兰西"的罪名,连出版人都受到传讯,只是由于舆论的压力和律师的出色辩护,方宣布无罪,但作者仍受到政府的监视,这反而令其名声大噪。

二、主要内容

女主人公爱玛出生在贝尔托庄园,是一位漂亮的乡下姑娘,家境小康。等到她十三岁时,父亲亲自带她进城,送她去修道院受教育。

在修道院里,爱玛时常偷读浪漫小说。书里讲的总是恋爱的故事,被逼得走投无路的多情男女,在孤零零的亭子里晕倒的贵妇人,每到一个驿站都要遭到毒害的马车夫,每一夜都疲于奔命的马匹,阴暗的树林,内心的骚动,发不完的誓言,剪不断的呜咽,流不尽的泪,接不完的吻,月下的小船,林中的夜莺;情郎勇敢得像狮子,温柔得像羔羊,人品好得不能再好,衣着总是无懈可击,哭起来却又热泪盈眶。后来她读司各特,爱上了古代的风物,梦中也看到苏格兰乡村的衣柜,卫士的厅堂,行吟诗人。她多么希望像腰身细长的女庄园主一样,住在一座古老的城堡里,整天在三叶形的屋顶下,胳膊肘支在石桌上,双手托住下巴,引颈企望着一个头盔上有白羽毛的骑士,胯下一匹黑马,从遥远的田野奔驰而来。

修女们传道说教,要爱玛崇敬先圣先烈,劝她克制肉欲,拯救灵魂,不料她像拉紧缰绳的马一样,你一松手,马嚼子就滑出嘴来了。在她奔放的热情中,却有讲究实际的精神，她爱教堂是为了教堂的鲜花，爱音乐是为了浪漫的歌词，爱文学是为了文学热情的刺激，这种精神和宗教信仰的神秘性是格格不入的，正如她的性格对修道院的清规戒律越来越反感一样。因此，她父亲来接她的时候，大家并没有依依惜别之情。

爱玛回到家中，开始还喜欢对仆人发号施令，不久就觉得乡下没有趣味。她急于改变现状，就嫁给了乡村医生包法利。但是包法利外形笨拙，才智平庸，性格软弱，毫无理想，满足于平庸的生活。他谈起话来，像一条人行道一样平淡无奇；他的想法，也和穿着普通衣服的过路人一样，引不起别人的兴趣；笑声，更不会使人浮想联翩。据他自己说，住在卢昂的时候，他从来没想过上剧场去看看巴黎的名演员。他既不会游泳，也不会击剑，更不会开手枪。有一天，她读小说的时候，碰到一个骑马的术语，问他是什么意思，他竟说不出来。

一个男人难道不该和他恰恰相反？难道不该无所不知、多才多艺，领着你去品尝热情的力量、生活的三昧、人世的奥秘吗？可是这位老兄，什么也不知道，更不能教你知道，甚至自己根本不想知道。他以为她快乐，不知道她怨恨的正是这种雷打不动的稳定，心平气和的迟钝，她甚至怪自己不该给他带来幸福。

"我的上帝！我为什么要结婚呀？"她心里寻思，如果机会凑巧，她是否有办法碰上另外一个男人？于是她就竭力想象那些没有发生过的事情，那种和现在不同的生活，那个她无缘相识的丈夫。那个丈夫当然与众不同。他可能非常英俊，聪明，高人一等，引人注目，就像她在修道院的老同学嫁的那些丈夫一样。她们现在在干什么呢？住在城里，有热闹的街道、喧哗的剧场、灯火辉煌的舞会，她们过着喜笑颜开、心花怒放的生活。可是她呢，生活凄凉得有如天窗朝北的顶楼，而烦闷却似一只默默无言的蜘蛛，正在她内心各个黑暗的角落里结网。

她周围的一切，沉闷的田野，愚蠢的小市民，庸俗的生活，在她看来，是世界上的异常现象，是她不幸陷入的特殊环境，而在这之外，展现的却是一望无际、辽阔无边、充满着幸福、洋溢着热情的世界。她被欲望冲昏了头脑，误以为感官的奢侈享受就是心灵的真正愉快，举止的高雅就是感情的细腻。难道爱情不应像印度的花木一样，需要精耕细作的土壤，特别温暖的气候？月光之下的叹息，依依不舍的拥抱，沾满了泪水的、无可奈何的双手，这些肉体的热血沸腾和心灵的情意缠绵，难道能够离开古堡阳台的背景？只有在古堡里，才有悠闲的岁月、纱窗和绣房、厚厚的地毯、密密的花盆、高踞台上的卧榻，还有珠光宝气和仆人华丽的号衣。

她怎么没有嫁给一个好点的丈夫？起码也该嫁个虽然沉默寡言，却是埋头读书直到深夜的人，那么到了六十岁，即使是得了风湿病，他那不合身的黑礼服上至少也可以挂上一串勋章呀！她多么希望她现在的姓氏，也就是"包法利"这个姓，能够名扬天下，在书店里有作品出售，在报纸上经常出现，在全法国无人不知。但是夏尔·包法利没有一点雄心壮志！她越看他，就越有气。

在她的灵魂深处，她一直等待着发生什么事。就像沉了船的水手，遥望着天边的朦胧雾色，希望看到一张白帆，她睁大了绝望的眼睛，在她生活的寂寞中到处搜寻。

包法利为了让妻子高兴，从托特小镇搬到稍大一点的荣镇。荣镇附近的一个乡绅罗多夫·布朗瑞看中了爱玛，就打她的主意。"我想他一定很蠢。不消说，她对他感到厌倦了。他的指甲很脏，胡子三天没刮。他在外头看病人的时候，她待在家里补袜子。她一定很无聊！想住到城里去，每天晚上跳波尔卡舞！可怜的小娘！她渴望爱情，就像砧板上的鲤鱼渴望水一样。只要三句情话，她就会服服帖帖！她一定温柔！可爱！……是的，不过事成以后，怎样摆脱她呢？"罗多夫用尽花言巧语使爱玛神魂颠倒。在一波又一波的攻势下，爱玛臣服了，觉得自己终于找到了小说中向往的生活，感到既刺激又欣喜。她陷入疯狂的爱恋中，对罗多夫说："我爱你爱得生活里不能没有你，你知道吗？有时，爱情的怒火烧得我粉身碎骨，我多么想再见到你。……我是你的女奴，你的情妇！你是我的国王，我的偶像！你真好！你英俊！你聪明！你能干！"

对于罗多夫来说，这些话他听过多少遍，已经不新鲜了。爱玛和所有的情妇一样，新鲜的魅力和衣服一同脱掉之后，剩下的只是赤裸裸的、单调的热情，没有变化的外形语言。他听过卖淫的放荡女人说过同样的话，就不相信爱玛的真诚了。他想，夸张的语言掩盖着庸俗的感情，听的时候要打折扣；正如充实的心灵有时也会流露出空洞的比喻一样，因为人从来不能准确无误地说出自己的需要、观念和痛苦，而人的语言只像走江湖卖艺人耍猴戏时敲打的破锣，哪儿能妄想感动天上的星辰呢？

爱玛要和罗多夫私奔，但是罗多夫却用一封委婉的信抛弃她。"可怜的小女人！她要以为我的心肠比石头还硬了。应该在信上留几滴眼泪。但我哭不出来，这能怪我吗？"于是，罗多夫在杯子里倒了一点水，沾湿了他的手指头，让一大滴水从手指头滴到信纸上，使墨水字变得模糊。

爱玛大病一场。病后为了消愁解闷，包法利陪她去了省城卢昂的剧院，恰巧碰到过去相识的莱昂。莱昂当年在荣镇公证人那里当实习生，曾与爱玛一见如故，情投意合，但是比她年轻，胆小怕事，错把她当成可望而不可即、冷若冰霜的贤妻良母，放过了机会，到巴黎去了。现在回到卢昂当实习生的莱昂，经过巴黎酒店女郎的熏染，已不是当年含情脉脉、羞羞答答的少男了。两人旧情复燃，每周在卢昂旅馆幽会一次。爱玛又开始享受到苟合的乐趣，并且愈演愈烈。

爱玛四处借钱，为通奸的场所创造舒适条件，最终引火烧身，给投机商人可乘之机，成为高利贷者盘剥的对象。爱玛债积如山，无法偿还，商人勒乐通过法院传票，逼她还债。丈夫的薄产早已被挥霍殆尽，情人又不肯伸出救援之手，在山穷水尽、走投无路的情况下，爱玛只好服砒霜自杀。丈夫包法利伤心猝死，唯一的小女儿寄人篱下，后被送往纱厂做童工。

三、影响及传承

"《包法利夫人》所揭示的矛盾,正是浪漫主义的追求和庸俗鄙陋的现实生活之间的矛盾。"[①]爱玛的悲剧是其不可遏制的浪漫性情和淫靡享乐、恶浊鄙俗的社会造成的。"爱玛是一个理想主义者。和堂吉诃德先生一样,她期盼她有奇遇。她的灵魂充满了这种绮丽的非凡的故事。她乐观,永久希望;她有信心,她相信将来总会是好的,变动总透着消息。"[②]爱玛脑内充满了小说的经验,她按部就班来推演她既成的观念。她不知道一和现实接触,她就得接受它的条款,随它一起浮沉。然而无论如何堕落,她始终没有失掉她最初的观念,在她物欲的压迫之中,她泯灭的灵性会重新出现,变成她唯一的维系。她后来对莱昂感到厌恶,然而,她并不因此中止给他写情书,因为她认为一个女人应该永远给她的情人写信。但是她在信中,见到的恍惚是另一个男子、一个她最热烈的回忆、最美好的读物和最殷切的愿望所形成的幻影。他仿佛一尊天神,众相纷纷,隐去真身。他住在一个天色淡蓝的国度,月明花香,丝梯悬在阳台上摆来摆去。她觉得他近在身旁,凌空下来,一个热吻,就会把她活活带走。

在爱玛的想象里,她把自己当作一位贵族夫人。她不晓得这和她的身份不宜,和她的环境冲突。她逃出她真实的人格,走入传奇的世界,哪怕绕小路,走歪路,她也要维系着她虚伪的存在——因为这里虚伪就是真实,想象就是生存。这种情形被叫作"包法利主义",即不切实际,想入非非,自己明明不是这样子,却以为自己就是。

《包法利夫人》赢得了世界性的声誉。美国小说家亨利·詹姆斯说:"《包法利夫人》脱颖而出、遗世独立的完美之处,在于它拥有一种无与伦比的、难以接近的自信,既令人兴奋,又令人难以捉摸。"[③]法国作家普鲁斯特称赞其风格的"语法纯度"。俄国小说家纳博科夫在三十岁的时候,宣称已经读了一百遍《包法利夫人》,认为它"在文体上是散文,却做了诗歌应该做的事"[④]。捷克作家米兰·昆德拉宣称:"直到福楼拜的作品,散文才摆脱了审美自卑感的污名。自从《包法利夫人》以来,小说的艺术才被认为等同于诗歌艺术。"意大利艺术家乔治·基里科赞叹道:"从叙事的角度来看,最完美的书是福楼拜的《包法利夫人》。"[⑤]英国批评家詹姆斯·伍德说:"福楼拜建立了大多数读者所认为的现代现实主义叙事。"[⑥]

这部小说最显著的风格是作家缺席。它结束了已往的小说,成为近代小说的一个转机。福楼拜主张从作品中排除自我,不流露感情,不插入议论,不让一字一句留下作者的观点或意图的痕迹。福楼拜把小说称作"生活的科学形式",要求作家约束自己的

---

① 福楼拜:《福楼拜小说全集》(上),李健吾等译,人民文学出版社,2002,总序,第9页。

② 李健吾:《福楼拜评传》,湖南人民出版社,1980,第103页。

③ Henry James, *Noteson Novelists*(Charles Scribner's Sons,1914),p.80.

④ Malcolm Bowie, translated by Margaret Mauldon, *Introduction to Madame Bovary*(Oxford Univervity Press, 2004),P.Ⅶ.

⑤ Carmine Siniscalco, *Incontrocon Giorgiode Chirico*(Edizioni La Bautta,1985),pp.131-132.

⑥ James Wood, *How Fiction Works*(Picador,2008),p.39.

感情，像自然科学家对待大自然那样，以冷静客观的态度对事物做出完全客观的、科学的反映。他认为优秀的作家应该凭理性而不是凭激情来从事写作：“激情成不了诗……激情地位愈小，作品艺术性愈高。”正如他的学生莫泊桑所说的那样，福楼拜总是在作品中“深深地隐藏自己，像木偶戏演员那样小心翼翼地遮掩着自己手中的提线，尽可能不让观众觉察出他的声音”。乔治·桑责备他过于客观，缺乏感情。福楼拜回信写道：“说到我对于艺术的理想，我认为就不该暴露自己，艺术家不该在他的作品里露面，就像上帝不该在大自然里露面。人是微不足道的，而艺术作品是一切……”

这种把作者和作品拉开一定距离的写作方法，其客观、冷漠的风格，是现实主义艺术方法的一种突破，给人以耳目一新之感。所以《包法利夫人》甫一出版，立刻在文坛引起强烈反响。圣伯夫从中看出了“一种新文学的标志”，左拉宣称“新的艺术法典写出来了”。普列汉诺夫点评道：“客观性是福楼拜的创作方法中最有力的一面。”布吕纳敏锐地指出：“在法国小说史里，《包法利夫人》具有划时代的意义，它说明某些东西的结束和某些东西的开始。”现代主义的小说家把福楼拜奉为始祖与楷模，尤其是19世纪50年代后的法国“新小说”，对他更是推崇备至，认为正是福楼拜使小说获得了与诗歌并驾齐驱的地位。新小说的重要代表阿兰·罗布－格里耶为了进行所谓的文学变革，将福楼拜看成叙事艺术上真正的导师和启蒙者，甚至把福楼拜视为巴尔扎克的对立面，对巴尔扎克似的“过时的”写作方式展开彻底的批判和清算。后来在罗兰·巴特、德里达等人的“零度风格”“无动于衷的文风”叙事理论中，也可以清晰地听到福楼拜的声音。

【参考文献】

[1][法]福楼拜.包法利夫人[M].许渊冲译.南京：译林出版社，1992.

[2][法]福楼拜.福楼拜小说全集(上)[M].李健吾等译.北京：人民文学出版社，2002.

[3][英]朱利安·巴恩斯.福楼拜的鹦鹉[M].石雅芳译，南京：译林出版社，2010.

[4]Carmine Siniscalco，Incontro con Giorgio de Chirico，Edizioni La Bautta. 1985

[5]Henry James，Notes on Novelists，Charles Scribner´s Sons. 1914

[6]James Wood，How Fiction Works，Picador.2008

[7]Malcolm Bowie，Introduction to Madame Bovary，translated by Margaret Mauldon，Oxford Univervity Press. 2004

[8]李健吾.福楼拜评传[M].长沙：湖南人民出版社，1980.

（撰稿人：付飞亮）

#《罪与罚》导读

一、基本史实

长篇小说《罪与罚》是俄国作家费奥多尔·米哈伊洛维奇·陀思妥耶夫斯基的代表作,发表于1866年。早在1859年10月9日,陀思妥耶夫斯基就给长兄写信:"十二月份我将开始写一部长篇小说……你是否还记得,我曾对你讲过一部忏悔录式的长篇小说,并说我想等到把其他作品写完以后再动手写它,因为我还需要亲身体验。日前我已下定决心立即动手写这部小说……我将把我全部心血倾注在这部小说上。早在服苦役期间,当我躺在通铺上,愁肠百结,发生思想裂变的时候,我就开始构思它了……这部忏悔录将会最终确立我的名声。"[①]他在这里所说的"忏悔录式的长篇小说"指的就是《罪与罚》。小说以同情的笔触塑造了19世纪60年代俄国社会下层被侮辱与被损害的人们的形象,并以彼得堡贫民区为背景,描绘了他们暗无天日的苦难生活和悲惨命运。陀思妥耶夫斯基首先把都市贫民的悲惨遭遇引入19世纪俄国古典文学,是小市民阶层的代言人。[②]

二、主要内容

主人公拉斯柯尔尼科夫是法律系大学生,租住在彼得堡贫民区一条胡同里的一间顶楼上。他贫穷、饥饿,靠母亲从养老金中和妹妹从外省当家庭教师的微薄薪金中节省下来的钱维持生活。由于交不起学费,他不得不从大学里退学。贫穷逼得他透不过气来。由于很久没有付房租,女房东不再供给他伙食。他怕女房东逼讨房租,每次外出,打女房东的厨房门前经过,总是提心吊胆,慌忙逃下楼去,溜之大吉,生怕碰见她。他不与人来往,也不去教书了,谁也不愿意聘请这个贫穷、衣衫褴褛的青年去教自己的孩子。他足不出户,成天躺在一个破旧不堪的沙发榻上,为改变他的贫困境况而苦恼着。

① 格罗斯曼:《陀思妥耶夫斯基传》,王健夫译,外国文学出版社,1987,第433~434页。

② 陀思妥耶夫斯基:《罪与罚·译序》,岳麟译,上海译文出版社,1979,第Ⅳ页。

一天，拉斯柯尔尼科夫与九等文官马尔美拉陀夫偶然相识，了解到这个酒鬼失去工作，他的女儿索尼亚为了全家人的生计，不得不出卖肉体，成为妓女。拉斯柯尔尼科夫对这些被侮辱和被损害的社会底层的人非常同情。

这时，他又收到母亲的来信，更是大受刺激。母亲在信中告诉他，他的妹妹杜尼亚遭到雇主斯维德里加依洛夫的骚扰，而为了哥哥的前程，打算嫁给她自己并不爱的资产阶级市侩卢仁。因为卢仁开有律师事务所，一心想讨个出身贫寒的妻子，以利于任他摆布。

拉斯柯尔尼科夫读过信后，非常愤怒，陷入深深的自责中："显然，这里中心人物不是别人，就是罗季昂·罗曼诺维奇·拉斯柯尔尼科夫。可不是吗，他可以得到幸福，可以继续上大学，可以成为事务所里的合伙人，他的整个前途可以得到保障，或许以后他会成为一个有钱的人，享有荣誉和受人尊敬的人；或许晚年甚至成为一个名流！可是母亲呢？这关系到罗佳(即拉斯柯尔尼科夫)，她的宝贝，长子罗佳的一生！为了这样一个长子，怎么不能牺牲哪怕是这样一个好女儿呢！啊，可爱的、太偏的心眼儿！为什么呢？我们大概也心甘情愿接受和索涅奇卡(即索尼亚)同样的命运吧！索涅奇卡·马尔美拉陀娃，世界存在一天，索涅奇卡便永垂不朽，你们俩可充分地估量过这种牺牲吗？估量过吗？做得到吗？有好处吗？合理吗？杜涅奇卡(即杜尼亚)，您可知道，您跟卢仁先生一起生活的命运决不会比索涅奇卡的命运好些？妈妈在信上写道：'谈不上有什么爱情。'如果不但没有爱情，连尊敬也不能有，那怎么办？相反地，有的却是厌恶、鄙视和怨恨，那又怎么办？……您到底把我想成怎样的人呢？杜涅奇卡，我不要您的牺牲；妈妈，我不要！我活着一天，这门婚事决不会成功，决不会成功！决不会成功！我不同意！"

"或者完全抛弃生活！"他突然发狂地叫喊起来，"索性听天由命，永久地克制一切感情，放弃行动、生活和恋爱的一切权利！"

"您明白吗？您明白吗？先生，走投无路是一种什么样的境遇啊？"他忽然想起昨天马尔美拉陀夫所提出的问题来："因为得让每个人有条路可走啊……"

拉斯柯尔尼科夫相信，所有的人可以被分为"平凡的"和"不平凡的"两类。平凡的人活着必须俯首帖耳，唯命是从，他们不过是繁殖同类的材料；但是不平凡的人不受社会道德和法律的约束，有权力干一切犯法的事，归根到底，就是因为他们是统治者、超人。人类的真正领袖不是怀有私心杂念的沽名钓誉者，而是谋求人类幸福的伟大殉难者，为了崇高的人道主义目的，或抱有拯救和革新世界的目的时，可以拿别人做牺牲。

可是他是什么人呢？他能不能"破坏原则"？他是不是不平凡的人，能够随心所欲地犯法，而良心不会受到任何谴责？拉斯柯尔尼科夫想成为拿破仑式的人物，他首先要肯定自己是个特殊的人。他打算杀死那个凶恶的放高利贷的老太婆阿廖娜·伊凡诺夫娜，那只"吸人血"的蜘蛛，用那笔注定要浪费在修道院里的钱，完成成百上千件好事和创举，并且可以通过这件谋杀来检测自己是不是由特殊材料制成的超人。但是在用斧头砍死老阿廖娜时，慌乱中把她的妹妹丽扎韦塔·伊凡诺夫娜也杀死了。

拉斯柯尔尼科夫大脑中交织着“拿破仑式的”思想和无业游民式的绝望反叛的思想。他向索尼亚阐明第一种思想：“就是这么一回事：我想成为拿破仑，所以我才杀了人……这是他们的法律……法律，索尼亚！就是这样！我现在知道，索尼亚，头脑和灵魂坚强的人，就是他们的统治者！谁胆大妄为，在他们看来，就是对的。谁越是不在乎许多事情，谁就是他们的立法人。谁比所有的人更是胆大妄为，谁就比所有的人更对！过去这样，将来也永远是这样！只有瞎子才看不透这一点！”

拉斯柯尔尼科夫讲了这个，虽然还瞧着索尼亚，却不再关心她懂不懂得。疾病完全侵袭了他。他陷入阴暗的狂热之中。(他不跟任何人交谈，实在是太久了！)索尼亚知道，这种阴暗的教义问答成了他的信仰和法则。

“我那时想到，索尼亚，”他狂热地继续说下去，“只有胆大妄为，敢于凑过去抓取权力的人才会得到权力。这里只有一件事，一件事：只要你胆大妄为！”

拉斯柯尔尼科夫向妹妹杜尼亚讲述了第二种思想，即资产阶级无政府性的无业游民式的对资本主义社会的抗议：“我自己也想对人们有好处，做千百桩好事情……我只想把自己放在一个独立的位置上，跨出第一步，得到资金，然后一切都会被不可测量的利益补救过来了……我绝对不能理解：为什么对人投炸弹和正面包围倒是一种更被尊敬的形式？”

在拉斯柯尔尼科夫的意识里，想“成为拿破仑”的愿望，跟对这种社会的法则的抗议离奇古怪地交织在一起。“拿破仑气质”和拉斯柯尔尼科夫的资产阶级无政府性的抗议原来都只是个人主义的放纵的各种不同的形态而已。①

拉斯柯尔尼科夫犯罪后，才知道自己不是做统治者的那种材料：“不，那些人不是这样造成的：真正的统治者是准许放手干一切事情的……在当街一处地方架上一尊大炮，把好人和有罪的人一起扫光，甚至连解释都不解释一下！你只要服从好了，瑟缩发抖的家伙，不要期望什么，因为这不是你分内的事！”他受到了惩罚。这种惩罚主要是精神上的。他崩溃了，觉得什么都不剩了，脱离了整个人性的东西。这种脱离的感觉，像死亡的感觉一样，渗透着他。与人疏远和隔离的感觉使他万分痛苦，他觉得跟一切人和一切往事好像用剪刀剪断一样截然分离了。他在世界上最爱的是母亲和妹妹，可是现在，怀着对他们和对自己的反感，他感觉到开始憎恨他们，“从生理上憎恨”他们。他恐惧地注视着，他怎样丧失了拥有人类感情的权利，丧失了拥有人类感情的可能。他讨厌在他身上发生的灵魂的荒废，在他身上卑劣地发展起来的仇视人类的感情。

经过痛苦的内心斗争，在狂热的信徒索尼亚的规劝下，拉斯柯尔尼科夫终于投案自首，去受苦赎罪，因为纵然死在狱中，却可以重新接近人。他在狱中皈依宗教，相信上帝，使精神再生，开始新的生活。

① 叶尔米洛夫：《陀思妥耶夫斯基论》，满涛译，上海译文出版社，1985，第170页。

三、影响及传承

《罪与罚》受到普希金的长诗《茨冈》和巴尔扎克的小说《高老头》的极大影响。陀思妥耶夫斯基的笔记中有这样一段记载："阿乐哥杀了人……他意识到他本人配不上他自己的最高理想，那种理想折磨着他的心，这就是罪与罚。"在陀思妥耶夫斯基看来，这就是犯罪与报应的悲剧实质，这种悲剧也把他笔下的拉斯柯尔尼科夫给毁掉了。[①]陀思妥耶夫斯基在《关于普希金的演说》的手稿中曾这样说过：在巴尔扎克的一部小说中，一个"贫苦大学生"在他无法解答的精神使命面前感到苦闷，他借一篇寓言向自己的同伴提出有权把一个无用之人杀死的问题，那篇寓言里讲的是一个年老体衰的中国官员。问题提得十分明确而尖锐："倘使在巴黎，能够单凭一念之力，在中国杀掉一个年老的满大人，从而大发横财，你打算怎么办？"[②]陀思妥耶夫斯基引证的是《高老头》的一个片段。[③]拉斯蒂涅的经历，便是一个培养"超人"的过程，他经受了犯罪的彻底锻炼，确信自己有权跨越尸体去达到预定目的。这里就有拉斯柯尔尼科夫命运的某些预兆。

但是在描写犯罪心理方面，陀思妥耶夫斯基要远远超过普希金和巴尔扎克。他本人曾声称《罪与罚》是对犯罪心理的一次描述。[④]甚至有人认为，从陀思妥耶夫斯基之后，才有真正的心理描写。尼采在1888年11月20日的信中写道："我认为他的创作是我所大概知道的最宝贵的心理学材料。"托马斯·曼认为陀思妥耶夫斯基是一位"能够揭示人的心灵最深层"的作家。[⑤]茨威格说："如果说其他文学作品都像从时代的洼地里拔地而起并遍布鲜花的山冈——虽然是能造型的原始力的产物，但是在时间消磨中已经平缓了，甚至可以走近它的高峰了——那么，陀思妥耶夫斯基创作的圆形山顶就显得离奇古怪，极为苍老，像是寸草不生的火山形成的脉岩。但是火焰从他敞开胸膛的火山口里喷出，直喷到我们这个世界最低层岩浆的核心：这里与所有肇始相关联，与原始力的要素相关联，因此，在陀思妥耶夫斯基的命运和作品里我们会不寒而栗地感觉到全部人性神秘莫测的深度。"[⑥]

陀思妥耶夫斯基是复调小说的首创者。巴赫金说："有着众多的各自独立而不相融合的声音和意识，由具有充分价值的不同声音组成真正的复调——这确实是陀思妥耶夫斯基长篇小说的基本特点。在他的作品里，不是众多性格和命运构成一个统一的客观世界，在作者统一的意识支配下层层展开；这里恰是众多的地位平等的意识连同它们各自的世界，结合在某个统一的事件之中，而互相间不发生融合。"[⑦]

---

① 格罗斯曼：《陀思妥耶夫斯基传》，王健夫译，外国文学出版社，1987，第435~436页。
② 同上书，第457~458页。
③ 巴尔扎克：《高老头》，载傅雷译《傅雷译文集》(第一卷)，安徽人民出版社，1981，第628~629页。
④ 马尔科姆·琼斯：《巴赫金之后的陀思妥耶夫斯基》，赵亚莉等译，吉林人民出版社，2004，第96页。
⑤ 赫尔曼·海塞等：《陀思妥耶夫斯基的上帝》，斯人等译，社会科学文献出版社，1999，第197~198页。
⑥ 茨威格：《三大师》，申文林译，人民文学出版社，2000，第95页。
⑦ 巴赫金：《巴赫金全集(第五卷)：诗学与访谈》，白春仁，顾亚铃译，河北教育出版社，1998，第4~5页。

读者阅读陀思妥耶夫斯基的小说，会产生要与主人公进行辩论的冲动。陀思妥耶夫斯基恰似普罗米修斯，他创造出来的不是无声的奴隶，而是自由的人；这自由的人能够同自己的创造者并肩而立，能够不同意创造者的意见，甚至能反抗他的意见。陀思妥耶夫斯基创造了一个复调世界，突破基本上属于独白型（单旋律）的已经定型的欧洲小说模式。

如在《罪与罚》开头，情节发展的第二天，拉斯柯尔尼科夫下决心杀死老太婆之前的内心独白。其中所有的词句都是双声的，每句话里都有两个声音在争辩。实际上，段落的开头，拉斯柯尔尼科夫复述了杜尼亚的话，带着她的评价性的说服的语调。但他在她的语调上，又加上一层自己的语调：挖苦的、愤怒的和警告的语调。换句话说，这些话里同时有两个声音：拉斯柯尔尼科夫的声音和杜尼亚的声音。接下去的话里（“这关系到罗佳，她的宝贝，长子罗佳的一生！”等等），听到的已经是母亲温柔、爱抚的声音。与此同时又有拉斯柯尔尼科夫凄苦的讥刺，（对牺牲精神表示的）愤怒，和回报给母亲的充满悲伤的爱怜。再往下，在拉斯柯尔尼科夫的话里，可以听到索尼亚和马尔美拉陀夫的声音。对话渗透到每个词句中，激起两种声音的斗争和交替。

【参考文献】

[1][奥地利]斯蒂芬·茨威格.三大师[M].申文林译.北京:人民文学出版社,2000.

[2][德]赫尔曼·海塞等.陀思妥耶夫斯基的上帝[M].斯人等译.北京:社会科学文献出版社,1999.

[3][俄]陀思妥耶夫斯基.罪与罚[M].岳麟译.上海:上海译文出版社,1979.

[4][俄]陀思妥耶夫斯基.罪与罚[M].朱海观,王汶译.北京:人民文学出版社,1982.

[5][苏联]巴赫金.巴赫金全集(第五卷):诗学与访谈[M].白春仁,顾亚铃译.石家庄:河北教育出版社,1998.

[6][苏联]格罗斯曼.陀思妥耶夫斯基传[M].王健夫译.北京:外国文学出版社,1987.

[7][苏联]叶尔米洛夫.陀思妥耶夫斯基论[M].满涛译.上海:上海译文出版社,1985.

[8][英]马尔科姆·琼斯.巴赫金之后的陀思妥耶夫斯基[M].赵亚莉等译.长春:吉林人民出版社,2004.

（撰稿人：付飞亮）

《安娜·卡列尼娜》导读

一、基本史实

长篇小说《安娜·卡列尼娜》是俄国伟大作家列夫·托尔斯泰的代表作之一，发表于1877年。最初，小说带有浓厚的私生活色彩，题材是“一个不贞的妻子以及由此发生的全部悲剧”，小说的题目拟定为“轻佻的女人”。托尔斯泰一个月左右便写成了初稿。当时的俄国经过1861年农奴制改革以后，社会的巨变迅速而敏锐地反映到道德、家庭等方面。托尔斯泰感受到这种巨变，对这部描写“不贞的妻子”的小说越来越不满意，果断地毁弃已经印好的几个印张，历时五载，经过十二次修改，将其改写成为揭示农奴制改革后社会主要矛盾，表现社会的政治、经济、宗教、哲学和爱情、婚姻、家庭、妇女地位等各方面问题的社会小说。

二、主要内容

幸福的家庭家家相似，不幸的家庭个个不同。小说女主人公安娜·卡列尼娜出身贵族，按照贵族和教会的婚姻制度嫁给比自己大二十岁的省长卡列宁（后升至彼得堡做部长），并育有一子。她物质生活优渥，但与丈夫缺乏爱情。她去莫斯科调解哥哥与嫂子的家庭矛盾，下火车时邂逅了年轻英俊的贵族军官伏伦斯基。

伏伦斯基凭他丰富的社交经验，一眼就从安娜的外表看出她是上流社会的妇女。他道歉了一声，正要走进车厢，忽然觉得必须再看她一眼。那倒不是因为她长得美，也不是因为她整个姿态所显示的风韵和妩媚，而是因为经过他身边时，她那可爱的脸上现出一种异常亲切温柔的神态。他转过身去看她，她也向他回过头来。她那双深藏在浓密睫毛下闪闪发亮的灰色眼睛，友好而关注地盯着他的脸，仿佛在辨认他似的，接着又立刻转向走近来的人群，仿佛在找寻什么人。在这短促的一瞥中，伏伦斯基发现她脸上有一股被压抑着的生气，从她那双亮晶晶的眼睛和笑盈盈的樱唇中掠过，仿佛她身上洋溢着过剩的青春,不由自主地忽而从眼睛的闪光里,从微笑中透露出来。她故意收起眼睛里的光辉,但它违反她的意志,又在她那隐隐约约的笑意中闪烁着。她的身段那么丰满,步态却那么轻盈,真使人感到惊奇。

伏伦斯基当时正在追求另一位漂亮的贵族少女吉娣,吉娣对他也极为倾心,甚至为了他而拒绝了另一位出身莫斯科贵族世家、在卡拉金县有三千俄亩土地的追求者列文。但是伏伦斯基对有夫之妇安娜一见钟情,抛弃了吉娣,转而追求安娜。在伏伦斯基的攻势下,安娜最终接受了他的爱情。

卡列宁这辈子一直是在处理各种生活问题的官府里工作的。当他发现妻子与伏伦斯基有私情后,逐一分析了决斗、离婚和分居等办法,认为都不妥当。他深信解决的办法只有一个:把发生的事隐瞒起来,采用一切办法斩断他们的私情,但最主要的是——这一点他自己不承认——要惩罚她,用这种方式把她留在身边。因此,他表示原谅安娜,只要她不过于招摇,不把情人带到家里来。即使知道安娜怀了伏伦斯基的孩子,他也不同意离婚。

安娜从内心鄙视丈夫卡列宁:"我是一个坏女人,我是一个堕落的女人,但我不爱撒谎,我也不能容忍谎言,可他(丈夫)撒谎却是家常便饭。既然他能这样若无其事地撒谎,他这人还能有什么感情呢?如果他杀死我,杀死伏伦斯基,我倒还会尊敬他。可是不,他要的只是谎言和面子。……当然,他总是对的,他是基督徒,他宽宏大量!呸,这个卑鄙无耻的家伙!……八年来他窒息了我的生命,窒息了我身上一切有生气的东西,他从来没有想到我是一个需要爱情的活的女人。……他不是男子汉,不是人,他是块木头!谁也不懂得他,只有我懂得。哼,要是我换了他,我早就把我这种妻子杀掉,撕成一块块,也绝不会说:'安娜,我亲爱的安娜。'他不是人,他是一架做官的机器。"

伏伦斯基拒绝了一个前程远大的职务,就是为了要留在团里,好经常同安娜见面。他的母亲听说许多大人物对此不满,因此她反对儿子这种狂热,并不再从经济上支助他。安娜的醋性发作得越来越频繁了。这使他感到恐怖,而且,不论他怎样掩饰,这种心情毕竟使他对她变得冷淡了,虽然他知道她是因为爱他才嫉妒的。她已经完全不像他最初看见她时那样诱人。无论精神上还是肉体上,她都不如从前了。

安娜产后得了产褥热,生命垂危,发电报要求见卡列宁一面。卡列宁表示饶恕安娜,也饶恕伏伦斯基:"饶恕的幸福向我启示了我的责任。我完全饶恕了她。我要把另一边脸也给人打;有人夺我的外衣,我连内衣也由他拿去。我恳求上帝,但愿不要从我身上夺去饶恕的幸福!……这就是我的态度。您可以把我踩在污泥里,使人家都取笑我,我可不会把她抛弃,也不会说一句责备您的话。"对安娜的怜悯,对于希望她死这种心理的忏悔,尤其是饶恕的快乐,这一切不仅使卡列宁忽然觉得自己的痛苦减轻了,而且体会到以前从没有体会过的内心的平静。他忽然觉得,原来使他痛苦的事情,现在却变成他精神上快乐的源泉;当他谴责、为难和憎恨人的时候,一切事情似乎是无法解决的，但当他饶恕人和爱人的时候，一切都显得简单明白，什么事情都可以迎刃而解。

伏伦斯基不理解卡列宁的感情，但他觉得这是一种崇高的、具有像他这种世界观的人所无法理解的感情。伏伦斯基三夜没睡觉，回到家后，陷入羞愧与狂热之中，开枪自杀。

安娜最终与卡列宁分居，与伤痊愈后的伏伦斯基公开生活在一起。但上流社会的女人们认为安娜的行为有辱她们的体面，虽然有些女人暗地里行为更加放荡，社交大门从此纷纷向安娜关闭。

安娜害怕伏伦斯基爱上别的女人，与伏伦斯基争吵后，心情极为低落。“我一死，他就会后悔，就会可怜我，就会爱我，就会为我而悲痛。”安娜从不同角度生动地想象着她死后他的心情。死现在是促使他恢复对她的爱情，惩罚他，让她心里的恶魔在同他搏斗中取得胜利的唯一手段，这种死的情景生动地出现在她的眼前。在一阵狂乱之中，安娜最终卧轨自杀。

伏伦斯基痛苦万分，一下子变得苍老，心如死灰。恰逢塞尔维亚战争爆发，在朋友的鼓动之下，他自己出钱带一连骑兵去打仗。

列文爱上了美丽的贵族少女吉娣，但吉娣一开始选择的是伏伦斯基。吉娣在受到伏伦斯基冷落后，大病一场。最终列文与吉娣两人相爱结婚，并回到乡下定居。

列文看到贵族阶级为了钱而贱卖田地，各方面都在衰落，心里感到悲伤、痛苦。他想改革农场，但是并没有取得成功。

哥哥尼古拉身患肺痨，让他感受到死亡的压力。死，万物不可逃避的归宿，头一次以无法抗拒的力量呈现在他面前：“我在工作，我要做点什么，可是我忘记了，到头来一切都要完结，一切都要死。”他不信教，因为现代科学对自然现象的解释把宗教信仰排挤掉了。他不知道生命从哪里来，它的目的是什么，它究竟是怎么一回事。生物体和它的灭亡、物质不灭、能量不灭定律、进化——这些术语代替了旧的信仰。这些术语和有关的概念对科学很有用，但对生命本身却毫无作用。

他发现他少年和大学时代认为宗教已经过时的想法是错误的。凡是同他亲近的正派人，个个都信教。妇女个个都信教，他的妻子同童年时代的他一样虔诚。百分之九十九的俄国人，凡是他十分尊敬的人，没有一个不信教。

他读书，思索，确信从唯物主义者那里找不到解答，就重新阅读柏拉图、斯宾诺莎、康德、谢林、黑格尔和叔本华的著作。当他在精神、意志、自由、本质这些含义不清的名词上兜圈子，存心落入哲学家或者他自己所设下的文字陷阱时，他似乎有所领悟。但只要抛弃人为的思想，从现实生活出发，回到他一向感到满意的习惯思路上来，这种空中楼阁立刻像纸屋一样崩塌。十分清楚，这种空中楼阁就是用颠来倒去的名词术语砌成的，除了理智以外，完全脱离生活中的重大事务。

他阅读霍米亚科夫的神学著作，为其有关教会的论述所感动：上帝的真理不是个人所能领悟的，只有由爱结合起来的团体——教会才能理解；相信一个由一切人的信仰所组成、以上帝为首因而神圣不可侵犯的教会，然后再信仰上帝、创世、堕落、赎罪，要比直接信仰上帝——遥远而神秘的上帝、信仰创世等，容易得多。后来他阅读天主教作家写的教会史和东正教作家写的教会史，发现这两个本质上完全正确的教会互相排斥。他对霍米亚科夫的教会理论失望了，于是这座建筑物也像哲学建筑一样崩塌了。

他茫然若失，精神上十分痛苦："要是不知道我这人是什么，我活着为了什么，那就无法活下去。可是我无法知道，因此无法活下去。……在无限的时间里，在无限的物质里，在无限的空间里，分离出一个生物体水泡，这水泡一刹那破灭了，我就是这样的一个水泡。"这是一个叫人痛苦的谬误，却是人类几世纪来在这方面冥思苦想的唯一成果。而要摆脱这股恶势力的控制，唯一的办法就是死。于是，列文这个身强力壮、家庭生活美满的人，竟几次想到自杀，他只得把绳子藏起来免得上吊，随身不带手枪免得开枪自杀。

列文偶然听到一个农民说，人活着是为了灵魂，并且服从真理，服从上帝的意志。他突然明白了，人只能凭信仰生活："要是我没有这种信仰，要是我不知道应该为上帝而不是为个人欲望而生活，那我会成为一个什么样的人呢？我将怎样度过我的一生呢？我会抢劫，撒谎，杀人，成为我生活中主要欢乐的东西也就不再存在了。"他终于获得了心灵的平静和幸福。

三、影响及传承

《安娜·卡列尼娜》的题词为"申冤在我，我必报应"。这句话出自《圣经》。托尔斯泰曾解释道："我选这句题词，正如我已经解释过的，只是为了表达那个思想：人犯了罪，其结果是受苦，而所有这些苦并不是人，而是上帝的惩罚。"托尔斯泰认为，安娜作为妻子是有罪的，但是她有权过人的生活，她不是虚伪的。安娜固然有罪，但上流社会比安娜更坏。对安娜这样的人，人间的法庭根本无权审判她，只能由上帝惩罚她。[①]

茨威格认为，在这部小说中，反映了托尔斯泰想做生活裁判者的企图，道德和不道德在命运上就已经做了区分："伏伦斯基和安娜，感性的人，无信仰的人，他们是激情的利己主义者，受到'惩罚'并被抛进灵魂不得安宁的炼狱。吉娣和列文与此相反被提高到澄明的境界。"至于寻求上帝，热烈地探求生活意义的乡村贵族列文，则是托尔斯泰本人的写照。[②]

托尔斯泰的影响深远。在19世纪的最后四分之一时期，直到1910年去世，他可能是世界上最有名的人物、最典型的导师。来自四大洲的人，包括普通的读者、政治家、作

① 李良佑：《"申冤在我，我必报应"——关于〈安娜·卡列尼娜〉一书题词的理解》，《苏联文学》1982第6期。

② 茨威格：《自画像：卡萨诺瓦、司汤达、托尔斯泰》，袁克秀译，西苑出版社，1998，第193页。

家、哲学家，都前往他的住处朝圣，希望他们的生活将会改变。高尔基曾经说："整个世界或地球都在看着他；从中国、印度、美洲，从生活的各处，跳动着的思绪都伸向他；他的灵魂无处不在直到永远。"①普鲁斯特称其为"安详的上帝"；萧伯纳、伍尔夫等人认为他是先知；加缪从他那里获得一种完全建立在理性上的道德观，并像萨特一样，将托尔斯泰的肖像悬挂在书桌上方；维特根斯坦则深受托尔斯泰《福音摘要》和《忏悔录》的影响。甘地的"非暴力不合作"运动和马丁·路德·金的民权运动，都从其思想中获得灵感。即使是纳粹，尽管不是托尔斯泰式非暴力的支持者，在反资本主义、反西方和反教会的谩骂中，也充分利用了托尔斯泰式的民族主义思想。一些重要的现代运动，如神智主义和其他许多神秘主义、政治化的素食主义、激进的环保主义、动物权利、无政府主义、反资本主义、反殖民主义、回归自然的民粹主义等，都直接受他的影响。列宁和卢那察尔斯基对于托尔斯泰的非暴力说教，既不欢迎，也不在意，对于其不断引用上帝的行为，也深表遗憾。但是他们仍然把他奉为苏联圣徒，原因就在于其反宗教主义的狂热宣传，对国家的攻击，特别是对俄罗斯国家的攻击，为布尔什维克的胜利做出了贡献。②

【参考文献】

[1][奥地利]茨威格.自画像：卡萨诺瓦、司汤达、托尔斯泰[M].袁克秀译.北京：西苑出版社，1998.

[2][俄]列夫·托尔斯泰.安娜·卡列尼娜[M].石岩山译.上海：上海译文出版社，1989.

[3][法]罗曼·罗兰.托尔斯泰传[M].傅雷译.北京：华文出版社，2013.

[4][美]哈罗德·布鲁姆.西方正典[M].江宁康译.南京：译林出版社，2005.

[5] Alexander Boot, God and Man According to Tolstoy, Palgrave Macmillan Press. 2009

[6]李良佑."申冤在我，我必报应"——关于《安娜·卡列尼娜》一书题词的理解[J].苏联文学，1982(6).

[7]马万辉.俄罗斯大地之子——列夫·托尔斯泰评述[M].海口：海南出版社，1993.

（撰稿人：付飞亮）

① 哈罗德·布鲁姆：《西方正典》，江宁康译，译林出版社，2005，第259页。

② Alexander Boot, *Godand Man According to Tolstoy*(Palgrave Macmillan Press, 2009), pp.2-4.

《金枝》导读

本书是弗雷泽通过大量搜集传教士和旅行家的记录，综合近东和欧洲相似的神话，在探求巫术与宗教等的基础上，对人类历史上最为复杂的社会文化现象做出的卓越探索。

一、基本史实

J. G. 弗雷泽(1854—1941)是一位享誉世界的人类学家、民俗学家、宗教历史学家和古典学者。他的一生都至为勤奋，整天在浩如烟海的史料文献以及来自世界各地的调查数据中进行研究工作。1879年后弗雷泽受爱德华·伯内特·泰勒(E.B. Tylor)的《原始文化》(*Primitive Culture*)一书所激发，研究兴趣转向了社会人类学，在五十年的时间里，著述甚多，主要有：《金枝》、《图腾崇拜和族外婚》(1910)、《永生信念和死人崇拜》(1913—1924)、《旧约中的民间故事》(1918)、《自然崇拜》(1926)、《火的起源神话》(1930)、《原始起源论的创立和演化》(1935)、《原始宗教对死亡的恐惧》(1933—1936)。使弗雷泽在人类学学科中享有崇高荣誉的就是他的巨著《金枝》(*Golden Bough*)。1890年，这部旨在揭示人类思维从巫术到宗教，最后发展为科学的人类学巨著前两卷在伦敦出版。1907至1915年该书被扩展为十二卷。1922年出版的单卷节本广泛流传。《金枝》因其收集的材料几乎遍及全球，素有“人类学百科全书”之称。早在20世纪二三十年代，《金枝》就已被介绍到我国，直到60年代中，本书才由汪培基、徐育新、张泽石等人译成。

二、主要内容

全书有六十九章，集录了世界各地丰富的古代习俗和信仰，主要内容可大体归纳为以下四个方面：

（一）阿里奇亚城狄安娜祭司职位的奇特规定

即古代社会一个极其普遍的现象，就是国王到了一定的时期，或被处死或被弑杀替代的现象。书中描述了20多位国王因为不能尽忠职守遭到杀戮，以至于再也没有人敢于做王。比如在喀萨尔人的王国里，国王在任期满时或遇到水涝灾害、战争失败等标志精力衰竭之时必须被处死。古代阿拉伯人游记里记载过俄罗斯南部喀萨尔人有组织、有步骤地处死不配继续当政的国王的情况。巴比伦、古希腊、古罗马、非洲等文化中发现了大量的人类学材料足以证明这种历史确实曾经存在，他把产生这一弑君习俗的政治背景称为有限君主制政体。同时，还发现有和阿里奇亚祭司之王相似的习俗，如非洲的祭司或者国王常在7年或者2年任期届满时被处死，并且在任职期间也可能被强有力的对手刺杀身亡，而由刺杀者继任其位。作者认为，上述的种种现象表现我们不能再把阿里奇亚职位的继承问题看作一种奇特的规定，它其实是一种普遍存在的现象。远古时代的国王，被人看作关乎社稷命运和人民幸福的神人。国王必须遵守的禁忌和必须承担的责任特别多，因为人们认为本国的人民和国王本人的兴衰都取决于国王对禁忌的恪守，有的部族的国王甚至基本上没有人身自由，完全沦落为社稷和人民的工具与符号，几乎一切古代民族的国王都必须在生病或者年老时被驱逐或杀戮。在这样的现实面前，在一些民族的特殊时期，几乎没有谁愿意承担国王的责任。

（二）理论巫术和应用巫术

理论巫术，就是指我们所说的巫术意识。弗雷泽认为，这种意识可分为两类：一类是相信“同类相生”或果必同因，“把彼此相似的东西看成同一个东西”；另一类是相信物体一经互相接触，在中断实体接触后还会继续远距离地互相作用。前者可称为“相似律”，后者可称作“接触律”或“触染律”。巫师根据第一原则即“相似律”引申出，他能够仅仅通过模仿就实现任何他想做的事；从第二个原则出发，他断定他能通过一个物体来对一个人施加影响，只要该物体曾被那个人接触过，不论该物体是否为该人身体之一部分。照这两条巫术定律所实施的巫术行为，弗雷泽称之为应用巫术。应用巫术可分为积极的巫术或法术和消极的巫术或禁忌，积极的巫术或法术说“这样做就会发生什么什么事”；消极的巫术或禁忌则说“别这样做，以免发生什么什么事”。由此看出，弗雷泽提出的两类巫术已经概括了人类的全部巫术行为。

通过理论巫术的两种定律，即顺势和接触，作者描述统治者作为一个国家的国王、祭司必须具备对大自然及其现象的控制力，通常他们被看作神的寄生或者“人神化”的结果，他们利用巫术控制天气、灵魂、增收、治病、驱邪，甚至实施诅咒操控。作者反复谈到灵魂、禁忌、崇拜、驱邪、转世等现象，在原始社会神权和王权是合而为一的，随着社会的发展进步，科学化的推进使神权和王权更加明显地互相分离，巫术也更加清晰地加入了宗教、科学的因素。

(三)巫术与宗教的关系

在《金枝》中将宗教解释为对被认为能够指导和控制自然与人生进程的超人力量的迎合或抚慰。宗教包含理论和实践两大部分,即信仰和实践都是宗教的基础,而宗教实践的目的仅仅是为了取悦于神。因此,在信徒心中统治世界的力量是具有意识和人格的。而在此理论的基础上,弗雷泽更将宗教与巫术、科学截然区分开,他认为巫术和科学是近亲,因为巫术和科学在认识世界上都认定事件的演替是具有规律的,自然的进程不会取决于个体的激情或任性,而是取决于机械进行着的不变法则。巫术意识与宗教意识的主要区别,在于巫术意识并不"崇拜"超自然的灵性,宗教意识则以对它的"崇拜"为前提。

一个值得重视的社会现象在于,随着人类对巫术所固有的谬误和无效的认识的不断出现,促使人们去寻找一种自然的、更为真切的理论,一种更为有效地利用其资源的方法,于是产生了对人类的无知和无力的反思。其结果是呼唤强有力的人物的出现,人要谦卑地承认自己要依赖于他们那看不到的权力,通过恳求从而免遭对生命个体造成的危险和灾难,如此则完成了从巫术到宗教的伟大转变。

(四)禁忌的人、物与词汇

弗雷泽提出禁忌的目的是为了保全生命。随着对国王与祭司的禁忌,在神权与世俗政权的分离下面临灵魂的危险,人们制定了一系列禁忌行为的规章,譬如禁忌与陌生人交往、饮食的禁忌、禁忌露出面孔、禁忌离开王宫、吃剩食物的禁忌,随之产生了对不同社会角色的禁忌,譬如酋长和国王、悼亡人、妇女月经和分娩期间、战士、杀人者、猎人和渔夫的禁忌,还有对不同物的禁忌,譬如铁器、锋利兵器、血、头部、头发、理发的仪式、剪下的头发和指甲的处理、唾沫、食物、结和环的禁忌。不仅如此,还产生了词汇的禁忌,譬如个人名字、亲戚名字、死者名字、国王及神圣人物名字、神名的禁忌。

在本书最后第六十八章,作者以"金枝"为题专篇论述了"金枝"与"槲寄生""金色""太阳""天神"之间的顺势关联,以说明"金枝"之于巫术、宗教的隐含意义。诗人维吉尔在《埃涅阿斯记》里把金枝描写为长在一棵圣橡上,并把它和槲寄生相比较。作者认为金枝不是别的什么东西,只能是透过诗的薄雾或民间迷信看到的槲寄生,还是阿里奇亚丛林中的祭司——林中之王——就是金枝所生长的那棵树的化身。因此,要想杀死它,就必须折下金枝。作为橡树的精灵,它的生或死都寄托于橡树上的槲寄生之内,用折下的槲寄生为器械才能致它死。

三、学术影响及参考价值

作者运用崛起于20世纪后半期的历史比较法,将大量涉及世界各民族的原始习俗与信仰，用这些有关灵魂观念、自然崇拜、神的死而复生的丰富资料，抽绎出一整套严密的体系，揭示了人类的文化中集体行为的构成因素和意义。同时，通过研究原始人的巫术、宗教、仪式等，揭示了人类思维发展过程先有宗教思想取代巫术思想，继之作为解释自然现象的宗教又逐渐被科学所取代的必然走势与结果。因此，这部巨著获得了许多国家学术界的普遍赞誉，到今天仍有它极大的研究价值。

【参考文献】

[1][英]弗雷泽.金枝——巫术与宗教之研究(上、下册)[M].汪培基，徐育新，张泽石译.北京:商务印书馆，2012.

（撰稿人：杨亭）

《城堡》导读

1883年7月3日，弗兰茨·卡夫卡，出生在布拉格一个犹太百货批发商人的家庭。母亲个性忧郁，多愁善感。父亲是一个体格壮硕、果断自信、动作快速、脾气火爆的人，他艰苦创业获得成功，期盼长子卡夫卡像自己一样刚猛，然而卡夫卡瘦弱的外表和忧郁内向的性格简直和父亲有天壤之别。卡夫卡一直活在“强大的父亲的阴影里”，他对父亲的情感一方面是崇拜与敬畏，另一方面则是痛恨其专断，而后者更甚。卡夫卡曾表达过父亲的言行给他的感觉就是恐惧——喋喋不休的指责、脾气暴躁、声色俱厉、呵斥、辱骂、讽刺，而面对这样的父亲，卡夫卡的内心世界中留下的就是：畏惧、胆怯、不安、羞怯、惊吓、恐惧、自卑、毛骨悚然。

卡夫卡小学至中学在德语学校读书，自幼酷爱文学。1901年进入布拉格大学学习文学，后在父亲的意愿下改学法律，并于1906年获得法学博士学位。卡夫卡中学时代就对法国自然主义文学，对斯宾诺莎、尼采、达尔文等产生了极大兴趣。在读大学期间，有机会接触到了克尔凯郭尔的存在主义哲学，并受到中国老庄哲学的影响。而且在好友马克斯·布罗德的鼓励下开始文学创作，同时与一些布拉格作家来往，接触到了犹太复国主义思想。卡夫卡大学毕业后就职于布拉格工伤事故保险公司；1922年秋，因肺病加重辞职，辗转欧洲各地疗养；两年后（1924年）病逝于维也纳附近的基尔林疗养院，年仅41岁。卡夫卡一生未婚，但曾三次订婚，又都主动地解除婚约。一种强烈的孤独感缠绕了他一生，卡夫卡是这个世界上最孤独的作家。他害怕孤独，又害怕失去孤独，他曾这样描述自己的心理：“极度的孤独使我恐惧，实际上孤独是我唯一的目标，是对我的巨大的诱惑……不管怎样，我还是对我如此强烈渴望的东西感到恐惧。”

卡夫卡这种个性的形成除了家庭原因之外，另一个重要原因则是他的犹太人身份。卡夫卡的故乡是布拉格，这里多民族混居，捷克人、斯洛伐克人、普鲁士人、犹太人运用着形形色色的语言，而其中犹太人无疑是命运最复杂的一群人。卡夫卡就是这类人群中的一个。在卡夫卡的时代，一个犹太孩子随时可能遭受各种形式的歧视、欺负、凌辱和打击。在给密伦娜的信里，他一再谈到犹太人的命运，谈到犹太人与生俱来的不安感:“他们被莫名其妙地拖着、拽着,莫名其妙地流浪在一个莫名其妙、肮脏的世界上。”卡夫卡称自己是寒鸦,是一只萎缩了翅膀的鸟。德国文学批评家龚古尔·安德尔曾这样评价卡夫卡:“作为犹太人,他在基督徒中不是自己人;作为不入帮会的犹太人,他在犹太人中不是自己人;作为说德语的人,他不完全属于奥地利人;作为劳动保险公司的职员,他不完全属于资产者;作为资产者的儿子,他不完全属于劳动者;但他也不是公务员,因为他觉得自己是作家。但就作家来说,他也不是,因为他把精力花在家庭方面,而‘在自己的家庭中,我比陌生人还要陌生’。”这段话是对卡夫卡没有社会地位、没有人生归宿、没有生活空间的生存的形象概括,也是对他的不幸人生的总结,这也促成了他内向、孤独、忧郁的个性,对其创作风格影响也较大。

卡夫卡的创作非常勤奋,夜间多以艰苦的写作来度过,因此损害了他的睡眠。但他写作并不是以发表、成名为目的。写作是他寄托思想感情和排遣忧郁苦闷的手段,也是他理想的生活方式,可以说生活与艺术之间没有距离,但他对自己的大多数作品并不满意,也致使他有许多作品无法结尾。临终前,卡夫卡要求好友布罗德烧毁其全部作品,但布罗德深知卡夫卡创作的巨大价值,怀着对好友的崇敬之心,布罗德违背了卡夫卡的遗愿,整理出版了《卡夫卡全集》(1950—1958),引起了文坛轰动。卡夫卡的主要创作是由三部未完成的长篇小说和一些中短篇小说,另外还有散文、寓言、随笔、格言及书信构成的。

1922年完成的《城堡》,是卡夫卡最重要的长篇小说,是典型的表现主义小说。主人公K在一个大雪之夜来到了城堡外的一个村子,声称自己是城堡请来的土地测量员。但村长却说这有可能只是一个误会,因为村子并不需要一个土地测量员。为了证明自己的合法身份,K四处奔走,想尽了一切办法。他想亲自到城堡去看看,但城堡近在咫尺却无法靠近,甚至也没有人真正见到过城堡的官员。城堡还派来了两名对测量一窍不通、长得一模一样的跟班做K的助手,实际上不断地干扰K的正常工作。K去找村长,村长却告诉他聘请K是城堡的一次失误。多年前,城堡的A部门有过一个议案,要为村子请一位土地测量员,村长答复说不需要,但是这份答复信并没有送到A部门,于是K就被错误地聘请来了。K为了能接近城堡官员,能进入城堡,甚至勾引了官员的情妇弗里达,但是最后仍然没有达到接近城堡的目的。小说没有写完,根据布罗德的回忆,当时卡夫卡曾经跟他讲起过这部小说的结尾应该是K临终前接到了城堡的通知,他不能进入城堡,但是可以在村子里居住和工作。

这部小说充满了荒诞色彩。K为什么要千方百计进入城堡?城堡究竟象征了什么?小说的主题是什么?这些问题都没有明确的答案,这也正是《城堡》的特色。“正是渗透在卡夫卡的每一行作品里的这种荒诞色彩——这种预先就排除了弄懂书中事件的任何潜在可能的荒诞色彩,才是卡夫卡把生活非现实化的基本手段。一切的一切——物件啦,谈话啦,房屋啦,人啦,思想啦——全都像沙子一样,会从手指缝里漏掉,而最后剩下来的就只是对于不可索解的、荒诞无稽的生活的恐惧情绪。”城堡成为把握不清的意象,具有多重象征意义,也让小说变成了一个无法解释的迷宫。自《城堡》问世以来不同学者从不同角度尝试过对小说进行阐释。从神学立场出发,研究者认为城堡是神和神的恩典的象征,K的追求是最高的和绝对的拯救,由于这场追求的毫无希望,有的学者指出卡夫卡作为犹太人内心对救赎的恐惧感。从心理学的角度分析,学者认为城堡在客观上并不存在,是K的自我意识的外在折射。社会学的观点则认为城堡中官僚主义严重,正如小说中讲到这些官员无所作为,终日昏昏沉沉,即使批阅文件,也是要躺在床上完成;村子里的居民无不惧怕这些官员,鞋匠一家只是因为女儿拒绝了官员的无礼要求,就惨遭迫害。因此,研究者认为这正体现了崩溃前夕的奥匈帝国的官僚主义作风。马克思主义文艺观则认为K的恐惧正是表明了普遍存在的个人与物化的外在世界之间的矛盾。实证主义研究者则是认为小说中出现的人物、事件同卡夫卡身处的时代、社会、家庭、疾病、婚事、工作等一切具体的事件紧密相关。

《城堡》是一个有着多重解释的作品,大多数的研究者认为,对它的解释是无止境的,找不到最终的主题和答案,这就是小说的“复义性”,而这一点也正是卡夫卡小说的重要的美学特征。《城堡》同其他长篇小说一样都是没有结尾的,这种未完成性也成为卡夫卡小说的一个特征。从表面上看,似乎是卡夫卡缺乏一个完整的构思,情节难以继续,但也可以看成卡夫卡的一种艺术追求,未完成性就变成了一个文学模式,显示出小说的开放性,并成为卡夫卡表达迷惘与困惑、异化与孤独的一种形式。

卡夫卡的小说在艺术特点上与传统小说也明显不同,没有引人入胜的故事情节,人物性格基本上没有发展变化,也缺乏现实主义作家极为重视的环境与景物描写。小说一般不交代具体的地点,没有确切的时间,也不说明具体的社会背景,有些人物甚至只用一个字母来代表。卡夫卡的语言简朴平实,较少感情色彩,用冷静、客观的叙事风格描述荒诞不经的故事,这形成了独特的卡夫卡式的叙述风格。

卡夫卡以独特的艺术形式表现了现代世界人们所体验的各种痛苦感受,他先于世人抓住了时代的特征,并且表现得十分深刻,故而被视为开创一代文学的宗师和天才,许多现代主义流派也把他看成自己流派的开创人或重要代表。

(撰稿人:邝明艳)

《喧哗与骚动》导读

1949年，福克纳获得诺贝尔文学奖。颁奖评语是："因为他对当代美国小说做出了强有力的和艺术上无与伦比的贡献。"福克纳在获奖感言中说："我感到这份奖赏不是授予我个人而是授予我的工作的——授予我一生从事关于人类精神的呕心沥血的工作。我从事这项工作，不是为名，更不是为利，而是为了从人的精神原料中创造出一些从前不曾有过的东西。"

威廉·福克纳（1897—1962）出生于美国密西西比州新奥尔巴尼的一个庄园主家庭，在南北战争中家道中落。第一次世界大战期间，他在空军服役，战争结束，进入大学学习，毕业后从事过各种职业并开始写作。

福克纳虽是南方的重要作家，但当时他的作品没有受到重视，直到1946年美国著名的文学批评家马尔科姆·考莱编选了《袖珍本福克纳文集》，又写了一篇有名的序言之后，福克纳才引起文坛的注意，并得到萨特、马尔洛等人的赏识。

福克纳一生写了19部长篇小说和120多篇短篇小说，其中15部长篇小说和相当数量的短篇小说均将故事安置于"约克纳帕塔法"县，这些小说通常被称为"约克纳帕塔法世系"，约克纳帕塔法是福克纳虚构的一个地方，这个印第安词汇被有的译者翻译成"河水静静流过平原"。福克纳最有代表性的作品是《喧哗与骚动》《八月之光》等。

受弗洛伊德影响，福克纳在艺术上大胆地进行实验，采用意识流手法、对位结构以及象征隐喻等手段表现暴力、凶杀、性变态心理等，他的作品风格特立独行，难以捉摸，因而一般的读者很难体会其中的审美情趣。

福克纳逝世后，美国以及世界上其他国家的读者对他的评价越来越高，对他的研究本身已经成为一门学问。各国不断翻译、介绍他的作品，有些地区（特别是拉美）的作家的创作明显受到他的影响。福克纳已经成为一位现代经典作家，被认为既深刻地反映了社会历史，同时又是现代意识很强的作家。他写了现代社会中人与人的沟通与疏远，人如何追求、保持自己的"人性"；揭示了西方社会中人性受扭曲与异化的问题。评论家还认为，福克纳是挖掘与表现人的内心世界的高手。在许多情况下，他是通过表现人物的内心活动来塑造人物与表现时代精神的。他还根据现代哲学、现代心理学对人的更深层的理解，形成了一种认知生活的独特眼光，并根据这种独特的眼光相应地创造与采用了一系列新的小说技法，帮助他充分表现出现代人与现代生活的复杂性。在文学语言的运用与创作上，福克纳也堪称大师。他的语言丰富多彩，能提供多种风格的艺术珍品。

普遍认为，从1929年发表《喧哗与骚动》到1942年出版《去吧，摩西》的13年是福克纳文学创作的全盛时期。

《喧哗与骚动》书名出自莎士比亚悲剧《麦克白》第五幕第五场麦克白的一句著名台词："人生如痴人说梦，充满着喧哗与骚动，没有任何意义。"这部小说充分展示了福克纳对历史与生活的高度认识和概括能力，尽管他的作品情节扑朔迷离，结构也错综复杂，与以往人们接受的小说有着很大的不同。

小说的故事发生在杰弗生镇上的康普生家。这是一个曾经显赫一时的望族，而如今只剩下一幢破败的宅子和两个一老一小的黑佣人——老婆婆迪尔西和她的小外孙勒斯特了。正如物极必反，古板高傲、规矩极多的旧世家里偏偏会出现浪荡的子女，这家的女儿凯蒂成了一个轻佻放荡的女子。哥哥昆丁和凯蒂从小感情很好，在妹妹结婚的一个多月后，他投河自尽。杰生是凯蒂的大弟，他和追求虚幻的昆丁相反，成为一个实利主义者，他恨凯蒂，恨周围的一切。班吉是这个家里最小的儿子，他是个先天智障。1928年，三十三岁的班吉智力水平只相当于一个三岁的小孩。他没有思维能力，在他的大脑里只有一些没有时间先后之分的感觉和印象，过去的事与当前的事经常一起在他的脑海里呈现。现在家中唯一关心并照顾他的，只有黑女佣迪尔西了。在他混乱繁杂的意识活动中，我们能够体会到他的感受：因为失去了家人的关怀，他非常悲哀。虽然按书名的出典理解，关于班吉的这一章内容，可以说是"一个白痴讲的故事"，事实上在这个杂乱的故事中，家庭颓败的气氛、人物、环境……这些读者可以清晰而强烈地感觉到。凯蒂把私生女小昆丁寄养在母亲家里。但是冷漠的康普生太太和残酷的杰生迫使小昆丁不得不离开这个没有温情的家。1928年复活节，忍无可忍的小昆丁取走了杰生的不义之财，与一个流浪艺人私奔了。这自然激起了杰生的"狂怒"（书名中的"骚动"原意即为狂怒）。杰生驱车追寻小昆丁，想追回那笔不义之财，但是在火车上惹出了乱子，还差一点送了命。

这部如痴人说梦般的《喧哗与骚动》，简单地说，实际上是通过讲述一个旧家庭的分崩离析和趋于死亡的过程，真实地呈现了美国南方历史性变化的一个侧面。我们可以看到，旧南方的确不可挽回地崩溃了，它的经济基础早已垮台，它残存的上层建筑也摇摇欲坠。

小说构思巧妙，结构奇特。福克纳曾说："这是一个美丽而悲惨的姑娘的故事。"凯蒂实为小说的中心人物。作者打破了传统小说的处理方式，通过其他人物对主人公的看法与回忆塑造出更为饱满和立体的人物形象。福克纳相信:"间接叙述能更加饱含激情;最高明的办法,莫若表现树枝的姿态与阴影,而让心灵去创造那棵树。"作品从四个不同的侧面展现出凯蒂的"姿态与阴影",并给了读者充分的想象空间来"创造"出自己心目中的主人公形象。这种从不同人物视角讲述同一个故事的手法,也叫"对位式结构"。

"对位式结构"增加了读者在阅读中的参与程度,同样也汇入了流动中的意识流。在小说中,福克纳纯熟地运用了意识流手法。作品除了第四部分运用第三人称全知视角外,其他三部分皆采用第一人称"我"的叙事方法。三兄弟的意识流活动各有特色,不仅能够体现智障、精神崩溃者、偏执狂与虐待狂不同的心理状态和语言特色,更能揭示人物的内心世界,探索他们的意识与潜意识动机,借此塑造人物性格。福克纳对意识流手法的运用,堪与爱尔兰意识流大师乔伊斯媲美。

从叙事角度看,小说时空倒置,神话原型与智障叙述浑然天成,寓意深刻。全书四部分的叙述时间分别为1928年4月7日、1910年6月2日、1928年4月6日、1928年4月8日。不仅如此,人物在内心独白中不断陷入回忆,而且回忆中还有回忆,班吉部分中由现在返回过去的时空切换大约有100次,昆丁部分大约有200次。在此,时序的颠倒有着深刻的含义。书中的人物觉得时间是一种与人为敌的力量,他们始终在与时间搏斗,这种搏斗体现了康普生家族无力抗拒历史进程的悲剧。萨特曾经指出,《喧哗与骚动》是一本关于时间的书,福克纳对时间的处理方式体现了南方文化的"回忆"特质,即对现实的失望以及从昔日旧梦中觅得安慰的期望。此外,作品吸引读者去寻找叙述线索、重建时间顺序,客观上也提高了读者的参与程度,加强了小说的效果。

福克纳经常使作品的故事、人物、结构与人们熟知的某一典故大体平行,使作品在神话原型这一参照系前得以突破具体内容的限制,从而获得一种超越时空的意义。在《喧哗与骚动》中,故事和结构以基督受难周为原型。1928年的三个日期,恰是那一年的基督受难日、复活节前和复活节。1910年昆丁自杀的那日,又恰是"圣体节"的第八天。作品与原型既有对应关系,也有反讽关系。比如,复活节前夕是基督下界拯救人类的日子,可怜的班吉正需要拯救;复活节那天小昆丁的出走,与基督临死留下的箴言"你们要彼此相爱"形成鲜明对立;圣体节是供奉耶稣圣体的节日,昆丁在潜意识中把自己当作耶稣,设法对妹妹的堕落进行救赎,但是他所能奉献的,不过是自己凡人的生命;小说结尾黑人教堂里复活节礼拜的场景,也与主题相呼应,耐人寻味。

(撰稿人:邝明艳)

《百年孤独》导读

加西亚·马尔克斯(1927—2014),生于哥伦比亚马格达莱纳省阿拉卡塔卡镇,父亲曾是个医生,后来成了邮电所的电报报务员。父亲因忙于工作很少照顾孩子,因此马尔克斯自小在外祖父家中长大。1948年,哥伦比亚发生内战,他不得不中途辍学。不久,他进入报界,任《观察家报》记者,同时从事文学创作。1954年起,任该报驻欧洲记者兼电影专栏负责人,曾到过意、法、英、苏、波、捷、匈等国。1961年起,任古巴拉丁社记者。长期从事新闻工作,使作家能够了解现实,关心国家命运。他一直站在民主运动和社会主义运动一边,反对军事独裁者的反动统治。为了抗议军人政权,他曾在1976年实行文学罢工5年。1981年,受军政府迫害而流亡墨西哥。1982年,哥伦比亚新政府成立,作家才得以返回故土。

马尔克斯在大学时代就开始文学创作。1947年到50年代初期,是他的学习创作阶段。此时,他在《观察家报》上先后发表过14篇短篇小说,初期模仿海明威、福克纳、卡夫卡等人的创作手法进行写作,主要内容是写个人对死亡的忧虑。

1967年,作家发表了长篇小说《百年孤独》。这是他从酝酿到写作,经历18年之久而写成的一部力作。它的发表标志着作家的创作达到了辉煌时期,从而也奠定了他作为魔幻现实主义文学大师的地位。

长篇小说《百年孤独》虽然是加西亚·马尔克斯在20世纪70年代的创作,但人们至今仍然认为它是作家所有作品中最好的最有代表性的一部,被誉为“再现拉丁美洲历史社会图景的鸿篇巨制”。作品发表的当时就曾轰动拉丁美洲文坛,并引起了世界文坛的注目,被认为是魔幻现实主义文学的经典作品之一,已被译成40多种文字。这部作品为作家带来世界性的声誉,使他获得了 1982年诺贝尔文学奖。

《百年孤独》写加勒比海沿岸某国小镇马孔多从中兴起,最后被飓风卷走的 100年的历史,同时也是布恩蒂亚家族六代人的历史。其中第一章至第三章,写马孔多的创建和发展;第四章至第十一章,写内战以及由此产生的影响;第十二章至第十五章,写“香蕉热”，揭露美国人的经济掠夺；第十六章至第二十章写马孔多的衰败和灭亡。占据马孔多居民主要地位的，也是占据小说中心的是布恩蒂亚家族六代人的经历。这个家族的第一代霍·阿·布恩蒂亚和他的妻子乌苏娜本是表兄妹。但是，兄妹乱伦的后代将会长猪尾巴的厄运，使他们感到害怕。霍·阿·布恩蒂亚还杀死了一个羞辱他的人，那人的阴魂不时出现，也使他害怕。为了逃避厄运和死者阴魂的追逐，他俩离乡背井，外出流浪。有一批人跟着他们出走。他们走了许多许多日子，来到一片荒芜的沼泽地。霍·阿·布恩蒂亚梦见这里建起一座热闹的城市，房屋全用玻璃造成。他们决定在这里定居，地名叫“马孔多”。后来，马孔多成了一个村镇。吉卜赛人到这里来做生意，他们带来当地人从没见过的磁铁、放大镜等。外界的火车、电影等新鲜东西也纷纷传来，使马孔多人十分惊奇。布恩蒂亚和乌苏娜生了两子一女。布恩蒂亚迷恋炼金术，精神失常，被人们捆在大树下，死在那里。乌苏娜活了120岁，能预见未来。布恩蒂亚的第二代碰到了内战。保守党执政，自由党发动起义，两方进行旷日持久的战争。次子奥雷连诺成了起义军上校，曾被政府军逮捕，险遭杀害。他后来懂得党争毫无意义，回到家来躲在屋里做小金鱼。上校的妹妹终身未嫁，与侄儿发生乱伦关系。当她预知自己的死期时，便躲进自己房间织寿衣。布恩蒂亚第三代的长子阿卡蒂奥霸占了马孔多的大权，胡作非为，为保守党所杀。次子奥雷连诺是私生子，他一心想与姑妈结婚，参加过战争，当过海员，后来与军警发生冲突而被打死。第四代是一对双胞胎儿子和一个姑娘。姑娘雷麦黛丝长得奇美，人称俏姑娘。她身上发出一种特殊的气味，令人陶醉，后来突然飞升，消失在空中。她的弟兄、一对双胞胎长得一模一样。他俩都与村里卖彩票的寡妇发生不正当关系。后来在香蕉事件中，弟弟霍塞·阿卡蒂奥成了香蕉工人罢工斗争的领导人。罢工被镇压后，他也成了疯子。第五代为一子两女，长子阿卡蒂奥在神学院学习，为了继承母亲的遗产回到了家乡。他到处寻找，发现了几袋金币，结果金币被人抢走，自己被人害死。长女梅梅与学徒工偷情而怀孕，被送到远方修道院生下一个私生子。次女在国外上学，带着丈夫回来，死于产后风。第六代就是梅梅送回来的私生子奥雷连诺。他与姑妈发生乱伦关系，生下一个长猪尾巴的小女孩。他突然看懂了吉卜赛老人梅尔加德斯留下的羊皮书。原来它预言了马孔多和布恩蒂亚家族的命运。书上写着，当奥雷连诺破译羊皮书之时，“马孔多这个镜子似的城镇，将被飓风从地面一扫而光，将从人们的记忆中彻底抹掉，羊皮纸手稿所记载的一切将永远不会重现，遭受百年孤独的家族，注定不会在大地上第二次出现了”。

小说所写的内容包含漫长的时间、众多的人物、离奇的情节，再加上神话、宗教、政治、经济、历史等因素，极其复杂。其中有两个基本的方面：一是它与哥伦比亚，甚至与拉丁美洲历史的联系，从中可以看到作品如何通过马孔多、布恩蒂亚家族的兴衰史反映了哥伦比亚以至整个拉丁美洲的历史演变与社会现实；二是贯穿全书的也是在布恩蒂亚家族每个成员身上都体现出来的孤独精神。哥伦比亚位于南美洲的西北部，原先印第安人住在这里,16世纪沦为西班牙的殖民地,从此多灾多难。造成这无穷灾难的原因,一是外来的侵略,二是自身的落后闭塞。《百年孤独》中所写的马孔多就是哥伦比亚的缩影。马孔多的盛衰变迁虽然荒诞不经,离奇古怪,然而却处处可以看到哥伦比亚以至拉丁美洲历史事实的投影。

在外国入侵的同时,马孔多始终存在愚昧、迷信和种种落后的观念与风俗,乱伦的现象一再出现。小说在描写这些历史与现实情况时,表现出一种循环式的时间观念,马孔多百年沧桑走了一个时间的循环。从小说开端所写的创建,中间经过内战、香蕉热、大暴雨等,最后又回到初建时的落后和与世隔绝,命定被飓风刮走。它从零开始,又回到了零。布恩蒂亚家族的历史也仿佛走了一个大圆圈。从老一代怕生猪尾巴孩子而迁居开始,到最后第七代出现猪尾巴为止,完成一个循环。这个家族各代人物连名字也一再重复。难怪书中一个人物说:"这个家族的历史像一架周而复始无法停息的机器,是一个转动着的轮子。"小说的这种构思是为了说明拉丁美洲历史的停滞不前:一百年过去了,它经历种种变故,却仍然处在落后的状态,目的是激起人们改变现状的愿望。

小说在描写马孔多的落后和停滞时,特别注意刻画马孔多人孤独的精神状态。马孔多周围是海,是一片孤独的沼泽地。布恩蒂亚家族的每一个人的眼睛也都流露出冷漠、孤独的神色。他们之间很难有感情交流。老霍塞·阿卡蒂奥热衷于科学实验,他的行动不能被人理解,只得独自关在屋子里倒腾炼金术,最后被捆在树下无人理睬,孤独地死去。奥雷连诺戎马一生,退役之后关在屋子里用金子做小鱼,做成了便把它们熔化,化了再做,孤独地重复着他的工作。阿玛兰塔知道自己的死期后,便关在屋子里织寿衣,孤独地等死。在这样的环境中,美好的事物无法生存。俏姑娘是美的象征。她美若天仙,纯洁无瑕,可以说是出淤泥而不染,然而,她无法与周围人共存,最后被大风刮起的床单卷走,消失在空中。这也是一种孤独,另一种意义上的孤独。

闭关自守、与世隔绝是一种落后的表现,对于这种落后的现实采取孤独的态度,就等于逃避现实,容忍落后,不图变革。这本身就是一种错误的态度。在作家看来,这是造成哥伦比亚和拉丁美洲落后的一个内在原因,一个深层的原因。他在小说中描写马孔多人这种孤独的精神病貌,意在唤醒人们结束这种孤独而寻找新的出路。有人问他,小说中的孤独做何解释。他回答说:"孤独的反义是团结。"这就是说作家希望拉丁美洲人民团结一致,在改革中求取新生,结束这种孤独、落后的状况。他在领取诺贝尔奖奖金时说:"命中注定一百年处于孤独的世家最终会获得并将永远享有出现在世上的第二次机会。"

作为一部魔幻现实主义小说,《百年孤独》中所包含的对历史的回顾、现实的反映、深刻的民族文化和国民精神的反省以及犀利的批判眼光,都经过极度夸张的手法、巧妙的构思和奇幻的想象,形成一幅幅真真假假、虚实交错的图画。所以,它是一部用变形的艺术手法写成的作品,而正是在这种种变形之中,蕴含着作者的匠心,以期激发读者丰富的想象和深刻的思考。

这种魔幻性首先来自神话。作家从古希腊神话、圣经故事、印第安神话与信仰还有阿拉伯神话中吸取养分,形成一种特殊的神话式的艺术思维。在作家笔下,整个马孔多充满着神奇色彩,人们可以听到蚂蚁在月光下哄闹,蛀虫啃食的巨响,野草生长时发出的尖声。在这里,生者与亡灵共同生活在一起,奇迹迭生。马孔多的历史中包含创世、迁徙、原罪、大洪水、世界末日等圣经故事的影子。霍塞和乌苏娜逃避"猪尾巴"命运的故事就像古希腊的俄狄浦斯神话。总之,全书仿佛是一个现代神话,一个开放的神话体系。另外,小说的魔幻性是与象征性结合在一起的,或者说,作家是为了使自己的描写具有象征意义而采用魔幻手法的。例如,马孔多人曾经染上集体健忘症和失眠症,象征着拉丁美洲某些人忘掉了自己的传统和历史;俏姑娘雷麦黛丝的来临与突然消失,象征着爱与美在马孔多无法生存;黄色(小黄花、黄金)在书中象征着金钱和堕落,老布恩蒂亚死时,空中下起黄花雨,暴雨过后布恩蒂亚家族也就衰落了。

小说的魔幻性和神话思维中也包含着作家自己的艺术想象和夸张手法。作家认为,这是他从自己外祖母那里学来的叙事方法。作家对这些虚虚实实的故事,并不信以为真,但是他相信,这是拉丁美洲人的思维方法,是拉丁美洲的现实生活独有的特征,不这样写,不足以表现拉丁美洲这片神奇土地上所发生的一切。在拉丁美洲各国,由于自然界的许多奇异现象,也由于经济文化的落后,神话和魔幻故事历来对大部分群众的思想观念产生着影响,并形成当地文化遗产的一种特色。《百年孤独》大量运用神话和魔幻故事来反映现实,并不是出于作家的任意编造。马尔克斯是一个极其遵从现实的、创作态度极为严肃的作家,他说过:"我的所有小说没有一行文字不是以真事为基础的。"

(撰稿人:邝明艳)

《圣经》导读

一、《圣经》简介

一般我们所说的《圣经》是指基督教的经典。基督教脱胎于犹太教,因此《圣经》也继承和编选了犹太教的经典《希伯来圣经》(称为《旧约全书》,简称《旧约》)。基督教自身创作的经典称为《新约全书》,简称《新约》。《圣经》即由这两个部分组成。

《旧约》作为犹太人的经典,被看成在神的启示下完成的。它的写作开始于公元前1300多年摩西带领以色列人出埃及的时代,直到希腊化时代逐渐定型,从口头流传到文字记载,前后经过了漫长的1000多年的时间。它记载了以希伯来人作为"上帝的选民"自摩西开始与上帝立约、一代代经历的与神之间的交往、在神的指导下生活和斗争的故事。它包含了《摩西五经》《历史书》《诗歌·智慧书》和《先知书》四个部分,囊括了以色列人对天地万物的理解,对自身民族的起源和历史的追溯,对历史、对生活的理解和领悟,对未来的理解和预测等。从某种意义上说,它是希伯来人受神的启示,以神贯穿始终而写的百科全书。《旧约》的作者们也就是那些主要以先知身份出现的,涉及政治、历史、文学、伦理和宗教哲学等学科的知识分子们。这些经典经过许许多多代人的编纂和整理才最终汇集在一起,成为希伯来人犹太教的正典,并成为今天基督教《圣经》的一部分。

《旧约》中已经预言了"基督的出现",随着耶稣的降生和成长及其言行思想的逐渐传播,随着其门徒们的努力,基督教逐渐形成。在这个过程中,出现了关于耶稣生平思想的记录和传说,以及对耶稣思想的解释和阐发。在基督教教会组织出现后,关于耶稣信徒们的传教活动,他们之间的交流、探讨、思想观点的论述以及对基督完成人类救赎的预言等,都被记录下来。这些资料在耶稣降生后的三百多年里逐渐编辑整理并成为固定的经典,形成《圣经》的另一部分,即《新约》。《新约》关注的主要是耶稣及其门徒的事迹以及关于救赎的思想。由于犹太教本身已经产生了"基督救世"的思想,因此《新约》可以看成对《旧约》的一个"续写",也被看成对《旧约》的一种阐释。[①]不过,虽然基督

① Stephen Prickett, Robert Barnes, *The Bible*(Cambridge University Press,1991),P.84.

教认为基督已经降临并且就是耶稣,但犹太教并不承认耶稣就是弥赛亚基督,而是认为上帝派遣的救世主还未到来。因此,对耶稣基督及其言行思想的崇拜也使基督教获得了相对于犹太教的独立性。

二、《圣经》的主要内容

《旧约》的主要内容包括了《摩西五经》(又称为《律法书》,5卷)、《历史书》(12卷)、《诗歌·智慧书》(5卷)和《先知书》(17卷)四个主要部分。

《摩西五经》又称为《律法书》,包括《创世纪》《出埃及记》《利未记》《民数记》和《申命记》,年代最早,相传为摩西所作,讲述了耶和华创造世界和人类,人类的堕落、毁灭和神的救赎,以色列人被上帝选中,摩西带领以色列人脱离埃及人的奴役,与神建立亲密关系并与神立约等。《历史书》从神的角度叙述以色列人作为亚当、诺亚和亚伯拉罕的子孙如何被上帝拣选、考验,他们经历的苦难、教训,重返家园和重建圣殿等历史,包括了自摩西开始后的历代国王、先知的事迹以及不同朝代中出现的道德榜样和民族英雄的故事等。《诗歌·智慧书》包括《诗篇》和《雅歌》等诗歌以及《约伯记》《箴言》和《传道书》等智慧书。《诗篇》主要是对上帝的赞颂和祈祷等,《雅歌》则抒发了以色列青年男女在神恩光照下的热烈而纯真的爱情。而《智慧书》关注的主要是生存智慧,包括了生活的技巧,教训,经验,应该遵循的规则、训诫,对人生在世及其苦难、生活的意义等问题的理解,个人与群体的关系等,类似于我们今天所说的人生哲学。《先知书》是《旧约》的第四部分,共有17卷。篇幅较长的有5卷,称为《大先知书》,其余的12卷称为《小先知书》。先知是被神拣选以领受和传达神意的人。《先知书》即他们向人们传达的神的信息,包括了神对人的罪行的宣告,对他们的警戒和预言惩罚,例如以色列人被掳以及被掳后的回归等;通过先知预言弥赛亚的降生,对欺负以色列人的异族的惩罚,以色列国的复兴,天下万民最终都归于神,等等。

《新约》主要内容也分为四个部分,《福音书》(4卷)、《使徒行传》(1卷)、《使徒书信》(21卷)和《启示录》(1卷)。《福音书》包括了《马太福音》《马可福音》《路加福音》《约翰福音》,分别从不同的角度记录了耶稣的生平言行。《马太福音》材料最丰富,内容最系统;《马可福音》是彼得的翻译和助手马可在传教途中根据彼得的讲述写成的;《路加福音》的作者是保罗的同伴路加,强调福音的普世性和耶稣对罪人之爱;《约翰福音》的作者是使徒约翰,强调道成肉身及救赎的普世性,是哲理性最强的一部。《使徒行传》被称为《新约》的历史书,主要记叙了使徒彼得和保罗的传教活动。《使徒书信》则主要指保罗的13卷书信和8卷其他公函性质的书信,是对基督教的理论探讨。保罗书信较为集中地讨论了基督教神学,教会的性质和教会的管理,基督教与犹太教的关系等。而其他书信则讨论了知行合一、道成肉身、基督徒受苦的意义、信仰的重要性等基督教相关问题。《启示录》被称为《新约》的先知书，它预言了世界末日、人类将会经历的灾难和最后归宿、上帝的审判、基督战胜撒旦实现对人类的救赎等。

三、《圣经》的艺术成就及影响

《圣经》作为宗教经典，其内容涵盖十分广泛，也是一种综合性的原始文类，既是历史的，也是宗教和哲学的，同时也是文学的。从文学的角度看，《圣经》也取得了很高的艺术成就。《圣经》的语言古雅质朴，比喻丰富且生动形象，具有古代口头文学和民间文学的特点。在叙事上，《希伯来圣经》的叙事"是最具艺术品质的，堪称世界文学宝库中的一流珍品"[①]。《圣经》通常采用传记的方法，以人物的生平历史为线索，选取那些最具有宗教象征性和说服力的片段，把场景描述和人物的言行融会在一起，高度浓缩地传达了作者的宗教训导。《圣经》中涉及的人物众多，但言行描述具有高度的典型性，使得形象鲜明，性格突出，人物及其故事的宗教作用十分明确。作为百科全书式的经典，《圣经》采用了大量的比喻、夸张、象征、讽刺、对比等修辞手法，吸收并使用了神话、传说、歌谣、谜语、谚语，以及诗歌、演讲、格言、书信等丰富的语言艺术形式，也可以说是一部文学艺术的大全，这些形式避免了枯燥的宗教说教，使得故事具有了审美的丰富性、广阔的想象和意蕴空间。《圣经》的抒情突出表现在它大量采用的诗歌形式中，既有《雅歌》的淳朴、真挚和热烈，也有《诗篇》的虔敬、深情和雅致，说理则力避抽象概念，善用故事和对比等。

从内容方面看，作为历史和文学的《圣经》生动地记载了古代希伯来人的生活和历史，他们丰富的情感和心灵；作为宗教文献的《圣经》真挚感人地表达了希伯来人对神的敬畏，对神人关系的忠实，对人世苦难和善恶的深切关怀，以及对人类的未来尤其是来世的深情期待等；而作为哲学的《圣经》则以其宏伟的想象和激情阐释了天地万物包括人类的起源，并由此辩证地认识到人类理性的局限，阐明了善恶的起源和存在的必然性，以及人与自然、人与人之间的伦理关系等。

《圣经》所涵盖的情感和思想深邃、广阔而庄严，其文学形式又使其具有了非常灵活的阐释与理解的包容性，并由此具有了强大的自我修正与适应能力。它对终极和理想世界的执着，对人性的洞察，对人类个体和群体的关怀，以及在这些问题上的理性和辩证的思维特色等等，[②]又在很大程度上提供了它与后来西方的哲学与科学相互促进的可能性，同时也使它成为西方文化和文学最重要的支撑力量。

西方文学的历史是一部西方人心灵探索的历史，也可以说是探索人类善恶、痛苦与

① 西蒙·巴埃弗拉特：《圣经的叙事艺术·导论》，李锋译，华东师范大学出版社，2011，第1页。

② 参见 Jaco Gericke, "The Hebrew Bible and Philosophy of Religion," *Society of Biblical Literature*, Atlanta, 2012.

希望的历史,而《圣经》正是这一历史的基础文献,也是这一历史发展的动力和取之不尽的文化源泉。[①]总体上讲,无论是文学形式还是思想主题,写作时间横跨千年的《圣经》都俨然是一个完整的整体,正如批评家弗莱所说:“这部书有开头,有结尾,有若干线索贯穿书的总体结构。它始于时间的开始,太初创世,至于时间的结束,即《启示录》所记述的。在开始与结束之间,用亚当和以色列这两个名字为象征,概述了人类的历史,或者说讲述了人类历史中它感兴趣的方面。”[②]作为西方文学的源头之一,《圣经》的这种文化大全性质使它对西方文学的影响几乎是无所不在、难以历数的。从但丁、弥尔顿到歌德,从塞万提斯到陀思妥耶夫斯基,从莎士比亚到贝克特,从斯宾塞到艾略特等,没有《圣经》的影响,这些伟大作家的创作就会变得难以想象。

【参考文献】

[1]刘意青.《圣经》的文学阐释:理论与实践[M].北京:北京大学出版社,2004.

[2]朱维之.圣经文学十二讲[M].北京:人民文学出版社,1989.

[3]梁工.西方圣经批评引论[M].北京:商务印书馆,2006.

[4][美]利兰·莱肯.圣经文学导论[M].黄宗英译.北京:北京大学出版社,2005.

[5][加拿大]诺思洛普·弗莱.伟大的代码:圣经与文学[M].郝振益等译.北京:北京大学出版社,1998.

[6]Stephen Prickett and Robert Barnes, The Bible, Cambridge University Press. 1991

[7]Adam Potkay and Monica Brzezinski, The Bible As The Root of Western Literature: Stories, Poems and Parables, Recorded Books, LLC. 2003

[8]Jaco Gericke, The Hebrew Bible and Philosophy of Religion, Society of Biblical Literature, Atlanta. 2012

(撰稿人:李应志)

① 参见Adam Potkay, Monica Brzezinski, *The Bible as The Root of Western Literature:Stories, Poems and Parables*(Recorded Books,LLC.,2003).

② 诺思洛普·弗莱:《伟大的代码:圣经与文学》,郝振益等译,北京大学出版社,1998,第3页。

浪漫主义诗歌
导读

老虎

[英]威廉·布莱克

老虎！老虎！火一样辉煌，
燃烧在那深夜的丛莽。
是什么超凡的手和眼睛
塑造出你这可怖的匀称？
从何处取得你眼中的火焰？
取自深海，还是取自高天？
凭什么翅膀他有此胆量？
凭什么手掌敢攫取这火光？
什么样的膂力，什么样的神工
把你的心脏的筋拧制成功？
当你的心脏第一次搏跳
那是什么样可怕的手脚？
什么样的铁锤？什么样的铁链？
什么熔炉把你的脑子烧炼？
什么样的握力？什么样的铁砧？
敢把这无人敢碰的材料握紧？
当群星向下界发射金箭，
把泪珠撒遍那天宇之园，
他可曾对自己的作品微笑？
莫不是他，羔羊的作者把你造？
老虎！老虎！火一样辉煌，
燃烧在那深夜的丛莽。
是什么超凡的手和眼睛
敢塑造你这可怖的匀称？

一、作家介绍

威廉·布莱克(1757—1827)，英国浪漫主义文学先驱，是诗人和画家。出生于小商人家庭，小时候做过学徒，12岁开始写诗，一生的主要作品有诗集《天真之歌》《经验之歌》，长诗《法国大革命》《四天神》等；生逢美国独立、法国大革命和英国国内民主运动高涨的年代，亲自参加过民主运动。

二、作品解读

这首诗选自诗集《经验之歌》。贯穿诗集《经验之歌》的"老虎"的形象，和抒写理想世界的《天真之歌》里的"羔羊"形象形成了对照。《老虎》这首诗直接刻画了"老虎"的形象。那么这只"老虎"是什么样的呢？诗人在诗中并没有正面回答，而是用问句形式来叙写的。这也是本诗在形式上的一个最大的特点，全诗共24行，带问号的就有14行之多。一个没有回答的问句，有着潜在的回应，也更能让人发挥想象。《老虎》这首诗，正是凭借着想象和潜在的回应，让读者感受老虎形象的。第一节的问句示意了老虎的"可怖的匀称"，到底怎样的匀称呢？我们想到的是古希腊的雕像，是中国国画中工笔的老虎，还是鲁迅写的"踊跃的铁兽"？抑或是我们在电视中、动物园里看到的老虎？如此一个鲜明的老虎的轮廓出现在你眼前，这就是作者的目的。紧接的三节，分别从眼神、心脏和头脑三方面仔细勾画老虎的形象。眼神是明亮的，像火焰，似普罗米修斯盗来的天火。作者这里连用希腊神话中伊卡洛斯飞天坠海和普罗米修斯盗取天火两个典故，仿佛是在解释眼神为何明亮，可又为明亮的眼神增添了"神"采。心脏是力量的来源，有着明亮而带神采的眼神的老虎，能有一颗脆弱的心脏吗？不，它的"心脏的筋"由强劲的膂力和神工的手艺"拧制"，不信，你看那强健的"可怕"的四肢！头脑代表着意志力，这只老虎的头脑是千锤百炼的，是经过"火"的"烧炼"的。没有坚强的意志力，这只老虎绝对不是匀称的，不过是一只外强中干的纸老虎而已。这就是那只老虎，"火一样辉煌，燃烧在那深夜的丛莽"。

现在的问题是"老虎"是否有寓意？那它有什么寓意呢？有人说，老虎象征了当时人民群众的革命精神，表现出对黑暗现实的不满。如果真是这样，那么对"他可曾对自己的作品微笑？莫不是他，羔羊的作者把你造？"两行怎么解释？再次审视那些问句时，我们可以发现，这些问句潜指的对象不是指老虎，而是锻造老虎的"神工"。通过"超凡的手和眼睛""塑造""手掌""攫取""火光""膂力""拧制""烧炼""握力""把这无人敢碰的材料握紧"等词句，可以看出，在塑造老虎形象的同时，我们同样看到了一个像赫淮斯托斯一样的"神工"塑造者。这个塑造者为何那么神武呢？因为他是"羔羊"的作者，心中怀着对美好的理想世界的向往。他的力量来自哪里？他把自己看成一个代言人，"神"的代言人。辉煌强大的老虎形象正是他意志的象征和外现。这样老虎的形象便有了多意性和神秘色彩。

三、话题

1. 老虎的形象有着多重寓意，本文谈到两种，还有其他的吗？谈谈你的观点。

2. 结合本诗说说作者是以一种什么样的感情来写的。

【参考文献】

[1]郑克鲁.外国文学史(上)[M].北京:高等教育出版社,1999.

[2]湖南省外国文学研究会.外国诗歌选[M].长沙:湖南人民出版社,1981.

蝈蝈和蛐蛐

[英]约翰·济慈

大地的诗啊永远不会死:
当骄阳炎炎使百鸟昏晕
躲进树荫,却有个声音
在草地边、树篱间飘荡不止;
那是蝈蝈在领唱,在奢华的夏日
它的欢乐永远消耗不尽,
因为如果它唱到疲倦过分,
就在草叶下享受片刻的闲适。
大地的诗啊永远不会停:
在寂寞的冬夜里,当霜雪
织出一片静寂,炉边的蛐蛐
尖声吟唱,歌声随着温度上升,
使人在睡意蒙眬中恍惚听得
绿草如茵的山坡上蝈蝈的歌曲。

一、作家介绍

约翰·济慈(1795—1821),英国杰出的浪漫主义诗人。出生于小业主家庭,小时做过药铺学徒;22岁时出版第一本诗集,此后创作日趋成熟,写出了著名的颂诗《希腊古瓮颂》《夜莺颂》《秋颂》,叙事诗《圣亚尼节的前夕》及许多优美的十四行诗。《蝈蝈和蛐蛐》是一首彼特拉克式的十四行诗。

二、作品解读

作为诗人,济慈是一个美的追求者。对美的追求是济慈一生的梦想和追求,早期的长诗《恩底弥翁》中,牧羊少年恩底弥翁每夜在梦中寻找月神辛细亚,就传达出诗人梦寐以求的美。所以济慈曾经这样说:“对于一位伟大的诗人来说,美感压倒其他一切考虑,或者不如说:美感取消其他一切考虑。”但是,济慈的浪漫主义诗歌不同于“湖畔派”诗人的作品所强调的神秘主义和宗法制情绪,他强调的主要是现世生活的感性的美。济慈也预示了浪漫主义诗歌的主观性向浪漫主义之后的客观化发展的方向。他还说过:“诗人无自我——他不断地充填别的事物并赋予活力。”诗人渗透到一切客体中,去表现客体的美与真。《蝈蝈和蛐蛐》是济慈诗歌主张的良好例证。

这首诗吟唱的是“大地的诗”,“大地的诗啊永远不会死”是本诗的母题,也是脍炙人口的警句。而“大地的诗”是通过夏日的蝈蝈和冬夜的蛐蛐抒写出来的。夏日是一个生命繁荣的季节，大地生机盎然；虽然如火骄阳使人们避暑不出，让鸟儿也躲进树荫，甚至草木都有些萎蔫，但太阳的烘烤没有使大地死寂。听！你听到了"在草地边，树篱间飘荡不止"的歌声了吗？那是蝈蝈的欢唱。是啊！在生命丰富得有些奢华的夏日，再怎么歌唱都不过分，不信，你看那唱到疲倦而闲适在草叶下的蝈蝈。冬夜是生机萧瑟的，连看家的狗都懒得叫一声，树木的秃枝摇摇欲断"咿呀、咿呀"地嘶喊，寒冷弥布着大地，十分静寂。围炉的人们睡意蒙眬地想，是谁还在火光闪耀中放歌呢？哦，是那"十月……入我床下"的蛐蛐呀！看那睡熟的小调皮脸上泛起的笑意，是不是蛐蛐的吟唱让他想起了夏日"绿草如茵的山坡上蝈蝈的歌曲"？无论是夏日蝈蝈还是冬夜蛐蛐，那些吟唱让我们体会到的是生命的美好，是大自然的神妙和伟大。也许你有过同样的经历，却为什么没有同样的感受？这里体现的正是济慈的"诗人无自我"的主张。当你全身心地沉浸、充填在蝈蝈和蛐蛐的歌声里时，听到的将不仅仅是虫声唧唧，而是感到我们与大自然融为一体，品味着生命虽有荣枯却绵延不止的感动，在这感动里，感受到大自然的美与和谐。冬夜蛐蛐的歌声和夏日蝈蝈的欢唱吟咏的就是这同一首"大地之诗"。

朴实无华得像小草一样的词句，欢快得如小溪潺潺般的节奏，济慈的诗行柔和得像乡间小路，引领我们去触摸大自然，嗅一下它的清新，听一下它的清丽，你的心灵有没有被这份美所洗礼呢？

三、话题

1. 蝈蝈和蛐蛐在吟唱什么？"大地之诗"又指什么？

2. 作者为何选择夏日的蝈蝈和冬夜的蛐蛐结构本诗？说说你的看法。

【参考文献】

[1]郑克鲁.外国文学史(上)[M].北京:高等教育出版社，1999.

[2]金开诚.诗经[M].北京:中华书局，1963.

但愿我

[法]龙沙

啊，但愿我能发黄而变稠，
化作一场金雨，点点滴滴
落进我的美人卡桑德蕾怀里，
趁睡意滑进她眼皮的时候；

我也愿发白而变一头公牛
趁她在四月走过柔嫩的草地，
趁她像一朵花儿使群芳入迷，
便施展巧计而把她劫走。

啊，为了把我的痛苦消减，
我愿做那喀索斯，她做清泉，
让我整夜在泉中沉醉；
我还求这一夜化作永恒，
我还求晨曦不要再升，
不再重新点燃白昼的光辉。

一、作家介绍

龙沙（1524—1585），法国文艺复兴时期最著名的抒情诗人，出身于贵族阶层，曾与同学组织过七星诗社，后来成为“桂冠诗人”。他的诗优美而亲切，富有抒情韵味，代表作为《致爱兰娜十四行诗》。

二、作品解读

这首十四行诗《但愿我》是献给意大利姑娘卡桑德蕾的，它不失为一首具有深刻意蕴的优美情诗。诗人一开始就设想自己发黄变稠，化作金雨，落入美人怀里，趁她睡意蒙眬之际。他生动地写出了一位青年对爱人那种深切、真挚的感情。第二、三节则继续展开丰富的想象，愿自己发白变成一头公牛，趁她走过草地的时候，把她劫走。他还愿意做那喀索斯，她做清泉，让他整夜在泉中沉醉。也许当我还原为人的面目时，无法向“你”倾诉心中的秘密，无法和你朝夕相处，无法拥有“你”。当我变成金雨，变成公牛，变成那喀索斯时，我就能尽情地向“你”表露心机了，无拘无束地拥有你，得到你。这里对爱情的表达，抛开了人世的烦扰，热烈如火，纯洁如水，没有矫饰，没有矜持，只有优美的形象和使人眩迷的画面，让读者充分感悟到这爱情的深沉、热烈和矢志不移。在诗的结尾，作者还表达了让他们拥有的夜晚能变成永恒的美好愿望。

诗的语言极简练，而内涵深邃。主人公至诚至真的爱恋之意和千万柔情都深藏在简约的字里行间，可以说是辞约而意丰，言有尽而意无穷。读这首诗，会使人想到：“诗有别裁，非关书也；诗有别趣，非关理也。”好诗“唯在兴趣，一味妙语”。龙沙的这首诗也正是“不著一字，尽得风流”，其深刻的意蕴，令人回味。

其次，这首诗古典色彩浓郁，全诗建立在三个希腊神话典故之基础上，但诗人用典十分自然贴切，这几个神话故事在欧洲又为人们所熟知，不会因用典生僻而影响抒情。第一个典故是众神之王宙斯化作一场金雨，与阿尔戈斯国的公主达那厄相配生了珀耳，使国王的计划失败的故事。第二个典故是宙斯被阿革诺耳国王的女儿欧罗巴的美貌所打动，化作白牛把她劫走的故事。第三个典故是那喀索斯爱上自己倒影的故事。三个典故步步深入，层层推进。再加上兼用“但愿我……”这种复沓的形式，反复咏叹，贯穿全诗，一气呵成，增加缠绵之情。

三、话题

1. 你听说过这三个典故吗？能不能说出它们的详细内容？

【参考文献】

[1]郑克鲁.法国诗歌史[M].上海:上海外语教育出版社,1996.

我们将不再携手漫游

[英]拜伦

不,我们将不再携手漫游,
从黄昏直到夜阑人静,
尽管爱情依旧涨满心头,
而月色依旧那么明净。
因为利刃会把剑鞘磨破,
灵魂也会把胸膛磨损,
心房需要喘息一刻,
爱情也需要休息的时辰。
尽管良宵专为爱情而设,
而白昼又来得太早,太快,
但我们将不再依依难舍
在明媚的月色里徘徊……

一、作家介绍

乔治·戈登·拜伦(1788—1824),英国杰出的浪漫主义诗人。其代表作有长诗《恰尔德·哈罗尔德游记》、诗剧《曼弗雷德》《该隐》和诗体小说《唐璜》等。

二、作品解读

拜伦一生潇洒浪漫,放荡不羁。他的主要消遣是在“贵族社会婚姻生活的花园里拈花惹草”,他的行动准则是“我要采尽我的青春的矿藏,直到最后一条矿脉,然后——再见”。但另一方面,一种弥漫整个世界乃至整个宇宙的大悲哀、一种侧身人群的孤独感时时笼罩在他的心头,使他感到人生的空虚、爱情和荣誉的无价值。于是热情奔放、性格暴烈的诗人在我们面前变成了一个愤世嫉俗、心境阴暗的厌世者。

《我们将不再携手漫游》就是在这样的大背景下写的。这首诗一开始为我们描绘了一幅美景,一对恋人曾在许多明净的夜晚,肩并肩,手挽手,即使什么话也不用说,甚至彼此都不用看一眼,就能够感觉到对方的心跳,因为他们的心中涨满了爱情。他们就这样慢慢地走着,从黄昏一直走到夜阑人静,但他们仍然依依难舍,在月色里徘徊……但让读者不解的是,这样一幅深情的画面作者却用一个“不”字给蒙上了一层阴影,要与情人分手作别了。难道诗人不爱她了,又要抛弃她去另觅新欢了?不,诗人明明说“爱情依旧涨满心头”。那么,是诗人真的感到疲劳了,需要“喘息一刻”了?不,他不是说过要采尽他的青春的矿藏,直到最后一条矿脉吗?那到底原因何在呢?答案只有一个,这个“心老人不老”的年轻诗人,突然产生了一种对爱情乃至对人生的厌倦感。包裹在过于追求欢乐的躯壳中的悲哀的灵魂突然苏醒,冲破了恣意行乐的躯壳,而直面惨淡的人生。于是明媚的月色失去了它的光泽,依依难舍的呢喃缺乏了吸引力,阴暗的心境笼罩了爱的世界。由于认识到一切事物,甚至是爱情也必将结束,所以在诗的结尾诗人进一步强调了对过去的怀念,怀念“我们”在一起的幸福时光,美丽的月色,难舍的情怀,还有一往情深的恋人,这即将成为过去,但从此“我们不再伤感”,因为一切的结束(包括爱情)是必然的。

一切景语皆情语。这首诗中的语言大都和生活的具体形象相关,所以,诗中语象有动有静,有声有色,具有很强的可感性,造成一种“诗中有画”的艺术效果。

三、话题

1.拜伦一生写过无数优美的情诗,有赞美情人形体之美的,有歌咏爱情纯真执着的,请你简单谈一谈这首爱情诗与拜伦其他的爱情诗有何异同?

【参考文献】

[1]黄新渠译.英美抒情诗选萃[M].成都:四川人民出版社,1998.

我孤独地漫游,像一朵云

[英]威廉·华兹华斯

我孤独地漫游,像一朵云
在山丘和谷地上飘荡,
忽然间我看见一群
金色的水仙花迎春开放,
在树荫下,在湖水边,
迎着微风起舞翩翩。
连绵不绝,如繁星灿烂,
在银河里闪闪发光,
它们沿着湖湾的边缘,
延伸成无穷无尽的一行:
我一眼看见了一万朵,
在欢舞之中起伏颠簸。
粼粼波光也在跳着舞,
水仙的欢欣却胜过水波;
与这样快活的伴侣为伍,诗人怎能不满心欢乐!
我久久凝望,却想象不到
这奇景赋予我多少财宝,

每当我躺在床上不眠，
或心神空茫，或默默沉思，
它们常在心灵中闪现，
那是孤独之中的福祉；
于是我的心便涨满幸福，
和水仙一起翩翩起舞。

一、作家介绍

威廉·华兹华斯（1770—1850），英国浪漫主义诗歌的奠基人之一，“湖畔派”诗人的重要代表，晚年被封为“桂冠诗人”，出生于律师家庭。其代表作有与柯尔律治共同出版的《抒情歌谣集》、两卷本《诗集》、长诗《序曲》等。其在艺术上对雪莱、拜伦和济慈都有影响。

二、作品解读

华兹华斯是浪漫主义诗歌的代表，也是著名的自然诗人和田园诗人。他的诗以人和自然的关系为基本主题，“自然”在他的心目中占据着至高无上的地位。他自称是“自然的永恒的崇拜者”，把自然视为“我最纯净的思想的寄托，我心灵的保姆、向导和守护人，我所有善良的本质的精魂”。在他看来，自然不仅是人类安身立命的根本，而且富于灵性，具有神的光晕，是人类的精神家园。他一生所追求的理想境界就是人与自然的和谐同一。

这首诗是一首情景交融的名篇。前十四行以写景为主，后十行以言情为主。在写景中，诗人运用拟人和比喻的手法为我们创造了一个典型鲜明的意象“水仙”。我们随着诗人的视野，看到了“金色的水仙”“迎着微风起舞翩翩”，看到它们如“在银河里闪闪发光”的“繁星”一般“在欢舞之中起伏颠簸”，看到它们同“粼粼波光”同舞。面对如此的美景，面对如此快活的精灵，“诗人怎能不满心欢乐”，我们怎能不随诗人一道为之陶醉，为之折服！于是诗人触景生情，在凝望中有了奇想，并把这美的精灵作为自己永久的精神财富，把它当作使自己幸福的“孤独之中的福祉”。诗人通过对美景的描绘，通过与美的自然的交流，企图把享受到的极乐传给读者，并把它作为一种精神财富永久保存，这正体现了诗人对自然的讴歌，“它是人类精神的家园”，以及对自然的崇拜。

这首诗除了运用情景交融、拟人、比喻等手法外，还突出地运用了想象的手法。从诗的第一句“我孤独地漫游，像一朵云”开始，我们就仿佛跟随诗人的想象一起看诗人所看，思诗人所思。其间，诗人的情感也一波三折，经历了由“孤独”到“惊叹”再到“欢乐”的过程。这与诗人成诗有关。一个春天，诗人曾与友人一起到林间的湖边散步，看到了美得令人惊叹的与湖水的涟漪一齐摇曳生姿、迎风舞蹈的水仙，但是诗人当时并没有写成诗，而是在两年后经过平静的回忆才写下的。长时间的酝酿，使诗人感悟出与大自然的息息相通，物我的交感，情景的交融，言外之意与象外之境突然贯通而使诗人的心胸升华到一种崇高的境界，所以想象的手法也就有了它的用武之地。想象手法的运用增添了全诗神秘、柔美的色彩。诗人的情感在经历了“孤独”“惊叹”“欢乐”之后，也终于达到了与自然的和谐统一。

这首诗有意象派的写作味道，但言情部分体现了诗人“强调诗教”的风格。

三、话题

1.“水仙奇景”如何会赋予诗人“财宝”？谈谈你的理解。

秋日

[奥地利]里尔克

主啊！是时候了。夏日曾经很盛大。
把你的阴影落在日晷上，
让秋风刮过田野。
让最后的果实长得丰满，
再给它们两天南方的气候，
迫使它们成熟，
把最后的甘甜酿入浓酒。
谁这时没有房屋，就不必建筑。
谁这时孤独，就永远孤独，
就醒着，读着，写着长信，
在林荫道上来回不安地游荡，
当着落叶纷飞。

一、作品解读

对于熟悉汉语诗文中常见的悲秋主题的读者来说，面对落叶纷飞的秋天，来回不安地游荡，无家可归的孤独，常常不免引起一种悲楚的情愫。然而，令我们不解的是，面对这种苦不堪言的生存景观，诗人却声称“谁这时没有房屋，就不必建筑”，这个中缘由何在呢？

“谁这时没有房屋，就不必建筑。”这就是说，在诗人眼里，没有房屋者反而拥有足够的居所而不必再去建。这一诗行以句号煞尾，同接下来的“谁这时孤独，就永远孤独”之间没有并列性的同构关系。这样，孤独、醒着、阅读、写信、游荡等行为，便是在拥有了居所之后发生的，而非无家可归的孤独处境。由此看来，对里尔克来说，房屋与居所显然不是一回事。实际上，拥有舒适的物质生活条件而自命为无家可归的流浪者这种心态并不鲜见。由诗的转承关系上，我们不难看出，诗人是为了追求精神的“居所”而不得不放弃世俗意义上的“房屋”。明了这般道理，我们就可以断言《秋日》不是描绘无家可归者的孤独，而是描绘居住在“故乡”时的生存状态。如此这般，孤独、醒着、阅读、写信、游荡等行为，也应从世俗状态中剥离出来，放到“故乡”中来理解。诗人既然说“谁这时没有房屋，就不必建筑”，那么《秋日》中“故乡”的具体样式和状态，也就隐含在“这时”二字之中。这样，我们就先来看诗人所描绘的“这时”究竟有些什么样的特征。

毋庸置疑，“这时”虽然与盛夏之后的秋日在自然时间的尺度上重合，但它显然不是单纯的自然时段。全诗的第一行表明，诗人是在祈祷中进入这个特别的时刻的，因此“这时”乃是诗人自身意愿的体现，是人与神和谐一致的自由状态。当然，里尔克所谓的“主”并非通常意义上的上帝或时空彼岸的超验之物，而是以各种不同的事物显现出来的存在本身，是物。具体而言，诗中的“主”是通过日晷及其阴影、田野之风、果实等物显现出来的。这样，诗人向主祈祷的内容中又包含着上述这些物的本性的完成。按理，夏去秋来，田野上秋风吹拂，果实日渐丰满成熟，这一切本是季节更替中自然而然会生成的，无须诗人的祈祷。但诗人确实把这一切作为祈祷物来对待了。这只能意味着它们的自然本性受到了扭曲和束缚，祈祷即让它们恢复自身本性，各自按其本性自由地成为自身。也就是说，在诗人所祈祷的“故乡”中，其基本特征乃是神与自然万物，存在与存在者之间和谐一致的自由。而要进入这种“回家”的状态，就必须要摆脱世俗的喧嚣而处在“孤独”的冥思之中，因为在诗人看来，只有完全浸入孤独中，也就是个体生命处于完全独立自由的状态，才能真正地面对神，进入与神和谐一致的存在整体。由此可见，“孤独”在这里摆脱了其负面色彩而获得了积极性价值。同样，“游荡”一词并不单指徒步旅行、漫游，也指思想上的转换。准确地说，在此诗中，漫游并非无所作为地游手好闲，而是在自由的流动中丰富自己，完成转换的过程。在漫游中，个人的唯一目的就是摆脱限制，自由地丰富自己，改变自己，因此漫游是一种无所忧惧的自由自在的状态。明了此番道理，我们就不难理解诗人的那句“谁这时没有房屋，就不必建筑”的深层意蕴。

二、话题

1. 里尔克的诗有一种什么样的独特眼光？

2. 里尔克的秋日与我们常见的悲秋情愫有何不同？

【参考文献】

[1]臧棣．里尔克诗选[M]．香港：中国文学出版社，1996.

[2]段从学．《秋日》的孤独[J]．名作欣赏，2003(6).

我是乡村最后一个诗人……

[苏联]叶赛宁

我是乡村最后一个诗人，
在诗中歌唱简陋的木桥，
站在落叶缤纷的白桦间，
参加它们诀别前的祈祷。
用身体的蜡点燃的烛光，
将烧尽它那金色的火苗，
月亮这木制的时钟就要
把我的十二点闷声鸣报。
不久将走出个铁的客人，
踏上这蓝色田野的小道。
这片注满霞光的燕麦，
将被黑色的掌窝收掉。
这就是无生命异类的手掌，
有你们我的诗就难以生存！
只有这一匹匹谷穗骏马，
还将为旧日的主人伤心。
当风儿跳起追荐的舞蹈，
它就要吞没它们的嘶叫，
快了，快了，这架木钟
把我的十二点闷声鸣报！

一、作品解读

正当大片大片的原始森林从我们的星球消失，一个接一个珍稀动植物物种濒临灭绝的今天，我们不禁想起叶赛宁这首《我是乡村最后一个诗人……》的悲歌。诗人面对现代工业文明那双“无生命异类的手掌”将“注满霞光的燕麦”残忍地收掉的情形时，不禁发出绝望的呼叫与抗争！从他的笔端不禁流露出哀哭乡村、诅咒城市、悲叹灵感与大自然同遭厄运的悲音来。接下来诗人要用“身体的蜡点燃的烛光”，为它们的诀别做最后的祈祷，然后一同陨灭。这是叶赛宁与即将消失的俄罗斯乡村景色生离死别的心声，是他与俄罗斯乡村的大自然心心相印、息息相通的见证。叶赛宁，这位大自然的朋友、歌手和殉道者，他珍爱大自然的一草一木、一鸟一兽，曾对大自然无数次地盛情赞美，也为大自然打过无数个困惑、忧戚的问号，最后因大自然而给自己打上了句号，即带着对大自然的爱和遗憾匆匆离开了人世。从这首诗中，我们不难体会到诗人最觉悲伤的莫过于他对遭难的大自然的爱莫能助，这大地的语言与大地的痛苦传导到叶赛宁的神经之中，使他陷入深深的精神危机之中，最后只能以烧尽身体的蜡点燃金色的火苗的极端方式来进行最后绝望的呼叫。这首诗充满现代的忧患意识和人与自然理应亲和的生态意识，不但早在二十年代为人类粗暴地践踏大自然敲响了警钟，而且预见性地刻画了叶赛宁这位大自然的卫士以“泥罐子在铁罐子上撞得粉碎”(高尔基语)的悲剧。

诗离不开大自然，大自然也离不开诗。是俄罗斯的大自然给了叶赛宁蓬勃的生机和活力，给了他悦耳的旋律和音响，给了他夺目的色彩和线条，给了他宏阔的想象空间。反过来，叶赛宁也没有辜负大自然对他的厚爱：他用诗给了俄罗斯的大自然以善解人意的灵性,给了它以醉人的含蓄的魅力,给了它随着时间的推移而不断丰富的审美活力。正如当代著名的俄罗斯诗人鲍科夫所说:“叶赛宁,就是大自然;叶赛宁,就是心灵;叶赛宁,就是创造出人间一切美好事物的伟大的爱。”

二、话题

1.叶赛宁为什么自称是乡村最后一个诗人?

2.这首诗对我们当下的生存有何启示意义?

【参考文献】

[1][苏联]叶赛宁.叶赛宁诗选[M].顾蕴璞译.南京:译林出版社,1999.

(撰稿人:肖伟胜)

戏剧影视文学
名著导读

《世界电影史》导读

虽说以论入史是近年来的潮流，但以知名理论家的身份撰写电影通史巨制，波德维尔尚是第一人。此史因之卓尔不群，加之范君译笔信而不俗，令此版更值一读。

——戴锦华

波德维尔夫妇长年研读影像，兴趣遍布电影的各国面向。于如此学养之上延展全球历史，自然会有一般人所不及的阔达。

——杨远婴

一、作品与作者简介

毋庸置疑，电影是一百余年来最具影响的媒介之一。“电影为人们提供强有力的美学体验，对各种文化的洞察，以及对新的思维方式的看法。”[①]做电影研究，离不开解读电影文本。同时，需要了解某一电影类型或题材的发展历程，或了解创作主体导演的创作经历和背景，抑或了解作品创作时间相应年代的电影发展状况……这就需要大致了解电影史的脉络。有扎实的电影史论支撑，才能全面认识其意义和价值。

在诞生之初，电影未受知识分子认可，直至20世纪40年代后期，电影学才成为一门独立学科，并随着电影艺术日益成熟而逐渐兴起。20世纪60年代之后，有些人类学家开始着眼于延伸文化研究领域，将其从精英阶层范围扩张至全部社会阶层。此时，电影才被纳入“史”的研究范畴。因此，电影史研究也较为年轻。

到20世纪90年代，由克里斯汀·汤普森(Kristin Thompson)与大卫·波德维尔(David Bordwell)合著的《世界电影史》出版，被翻译为6种文字，并修订出版了3个版本，时至今日仍是全球畅销、颇具权威性的电影史教科书。大卫·波德维尔是美国当代电影理论家和作家，是威斯康星-麦迪逊大学(UW-Madison)传播艺术系雅克·勒杜电影研究教授，目前仍担任法国电影资料馆的顾问，拥有艾奥瓦大学电影专业的硕士和博士学位。

① 大卫·波德维尔，克里斯汀·汤普森等：《世界电影史》，陈旭光、何一薇译，北京大学出版社，2004，第5页。

克里斯汀·汤普森（Kristin Thompson）则是威斯康星-麦迪逊大学传播艺术系的名誉教授。

2012年4月，《世界电影史》（第二版）由北京大学出版社出版，由重庆大学副教授范倍翻译。在第一版的基础上，又增加了20世纪80年代至21世纪初世界各地电影的发展状况。该书深度挖掘和整理了电影史料，并依据作者个人的电影美学理论对电影史料进行编排。此书的编写特点在于：将百年电影发展历程置于整体的历史变迁之中，呈现出相应时代背景下社会因素对电影艺术的影响。作者纵向梳理电影发展的历史进程，内容涵盖电影技术、艺术、工业的演进，并观照相应历史时期的电影现象与理论思潮。《世界电影史》较为全面和系统，正如作者在书中所说："如果电影史是一种生产性的、自我更新的行动，那我们就不能仅仅提供一种'所有先在知识'的浓缩版。在某种意义上，我们是把我们的发现铸造为一种新的形式……我们相信，这本书为电影历史的塑造提供了一个相当新颖的版本，既有整体的勾勒，也有翔实的细节。"[①]

二、"电影百科全书"式电影史

本书从时间和空间两个不同维度对电影史进行编列，即按照电影的发展时间进程，分国别进行概述。通过这种贯穿电影发展历程的纵向线索，分析不同国家和地区的电影实践活动，条理清晰地梳理出1880年电影诞生之初至21世纪初的电影历史事件，为读者提供了一个按照目录即可索引出具体历史时期某个国家或地区的电影发展概况的"电影百科全书"。

作为通史类书籍，如何处理电影史的分期与起止尤为重要。在不同的历史分期中，电影艺术的形态各异，作者将变化着的百余年电影历史分为六个阶段。其中，有几个元素作为作者时间分期的重要标准，如一战、二战、声音的出现等。书中第二部分起止时间为1919年至1929年，起始年份1919年是早期电影发展的重要分水岭，20世纪20年代电影工业趋于稳定。1918年一战结束，法国和意大利电影发展受到重创，美国电影成为世界电影市场的重要供货商。自此，世界电影历史大部分都将围绕着各个民族工业与好莱坞的竞争而展开。1929年，华尔街破产标志着美国大萧条的开始，国际市场的激烈竞争损毁了欧洲国家在20年代建立起来的合作精神，政治气候日渐紧张。第三部分的起止时间则为1926年至1945年。1926年和1927年，华纳兄弟的影片中成功加入声音，有声电影不仅是经济和技术上的支持，也影响到电影风格，导致类型的创新。1945年二战结束，美国变成了一个繁荣富足的超级大国，而欧洲国家的经济也很快恢复。

基于本书所概述的电影历史的各个层面，作者从一开始就围绕三个问题展开：（一）随着时间变化，电影媒介会出现何种变化以及形成了何种规范；（二）电影工业——制作、

① 大卫·波德维尔，克里斯汀·汤普森等：《世界电影史》，陈旭光、何一薇译，北京大学出版社，2004，第17页。

发行、放映的发展状况对电影产生了何种影响;(三)电影的国际性趋势是怎样出现的。围绕着三大问题,本书共分为六大部分、二十八章,并增设了“深度解析”板块,内容附有电影大事年表、电影史上的重要人物及作品、经典场景及电影风格解析等。

第一部分介绍了电影诞生之初的历史背景和早期电影的发展概况,时间的起止从1880年至1904年。其主要内容:一是介绍了电影诞生的四个技术方面的先决条件,其中穿插讨论了美国早期电影与爱迪生、法国百代与梅里爱、英国早期电影与布莱顿学派的关系;二是电影国际化的发展趋势,法国、丹麦等欧洲国家电影制作与美国电影工业开始实现初步的国际扩张;三是一战对电影国际格局的深刻影响,美国电影开始在世界市场上崭露头角并逐渐取得霸权地位。

第二部分从战后电影发展处境、电影运动以及电影风格等方面论述无声电影后期即20世纪20年代的法国、德国、苏联、美国(好莱坞)电影发展。

第三部分着眼于有声电影的兴起,论述有声电影在美国、德国、苏联、法国、英国、日本等国的发展。分别阐述了好莱坞、英国、日本三个国家的制片厂制度,受国家政权影响的苏联、德国、意大利电影,以及法国的诗意现实主义、人民阵线与占领期、左派、纪录片与实验电影等。

第四部分讲述二战后的各国电影发展状况,论述了战后好莱坞制片厂体系的变化、新现实主义语境下的战后欧洲电影、艺术电影和作者身份等主要内容。

第五部分1960年以来的当代电影,分别阐述了好莱坞的衰落与复兴,20世纪60年代和70年代的政治批判电影,欧洲和苏联的新电影和新发展以及第三世界电影发展状况。

第六部分电子媒体时代的电影主要论述了20世纪80年代美国电影工业的发展状况,以及亚文化、数字电影等新兴电影现象的出现。

综上,全书主要探讨电影的发展历程,融合电影工业史与艺术史,同时兼顾欧洲代表国家的电影发展,从整体上相对还原一个多元、客观、全面的世界电影发展史。

三、深入浅出论“电影风格形式”

波德维尔夫妇这一版本对电影的形式、语言和风格的研究根源于文学的形式主义批评。作者本着相对温和宽容的态度检视电影的跨文化、跨国际传播,以世界电影史之名,不局限于欧美国家,还对亚、非、拉等洲的电影风格形成与演变给予重视与关注。书中的主要五大历史分期,均观照到电影风格的演变。以法国电影为例,无声电影后期(1919—1929),新一代电影制作者努力探索作为艺术的电影,法国印象派追求电影展现一种对画面美的迷恋和强烈的心理探索,并介绍了印象派电影的形式特征与拍摄手法等。第三部分有声电影时期(1926—1945),介绍经受世界性大萧条和二战席卷的法国电影，作者认为在20世纪30年代出现"诗意现实主义"（poetic realism）倾向的电影，关注生活于社会边缘的人们，这些卑微的小人物在经历一段短暂的热烈而美好的感情后走向幻灭或死亡。第四部分战后时期（1945—1960），作者将法国电影第一个十年出现的一批极具特色的影片称为具有"优质传统"（traditional of quality）的电影，其目标是"精品"（prestige）电影，这种电影十分依赖文学经典的改编，沉湎于浪漫主义中，电影风格类似于好莱坞A级浪漫剧情片和英国电影，拥有豪华布景、特效、精心安排的照明和奢侈的服装，讲述满溢热情与忧郁的优雅故事。并将法国电影放置于国际艺术电影出现的异乎寻常的热潮——新浪潮背景下，分析新浪潮、左岸派与法国新电影。到20世纪60年代，也就是书中的第五部分，着重论述好莱坞电影工业复苏下欧洲电影的发展困境，以法国为代表的欧洲艺术电影开始复兴，并趋向浅显易懂，法国出现了"视觉系电影"。

此外，全书也体现出作者在努力对比和辨析电影作者论与好莱坞电影风格的关系。如在第四部分的第十九章，专门用一个章节的篇幅，阐述作者理论的兴起与传播，以路易斯·布努埃尔、英格玛·伯格曼、黑泽明、费德里科·费里尼等提倡作者身份理论的导演为例，论述作者身份和艺术电影的发展。

本书的电影史研究不局限于对电影创作者及文本的研究，而是将电影作为媒介形式的风格演变作为研究重点，角度新颖，构思精巧，在既定历史框架下重新思考既定电影史实，审视电影媒介形式的发展与演变。本书作者的论述不带有明显的价值评判，分析提炼经典作品，总结分析电影风格，将电影发展史详尽地体现在具体文本之中。大卫·波德维尔在关注电影的美学史和工业史融合发展的同时，对基于社会文化政治的时代背景进行深入研究，全面彰显了电影在社会视野中的重要性。

四、结语

马克思说过："人们自己创造自己的历史，但是他们并不是随心所欲地创造，而是在直接碰到的、既定的、从过去继承下来的条件下的创造。"[①]这句话同样适用于电影艺术发展的历史和现实。本书中文译本厚达近千页，囊括了密集繁复的影史资料、变化流动的电影思潮与现象，点面结合地为读者展现出百年电影史的发展历程。学习电影史是研究电影的基本功，无论是作为查询索引的基础工具书，还是作为精读咀嚼的专业理论书，此书都是通往电影学习之路的坚实路基。

① 马克思：《路易·波拿巴的雾月十八日》，冯适译，江苏人民出版社，2011。

【参考文献】

[1][美]罗伯特·C.艾伦，道格拉斯·戈梅里.电影史：理论与实践[M].李迅译.北京：中国电影出版社，1997.

[2][美]克里斯汀·汤普森，[美]大卫·波德维尔.世界电影史[M].陈旭光，何一薇译.北京：北京大学出版社，2012.

[3]克里斯琴·汤普森，戴卫·波德维尔，陈旭光等.电影史：怎么样？和为什么？——论电影构架与叙述的三条原则[J].北京电影学院学报，2001(04).

[4]张华.《世界电影史》评介[J].求索，2013(10).

[5]王永收.论大卫·波德维尔电影阐释观[J].文艺争鸣，2015(11).

（撰稿人：曹怡平、李思园）

《制造大片：金钱、权力与好莱坞的秘密》导读

我拍电影不是纯粹为了赚钱。我赚钱是为了要拍更多的电影。

——华特·迪士尼①

本书详细梳理了好莱坞巨头一个世纪以来的巨大转变，从制作、发行、放映，以及从经济、社交、政治等不同维度，对巨头的商业运作机制进行了全面而深入的解析。作者爱德华·杰·艾普斯坦（Edward·Jay·Epstein）立足于自身深厚的政治学背景，将好莱坞的发展放在宏观的社会历史中进行剖析，对电影工业进行了百科全书式的解读。

本书的亮点有：其一，好莱坞巨头公司千方百计想要掩盖的营收数据，作者以业内人身份拿到第一手资料，并根据数据反向分析巨头判断“绿灯通行”的动机，提出了以下的观点：制片厂已经转向服务型公司，利用“梦想交换中心”来生产知识产权（intelligence product），以赚取巨额利润；其二，本书为好莱坞七个重要巨头立人物小传，尤其强调华特·迪士尼对儿童市场和家庭娱乐产业的前瞻性判断；其三，作者点明了好莱坞自娱自乐和自欺欺人的社交逻辑，拓展了理解好莱坞文化的新角度；其四，通过考察好莱坞发展史上的重要转折点，作者认为政府的三次干预有利于新好莱坞体系的建成，在此基础上，作者解读了好莱坞迎合政府的政治逻辑，点明好莱坞作品足以反映各时代的社会环境；其五，根据乔治·卢卡斯及其工业光魔公司在计算机技术方面的发展，作者提出一个大胆的设想，认为这或许预示了电影的未来，即计算机制作将大幅度或全面取代真人实景拍摄，电影和动画的界线将越来越模糊甚至消失。

一、梦想交换中心

派拉蒙案之前的六大制片厂完全纵向一体化地控制了电影的制作、发行、放映，导演、演员等都是属于公司的私有资产，完全听命于制片厂的安排。彼时，制片厂只是一

① Charles Snow, Walt: *Backstage Adventures with Walt Disney*(Los Angeles: Communications Creativity, 1979).

家制作公司，不断生产各种影片送到电影院放映。1948年，派拉蒙案判决生效后，联邦法院要求制片厂剥离其控制的院线，从此改变了美国电影工业的结构。受《反托拉斯法》影响，制片厂越来越像一个服务型的公司，建立起了横向一体化的运营机制。在一个电影项目启动后，制片厂管理融资、法律、营销等环节，确立知识产权归属，并收取该知识产权的各项巨额利润，例如电影票房、录像带出租、碟片零售、玩具、主题乐园、电子游戏等。导演、演员、编剧等从业人员不再是制片厂的私有财产，而是雇佣关系，他们拥有更大的自主权，在一部影片准备筹拍时大家聚到一起，项目结束后就各自解散。

因应制片厂的结构变化，作者提出了"梦想交换中心"的概念。巨头如今利用他们手中的知识产权四处圈钱，建立起一个个"梦想交换中心"，然后巧妙运用"预计型"的会计技巧，让制片厂的运作方式变得日益复杂。据作者透露，某数一数二的大公司在损益表上抽调某些部门的巨额亏损，掩盖真实的收益情况，或是采用高妙的财务、"未来收入确认"(future revenue recognition)、"准备金转回"(reserve reversal)、"部分控股子公司债务分摊"(debt allocations among partly owned subsidiaries)等概念，为社会大众勾画出乐观的公司前景。好莱坞六大制片厂充分利用这些技巧，把自家的账面价值变魔术似的增加了几十亿。

"梦想交换中心"的概念主要指代电影项目，巨头公司运用各种手段，吸引四面八方的资金，以汇入"梦想交换中心"，在片厂和其他参与人把该送出去的钱(制片、发行、放映阶段必要的支出)都送出去后，把剩下利润在投资人之间按比例进行分配。最终赢家通常是制片厂，外加少数几个得到特别条款的金主和大明星。输家则是想在拍电影的游戏里面捞一笔，却没有杠杆使力，从而争取不到特殊待遇的人。

二、巨头的经济逻辑

作者花了大量篇幅，详细梳理好莱坞六大巨头公司半个世纪以来，从制片厂到大型娱乐经纪集团的巨大转变，详细介绍了华特·迪士尼(迪士尼)、路易·沃瑟曼(环球)、史蒂芬·罗斯(华纳兄弟)、盛田昭夫(索尼/哥伦比亚)、鲁伯特·默多克(新闻集团/21世纪福克斯)、雷石东(维亚康姆/派拉蒙)、沙诺夫(雷电华)等几个关键人物。作者称他们为缔造好莱坞新气象的"造物主"，真正的帝国建造者。他们合力让好莱坞改头换面，从而发展出庞大的娱乐经济体，六大集团(维亚康姆、福克斯、NBC环球、时代华纳、索尼、迪士尼)定义了新时代的好莱坞。本书为不熟悉新好莱坞体系的读者勾勒出一条完整的历史脉络，使读者能够领悟巨头的商业智慧、创意产业的运作机制，以及全球化背景下电影工业的变革。

如今，六大集团关注的焦点已经从过去的普通观众转变为利润更大、无所不在的家庭观众。带动这一转变的关键人物是华特·迪士尼。作者对迪士尼赞不绝口，称其为这个新制帝国最主要的建筑师。从“米老鼠”开始,卡通人物为迪士尼带来了汹涌的“钱潮”。和当时的主要制片厂不同,迪士尼本人选择不走寻常路,他将目标受众定位在儿童身上(而那时其他制片厂都认为儿童没有消费能力)从而发展出独特的运营模式。这条路最终经时间验证,成为各大好莱坞片厂共同的生存之道。再者,当其他制片厂把电视视为重大威胁时,迪士尼却从中发现商机。迪士尼为电视网制作《米奇妙妙屋》,电视网不仅乐意买下他供应的节目,这些节目每分每秒等于帮迪士尼旗下的卡通形象做免费的广告宣传。随后,迪士尼乐园开张,建立起了一个又一个让全世界为之疯狂的心灵帝国。游乐园里的每一件设施,餐厅、停车场、洗手间等,全都在强化迪士尼的角色于游客的脑海中。

三、自欺作假的好莱坞文化

作假是好莱坞文化中必不可少的一部分,且好莱坞为了共同利益,彼此遮掩,互相维护。作者在第五章收集了各路新闻,调侃好莱坞的作假文化根深蒂固。例如汤姆·克鲁斯接受电视访谈,大谈拍摄《碟中谍Ⅲ》时腾空跳悬崖、骑摩托车撞车、走过熊熊烈火等,以表现出他的体魄和英雄光环。但事实是保险公司为了避免赔付巨额保险,根本不会允许汤姆·克鲁斯本人拍摄这些危险的戏份。除了明星装英雄外,还有导演为了让电影显得更写实一点,故意把片子里的部分场景拍得像是纪录片,或是插入一些新闻片段,制造电影事件的真实感。最常见的作假行为应该是宣传电影时制造各路假新闻。因为作假的人深知,虚构的电影和他们发送的宣传内容之间的界线越模糊,他们获利越多,娱乐媒体也绝对不会揭穿的,这是双方互利互惠的共识。

好莱坞仿佛一个“谎言大集市”,许多人不仅对作假行为浑然不知,而且还对自己艺术家的身份深信不疑。好莱坞公关最常用的决策,也是推脱的借口,就是“基于艺术考虑”。这种自卖自夸的心理,是好莱坞文化的一个重要部分。好莱坞社群除了追求商业电影带来的物质回报,对那些艺术性强的非商业电影,不仅欢欣接纳,还会出力声援,因为他们把自己看作严肃的艺术工作者。这一点不仅稳固地安放在演员、导演等个体身上,还有各大制片厂。例如迪士尼的子公司米拉麦克斯(Miramax Film)花掉一亿美元拍摄《冷山》,再花三千万美元为《冷山》打片。

自欺作假的文化氛围来源于电影本身的造梦属性。电影本就是为观众量身定做的一次假想之旅,而电影这一行的财富,绝大部分源于电影人想方设法为大众创造出假象,从而使大众获得快乐。

四、好莱坞的政治逻辑

好莱坞后来新兴的制片厂体制离不开政府的三次出手干预。第一次是1948年的派拉蒙案，这一决定最终改变了美国电影工业结构，对50年代之后美国电影工业产生了实质性的影响。剥离院线后，制片厂不能继续掌控票房收入，这迫使好莱坞片厂将重心放在了创造知识产权和扩张海外市场上。第二次政府干预在1970年，美国联邦传播委员会制定《财务利益及联合法规》，明文禁止电视网和自家播映的电视节目有利益关系，也不可以将节目售予其他电视台做联播交易。受这项法规的影响，电视产业的生意绝大部分都被好莱坞片厂抢走。政府的第三次干预出现在90年代。1995年，政府废除《财务利益及联合法规》，好莱坞片厂和电视网就此可以名正言顺地进行垂直整合，形成抱团式的大型娱乐集团。制作、发行、电台、网络、有线、卫星等等，统统集齐于集团的掌握之中，形成横向一体式的联盟。

由于"电影超越识字的束缚，比图书更容易亲近，等于是为电影工作者奉上前所未有的强大权力，以之塑造世人对于周遭世界的观感。"[①]因此，当政府需要好莱坞影片帮忙维护公共利益时，好莱坞片厂为了和政府搞好关系，自然会鼎力相助。例如20世纪70年代，当时的总统尼克松和检察总长约翰·米切尔都认为，若是有电视节目或是电影将吸毒者刻画成犯罪者，而不是被动的受害者，这对政府打击毒品的战争会有帮助，因此为了配合政府反毒，好莱坞70年代的电影里多出了许多毒虫坏蛋。

五、电影的数字革命

电影与技术的关系从来都不能做简单的二元判断。20世纪20年代末，"声音"的出现差点吞没了以默片为基础的电影业。40年代电视问世，又差点把电影观众全都抢走。70年代末，家用录像机又进一步吞噬了戏院的观众。好莱坞一次次化险为夷，创造生机。21世纪，数字化技术同样为好莱坞带来一次机遇，也是一次挑战。电影胶片正在退出历史舞台，发行成本也大大减少。到20世纪90年代，皮克斯和迪士尼合作，已经可以采用计算机处理技术完成一整部片子，《玩具总动员》顺势诞生。数字技术最吸引人的魔力在于，随着技术的发展，计算机处理图像的能力大大提升，成本却随之下降。碰到了数字技术以后，真人实景拍摄的电影也在发生翻天覆地的变化。计算机可以绘制出演员的服装、表演时的背景、真实不存在的人群，或是爆炸、洪水、风暴等视觉特效，甚至演员也开始受到威胁，因为计算机技术已经可以创造出一个完全符合观众喜好的电影明星了。

卢卡斯及其工业光魔公司为数字革命立下了汗马功劳。如卢卡斯所言，电影和动画的分界已经模糊了。电影的未来或许是：数字技术将大幅度或全面取代真人实景拍

① 爱德华·杰·艾普斯坦：《制造大片：金钱、权力与好莱坞的秘密》，宋伟航译，台海出版社，2016，第346页。

摄，随着数字技术的成本越来越低，好莱坞安身立命的电影制作直接受到威胁。纵观电影史可以发现，每一次技术的革新都在电影业掀起一番风波，而数字革命的风波，仅仅是一个开始。

六、结语

基于政治学学科背景，作者对好莱坞电影产业的发展进行了独到的观察和分析。由于该书成书时间较早，很多基于互联网兴起后电影制作发行、放映等方式的改变在该书中没有论及。但该书可读性强，信息量大，较完善地涵盖了好莱坞巨头公司商业运营的各个方面，为电影爱好者提供了大量信息和有趣的解读方式，为电影研究者提供了新颖的考察角度和思维方式。

自电影诞生至今的一百多年来，巨头制片厂应势而动，好莱坞电影经久不衰。然而，创意产业的生存之道远不止制作一部大片那么简单。在此意义上，该书揭开了好莱坞电影工业的面纱，读者可借此学习好莱坞百年来的经验，领悟创意产业的经营之道。

（撰稿人：曹怡平、安秋霖）

《艺术的故事》导读

恩斯特·贡布里希爵士(1909—2001)堪称全世界著名、具有影响力的艺术史家。贡布里希出生于奥地利首都维也纳,后移居于英国并加入英国国籍;早年受教于维也纳大学,并获得博士学位。

《艺术的故事》是对从古代到近代西方视觉艺术史的研究,被誉为"美术史中的《圣经》"。该著作首次出版于1950年,由费登(Phaidon)出版社出版。英文费登版目前已发行至第十六版,已售出超过七百万册,成为有史以来最畅销的艺术书籍。这本书已被翻译成大约30种文字,影响着世界各地的读者。

《艺术的故事》最初的目的是写给年轻的读者,作为了解艺术史的基础性读物。在艺术史的普及方面,它被视为一部以平易近人的写作风格介绍视觉艺术史的开创性著作。

这本书涵盖了从史前到20世纪中叶的欧洲绘画、雕塑、建筑等。全书除导论之外分二十八章,每一章分别讨论一个或几个文化、地理背景下的艺术史分期,最后一章总结视觉艺术的最新发展。第一章是对史前艺术和原始文化的考察。接下来的四章致力于古代西欧文化,特别是古希腊和罗马。从第七章开始,贡布里希转而关注中东甚至远东艺术,而到第二十四章他又回到更广阔的全球视野,探讨了18世纪晚期和19世纪早期英国、法国和美国的艺术。第二十七章开始讲述20世纪艺术中的实验和变化。

《艺术的故事》另一令人印象深刻的贡献在于插图的丰富,各种绘画、建筑和雕塑的彩色照片所占据篇幅超过书页总数的百分之五十。在前言中贡布里希解释说,这本书写作遵循的第一条原则就是:凡是没有给出插图的艺术作品概不论述。

这本书的开篇第一句话已经成为不朽名言:"没有艺术这回事,只有艺术家而已。"后来贡布里希阐述了这一论点,即他所定义的"艺术"基于其拉丁词根,意思是"技艺",并且"不存在没有得到表现的技艺"。贡布里希认为艺术的主体是艺术家本人,而不是时代风格等抽象概念。他将艺术家的作品放在艺术家们试图解决的具体问题的背景下,解释了为什么相关处理是如此重要:如何传达深度,如何安排绘画中的人物,如何使用色彩等等。这无疑将有助于对艺术感兴趣的人。

贡布里希不仅学识渊博、深具洞察力，他的文风也是明朗清新、准确而又富有魅力的。和他一起走过这段西方艺术史的伟大时光，就像漫步在那些最伟大的博物馆里。本书中文版译者范景中先生深研贡布里希多年，且素对中西艺术史有精深的造诣。范景中译本建立在严谨的学术研究基础之上，是汉译书籍中不可多得的精品。不妨以范景中先生《译后记》中对贡布里希此书的评价结尾：

回顾西方寻求语言描述图像的历史，不妨粗略地把沃尔夫林之前的艺术史语言归类为Ekphrasis（艺格敷词）的传统。到了沃尔夫林，他把五对概念用于分析文艺复兴和巴洛克的绘画、雕塑和建筑，才为形式分析提供了一套工具、一套术语，开创了形式分析的新境地。贡布里希受学于德语艺术史传统，当然熟悉这套语言，不过，《艺术的故事》的主旨是寻求新的表达方式，是"用朴素的语言重新讲述艺术发展史"，它讲所见和所知，讲平面的秩序和立体的写实，把这些惯见熟闻之语写得仿佛是春水绿波上的文字，理论的深度在不露声色的笔致中袅袅而出，好似：

Everything that seems clear is bent,
And everything that seems bent is clear.
一切清晰的事物都暗含深意，
而暗含深意的事物都很清晰。

（撰稿人：黎萌）

《艺术与错觉——图画再现的心理学研究》导读

简单地讲,《艺术的故事》一书是以关于视觉本性的传统假说去研究再现风格史的;本书则寄望更高,打算反过来使用艺术史对那假说体系本身进行探讨和检验。因此,我自然不得不假定读者已经知道《艺术的故事》中描述过的再现风格的各个主要阶段。除此以外,无须更多的专门知识。我所要求的心理学知识甚至更少,因为在心理学领域,连我自己也是门外汉,也是初学者。然而我强调这一点,却无意显示过谦其词。据我看,设立A .W. 梅隆讲座的主要意图是保持艺术讨论持续常新,促使研究课题发展演进。我相信,只有向艺术家学习,避熟趋生,大胆治学,才能达到预期的目的。我对明智的华盛顿听众做出的全部保证就是不做安全第一的打算。

——贡布里希:《艺术与错觉》前言

《艺术与错觉——图画再现的心理学研究》一书源于1956年贡布里希应邀在美国华盛顿国立美术馆举行的 A. W. 梅隆美术讲座(A. W. Mellon, *Lectures in the Fine Arts*)。这本书在艺术研究以及之外的多个领域中产生了广泛的影响,包括在历史学研究领域,如卡洛·金兹堡(Carlo Ginzburg)的"新史学",如《线索及痕迹》;美学,如内尔森·古德曼(Nelson Goodman)的《艺术的语言》;符号学,艾柯(ECO)的符号学理论;以及音乐心理学,罗伯特·耶丁根(Robert O. Gjerdingen)的音乐理论。

《艺术与错觉——图画再现的心理学研究》是一部追求科学与人文研究之间的融会贯通的经典之作。它以视、知觉信息和学习理论为依据,来审视图像再现的历史和其后的心理学。在寻找艺术风格变化的合理解释时,贡布里希重新审视了许多对自然的模仿的观念和传统的功能。为了检测他的论点,他大幅度地在艺术史中跨越,他尤其注意古希腊人的成就,以及诸如达·芬奇和伦勃朗这样的大师在视觉上的发现,也注重印象派和立体派等。贡布里希在《艺术与错觉——图画再现的心理学研究》中的成功源于这一事实:他最关心的是艺术家,而不是作为观者的我们。

本书除导论之外,共分为四个部分。导论"心理学和风格之谜",概括评述了前人对艺术发展过程的本质和动力的种种假说,包括知觉假说、技术进步假说和看见与知道的假说等。作者对这些学说一一做了评论。第一部分“写真的界限”,包括第一章、第二章,说明艺术家模仿自然的意图受两方面的限制:手段(或译媒介)的性质和艺术家的心理状态。第二部分“功能与形式”,包括第三章、第四章和第五章,从艺术发展史方面论证功能是怎样决定着艺术形式,以及没有传统图式就没有艺术。第三部分“观看者的本分”,包括第六章、第七章和第八章,论述艺术作品需要观看者的合作才能发挥效果。第四部分“发明和发现”,包括第九章、第十章和第十一章,分析了视觉中的发明,讨论了漫画创作中对性格的研究,在比较艺术和语言的过程中指出了再现和表现之间没有判然的界限。

本书一个有深远影响的结论:艺术之所以有一部历史,是因为艺术的错觉不仅是艺术家的劳动成果,而且是艺术家分析形象时不可或缺的工具。

(撰稿人:黎萌)

《电影史:理论与实践》导读

新世界需要新史学。历史对象从来不会改变,而历史观念则随着时代变迁而更迭。一方面从对“宏大理论”的批判开始,我们对历史的思考方式也逐渐细化、分支化、交叉化。对电影史而言,我们将不仅考察专门的电影史学,还会将之看作视觉史、文化史、社会史、经济史等更广泛的领域。处在“历史转向”的语境之下,传统电影史的书写方式逐渐受到怀疑,对早期电影及其历史的新的讨论和书写成为学者们新的旨趣。另一方面,读者如何看待并阅读历史也似乎将会发生改变。在新语境中,我们究竟是需要历史资料的新发现还是需要历史研究方法的更新?难道以往对历史的解释和陈述还不足以表述我们的历史记忆吗?到底我们为什么需要一种新的史学?这种新的可行办法可以是什么呢?21世纪以降,特别是围绕2005年中国电影百年这个节点,国内掀起了一股“重写电影史”的热潮,一本书成为这个热潮的有力支点之一——由罗伯特·C.艾伦和道格拉斯·戈梅里共同编写的《电影史:理论与实践》。该书不是对专门的历史进行详尽讨论,而是表达作者对编史或观史方法的新的理解和方法以及在这种理解和方法指导下的治史实践案例。

一、关于《电影史:理论与实践》

《电影史:理论与实践》是一本研究“电影编史学”的著作,其作者罗伯特·C.艾伦是北卡罗来纳大学历史系教授,主要研究美国大众娱乐与流行文化史,著有关于美国广播电视史的书籍《话说肥皂剧》,以及关于美国19世纪与20世纪早期大众戏院的书籍《令人不愉快:杂耍表演与美国文化》。他在大学开设有美国影视传媒史、全球化与民族身份、美国家庭社会变迁、社会与文化历史比较等课程。其另一位作者道格拉斯·戈梅里则是马里兰大学美国广播与电影图书馆资深学者和荣休教授。他曾在马里兰大学教授传播学,为《村声》杂志撰稿,出版了十余本关于美国媒体经济学与历史学的著作,如《好莱坞制片厂制度史》《声音的到来》等。他们对历史学以及美国的传媒与社会文化有着长期的关注和研究。可以发现,两位作者都是具有丰富电影史学基础,并了解现代语境的当代文化学者和历史学家。《电影史:理论与实践》英文原版出版距今已有三十余年,甫一出版就受到欧美学术界的广泛重视和欢迎,它恰好符合当代西方理论潮流的发展方向。本书介绍了许多有趣的案例,如:美国首次保存影片的努力是否为了电影艺术?谁是电影叙事剪辑的真正开拓者?爱迪生对电影发明所起到的作用真的和传统电影史中的评价一样吗?商业为王的好莱坞为什么会与强调电影艺术的德国导演合作?通过这些有趣又鲜活的案例,读者能够深刻理解到运用不同研究方法可以得出丰富的结论,并开辟了新的电影史写作视野。但愿通过本文简短的文字能够尽力让读者感受到这本著作的富于创见和饱满活力。

中国电影出版社曾于1997年和2004年出版过本书的两个中文译本,作为少数探讨电影史学研究的著作,一直备受欢迎,并对中国电影史研究发挥了重要影响。本书国内版本由中国电影艺术研究中心研究员李迅翻译。李迅长期从事外国电影和电影理论研究,深厚的学术根底和语言基础使得中文版本能够更好地贴近原著。此后,世界图书出版公司于2010年再次出版了这一著作,中文译者对译文进行再次仔细修订,并增加了国内重要电影学者对"重构中国电影史"的最新思考。最新的中文版《电影史:理论与实践》无疑更加系统地结合了中国本土对电影史学研究的现状与需要,经过修订后的版本文字更加精准流畅,无疑使读者更容易理解原著作者的思考。

世界图书出版公司出版的《电影史:理论与实践》,包括最后的"重构电影史"特辑,共由四个部分组成。第一部分共三章,从历史研究本质开始,审视作为一门学科的电影史研究的性质,以及读者在阅读电影史时应该注意的问题,最后通过一次关于美国早期电影史研究的个案结束。第二部分共四章,分别考察了传统电影史学研究视域下的美学电影史、技术电影史、经济电影史和社会电影史,并结合个案分析探讨了各个板块新的研究思路和机缘。第三部分共三章,紧紧围绕"做电影史",深入并具体地考察在技术变革、区域视角中的经济与社会因素影响下的电影史学研究,列举了人们可能采取的调研方式,并尝试用"实在论"的哲学观点来重新整合电影史;更为重要的是,作者在最后为读者精心归纳了相关研究的文献资料。新增的"重构电影史"特辑定名为"交响与争鸣:重构中国电影史学",这一部分则分为"观念与方法"和"实践"上下两篇,前者集合了学者们根据《电影史:理论与实践》提供的新观念和方法对中国电影史学研究现状的反思和延伸,后者通过个案具体研究提供了典型的新的研究样式。

二、作为电影史研究方法的“经验论”“约定论”与“实在论”

“任何一个新学科成熟的标志之一就是对本学科研究的方式方法、成就和缺点的清醒认识。”[①]本书作者，艾伦和戈梅里相信，电影史研究已然到了重新审视过去电影史问题的时候。从对历史研究的本质探寻开始，作者试图探寻史学研究方法的变革，以便从这些不同范式中得到更有益的认识(在本书序言中，作者已经提到，他们并不尝试建立某一种电影史研究的方法，因为他们认为并不存在唯一正确的研究方法)。为了更加清晰地认识到电影史在电影研究中的位置，作者借助区别于传统认知中的电影研究的三个分支，即作为“共性研究”的电影理论、“特质研究”的电影批评和关注“沿革与静止”的电影史，提出“电影史学家们不仅必须是一位电影学者，还必须是一位历史学者”[②]。通常我们的历史经验告诉我们，历史作为一种客观存在，这种在于不带偏见并求客观真实，通过未经反省的常识就能告诉我们一些东西的“常识史学”被称作“经验论”[③]。直到瑞士语言学家费尔迪南·德·索绪尔提出，语言文字并非是单纯地述诸自身以外的“现实”，它最终构成了自己的现实。这种观点让20世纪以来对“经验论”进行怀疑的哲学家、科学家和历史学家提出了“约定论”。他们主张，科学或者史学研究并不是一门真正客观的事业，说话的不是材料本身，而是研究者的话语决定了所表达的意义——持有不同世界观的科学家或历史学家会以不同的方式“看”世界——那么即便历史本身作为一个定量，但“活的人”还是会成为一个阐释的变量影响到历史的呈现。但是我们很难真正仅仅遵循上述的某种观点，“假若不存在至少部分可知的‘外部世界’，而且不能对其进行理论检验的话，历史也就几乎是乌有之物了”[④]。“经验论”提倡的资料搜集与排列是电影史研究的基础；在如何应用这些原始资料上，“约定论”所引申出的对历史学家如何对其进行辨别、判断和考究同样重要。“实在论”在近二十年被提出，“实在论”认为可见的现实(认识)[⑤]是不完整的，可见现实仅作为构成世界的多层结构或机制的一个层面，所以它的研究对象既包括可见现实，又包括可见现实“之间”的很少能被人们经验所识别的生成机制和结构。所以作为“实在论”的电影史研究应该认识到“因为电影是一种复杂的历史现象(它既是一种艺术形式，也是一种经济机构、技术体系和文化产品)，一个开放的系统。它不仅是构成一个整体的一种成分，而且也是相互关联、互为条件的一

---

① 罗伯特·C.艾伦，道格拉斯·戈梅里：《电影史：理论与实践》，李迅译，世界图书出版公司，2010，第1页。

② 同上书，第6页。

③ 作者用中学历史做了形象的比喻。老师告诉我们，历史是会自己说话的，历史学家扮演着收藏家和历史证据的组织者，在期末考试时，历史的真实可以简化到用“是”和“否”来回答问题。本书这样睿智的比喻比比皆是，着实让这本本该枯燥的“历史读物”生动易解了不少。

④ 罗伯特·C.艾伦，道格拉斯·戈梅里：《电影史：理论与实践》，李迅译，世界图书出版公司，2010，第17页。

⑤ 在这里的“可见现实”可理解为“经验论”者所强调的可以直接从经验感知的客观现实。另外，我们也可以理解为，“实在论”在“经验论”对客观现实认识的基础上扩大了讨论范围。

种成分”[①]。就“实在论”基础而言，作者将历史方法分为四个步骤：(1)重新描述目标事件，可供发现该事件可能的生成机制与成因；(2)分析发现到的机制；(3)思考生成机制之间的关系；(4)评估这些机制的相对作用力。

通过历史研究的“经验论”“约定论”和“实在论”的辨识，作者并没有认定究竟哪一种方法才是真正适用于历史研究的。作者认为将一种单一的方法强加于电影史研究绝不是本书的宗旨。本书只是尝试进行一种可行性研究模型的探讨，以经验为根据，但又充满着理论的活力，并且还能迎和许多史学焦点和取向。另外，汽车的制造者将零件拼凑起来，意味着他同样能够将这辆汽车拆解开，作为提供电影史写作者知道构成电影史的方法，同样可以作为电影史阅读者解构手中正在阅读的电影史著作。这本著作并没有单方面地考虑编史的学者如何运用合理办法作史，同样考虑到作为读者如何对电影史产生“怀疑”，这无疑是促进学科开拓的远见。“电影史著作的消费者也可以成为电影史著作的生产者。”[②]在第一部分之后的两个章节中，作者分别就电影史研究和阅读两个方面对作为影片证据的胶片和第一批历史学家罗特·格劳的《科学的戏剧》与特里·拉姆齐的《一百万零一夜》的个案分析做了详尽讨论，限于篇幅，在此我们不进行更多复述。需要再次强调的是，经过前述“痛苦”的哲学认识过程，本书余下的部分既能从易懂的方法描述上给予我们启示，又能在丰富贴切的例证中给我们带来阅读的趣味性(当然，是不失严谨的)。这也是本书能够如此经久不衰的原因。

前面已经提到，本书第二部分对“美学电影史”“技术电影史”“经济电影史”和“社会电影史”的讨论中，作者将首先讨论在传统电影史研究中的呈现，然后再根据电影研究的新进展对这四个电影史领域进行新的阐释。从传统的观点看，这四个部分似乎是相互独立的，也不能够充分构成电影史研究的整个系统。从“实在论”的观点来看，我们就会寻求这四个貌似独立部分相互联系的结构——所以无论任何时候电影都是上述四个范畴总和了的系统——它提供了一个研究历史的“整体观”。“因此可以说，电影史研究的‘实在论’方法所表明的东西几乎不具有什么革命性。它的大多数基本假设也并不新颖。它仅仅是电影史研究的一个出发点：它承认任何影片或任何电影史事件都深置于特定的关系网络之中。它也提醒电影史著作的读者和作者意识到一种责任，即历史学家不能仅止于提供‘一件接一件倒霉事’的编年目录，还要开拓更为广阔的领域：历史就是阐释。”[③]

艾伦和戈梅里试图赋予电影史学的撰写者更大的权力，同样地，读者也有监管这种

① 罗伯特·C.艾伦，道格拉斯·戈梅里：《电影史：理论与实践》，李迅译，世界图书出版公司，2010，第21页。
② 罗伯特·C.艾伦，道格拉斯·戈梅里：《电影史：理论与实践》，李迅译，世界图书出版公司，2010，第76页。
③ 同上书，第248页。

权力的可能性。历史不再作为一个仅仅自说自话的实际存在，而是现代语境与过去对话协商的结果，是多元化的开放的书写。我们能够认同这种说法并不仅仅因为它们确实看上去很有道理，本书作者在这之前和提出方案之后所做出的种种努力也提供了"可信度"。在第十章"选读指导"部分，作者按每章论题组织编选了可供进一步阅读参考的书籍和文章，如果只是简单的罗列，这些五花八门的有益参考都会显得蔚为大观，何况两位作者仍然苦心孤诣地对每一本著作进行阐释和更加精准的归纳——甚至某一本书具体页码部分所表现的观点，或者这些资料可以通过何种途径找到。

三、作为"重构中国电影史"的《电影史：理论与实践》

长久以来，艾伦与戈梅里的这本著作对中国电影史研究观念和研究方法的更新产生着持续而深刻的影响。前面提到，中文译者李迅专门将中国当代有影响力的电影学者关于"重写电影史"的文章集合起来，扩进了最新的修订版中。郦苏元在《走进电影走进历史》一文中认为，中国电影史学研究正面临着新的挑战和考验，我们需要通过努力，在现有基础上更进一步地提高和深入对电影史的思考。虽然近几年出版的电影史著作数量很多，却非真正能振聋发聩的力作，"人云亦云，炒别人的冷饭"[①]。饶曙光提出几点需要深化的地方：(1)尽管多年来中国电影史料学受到各个学者机构的高度重视，但是各家资料仍然不能做到整合，中国电影史料工作仍然仍重道远；(2)结合《电影史：理论与实践》的四个电影史研究维度（美学的、技术的、经济的和社会的），我们可以发现对中国早期电影的认识仍然停留在对"左翼电影""进步影片"等的政治和审美维度考察，对这些影片的探讨也占了对早期电影史认识的绝大部分，因而盲区仍然存在，我们仍然需要开阔视野；(3)电影专题史、专门史、断代史应该不断地推出并深化；(4)不同时期的电影史资料的补救和搜集是同等重要的；(5)缺乏一套包含中国电影发展百年历程的电影通史。凡此种种，无一不体现出中国现有电影史学研究所具有的问题，其后学者们的各篇文章也相应提到了中国电影史研究的不足之处。这些文章无疑体现出当代学者对电影历史有待提升问题的关注和问题解决的迫切希冀。"历史必须加强与当代学术思想前沿的对话和互动，必须借助当代学术成果不断反思与重审历史记忆。这样才能使得历史叙述成为一种可供当代参照与借鉴的文化经验。"[②]而有意思的是，在2016年年底，也终于有一本被冠以"中国电影通史"（丁亚平著）之名的中国电影史著作面世。

《电影史：理论与实践》或许能够为我们对当下设身处地的历史考量继续提供有益

① 罗伯特·C.艾伦，道格拉斯·戈梅里：《电影史：理论与实践》，李迅译，世界图书出版公司，2010，第316页。
② 石川：《后编年体史述：多元体裁与深度阐释》，世界图书出版公司，2010，第360页。

的借鉴。本书作者致力于建立起一种充实的阅读和介绍电影史学的有益语境。它提供了这样一种有力的参考：我们对电影史的一次次阅读与考证，并非机械的重复，而是进行着当下与历史的对话，通过对回忆的询问与质疑进而探讨当下更广泛领域或语境的理解和认识。新世界需要新史学，历史不是一蹴而就的，现有问题的解决也不是一劳永逸的，新的问题仍会持续涌现。这些问题不在于过去或者将来，关键在于当下。

（撰稿人：刘帆、普天行）

《影视批评:理论和实践》导读

毋庸置疑,2002年以来,中国电影市场呈现的繁荣景象与国产电影本身的口碑与品质之间并非正相关,甚至有着相当的落差。资本的浮躁与文化的贫瘠,这一面的窃喜与另一面的苍白,似乎也昭示着中国电影教育的问题——真正具有广博之修养智识和踏实之实践才干的电影专业人才匮乏,无论是制作(包括生产、发行、放映)还是批评(以及历史、理论),我们也始终应该把这两个方面放在同等重要的两翼。需要明确的是,影视批评是分析、研究影视作品的工具,因此,影视批评为影视艺术发展提供一种理性思考,它有其独立的文化价值意义;同时,它是影视文化不可或缺的一部分,它与影视创作构成一种积极的互动关系,推动和促进影视文化发展。更为重要的是,不同的影视批评流派代表了不同的文化价值取向,为我们解读影视文本所表现出的人类精神文化内涵提供了多方面的视角,从而体悟到不同时代人们的精神状态。

影视批评并非独立于影视本身的呓语。一方面,业界人士可以从优秀的批评中获得各种有价值的理论认识和见解;另一方面,电影创作者本身也可以积极地投入到影视批评的写作中来,分享、记录创作经验和反思。更重要的是,正是影视批评使得电影具有更加广阔深刻的文化意义,不同侧重的文化批评从各自领域的切入,对影视本身或周遭进行理性思考,推动和促进了影视文化的繁荣。我们也可以这样假设,如果没有围绕各种影视进行丰富的讨论批评,例如,从来没有如20世纪50年代法国以《电影手册》为中心的电影批评活动,也从来没发生过如女性主义对影视作品的意识形态针砭,凡此种种都未兴起甚至从未"染指"过影视这个行当,那么所有一切将反映出影视作品尚不具备对不论是美学、经济、政治还是文化等领域的影响力——影视,多么可悲,它根本就不是富于魅力且令人侧目的!那么影视制作的意义在哪儿呢?幸好,这只是一个从未发生过的单向的假设,电影或电视从它们诞生开始,就好像已经并且一直戴着闪耀的光环,这刺激着围绕它所进行的学术讨论不断深入并且愈加广泛。

希望通过以上简单探讨,能够些许引起我们对影视批评的重视。尤其当下,"中国的现代批评虽然学习了西方的现代批评，但是构成中国现代批评成长的一个出发点仍然是中国的传统批评……中国的现代批评不是西方的现代批评的照搬，而是对话和协商的过程”。尽管这种对话和协商肇始已久，我们也始终会持续，因为任何一个时代话语本身就会暗流涌动着传统与现代的博弈辩证。

此外，20世纪也是文化分析理论（影视批评亦括归其内）大范围蓬勃发展的时代，诸如结构主义、后结构主义、后现代主义、解构主义、文化唯物主义、女性主义等批评方法相继涌现并互相交融辩证，因而尤其错综复杂。究竟什么是影视批评？我们为什么需要影视批评？如何分辨并运用这些方法进行影视批评实践？如果我们想要回答这些问题，想要更方便地理清这些根牙磐错的复杂理论而得一头绪，首先非需要一位前辈或一本著作引导不可。

2001年，上海大学出版了由上海大学戏剧影视学院编纂的“明天影视艺术技术”丛书计十部，“其内容大体包括了制作技术、编导艺术、美学原理、影视批评、制片管理等影视制作的方方面面”[①]。这套丛书较系统地完善了影视学科的知识成果，陈犀禾教授与吴小丽共同主编的《影视批评：理论和实践》即在此列。我们在此讨论的这本近500页的厚重著作，已然施行着以简御繁的策略。该书文风畅晓，结构紧凑，言辞精准，深入浅出，共分为导言、传统批评和现代批评三个部分，试图对各种影视批评方法进行系统的梳理和总结，并将有关方法论的理论论述和实践运用结合起来。这本书很好地描述了影视批评样貌，也试图引导我们如何去进行影视批评创作。

所以，这本著作并未仅做纸上谈兵的演绎，在各个方法的评述之后，陈犀禾与吴小丽又精心对应选取了应用该方法具体实践的批评文章放在之后，相辅相成，相得益彰，这无疑大大地方便了读者对相关批评方法的阅读、理解以及研习。例如在第一章“政治批评”中，编者选取了发表在《人民日报》的社论《应当重视电影〈武训传〉的讨论》。这篇文章虽在意识形态上与现实语境不同，却很好地还原了当时的批评语境，“即把对影片政治意义（或意识形态含义）的读解和评判作为电影批评的主要任务”。第十二章“读者反映批评”的选文为《啤酒广告和电视体育节目》，这篇文章则很好地示范了如何运用结构主义针对读者进行接受分析，通过观众如何与“文本”产生关联，并坚持文本不能离开读者而存在。这种范文的植入，无疑加深了读者对前述知识的理解，也为影视批评的写作实践提供了参考。

本书首先通过读者、风格、时间性、词汇、长度以及论证六个方面的区别，对新闻性批评和学术性批评进行了全面而准确的界定，并将本书的视域指向了学术性批评。后者也是《影视批评：理论和实践》一书在其后唯一论述的内容，这一简要归纳清晰定义了

① 金冠军：《面对新挑战的影视高等教育·总序》，载陈犀禾、吴小丽编著《影视批评：理论和实践》，上海大学出版社，2003，第10页。

作为学术性影视批评应该具有的主要研究方法和有别于新闻性批评的内容,即一种针对特定读者,并通过规范的行文风格和严谨的学术措辞以论辩阐明作者论点的不受时间和字数限制的文字形式。

一般情况下,我们将西方影视批评理论划分为传统的和现代的。20世纪60年代,让·米特里将爱因汉姆和爱森斯坦的形式主义与巴赞和克拉考尔的现实主义的观点结合起来,他是最后一位能够予现代批评学者以积极回应的传统电影理论的集大成者。尽管在最后的著作《电影符号学质疑》中,米特里仍然尽可能地质疑现代批评的方法,比如克里斯蒂安·麦茨、帕索里尼所提出的方法,但是现代批评声势浩大的"洪流"自20世纪上半叶皮尔士和索绪尔分别富有创建地提出了他们对语言或符号的思考开始起,纷繁衍变的现代批评就不断地挑战、冲击着故往印象主义和主观方法的种种批评理论疆界——本书编者如是表述了这种变故的肇始:"制造意义的不是个别的艺术家,而是文化,电影也是属于文化的。"[①]对传统批评与现代批评的对照区分,将便于我们对分别归属于这二者的各种批评方法的认识和理解。

20世纪80年代以来,中国电影理论和批评界更广泛地引进了多样的西方方法论,尝试将其本地化;同时,中国电视批评亦是在80年代之后逐渐发展起来。根据这样的现实,编者将80年代初作为区分传统批评和现代批评的一个时间节点。这必然和西方现代批评的出现有一个时间差。另外,我们引进的西方批评方法也是跨传统与现代的,并且在本地化的过程中发生了一些改变。所以本书在各章节将首先对各个方法论的要点和发展样貌进行介绍,也尝试去厘清这些方法论在本地化的过程中出现的变化。这更利于我们清晰地认识在西方方法影响下的中国传统和现代影视批评的变迁,更便于理解这些形态之间的联系,经脉通络便于作者对庞杂的巨细进行科学梳理,也不至于让初学者在面对影视批评的沿革时,在复杂的历史语境变化和不同的方法中产生混乱。

第一编"传统影视批评"部分由吴小丽负责编纂,作者将"政治批评""艺术批评""现实主义批评""类型批评"以及"作者批评"纳入这一范畴之内。

第二编和第三编为"现代影视批评"部分,由陈犀禾编纂,其中包含了"符号学批评""结构主义批评""意识形态批评""精神分析批评""女性主义批评""文化研究批评""读者反映批评""社会学批评""后现代主义批评""第三世界和后殖民主义批评"以及"大众文化批评"。

限于篇幅,在此难能枚数本书所提及的所有批评方法,列举一二,以为概览。在"传统影视批评"部分对政治批评的讨论中,吴小丽认为:"电影承载与表现上的毫无疑义的人文形态,电影传播的大众方式……从本质上规定了电影的意识形态属性和政治属

① 陈犀禾、吴小丽:《影视批评:理论和实践》,上海大学出版社,2003,第157页。

性。”[①]从而指认,政治批评也是电影批评中的基本形态。接着,编者将政治批评分为“同向度的”“逆向度的”以及“商榷讨论式的”三种可能性。“同向度的”政治批评是指,在对一部影片的政治内涵和意图有所把握的前提下进行作品的“二度阐释”;“逆向度的”政治批评则是对一部影片的政治内涵和意图进行怀疑和反驳;与上述两者的极端方式不同,“商榷讨论式的”政治批评更倾向于折中,运用较柔软的方式提出意见。

然而,对电影内容的批评最终还是避不开电影的形式,因为首先电影作为一种独特的艺术而存在。所以对于艺术批评,作者认为,“艺术批评……是力图对它(电影)的既定成败给予理性辨析”[②],“审美趋同性”(即电影的“本体性”)是对一部电影的好坏做出评价所需要的标准尺度。在对不同的电影“类型”[③]的艺术批评中,我们也需要掌握不同的类型尺度,它们是不同的电影风格和美学促成的。另外,谈及规范,编者也强调了艺术批评需要写作者的个性魅力。

“后现代主义概念通常被认为是一个存在着问题的概念……在对电影的关系上,应该说后现代主义并没有形成一套像其他理论的方法——如女性主义的精神分析方法——所具有的理论和批评方法……而且,对现代主义作为一个研究对象的兴趣常常越过了电影的狭窄领域而针对了一个更广泛的文化转变。”[④]面对复杂、似乎遁于“空无”并难以把握的后现代,该书对其所做的描述也十分清晰。为了确定后现代理论对电影研究产生的影响,本章尝试通过对哲学、社会-文化和美学领域三个思想脉络关于后现代的辩论的梳理来一步步明确。在哲学领域,后现代主义的辩论对“普遍的”或包容一切的思想和阐释系统产生怀疑。编者认为,这一切来源于利奥泰德(Jean-F Lyotard)[⑤]指出的“后现代主义状态”可以从对“元叙述”[⑥]不断增长的怀疑中得到界定。他认为,后现代主义怀疑试图提供包罗万象的、全面的解释,同样地,处在种族中心和欧洲中心体系的“虚假的共同性”也遭到反对。后现代是反本质先于存在的,斯图亚特·霍尔对“启蒙主义的主体”和“后现代主义的主体”也进一步探讨,认为“前者是建立在人作为充分自我中心的、统一的个人的观念基础之上的主体,被赋予了理性、意识和行动的能力。后者是没有‘固定的、本质的、永久的身份,而是在不同的时间呈现出不同的身份’的主体观念”[⑦]。可见,后现代主义强调异质性和片段性,以及对统一、全面理解的不可能性。但

① 陈犀禾、吴小丽:《影视批评:理论和实践》,上海大学出版社,2003,第35页。
② 同上书,第47页。
③ 编者认为,城市的、农村的、历史的、现代的或者言情片、家庭伦理片等不同的电影类型需要不同的艺术批评审美规范。
④ 陈犀禾、吴小丽:《影视批评:理论和实践》,上海大学出版社,2003,第390页。
⑤ 在其他著作如1996年湖南美术出版社出版的《后现代状况》中也译作利奥塔。
⑥ 又称“元叙事”或“大叙事”,具有无所不包的完整性。利奥泰德认为,“元叙事”是现代性的标志,而后现代则是对“元叙事”的怀疑。
⑦ 陈犀禾、吴小丽:《影视批评:理论和实践》,上海大学出版社,2003,第392页。

后现代也显露出一些问题——"'后现代状态'的观点普遍化"是否也会意味着后现代主义的"元叙述"化。这就需要将对元理论的怀疑主义与关于更实质的后现代和后现代文化特性之社会和文化论述区分开。由此,编者进入对"社会-文化辩论"的描述,在社会学辩论中,"后现代主义"被认为是基于旧的工业化秩序向新秩序的转变——一种"后工业"秩序——这其中,媒体与新的技术有力地塑造了当代的社会经验及主体性。让·鲍德里拉德(Jean Baudrillard)①正是这一立场的支持者。他指出,从旧工业秩序到新的社会再生产秩序所生出的转变,基于劳动与货物生产向传播和符号流通的转变——我们已然生活在一个"拟像"且超真实的世界中,或许可以这样理解,我们很乐于相信电视上播出的事件,但实际上我们并未设身处地,或者哪怕这是虚构的。借此,克洛克尔(Kroker)和库克(Cook)认为,构成后现代主义"真实世界"的,正是电视。但是编者强调,这并不是说关于电影的讨论并未受到其影响。

后现代反映出对艺术创作中现代主义价值的怀疑,这出现在编者归纳的"美学辩论"中。从建筑领域引发的对后现代主义美学的关注认为,后现代艺术将不同的风格、类型或艺术规范杂糅在一起。而这种借用的风格和技巧使得"作者印记"趋于消弭。当对后现代主义进行了抽象概括之后,本书才展开后现代主义与电影的关系,从理解上很好地为从未接触或实际了解这种方法的读者奠定了认识基础。在对后现代主义和电影批评方法的讨论中,编者指出,虽然后现代辩论导致了电影中使用这一概念的讨论,但是,"后现代思想常常是影响其他电影理论,而不是发展出一套自己的理论"②。

难免遗憾的是,这本书每一章都精巧又充实,归纳得尤其精彩,每每令读者稍有兴味,却戛然而止——它是那么的不完整。如果我们明白编者的意图,我们就会理解这些遗憾,他们仅仅"试图对这种方法论上的发展进行一个系统的梳理和总结,并试图在全书的结构上把有关方法论的理论论述和实践运用的环节打通,使它成为这一学科领域里较为完整、也较为易懂的一本入门书"③。而遗憾本身,不正是因为本书真正引发了我们对这个学科的兴趣,以及对接下来还将进行持续探索的问题的思考吗?所以与其说这本书是有遗憾的,毋宁说这正是这本书的优点——如果缺乏有扎实见解的循循善诱,便很难激发读者对其具体内容或基于此的更广泛问题的兴趣和持续关注。

《影视批评:理论和实践》似乎已经尽其可能地回答了我们在这篇文章开头所提的问题,或许又没有。但本书所提供的影视批评方法的版图,将足以为我们清晰地指明方向,真正认识还须我们身体力行地深入思考与实践开拓。电影或许从未改变,时过境迁的是社会语境和我们对它的认识和意义的重塑。一以贯之的历史或许并不存在,社会

① 又译作让·鲍德里亚或让·波德里亚,虽出自同一出版社,但不同的译者还是有不同的译法,如张新木所译之《论诱惑》《冷记忆》等作让·波德里亚,而刘成富和全志刚所译之《消费社会》却作让·鲍德里亚。

② 陈犀禾、吴小丽:《影视批评:理论和实践》,上海大学出版社,2003,第404页。

③ 同上书,第1页。

语境的变化亦如同沧海桑田，但人类经典文本的措辞和字符顺序不会发生任何变动。但愿在一浪又一浪新的潮流中，仍裹挟着一丝传统本真的精神滋养；随浪头而来，不会翻天覆地，海滩上的斑斑脚印会一直铭刻；嘶吼的海风也始终不会掩盖掉电影纯真年代的热情与笙箫记忆。

（撰稿人：刘帆、普天行）

《宋元戏曲史》导读

一、王国维的主要学术活动

王国维出生于丁丑年十月廿九日（公元1877年12月3日），浙江海宁人，原名国桢，后改名国维，字静安或静庵、伯隅，号礼堂、观堂、永观，清末诸生，早年曾游学日本，曾任清华大学研究院导师，并做过溥仪的"南书房行走"（文学侍从）。

王国维在学术上有多方面成就，生平著述丰富，青年时代曾从事哲学与美学研究，自1908年开始转入词曲和戏曲史研究，有多种戏曲研究著作面世。1908年，王国维开始写作《曲录》，至次年修改完成；1909年接连完成《戏曲考源》《宋大曲考》（宋大曲出于唐大曲，故重订时更名为《唐宋大曲考》）、《优语录》《录曲余谈》《曲调源流表》（已佚）等；1910年完成《录鬼簿校注》；1912年完成《古剧脚色考》。《宋元戏曲史》是1912年开始写作的，完稿于1913年，该书是王国维在戏曲研究上带有总结性质的最重要的著作，本书为建立中国戏剧史学做出了开创性贡献。在完成《宋元戏曲史》以后，王国维的学术兴趣再一次发生转向，致力于经史之学研究，专研古文字学、古器物学和古史地学等。

1927年6月2日，王国维自沉于北京颐和园昆明湖，被溥仪加谥号"忠悫"。其著作现存《静安文集》《观堂集林》等多种。

二、《宋元戏曲史》的主要内容

如前所述，王国维撰写《宋元戏曲史》是在此前数年的戏曲研究基础上开展的，《曲录》《戏曲考源》《优语录》《唐宋大曲考》《录曲余谈》《曲调源流表》《录鬼簿校注》《古剧脚色考》等一系列著作从曲目文献、艺术源流、剧学理论、舞台表演、音乐体制、作品本事、作家名录、脚色装扮诸方面，对戏曲艺术进行了多角度深入探究，也为《宋元戏曲史》的写作做了充分准备。

《宋元戏曲史》一书以宋元时代戏曲为主要研究对象，追根溯源，从整体上把握了中国戏剧艺术的特征，回应了中国戏剧的起源和形成、中国戏曲的文学成就等重大问题。全书共分十六章，目录如下：上古至五代之戏剧、宋之滑稽戏、宋之小说杂戏、宋之乐曲、宋官本杂剧段数、金院本名目、古剧之结构、元杂剧之渊源、元剧之时地、元剧之存亡、元剧之结构、元剧之文章、元院本、南戏之渊源及时代、元南戏之文章、余论，书后还附有《元戏曲家小传》，分"杂剧家"和"南戏家"简述人物生平、创作。

从目录我们可以清楚地看到，王国维首先是从梳理戏曲艺术发展历程入手，找寻宋元戏曲的源头，即该书第一章"上古至五代之戏剧"。

接下来，王国维论宋金时代的杂剧、院本，指出：宋金戏剧"实综合前此所有之滑稽戏及杂戏、小说为之"，而此时的音乐形式也有所发展，"始有南曲、北曲之分，此二者，亦皆综合宋代各种乐曲而为之者也"。王国维在详考史料的基础上提出："宋人杂剧，固纯以诙谐为主，与唐之滑稽剧无异。但其中脚色较为著名，而布置亦稍复杂；然不能被以歌舞，其去真正戏剧尚远。"这就把宋滑稽戏与唐滑稽戏之间的关系勾连了起来，并且指出宋滑稽戏较唐滑稽戏的进步之处以及与后世"真正戏剧"的差别。由于宋杂剧"不以演事实为主"，"其变为演事实之戏剧，则当时之小说，实有力焉"。至于与戏剧更相接近的"傀儡""影戏"，对于后世"真正戏剧"的形成"非毫无关系"。再加上"宋之乐曲"——包括词、传踏、曲破、大曲、诸宫调、赚词等的成熟，为"合言语、动作、歌唱，以演一故事"的"真戏剧"的成形提供了可利用的音乐形式。虽然王国维从浩瀚史料中爬梳钩稽出数百本宋官本杂剧段数和金院本名目，且认为"宋金二代而始有纯粹演故事之剧，故虽谓真正之戏剧起于宋代，无不可也"，但因"其本则无一存，故当日已有代言体之戏曲否，已不可知。而论真正之戏曲，不能不从元杂剧始也"。

因为宋金杂剧、院本还算不上是"真正之戏曲"，故王国维将其称为"古剧"。在王氏眼中，作为"真正之戏曲"的元杂剧代表了中国古典戏剧的最高成就。《宋元戏曲史》以五章篇幅，从渊源、时地、存亡、结构、文章等数个方面分别详论元杂剧。在王国维看来，"元杂剧之视前代戏曲之进步，约而言之，则有二焉……每剧皆用四折，每折易一宫调，每调中之曲，必在十曲以上；其视大曲为自由，而较诸宫调为雄肆……其二则由叙事体而变为代言体也"。王国维抓住了属"形式"方面的音乐体制，又引入西方剧学理论从"材质"方面剖析艺术嬗变的关键点，最终得出"二者兼备，而后我中国之真戏曲出焉"的结论。王国维根据钟嗣成《录鬼簿》、朱权《太和正音谱》等材料，将元杂剧分为三期：一、蒙古时代——自元太宗窝阔台取中原以后到至元（1264—1294）一统之初，这一时期剧作家最盛且皆为北方人，剧作存世数量最多，质量最高；二、一统时代——至元后到至顺后至元（1294—1340），这一时期剧作家多为南方人或侨寓南方的北方人，其作品不仅存世少且"殆无足观"；三、至正时代（1341—1368），这将近30年的创作存世则更为罕见，质量上"去蒙古时代之剧远矣"。王国维的三阶段分期为读者清晰勾勒出了元杂剧兴衰的整体轮廓。在众多元杂剧作家中，王国维最推崇的是关汉卿，王氏称赞关作"一空倚傍，自铸伟词,而其言曲尽人情,字字本色,故当为元人第一”。

元代院本和南戏虽然不是该书论述的重点,却也是不可或缺的一部分。王国维认为,南戏“一剧无一定之折数,一折(南戏中谓之一出)无一定之宫调;且不独以数色合唱一折,并有以数色合唱一曲,而各色皆有白有唱者,此则南戏之一大进步”。至于南戏始于何时,王国维说“未有定说”,但又推论“其渊源所自,或返古于元杂剧”。《宋元戏曲史》完稿以后,《永乐大典戏文三种》传回国内,证实了王氏推论的正确。

本书“余论”部分是对全书的回顾与总结,在这一部分,王国维解释了为何《宋元戏曲史》完稿以后他告别了戏曲研究——“北剧南戏,皆至元而大成,其发达,亦至元代而止”。也就是说,在王国维看来,明清戏曲达不到元代戏曲的高度,因此也就不值得他花心思做研究了。

三、王国维的戏剧思想

在《宋元戏曲史》一书中,王国维阐发了他诸多戏剧思想,现撷取二三简述如下。

王国维认为,“凡一代有一代之文学:楚之骚,汉之赋,六代之骈语,唐之诗,宋之词,元之曲,皆所谓一代之文学,而后世莫能继焉者也”,而元代的戏曲“为时既近,托体稍卑,故两朝史志与四库集部,均不著于录;后世儒硕,皆鄙弃不复道”。而他立志于元曲研究,要做这一研究的开创者。

王国维评价元杂剧文章之佳处时说:“一言以蔽之,曰:自然而已矣。古今之大文学,无不以自然胜,而莫著于元曲。”评元南戏文章之佳处时说:“亦一言以蔽之,曰自然而已矣。申言之,则亦不过一言,曰有意境而已矣。故元代南北二戏,佳处略同;唯北剧悲壮沈雄,南戏清柔曲折,此外殆无区别。此由地方之风气,及曲之体制使然。”王国维将艺术美学概念引入了古典戏曲研究,开拓了戏曲研究的视野,为中国现代戏剧学的发展铺垫了基础。

王国维认为:“明以后传奇,无非喜剧,而元则有悲剧在其中……如《汉宫秋》《梧桐雨》《西蜀梦》《火烧介子推》《张千替杀妻》等,初无所谓先离后合、始困终亨之事也。其最有悲剧之性质者,则如关汉卿之《窦娥冤》,纪君祥之《赵氏孤儿》,剧中虽有恶人交构其间,而其赴汤蹈火者,仍出于其主人翁之意志,即列之于世界大悲剧中,亦无愧色也。”以悲剧、喜剧二元范畴来讨论中国古典戏剧,这是此前不曾有过的现象。悲剧、喜剧的概念,是西洋戏剧自古希腊以来的分类传统,将西方戏剧美学观念引入中国,用以分析中国古典戏剧,这是王国维的创举。而在西洋戏剧美学传统中,悲剧因其风格严肃崇高,故被认为审美品格高于喜剧,这也是王国维认为明清传奇要远逊于元杂剧的原因。

在《宋元戏曲史》中,王国维提出一个著名观点:“后代之戏剧,必合言语、动作、歌唱,以演一故事,而后戏剧之意义始全。故真戏剧必与戏曲相表里。”这句话明显提示读者注意：非合言语、动作、歌唱，以演一故事的“古剧”不是意义完整的“戏剧”，因此也就算不得是“真戏剧”。在这里，“戏剧”与“戏曲”显然是两个绝不相同的概念——“戏剧”是综合了唱、念、做、打等舞台形式的表演艺术；“戏曲”则指全为代言体、为舞台扮演而创作、文学性与音乐性相结合的戏剧体文学文本。王国维的意思是说，没有真正成熟的戏剧文学，就没有意义完整的戏剧艺术。众所周知，演出活动远早于文本创作出现，中国“戏剧”萌芽于上古，至迟于五代形成，于元代成熟；“戏曲”则形成于宋金时代，成熟于元代。于是，在王国维心目中，元杂剧就成为最好的艺术形式——从舞台演出看，元杂剧是“真正之戏剧”；从文学文本看，元杂剧又是“真正之戏曲”，如此一来实现了“真戏剧必与戏曲相表里”。

四、王国维的学术研究方法

《宋元戏曲史》一书中体现的王国维的学术研究方法非常值得我们重视和学习。

由于宋元戏曲史研究是一项前无古人的全新学术探索，在资料收集、理论阐发方面都需要别开生面，故而王国维说：“凡诸材料，皆余所搜集；其所说明，亦大抵余之所创获也。世之为此学者自余始，其所贡于此学者，亦以此书为多。非吾辈才力过于古人，实以古人未尝为此学故也。”因此，《宋元戏曲史》一书成为中国戏曲史研究的开山之作。

大学者陈寅恪在《王静安先生遗书序》一文中总结王国维的学术内容及治学方法时，将其概括为三个方面：“一曰取地下之实物与纸上之遗文互相释证。凡属于考古学及上古史之作，如《殷卜辞中所见先公先王考》及《鬼方、昆夷、猃狁考》等是也。二曰取异族之故书与吾国之旧籍互相补正。凡属于辽、金、元史事及边疆地理之作，如《萌古考》及《元朝秘史之主因亦儿坚考》等是也。三曰取外来之观念与固有之材料互相参证。凡属于文艺批评及小说、戏曲之作，如《红楼梦评论》及《宋元戏曲考》《唐宋大曲考》等是也。此三类之著作，其学术性质固有异同，所用方法亦不尽符会，要皆足以转移一时之风气，而示来者以轨则。”是为定评。

在宋元戏曲史研究中，王国维将现代戏剧学理论与传统文献学方法进行了很好的结合，为中国戏剧学现代研究做出了开创性贡献，为建立“中国戏剧史”这一崭新学科奠定了基础。他的学术成就至今依然闪耀着思想光辉，引领着一代又一代戏剧学者沿着他开辟的学术道路孜孜耕耘，不断前行。

（撰稿人：刘叙武）

《中国戏曲概论》导读

一、吴梅的学术活动

吴梅是20世纪初与王国维几乎同时出现的中国戏剧学大师，两人一南一北遥相呼应，世称“北王南吴”，他们是中国现代戏剧学的开创者，共同奠定了中国戏剧学现代研究的基础。王国维引入西方戏剧学理论，写出了《戏曲考原》《唐宋大曲考》《宋元戏曲史》等史论著作；吴梅则继承了宋元明清以来深厚的曲学传统，集度曲、藏曲、制曲、教曲、演剧于一身，在对传统曲学的曲体、创作和史论深入研究的基础上，开拓了现代戏剧学研究方法。吴梅是一位博学洽闻的词曲理论专家、戏曲史家、戏曲教育家及诗词曲作家，他与王国维一道，推动了中国传统曲学向现代戏剧学的转向。

吴梅出生于1884年，字瞿安，号霜厓，江苏长洲（今江苏苏州）人，少年时代学习古诗文，曾补县学生员，两应江南乡试不第。废科举后，吴梅的注意力逐渐转向词曲的研究与创作方面，并选择教师作为自己的终身职业。

吴梅创作有《轩亭秋》《湘真阁》《风洞山》《苌弘血》等十多部杂剧、传奇作品；先后主持过东吴大学、北京大学、北京高等师范学校、国立东南大学、光华大学、中山大学、国立中央大学、金陵大学等高校教席，讲授词曲学、戏曲学，他还是第一位将昆曲艺术带进高等学校课堂的教授，培养了任半塘、卢冀野、唐圭璋、王季思、钱南扬等一大批词曲学泰斗和戏曲大家；他以曲学和戏曲史研究著称于世，完成了《奢摩他室曲话》(1907)、《顾曲麈谈》(1914)、《曲海目疏证》(1914)、《中国戏曲概论》(1926)、《元剧研究》(1929)、《南北词简谱》(1931)、《瞿安读曲记》(1932)、《曲学通论》(原名《词学通论》，1932)等许多颇具分量的学术论著。

吴梅精于审音、度曲、演剧，曾参加苏州道和曲社、上海琴社、中央大学潜社，担任过南京紫霞曲社社长，还曾演出过《西厢记》中的崔莺莺、《牡丹亭》中的陈最良、《荆钗记》中的王十朋母、《千钟禄》中的解差等角色，韩世昌、白云生、梅兰芳等一代名演员曾向他学艺。此外，吴梅还是著名的收藏家，所藏以杂剧、传奇、散曲曲谱最多，此不赘述。

1937年"八一三"事变后，因家乡苏州遭日寇轰炸，吴梅举家逃难，辗转武汉、湘潭、桂林、昆明等地，一路颠沛流离。1939年春天，吴梅在战乱中病逝于云南大姚，享年56岁。

吴梅的学术思想因其门人的继承发扬得以薪尽火传，深刻影响了整个中国词曲学和戏剧学现代研究，今日的中国古代戏剧学皆是在吸收吴梅、王国维的研究成果基础上不断深化发展而来的。

二、《中国戏曲概论》的学术贡献

吴梅的曲学研究着重于包括散曲及戏曲在内的"曲"的本体论和"曲"的发展史。《中国戏曲概论》正是一本专门研究中国戏曲由宋金元直至明清时期六百余年发展历程的专著，该书代表了吴梅戏曲史研究的最高成就，在中国戏剧研究史上具有开创性意义。

此书分上中下三卷，卷上包括"金元总论""诸杂院本""诸宫调""元人杂剧""元人散曲"五部分，卷中包括"明总论""明人杂剧""明人传奇""明人散曲"四部分，卷下包括"清总论""清人杂剧""清人传奇""清人散曲"四部分。

将吴梅的《中国戏曲概论》与王国维的《宋元戏曲史》相比较，我们不难发现，王氏关注的是自古巫歌舞直到宋元时代戏剧的演变发展历史，由于王氏对明清戏曲多持偏见，目之为"死文学"，他的戏剧史研究至元代截断，并不延及明清。且王氏的研究重点放在与元代戏剧相关的理论问题上，对于作家、作品则着墨不多，因此，读者对于元代戏剧的剧目、流派、演变等问题难以获得较为完整的印象。吴梅的戏曲史研究则将关注重点转向元以后五六百年间的明清戏曲，着重关注戏曲成熟时期的明清杂剧和传奇，因此，《中国戏曲概论》是一本贯通宋元明清的中国戏曲通史。

虽说与后世的中国戏曲史著作相比，《中国戏曲概论》尚显简略、单薄，但这是中国第一部相对完整、以戏剧成熟期为研究重点的史论著作。该书注意划分戏剧史不同发展演变阶段及前后承继关系，描述戏曲艺术发展的总体样貌与特征，历数每一个历史时期的主要创作成就，厘清了长达八百年的中国戏剧史流变脉络，总结出许多重要规律。吴梅之后的中国戏曲通史写作延绵不绝，据不完全统计，自《中国戏曲概论》出版至今的约90年间，已有近60部中国戏剧通史作品问世，这些著作的结构框架多参考吴梅著，因此，《中国戏曲概论》之学术史价值不容小觑。

三、《中国戏曲概论》的主要内容

《中国戏曲概论》一书强调梳理艺术形态演变的脉络，从宏观上把握不同艺术体裁更替的历史线索。在本书的开篇，吴梅即指出："乐府亡而词兴，词亡而曲作……今日流传古剧，其最古者出于金元之间，而其结构，合唐之参军、代面，宋之官剧、大曲而成，故金源一代始有剧词可征。第参军、代面，以言语、动作为主。官剧、大曲，虽兼歌舞，而全体亦复简略。若合诸曲以成全书，备纪一人之始末，则诸宫调词，实为元明以来杂剧传奇之鼻祖。”吴梅还关注到文艺之变与社会风尚之间的关系，他说：“一代之文，每与一代之乐相表里，其制度虽定于瞽宗，而风尚实成于社会。天然之文，反胜于乐官之造作……由斯以例列代乐府之真际，于周代则属风骚，于汉则属古诗，于晋唐则属房中、竹枝、子夜、边调等，于两宋则属诗余，于金元则属杂剧……盖与社会之风尚性情绝不相入，不合于天然之乐，则不能为乐府之代表也。”

《中国戏曲概论》注重介绍作家的生平、作品，能就具体作品评论其艺术特点，点明其艺术成就。如介绍汤显祖的《南柯记》，吴梅写道：“此记畅演玄风，为临川度世之作，亦为见道之言……‘四梦’中唯此最为高贵，盖临川有慨于不及情之人，而借至微至细之蚁，为一切有情物说法。又有慨于溺情之人，而托喻乎沉醉落魄之淳于生，以寄其感喟。淳于未醒，无情而之有情也，淳于既醒，有情而之无情也，此临川填词之旨也……《南柯》之梦，则梦入于幻，从蝼蚁社会杀青，虽同一儿女悲欢，官途升降，而必言之有物，语不离宗，庶与寻常科诨有间。使钝根人为之，虽用尽心力，终不能得一字。而临川乃因难见巧，处处不离蝼蚁着想，奇情壮采，反欲突出三梦之上，天才洵不可及也。”

《中国戏曲概论》注意区分不同风格流派的戏曲作品，总结归纳各路创作的特征，为从艺术美学的角度观察、分析剧作提供了有益帮助。如论元杂剧，吴梅认为：“元人以本色见长……自实甫继解元之后，创为研炼艳冶之词，而关汉卿以雄肆易其赤帜，所作《救风尘》《玉镜台》《谢天香》诸剧，类皆雄奇排奡，无搔头弄姿之态。东篱则以清俊开宗，《汉宫孤雁》，臧晋叔以为元剧之冠，论其风格，卓尔大家，自是三家鼎盛，矜式群英。”又如论明传奇，吴梅说：“作家流别，约分四端。自《琵琶》《拜月》出，二作者多憙拙素。自《香囊》《连环》出，而作者乃尚辞藻。自玉茗‘四梦’以北词之法作南词，而偭越规矩者多。自词隐诸传，以俚俗之语求合律，而打油钉铰者众。于是矫拙素之弊者用骈语，革辞采之繁者尚本色。正玉茗之律，而复工于琢词者，吴石渠、孟子塞是也。守吴江之法，而复出以都雅者，王伯良、范香令是也。”

《中国戏曲概论》重视保存戏曲文献信息，详列了吴梅收集到的大量剧目、曲目，包括宋金杂剧、院本名目，元人杂剧、散曲名目，明人杂剧、传奇、散曲名目，清人杂剧、传奇、散曲名目，资料极为丰赡，历代主要作家作品已基本涵盖。吴梅在此基础上又“考古今剧情之沿革”，如题目院本《蔡消闲》，吴梅考证出：“元李文蔚有《蔡萧闲醉写石州慢》，当从此出。案金蔡相松年，号萧闲老人，奉使高丽还，作此词赠伎，则是剧与戴善夫之《陶学士风光好》剧相类矣……”

四、《中国戏曲概论》的不足

吴梅与王国维的研究成果，标志着中国现代戏剧学的开启，然而，因受时代局限，他们的研究仍存在诸多不足。

（一）《中国戏曲概论》尚未实现中国传统曲学研究向现代戏剧学研究的彻底转型，在戏剧史发展过程的描述上，吴梅重列举名单、搜罗资料，但往往材料淹没观点，读之易觉疲劳，难以抽取头绪。

（二）《中国戏曲概论》问世于戏剧史现代研究初创期，即便宋元明清时代已积累下大量文献资料，但以吴梅一人加以收集整理仍显力有不逮，在剧目、曲目、作者的著录上，不仅遗漏甚多，且时有差错，这些正体现了戏剧史现代研究早期基础相对薄弱的时代特点。

（三）《中国戏曲概论》以戏剧文学发展史代戏剧艺术整体发展史，忽视了戏剧作为综合了剧本文学与舞台表演双翼的艺术本质，通篇几乎不谈舞台表演这一翼，这对后世的戏剧史写作也产生了不良影响。

（四）《中国戏曲概论》注重文人剧作家的文本创作，闭口不谈民间戏曲的发展史，回避了花雅争胜之后各种地方戏崛起的事实，甚至连那个时代颇为盛行的京剧艺术在全书中都无法占有一席之地，表现出作者戏剧观念的保守和崇雅拒俗的文人趣味。

如前所述，即便我们指出《中国戏曲概论》存在种种不足，但绝不是为了否定该书的不朽成就。我们现在能够以更为全面、更加科学的戏剧观来评价吴梅的研究工作，正因为我们是站在吴梅、王国维等前辈学者的肩膀之上才获得了今日的眼光，指出他们的局限或不足，是为了更好地开拓、发展他们所开创的学术事业。

（撰稿人：刘叙武）

《演剧职业化运动研究》导读

关于中国话剧，目前学界的研究主要集中在作家作品研究和话剧史的梳理，讨论话剧演出的论著却凤毛麟角。胡德才曾指出造成这一现状的原因，“一是研究者知识结构的缺陷和研究视野的局限”，“二是演剧运动与舞台艺术史料的匮乏与搜集的困难”，“三是长期的计划经济时代所形成的文艺体制对人们学术思想的限制”。[①]基于此，话剧的舞台形态、演出机制成为学术研究的洼地。在这一背景之下，马俊山的《演剧职业化运动研究》的出现，堪称现代话剧研究的重要成果。

马俊山现任南京大学文学院教授，戏剧与影视学研究领域著名学者，其攻读硕士学位期间便关注演剧机制问题，对该问题材料的积累用了20年的时间，博士论文达80万字，本书仅是其博士论文第一、二、四章及其一个“附论”，可见作者对该问题研究的深入。笔者曾请教马俊山为何不将80万字的著作一并出版以飨读者，马俊山谈到当前出版著作有一定的字数限制，此情况实是演剧机制问题研究的一大遗憾。

《演剧职业化运动研究》的研究时段聚焦于20世纪三四十年代。在马俊山看来，这一时段有特别的研究价值，他在“代序”中提出了一个重要问题——抗日战争是否铸造了话剧的“黄金时代”？不同于其他学者对非常态社会中话剧的现实功用的看重，马俊山更关注话剧本身的文体意义及现代化脉络下的文化价值，他认为：“话剧既不是工具也不是武器，而是中国现代化进程中的一项基本文化建设。”[②]该著在第一篇介绍了“现代性”“职业化与社会化”“市民社会”等关键词汇，在此基础上顺势强调了本项研究的重要意义：“演剧职业化并不是话剧现代化的全部内容，但离开职业化的话剧，也不能说是完整的现代戏剧。”[③]

第二、十一和十二篇集中讨论国民党话剧政策的两歧性及其危害：“这部分研究借

---

① 胡德才：《演剧职业化与中国话剧的现代化——评马俊山〈演剧职业化运动研究〉》，《中国现代文学研究丛刊》2009年第3期。

② 马俊山：《演剧职业化运动研究》，人民文学出版社，2007，第9页。

③ 同上书，第21页。

助大量数据展开，是一些'刚性'话题，研究话剧职业化、现代化生存的经济、政治、法律条件，遵循史学研究思路展开，论证严谨有力。通过对'上演税'事实的陈述研究，强调'文化规则反抗商业规则，这也是一种现代性'。借助于档案资料和数据分析，指出正是由于国民党当局愚蠢荒唐的文艺政策，扼杀了本可正常发展的话剧艺术，令人信服地解释了话剧'黄金时代'终结的部分原因。"[①]

第三篇至第五篇的中心议题是"市民社会对话剧创作的影响"。中国话剧的市民社会环境包含时代特征、国家观念、观众兴趣、作家风格等诸多因素，"中国的市民社会远未分化到只剩下两大阶级的纯净状态"[②]。"市民社会"这一概念出现了包容性和模糊性的特点，"也许正好说明中国话剧具有复杂而又统一的文化内涵"[③]。第四篇探讨国家人格化之下对话剧创作的影响，也是在市民意识与国家政治的博弈中进行分析。整体而言，该部分展现了中国话剧研究的新维度，当然有些观念和角度还有待更进一步的挖掘。

第六篇至第十篇则是对话剧舞台艺术的深入探讨。该著从话剧舞台整体艺术风格、导演风格、表演艺术、舞台美术以及现实主义体系等方面阐述了中国话剧舞台艺术的特点与变化。作者并非一味拔高该时期话剧舞台艺术的成绩，其论断非常理性、平实，比如作者认为"职业化演剧在舞美上的最大成就，是确立了有限时空观在话剧舞台上的主流地位"，同时亦承认："中国的话剧舞台还显得非常单调、简陋。它始终未脱四堵墙的局限，虽然有时冒出些突围的冲动，但现实却常常使它变质变味，最终还得返回老路上来。"[④]舞台表演是舞台艺术的核心要素之一，是作者需要认真处理的话题。就这一问题，该著特立专章，阐述了演剧职业化运动中的"中国化"问题，且以著名演员石挥的演艺生涯为典范，展现生活体验、传统戏曲资源和个人的理论修养是如何作用于演员风格的形成过程。

以上仅就《演剧职业化运动研究》的章节内容做了一个简单的介绍。自然，该著并非一部完美无瑕的作品，朱伟华发表于2009年的书评便称其"矫枉常常过正"[⑤]。总体而论，《演剧职业化运动研究》是此前话剧史书写的一次突破，其最大的学术贡献，是将以往学者对作家、作品的关注转移到舞台、演员、演出机制、社会环境及政策体制等非文本的因素上来，多角度考察演剧职业化问题在中国话剧发展中的影响，从而准确、深刻地把握到了现代中国话剧发展的多样性与复杂性。

（撰稿人：梅琳）

① 朱伟华：《评马俊山〈演剧职业化运动研究〉》，《文学评论》2009年第2期。
② 马俊山：《演剧职业化运动研究》，人民文学出版社，2007，第66页。
③ 同上书，第67页。
④ 同上书，第216页。
⑤ 朱伟华：《评马俊山〈演剧职业化运动研究〉》，《文学评论》2009年第2期。

《中国话剧通史》导读

葛一虹主编的《中国话剧通史》“是我国第一部全面地研究和概括我国话剧发展的通史，有填补空白的作用和意义”（李希凡《再接再厉　再创新的佳绩——中国艺术研究院1994年优秀科研成果评奖颁奖会上的小结》）。该书初版于1991年，但实际上，其编写任务早在1983年即确定下来。主编葛一虹，上海嘉定人，抗战时期先后发表《现阶段演剧活动的两重意义》《战时演剧论》《战时演剧政策》等重要文章，在“民族形式论争”中旗帜鲜明地表明“民族形式并不等于旧形式”①；新中国成立后先后担任中国戏剧家协会常务理事、书记处书记，中国戏剧出版社社长兼总编辑，中国艺术研究院顾问兼外国文艺研究所所长，话剧研究所所长。以其经历和职务，葛一虹出任此书主编可谓无二之选。作《中国话剧通史》是集体项目，参与编写的人员还有左莱、邓兴器、陈丁沙、周明、高鉴等，中国艺术研究院“话剧所不少同志都参加”②。在《中国话剧通史》开始编写前，编写组做了扎实的史料收集工作，查阅了大量旧报刊，面向社会征集戏单、剧照、书信，并通过实地考察等方式获得珍贵资料。此外，编写组还曾邀请中国话剧发展的亲历者共聚一堂，一方面是收集口述史料，一方面则是为写作提供思路与建议。艰辛的史料收集工作保证了写作的真实性与权威性，使得本书成为日后话剧研究的重要引证来源之一。

本书以话剧与政治、文化交汇所呈现的时代特征为依据进行章目划分，将中国话剧的发展历程定为六个时期进行考察。在每一章的写作中又以重要话剧事件作为中心，因而全书既展现了中国话剧发展的历时脉络，又彰显了重要历史时刻的文学意义。

第一章，重点考察中国话剧的早期形态——文明戏及其影响。开篇便突破以1907年春柳社在日本演出《茶花女》为中国话剧起点的看法，“指出在上世纪末，受西方戏剧的影响，上海等口岸城市已经出现了具有话剧基本形态的学生演剧活动，令人信服地将话剧的发生期向前推进了一步。同时又以话剧流布由口岸城市逐渐向内地渗透的态

① 徐乃翔：《文学的“民族形式”讨论资料》，广西人民出版社，1986，第179页。

② 李希凡：《李希凡文集·第五卷，艺术评论集》，东方出版中心，2014，第140页。

势，结合鸦片战争后的文化背景，确认话剧是受西方戏剧影响而产生的一个新兴剧种"[①]。这一观点的提出和论证，丰富了关于中国话剧的历史起点的讨论。

第二章，以"五四"新文化运动对话剧带来的影响为中心，着重讨论了"戏剧改良"和"爱美剧运动"两个重要议题，由此还涉及话剧人才培养、"国剧"运动、话剧文学等问题，均做出了恰当评价。如对"五四"之后的"国剧"运动，作者既肯定了这个"半破的梦"[②]的可取之处，也看到了其脱离戏剧艺术发展实际情况的一面。

第三章梳理了左翼戏剧家联盟的发展历史，这是现代话剧史上至为重要的内容。葛一虹本人即剧联成员，以亲历者身份来撰写史著，使得本章的学术书写兼具了历史回忆的功能。在整部书中，该章节史料丰富翔实，叙述精审，考评得当。在内容上，本部分虽不似陈白尘、董健《中国现代戏剧史稿（1899—1949）》于章节内对关键剧人加以专题论述，但依然将中国现代话剧史两位关键人物田汉、洪深在此时期的历史活动进行了较为详细的考察。

第四章的标题为"抗日战争时期和解放战争时期国民党统治区的话剧（1937—1949）"，将国统区、"孤岛"时期、沦陷区的话剧发展都放入本章节进行论述。这一框架设置与当前学界认知有一定差距。目前学者论述1937—1949年国统区话剧发展时，主要以全面抗战时期西南地区话剧活动和解放战争时期国统区话剧活动为主。以上海为例，抗战时期上海经历"孤岛"和沦陷区两个时期，城市控制权均不属于国民政府和国民党。这种复杂的历史状态，赋予了上海话剧活动特别的研究价值。近年来关于上海话剧的研究，相继面世了邵迎建《上海抗战时期的话剧》、胡叠《上海孤岛话剧研究》等著作，抗战时期上海独特的话剧景象已形成一个较为成熟的研究对象。因此，本章将抗战时期西南地区话剧、"孤岛"、沦陷区、解放战争时期国统区都放在此标题下论述，读者在阅读时须注意结合历史背景对相关话剧区域和历史概念进行厘清和判断。

第五章讨论1937—1949年解放区的话剧发展。作者认识到了解放区话剧发展的"相对独立"[③]，特别留意到群众话剧运动如"秧歌剧"的热潮。实际上，解放区话剧的传播模式和演出方式对新中国成立后话剧创作和传播都产生了深远影响。贾冀川长期从事解放区话剧研究，读者阅读《中国话剧通史》第五章时可参阅贾冀川的著作《解放区戏剧研究》。

第六章梳理社会主义时期的话剧。在时段上，以"十七年"为下限，"十七年"之后的话剧活动则未涉及。本章并没有回避由于政治生态变化而造成话剧发展迂回的历史事实，以较为客观的笔触呈现了该时段话剧的生存境况，直面"强调戏剧从属于政治，出现了一些配合时政的错误作品和公式化、概念化的作品"[④]的困境，也客观分析了话剧"专

① 中国戏剧年鉴编辑部：《中国戏剧年鉴：1990—1991》，中国戏剧出版社，1993，第175页。
② "国剧"运动发起人之一余上沅的自述。
③ 葛一虹：《中国话剧通史》，文化艺术出版社，1990，第282页。
④ 葛一虹：《中国话剧通史》，文化艺术出版社，1990，第448页。

业化”带来的利弊。对于先锋话剧、港台话剧等发展概况，本章则未涉及，相关内容可结合董健、胡星亮的《中国当代戏剧史稿》拓展阅读。

《中国话剧通史》是中国话剧史书写的启蒙之作，葛一虹等花费了大量心血，对中国话剧史研究具有奠基作用。本书可作为了解话剧发展历程的入门书，亦可为话剧研究者提供史料来源和论断分析。在该书面世27年之后，参考当前的话剧史研究，《中国话剧通史》有两个方面显得较为薄弱：

其一，话剧演出。话剧作为一门表演艺术，演出是话剧的最终表现形态。《中国话剧通史》对话剧的舞台形态关注不够。马俊山《演剧职业化运动研究》、陶庆梅《当代小剧场三十年》等关于话剧演出的研究都值得补充阅读。

其二，话剧美学。国外的戏剧美学研究已经较为成熟，法国戏剧研究者安托南·阿尔托的《残酷戏剧》在中国读者众多。《中国话剧通史》虽涉及话剧理论和思潮，但对话剧美学着墨不多。后出的焦尚志《中国现代戏剧美学思想发展史》(1995)对中国戏剧美学观念的变迁进行了梳理，可参读。

（撰稿人：梅琳）

古代汉语古文献名著导读

《方言》导读

《方言》又名《輶轩使者绝代语释别国方言》，旧本题汉扬雄撰，是我国现存最早的方言词汇比较著作。

一、《方言》的作者问题

“现在可以见到的最早的引征《方言》的是东汉末年应劭的《汉书注》，并明确地称之为‘扬雄《方言》’。”关于该书的作者，有不少学者提出过不同观点，如宋代洪迈对扬雄作《方言》说法提出质疑，证据主要有“班固在《汉书》的《艺文志》和《扬雄传》里一一列举扬雄的著作，没有提到《方言》；王充在《论衡》里多次称赞扬雄的著作，也没有提到《方言》”。这些学者的观点似乎能很好地证明《方言》一书并非扬雄所著。然而，对于洪迈的质疑，戴震在《方言疏证》自序以及刘歆、扬雄往还书信的疏证中则有逐一、详细的辨析。戴震认为，《汉书·艺文志》和《扬雄传》中没列举出《方言》一书并不能说明问题，因为除《方言》外，扬雄的很多其他文章也没有被列举进来。由于《方言》是否为扬雄所著还有争议，因此《四库全书》从旧本署扬雄名，以是存疑，在没有确凿的反证出现之前，现今仍将《方言》归在扬雄名下。

扬雄，字子云，西汉末年蜀郡成都人。《汉书·卷八十七·扬雄传上》：“雄少而好学，不为章句，训诂通而已，博览无所不见。为人简易佚荡，口吃不能剧谈，默而好深湛之思，清静亡为，少耆欲，不汲汲于富贵，不戚戚于贫贱，不修廉隅以徼名当世……非圣哲之书不好也；非其意，虽富贵不事也。”正因为他如此好学乐道，终成为一代大文学家、哲学家、语言文字学家。在文学方面有《长扬赋》《甘泉赋》等；在哲学方面模仿《周易》《老子》而著有《太玄》；其主要成就在语言文字上，著有《方言》《训纂》等。

二、《方言》的名称及版本

关于《方言》名称，《四库全书总目提要》指出，旧本题曰《輶轩使者绝代语释别国方言》，其文冗赘，故诸家援引及史志著录，皆省文谓之《方言》，《旧唐书·经籍志》则谓之《别国方言》，实即一书。又《容斋随笔》称此书为《輶轩使者绝域语释别国方言》，以"代"为"域"，其文独异。然诸本并作"绝代"，书中所载亦无绝域重译之语，洪迈所云，盖偶然误记，今不取其说焉。"绝代语"即古语，当时各地的方言，即"别国方言"，由于《輶轩使者绝代语释别国方言》过于繁复，书名以《方言》最为简明，也最为人所知。

《方言》版本较多，宋刊本有国子监本、蜀本、闽本和赣本多种，但仅赣本留存至今。明代本子虽多，但由于明人刻书大多过于草率，所以有"明人刻书而书亡"的说法。明代《方言》也是如此，错漏之处很多。《四库全书总目》著录《方言》版本为《永乐大典》本。"《永乐大典》所收《方言》，依据的是宋本，较为可靠。戴震于是以《永乐大典》所收《方言》为据，对全书进行了校订，改正误字，删去衍字，补上漏字，共三百多处。他还援引各种书籍予以笺释，使《方言》有了大体可信、可读的本子。"关于《方言》的注解情况，晋代郭璞是最早为《方言》作注的人。此外有清代戴震的《方言疏证》，卢文弨的《重校方言》，刘台拱的《方言补校》，钱绎的《方言笺疏》，王念孙的《方言疏证补》等。当代学者周祖谟的《方言校笺》，是《方言》校通用的本子。新出的华学诚主编的《扬雄方言校释汇证》，该书校正极为详尽，是目前最为精善的本子。

三、《方言》的主要内容及体例

今本《方言》共六百七十五条，约一万两千字。扬雄与郭璞都说《方言》共十五卷，今本《方言》十三卷，有学者推断可能是后两卷本为四卷，后来合并为两卷，一般认为卷十二、卷十三为未完成稿，原因是这两卷中对词语的解释都没有说明所属的方言区。如《方言·卷十二》中"爰，嗳哀也。""儒，输愚也"等证实了这一结论。在内容上，第一、二、三、六、七、十、十二、十三卷是解释普通名词，剩余各卷是针对专有名词的：第四卷释衣服冠饰；第五卷释生活器具；第八卷释禽、兽及其他动物；第九卷是释兵、车等器名；第十一卷释各类小虫。

根据《方言》中的用语，一般倾向于把《方言》中所注释的词语分成五大类：

其一，通语，又称凡语，指不受地域限制的词语，类似于我们今天的普通话。如《方言·卷一》："娥、嬿，好也。秦曰娥，宋魏之间谓之嬿，秦晋之间凡好而轻者谓之娥……好，其通语也。""嫁、逝、徂、适，往也……往，凡语也。"[①]

其二，某地与某地间的通用语。"这是在区域较广的范围内通行的词语。相对通语而言，它是方言；相对通行范围内某个较小的方言区域而言，它是这个范围内的通语。"

① 扬雄：《方言》，中华书局，1985，第6页。

如《方言·卷四》:“覆结谓之帻巾,或谓之承露……皆赵魏之间通语也。”[①];《方言·卷二》:“朦、厖,丰也。自关而西秦晋之间凡大貌谓之朦,或谓之庬;丰,其通语也。”[②]

其三,某地语,或某某之间语,指在个别地区使用的方言词。这类词语在全书中最多。如《方言·卷一》:“虔、儇,慧也。秦谓之谩……宋楚之间谓之倢,楚或谓之譎。”[③]

其四,转语,或称语之转、代语,指的是因时间与地域的差别而造成的读音上有差异的方言词。如《方言·卷十》:“煤,火也。楚转语也。”[④]

其五,古今语,又称古雅之别语,指的是当时语言中残留的古语词,等同于“绝代语”。如《方言·卷一》:“敦,丰,厖……大也。东齐海岱之间……燕之北鄙,齐楚之郊或曰京,或曰将。皆古今语也。”[⑤]

关于《方言》条目的结构方式,不同的学者从不同的角度出发提出了不同的观点,本文主要罗列了以下几种:

其一,王宁先生在《训诂学》一书中从共时角度提到了三种结构方式:“或先列举各方言词,以通语作训释,再说明各方言词的通行地域;或先列举一个词作为话题,然后分别说明这个词在各地不同的称谓,或说明与这个词相关的事物在各地的不同名称。”下面三个例句,便分别对应所说的三种类型:

《方言·卷一》:“党、晓、哲,知也。楚谓之党,或曰晓;齐宋之间谓之哲。”[⑥]

《方言·卷五》:“扇,自关而东谓之箑,自关而西谓之扇。”[⑦]

《方言·卷八》:“猪,北燕朝鲜之间谓之豭……其子或谓之豚……”[⑧]

显然,从《方言》条目看,王宁提到的三种结构方式不能适用于所有的条目。濮之珍则通过《尔雅》与《方言》的比较,用一些假定的名词来表示《方言》条目,其名称为:“雅诂”“群诂例字”“训诂字”“训诂字”即“母题”“方言”。并以《方言·卷一》第一条为例,指出:“党、晓、哲,知也。楚谓之党……”中,“党”“晓”“哲”,合称为群诂例字,“知也”为训诂字或称为母题,并将群诂例字与训诂字合称为雅诂,“楚谓之党……”称为方言。于是又把《方言》每一个条目分为两大部分,即雅诂和方言。此外,有的条目只有雅诂,最典型的是《方言》中最后两卷的条目。

其二,华学诚认为《方言》的编排上采用的是“标题罗话法”,标题和罗话的公式分别表示为:“A、B、C、D,X也。”“a地谓A为x,b地谓B为x,cd之间谓C为x,e谓D为x。”并指出有的条目是仅有标题而缺少罗话的特殊情况,主要集中在卷十二与卷十三。

---

① 扬雄:《方言》,中华书局,1985,第41页。
② 同上书,第13页。
③ 同上书,第1页。
④ 同上书,第88页。
⑤ 同上书,第5页。
⑥ 同上书,第1页。
⑦ 同上书,第47页。
⑧ 同上书,第74页。

其三,李开主要从历时角度分析"古语留存于今方言或通语中的称说"的表达方式,并以《尔雅》做对比,指出完整的《方言》条目等同于《尔雅》条目与《方言》条目中省略式的一种相合而成。而《尔雅》的条目为:古语词+今语/通语;《方言》省略式的一种为:古语留存于方言或通语中的称说。于是,完整的《方言》条目可详细描述为:古语词+今语/通语+古语留存于方言或通语中的称说。

四、关于《方言》的影响与价值

(一)语言观上的革新

在那个以雅言为官方、正统语言的大一统时代,扬雄能够上书君主,重视方言的调查,能够以当时的活语言即各地方言、口语为研究对象;在那个文人普遍"贵古轻今"的时代,这一重视口语与方言的语言观是难能可贵的。同时,他还认识到了语言是发展变化的,能从共时平面即当时各地的方言中,看到语言历时变化,用到了"古今语""古雅之别语""转语"等术语名称。

(二)对《尔雅》的继承与发展

《尔雅》被认为是我国最早的一本辞书。不可否认,成书时间晚于《尔雅》的《方言》的编撰在很大程度上受到《尔雅》的影响,无论是在内容上还是体例上,都对《尔雅》有所继承。如《尔雅》每一卷训释一类专名,在《方言》一书中也有所体现。《方言》对《尔雅》的创新,主要体现在两个方面:首先在同义词的训释上,《方言》则已不满足于简单地排比同义词,它要求准确地描写所记方言词的内涵和外延,而对一个词的特征加以描写说明,正是为了能更好地与另一词区别开来,即做到同中求异,同时在训释词义上注重时空上类比,在这方面它是超越《尔雅》的;其次,《方言》完全属于语言学,与《尔雅》因是训诂汇编而属于语文学有本质的不同。

《方言》并不是简单的收集整理工作,里面有扬雄本人的考证与判断,并说明"古今语""通语"等现象,且能够将不同地域的方言进行分别描写,这说明《方言》是成系统、有理论分析的一本语言学著作,从这一点上可以把它和被称为经学附庸的传统语文学区分开来。

(三)《方言》的其他价值

扬雄的《方言》拓宽了中国古代语言研究的领域,即方言研究;扬雄编撰《方言》时用到的调查方法对后来语言田野调查有很大借鉴作用;同时注重对各个地区的不同方言进行研究,开启了方言地理学的先河;对一些同义词、古今语的注解,有助于我们读懂古书;《方言》中对古代一些名物词进行解释,有助于我们了解到古代历史文化现象;《方言》本身又具有极大的历史学甚至考古学价值。

被评价为“悬诸日月不刊之书”的《方言》是一本值得好好阅读的书籍，作为导读，在这里仅对《方言》进行了粗略介绍，抛砖引玉，希望同学们能在认真阅读《方言》的过程中收获更多！

【参考文献】

[1]华学诚，徐妍雁．扬雄《方言》及其研究述评[J]．苏州大学学报（哲学社会科学版），2013(1)．

[2]宋子然．训诂学[M]．成都：电子科技大学出版社，2004．

[3][汉]班固．汉书[M]．北京：中华书局，1962．

[4]陈尚君，张金耀．四库提要精读[M]．上海：复旦大学出版社，2008．

[5][汉]扬雄．方言[M]．北京：中华书局，1985．

[6]王宁．训诂学[M]．北京：高等教育出版社，2010．

[7]濮之珍．方言与尔雅的关系[J]．学术月刊，1957(12)．

[8]华学诚．周秦汉晋方言研究史[M]．上海：上海人民出版社，2014．

[9]李开．《方言》总体结构及其对《尔雅》古今语的记述[J]．古汉语研究，1990(4)．

[10]杨钢．《方言》研究三题[J]．古汉语研究，1992(03)．

（撰稿人：王春玲、王晓清）

《尔雅》导读

一、《尔雅》概况

（一）《尔雅》的性质

《尔雅》是我国第一部汇集训诂资料、按词义分类编排的词典。书名中的“尔”，义同“迩”，即接近；“雅”兼有“常”“正”义，“雅”即“雅言”，指华夏共同语。所谓“尔雅”，就是沟通古今异言、方俗殊语，使之接近雅言。换言之，就是用华夏共同语解释古代词汇、各地方言。

（二）《尔雅》的作者和成书年代

《尔雅》首见著录于《汉书·艺文志》，不列作者名氏。对于《尔雅》的作者，大致有三种看法。

其一，周公所作，后人增补。三国魏张揖《上广雅表》即认为周公著《尔雅》一篇，后人增补为三篇。增补的人，有说是孔子的，有说是子夏的，有说是叔孙通的，有说是沛郡梁文的，说法不一。

其二，孔子门人所作。东汉郑玄《驳五经异义》即认为《尔雅》是孔子门人用来解释经书的作品。

其三，秦汉之间的经师汇集众说编纂而成。北宋欧阳修《诗本义》即认为“乃是秦汉之间学《诗》者纂集说《诗》博士解诂之言”。南宋朱熹《朱子语录》则认为是取传注所作。

今人一般认为，《尔雅》应是汇集前人对经书的解释，递相增益而成，用来作为阅读经典的工具书，用时久长，出自众手，并非一时一人之作。从收录的材料看，《尔雅》可能在先秦已经初具雏形，后来不断增补，到汉代才真正成书。

二、《尔雅》的内容

(一)《尔雅》的篇章

《尔雅》共三卷,十九篇。上卷包括《释诂》《释言》《释训》《释亲》四篇,中卷包括从《释宫》到《释水》八篇,下卷包括从《释草》到《释兽》七篇。这十九篇可分为两大部分:前三篇《释诂》《释言》《释训》为第一部分,解释一般词语,篇幅约占全书的三分之一;《释亲》及以下十六篇为第二部分,分类解释各种词语,内容类似于百科词典。

解释一般词语而分为三篇,其划分的依据,陆德明《经典释文》认为是"意义不同,故立号亦异"。意义不同在哪里?郝懿行《尔雅义疏》认为《释诂》是"皆举古言,释以今语",《释言》"约取常行之字,而以异义释之",《释训》"则多形容写貌之词,故重义叠字累载于篇"。即:《释诂》是解释古代词汇,《释言》是解释常用词汇,《释训》是解释形容词。实际上,三篇区别并不是那么明显,可能仅是因为纂辑的时代不同,又加以资料众多,所以大致分为三篇。三篇之中,尤其前两篇界限更为模糊。从形式上看,《释诂》大部分是单音词,间有少量双音词;《释言》全是单音词。从内容而言,《释诂》固然解释了大量古词,也有不少常用词;《释言》确为解释常用词,但也出现了很多古词。《释训》与前两篇区别稍大,以解释双音词为主。大致可分为两部分,前半是解释叠音的形容词,如"明明""斤斤";后半是摘取《诗经》的词句进行解释,如"'张仲孝友',善父母为孝,善兄弟为友"①。

其余十六篇,其内容大致如下:

《释亲》解释亲属的名称。其下分宗族、母党、妻党、婚姻四类。

《释宫》解释与房屋庭院有关的词语。夹入释道路和桥梁的词语。

《释器》解释有关器物的词语。包括容器、用器、衣服、食物、金玉等方面的词语。

《释乐》解释有关音乐和乐器的词语。

《释天》解释有关天文、气象、祭祀等的词语。其下分为四时、祥、灾、岁阳、岁名、月阳、月名、风雨、星名、祭名、讲武、旌旗十二类。

《释地》解释有关地理的词语。其下分为九州、十薮、八陵、九府、五方、野、四极七类。

《释丘》解释有关高地的词语。其下分为丘和崖岸两类。

《释山》解释有关山岳的词语。

《释水》解释有关井泉、河流、岛屿的词语。其下分水泉、水中、河曲、九河四类。

《释草》解释有关草本植物的词语,夹有少许木本植物。

《释木》解释有关树木的词语。

《释虫》解释有关昆虫的词语。

---

① "张仲孝友"出自《尔雅·释训》。

《释鱼》解释有关鱼鳖等水中动物的词语，夹有龟蛇等爬行动物。

《释鸟》解释有关鸟类的词语。

《释兽》解释有关兽类的词语。其下分为寓属（即寓于树木）、鼠属、齸属（即咽中藏食）、须属（即人鱼鸟兽体疲伸展所需之动作名称）。

《释畜》解释有关家畜的词语。其下分马属、牛属、羊属、狗属、鸡属、六畜（即六畜之专称）[1]六类。

（二）《尔雅》释词的体例

《尔雅》是收集前人的训诂资料编纂而成，所以释词体例与现代的词典大相径庭。释词时，有只解释一词的，更多的却是汇集多个词语进行解释。汇集多词解释时，一般采取意义相同、意义相近和意义相关的原则。《尔雅》的释词体例大致有如下几类：

1. 单词解释

此类有被释词在前的。如：

迓，迎也。（《释诂》）

届，极也。（《释言》）

不辰，不时也。（《释训》）

也有被释词在后的。如：

凡曲者为罶。（《释训》）

大琴谓之离。（《释乐》）

山小而高，岑。（《释山》）

《释草》《释木》《释虫》《释鱼》《释鸟》《释兽》诸篇，这种释词格式出现得尤其多，一般是解释动植物的异名。如：

拜，蔏藋。（《释草》）

棪，槤其。（《释木》）

不过，蟷蠰。（《释虫》）

鲨。（《释鱼》）

也有用以解释动植物特性的。如：

櫠椵，子大如盂，皮厚二三寸，中似枳，食之少味。（《释木》）

猩猩小而好啼。（《释兽》）

2. 汇集多个词语，用一个词语进行解释

汇集的词语，从两个至二三十个数量不等。这种格式在《释诂》《释言》《释训》中出现得尤其多。如：

① 六畜本为马、牛、羊、豕、狗、鸡六类，《释畜》中无豕类，只有五类。豕类名称见于《释兽》。大概豕虽有野生和畜养之别，然《尔雅》释于《释兽》中。

弘、廓、宏、溥、介、纯、夏、幠、厖、坟、嘏、丕、奕、洪、诞、戎、骏、假、京、硕、濯、吁、宇、穹、壬、路、淫、甫、景、废、壮、冢、简、箌、昄、晊、将、业、席，大也。(《释诂》)

贸、买，市也。(《释言》)

殷殷、惸惸、忉忉、慱慱、钦钦、京京、忡忡、惙惙、怲怲、弈弈，忧也。(《释训》)

3.用相同词语注释，或者将用语义相近的词语注释的词放在一处

谐、辑、协，和也；关关、噰噰，音声和也；勰、燮，和也。(《释诂》)

尹，正也；皇、匡，正也。(《释言》)

斃，踣也；偾，僵也。(《释言》)

4.意义相同、相近或者相关的词语的解释合为一处

此种格式《释亲》至《释水》数篇尤其多见。如：

室中谓之时，堂上谓之行，堂下谓之步，门外谓之趋，中庭谓之走，大路谓之奔。(《释宫》)

载，岁也。夏曰岁，商曰祀，周曰年，唐、虞曰载。(《释天》)

天子造舟，诸侯维舟，大夫方舟，士特舟，庶人乘泭。(《释水》)

5.同词的不同解释放在一处

这些不同的解释有同义的。如：

永、悠、迥、违、遐、逷、阔，远也；永、悠、迥、远，遐也。(《释诂》)

祺，祥也；祺，吉也。(《释言》)

爽，差也；爽，忒也。(《释言》)

也有不同义的。如：

遘、逢，遇也；遘、逢、遇，遻也；遘、逢、遇、遻，见也。(《释诂》)

潜，深也；潜、深，测也。(《释言》)

替，废也；替，灭也。(《释言》)

6.递进式释词

矢，弛也；弛，易也。(《释诂》)

流，覃也；覃，延也。(《释言》)

蝾螈，蜥蜴；蜥蜴，蝘蜓；蝘蜓，守宫也。(《释鱼》)

7.引用经典原句解释

“如切如磋”，道学也；“如琢如磨”，自修也；“瑟兮僩兮”，恂栗也；“赫兮咺兮”，威仪也；“有斐君子，终不可谖兮”，道盛德至善，民之不能忘也。(《释训》)[①]

---

① 以上所引各句出自《诗经·卫风·淇奥》。

"式微式微"者，微乎其微者也。(《释训》)[①]

"济有深涉。深则厉，浅则揭。"揭者，揭衣也；以衣涉水为厉，潜行为泳。(《释水》)[②]

(三)《尔雅》的不足

《尔雅》为草创之作，又非成于一人一时，所以难免在内容上有所疏漏，分类间有不合理的地方，在体例上也不尽完善。

1.《尔雅》内容的局限

其一，词语收录不尽完备。《尔雅》的著作目的在于研读经典，所以收集词语和解释的义项局限在经典的范围内。张揖《上广雅表》即认为，《尔雅》是"七经之检度，学问之阶路，儒林之楷素"，但是，"若其包罗天地，纲纪人事，权揆制度，发百家之训诂，未能悉备也"。为补《尔雅》词语收录的不足，后代出现了大量增补《尔雅》的著作，都以"雅"命名。著名的有：成书于汉代的《小尔雅》，三国魏张揖的《广雅》，北宋陆佃的《埤雅》，南宋罗愿的《尔雅翼》，明方以智的《通雅》，明朱谋㙔的《骈雅》，清吴玉搢的《别雅》，清洪亮吉的《比雅》等。

其二，分类不尽科学。《释诂》《释言》《释训》都是释一般词语，与后面十六篇释专门词语的分开，但是三篇之中，内容有交叉和混淆之处，互相之间的界限不太明晰。后十六篇分类解释，有不是一类混为一类的。比如《释宫》本是释房屋建筑类词语，却杂入道路、桥梁的词语；《释天》本是解释天文的词语，其中却包括了祭名、讲武、旌旗三类；《释草》本是解释草本植物，里面又有木本植物。

2.《尔雅》释词的缺点

其一，把字词的各种意义，比如本义、引申义、假借义，甚至是字词在句子中的临时义混在一处。《尔雅》把用相同的词注释的词语集为一条，看不出被解释词之间的意义差别。比如："载、谟、食、诈，伪也。"(《释诂》)"载"有"伪"义，是其假借义；"谟""诈"有"伪"义，是其引申义；"食"有"伪"义，是由"食言"而来的临时义。而《尔雅》不辨来源，归为一条。

其二，用多义的字词进行解释。《尔雅》用来解释的词语，往往是多义的，由此造成释义模糊。比如："豫、射，厌也。"(《释诂》)本是用"厌"的"厌倦"义来解释"豫"和"射"，但"厌"是个多义词，除"厌倦"外，还有"饱足、安乐、厌恶"等多个义项，究竟使用哪个意义来解释，很难明确。又如："显、昭、觐、钊、觌，见也。"(《释诂》)用来释词的"见"有两种读音，两种意义，表"昭明"义读xiàn，表"会见、朝见"义读jiàn。被释词"显、昭、钊"是第一义，"觐、觌"是第二义，仅因为这五个字都用"见"解释，《尔雅》就把它们混作一类。

---

① 引句出自《诗经·邶风·式微》。

② 此句出自《诗经·邶风·匏有苦叶》。

三、《尔雅》的注释和影响

(一)《尔雅》的注释

《尔雅》是研读经典的桥梁,但它言辞古奥,很难读懂,所以问世不久,就有人为之作注。最早的注解是汉武帝时犍为文学所作。汉代还有刘歆、樊光、李巡、孙炎四家注解。汉人的注本皆已失传,现存最早的注本是晋郭璞的《尔雅注》三卷。郭璞注解此书,“缀集异闻,会粹旧说。考方国之语,采谣俗之志。错综樊孙,博关群言”,历经十八年。他增加注音,解释疑难,阐发体例,指出训诂来源,引用晋代方言俗语进行印证,而且书内还附有图释,对《尔雅》中的名物进行形象说明,可惜所附的图现已失传。郭璞才高学博,此注一出,即为世所重,流传于今。

郭璞之后,又有沈旋、施乾、谢峤、顾野王、裴瑜、陆德明、郑樵等人先后为《尔雅》作注。北宋邢昺为郭璞的《尔雅注》作疏,这就是收入《十三经注疏》中的《尔雅注疏》。邢疏对郭注有补阙之功。

清代《尔雅》的注疏有十种之多,尤以邵晋涵的《尔雅正义》和郝懿行的《尔雅义疏》为个中翘楚,其中又以郝疏的成就为最高。今人周祖谟又有《尔雅校笺》,考证精详,甚为流传。

(二)《尔雅》的影响

《尔雅》问世以来,受到历代学者的重视,前人把它列为《十三经》之一,推崇备至。郭璞在《尔雅注序》里说:“《尔雅》者,所以通诂训之指归,叙诗人之兴咏,总绝代之离词,辩同实而殊号者也。”对它的作用和意义做了高度的概括和肯定。今天看来,《尔雅》的重要性主要体现在以下两方面:

首先,《尔雅》是我国的第一部词典。《尔雅》中保留了大量的上古词汇和训诂资料,这些资料是我们理解阅读古代文献的重要依据,尤其对于阅读古奥晦涩的先秦文献,《尔雅》是必不可少的重要工具书。

其次,《尔雅》同时是训诂学的第一部巨著。我国的训诂学萌芽于先秦,但在《尔雅》之前,训诂学资料只是零星存在于文献之中。《尔雅》把春秋战国到秦汉之间的训诂资料汇集为一书,对词汇进行了全面、系统的整理和研究,奠定了训诂学的坚实基础。作为开创性著作,《尔雅》也为《释名》及后来的雅书树立了典范,它释词的体例长时期地影响到后代同类作品,它探索词义的思维方式对后世词汇学研究有不可忽略的启示作用。

【参考文献】

[1][晋]郭璞注,[宋]邢昺疏.尔雅注疏[M].上海:上海古籍出版社,2010.

[2][清]阮元校刻.十三经注疏[M].北京:中华书局,1996.

[3][清]郝懿行.尔雅义疏[M].上海:上海古籍出版社,1983.
[4][汉]班固.汉书[M].北京:中华书局,1962.
[5][清]永瑢等.四库全书总目[M].北京:中华书局,1965.
[6][清]王念孙.广雅疏证[M].北京:中华书局,1983.
[7][清]王引之.经义述闻[M].南京:江苏古籍出版社,2000.
[8]黄侃,黄焯.尔雅音训[M].北京:中华书局,2016.
[9]王力.中国语言学史[M].北京:中华书局,2013.
[10]濮之珍.中国语言学史[M].上海:上海古籍出版社,2002.
[11]齐佩瑢.训诂学概论[M].北京:中华书局,2004.
[12]周大璞.训诂学初稿[M].武汉:武汉大学出版社,2011.
[13]刘又辛,李茂康.训诂学新论[M].成都:巴蜀书社,1989.

（撰稿人:杨波）

《释名》导读

一、《释名》的概况

(一)《释名》的作者

《释名》的作者刘熙,字成国,北海人。“熙”也作“熹”。[①]刘熙此人,《后汉书》无传,事迹颇少可据,《释名》或题为“汉征士北海刘熙”,或题为“汉安南太守刘熙”。据毕沅《释名疏证序》考证,刘熙是汉末或魏受禅以后之人,郝懿行《刘熙释名考》则认为其是建安时人。综合而言,刘熙应该是汉末魏初人。

《释名》是刘熙所作,原无可疑,但《后汉书·文苑传》又云:“刘珍,字秋孙,一名宝,南阳蔡阳人也……又撰《释名》三十篇,以辩万物之称号云。”刘珍《释名》与刘熙所作,书名相同,篇章相近,著书宗旨类似,但刘珍是安帝时人,时代距刘熙至少五十年,所以应该是汉时有两《释名》,刘珍《释名》早佚,刘熙《释名》流传至今。毕沅据《后汉书》所载刘珍事及《三国志·吴志·韦曜传》韦昭狱中上辞,[②]怀疑《释名》最早兆于刘珍,成书于刘熙,至韦昭又补官职之阙。

(二)《释名》的宗旨

刘熙在《释名·序》中阐述了他的著作宗旨,他说:“夫名之与实,各有义类,百姓日称而不知其所以之意,故撰天地、阴阳、四时、邦国、都鄙、车服、丧纪,下及民庶应用之器,论叙指归,谓之释名。”书名“释名”,就是要说明人们习焉不察的事物名称的来源。

二、《释名》的内容

(一)《释名》的篇章

《释名》全书八卷,二十七篇。仿照《尔雅》,按照词语的意义类别分别篇章。篇目名

① 《颜氏家训·音辞篇》云:“刘熹制《释名》。”

② 韦曜即韦昭,避讳改为曜。其狱中上辞云:“见刘熙所作《释名》,信多佳者。然物类众多,难得详究,故时有得失。而爵位之事,又有非是……作《官职训》及《辩释名》各一卷。”

称如下：

《释天》,解释有关天象、干支、灾异的词语。

《释地》,解释有关地理的词语。

《释山》,解释有关山岳的词语。

《释水》,解释有关河流、沟渠、岛屿的词语。

《释丘》,解释有关高地的词语。

《释道》,解释有关道路的词语。

以上为卷一。

《释州国》,解释九州、列国、郡县、里居的名称。

《释形体》,解释人体各部位的名称。

以上为卷二。

《释姿容》,解释有关人身坐行跪起、寝动言笑各类姿态的词语。

《释长幼》,解释人从幼至老各个阶段的称呼。

《释亲属》,解释从父母、婚姻而来的各种亲属名称。

以上为卷三。

《释言语》,解释常用的名词、动词、形容词。

《释饮食》,解释有关饮食的动词和食品、酒醴的名称。

《释采帛》,解释有关颜色、纺织的词语和各种纺织品的名称。

《释首饰》,解释冠巾簪珥等首饰的名称。

以上为卷四。

《释衣服》,解释衣裳鞋履的名称。

《释宫室》,解释屋宇、城郭、亭台、仓廪各类建筑物和柱梁堂室等室内组成的称呼以及少量有关建筑的动词。

以上为卷五。

《释床帐》,解释有关床席帐幄的词语。

《释书契》,解释笔墨纸砚及有约敕作用的各类文体的名称。

《释典艺》,解释诗书礼易等典籍和诏令诔碑等文体名。

以上为卷六。

《释用器》,解释各种农具名称。

《释乐器》,解释乐器名以及少量关于歌咏的动词。

《释兵》,解释各种兵器名称以及用于军事的旗鼓之名。

《释车》,解释各种用途的车名以及车的部件名。

《释船》,解释船名和船的部件名。

以上为卷七。

《释疾病》，解释各种疾病的名称。

《释丧制》，解释有关死亡、丧服、葬具、祭祀、埋葬等的词语。

以上为卷八。

《释名》所释，大约有一千五百零二事，内容超出《尔雅》。《释名》的篇目，和《尔雅》比较，情况如下：

篇名内容相同的有：《释天》《释山》《释水》《释兵》；又《尔雅》的《释宫》《释乐》，《释名》称为《释宫室》《释乐器》。

《尔雅》有而《释名》没有的：《尔雅》释一般词语的《释诂》《释言》《释训》，释植物名称的《释草》《释木》，释动物名称的《释虫》《释鱼》《释兽》《释畜》。

《尔雅》有而《释名》扩展的：《尔雅》的《释地》，《释名》扩展为《释地》《释道》《释州国》三篇；《尔雅》的《释亲》，《释名》扩展为《释长幼》《释亲属》两篇；《尔雅》的《释器》，《释名》扩展为《释采帛》《释首饰》《释床帐》《释用器》《释兵》《释车》《释船》七篇。

《尔雅》没有而《释名》新增的：《释形体》《释姿容》《释言语》《释饮食》《释书契》《释典艺》《释疾病》《释丧制》。

(二)《释名》的体例

《释名》用声训法释词，即用音同或音近字注释，同时说明语源。前人分析《释名》的注释体例，以顾广圻和杨树达划分最为允洽。

顾广圻《释名略例》[①]按照被释字和用来解释之字的字形异同，把《释名》注释分为本字和易字两大类：本字类即用相同的字解释，易字类即用不同的字解释。大类下又细分为十小类，具体划分如下：

本字类：如"冬曰上天，其气上腾，与地绝也。"(《释天》)，以"上"释"上"。

叠本字类：如"春曰苍天，阳气始发，色苍苍也。"(《释天》)，以"苍苍"释"苍"。

本字而易字类：如"宿，宿也。星各止宿其处也。"(《释天》)，用"宿"的"止宿"之义释"星宿"义。

易字类：如"天，显也，在上高显也。"(《释天》)，以"显"释"天"。

叠易字类：如"云，犹云云，众盛意也。"(《释天》)，以"云云"释"云"。

再易字类：如"腹，复也，富也。"(《释形体》)，先以"复"释"腹"，再以"富"释"腹"。

转易字类：如"兄，荒也；荒，大也。"(《释亲属》)，先以"荒"释"兄"，又以"大"释"荒"。

省易字类：如"绨，似蛡虫之色绿而泽也。"(《释采帛》)，如不省，当为"绨，蛡也。似蛡虫之色绿而泽也"，省"蛡也"二字。

省叠易字类：如"夏曰昊天，其气布散颢颢也。"(《释天》)，如不省，当为"夏曰昊天，昊犹颢颢，其气布散颢颢也"，省"昊犹颢颢"四字。

① 王先谦：《释名疏证补》，上海古籍出版社，1984，第13页。

易双字类：如“摩娑，末杀也。”（《释姿容》），以“末杀”双字释“摩娑”双字。

杨树达《释名新略例》[1]按照被释字和用来解释之字的读音异同，把《释名》的解释分同音、双声、叠韵三大类，大类下又可细分为九类，具体情况如下：

同音类包括以本字为训、以同音字为训、以同音符之字为训、以音符之字为训、以本字之孳乳字为训五类。如“雨，羽也，如鸟羽动则散也。”（《释天》），以“羽”释“雨”，即以同音字为训。“陽，揚也，气在外发揚也。”（《释天》），以“揚”释“陽”，二字皆以“昜”为声符，即以同音符为训。“臀，殿也，高厚有殿遻也。”（《释形体》），以“殿”释“臀”，“殿”为“臀”之音符，即以音符之字为训。

双声类包括以双声字为训、以近纽双声字为训、以旁纽双声字为训三类。如“震，战也，所击辄破，若攻战也。”（《释天》），以“战”释“震”，战震双声，即以双声字为训。“寡，踝也，踝踝单独之言也。”（《释亲属》），以“踝”释“寡”，即以近纽双声字为训。

叠韵类只有以叠韵字为训一类。如“月，缺也，满则缺也。”（《释天》），以“阙”释“月”，即以叠韵字为训。

（三）《释名》的局限

1. 释义上有不科学的地方

刘熙为每个词寻找语源，在释义的时候，出现了一些随意、不科学的地方。主要表现在以下方面：

数词一训。多词用一词解释，而不进一步说明其间的音义关系。如《释天》的“木”“卯”“雺”，《释形体》的“毛”“髦”“眸”，《释亲属》的“母”，《释首饰》的“牟”“帽”，《释兵》的“矛”，都释作“冒也”，这十词之间的关系如何，未见解释。由此可见，刘熙在探求语源上止步于找音义相关的词做解释，而没有形成系统的、全局性的语源学观念。

一词数训。一个词本来只有一个语源，刘熙却为一些词找出了两个语源，显示出他在语源探求上的随意性。如《释书契》：“书，庶也，纪庶物也；亦言著也，著之简纸，永不灭也。”有时候，他找出的两个语源其实有音义联系，比如《释天》：“火，化也，消化物也；亦言毁也，物入其中皆毁坏也。”“化”“毁”其实音义相通，而刘熙没有意识到。刘熙甚至给那些由于古今不同或者方言差异而不同的每个读音都找出意义来源。比如《释车》：“车，古者曰车声如居，言行所以居人也；今曰车，车，舍也，行者所处若车舍也。”《释天》：“天，豫、司、兖、冀以舌腹言之，天显也，在上高显也；青、徐以舌头言之，天坦也，坦然高而远也。”

一词重现。同一个词，在不同的篇卷重出。如“仇矛”，在《释用器》中出现，释为“仇矛，雠也。所伐则平，如讨仇雠也”；又在《释兵》中出现，释为“仇矛，头有三叉，言可以讨仇敌之矛也”。

① 杨树达：《积微居小学金石论丛》，上海古籍出版社，2013，第233页。

2. 把音义之间的关系绝对化，释义带有极大的主观性

刘熙确立的“名之与实，各有义类”原则，本来是正确的，但是他把音义关系绝对化、扩大化，给每个词都要找到语源，在寻找语源时又常常是任意找音同或者音近的词，这样就未免有穿凿附会之处。语言声音和意义之间的自然联系，实际上是不存在的。用某一语音表达某一意义，是社会约定俗成的。语音和语义的联系，是词汇在发展演变的过程中形成的。探求语源，必须是在大量材料的基础上进行科学的实证，而非任意联想，主观臆断。刘熙不明此理，把一些仅是读音相同或者接近而并无语义联系的词牵合到一处，有些地方的解释是错误的。比如《释言语》：“公，广也。可广施也。”“广”本是“光大”义，与“光”同源，与“公”没有语义联系。刘熙还有一些解释，甚至是荒唐的，或者是带有迷信色彩的。如《释典艺》：“八索。索，素也，著素王之法，若孔子者圣而不王，制此法者八也。”用汉人后出的“素王”之说，来解释前代典籍的命名。又如《释疾病》：“疫，役也，言有鬼行役。”把疫病的原因解释为鬼行役。

3. 把联绵词当成合成词，分开探求语源

联绵词是两个音节合在一起表示一个完整的意义，《释名》却把它们当成合成词，拆开来分别探求语源。如《释天》：“又曰辟历，辟，折也，所历皆破折也。”“辟历”本是合两个音节以象声，刘熙分拆成“辟”“历”两字解释。又如《释姿容》：“匍匐，小儿时也。匍犹捕也，藉索可执取之言也。匐，伏也，伏地行也。人虽长大，及其求事尽力之勤，犹亦称之。《诗》曰‘凡民有丧，匍匐救之’是也。”“匍匐”本是联绵词，又作“扶服”“蒲服”“蒲伏”，刘熙也分拆成“匍”“匐”两字分别解释。

三、《释名》的注释和影响

（一）《释名》的注释

清人校勘注释《释名》者颇众。毕沅作《释名疏证》八卷，篇末附《续释名》和《释名补遗》。又有顾广圻校勘《释名》，成蓉镜作《释名补证》，吴翊寅作《释名疏证校议》，王先谦参酌诸作，作《释名疏证补》。另有孙诒让《札迻》中关于《释名》的有三十九条。

（二）《释名》的影响

《释名》虽有不足，但是对后世的影响依然巨大。其重要性主要体现在以下方面：

首先，《释名》是我国第一部声训词典。声训萌芽于先秦，在《尔雅》《说文解字》以及各家注释中都有应用，但把它作为理论纲领贯穿全书，《释名》却是第一个。刘熙突破文字的局限，以语音来探求意义，启发了后来的“右文说”和“以声求义”的研究方法。清人在语源研究上的重大成就，得益于《释名》甚多。从这个意义上说，《释名》可以看作我国语源研究的开山之作。

其次,《释名》在语音研究上有重大价值。一是在方法上,刘熙不但引入方音进行比较研究,而且对读音采取了近似今天的描写语音学的方法,出现描述发音部位和发音方法的"舌腹""舌头""横口""合唇"等术语,在一千七百多年前实属难能可贵。二是在材料上,声训是用音同或者音近的字做注释,被释字和用来注释之字存在双声或者叠韵关系,客观上保留了大量上古音的语音材料。另外他用方音说明语源,也给我们留下了古代的方音资料。如《释疾病》:"癣,徙也。浸淫移徙处日广也。故青、徐谓癣为徙也。"由此我们知道"癣"汉末在青、徐二地读"徙"。

最后,《释名》保留了大量有价值的词义资料,对研究词汇的发展有不可忽略的作用。比如"眼,限也。童子限限而出也。"(《释形体》),可知"眼"的本义其实是眼珠。同时,研究比较《释名》和《尔雅》《说文》以及古书注释中释名物的同异,对全面了解古代的训诂,也有重要参照作用。

【参考文献】

[1][汉]刘熙.释名[M].北京:中华书局,2016.
[2][清]王先谦.释名疏证补[M].上海:上海古籍出版社,1984.
[3][南朝宋]范晔.后汉书[M].北京:中华书局,1965.
[4][晋]陈寿.三国志[M].北京:中华书局,2007.
[5][清]永瑢等.四库全书总目[M].北京:中华书局,1965.
[6][清]孙诒让.札迻[M].北京:中华书局,2009.
[7]杨树达.积微居小学金石论丛[M].上海:上海古籍出版社,2013.
[8]王力.中国语言学史[M].北京:中华书局,2013.
[9]濮之珍.中国语言学史[M].上海:上海古籍出版社,2002.
[10]王宁.训诂学[M].北京:高等教育出版社,2010.
[11]许威汉.训诂学教程(第3版)[M].北京:北京大学出版社,2013.

(撰稿人:杨波)

《马氏文通》导读

一、《马氏文通》的作者简介

作者马建忠(1845—1900),字眉叔,江苏丹徒人,通晓英文、法文、拉丁文、希腊文;1875年留学法国,回国后曾经协助李鸿章办理洋务。

二、《马氏文通》的内容体例

《马氏文通》全书共十卷,分上下两册,其内容由四部分构成。

第一部分"正名",对书中的各种语法术语下定义,马氏称其为"界说"。"界说"总共二十三条。第二部分"实字",即实词,马氏将其分为五类,即名字、代字、静字、动字、状字。第三部分"虚字",即虚词,马氏将其分为四类,即介字、连字、助字、叹字。第四部分"句读","句"即"句子","读"则与主谓词组或分句大致相当。

三、《马氏文通》的语法体例[①]

总体而言,《马氏文通》的语法体系是比照拉丁语法体系建立的。具体来说,是在比照中有比较,包含中外比较、西语与西语比较,有时也归纳一些汉语特有的规律。

《马氏文通》的规模较宏大,其体系主要由以下几个层次构成:实字与虚字的类别;实字担任的句子成分(书中叫作"词");名字与代字在句读中的"位次";句、读、顿的结构与运用。《马氏文通》的语法体系主要包括以下内容:

(一)《马氏文通》的"字类"

1.《马氏文通》中的"字"

《马氏文通》所说的"字",有两种不同含义。

---

① 除特别注明外,本节内容主要参考了龚千炎:《中国语法学史》,语文出版社,1997,第31~45页。

一是指文字,即汉字。如:“夫言者,心之声也;而字者,所以记言也。”(381页)[①]

二是指能独立运用的语言单位,即词。如:“记言天下之事物者,则有名字,有代字;记言事物行止之状者,则有静字,有动字。”(381页)

有时同一句话中的多个“字”,所指不同。如:“汉文最浑厚,其名字多用双字。”(381页)前一个“字”指词,后一个“字”指汉字。

2.“字类”的“字”

《马氏文通》表示字类的“字”,不单包括单词,还包括顿(短语)和读(小句)。譬如“名字”一类中,“规模”“周公之事”“好德如好色者”等,都可称为“名字”,相当于名词性短语。《马氏文通》中只有代字、介字、助字、叹字是只指单词的。

3.“字类”划分

《马氏文通》把字分为实字和虚字两大类。实字包括名字、代字、动字、静字、状字五类,虚字包括介字、连字、助字、叹字四类。这九类字的划分,大体合理,直至今日,仍没有太大的变化。马氏将“实字”与“虚字”两个术语运用于语法研究,确系首创。[②]

4.“字无定类”

在字类划分上,马氏有一种比较重要的理论——“字无定类”。《马氏文通》说:“故字类者,亦类其义焉耳。”(23页)“字无定义,故无定类。”(24页)这一理论后来被黎锦熙进一步发展为“依句辨品,离句无品”的理论。

5.“字类假借”

为解决字无定类与字类划分的矛盾,马建忠提出了“字类假借”的方法,即先从一般用例中明确某一类字经常担任某种句子成分,碰到他类字来担任这种句子成分时,便说是假借他类字为该类字。例如经常担任语词(即谓语)的是动字,碰到代字、名字、静字、状字担任语词(不包括表词)时,就说是假借代、名、静、状为动字。又譬如名字经常担任起词、止词,如果动字、静字、状字担任起词、止词时,就说是假借动、静、状为名字。

但是,马氏的“字类假借”说与“字无定类”说是存在矛盾的。马氏在谈及字类假借时常说某字本属某类,如:

天之苍苍,其正色耶?(“苍苍”重言,本状字也,今假借为名。34页)

既然说是“本”为某类,那么某字还是有其定类的,这就与“字无定类”相矛盾了。

6.“名字辨音”与“动字辨音”[③]

《马氏文通》在论述字类研究时,提出了名字辨音和动字辨音的问题。

---

① 马建忠:《马氏文通》,商务印书馆,2007。文章中只标页码,引文未注出处者,均同此。

② 王海棻:《马氏文通与中国语法学》,安徽教育出版社,1991,第5页。

③ 同上书,第9页。

“名字辨音”讨论的是“同一字而或为名字，或为别类之字，惟以四声为区别者”（35页）。

“动字辨音”讨论的是“以音异而区为静字与动字者，或区为内、外动字者，或区为受动与外动者，且有区为其他字类者”（196页）。

(二)《马氏文通》的句子成分系统

《马氏文通》建立了我国语法史上第一个句子成分系统，主要源自拉丁语法。

书中将句子成分称作“词”，其句子成分系统主要有七个“词”。

1.“起词”和“语词”

这是书中提到的两个最主要的句子成分。

“起词”相当于主语。跟主语一样，起词有它的二重性。[①]正名章里，起词的定义是：“凡以言所为语之事物者，曰起词。”（24页）动字章里，起词的定义是：“言行之所自发者，曰起词。”（144页）从前一定义来看，起词是对语词而言的；从后一定义来看，起词是对止词而言的。

“语词”相当于谓语。《马氏文通》给语词所下的定义是：“凡以言起词所有之动静者，曰语词。”（24页）

2.“表词”

“表词”其实就是语词，也就是谓语。《马氏文通》没有为之专立界说，但在书中说道：“若语词言起词之何似、何若，状其已然之情者，当以静字为主。静字后乎起词而用作语词，所以断言其为何如也。惟静字为语词，则名曰表词。”（26页）

由此看来，马氏认为，动词做谓语时叫作“语词”，形容词做谓语时则应叫作“表词”。

3.“止词”

“止词”相当于我们所说的宾语，是外动字的连带成分。《马氏文通》里止词的定义是：“凡名代之字，后乎外动而为其行所及者，曰止词。”（25页）

4.“司词”

“司词”较简单，相当于我们所说的介词宾语。《马氏文通》给司词下的定义是：“凡名代诸字为介字所司者，曰司词。”（28页）

5.“转词”

《马氏文通》没有为“转词”专立界说，主要是在解释动字的连带成分和论句读时说到“转词”。

“转词”最为庞杂，通常有两大类型。一类是外动字带上止词又再转及的名字或代字。“外动行之及于外者，不止一端。止词之外，更有因以转及别端者，为其所转及者曰

① 段曹林：《中文经典名著导读》，化学工业出版社，2010，第137页。

转词。转词例有介字以先焉。”(145页)。如“其有功于子”(《孟子·滕文公下》)中的“子”。

另一类则是内动字所转及的名字或代字。“内动者之行不及乎外,故无止词以受其施,内动之不得转为受动者此也。而施者因内动之行,或变其处焉,或著其效焉,要不能无词以明之,是即所谓转词也。”(166页)如,记所至之处“子之武城”(《论语·阳货》)中的“武城”。

由此可见,转词可以带上介字,也可以不带介字。若带上介字,转词与止词的界限就比较清楚;若不带介字,二者的界限就不大清楚,存在划界的问题。其实,转词与司词密切相关,二者所指实为同一对象。这个对象对介字来说叫作“司词”,属于短语结构的问题,而对动字来说则叫作“转词”,属于句法问题。①

6.“加词”

《马氏文通》的加词也有两种不同的类型。一种是“介字与其司词,统曰加词”(28页),相当于介词短语,因此并不算是一种句子成分。另一种是“凡名、代、动、静诸字所指一,而无动字以为联属者,曰加词”(106页),相当于同位语以及外位成分,如“礼义廉耻,是为四维”(《汉书·贾谊传》)中的“礼义廉耻”。

《马氏文通》所立的词名,除上面谈到的七类词以外,还有两个“词”:断词和状词。其中“词”也常写作“辞”,是不太正式的成分名称。断词又称决词;状词又称状语。

此外,还有两个不怎么多讲的“词”,那就是“前词”和“后词”。“前词”是代字所代的词语,相当于西方语法书中的“先行词”。“后词”则是针对疑问代词的答语。

(三)《马氏文通》的位次说

《马氏文通》分析句子,除了用“词”这套术语外,还根据西方语法学里“格”的概念为汉语设立了“次”的概念,将其作为辅助性手段。他给“次”下的定义是:“凡名、代诸字在句读中所序之位,曰次。”(27页)

1.六“次”

拉丁语的名词有六个格:主格、宾格、与格、属格、呼格、夺格。《马氏文通》为汉语所设的“次”也是六个,即主次、宾次、正次、偏次、前次、同次。这与拉丁语的六格虽不是一一对应,却也并非偶然巧合。汉语没有形态变化,与西语毕竟不同。汉语所谓的“次”,只能表示名词、代词和其他词之间的相互关系(在句中的位置)及其“孰先孰后”的次序。②

这六个次,其实不在同一个平面上,实为三根轴。主次、宾次皆可居正次,即“凡在主宾次而为偏次所先者,亦曰正次”(27页)。

① 龚千炎:《中国语法学史》,语文出版社,1997,第40页。
② 王海棻:《马氏文通与中国语法学》,安徽教育出版社,1991,第90页。

前次、同次也不是基本的次,换句话说,主、宾、偏都能居前次,而同次则或同于主次,或同于偏次。即“凡主、宾、偏三次皆可为同次,则皆得为前次”(102页)。

2.“主次”和“宾次”

《马氏文通》提到的“主次”有四类:起词、表词、呼语、题名。“宾次”除动字的止词、转词,介字的司词外,还提到了另一种宾次,即“更有名字不为起词,而置先动字,或言所事之缘由,或言所用之官,或状形似者,皆可视同宾次”(101页)。

3.“偏次”和“正次”

“偏次”和“正次”二者互为依存,偏是相对正而言的,正也是相对偏而言的。

《马氏文通》说:“凡数名连用而意有偏正者,则正意位后,谓之正次。凡数名连用而意有偏正者,偏者居先,谓之偏次。”(27页)偏次相当于偏正结构的定语,正次相当于偏正结构的中心语。偏次和主次、宾次是基本的次,正次则不是基本的次,因为分析到最后,正次不是主次、宾次,就是偏次。①

4.“前次”和“同次”

“前次”和“同次”也是互为依存的概念。马建忠说:“凡名代诸字,所指同而先后并置者,则先者曰前次,后者曰同次。”(102页)同次之例有二:其一,用如表词者,如“其文约,其辞微,其志洁,其行廉”(《史记·屈原贾生列传》)中的“约、微、洁、廉”四字,各表其起词而与之同次;其二,用如加语者,如“乃求为秦相文信侯吕不韦舍人”(《史记·李斯列传》)中“秦相文信侯”为官名,加在本名“吕不韦”之前,二者都居偏次。

不难发现,“词”的理论确实有助于分析汉语句子,但似乎并不需要再增加“次”的名目。一方面,“次”和“词”大都重复,譬如主次和起词、表词,宾次和止词、司词、转词。另一方面,汉语的名字、代字并没有格的变化。

(四)《马氏文通》的句读系统

句和读是《马氏文通》中两个重要的述语。马建忠称:“是书本旨,专论句读。”他认为,“凡有起词、语词而辞意已全者曰句,未全者曰读”(385页)。换句话说,“句”就是表达一个完整意思的句子,“读”则大致相当于主谓词组、主谓结构的从属分句。由于深受西方语法影响,马氏认为,句和读都必须具有起词和语词。

1.“句”

“句”即句子。《马氏文通》建立了我国第一个句子系统。

马建忠从句与读的关系出发,把句子分成三类:一是“与读相联者”,相当于主从复句;二是“舍读独立者”,相当于联合复句;三是“不需读而惟需顿与转词者”,相当于简单句。

---

① 龚千炎:《中国语法学史》,语文出版社,1997,第41页。

2."读"

《马氏文通》的"读"属于语法单位,与传统语文学里"句读"的"读"不同,并不是指诵读时的小停顿。"读"大致相当于主谓词组或分句。[①]

3."顿"

《马氏文通》给"顿"下的定义是:"凡句读中,字面少长,而辞气应少住者,曰顿。顿者,所以便诵读,于句读之义无涉也。"(404页)这里的"顿"与传统语文学的"读"大致相当,指的是诵读的小停顿。

四、《马氏文通》的主要贡献和影响

《马氏文通》是我国第一部系统的语法研究著作。吕叔湘先生在《重印马氏文通序》中说:"《马氏文通》已经出版八十多年了,可还是值得一读。它是我国第一部讲语法的书,研究中国语法学史的人当然非读不可。"《马氏文通》为我国汉语语法学史做出了重要贡献。

第一,《马氏文通》为汉语语法学的建立奠定了基础,使汉语语法研究成为独立的部门。

第二,《马氏文通》创立了一个完整的汉语语法体系,不仅提出了许多新的概念模式,而且建立了一个较完备的组织结构,包括了九个字类、七个词类以及顿、读、句等。

第三,《马氏文通》第一次系统揭示了古汉语语法的特点。理论上有独到的见解,研究方法也较注重汉语传统和实例分析。马氏划分汉语词类,特设"助字"一类,指出了汉语"介字"的多种特点和功能,同时注意到了汉语特有的量词的特殊功用。另外,对汉语的虚词和语序也有颇多关注。十卷《马氏文通》,有三卷研究虚字。书中对语序的结构规律及其重要性,也有较全面的论述。

《马氏文通》以后,一大批文言语法著作相继涌现。

有些书单纯模仿,大多数则参照英文文法对《马氏文通》进行补充和修正,其中较有影响的有:章士钊《中等国文典》(1907),胡以鲁《国语学草创》(1913),刘复《中国文法通论》(1920),陈承泽《国文法草创》(1922),金兆梓《国文之研究》(1922),杨树达《高等国文法》(1930)等。这些书大都重词法,轻句法,但又各有所长,有的材料丰富,有的体系创新,有的观点新颖,有的理论性强,对中国语法学的发展起了一定的作用。

---

① 濮之珍:《中国历代语言学家评传》,复旦大学出版社,1992,第414页。

【参考文献】

[1]龚千炎.中国语法学史[M].北京:语文出版社,1997.

[2]马建忠.马氏文通[M].北京:商务印书馆,2007.

[3]王海棻.马氏文通与中国语法学[M].合肥:安徽教育出版社,1991.

[4]段曹林.中文经典名著导读[M].北京:化学工业出版社,2010.

[5]濮之珍.中国历代语言学家评传[M].上海:复旦大学出版社,1992.

（撰稿人:王春玲）

《史通》导读

唐代杰出史学家刘知几所著《史通》是我国第一部史学理论专著。[①]全书主要评论史书体例与编撰方法，兼述史籍源流与前人修史之得失。其所提出的史学主张，对后世史学研究有很大影响。

《史通》亦是我国第一部从史论角度谈修辞的著作。“在论述写史的原则、标准和方法的同时，提出了颇为系统的史体修辞理论。”[②]

《史通》同时渗透着怀疑、批判、求实、开创的精神，从古文献学角度看，也有多方面的成就和影响。

一、作者刘知几简介

刘知几（661—721），字子玄，彭城（今江苏徐州）人，唐代著名史学家。刘知几出身于官僚世家，有着家学渊源，自幼喜好史学，博览群书。《史通》之《自叙》篇云：

先君奇其意，于是始授以《左氏》，期年而讲诵都毕……次又读《史》《汉》《三国志》。既欲知古今沿革，历数相承，于是触类而观，不假师训。自汉中兴已降，迄乎皇家实录，年十有七，而窥览略周。其所读书，多因假赁，虽部帙残缺，篇第有遗，至于叙事之纪纲，立言之梗概，亦粗知之矣。

刘知几二十岁考中进士，先后任获嘉（今河南获嘉）县主簿、定王府仓曹，其间用心研究历史。《自叙》篇又云：

① 高国抗：《中国古代史学史概要》，广东高等教育出版社，1985，第180页。

② 宗廷虎：《刘知几的修辞观——我国第一部史论修辞著作〈史通〉评说》，《扬州师院学报》（社会科学版）1988年第2期，第53~62页。

旅游京洛，颇积岁年，公私借书，恣情披阅。至如一代之史，分为数家，其间杂记小书，又竞为异说，莫不钻研穿凿，尽其利害。加以自小观书，喜谈名理，其所悟者，皆得之襟腑，非由染习。

参与编撰关于儒、佛、道三教典故类书《三教珠英》之后，刘知几四十二岁始任著作佐郎、左史、著作郎、秘书少监等史职，但修史期间时被干预，个人见解难以体现，遂发愤写作《史通》。又终因"于时小人道长，纲纪日坏，仕于其间，忽忽不乐"(《史通·忤时》)，遂辞去史官之职，集中精力撰写《史通》。历时九年，至唐中宗景龙四年(710年)，《史通》全书完成。

二、《史通》的史论体例与内容

《史通》是一部价值很高的史学名著，它总结了唐以前史学的成就和问题，既有史学体例、编纂方法及史官制度等史学理论，又有评论史事、研讨史籍得失、考订史事正误异同等史学批评，为我国的史学评论开辟了道路，对后世影响深远。

《史通》全书约九万言，共二十卷，分内篇、外篇各十卷共五十二篇，均为专题论文的形式。内篇共三十九篇[①]，阐述史书源流、体例、史书写作的原则与编撰方法；外篇共十三篇，论述史官建置沿革，评说古人史书得失。内外篇相互联系补充，体系较为严整。

现存四十九篇含括内容丰富，相互关联处很多，很难划分也不必强行细分各篇论述的内容，我们大体将之分为四个部分[②]：

(一)总论

主要包括内篇之《六家》《二体》《杂述》和外篇之《古今正史》《史官建置》五篇。总论部分概述史学各家的源流发展；编年、纪传两种史体的特点与得失；历代史学发展情况及史官设置的沿革、才具及人选等。

《史通》之《六家》篇将唐以前史著分为"正史"与"杂史"两类。

"正史"中又按著作源流分为"六家"：一曰《尚书》家，二曰《春秋》家，三曰《左传》家，四曰《国语》家，五曰《史记》家，六曰《汉书》家。又以《春秋》《史记》为引，按史著的体例分为"二体"：编年体和纪传体。

在《杂述》篇中，则按内容分"杂史"为十种：一曰偏纪，二曰小录，三曰逸事，四曰琐言，五曰郡书，六曰家史，七曰别传，八曰杂记，九曰地理书，十曰都邑簿。

(二)史体论

内篇之《载言》《本纪》《世家》《列传》《表历》《书志》《论赞》《序列》《题目》《断限》《编

① 内篇之《体统》《纰缪》《弛张》三篇已佚，仅存目。
② 杨绪敏：《〈史通〉与〈文心雕龙〉的比较研究》，《黄淮学刊》(社会科学版)1989年第4期。

次》《称谓》,共十二篇,论述史书各种体裁的源流、特点及得失。

(三)作史方法论

内篇之《采撰》《载文》《补注》《因习》《邑里》《言语》《浮词》《叙事》《品藻》《直书》《曲笔》《鉴识》《探赜》《摸拟》《书事》《人物》《核才》《序传》《烦省》《辨职》《自叙》等及外篇之《忤时》共二十二篇,主要论及史学家的个人修养及史书写作的方法。

(四)史学批评论

外篇中《疑古》《惑经》《申左》《点烦》《杂说上》《杂说中》《杂说下》《汉书五行志错误》《五行志杂驳》《暗惑》共十篇,指出经史中存在的史学思想和言语形式等方面的问题,揭示史学批评的方法及标准。

也应看到,《史通》对史书体裁的分别,尚限于总结过往,未有新见;认为史书编纂仅有编年、纪传二体,亦不够全面;对史书体例的整齐划一的强调略嫌过之,而对已往史书的批评亦存偏颇之处。

三、《史通》的史体修辞主张

在唐前期大规模撰修前史,史书较多涌现,史体修辞尚待总结的背景下,刘知几《史通》的修辞理论从史学角度着眼,结合史书写作的具体用例,较全面地论述了史体修辞问题,丰富和充实了修辞学的一般理论,对修辞学研究具有普遍意义。

《史通》在修辞理论上的贡献主要有以下三个方面。其一,概括史书修辞的总原则。即:史书叙事当简要质朴,"实录直书为贵",且提倡用"今语",反对机械搬用古语。其二,提出史书字句篇章修辞的要求,即:用词准确,表达省字省句、言简意赅,篇章结构完整、条理清晰。其三,论述史书修辞手法的具体运用,提倡用晦和避讳,主张拟古神似,反对俪辞和夸张。

(一)关于史体修辞的基本原则

《史通》主张史书写作应实录、直书和简要。

1."辩而不华,质而不俚","文而不丽,质而非野"

"辩而不华,质而不俚","文而不丽,质而非野",明确归纳了史体修辞风格的特点,既含括了刘知几对史书提出的"实录""直书"的修辞原则,同时也是其辩证思维方式的体现。《史通》之《叙事》《鉴识》两篇皆有论:

夫史之称美者,以叙事为先。至若书功过,记善恶,文而不丽,质而非野,使人味其滋旨,怀其德音,三复忘疲,百遍无斁,自非作者曰圣,其孰能与于此乎?(《史通·叙事》)

夫史之叙事也，当辩而不华，质而不俚，其文直，其事核，若斯而已可也。(《史通·鉴识》)

2."其文直"，"其事核"

上引《鉴识》篇内容，明确史书写作当"其文直"，亦主张"其事核"，即叙事简要。

"简要"是刘知几关于史书写作的基本修辞原则之一，主要因其不满于汉以后史书写作日显华丽浮靡的现状。这种"简要"并不是单纯缩减文字，而是言简意赅、文约意丰。如《史通》之《叙事》篇所述：

夫国史之美者，以叙事为工，而叙事之工者，以简要为主。简之时义大矣哉！历观自古，作者权舆，《尚书》发踪，所载务于寡事；《春秋》变体，其言贵于省文。斯盖浇淳殊致，前后异迹。然则文约而事丰，此述作之尤美者也。始自两汉，迄乎三国，国史之文，日伤烦富。逮晋已降，流宕逾远。寻其冗句，摘其烦词，一行之间，必谬增数字；尺纸之内，恒虚费数行。夫聚蚊成雷，群轻折轴，况于章句不节，言词莫限，载之兼两，曷足道哉？(《史通·叙事》)

(二)关于积极修辞方式

《史通》未对积极修辞方式做过多阐发，重点指出史书写作应当善于模拟、避讳和比喻，提倡委婉含蓄的"用晦"手法，并明确反对滥用骈俪和夸张，书中并结合史书实例探讨了部分修辞手法在史体写作中的运用。

1.对偶

关于骈偶形式，刘知几针对当时骈俪之风泛滥而致史书记事记言受到影响的现状进行了批评，指出史体修辞中应当反对滥用俪辞，此实亦其叙事尚简的修辞原则的反映。

其为文也，大抵编字不只，捶句皆双，修短取均，奇偶相配。故应以一言蔽之者，辄足为二言；应以三句成文者，必分为四句。弥漫重沓，不知所裁。(《史通·叙事》)

自梁室云季，雕虫道长。平头上尾，尤忌于时；对语丽辞，盛行于俗。始自江外，被于洛中。而史之载言，亦同于此。(《史通·杂说下》)

2.用晦

其所谓"用晦"，大体类似于今天所说的"含蓄""委婉"，即以精练简约的言语表达丰富深刻的内容，以收到意在言外的修辞效果。

《叙事》篇有论：

然章句之言，有显有晦。显也者，繁词缛说，理尽于篇中；晦也者，省字约文，事溢于句外。然则晦之将显，优劣不同，较可知矣。夫能略小存大，举重明轻，一言而巨细咸该，词组而洪纤靡漏，此皆用晦之道也。……斯皆言近而旨远，辞浅而义深，虽发语已殚，而含意未尽。使夫读者望表而知里，扪毛而辨骨，睹一事于句中，反三隅于字外。晦之时义，不亦大哉！(《史通·叙事》)

以上解说了史书写作之“用晦”手法的含义、特点和修辞效果，并结合史体修辞的具体特点进行了阐发。

3.“模拟”

《史通》对史体修辞方式有创新总结，提出史书写作中的“模拟”之法。《摸拟》篇云：

夫述者相效，自古而然。故列御寇之言理也，则凭李叟；扬子云之草《玄》也，全师孔公。符朗则比迹于庄周，范晔则参踪于贾谊。况史臣注记，其言浩博，若不仰范前哲，何以贻厥后来？盖摸拟之体，厥途有二：一曰貌同而心异，二曰貌异而心同。……其所拟者非如图画之写真，镕铸之象物，以此而似也。其所以为似者，取其道术相会，义理玄同，若斯而已。……大抵作者，自魏已前，多效《三史》，从晋已降，喜学《五经》。夫史才文浅而易摸，经文意深而难拟，既难易有别，故得失亦殊。盖貌异而心同者，摸拟之上也；貌同而心异者，摸拟之下也。(《史通·摸拟》)

上述“貌同而心异”“貌异而心同”两种师古模拟之法，其一指师其辞而不师其意，纯机械模仿；其二则反之，格式笔法上学古，而言语文辞或有不同但重神似。后人陈介白根据《史通》之说将“模拟”立为一种辞格，分“袭貌”“袭心”两类。[①]

《史通》认为，“模拟”是史书写作的一大技巧和难点，主张史书写作重视借鉴模仿，进而通变创新，这也是中国古代文论和修辞理论角度的新见解。

4.比喻

《史通》未专篇讨论比喻手法，但从其对部分史书写作比喻失当用例的批评，可以看到其较为务实的比喻观。[②]例如：

昔文章既作，比兴由生，鸟兽以媲贤愚，草木以方男女，诗人骚客，言之备矣。洎乎中代，其体稍殊，或拟人必以其伦，或述事多比于古。(《史通·叙事》)

《左传》称仲尼曰：“鲍庄子之智不如葵，葵犹能卫其足。”夫有生而无识，有质而无性

① 陈介白：《修辞学》(复制本)，开明书店，1931。

② 谭全基：《古汉语修辞学论文集》，商务印书馆国际有限公司，2008，第310~311页。

者，其惟草木乎？然自古设比兴，而以草木方人者，皆取其善恶薰莸荣枯贞脆而已。必言其含灵畜智，隐身违祸，则无其义也。寻葵之向日倾心，本不卫足，由人覩其形似，强为立名。(《史通·杂说上》之左氏传二条)

可见，刘知几反对泥古和牵强附会。他认为，《诗》《骚》之比喻"言之备矣"，汉代以来则少有创新；并指出《左传》"葵"之喻乃"强为立名"。

此外，《史通》还指出某些文学作品比喻空洞浮夸之失。例如：

若马卿之《子虚》《上林》，扬雄之《甘泉》《羽猎》，班固《两都》，马融《广成》，喻过其体，词没其义，繁华而失实，流宕而忘返，无裨劝奖，有长奸诈，而前后《史》《汉》皆书诸列传，不其谬乎！(《史通·载文》)

(三)关于消极修辞方式

《史通》认为，史书记录史实时，应慎重选择并准确使用包括虚字在内的词语，应非常重视史体写作中的篇章修辞。

1．虚词的使用

《史通》之《浮词》篇关于虚字(词)有论：

夫人枢机之发，亹亹不穷，必有徐音足句，为其始末。是以伊、惟、夫、盖，发语之端也；焉、哉、矣、兮，断句之助也。去之则言语不足，加之则章句获全。(《史通·浮词》)

并结合史体修辞的特点对史书叙事与虚词使用的相似性进行分析：

而史之叙事，亦有时类此。故将述晋灵公厚敛雕墙，则且以不君为称；欲云司马安四至九卿，而先以巧宦标目。所谓说事之端也。又书重耳伐原示信，而续以一战而霸，文之教也；载匈奴为偶人象郅都，令驰射莫能中，则云其见惮如此。所谓论事之助也。(《史通·浮词》)

2．篇章修辞

《史通》之《叙事》篇指出史书写作应重视篇章修辞：

夫饰言者为文，编文者为句，句积而章立，章积而篇成。篇目既分，而一家之言备矣。古者行人出境，以词令为宗；大夫应对，以言文为主。况乎列以章句，刊之竹帛，安可不励精雕饰，传诸讽诵者哉？(《史通·叙事》)

夫当时所记或未尽，则先举其始，后详其末，前后相会，隔越取同。(《史通·摸拟》)

以上论述主要谈及史体篇章修辞中的具体要求，旨在避免写作的杂乱无章、叙事不清。

《史通》之《因习》篇、《汉书五行志错误》篇还专项列举了《魏书》和《五行志》写作上的一些失误，进一步说明史书篇章须前后连贯、首尾呼应，此主张与其尊重历史真实的史体修辞原则亦相一致。

刘知几直面当时史学界的文风积弊，以发展的眼光看待史书写作，不仅结合具体的史书写作实例提出了关于史书写作的修辞要求，而且在《史通》文本写作实践中部分呈现了其修辞主张。综上，《史通》的史体修辞理论及其实践价值都值得进一步挖掘和探讨。

四、《史通》的文献学价值

从古文献学角度看，《史通》的主要成就体现于以下三个方面①：

(一)开“六经皆史”之先河

在汉以来的古文献学史上，《史通》可谓思想之一大解放，它冲破儒家经书的神圣观念，把《尚书》《春秋》《左传》等经传均作为史书或史料进行研究。认为《尚书》是记言之史：

盖《书》之所主，本于号令，所以宣王道之正义，发话言于臣下，故其所载，皆典、谟、训、诰、誓、命之文。(《史通·六家》)

《春秋》为记事之史：

逮仲尼之修《春秋》也，乃观周礼之旧法，遵鲁史之遗文；据行事，仍人道；就败以明罚，因兴以立功；假日月而定历数，藉朝聘而正礼乐；微婉其说，志晦其文；为不刊之言，著将来之法，故能弥历千载，而其书独行。(《史通·六家》)

《左传》为以事释《春秋》之作：

孔子既著《春秋》，而丘明受经作传。……观《左传》之释经也，言见经文而事详传内，若传无而经有，或经阙而传存。其言简而要，其事详而博，信圣人之羽翮，而述者之

① 孙钦善：《中国古文献学史简编》，北京大学出版社，2008，第228~235页。

冠冕也。(《史通·六家》)

同时,将《诗》《易》《礼》亦归属史籍:

昔仲尼以睿圣明哲,天纵多能,睹史籍之繁文,惧览者之不一,删《诗》为三百篇,约史记以修《春秋》,赞《易》道以黜八索,述《职方》以除九丘,讨论坟、典,断自唐、虞,以迄于周。

(二)创通史部目录

《史通》着重讲论史书体例、源流、编撰方法等,对史书编撰有指导意义,同时对史部目录学亦有贡献。

其一,关于史书体裁,《史通》归纳了"六家""二体",并对六家二体的长短得失一一做评述。《六家》篇以《尚书》《春秋》《左传》《国语》《史记》《汉书》六部史书代表唐以前史书编写的六种形式,即:记言、记事、编年、国别、通代纪传、断代纪传,又将"六家"归结为"二体",即:纪传、编年。其二,关于史注类别,《史通》归纳了训诂解释和广异补阙二体。其三,《史通》综考源流,序录史部文献,保存了不少佚书线索。

(三)重视考证辨伪

刘知几提出治史者应该具有"三长",即"才、学、识",尤以史识最为重要,他坚持客观理性地对待历史,提出"善恶必书",反对"曲笔诬书",主张史书写作以实录直书为贵,不掩恶,不虚美,且应考核征实,言必有征。

《史通》多篇散见有辨伪考证之说,《疑古》《惑经》篇还大胆辨及儒家经书之伪事伪辞,《杂说下》篇对史书记载致伪的原因也有分析。其所使用的辨伪方法亦多有可取之处,如:依据事实事理、参考可靠文献、分析史书背景等。

刘知几的辨伪思想和实践直接影响了中唐以后辨伪之学的复兴。

五、阅读建议

(一)版本选择

《史通》之流传至今的最早版本系明刻宋本,如万历五年(1567年)张之象刻本。万历三十年(1592年)张鼎思刻本,嘉靖十四年(1535年)陆深刻本等。李维桢在张鼎思刻本基础上乃有《史通评释》刻本。此后有郭孔延《史通评释》、王维俭《史通训诂》、黄叔琳《史通训诂补》等。

清代浦起龙将明清各种版本疏而汇之,予以互正,撰《史通通释》,刻于乾隆十七年(1752年),此即求放心斋刻本,流传较广。

今人王煦华校点整理《史通通释》，上海古籍出版社1978年初版，2009年修订再版。该著校勘详细，修订引书讹误多处，且附录陈汉章《史通补释》、杨明照《史通通释补》、彭仲铎《史通增释》等资料，是为目前之通行本。

(二)拓展比较

刘知几反对因袭古书，但并不排斥对前人成果的借鉴，他在《史通》之《摸拟》篇提出应重视借鉴模仿，进而通变创新；又在《自叙》篇提到六部对自己影响较大的著作，包括：扬雄《法言》、王充《论衡》、应劭《风俗通》、刘劭《人物志》、陆景《典语》、刘勰《文心雕龙》。

其中，《史通》的理论阐发和文本写作实践尤与《文心雕龙》关系密切。"在唐代，受《文心雕龙》影响最深的，莫过于刘知几的《史通》了。两书相去约二百年左右，一论文，一论史，但它们之间的继承、发展的关系是很明显的。"[①]胡应麟《少室山房笔丛》卷十三之乙部"史书占毕"指出："《史通》之为书，其文刘勰也而藻绘弗如。"[②]张舜徽亦明确指出，《史通》"论列史法，扬搉体例，则胎袭于《文心雕龙》者尤多……撰述是书，实在模拟《文心》。宜两书所言，多相符合"[③]。

从汉语修辞学角度看，论史的著作《史通》与论文的著作《文心雕龙》成书时间相对较为接近，关系也最为密切。唐代，尤其是初唐时期，关注《文心雕龙》的学者以史家群体较为突出，其中刘知几最先认识到《文心雕龙》的理论价值。傅振伦《刘知几年谱》云："知几之书多出于刘勰，故其书亦全模拟之，立意亦多取之也。"[④]该著还列举了《史通》与《文心雕龙》史学思想相同之处共十七条。另，杨明照《增订文心雕龙校注》之附录亦指出《史通》对《文心雕龙》的八处直接征引。

《史通》之《言语》《浮词》《叙事》《烦省》《模拟》等篇较多涉及史体修辞的探讨，虽未必直接征引，但实际均受到《文心雕龙》修辞理论的影响。刘知几以发展的眼光和批判继承的态度借鉴《文心雕龙》的史学思想及修辞理论体系，同时沿袭参照《文心雕龙》的骈文体制和篇章结构体例，在文体修辞风格、修辞手法的使用等方面对《文心雕龙》的文本实践也多有借鉴。

《史通通释》之《别本序》转载宋代黄庭坚云："论文则《文心雕龙》，评史则《史通》，二书不可不观，实有益于后学。"[⑤]其把《史通》与《文心雕龙》并列。另载黄叔琳语："书在文史类中，允与刘彦和之《雕龙》相匹，徐坚谓史氏宜置座右，信也。"[⑥]

上述可见，《文心雕龙》和《史通》这两部文、史巨著在我国学术史上均影响深远，且两者有着密切关联。阅读《史通》时，实宜与《文心雕龙》进行拓展比较，以深化理解，获益更多。

---

① 蒋祖怡：《文心雕龙论丛》，上海古籍出版社，1985，第266页。
② [明]胡应麟：《少室山房笔丛》，上海书店出版社，2001，第133页。
③ 张舜徽：《史学三书评议》，中华书局，1983，第98~99页。
④ 傅振伦：《刘知几年谱》，商务印书馆，1956，第21~27页。
⑤ [唐]刘知几著，[清]浦起龙通释，王煦华整理：《史通通释·别本序三首》，上海古籍出版社，2009，第1~2页。
⑥ 同上书，第2页。

【参考文献】

[1][唐]刘知几.史通通释[M].上海:上海古籍出版社,2009.

[2][明]胡应麟.少室山房笔丛[M].上海:上海书店出版社,2001.

[3]陈光磊等.中国修辞学通史·先秦两汉魏晋南北朝卷[M].长春:吉林教育出版社,1998.

[4]陈介白.修辞学(复制本)[M].上海:开明书店,1931.

[5]陈望道.修辞学发凡[M].上海:上海教育出版社,2006.

[6]程千帆.史通笺记[M].北京:中华书局,1980.

[7]范文澜.文心雕龙注[M].北京:人民文学出版社,1978.

[8]傅振伦.刘知几年谱[M].北京:商务印书馆,1956.

[9]高国抗.中国古代史学史概要[M].广州:广东高等教育出版社,1985.

[10]郭绍虞.中国文学批评史[M].天津:百花文艺出版社,2008.

[11]何越鸿.《文心雕龙》修辞研究[D].武汉:武汉大学博士学位论文,2015.

[12]黄侃.《文心雕龙》札记[M].上海:上海古籍出版社,2006.

[13]蒋祖怡.《文心雕龙》论丛[M].上海:上海古籍出版社,1985.

[14]孙钦善.中国古文献学史简编[M].北京:北京大学出版社,2008.

[15]谭全基.古汉语修辞学论文集[M].北京:商务印书馆国际有限公司,2008.

[16]汪春泓.文心雕龙的传播和影响[M].北京:学苑出版社,2002.

[17]王利器.文心雕龙校证[M].上海:上海古籍出版社,1980.

[18]杨明照.增订文心雕龙校注[M].北京:中华书局,2000.

[19]杨树达.汉文文言修辞学[M].北京:科学出版社,1954.

[20]杨绪敏.《史通》与《文心雕龙》的比较研究[J].黄淮学刊(社会科学版),1989(04).

[21]张莉明.论《文心雕龙》对《史通》的影响[D].济南:山东大学硕士学位论文,2012.

[22]张舜徽.汉书艺文志通释[M].武汉:湖北教育出版社,1990.

[23]张舜徽.史学三书评议[M].北京:中华书局,1983.

[24]郑远汉.修辞风格研究[M].北京:商务印书馆,2004.

[25]周振甫.中国修辞学史[M].北京:商务印书馆,2004.

[26]宗廷虎,李金苓.中国修辞学通史·隋唐五代宋金元卷[M].长春:吉林教育出版社,1998.

[27]宗廷虎.刘知几的修辞观——我国第一部史论修辞著作《史通》评说[J].扬州师院学报(社会科学版),1988(02).

(撰稿人:何越鸿)

现代汉语与对外汉语
名著导读

《语法讲义》导读

朱德熙先生(1920—1992)是我国著名的语言学家、古文字学家及教育家。在现代汉语语法研究方面,他着力运用西方结构主义语言学理论探讨汉语问题,既注重对具体语言事实的细致描写,也注重对语法规律的提取把握;既注重各种方言之间的横向比较,也注重古今汉语的纵向比较,从而引领汉语语法研究走上了全方位、多角度的道路。

朱先生的《语法讲义》一书,其底本是作者1961年至1962年在北京大学讲授现代汉语语法课程的讲义。该书从学科体系出发,对现代汉语语法的基础知识进行了极其详尽的描述,几乎论及了有关语法的方方面面;同时又能总结规律,在词法、句法问题上提出了许多独到见解。可以说,《语法讲义》既是作者系统阐述其现代汉语语法研究基本观点的一部专著,也是其运用结构主义语法理论分析汉语语法结构的一部力作。

该书出版虽已将近六十载(1981年曾增订一次),但作为现代汉语语法的入门读物,至今仍具有很强的学习指导意义。初学者通过阅读该书,能够建立比较明确的现代汉语语法知识框架。但由于术语更替、知识更新等原因,读者使用这本书时可能会产生些许的年代隔离感。以下结合笔者的教学经验,对该书的章节内容进行串联和梳理,以便读者理解。

该书(1981年版)共十八章。第一章"语法单位"介绍语素、词、词组(现在通常称为"短语")、句子等4种语法单位,其后十七章均围绕这4种展开。语法可分为词法和句法两部分。第二章"词的构造"讲词法,探讨语素如何组合成词的问题。其余十六章讲句法,即句子的内部构造,探讨词和短语的分类及词或短语如何组合成句等问题。

第三章"词类"主要介绍汉语词类的划分情况。参考该书第40页《词类表》可知,朱先生对词类的划分方法与现行的主流划分方法(如黄廖版《现代汉语》)在标准和数量上略有差异。读者可通过下表进行粗略比对(见下页)。

第三章又统摄第四章"体词"、第五章"谓词"、第六章"代词"、第十三章"介词"、第十四章"副词"及第十六章"语气词"。诸章分别具体介绍每个词类的下属细类、语法特点、常见词及其用法等。

现代汉语词类划分比较

<table>
<tr><th colspan="3">《语法讲义》</th><th colspan="4">现行主流划分方法</th></tr>
<tr><td rowspan="11">实词</td><td rowspan="8">体词</td><td>1. 名词</td><td rowspan="12">实词</td><td rowspan="7">体词</td><td rowspan="4">1. 名词</td><td>一般名词</td></tr>
<tr><td>2. 处所词</td><td>处所(名)词</td></tr>
<tr><td>3. 方位词</td><td>方位(名)词</td></tr>
<tr><td>4. 时间词</td><td>时间(名)词</td></tr>
<tr><td>5. 数词</td><td>2. 数词</td><td></td></tr>
<tr><td>6. 量词</td><td>3. 量词</td><td></td></tr>
<tr><td>7. 区别词</td><td>4. 代词</td><td>代名词</td></tr>
<tr><td>8. 代词(体词性)</td><td rowspan="3">谓词</td><td>代词</td><td>代谓词</td></tr>
<tr><td rowspan="3">谓词</td><td>代词(谓词性)</td><td>5. 动词</td><td></td></tr>
<tr><td>9. 动词</td><td>6. 形容词</td><td></td></tr>
<tr><td>10. 形容词</td><td rowspan="2">加词</td><td>7. 区别词</td><td></td></tr>
<tr><td colspan="2" rowspan="5">虚词</td><td>11. 副词</td><td>8. 副词</td><td></td></tr>
<tr><td>12. 介词</td><td colspan="2" rowspan="4">虚词</td><td>9. 介词</td><td></td></tr>
<tr><td>13. 连词</td><td>10. 连词</td><td></td></tr>
<tr><td>14. 助词</td><td>11. 助词</td><td></td></tr>
<tr><td>15. 语气词</td><td>12. 语气词</td><td></td></tr>
<tr><td colspan="2" rowspan="2"></td><td>16. 拟声词</td><td colspan="2" rowspan="2">特殊实词</td><td>13. 拟声词</td><td></td></tr>
<tr><td>17. 感叹词</td><td>14. 感叹词</td><td></td></tr>
</table>

第七章“主谓结构”、第八章“述宾结构”、第九章“述补结构”、第十章“偏正结构”、第十一章“联合结构”、第十二章“连谓结构”主要介绍现代汉语短语(朱称之为“结构”)的结构类型及现代汉语中的各类句法成分。考察短语内部的词际结构关系,现在通常将短语划分为主谓、动宾(朱称之为“述宾”)、中补(朱称之为“述补”)、偏正、联合、连谓、兼语、同位、方位、量词、介词、比况、“的”字、“所”字短语等14类,朱先生主要考察了前6类的具体情况。一般认为现代汉语的句法成分可分为9类,即主语、谓语、动语(朱称之为“述语”)、宾语、定语、状语、补语、中心语和独立语。朱先生在第七、八、九、十章中,分别设立小节对前8类成分的构成材料、成分之间的关联和异同进行了说明。

第十五章“疑问句和祈使句”、第十七章“复句”、第十八章“省略和倒装”主要以句子为考察对象。其中,第十五章探讨句类问题。句类即句子的语气类别,一般分为陈述句、疑问句、祈使句和感叹句4大类型。该章考察了疑问句和祈使句的特点和分类。第十七章探讨句型问题。句型即句子的结构分类,大体可分为单句和复句两类。该章考察了复句的基本特点。第十八章探讨句子的使用问题。句子在交际过程中,有时会根据语用需要,灵活地,动态地做出一些调整,这种语用上的变化主要可分为省略和倒装两种情况。

综上,笔者尝试用下表对《语法讲义》的章节梗概和知识脉络进行简要梳理和总结:

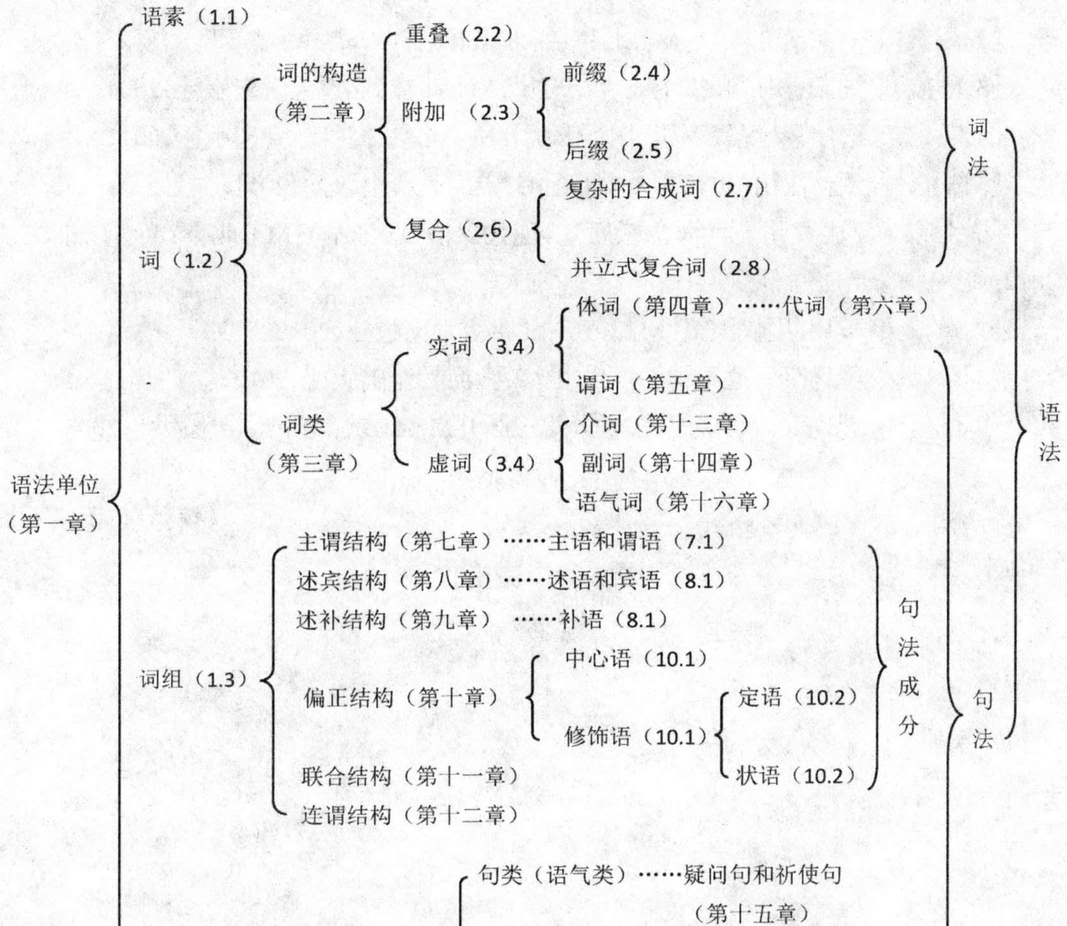

实际上,《语法讲义》的写作逻辑是非常严密的,章节安排也是非常合理的。例如朱先生将第十六章"语气词"列在第十五章"疑问句和祈使句"之后,便是考虑到语气词是句子语气的一种表达手段,二者之间存在着密切的关联。笔者在此不揣冒昧,参考现行的《现代汉语》教材的编写通例,对《语法讲义》的章节内容进行一定的对比与串联,希望能够加深读者对该书整体框架的理解和认识。囿于学力，对该书的解读可能会有所偏颇，尚请不吝指正。

此外，该书大概是限于篇幅，未专门谈及句式以及语义的问题，这也是需要指出的。

【参考文献】

[1]朱德熙.语法讲义[M].北京:商务印书馆,1982.

[2]马庆株.语法研究入门[M].北京:商务印书馆,1999.

[3]陆俭明,沈阳.汉语和汉语研究十五讲[M].北京:北京大学出版社,2004.

[4]黄伯荣,廖序东.现代汉语(增订五版)[M].北京:高等教育出版社,2011.

[5]胡裕树.现代汉语(重订本)[M].上海:上海教育出版社,2011.

[6]北京大学中文系现代汉语教研室.现代汉语(增订本)[M].北京:商务印书馆,2012.

[7]黄伯荣,李炜.现代汉语[M].北京:北京大学出版社,2012.

[8]邵敬敏.现代汉语通论精编[M].上海:上海教育出版社,2012.

[9]陆俭明.现代汉语语法研究教程(第三版)[M].北京:北京大学出版社,2005.

（撰稿人：董宪臣）

《汉字发展史纲要》导读

一、作者简介

刘又辛(1913—2010),原名刘锡铭,今山东省临清市人,中国著名语言学家。1934年考入北京大学中国文学系,师从罗常培、沈兼士、唐兰、闻一多、魏建功等学习语言文字学。1937年回家乡参加抗日活动,1944年复学至西南联合大学中文系,翌年毕业。毕业后留在昆明师范学院担任音韵学、中国语法、大一国文等课程的教学任务。新中国成立后任川东教育学院教授、语文系主任兼教务长。1952年院系调整,任西南师范学院(后改名为西南师范大学,2005年更名为西南大学)中文系教授。1992年获国务院颁发的政府特殊津贴。

刘又辛教授曾任中国语言学会理事、中国音韵学研究会顾问、中国训诂学研究会顾问、四川省语言学会副会长、《汉语大字典》编委等职。

刘又辛教授长期从事文字学、训诂学研究,先后出版《通假概说》(巴蜀书社,1988年)、《训诂学新论》(与学生李茂康合著,巴蜀书社,1989年)、《文字训诂论集》(中华书局,1993年)、《汉字发展史纲要》(与方有国合著,中国大百科全书出版社,2000年)、《刘又辛语言学论文集》(商务印书馆,2005年)等著作13部,发表论文90余篇,在汉字发展史、文字假借、汉语词族等研究方面卓有建树,在语言学界产生了重要影响。

方有国(1952—),重庆市忠县人,1976年毕业于西南师范学院中文系并留校任教。1986年西南师范大学中文系汉语史研究生学习,师从刘又辛教授和林序达教授。1989年毕业,获文学硕士学位。1989年任西南师范大学中文系讲师,1993年任副教授,1997年任硕士生导师,2001年任教授。

二、《汉字发展史纲要》值得关注的要点

《汉字发展史纲要》(以下简称《纲要》)是第一部全面研究汉字发展历史的著作，[①]主要从以下几个方面提出了一些值得关注的观点。

(一)汉字发展三阶段说

汉字的发展历史，传统认为即从大篆到小篆到隶书、楷书等古今字体的变化，并据以划分为几个历史阶段。刘又辛先生认为字体变化不是汉字发展中的本质变化，“只有文字构造方法的变化，文字构造类别数量的变化，才能说明汉字的本质变化”[②]。在此基础上，主张将汉字发展分为以下三个阶段：(1)图画文字阶段，商代以前的文字应该属于这个阶段；(2)表音文字阶段或假借字阶段，这个阶段以表形文字为基础，以表音文字为主体，从甲骨文到秦代的文字都属于这个阶段；(3)形音文字阶段，这个阶段以形声字为主体，还保留了一些表形字和表音字，从秦汉到现代汉字都属于这个阶段。

刘又辛先生的汉字发展“三阶段说”早在1957年就已经提出来了。[③]那时只是一个大胆的假设，后来根据这个设想考察了古今汉字的大量材料，反复验证，证明这个设想基本符合汉字发展的历史事实。汉字发展“三阶段说”，能很好地说明三四千年来汉字发展的历程，同时可以纠正国内外文字学家把汉字看作象形文字、表意文字或表音文字等举棋不定但都不准确的观点。

(二)比较文字学研究方法的运用

虽然很多文字学家如李天根、董作宾、蒋善国、刘又辛、裘锡圭、李静生、周有光、聂鸿音、王元鹿、方国瑜等先生在比较文字学领域做了很多工作，取得了丰硕的成果，但比较文字学作为一个新兴学科，还远远不够繁荣和成熟。[④]

《纲要》对比较文字学的比较方法进行了示范。《纲要》中用了三种方法进行了比较：一是用纳西象形文字同甲骨文做构型方法的比较，用以推测甲骨文以前的原始汉字情况，又从二者形声字的异同说明汉字向形声字方向发展的趋势。二是用甲骨文、金文中的三类文字(表形字、假借字、形声字)同秦汉文字做比较，用统计法说明三类文字的重大比例变化，当作划分古今汉字两个阶段的标准。三是用汉字体系同拼音文字体系的文字比较，重新拟定人类文字发展历史的框架，用以说明汉字的历史地位。这几种比较方法的进一步发展，可以为历史比较文字学打下坚实的方法论基础。

(三)汉字的发展方向问题

一些欧美学者，如英国历史学家韦尔斯(H.G.Wells)、美国语言学家布龙菲尔德(Leonard Bloomfield)等都认为文字发展大体趋势是由象形文字发展为表意文字，再由表

① 黄德宽，陈秉新：《汉语文字学史》(增订本)，安徽教育出版社，2007，第288页。

② 刘又辛，方有国：《汉字发展史纲要》，中国大百科全书出版社，2000，第322页。

③ 刘又辛：《文字训诂论集》，中华书局，1993，第22~35页。

④ 王元鹿：《比较文字学》，广西教育出版社，2001，第4~7页。

意文字发展到表音文字。汉字处于文字演变的第二阶段,比表音文字落后。七八十年来,中国的文字学家和语言学家对于汉字的历史地位这样的大问题,一向总跟在国外学者的后面亦步亦趋,也开始歧视矮化汉字。

《纲要》在比较了世界上的相关文字后提出文字构造"三书"说理论,即:表形、表音和形声。这三种方法的应用在各阶段的文字中有所不同。单用表形法制造的文字符号不是成熟的文字体系,因为语言中的虚词或表示抽象概念的词不大可能用表形文字,象形字、会意字和指事字都是表形文字。一切古文字都有大量假借字,这是表音字的最早形式。埃及圣书字、苏美尔楔形文字、赫梯文字、商周时期的古文字,都有大量假借字。这几种文字都是在表形字基础上发展而成的初级阶段表音文字体系。这时,一切古文字都处于同一发展阶段中。但此后,世界文字的发展却走向两条不同的发展道路:一条道路沿着表音文字的方向继续发展,于是表形字逐渐被淘汰,逐渐演变成纯粹表音的音节文字或字母文字。这是世界大多数文字所走的道路。另一条道路,保留了一部分表形字和借音字,但主流却向表形兼表音的形声字方向发展,而这就是汉字所走的道路。

根据这种认识,汉字和表音文字走的是文字发展的两条不同道路,没有哪一个更优越的问题。

(四)关于秦代"书同文"政策的实质

从整个汉字史来看,历代统治者都对文字的改革非常关心。不过这些人为的改革,有的成功,有的失败;有的影响延及千百年,有的热闹一时,旋兴旋灭。秦代强力推行"书同文"政策,消除六国文字,创制推行小篆,对规范统一汉字起了很大的作用,并奠定了汉字进一步向形声字方向发展的基础。这是政府利用其权威进行文字整顿的典型例证。因为李斯规定的政策,符合汉字发展规律,所以在秦代是成功的,甚至在秦王朝灭亡后,其文字政策的继续推行并没有受到阻碍。这对现代的文字改革也有启发意义。

除了以上几点外,本书还对汉字的简化问题、汉字的教学问题进行了讨论。

总之,《纲要》从世界文字的角度,运用历史比较法,对汉字的发展历史和发展方向进行了全面深入的研究和探讨。书中分析了大量各阶段汉字发展的具体情况,包括图画文字、表形文字、假借字、形声字、异体字、讹变字、俗字等,体现了作者在古文字学、训诂学、声韵学等方面殷实的根底和广博精深的知识。

【参考文献】

[1]方有国.刘又辛文字训诂研究[J].西南师范大学学报(人文社会科学版),2000,26(6).

[2]黄德宽,陈秉新.汉语文字学史(增订本)[M].合肥:安徽教育出版社,2007.

[3]刘又辛,方有国.汉字发展史纲要[M].北京:中国大百科全书出版社,2000.
[4]刘又辛.从汉字演变的历史看文字改革[J].中国语文,1957(6).
[5]刘又辛.文字训诂论集[M].北京:中华书局,1993.
[6]刘又辛.关于汉字发展史的几个问题(下)[J].语文建设,1998(12).
[7]刘又辛.刘又辛语言学论文集[M].北京:商务印书馆,2005.
[8]王元鹿.比较文字学[M].南宁:广西教育出版社,2001.

(撰稿人:李娟)

《简明语言学史》导读

英国R.H.罗宾斯的《简明语言学史》是一本非常值得阅读和研究的语言学史著作。罗宾斯运用其广博、深厚的语言学知识，用比较通俗易懂的语言将语言学历史的发展状况及其已经取得的成就做了一个简明扼要的介绍。该书自1967年第一版问世以来，分别在1979、1989、1996年根据语言学研究的进展进行了修订，使之与时俱进，更加完善。现在所说的第四版就是1996年修订的那一版，同时也是最后一版。1997年经许德宝等翻译到中国，此后在中国也是一版再版。从该书的出版次数，就可以知道它在学界受欢迎的程度，在同类著作中堪称世界第一。

与已有语言学史特别是由中国学者所撰写的几部《中国语言学史》相比，如果说《中国语言学史》属于文献史，那么《简明语言学史》则属于典型的学术思想史。文献史和学术思想史的区别在于文献史在回顾同一专题的研究史时，仅是按照时间顺序罗列出与该课题研究有关的文献，一定程度上忽略了各文献之间在理论上的传承关系以及当时影响该课题研究的各种内部因素和外部因素；而学术思想史在回顾同一专题的研究时，注重寻找贯通本专题的一般理论和方法并注意它们之间的传承关系，并在此基础上进一步挖掘这些理论出现的时代背景。《简明语言学史》突出介绍了贯穿于西方语言学史的带有普遍性的主题和规律。该书的写作特色在于：

一、学史结合

《简明语言学史》将学术思想史和语言学史结合，把语言学史当作一门学科，放在人类一般的历史中、人类总的思想史中进行研究，而不是单纯地就语言学史论语言学史。在论述每一时期的语言学历史时，作者总是先介绍与语言学史有关的历史，包括这一时期的政治、经济、文化等，因为这些因素会在不同程度上影响语言学研究的发展，有时甚至会起到决定性的作用。比如罗马分裂为东罗马和西罗马后，东罗马使用希腊语，西罗马使用拉丁语；又如中世纪思辨语法的出现与当时基督教盛行并且占统治地位以及经院哲学的出现有非常密切的关系。罗宾斯把语言学史放在学术思想史这样高度的位置，使我们能更好地看清影响语言发展的原因，有利于我们从整体上把握语言学发展的历史。

二、脉络清晰

作者先在第一章的“引论”中把我们引入对于我们已经习以为常的语言的思考，接着介绍语言学作为一门学科的产生过程，影响语言学发展的因素，最后再介绍语言学研究的方法及其目的。在对语言学有了一个整体的介绍之后，从第二章开始，罗宾斯将语言学史分为希腊、罗马、中世纪、文艺复兴及其以后、现代时期的前夕、19世纪、20世纪第一时期、20世纪第二时期等8个历史阶段，分别论述这8个历史阶段的语言学研究状况，包括研究的方向、研究的内容、研究所采用的方法、研究的成果、主要的代表学派、存在的问题等。不仅如此，罗宾斯还做到了“史中有史”：论述西方语言学史上各个学派之间的历史渊源和继承发展关系，总是在追寻它的最初来源。此外，他在论述欧洲的语言学史的同时，还穿插论述了除欧洲以外的各主要国家如中国、印度、日本等国的语言学史。这样的写法既有利于我们从宏观上把握语言学史的发展情况，了解整个语言学史的发展状况，又有利于我们从微观上把握各个阶段的语言学具体的发展状况，并能够把两者联系起来。

三、内容丰富

虽然这是一本语言学的简史，但是已经把语言学史的发展轮廓很好地勾勒出来。本书虽然是一部语言学史著作，但并不是单纯地就语言学史论语言学史，它还涉及多方面的内容，比如当时的政治、文化等，有时候甚至可以从中看到当时的社会面貌。作者抓住语言学几个大的发展阶段进行比较详细的论述，既包括欧洲的希腊语、拉丁语、希伯来语，又包括亚洲的印度语、汉语等，可谓涵盖东西方语言学。此外，在介绍语言学的有关理论外，作者还能旁征博引，运用多种语言事实进行论证，从而使许多复杂难懂的问题变得直观易懂。

四、评价客观

罗宾斯始终秉着客观的态度，论述每一个历史发展阶段的语言学的研究状况。在论述和评价各个学派时观点简明扼要，在论述其对语言学发展的贡献时也会指出其不足之处，没有刻意抬高或贬低哪一种语言、哪一个历史阶段、哪一个学派、哪一位语言学家在语言学发展史中的地位。

《简明语言学史》不仅仅是一本语言学史专著，甚至可以说是一本论述了人类学术思想的发展在语言学史上的表现的语言学学术思想史。该书写作的最大特色是找出了以欧美为主的世界语言学史的发展扎根于西方学术思想发展之中的规律，论述了世界语言学史与世界学术思想史同步发展的规律。值得我们中国语言学史写作借鉴的是：中国语言学史的发展也应是扎根于中国学术思想发展乃至世界学术思想发展之中的，中国语言学史与中国学术思想史乃至世界语言学史也是同步发展的，而研究中国学术思想史的学者所要做的就是找出其中的规律来。

【参考文献】

[1]李仕春.中国语言学学术思想史研究[M].北京:中国社会科学出版社,2012.

[2][英]R.H.罗宾斯.简明语言学史[M].许德宝等译.北京:中国社会科学出版社,1997.

（撰稿人：李仕春）

《普通语言学教程》导读

历史比较语言学是语言学告别"传统"走向"现代"的最初阶段,而现代语言学真正在理论上成熟,成为一门现代意义的学科却是从结构主义语言学开始的。结构主义语言学的奠基人费尔迪南·德·索绪尔被人们誉为"现代语言学之父"。索绪尔的《普通语言学教程》所体现的学术思想不仅影响到后世语言学的发展,而且渗入文艺学、社会学、人类学等其他学科,对现代科学都具有深远的影响力。

一、索绪尔简介

1857年11月26日,索绪尔出生于瑞士日内瓦的一个学者世家,他的祖父、父亲都是自然科学家,他的外公是一位语言学家,这使他从小就受到了良好的科研熏陶。少年时代,索绪尔父亲的好友阿道夫·皮科特为他开启了学习语言学的大门。青年时期的索绪尔曾在德国莱比锡大学文学系学习了三年。1878年,他又转至德国柏林大学学习。在此期间,索绪尔发表了《论印欧语言中元音的原始系统》,这篇论文建立起了他在语言学界的地位。1881年,索绪尔被巴黎应用学院聘用为教授,负责讲授历史语言学、古代语言学等课程。11年后,索绪尔回到故乡瑞士,在日内瓦大学任教,讲授地理语言学和方言学等课程。

1907年开始,索绪尔在日内瓦大学先后三次讲授"普通语言学"课程,三次课的内容不尽相同,他对自己提出的理论一直不断修正,他三次讲授的"普通语言学"却始终没有著书出版。1913年,56岁的索绪尔去世。

二、索绪尔理论与《普通语言学教程》

索绪尔去世后,他的两个学生巴利(Ch.Bally)和薛施霭(Albert Sechehaye)根据索绪尔的部分手稿和一些同学的听课笔记,整理出了《普通语言学教程》一书,1916年在瑞士日内瓦第一次出版，1922年在法国巴黎再版，之后又有第三次、第四次和第五次重版，该书先后被译为德语、西班牙语、俄语、英语、日语等文字。1980年，由高名凯翻译，岑麒祥、叶蜚声校注的中文版《普通语言学教程》由商务印书馆首次出版。这一版本通常被称为"通行版"《普通语言学教程》。

而目前还有一版被称为"笔记版"的《普通语言学教程》是根据索绪尔的学生埃米尔·孔斯坦丹的听课笔记整理出来的。1958年，孔斯坦丹把自己的听课笔记赠给了日内瓦大学图书馆。这是索绪尔第三次讲授普通语言学课程最详细的笔记，巴利和薛施蔼编辑《普通语言学教程》时都没有见到过。1993年，小松·英埔和罗伊·哈里斯根据孔斯坦丹的听课笔记整理出版了法英对照本的《索绪尔第三度普通语言学教程》。2001年，由张绍杰翻译的中文版的《普通语言学教程：1910—1911索绪尔第三度讲授》由湖南教育出版社出版；2002年，由屠友祥翻译的《索绪尔第三次普通语言学教程》由上海人民出版社出版。

1996年，在索绪尔故居的夹墙里发现了索绪尔关于"普通语言学"的手稿，经过西蒙·布凯和鲁道尔夫·恩格勒的整理，2002年出版了法文版的索绪尔《普通语言学手稿》，2003年德文版发行，2005年意大利版发行。2011年，于秀英翻译中文版的《普通语言学手稿》由南京大学出版社出版。这又为索绪尔理论的研究提供了新的材料。

下文中我们主要介绍"通行版"的《普通语言学教程》及其主要观点。

三、《普通语言学教程》主要内容简介

《普通语言学教程》分为：绪论、一般原则、共时语言学、历时语言学、地理语言学、回顾语言学问题六个部分，共331页。

"绪论"分为七章，主要介绍了语言学史一瞥、语言学的材料和任务、它和毗邻科学的关系、语言学的对象、语言的语言学和言语的语言学、语言的内部要素和外部要素、文字表现语言、音位学等问题。

"一般原则"分为三章，主要讲了语言符号的性质、符号的不变性和可变性、静态语言学和演化语言学等问题。

"共时语言学"包括八章。第一章为概述；从第二章到第八章介绍了语言的具体实体的同一性、现实性、价值，语言的价值，句段关系和联想关系，语言的机构，语法及其区分，抽象实体在语法中的作用等问题。

"历时语言学"也包括八章。第一章为概述；从第二章到第八章分别叙述了语音的演变，语音演变在语法上的后果，以及类比作用、类比与演化、流俗词源、黏合作用、历时的部件、同一性和现实性等问题。

"地理语言学"包括四章，论述了语言的差异、地理差异的复杂情况、地理差异的原

因和语言波浪的传播等问题。

"回顾语言学问题"分为五章,叙述了历史语言学的两种展望、最古的语言和原始型、重建、人类学和史前史中的语言证据、语系和语言的类型等问题

在这六个部分中,索绪尔所提出关于"什么是真正的语言科学?""什么是'语言'?"等理论精髓大多集中在"绪论""一般原则""共时语言学"这几个部分之中。这些正是结构主义语言学建立的理论基础,也是现代语言学的启蒙性理论。

四、《普通语言学教程》的要点把握

在《普通语言学教程》中,索绪尔提出了一些重要的概念,包括:言语活动,语言和言语,历时和共时,能指与所指,符号性、任意性与系统性,句段关系和联想关系等。这些奠定了现代语言学基石的重要概念,也是《普通语言学教程》一书灵魂之所在。

(一)言语活动、语言和言语

语言学到底应该研究什么?索绪尔对于这个问题提出了"langage""langue"和"parole"三个概念,高名凯将其译为"言语活动""语言"和"言语"。

所谓"言语活动"(langage)可以指人类区别于其他动物的先天的语言能力或言语行为,它同时跨越着物理、生理和心理多个领域;它既是个人的领域,也是社会的领域;它是人类语言的本质的、生理性的属性,是多方面的,性质复杂的。

言语活动(langage)中那些暂时性的、随时能以说话人的意志为转移的、不确定因素就是言语(parole)。言语具有个人的、具体的、异质的、主动的、变化的、历时的等特征。言语的存在方式可用如下公式表达:

1+ 1'+ 1''+ 1''' ……[1]

而语言(langue)是指"言语活动"排除掉言语(parole)后,剩下的那部分具有社会和集体性特征的、抽象化的、不以个人意志为转移的、稳定的人类语言所有变体或语言系统。语言(langue)具有社会性、抽象性、均质性、被动性、稳定性和共时性等特征。语言(langue)的存在方式可以用如下公式来表达:

1+ 1+ 1+ ……=1[2]

索绪尔指出:言语活动包括了语言(langue)和言语(parole),但是"言语活动"并非全都是语言学的研究对象。语言(langue)才是语言学唯一的研究对象。传统语言学的失误就在于没有真正地把握住自己的研究对象——语言。索绪尔也指出,语言学应该分为语言的语言学和言语的语言学。

---

① 费尔迪南·德·索绪尔:《普通语言学教程》,高名凯译,商务印书馆,1980,第42页。

② 同上书,第42页。

（二）符号性、任意性和系统性

对于语言的性质，索绪尔提出："语言是一个任意性的符号系统。"这也是索绪尔语言观的核心所在。语言是一个任意性的符号系统，所以语言具有三个基本属性：符号性、任意性、系统性。

语言的符号性。语言是一种符号，它具有符号的一切特征。语言符号也具有形式和意义两个方面。索绪尔用"能指"和"所指"两个概念分别代表语言符号的形式和意义。"能指"即语言符号的音响形象，"所指"是语言符号所指的概念、意义。二者的关系是相辅相成、不可或缺的。索绪尔还用"纸的两面"和"水是氢和氧的统一体"来打比方，说明语言符号是"能指"和"所指"的统一体，拆开以后就不能构成语言符号。

语言符号的任意性，指的是语言符号"能指"和"所指"之间的关系是任意的。索绪尔所提出的任意性并非针对语言起源而言，而是针对语言这个自足系统而言。对于语言符号的任意性，索绪尔还提出了绝对任意性和相对任意性并进行了精彩论述。他认为，不同的语言只是绝对任意性和相对任意性采取了不同的比例，在二者间取得平衡。他说："一切都不能论证的语言是不存在的；一切都可以论证的语言，在定义上也是不能设想的。在最少的组织性和最少的任意性这两个极端之间，我们可以找到一切可能的差异。"[①]

语言符号的系统性。索绪尔指出，语言符号系统并非杂乱无章的，而是具有系统性特征的。所以现代语言学在考察语言时，重在考察系统内部的构成要素单位，以及各单位之间的关系。对于语言各要素之间的关系，索绪尔又提出了"句段关系和联想关系"这一对概念来进行概括。"句段关系"是指语言的基本要素单位按照一定的规则组合起来的关系。"联想关系"指语言链条上相同位置的语言单位具有的聚合关系。在索绪尔看来，句段关系和联想关系是语言系统的两组基本关系，是语言系统的纲。

（三）历时和共时

索绪尔主张将语言学分为历时语言学和共时语言学。他指出，"共时语言学研究同一个集体意识感觉到的各项同时存在并构成系统的要素间的逻辑关系和心理关系"，"历时语言学，相反地，研究各项不是同一个集体意识所感觉到的各项相连续要素间的关系，这些要素一个代替一个，彼此间不构成系统"。[②]

索绪尔认为语言的本质应该是共时态，语言学研究的重点应该是共时语言学。索绪尔对于历时和共时的区分将语言学从历史比较语言学的牢笼中解放了出来，为语言研究开辟了新的天地。

---

① 费尔迪南·德·索绪尔：《普通语言学教程》，高名凯译，商务印书馆，1980，第184页。

② 同上书，第142页。

五、《普通语言学教程》的局限性

索绪尔在《普通语言学教程》中提出的对“语言”和“言语”的划分，明确了现代语言学的研究对象，使现代语言学在“语言的语言学”的道路上飞速发展，但是对于“言语的语言学”，结构主义语言学研究者们却将其置于次要的位置上，例如对于语言的交际功能、语用功能、语言的社会分层等的探索，这成为其一大短板。但是从另一个角度看，这却促使了当代语言学一些新学科的发展。

无论如何，索绪尔及其《普通语言学教程》对于现代语言学的贡献是划时代的，在索绪尔之后，只要研究语言，无论从哪个角度，都不可能绕开索绪尔及其《普通语言学教程》。

【参考文献】

[1][瑞士]费尔迪南·德·索绪尔.普通语言学教程[M].高名凯译.北京：商务印书馆，1980.

[2][瑞士]费尔迪南·德·索绪尔.普通语言学教程：1910-1911 索绪尔第三度讲授[M].张绍杰译.长沙：湖南教育出版社，2001.

[3][瑞士]费尔迪南·德·索绪尔.索绪尔第三次普通语言学教程[M].屠友祥译.上海：上海人民出版社，2007.

[4][瑞士]费尔迪南·德·索绪尔.普通语言学手稿[M].于秀英译.南京：南京大学出版社，2011.

[5]陈新仁，朱晓宁.中国索绪尔研究新阶段的基石——《普通语言学教程》新译本评析[J].苏州大学学报(哲学社会科学版)，2004(3).

[6]葛本成.《普通语言学教程》介评[J].河南大学学报(社会科学版)，2000(06).

[7]姜永琢、李心释.基于《手稿》的索绪尔学说新阐释——以 langage、langue 和 parole 为例[J].江西科技师范大学学报，2016(04).

[8]聂志平.有关《普通语言学教程》的三个问题[J].聊城师范学院学报(哲学社会科学版)，2000(1).

[9]聂志平.20 世纪国内索绪尔语言理论研究述评(下)[J].通化师范学院学报，2014(5).

[10]王希杰.把握真实的索绪尔，重视他的学术生命力[J].赣南师范学院学报，2004(4).

[11]屠友祥.索绪尔已刊论著与未刊手稿整理状况简目[J].法国研究，2011(02).

[12]屠友祥.新发现索绪尔手稿译文[J].中国政法大学学报，2011(04).

[13]索振羽.索绪尔及其《普通语言学教程》[J].外语教学与研究，1994(2).

[14]张绍杰,王克非.索绪尔两个教程的比较与诠释[J].外语教学与研究,1997(3).

[15]张绍杰.索绪尔研究在中国[J].外语与外语教学,1999(03).

[16]张延飞,张绍杰.索绪尔语言哲学思想中几个核心概念的比较与诠释——读索绪尔《普通语言学读本》[J].东北师大学报(哲学社会科学版),2009(5).

(撰稿人:龙玫)

《句法结构》导读

1957年出版的《句法结构》是诺姆·乔姆斯基的学术著作之一,是美国"转换生成语法学派"诞生的标志。同时,《句法结构》的出版被看成对美国传统描写语言学的一场革命,是对布龙菲尔德描写语言学理论的完全颠覆,同时使得语言学在20世纪获得飞跃性的发展。他创立了一个前所未有的语言学学派,并且派生出众多的语言学分支,其影响是巨大的。正如著名语言学家莱昂斯所说:"没有一本著作能像乔姆斯基的《句法结构》那样对目前的语言学理论产生更大的影响。"[①]

一、历史背景

20世纪30年代以后,美国的语言学研究以结构主义语言学为主流。到了50年代初,此时正是语言学研究中结构主义影响最盛的时期,麻省理工学院一位教当代语言学的年轻老师乔姆斯基感到在结构主义框架下研究语言,对发现程序做精确的形式化描写往往要引出错误的结果。为解决结构主义语言学的弊端,乔姆斯基于1954年开始写作*The Logical Structure of Linguistic Theory*(简称"LSLT"),但被出版社拒绝,直至1957年才部分出版。《句法结构》截取了LSLT中的核心内容,同时还吸纳了与主题相关的其他材料的内容,主要是乔姆斯基在麻省理工学院讲授本科课程时的讲义和工程及数学专业学生(当时只有Robert Lees等极少数语言学专业的学生)感兴趣的自动机理论方面的知识。《句法结构》共十二部分,116页,由芬兰的Mouton出版社于1957年出版。在这本部头不大的著作中,乔姆斯基对于语言学中占统治地位的一些基本观点提出反驳,把批评的矛头对准结构主义语言研究途径——从一般地抨击整个结构主义的理论是建立在一种"错误"的假设之上开始,进而驳斥那种为结构主义语言学家所特有的分类搜集数据的技术方法,以及他们对"发现程序"的信念,从而"旨在建立一种形式化的普遍性的

① Lyons, John. "*Review of Aspects of the Theory of Syntax by Noam Chomsky*," *The Philosophical Quarterly*, 16(1966): 393-395.

语言结构理论的一个尝试……通过将一种确切但并不充分的公式付之于一个不为人接受的结论,我们常常可以揭示出其不充分性的根源所在,从而获得对语言材料更深的理解"①。这一点可谓乔姆斯基毕生学术追求方略的先声,他总是乐于采用精准的细节去构建自己的主张,以便弄清缺点所在,继而重构,有时则是大刀阔斧,就如同一颗雪球,带来了语言学理论的一场雪崩似的根本变革。《句法结构》很快在语言研究中产生了深刻的影响。

二、主要内容

《句法结构》包括前言、正文十二章及文献目录和术语表。

前言主要介绍了乔姆斯基的语言学研究目的是打算建立一种公式化的一般语言结构理论并探讨其基础。同时介绍其研究内容是语言结构的三种模式,并设法确定它们的局限性,其研究重点是第三种语言结构模式——转换模式。最后介绍了乔姆斯基的语言学派系及其项目资方。

第一章"引言":谈了句法学的研究目的,提出了"装置"(device或译作"手段")一词,他称语言理论的中心概念就是语言平面的概念,所谓语言平面就是一套用于编写语法的描写装置(手段)。

第二章"语法的独立性":批评了概率论模式无法彻底解决句法结构上的所有基本问题,统计近似值不能确切说明语言的合语法句,语义学属语言学中的另一个范畴,所以语法学是一个完整的独立的体系。

第三章"一个初级语言理论":简单的通信理论模式。在此提出了一个用多层语言平面描述全套语言序列理论的建议,排除了采用马尔科夫过程的可能性。

第四章"词组结构":用公式说明的直接成分分析法。词组结构必须被看作一个单一的平面,其中有一套代表形式能说明语言里的每个句子,在词组这种平面上,语言的每个句子都是被组合成一套的符号链代表着,而不是像在音位、语素或词这些低层平面上那样,被仅有的一条符号链所代表,它们是有着严格的区别的。

第五章"词组结构描写限度":词组结构分析法对句子的描写是有一定的限度的,对核心句的描写举足轻重,但不能再分为许多层平面。而要完成对许多越来越复杂句子的语法规则的建设,则需要转换式结构规则。

第六章"论语言理论的目标":语言学家的语言理论目标是为语法提供一种简单、实用、机械和概括性强的发现程序、决定程序和评价程序。

第七章"英语中的一些转换式":在这一章里介绍了陈述及否定陈述转换式,特殊及一般疑问转换式,名词化词组转换式,V + Prt结构和V + Comp结构的转换式,主动-被

① Chomsky, *N.Syntactic Structures*(The Hague: Mouton, 1957),P.5.

动转换式。

第八章“语言理论的解释力”：作者从多角度、多方面、多种对比中肯定了转换生成语言学理论及其语法对语言，尤其是对英语的解释力度。

第九章“句法和语义学”：作者坚定地告诉读者语法独立于语义，建立语法无须依赖于直观的语义，排除了在音位和转换生成语法研究中加入语义学研究的成分，证明了句法和语义学是两个不同的研究范畴，但它们却有着对应关系。

第十章“摘要”：作者概括地叙述了全书的主要观点、立论和创见，再一次否定了各章中贬驳的前人的理论。

第十一章“附录Ⅰ符号和术语”：本章简述了全书使用的新符号和新术语。

第十二章“附录Ⅱ英语词组结构和转换规则举例”：为了便于查阅，作者收集了重要的英语词组结构和转换规则，并给出了一些例词和说明。书末列出了参考文献目录和术语表。

综上所述，《句法结构》一书主要观点总结如下：

其一，强调语言的生成能力。任何语言中句子的数量都是无限的，而语法规则是有限的。但是这些有限的句子能够预言或者说生成无限数目的句子。

其二，引入转换语法模式，其由短语结构规则、转换规则和语素音位规则三套规则构成。短语结构规则生成句子的基础结构，而转换规则把基础结构转化成不同的句式。最后运用语素音位规则得出实际说出的句子。

其三，语法描写中不考虑语义。预言理论不应该建立在语义的基础上，而应该用某种严格的、客观的方法代替对于模糊的语义的依赖。

三、影响和传承

《句法结构》是转换生成语法第一阶段——古典理论的代表作，它的出版被人们认为是“乔姆斯基革命”开始的标志，也标志着转换生成语法的诞生。60余年来，乔姆斯基的学术研究成果斐然，学术思想也多有修正和演变。

第一次重大改变是在1965年出版的《句法理论的若干问题》。乔姆斯基不仅继续研究他的转换规则，而且也开始谈语义。事实上，他无法回避语义问题。在这本书里提出了TG的标准理论（ST），他将语法分为基础和转换两部分，由基础生成深层结构，转换为表层结构，深层结构由规则成为语义，表层由规则成为语音。以不同的表征层面（句法结构）和词库，充分阐述了语法的表述力。

在以后的几年论战中，乔姆斯基渐渐吸收了生成语义学派的部分观点，对转换语法又做了重大修改。1977年，他在《形式与解释论文集》一书中将扩展标准理论（EST）发展为修正扩展标准理论（REST）。这个理论由词库构成基础部分，生成深层结构，深层结构既可由语义规则直接生成语义，也可通过转换生成浅层结构，再由语义规则成为语义，浅层结构还由语音规则成为语音。

1979年，乔姆斯基理论又有重大改变。其改变集中于1981年出版的《管辖和约束论集》和1985年出版的《语障》。新理论简称为管约论或GB。该理论由基础部分发展为深层结构（简称D），然后通过原则语障（barriers）和move-α成为表层结构（简称S），再由S通过语义规则表现为语义的逻辑形式，通过语音规则表现为语音形式。其致力于限制语句推导的表述力，以便操作普遍化，依循“移动某物”的路线，而语法理论的普遍原理，则对这些操作进行制约使其运用得当。

至20世纪90年代，乔姆斯基又有新论发表。此后他提出了“最简方案”理论，简称MP。他的新理论摒弃了深层结构说，研究重点放在语音形式（PF）和逻辑形式（IJF）两个界面的功能和作用上，他认为语音由词库和运算（即显性句法）构成。词库通过句法和运算即可转换生成为语义和语音，最终表现为语法句。

《句法结构》是乔姆斯基在结构主义描写语言学的背景之下，对语言分析新方法的一次成功探索。虽然乔姆斯基的《句法结构》还是没有完全摆脱结构主义，但已经显示出乔姆斯基对结构主义的某些方面的漏洞的思考，他后来逐步成熟的转换生成理论和结构主义描写语言学在许多方面都是大相径庭的。《句法结构》中提出了转换语法，采用演绎法分析语言的做法，冲垮了结构主义语言学的支配地位，因而被人们称为“乔姆斯基革命”。美国哲学家John Searle也指出：“乔姆斯基的著作是当今时代最重要的学术成就之一，在范围和一致性上可以和Keynes（英国经济学家凯恩斯）和Fraud（弗洛伊德）相媲美。它（《句法结构》）不仅仅是掀起了语言学界的一场革命，更重要的是开创了新的生成语法学派，并对哲学和心理学产生着革命性的影响。”①同时，著名的历史语言学家Robins R. H.说：“乔姆斯基《句法结构》的出版，可能是最近几年中在描写语言学和语言学理论方面最重要的变化。”②

这一切评论都说明了《句法结构》在现代语言学史上具有不可替代的地位和影响。《句法结构》的发表被誉为“乔姆斯基革命”的开端，标志着生成语言学的诞生。正如英国语言学家John Lyons指出：“不论乔姆斯基的语言理论正确与否，它无疑是当前最有生命力、最有影响的语法理论。任何不想落后于语言学发展形势的语言学家，都不敢忽视乔姆斯基的理论建树，每个语言学流派都要不同程度地参照乔姆斯基对某些问题的看法来阐述自己的立场。”③

这足以表明《句法结构》及乔姆斯基理论的强大影响力。时至今日，《句法结构》的影响仍不可小觑。2000年，由麻省理工学院认知语言学中心所列出的20世纪最具影响

① Searle, John R. "*Chomsky's Revolution in Linguistics*," In G.Harman(ed.). *On Noam Chomsky: Critical Essays. Cambridge Mass*(The University of Massachusetts Press, 1972), PP.2-33

② Robins, R.H. *A Short History of Linguistics*(London: Longmans, 1967).

③ Lyons, John. *Chomsky*(Glasgow: Fontana/Collins, 1970).

力的关于认知科学的100部著作中,《句法结构》排名第一。①

总之,乔姆斯基的《句法结构》从出版发表之日起,60余年来不仅在美国语言学界引起了强烈反响,而且迅速波及欧、亚、澳各洲,并很快越出语言学的范围,影响到数学、社会学、哲学、心理学、神经生理学和计算机科学等广大领域。

【参考文献】

[1]Noam Chomsky. Syntactic Structures(2nd ed.), Berlin: Mouton de Gruyter, 1957/2002.

[2][美]诺姆·乔姆斯基.句法结构[M].黄长著,林书武,庞秉均,邢公畹译.北京:中国社会科学出版社,1979.

[3]徐烈炯.生成语法理论[M].上海:上海外语教育出版社,1988.

[4]胡明扬.西方语言学名著选读[M].北京:中国人民大学出版社,1999.

[5][英]约翰·莱昂斯.乔姆斯基评传[M].陆锦林,李谷城译.上海:华东师范大学出版社,1981.

[6]刘润清.西方语言学流派[M].北京:外语教学与研究出版社,2013.

(撰稿人:毛志萍)

① 参见http://www.cogsci.umn.edu/OLD/calendar/past_events/millennium/final.html

《汉语方言及方言调查》导读

一、本书概况

《汉语方言及方言调查》是由我国著名的汉语方言学专家詹伯慧主编，由詹伯慧、李如龙、黄家教、许宝华等共同编著的一部汉语方言学经典教材。该书经国家教委推荐为高等学校文科教材，初版于1991年，并于2001年和2006年两次再版。该教材曾于1995年荣获国家教委第二届全国大学普通高校优秀教材二等奖。该书是语言工作者进行方言教学和研究的必备参考书，也是众多学校中文系学生的必读书目之一。

方言有地域方言（regional dialect）和社会方言（social dialect）之分。地域方言是一种语言的地域性变体，指通行在一定地域的话；社会方言是同一种语言或方言因性别、年龄、职业、文化程度等的不同而在不同人群中形成的各种社会变体。该书的研究内容和论述对象是地域方言。

该书是四位方言学专家从事方言调查、研究和教学工作30多年的经验总结。书中内容丰富细致，分析深刻独到，评论客观公允，立论准确精当，引例翔实得当，体例清晰完善。全书共44万字，内容共分八章，外加前言和附录。该著作的结构清楚，内容分为四个部分：（1）前三章介绍了汉语方言的相关知识和理论；（2）第四章到第六章分别阐述了汉语方言语音、词汇、语法的调查方法；（3）第七章论述了汉语方言论著编写的相关问题；（4）第八章和第九章分别提供了汉语方言语音和词汇语法调查表。

二、与汉语方言相关的知识和理论

（一）方言及方言的形成

1. 方言

方言是一个自足、完备的语言系统，相对于民族共同语而言，它具有自己的语音、词汇和语法系统。对一定地域的人们来说，方言就是他们的语言和母语，是当地的交际工具。与方言相对的概念是共同语。共同语是一个民族全体人民共同使用且在本民族地区内使用时不受地域限制的语言。一个民族的共同语往往是在一种方言的基础上建立起来的。方言和共同语相互影响:共同语会影响和约束方言发展演变的途径和方向,甚至会让人们放弃使用方言而只用共同语;另一方面,共同语也要从方言中汲取养分来补充和丰富自己。

2. 方言的形成

方言的出现是语言分化的结果。世界上任何民族的语言在历史发展中都会分化出不同的方言。方言分歧形成的因素有人民的迁徙、民族的融合、地理的阻隔、语言的接触、语言发展的不平衡性等。其中,导致方言形成的最重要的两点。其一,人口的迁徙和地理的影响。讲同一种方言的人同时向不同的地区迁徙,这种方言在不同的条件下会发展演变为不同的方言。一个地方的居民迁徙到另一个地方,久而久之,同一种方言在迁出地和迁入地也会演变为不同的方言。因此,移民史很多时候可以解释方言的部分成因。山川地理的阻隔也会导致方言的形成,人们分布在大山和河流的两侧时,由于交通的不便很可能老死不相往来,久而久之方言也会产生分歧。其二,语言发展演变的不平衡性。语言构成要素(语音、词汇和语法)的发展演变是不平衡的,这些要素在不同地区发展变化的方向、途径或速度等也是不同的,这种不平衡性也是方言差异的重要成因。如西南官话中见系开口二等字声母的变化速度相对于中原官话来说就要慢一些,如"家(婆)、街(道)、敲(门)、鞋(子)、咸、咬"等字仍念舌根音声母,字音听起来分别是"嘎(婆)、该(道)、尻(门)、孩(子)、含、袄"。[①]

(二)汉语方言的调查研究

方言学的建立和发展是以方言调查为基础的。没有方言调查,就获得不了鲜活而丰富的语言事实和材料,没有语料,也谈不上对方言的分析整理和研究。方言工作者在调查时一定要秉持"绝对尊重客观语言事实,做到实事求是,绝对不主观臆断,绝不牵强附会"[②]的工作态度。

汉语方言研究源远流长。从西汉末年扬雄的《方言》算起,已有2000来年的历史。现代汉语方言的调查研究起步于20世纪20年代,至今已有将近100年历史。几千年来汉语方言的调查研究工作可分为四个阶段:一是古典传统的阶段;二是20世纪20到40年代现代汉语方言调查工作的兴起;三是20世纪50至60年代的方言调查工作;四是20世纪70年代以来的方言调查工作。在介绍汉语方言研究的历史时,作者详细介绍了每个阶段前人所做的工作和取得的成果。

---

① ""中的字表示为同音字,并非方言本字。

② 詹伯慧:《汉语方言及方言调查》,湖北教育出版社,2001,第8页。

(三)汉语方言的分区及其主要特点

汉语方言分区实际上是根据方言之间的亲疏远近关系对汉语方言所进行的分类。分区一定要从方言事实本身出发,“一定要十分明确以语言特征作为划分方言的主要依据”,同时“还有必要以社会人文历史背景作为主要参考”。[①]方言分区是有层次的,所分出来的方言种类可以有大小的不同。该书将汉语方言分为“方言区(大方言)—方言片(次方言)—方言小片(土语群)—方言点”四级,如重庆话是北方方言中西南官话成渝小片中的一种方言。

如何选择语言特征以及选择什么语言特征作为分区的条件直接关系到分区的结果。一般来说,给汉语方言分区的语言条件对区外的方言具有差异性,对区内的方言具有共同性。汉语方言的语音差异最大,目前汉语方言分区主要以语音为依据。给方言分区时往往需要借助多项语言条件,很难借助某项单一的语言条件将汉语方言一下子都区分开来。书中作者根据中古全浊塞音声母(b、d、g)和塞音韵尾(p、t、k)的演变情况将汉语方言分为七个方言区:官话方言(北方方言)、吴方言、湘方言、赣方言、客方言、闽方言、粤方言。根据中古入声字今读的调类归属情况将官话方言划分为五个方言片:华北官话、东北官话、西北官话、西南官话、江淮官话。

第三章第三节对汉语方言分区的历史和现状进行了详细介绍。从分区数目的变化以及方言区分布地域的差异中可以看出不同时期人们对汉语方言的分区存在较大差异。即便是现在,学界对汉语方言分区的看法也不完全一致。这主要是由于汉语方言较为复杂的客观情况以及人们分区时所采取的语言条件的不同造成的。对目前学界影响较大的是本书作者所划分的七区。另外,1987年李荣在《中国语言地图集》中在七区的基础上又分出晋语、徽语和平话,使汉语方言增为十区,近些年来“十区说”在学界的影响力也越来越大。

汉语方言的分区结果能够反映分布区域内的方言共性特征和对区域外方言的排他性特征。第三章第四节详尽地介绍了七大方言区的分布地域、语音特征以及方言区内方言片的划分情况。

三、汉语方言调查的实施

汉语方言调查研究是高度重视田野调查,高度重视语言事实的。“调查方言就是搜集资料,这是研究方言的基本功。”[②]方言调查是汉语方言学能够持续发展的源泉。

① 詹伯慧:《汉语方言及方言调查》,湖北教育出版社,2001,第48页。

② 李荣:《方言研究中的若干问题》,《方言》1983年第2期。

(一)语音调查

1.调查工具

根据调查目的和调查内容,方言语音调查用表有三类:《方言音系调查用表》《连读音变调调查用表》和《方言语音专题调查用表》。作者详细介绍了中国社会科学院语言研究所编的《方言调查字表》和丁声树、李荣编的《汉语方言调查简表》两种全国通用的调查表的设计依据。关于连读音变调,第八章列出了一个详细的《连读音变调调查用表》。另外,根据需要,还可编制《轻声调查表》《儿化调查表》等。

2.调查方法及注意事项

语音调查是汉语方言调查中首先必须要做的工作,且贯穿方言调查工作的始终。调查总结方言的声韵调系统是语音调查的基础工作,也是语音调查成功与否的根基所在。语音调查一般以《方言调查字表》为工具,利用字表前面的声韵调例字,依次调查并总结出方言的声调、声母和韵母系统,得出方言的音系。调查声调时一般按照辨别调型、比调值、归调类、定调名的顺序来进行。用五度制标调时,一定要注意任何方言中的声调都有最高点5度和最低点1度。声调的命名是以中古调类在方言中的演变情况为依据的。调查声母时要注意不同古音来源的字的读音是否相同,注意声母在音类上的分合及分合条件。比如要注意中古全浊声母今读逢塞音、塞擦音时是否清化,清化时归入了哪些类别,注意方言中塞擦音声母一共有几套,注意中古非组和晓匣母来源字的今读音是否相混等。调查韵母时要注意方言韵母介音的数量、元音的类别(单元音、复元音)、是否有韵尾以及韵尾的音值等。听辨时要注意韵母中元音发音时的舌位、唇形、开口度以及是否鼻化,还要注意鼻音韵尾的强弱(是否弱化或脱落)等。语音系统调查清楚后,就可以对字表中的单字音进行记音了。记录单字音出现新的音类时,还要对前面调查出的音系进行补充和完善。

调查语音时一般是按字读音,即让发音人自然地念出调查表中例字的方音,调查人尽量不做或少做提示。汉语方言的语音差异主要表现在音值、音类、音读、音变等方面。音值差异体现在音素的实际发音以及音素的组合发音上,音类差异体现在方言声类、韵类和调类的分合关系及归派方向上,音读差异体现在单字是否有训读、文白异读以及辨义异读上,音变差异体现在方言中变调、儿化、轻声、变声、变韵、合音等语流音变现象的面貌上。调查时一定要格外注意这些可能有差异的地方。

"比字"是调查中常用的方法。比字的目的是为了分辨音位,为便于听辨所对比的要素(声调、声母、韵母)是否相同,对比时一般要选择具有最小对立的字,即声韵调中某两项都相同的字。记录单字音时还要注意审音,调查人要通过各种方法启发发音人将单字的方音发出来,并将具有文白异读和辨义异读的多个字音都发出来;调查人还要审核自己所记录的音值能否反映方音的实际情况。

3. 语音材料的整理

声韵调例字和单字的记音材料只有经过系统化的整理，才能将方言语音的基本面貌呈现出来。方言语音调查与调查语料的整理基本同步，当天记录的语音材料一般当晚就要进行整理。

第四章第二节说明了语音材料整理的几种呈现形式：声韵调系统及音值描写、同音字表、音节表、声韵调拼合规律表以及文白异读的对应条例、方言语音和普通话语音的对应规律、方言语音与中古音的对应规律等。方言语音系统的描述及音值说明是语音研究的"必备动作"。声母表、韵母表和声调表中相应声、韵、调的排列顺序以及例字选择都有一定的讲究，而不能随心所欲。

（二）词汇调查

1. 调查工具

第五章第四节详细介绍了词汇调查表的类型、内容和编写体例，并且介绍了不同类型调查表的功能、词汇条目情况等。调查人可以根据调查目的和需要，选择或编制适当的词汇调查表或专题调查表。

2. 调查方法及注意事项

词汇调查是为了了解方言的词汇差异和词汇特点。调查方言词汇之前一般要先对方言中的连读变调、儿化、轻声等词内音变现象进行专题调查，总结出音变规律和特点。调查方言词汇时不能按字去读，需要调查人将相应的词汇条目解释给发音人，然后发音人说出它在方言中的相应说法，再由调查人将这种说法如实地记录下来。调查词汇时要注意调查条目是否有多种说法以及条目在方言中的意思是否与普通话相同等。记录时要标明方言词的实际读音，方言词内所发生的轻声、儿化、变声、变韵、变调、合音等音变现象都要如实地记出来。方言词的特殊读音、特殊意义、特殊用法以及特殊写法等都要记下来。

方言词汇之间的差异主要表现在词汇的源流、造词法、构词法以及词汇意义和价值（如构词和派生能力、使用频率以及语用价值等）等方面，调查时要特别留心方言词在这些方面的表现。调查时如遇到有特点的方言词，还要分析和解释它的词义；或者说明词汇的来源（如古语词、外来词）或类别（如行业语、委婉语、旧说法、新说法），或者标明某些特殊词语的语法功能和语法意义等。如河南省内不少地方将盐少也叫"甜"、白开水也叫"茶"等，这些也要记下来。记录方言词语遇到有音无字或本字不明的情况时目前在学界一般用"□"代替。

3. 方言词汇的研究

列表呈现方言词汇时，为体现方言词汇的系统性和整体面貌，不能仅列举与普通话说法不一致的词汇，相同的也要列出来。词汇系统呈现出来以后，可以拿它和普通话对比，比较它们在词形、意义、构词等方面的异同；也可以对词汇系统的特点（如构词特点）和词汇反映当地文化生活的情况进行研究；还可以对某些方言词的词源进行考证（如考本字、挖掘民族语言或方言"底层"等），还可以借助新老派用词的差异考察方言词汇的演变（如新旧词语的更替）等。

（三）语法调查

1. 调查工具

语法调查表的设计思路是通过已知方言的语法点来预测待查方言，一般通过参考那些在其他方言中已揭示的有特色的语法点来拟定调查条目，然后分类进行编排。第六章第四节全面介绍了语法调查表格的类型、内容和编写体例。概略性的调查可以《汉语方言调查简表》《方言词汇调查词汇手册》和《方言调查词汇表》中调查例句为依据，再根据需要进行补充。如须对方言语法进行全面调查，可以拿在研究具体方言语法方面较为全面的著作为参考而设计调查条目。专题研究需要制定专题调查表，如可以制定《子尾词调查表》《疑问句调查表》等。

2. 调查方法及注意事项

调查方言语法前，一般要先调查方言语音和词汇。语法调查与词汇调查一样，不能让发音人按条目去读，调查人需要将调查条目翻译给发音人，发音人说出相应的方言说法，然后记下来。调查时一定要注意所调查的语法点的对应性，注意发音人所提供的说法是否体现出了所要调查的语法点。

相对语音调查和词汇调查，方言语法的调查难度最大，对于非母语者而言，难度更大。方言语法之间的差异往往体现在某些细微之处。进行语音和词汇调查时要随时注意方言语法中较有特色的地方，并随时记下来，并补充到语法调查表中。为了解和体现方言语法点的使用语境，调查时要广泛收集自然口语语料，特别是长篇语料，如长篇对话、当地民间故事等；另外，给发音人解释语法例句要放在一定的话语背景中进行。调查时还要注意记音的准确性、新旧语法形式的并用、语法和语音形式与语法意义的对应等问题。

3. 方言语法的研究

传统认为汉语方言语法之间的差异较小，但经过近几十年的调查和研究，学界越来越感觉到"汉语方言之间的语法差异绝不是微小的，无关紧要的"①。汉语方言语法之间的差异主要有：实词是否具有重叠构词、附加构词和词语内部曲折等形态变化，助词、副词、介词等虚词是否有特殊用法，句子结构内部的词语如谓语动词、双宾语、状语、补语

① 张双庆：《动词的体》，香港中文大学中国文化研究所吴多泰中国语言研究中心，1996，第4页。

等的位置是否与普通话相同，比较句、被动句、处置句、双宾句等句式与普通话是否相同等。对方言语法进行调查以及对语法语料进行分析整理和研究时，这些无疑都是重点关注的内容。分析调查出来的语法材料时有两条思路：一是看同一语法形式如重叠在方言中的语法功能和语法意义有何不同，二是看同一语义范畴如小称、疑问等在方言中采用何种语法形式来表达。描写和研究方言语法时，要注意方言之间、方言和普通话之间、方言和其他方言之间语法特点的共时比较，也要注意观察方言语法特点的历时演变，还要善于提炼方言语法中所蕴含的理论和规律。

四、汉语方言语料的整理和呈现

方言语料调查出来后经过系统的整理可以以适当的形式呈现给学界，方言语料的呈现形式有调查报告、方言志、方言字典和词典、方言地图、普通话学习手册、专题研究等。方言学是一门技术性很强的学科，这在方言调查研究论著的编写上体现得也很明显。论著所呈现的内容是否完备、内容的安排是否得当以及编写体例是否清晰等可以反映论著作者方言学素养和水平的高低，也关系到能否清晰、系统地呈现方言事实和特色之处。第七章结合相关研究成果详细地介绍了不同方言论著形式应该呈现的研究内容、编写价值、编写体例、编写方法和编写时的注意事项等。

五、汉语方言调查用表

方言调查用表是进行方言调查和研究的基本工具。调查者在实施调查之前，首先要根据调查和研究的需要和实际情况选用或编写适当的调查用表。第八章和第九章分别向读者呈现了《方言语音调查表》《词汇调查表》和《语法调查表》。

方言调查用表中的条目安排一般都有较强的系统性和规律性，以便于调查者在较短时间内掌握调查点的方言事实和特色，也便于后期整理语料、总结规律。书中的《方言语音调查表》实际上包括两个调查表。一个是《方言单字音调查用表》。该表在《方言调查字表》的基础上编成，表中单字按照中古音的来源排列，便于方音语音与中古音的对比，也便于调查者预测、比对和核查单字音。另一个是《连读音变调调查表》。该表可以用来调查方言中的两字组和三字组连读变调，需要说明的是书中所列的两字组和三字组较多，使用时要根据方言调类的分合情况以及字词的实际调值进行调整。另外，调查连读变调时要注意主谓、述宾、联合、重叠等语法结构对方言连读变调规律的影响。著作中所呈现的《方言词汇调查表》是在《方言调查词汇表》[①]的基础上增删而成的。调查者在使用时可以通过第五章第一节所提到的同类扩展、近义引申、反义对比等方法扩

① 语言研究所方言组：《方言调查词汇表》，《方言》1981年第3期。

展调查条目。书中所提供的语法调查例句可用来调查方言的句法特点，而如果要调查更详细的语法信息，可根据学界新近出版或发表的《汉语方言语法调查手册》[①]和《汉语方言语法调查问卷》[②]中的调查条目设计调查表。

六、结语

汉语方言学科有着良好的传统和学风：这个传统便是强调田野调查，强调语言事实；这种学风就是严谨朴实、实事求是、理论结合实际。《汉语方言及方言调查》一书便是这种传统和学风的很好体现。《汉语方言及方言调查》一书作为一本经典的方言学教材，它不仅向读者介绍了方言学的基础知识，还详细讲述了汉语方言语音、词汇和语法的调查方法和研究范式，并且还提供了方言调查用表。总体上来说，该书是一本专业性、知识性和实践性都很强的著作，书中所讲授的内容丰富而易懂，传授的方法细致而具体，该书具有非常强的实用性。

"方言的调查研究是一种能力和知识的结合。"[③]调查者需要具备的知识包括普通语言学知识、方言学知识、音韵学知识等，所要具备的能力包括国际音标的听写能力、调查语言事实的能力（包括听音、辨音、记音和审音能力等）、描写和分析语言事实的能力等。该书附录所提供的现代汉语方言研究参考资料选目和国际音标表，为读者进一步学习这方面的知识和掌握相关能力提供了很好的索引和资料。

【参考文献】

[1]黄伯荣等.汉语方言语法调查手册[M].广州：广东人民出版社，2001.

[2]金有景，金欣欣.20世纪汉语方言研究述评[J].南阳师范学院学报（社会科学版），2002(01).

[3]李荣.方言研究中的若干问题[J].方言，1983(02).

[4]李如龙.汉语方言学[M].北京：高等教育出版社，2003.

[5]李小凡，项梦冰.汉语方言学基础教程[M].北京：北京大学出版社，2009.

[6]刘丹青，唐正大，陈玉洁等.汉语方言语法调查问卷[J].方言，2017(01).

[7]石锋，余志鸿.汉语方言研究的方法论——读《汉语方言及方言调查》[J].语文研究，1993(04).

[8]语言研究所方言组.方言调查词汇表[J].方言，1981(3).

① 黄伯荣等：《汉语方言语法调查手册》，广东人民出版社，2001。

② 刘丹青，唐正大，陈玉洁等：《汉语方言语法调查问卷》，《方言》2017年第1期。

③ 张振兴：《说摆事实讲道理》，《汉语学报》2012年第3期。

[9]詹伯慧.汉语方言及方言调查[M].武汉:湖北教育出版社,2001.

[10]张双庆.动词的体[M].香港:香港中文大学中国文化研究所吴多泰中国语言研究中心,1996.

[11]张振兴.汉语方言调查研究的未来走向[J].云南师范大学学报(哲学社会科学版),2009(02).

[12]张振兴.说摆事实讲道理[J].汉语学报,2012(03).

[13]中国社会科学院,澳大利亚人文科学院.中国语言地图集[M].北京:中国社会科学院出版社,1987.

[14]中国社会科学院语言研究所.方言调查字表(修订本)[M].北京:商务印书馆,2009.

(撰稿人:孙红举)

《语音平面实验录》导读

语音是语言的声音,即语言的外在表现,也称为语言的物质外壳。每一种语言的语音都是一套严密的系统,而任何一种语言的语音系统都是这种语言的基础,因为语音在我们的实际话语中承载着句法、语义、语用等平面的表现。

《语音平面实验录》作者系南开大学石锋教授,从事语音教学研究30余年,带领学术团队在语音实验研究中取得了大量成果,其中包括汉语普通话元音、辅音、声调、语调的实验研究,也包括方言和民族语言音系的研究,另有对汉语作为母语习得和二语习得中的语音问题进行的对比研究,如中美、中日、中韩、中俄学生元音发音研究,汉法中介语元音系统研究,英汉陈述句和疑问句语调研究等等。通过长期的一线教学和实验研究,石锋教授积累了丰富的语音教学经验和实验研究经验,《语音平面实验录》一书收录了作者及其团队对语音系统的认识,对语音研究问题的思考和各种语音实验的结论。本书有助于我们加深理解语音在语言中的作用,延伸掌握语音的基本知识,了解认识语音实验的方法和价值。对认识语音与语言的关系、语音的实验研究方面有着很好的指导意义。

《语音平面实验录》共包括语音总论、辅音格局、元音分析、语言演化四个部分,外附三个附录。

一、第一章语音总论

在前人论述的基础上,进一步具体地阐述了对"语音格局"的理解:"在人类生理的发音范围和心理的听觉区域这个客观基础上,各种语言的语音都是在这个有限的空间里,利用各种方式分聚配列,合纵连横,组成系统,完成交际。语音格局的分析就是考察各种语言的语音怎样定位和分布、语音单位之间怎样相互联系与组合,探索怎样以有限的语音进行无限的交际。"[1]并通过声调格局分析、元音格局分析和辅音格局分析，概括出语音格局各组成部分的分析方法，归纳出语音格局方法的应用领域：语言变异及演化研究，语言接触研究，第二语言习得研究，儿童语言习得研究和语言共性及类型研究。其中声调格局分析中采用的"T值公式"曾得到实验语音学家吴宗济先生和北大中文系语音实验室负责人林焘先生的赞许和推介。利用T值的计算公式能够将客观的基频频率转换为音系学分析的五度制数值，这一计算公式至今仍是音高声学分析中必用且实用的公式。

从卡片之学到数据之学介绍了辩证地认识现代语言学的研究方法。卡片之学代表传统语言学的优良方法，代表了语言学的"朴学"精神。数据之学是量化分析，它使研究实证化、系统化、科学化。"从数据中可以得出语言规律、语言系统。过去的语言学理论多是假设的、思辨的。现代科学需要假设，但是不能只有假设，不能仅仅停留在假设……我们要证明这些假设。"[2]从卡片之学转向数据之学的过程中，卡片之学是基础，数据之学是在卡片之学基础上的提升和进步。[3]

音质与音色、汉语拼音符号的实际发音是对教学中常见基本概念和基本知识的进一步阐释；汉语的字音、北京话r声母音位的聚合度、自然语言与国际音标元音的对比则运用样本分析和数据统计的方法对相关内容进行研究。

二、第二章辅音格局

这一章分为三个部分：一是从音色角度切入的塞音、擦音的声学研究，二是从汉语拼音角度切入的声母研究，三是汉外塞音对比及汉语作为第二语言学习者的发音特点研究。

德国学生汉语塞音发音分析和俄汉塞音格局对比分析通过德-汉塞音格局对比和俄-汉塞音格局对比，发现汉、德、俄语言里塞音的特点，归纳三者发音的异同，对学习者提出有效学习汉语塞音的建议与策略。

三、第三章元音分析

这一章分为四个板块，元音三维空间是运用元音声学研究中第一、第二和第三共振峰建构元音的三维空间，对应元音的高低维、前后维和圆唇维，并对北京话、广州话、上

① 石锋：《语音平面实验录》，北京语言大学出版社，2012，第3~4页。
② 石锋：《秋叶集》，南开大学出版社，2013，第484页。
③ 石锋：《语音平面实验录》，北京语言大学出版社，2012，第20页。

海话元音的三维空间和英、日两种外语的元音三维空间进行了声学分析。

北京话一级元音的统计分析和年轻一代的台湾地区“国语”的元音分析分别对北京话一级元音进行了大样本的声学实验和统计分析，对台湾地区年轻人群“国语”一级元音现状进行了实验分析，都得出了相应结论。

德国学生汉语元音学习中的母语迁移、中国学生西班牙语元音的语言迁移、汉法中介语元音系统的建构次序则集中对比分析了德、西、法等语言元音的特点及其与汉语元音的差异，发现第二语言学习者母语对目的语学习的干扰因素。

二语习得和语言接触的关系则通过元音发音的实验分析求证了二者之间的相似与关系，对进一步认识二语习得的规律和特点有着重要意义。

四、第四章语言演化

这一章内容集中在汉语方言研究，包括汉语方言分区，新方言的变化情况，苏州话、天津话的声调分析，长沙、新化等方言的元音格局及其各自在接触中的分布模式。天津话齿音字的社会分布运用社会语言学理论，对影响天津话齿音字变化的诸多社会因素做了具体的统计分析，由此概括出“语言态度是不同的年龄、性别、阶层和文化背景等多种因素共同影响的结果”[①]。

水语中的汉语借词分析对存在于水语中汉语借词的声母、韵母、声调系统进行了全面的概括，也涉及新借词、老借词的交混现象、借词在语义构词中的表现、无法确定借词还是同源词的“关系词”等等。这是涉及民族语言的部分。

在学习了现代汉语语音之后，除了熟练掌握拼音方案及其相关知识，关于语音我们还可以学习什么？语音学的基本概念除了常用于分析说明普通话语音还可以做什么？语音的研究可以包括哪些方面？语音的研究可以借助哪些方法？……这些问题在阅读《语音平面实验录》之后会有相应的答案。虽然对于本科生来说这本书也许还有些深奥、复杂，但它带给我们的是扎实的基础、广阔的视野、新颖的思路。

【参考文献】

[1]石锋.语音平面实验录[M].北京：北京语言大学出版社，2012.

[2]石锋.天津方言双字组声调分析[J].语言研究，1986(1).

[3]石锋.语音格局——语音学与音系学的交汇点[M].北京：商务印书馆，2008.

[4]石锋.实验音系学探索[M].北京：北京大学出版社，2009.

① 石锋：《语音平面实验录》，北京语言大学出版社，2012，第315页。

[5]石锋.语调格局——实验语言学的奠基石[M].北京:商务印书馆,2013.

[6]石锋.秋叶集[M].天津:南开大学出版社,2013.

[7]冉启斌.辅音现象与辅音特性:基于普通话的汉语阻塞辅音实验研究[M].天津:南开大学出版社,2008.

[8]王萍,石锋.北京话一级元音的统计分析[J].中国语音学报,2008(1).

[9]吴宗济,林茂灿.实验语音学概要[M].北京:高等教育出版社,1989.

[10]林焘,王理嘉.北京语音实验录[M].北京:北京大学出版社,1985.

(撰稿人:孙琳)

《第二语言习得研究》导读

一、第二语言习得简介

很少有人一生中只学习和使用一种语言，既然我们回避不了学习第二种语言，那么为了有效地进行第二语言的学习和教学，了解第二语言习得的相关理论知识和研究成果就是很有必要的。

第二语言习得（简称二语习得）最初是应用语言学的一个分支，主要为第二语言教学和学习提供帮助。从20世纪60年代末70年代初偏误分析、中介语等理论的提出开始，它已逐步发展成为一门独立的学科。这门学科的主要目标是系统地探讨第二语言习得的本质和习得过程，描述和解释学习者如何获得第二语言。这门新兴的学科涉及语言学、心理学、心理语言学、社会学、教育学等多种学科，且发展迅猛，已成为汉语国际教育专业的必修课程。

第二语言习得的相关理论大多来自西方，以汉语作为第二语言的习得研究要比英语等语种起步晚，鲁健骥教授1984年介绍了偏误分析理论和中介语理论，并运用于汉语的二语习得研究中[1]，此后对外汉语界与国际二语习得的对话才逐步展开。作为一门年轻的学科，相关研究和著作都难免存在不足。我们希望读者能初步但全面地了解二语习得的基本理论框架，同时也了解汉语二语习得领域的发现和成果。基于以上两点考虑，我们没有推荐二语习得领域的英文原版著作及其译本，而是推荐了北京语言大学王建勤教授编著的《第二语言习得研究》[2]这本著作。

二、《第二语言习得研究》内容简介

全书共十二章，涉及第二语言习得研究中的多个视角和各主要领域。总体而言，全书除了对第二语言习得研究的概述以外，主要涉及了以下四个方面：

第二语言学习者语言特征的描写：例如对比分析、偏误分析、中介语及其变异研究、第二语言习得顺序研究等。

第二语言学习者内在的习得机制研究:例如普遍语法与第二语言习得研究、第二语言习得的认知模式等。

第二语言学习者外在因素的研究:例如语言输入与互动的研究、第二语言习得研究的社会文化模式等。

学习者个体差异的研究:例如第二语言学习者个体差异因素研究等。

全书的多元视角也体现了第二语言习得研究的跨学科特点,涉及的主要学科包括:

语言学的视角:例如普遍语法与第二语言习得、语言类型学理论与第二语言习得等。

社会语言学的视角:例如第二语言习得研究的社会文化模式、第二语言学习者语言系统变异研究等。

心理学的视角:例如第二语言习得的认知模式、第二语言学习者个体差异因素研究等。

下面将全书内容分章做简要介绍。

(一)第一章第二语言习得研究概述

界定了第二语言习得研究的重要基本概念,例如"母语"与"目的语"、"第一语言"与"第二语言"、"习得"与"学习"、"第二语言习得"与"外语习得"等;还介绍了第二语言习得研究的学科性质和发展历史。

(二)第二章对比分析与偏误分析

分别介绍了对比分析和偏误分析产生的背景、理论要点、运用的步骤,并对其意义和局限进行了评价;也介绍了对比分析和偏误分析应用于以汉语作为第二语言习得研究领域的成果。

(三)第三章中介语研究

主要介绍了中介语理论产生的历史背景、早期的中介语理论研究、早期中介语理论的基本假设及后续研究。

(四)第四章第二语言习得顺序

介绍了第二语言习得顺序研究的缘起、第二语言习得顺序的相关研究和基本结论、第二语言习得顺序研究的理论争议。

(五)第五章克拉申的语言监控模式

介绍了语言监控模式的五个假说、语言监控模式的基本证据、关于语言监控模式的理论争议。

(六)第六章第二语言学习者语言系统变异研究

介绍了语言变异的基本含义与研究范式、第二语言学习者语言变异的相关研究、语言变异的描写方法,并对语言变异研究进行了简要评价。

(七)第七章第二语言习得研究的社会文化模式

介绍了文化适应模式、社会文化理论以及与第二语言习得相关的其他社会模式。

(八)第八章语言输入与互动

介绍了语言输入与互动研究产生的背景、语言输入与互动的前后期研究,并探讨了互动研究的理论局限。

(九)第九章普遍语法与第二语言习得

介绍了普遍语法与第二语言习得相关的理论问题、基于普遍语法的第二语言习得研究,并对其做出了评价。

(十)第十章多元发展模式

主要介绍了多元发展模式的理论背景、基本理论、基于多元发展模式的相关研究,并评价了多元发展模式的理论价值与局限。

(十一)第十一章第二语言习得的认知模式

介绍了认知模式中的思维适应性控制模型、节奏变量、信息加工模型、竞争模型等。

(十二)第十二章第二语言学习者个体差异因素研究

介绍了影响第二语言个体差异的一般因素,也介绍了第二语言学习者的态度、动机、学习策略等研究。

三、结语

王建勤教授编著的《第二语言习得研究》适用于本科阶段的学生作为入门读物来使用。但读者须注意的是,由于这个学科"年轻"的特点,各种假说、理论或模型(模式)从不同的角度和方法出发进行探讨,但所取得的一致性结论并不多。面对这些争议,读者需要采用批判性的思维来吸收阅读,也可以根据文后的参考文献进行拓展阅读。如果在阅读中遇到难懂或不易理解的部分,可暂时搁置或跳过,初次阅读时重在了解基本概念、抓取理论框架和要点。

第二语言习得这门横跨多个领域的新兴学科,正朝气蓬勃地发展着,希望有更多的人能了解,走入其中,希望这个学科不断结出丰硕的成果。

【参考文献】

[1]鲁健骥.中介语理论与外国人学习汉语的语音偏误分析[J].语言教学与研究，1984(3).

[2]王建勤.第二语言习得研究[M].北京:商务印书馆,2009.

（撰稿人:徐海英）

《修辞学发凡》导读

1932年，陈望道的《修辞学发凡》(以下简称《发凡》)问世，这是一部具有通论性质的修辞学专书。《发凡》语料翔实，观点明确，立论严谨，建立了科学的修辞学理论体系，是我国现代修辞学的奠基之作。学界关于《发凡》的研究成果颇丰，我们这里重点关注其版本概况、研究现状、主要特色。

一、版本概况

《修辞学发凡》前后共计出版19个版本，并且多次重印。陈望道先生在《发凡》初版后记中提及《发凡》是先生初到上海复旦大学任教时着手写作的，在初版之前已有油印本流传。《发凡》初版于1932年，由大江书铺于上海出版刊行，分为上下两册，1月出版上册，8月出版下册，同年9月出版合订本，此后至1944年又有开明书店等6个版本。1945年9月由中国文化服务社在重庆出版第9版，即“渝初版”。1946年和1947年又在上海出版了“沪一版”和“沪二版”两个版本。1954年至2001年分别由新文艺出版社、上海文艺出版社、上海人民出版社、上海教育出版社出版了7个版本。2007年在《发凡》出版75周年之际，又由复旦大学出版社重新出版。

初版《发凡》在整理旧版油印本基础上增加五篇新稿，并且增加了辞格和材料，此后《发凡》的数次重新出版都经历了无数次修改，因此理论体系更加明晰，修辞现象的描写更加深入细致。李熙宗将其改动划分成六类：为由于学术观念演进、认识深化进行的修改，为加强逻辑性进行的修改，为使概念表达更加准确进行的修改，为一般词语运用的准确性和效果的提高而进行的修改，为使表达简明、顺畅进行的修改和为补充或调换例证而进行的修改。[1]《发凡》虽经历多次修改，但正如第九版付印题记所言，所做修改只“不过略略加笔，使本书所说与我最近所见更加调协而已”[2]，对部分例证添换，某些用语改动、字句略有修正，“大体还是仍原书之旧”，因此理论体系和主要内容并无太大变化。

《发凡》的多次修改体现了陈望道先生与时俱进、科学严谨的学术态度，正如先生在

《发凡》结语中所言："我又以为一切科学都不能不是时代的，至少也要受时代所要求所注重及所鄙弃所忽视的影响。何况修辞学，它的成事成例原本是日在进展的。成事成例的自身既已在进展，则归纳成事成例而成的修辞学说，自然也不能不随着进展。"[2]

二、研究现状

《修辞学发凡》融合中西古今修辞学理论和材料，以与时俱进的学术创新精神和社会关怀意识，建立起完整的现代修辞学系统，站在中国传统修辞学和现代修辞学两个时期的时间节点上，起到了承前启后的作用，对后人从事修辞学研究产生了深远的影响。后人对于《发凡》的研究可分为基于文本本身的研究和学术批评类研究，其中基于文本本身的研究包括《发凡》的版本研究、用例研究、理论研究和非文本类研究。

如前所述，《发凡》在发表前后经过多次修改，至今共计出版19个版本，为了对比不同版本之间的差别，更好地把握陈望道先生对修辞学理论的阐发，许多学者对《发凡》进行了版本研究。日本、新加坡不少学者也曾关注《修辞学发凡》。例如，霍四通、陈光磊《〈修辞学发凡〉油印本的发现及其学术价值》，介绍了《发凡》的早期油印本的基本情况，考证了油印本的真伪问题，分析了油印本的学术形态，并且对比油印本和初版，认为初版不再囿于文章的修辞而应是语言的修辞，理论体系更加明晰，修辞现象描写更加深入，摆脱了日语的影响从而"帮助我们更好地认识《发凡》的学术原创性，更好地理解《发凡》的学术思想和理论体系"。李熙宗《学界泰斗　治学楷模——从〈修辞学发凡〉不同版本的修改，看陈望道先生的治学精神》对《发凡》不同版本的修改情况进行探讨，在此基础上阐述陈望道先生的与时俱进、实事求是、努力创新的学术精神。张虹倩《大江书铺〈修辞学发凡〉系列版本研究——基于副文本版权页与〈正误表〉的考察》，通过对大江书铺不同版本版权页与《正误表》等副文本的研究，确立了《发凡》初版的出版时间，并且表明了陈望道先生对新式标点符号体系的创立推广做出了突出贡献。

陈望道先生认为理科研究注重实验，文科研究注重材料。《发凡》重视例证，语料丰富，用例精挑细选，有极强的科学性和典范性，因此学者对《发凡》的用例也进行了深入的研究。例如：霍四通《〈修辞学发凡〉用例的当代学术价值》通过对书中用例的详尽分析，得出其用例的时代性特点，即来源上具有一定继承性，文体上具有一定倾向性，例证作者具有群体性和倾向性。张虹倩、刘斐《一位修辞学家的中国现代文学史——基于〈修辞学发凡〉现代白话语例的考察》，通过对书中的现代白话文用例的选取和不同版本取例的对比进行分析，反映出陈望道先生对鲁迅和周作人在现代白话文运动中贡献的认可，考察出先生的文学价值取向，并且揭示了《发凡》对中国现代文学史的独特价值。

《发凡》建立了完整的中国现代修辞学理论系统，提出修辞的两大分野理论，将修辞现象分为积极修辞和消极修辞两种，后人受此影响也围绕这两方面进行修辞研究。消极修辞方面例如吴士文《修辞格论析》《修辞讲话》两部著作对消极修辞进行深入探究，提出“辞风”与“辞格”“辞趣”并举，加强了消极修辞的理论，对《发凡》中略为简要的消极修辞研究做了补充。积极修辞方面例如谭永祥《修辞新格》《汉语修辞美学》都对辞格进行了深入研究，并且在《汉语修辞美学》中特别对辞趣进行研究，将辞趣研究更进一步。《发凡》提出题旨情境说，语言学中的语境论即受此影响。例如王德春《语言使用的环境》认为“分析言语环境是建立修辞学的基础”，冯广艺《语境适应论》从不同角度将语境进行细致分类，探讨语言适应语境的规律，都是对陈望道先生题旨情境说的丰富和发展。《发凡》还单设一篇专门阐述文体或辞体，多次涉及语体风格的论述，将语言表现上的分类分为简约繁丰、刚健柔婉、平淡绚烂、谨严疏放四类，实为语体风格学之滥觞。袁晖、李嘉耀、李熙宗合作编纂《语体学》是我国第一部语体学著作，宗廷虎、邓明以、李熙宗、李金苓的《修辞新论》也对各类语体语言进行深入探究，这些都受陈望道先生文体辞体的启发。

《发凡》在论述过程中，不仅取例丰富，语言简明，为了表达更加明晰，书中更是采用了大量的图示符号，因此有学者从图示角度对《发凡》进行研究。例如：张春泉、杨帅《试析〈修辞学发凡〉中的图示及其互文性》将《发凡》中的图示分为作为元符号的图示和作为对象符号的图示两类，将所有图示进行分析，揭示出图文互相参照的相互作用，即互文性。

除此以外，《发凡》还对中国台湾地区和新加坡的学者产生了重要影响。例如我国台湾地区学者徐芹庭的《修辞学发微》、黄庆萱的《修辞学》都在不同程度上受《发凡》影响，对书中的修辞理论和辞格理论进行阐发；新加坡郑子瑜先生更是在不同场合以陈望道先生的私淑弟子自称，《发凡》的影响可见一斑。

三、主要特色

《修辞学发凡》在中国传统修辞学和西方修辞学基础上，吸收索绪尔语言学理论，把唯物主义辩证法运用在科学研究中，构建了中国现代修辞学的理论体系。主要特色体现在以下几个方面：

（一）定义了修辞学核心术语

《修辞学发凡》在确立“语言本位观”时定义了“语言”，在提出“语辞调整适用说”时定义了“修辞”，在提出“题旨情境说”时实际定义了“语境”。

1. 确立“语言本位观”

《发凡》提出修辞所能利用的是语言文字的一切可能性，包括语言本身和体裁形式，强调“从事修辞研究要更注重语言习性的利用”。认为语辞就是语言，包括口头语、书面语和态势语，是人们表情达意、交流思想的工具和标记。将语言看作一种标记，指出语言文字都有其固有因素和临时因素，固有因素是共通的，抽象的，临时因素是临时所加的，其意义由具体情境补充，确立了“语言本位”的观点。

2. 提出“语辞调整适用说”

《发凡》首先提出调整语辞说，认为“修辞不过是调整语辞使达意传情能够适切的一种努力”[2]，明确修辞的对象不仅是书面的文辞，应当是包括文言、白话以及书面语和口头语在内的语辞；规定了修辞学的主要任务“是搜集事实材料，和研究别的科学一样地，尽力观察、分析、综合、类别、说明、记述”，“告诉我们修辞现象的条理，修辞观念的系统”，其所应搜集的材料包括“修辞的诸现象”和“关涉修辞的诸论著”两类，其中修辞现象是“原料”，是修辞研究的主要内容，关涉修辞的论著则是“副料”，可作为修辞研究的参考和佐证；标明修辞学的功用在于“使人对于语言文字有灵活正确的了解”，确定意义，解决疑难，消灭歧视，治疗“屑屑模仿病”和“美辞堆砌病”。

3. 提出“题旨情境说”

《发凡》认为“修辞所可利用的是语言文字的习惯及体裁形式的遗产，就是语言文字的一切可能性”，“修辞所须适合的是题旨和情景”。题旨即文章或说话的主意和本旨，情境指双方的共同经验、关系，包括语言本身的环境和语言的背景。《发凡》指出成功的修辞应当适应内容复杂的题旨和情境，“极尽语言文字的可能性，使人觉得无可移易，至少写说者自己以为无可移易”，将适应题旨情境作为修辞的第一义和基本准则。

(二)建构了宏大严整的体系

在《修辞学发凡》问世之前，学界已有一些修辞学专著，只是相对而言，《修辞学发凡》的体系更宏大严整。具体分述如下：

首先，提出“两大分野”理论。《发凡》提出记述的和表现的两种表达方式，进而提出记述的、表现的、糅合的语辞三境界，在此基础上提出修辞的两大分野说，即积极修辞和消极修辞。

消极修辞是抽象的，概念的，必须与事理相符合，第一要义是传达事理，是修辞的基础，广涉语辞的全部，是一种普遍适用的修辞方法，目的是使人理会，因此更加注重语辞的概念因素和语辞意义的理解。其价值高下取决于写说结果与事理是否切合，以表达是否明白为标准，在内容上表现为意义明确、伦次通顺，在形式上表现为词句平匀、安排稳密。

积极修辞则是具体的，体验的，旨在生动地表现生活的体验，力求有力、感人，其价值全凭意境的高下而定，目的是使人感受，因此更加注重语辞的体验因素，更加重视语言文字形式的利用，“积极地利用中介上的一切所有感性因素，如语言的声音、语言的形体等等，同时又使语言的意义带有体验性、具体性”。积极修辞又可分为辞格和辞趣两大部门。辞格涉及语辞和意旨，注重语辞的内容，注重在经验的基础上对题旨情境尤其是情境的综合运用；辞趣则是语言文字本身的情趣，是对语言文字产生的一切感性因素——即语感的利用，包括辞的意味、辞的音调和辞的形貌三方面。

其次，建立了科学的辞格系统。《发凡》建立了完备的辞格系统，注重研究辞格的构造和功能，“大体依据构造，间或依据作用”，以“包摄一切辞格，表明辞格性质”为标准，将其总结归纳出的38个辞格分为四类：（甲类）材料上的辞格，以客观事象为依据，包括比喻、借代、映衬、摹状、双关、引用、仿拟、拈连、移就9式；（乙类）意境上的辞格，以主观心象为依据，包括比拟、讽喻、示现、呼告、夸张、倒反、婉转、避讳、设问、感叹10式；（丙类）词语上的辞格，以词语成素为依据，包括析字、藏词、飞白、镶嵌、复叠、节缩、省略、警策、折绕、转品、回文11式；（丁类）章句上的辞格，以章句结构为依据，包括反复、对偶、排比、层递、错综、顶真、倒装、跳脱8式。

最后，宏大严整的体系还表现为《发凡》提出了语体分类系统。《发凡》归纳了语文的体式的八种分类方法，在每种分类方法下列举若干体式，并且特别介绍了“表现上的分类”的分类方法，将文体分为简约繁丰、刚健柔婉、平淡绚烂、谨严疏放四组八种，对语体和语言风格问题做了初步探讨，最早从语言表达形式入手研究文体的语言风格，开后世语体风格研究先河。

（三）运用了科学的研究方法

首先，唯物辩证法的运用。《发凡》作为中国现代修辞学的开山之作，其与时俱进的研究方法也为后世提供了借鉴。《发凡》将唯物辩证法思想融入修辞学研究中，解决了修辞内容与形式的关系问题，提出“修辞以适应题旨情境为第一义”的原则。

其次，“古今中外法”。《发凡》立足于汉语的实际，充分撷取古今中外的优秀研究成果，在此基础上进行创新性研究。《发凡》大量的语例，来自古今中外即为明证。

再次，归纳和演绎法。《发凡》重视语料的作用，注重归纳比较，充分网罗翔实的语言材料，从中“择出比较熟悉，比较单纯，又比较有意思而容易理解的，来做例证”。《发凡》指出修辞现象在不断变化，修辞学说由修辞现象归纳而成，因此其标准也在随时代变化，本书在不同版本用例的选择上也显现出时代性特点，由此也体现出陈望道先生与时俱进、实事求是的治学态度。刘大白在为初版《发凡》作序时强调《发凡》“既引古人文章为证，并及今时通用语言，不但可以为通文者之参考印证，而且可以为初学者之津梁”[2]。此外，《发凡》还运用了演绎法，比如在讨论“藏词”时关于“新型歇后语”的分析。由此可窥探出《发凡》于中国现代修辞学的研究提供的科学方法和路径指导作用。

最后有必要指出，《修辞学发凡》也有其局限。比如《发凡》虽然提出并科学定义了“消极修辞”这一概念，但相对于积极修辞而言，所给予的关注要少很多。虽然关于“修辞”的讨论将“积极修辞”作为重点在一定意义上是“本色当行”的，但是这种情形可能会给学界带来某些负面的影响,即“辞格中心论”。造成这种影响的原因是多方面的,至少有两个方面须引起格外注意:其一是《发凡》本身关于“积极修辞”和“消极修辞”的关注度未必均衡,其二是读者对《发凡》的某些解读在接受上的偏差。但就《修辞学发凡》总体而言,这些局限是瑕不掩瑜的。

【参考文献】

[1]李熙宗.学界泰斗 治学楷模——从《修辞学发凡》不同版本的修改,看陈望道先生的治学精神[J].平顶山师专学报,2003,18(1).

[2]陈望道.修辞学发凡[M].上海:复旦大学出版社,2017.

【推荐书目】

[1]霍四通.《修辞学发凡》用例的当代学术价值[J].当代修辞学,2011(04).

[2]马晓红.陈望道对中国语法修辞研究的历史贡献[D].上海:复旦大学博士学位论文,2005.

[3]吴士文.陈望道和中国修辞事业的发展与繁荣——纪念陈望道诞辰100周年[J].北京师范学院学报(社会科学版),1991(06).

[4]蔡宗阳.《修辞学发凡》对台湾修辞学界的影响[J].当代修辞学,2011(1).

(撰稿人:杜思宇、张春泉)

语文教育
名著导读

《给教师的建议》导读

一、基本史实

苏联著名教育家瓦·阿·苏霍姆林斯基(1918—1970)是一位具有三十多年教育实践经验的教育理论专家,被人们称为"教育思想泰斗"。他的书被称为"活的教育学""学校生活的百科全书"。他所领导的帕夫雷什中学被列为世界上著名的实验学校之一。在他长期的教育实践中,既当校长,又当普通教师;既教课,又当班主任;既做具体工作,又搞科学研究。他是一位勤奋务实、笔耕不辍的杰出人物。这就使得他能从学校工作的不同侧面、不同角度,全面地观察、了解研究有关学校教育、教学和管理的各种现象和问题,避免理论与实践中的片面性,及时总结经验教训,将其提升到理性的高度。《给教师的建议》是苏霍姆林斯基教育思想的代表作之一。本文论述的《给教师的建议》以教育科学出版社1984年版为范本。

翻译者杜殿坤根据我国的实际需要,选择了苏霍姆林斯基《给教师的一百条建议》的精华部分,并从其他著作里选补了有益于教师开阔眼界、提高水平的内容。书中每谈一个问题,既有生动的实际事例,又有精辟的理论分析。文字深入浅出,通顺流畅,由100条建议组成,是引领年轻的教育工作者步入教育大殿的理想读物。

二、主要内容

初次接触该书的年轻老师,往往会感到这本书有点太"平常",不太像是自己理想中的精彩教育人生。但是随着教学工作的深入,当你被日常工作中烦琐的问题困惑时,再来读此书,你才会惊讶地发现:哦,原来我的这些困惑苏霍姆林斯基也遇到过!也只有这个时候,你才会真正诧异于这本书的魅力之所在。

这本书既涉及苏霍姆林斯基宏观的教育伦理观、公民教育观、集体主义教育观等内容,也涉及具体的学生观、教学观、教师专业发展观、阅读观、写作观等,限于篇幅,下面只选择其中三个方面来重点介绍。

(一)苏霍姆林斯基的“学生观”

该书开篇第一条建议是“(一)请记住:没有也不可能有抽象的学生”,提出了一个令所有教育工作者难以释怀的问题:“为什么早在一年级就会出现一些落伍的、考不及格的小学生,而到二三年级有时候还会遇到落伍得无可救药的,因而教师干脆对他放弃不管的学生呢?”继而,苏霍姆林斯基一针见血地指出:“这是因为在学校生活的最主要领域——脑力劳动的领域里,对儿童缺乏个别对待态度的缘故。”[①]基于这种认识,在接下来的很多条建议中,苏霍姆林斯基都以克制而冷峻的态度来阐释自己系列的学生观。

其中对“差生”和“学困生”的人文关怀和科学研究尤为令人敬佩。文中多处提到“谈谈对‘后进生’的工作”“争取学生热爱你的学科”“怎样对待学习有困难的儿童”“怎样教会头脑迟钝的学生解应用题”“一个‘差生’的‘思维的觉醒’”“我怎样研究和教育学习最差的学生”等建议,而且苏霍姆林斯基在三十五年的时间内,专门研究了自己教过的107个智力差的孩子,认为:“造成儿童发展上的偏差的最有害的因素之一,就是不健康的、经常发生冲突的家庭关系……其次……家庭智力生活的局限性和惊人的贫乏性,是儿童智力落后的原因之一。”[②]这种观点至今看来,仍具有鲜明的时代性和现实意义。

(二)苏霍姆林斯基的“教学观”

苏霍姆林斯基在这本书中还较为集中地阐释了他对教学的全方位研究。这些教学研究涉及面很广,包括“如何检查练习本”“如何训练孩子流利地书写”“交给儿童左右手都会工作”等。值得注意的是,作者并不是简单地谈教学经验,而是基于对“知识”“思维”“知识和能力”“脑力劳动”“阅读”等基本理论的深入细致思考。

该书对“把基础知识保持在学生记忆里”“知识——既是目的,也是手段”“关于获取知识”“怎样把学生从事实引导到抽象真理”“阅读是对‘学习困难的’学生进行智育的重要手段”“不要让能力和知识关系失调”“怎样发展儿童的思维和智力”“动手和智慧”“怎样培养脑力劳动中的自我纪律”“劳动和智力发展”“少年期学生思维活动的特点”“青年期学生思维活动的特点”等基本命题进行了精辟的探索。比如对“阅读”的思考,作者不是泛泛而论地提倡学生们要多读书,而是旗帜鲜明地倡导一种“给学习和识记创造必要的智力背景的阅读”[③],比如在教包含大量概念的物理学科时,“某一时期所学的概念越复杂,我推荐给学生阅读的书籍就应当越有趣,越有吸引力”[④],为做算术应用题有障碍的孩子编写了特别的习题集,孩子阅读每一道题就像在阅读小故事;为学习困难的学生提供专门的配套阅读书籍,并提出有名的“两套教学大纲”,不仅执行国家制定的教学大

① 瓦·阿·苏霍姆林斯基:《给老师的建议》(修订本全一册),杜殿坤编译,教育科学出版社,1984,第1页。
② 同上书,第514页。
③ 同上书,第16页。
④ 同上。

纲，还应同时装有“第二大纲”，借以指导学生课外阅读，开阔视野，以培养学生的自学能力。正是基于这种阅读理念，苏霍姆林斯基说：“我从来没有、一次也没有给这样的学生补过课，那种补课的目的就是让学生学会在正课上没有掌握的教材。我只教他们阅读和思考。阅读好比是使思维受到一种感应，激发它的觉醒……儿童的学习越困难，他在学习中遇到的似乎无法克服的障碍越多，他就应当更多地阅读。阅读能教给他思考，而思考会变成一种激发智力的刺激。”①苏霍姆林斯基对阅读的这种深度思考，与目前国际阅读领域关于“阅读力就是学习力”的论断不谋而合，甚至其表述更为深广、贴切。

（三）苏霍姆林斯基的“教师专业发展观”

这本书之所以受到广大读者的欢迎，还有一个重要的原因是：它为教师专业发展提供了很多创造性建议。只是看看每条建议的小标题，就会被深深吸引：“教师的时间从哪里来？一昼夜只有二十四小时”“关于写教师日记的建议”“谈谈教师的教育素养”“我怎样领导教师集体的创造性劳动”“怎样写教育日记”“怎样听课和分析课”“提倡教师在日常工作中做一些科学研究”等。在这些建议中，读者会很幸运地读到一些终身受益的金玉良言。“无休无止地然而却又完全徒劳地把那些‘尾巴学生拉上来’，这件事无情地吞噬了教师的许多时间……亲爱的同事，请你记住……小学面临着许多重要任务，而其中占据首位的任务就是：要教会儿童学习。”②“如果想让教师的劳动能够给教师一些乐趣，使天天上课不致变成一种单调乏味的义务，那你就应当引导每一位教师走上从事一些研究的这条幸福的道路上来。”③相信不少中小学教师读到这里都会会心一笑，从教的道路从此不再孤单。

值得提醒的是，这本书不仅可供专业教育工作者阅读，也适合家长朋友们阅读，甚至也非常适合中小学生朋友自己走进去看看。因为本书观点犀利却用语平易，思维缜密但篇幅短小，读者会在不知不觉中领悟一个又一个观点。比如在“怎样培养脑力劳动中的自我纪律”中提道：“在你还没有完全弄懂的时候，就不要急于去记忆它，否则是白白浪费时间。你不要一遍又一遍地记诵……要防止在还没有透彻理解的时候就粗枝大叶地通看。任何粗枝大叶的做法都会走向反方面，逼使你不得不再回头去研究个别的事实、现象和规律，而且要反复好多遍。”④再如在“不要把学习之母变成后娘”中提道：“民间教育常说复习是学习之母。可是，善良的母亲常常会变成凶狠的后娘。当学生被迫在一天或几天之内做完曾经在几个星期和几个月里所做的事情……就会发生这种情况……要复习分量很大的教材，就必须站得远一点来看它，以便使主要的东西看得更清楚，而次要的东西不那么显眼。如果学生在复习的时候把所有的东西从头至尾地反复

① 瓦·阿·苏霍姆林斯基：《给老师的建议》(修订版全一册)，杜殿坤编译，教育科学出版社，1984，第21页。
② 同上书，第9~10页。
③ 同上书，第507页。
④ 同上书，第132~133页。

读，那就不仅会出现负担过重现象，而且更重要的是材料的中心思想会被学生忽略过去，从而削弱了它们的教育作用。”[①]书中诸如此类的表达比比皆是，聆听这样的教诲，会让浮躁的心静下来，会让复杂的事物变得澄澈透明。

三、影响及传承

20世纪90年代初，我国颁布了《九十年代中国儿童发展规划纲要》《中国教育改革和发展纲要》《关于深化教育改革全面推进素质教育的决定》，素质教育的提出，使我国的教育工作者显示出对苏霍姆林斯基教育思想的热烈追逐。

在这种大背景下，国内大批教育工作者在学习借鉴苏霍姆林斯基的著作中成长起来，其中就有被誉为“中国式的苏霍姆林斯基”的名师李镇西、魏书生、吴晨等。这批优秀的教育工作者无不坦言苏霍姆林斯基对其的影响，诚如李镇西所言：“苏霍姆林斯基和一般教育家不同，他不是以‘学者’或‘研究家’的身份去冷峻、‘客观’、孤立地研究教育，而是充满真诚的人道主义情怀……他深情的目光首先对准的是一个个人的心灵而不只是具体的教学环节或手段，他一生所关注的始终是每一个学生的个性的发展。”[②]他指出，苏霍姆林斯基全部教育的精神实质就在于把学生当作富有个性的“人”看待。值得指出的是，该文特别强调了苏霍姆林斯基著作与其他经典教育著作的不同在于，苏霍姆林斯基“开创了一种崭新的教育著作文体”，即“将理论溶注于一个个生动感人的教育故事之中，以极其精辟凝练的语言表达着自己的教育见解”。这是苏霍姆林斯基著作拥有众多中国读者的重要原因之一，也是其思想极富个性特色的表现。

时至今日，苏霍姆林斯基教育思想仍为我们的教育困惑提供新的启迪和智慧，关于苏霍姆林斯基思想的研究仍活跃在学术界，而苏霍姆林斯基的论著《给教师的建议》仍是很多师范院校列给大学生们的必读书目。

（撰稿人：魏小娜）

① 瓦·阿·苏霍姆林斯基：《给老师的建议》（修订本全一册），杜殿坤编译，教育科学出版社，1984，第41~42页。
② 李镇西：《追随苏霍姆林斯基——纪念苏霍姆林斯基八十诞辰》，《比较教育研究》1999年第2期。

《课程与教学的基本原理》导读

一、作者简介

泰勒(1902—1994)是美国著名的教育学家、课程理论专家、评价理论专家。他是现代课程理论的重要奠基者,是科学化课程开发理论的集大成者。由于对教育评价理论、课程理论的卓越贡献,泰勒被誉为“当代教育评价之父”“现代课程理论之父”。泰勒生于美国芝加哥。1921年从多内学院毕业后,曾在南达科他州的一所中学任教。此后,先后在内布拉斯加大学和芝加哥大学获得硕士、博士学位。1922—1953年,泰勒曾相继在内布拉斯加大学、北卡罗来纳大学、俄亥俄州立大学、芝加哥大学任教。在历时8年的“三十校实验”(1934—1942)中,他领导了评价委员会的工作。1953年,他在斯坦福大学创建“行为科学高级研究中心”并任主任,直到1967年退休。泰勒曾担任全国合作教育委员会主任等多个职务。作为一名教师,泰勒可谓“桃李满天下”。他的高足包括后来在课程与教学及教育评价领域享有盛誉的学者,如:塔巴、施瓦布、比彻姆、古德莱德、布卢姆和克龙巴赫等人。作为一名行政人员,由于泰勒学识广博、待人诚恳,深得人们的仰慕。作为一名学者,泰勒著作等身。据统计,到1986年春为止,泰勒的论著已达700篇(部)之多,其中1949年出版的《课程与教学的基本原理》(*Basic Principles of Curriculum and Instruction*)是他最有影响力的著作。

二、主要内容

《课程与教学的基本原理》最初是泰勒在芝加哥大学任教的一份讲授纲要,旨在阐述观察、分析和解释教育机构提供的课程与教学计划的基本原理,为课程的编制提供指导。泰勒在书中提出的四个基本问题,构成了考察课程与教学问题的基本原理,既为课程开发提供了坚实的理论基础,又为现代课程研究开创了范式。其主要内容如下:

(一)第一章确定教育目标

教育目标很重要,也很必要,因为它是选择材料、勾画内容、编制教学程序以及制定测验和考试的准则,而教育计划的各方面都只是达到基本教育目标的手段。确定教育目标是选择的问题,目标必须是对学校负责的那些人经过深思熟虑后做出的各种价值判断。为了指导做出判断,就需要一种广泛的教育哲学,还需要通过调查研究提供的信息和知识为之提供一个更为理智的基础。

教育目标的第一大来源是对学习者本身的研究,这就是要找出教育机构想要、所需要的学生产生的行为方式变化,这包括研究学习者的需要和兴趣。还需要找出学生的现状与公认的常模之间的差距,研究学习者的需要很必要是因为,学校没必要重复校外已充分提供的教育经验,而应集中在学生目前存在的严重差距上。要想全面调查本校学生需要,就要先将生活分解成几方面,再依次调查。几乎所有社会调查的方法都可以用来研究学习者的需要和兴趣,包括观察、交谈、问卷、测验、查看保存的记录。根据学生的资料推断教育目标的程序包括研究资料,将其与常模对比,提出满足需要方面的建议。

教育目标的第二大来源是对校外当代生活的研究。因为当代生活复杂多变,极有必要将教育上的努力集中在其决定性的部分,还因为有关迁移训练的研究表明,当学习情境和生活情境相似时,学生能将学到的知识运用到校外。研究校外生活时,必须将生活分解成不同的方面,以逐一调查。对当代生活的一种可行分类是:健康、家庭、娱乐、职业、宗教、消费、公民。当获得了有关个人和团体的现状或某一社区或地区内的生活条件信息后,还要解释它们,才能拟定教育目标。人们对当代生活已做过很多项调查研究,并且调查的方法多样,人们可以在这个层次上分析当代生活,这些都可资借鉴而不必重复分析。

教育目标的第三大来源是学科专家对目标的建议。人们应该向学科专家提如下的问题:"这门学科对那些不会成为这个领域专家的年轻人的教育有什么贡献?这门学科对外行或一般公民有什么贡献?"我们可以从一些课程报告中得到该学科所能起到的主要功能和对其他功能所能做的特定贡献的一系列建议,据此我们就能推导出有关教育目标方面的建议。

由于改变人的行为方式需要时间,故达到教育目标也需要时间,所以教育目标应该少量、重要并具有一致性。为此我们应对已经获得的庞杂的目标进行筛选,教育哲学可作为第一道筛子。根据学校陈述的教育哲学,我们就可以确定那些具有高度价值的目标。对此教育哲学需要回答一系列重要问题。

教育目标要经过的第二道筛子是学习心理学,学习心理学的知识对我们很有帮助,它使我们形成年级安排,它告诉我们大多数学习经验都会产生多重结果,相互一致的学习可以彼此强化。一个人所持的学习理论对他陈述教育目标有重大影响。与刺激-反应学习理论相比,类化学习理论更有利于拟定教育目标。

陈述教育目标的目的是要指明期望学生产生的各种变化,以便用一种很可能达到这些目标的方式来设计和制订各种教育活动。因此,教育目标应该陈述要学生发生的变化,而非教师要做的事情。陈述教育目标时,不能仅采用内容标题或概括化的行为方式,陈述目标最有效的形式应包括目标的行为和内容这两个方面,即既指出要使学生养成哪种行为,又言明这种行为运用的生活领域或内容。据此可采用二维图表来呈现教育目标:图表中的左端分列内容,上端分列行为,在行为纵列和内容横列的交叉处打上"×"记号,表示这一行为适用于这一内容领域。这种图表有助于选择学习经验和指导教学,它也可以用来提示一些可能遗漏的目标。列出7至15个行为目标类别和10至30个内容类别最理想。在行为标题和内容标题中,每个术语都应具有意义,否则就要给它们下定义。

(二)第二章选择学习经验

学习是通过学习者所具有的经验而发生的,教育的手段是学习都已有的教育经验,因此必须选择特定的教育经验,以便达到教育目标。学习经验是指学习者与他做出反应的环境中的外部条件之间的相互作用。学生的学习取决于他自己,他要做一个主动参与者。由于学生经验的差异性,教师就要构建多方面的情境,以引发学生做出所期望的那种行为,教师以此来控制环境,最终控制学生经验。

选择学习经验的一般原则有五条:一是创建使学生有机会实践这个目标所隐含的那种行为的情境,二是必须使学生由实践目标所隐含的那种行为而获得满足感,三是学生经验所期望的反应应在学生力所能及的范围,四是不同的经验可用来达到相同的教育目标,五是相同的经验可能会产生几种结果。

由于可能的目标非常多,我们仅说明有助于达到几类常见目标的学习经验的特征,如:培养思维技能的学习经验,有助于获得信息的学习经验,有助于形成社会态度的学习经验,有助于培养兴趣的学习经验。

由于同样的学习经验可用来达到多种教育目标,设计学习经验就将是一个富有创造性的过程。对有关某些学习经验的暂定稿,可根据预期目标、效果准则、学生的准备状态和操作上的经济性来进行慎重地检核,以编制更有效的学习经验。

(三)第三章组织学习经验

学习经验必须组织起来,以形成某种连贯的教学计划,这样才会产生累积效应,实现教育目标。组织的必要性在于人的改变是缓慢发生的,组织极大地影响教学效率和主要教育变化发生在学习者身上的程度。组织总体上可分为纵向组织和横向组织,纵向组织指同一学习领域在不同阶段的组织,横向组织指同一阶段不同学习领域的组织。

有效的组织学习经验必须符合三大基本准则:连续性、顺序性、整合性。连续性指直线式地重申主要的课程要素,要求学生在一段时间关涉同样的内容,它强调重复。顺序性指把后继经验建立在前面经验的基础上,又对内容做更深广的探讨。整合性指课程经验的横向关系,便于学生获得一种统一的观点。

在设计课程时,需要确定能最有效地用作课程组织线索的各类要素,这些要素是需要长期考虑的重要项目,而非具体内容。将这些要素编织在一起,就涉及组织的原则,我们要正确区分逻辑组织与心理组织。前者指学科领域专家对课程要素之间关系的看法之下的组织,后者指学习者对这种关系的看法之下的组织。组织原则一般按年代顺序,增加应用的广度,扩大活动的范围,先描述后分析,先例证后原理,先部分后整体等等。

组织的结构要素有若干层次:一是最高层次,它包括具体科目、广域课程、核心课程和未分化的结构;二是中间层次,它包括按顺序组织的学程和以一学期或一学年组织的学程;三是最低层次,它包括课、课题和单元。理想的组织结构会提供较大段落的时间,以便完成具体计划,但也需要将学校每天的上课时间划分为安排各种活动的课时,以使学生不止与一个成人接触。

形成课程组织包括下列步骤:一是确定课程组织的总体框架;二是确定领域内的一般组织原则;三是确定低层次单元的种类;四是制订一些灵活的方案,即资源单元;五是师生共同设计班上从事的特定活动。一个典型的资源单元内容应全面,以供教师选择,用于任何特定小组的学生。组织资源单元的框架并不固定,而是富于创造性。实际使用那些单元时,还要做计划工作。

(四)第四章评价学习经验

学习经验的检验和组织可视为评价的初期阶段,评价的必要性在于存在的诸多变量难以保证实际提供的学习经验恰好是学习单元所勾画的经验,故需要评价去检核这些学习经验实际上是否起作用,带来了多少预期结果。评价的结果使人们注意到课程的哪些方面有效,哪些方面有待改进。

评价的过程实质上是一个确定课程与教学计划实际达到教育目标程度的过程。教育评价应至少包括再次评估,一次在教育计划的早期进行,另一次则在后期进行,以便测量这期间发生的变化。儿童在校期间还应有年度评估,这才能得到一个进步的连续性记录。能获取教育目标所指各种行为的有效证据的任何记录,都是一种恰当的评价方法,故评价方法多种多样,包括纸笔测验、交谈、问卷、学生实际作品、学生为其他目的所做的记录,而不仅仅指纸笔测验。在考虑评价时,往往要用到两三种特定的评价方法。抽样不仅可以评估个人的行为,也可以对某一组学生展开评估。

评价要按如下步骤来进行:一是确定和清晰界说目标,对目标进行二维分析;二是确定使学生有机会表现教育目标所隐含的那种行为的情境;三是考察现行的评价手段,看是否适用于某些教育目标；四是确定将用来概括或评估所得到的行为记录的名称或单位，这就要确定评估的行为方面的特征，进行评估时，应不仅仅以分数做结论，还应有分析性的评价，即指出各种长处和短处的概述；五是保证评价结论的客观性、信度和效度。

从评价手段得出的结果，应该是表明学生目前成绩的一个剖析图，或是一组综合的描述性术语。这些分数或描述性术语应具有可比性，以便指出正在发生的变化，指明各种长处和短处，还要对这些长处和短处的缘由提出可能的解释或假设，并根据已有资料检验这些假设，如二者相符，就要据此修改课程。课程设计是一个连续不断的过程，它有一个重新设计、重新编制和重新评价的过程，以此它就能不断得到改进。

评价程序还具有其他价值：澄清教育目标，引导教学，对学生的个别指导，方便社会了解教育状况。

（五）第五章如何编制课程

每个教师都需要参与课程设计，小规模学校的教师可组成委员会，一起从事有关方面的研究，还应组织评议委员会，对这些详细的计划进行评议。大规模的学校需要组织各种专门委员会，还可以成立起草委员会和专门评议委员会。改进课程与教学计划可以从任何一点入手，只要由此引起的修改工作扩展到有关的要素，直到课程的所有方面最终都得到研究和修正为止，而不限于这个纲要提出的顺序。

三、后世影响

《课程与教学的基本原理》是迄今为止课程领域最有影响的著作之一，被奉为“现代课程理论的《圣经》”！

本书提出的“泰勒原理”被公认为课程开发原理最完美、最简洁、最清楚的阐述，达到了科学化课程开发理论发展的新的历史阶段，被视为“现代课程研究的范式”。1981年，该书与杜威的《民主主义与教育》一起被美国的《卡潘》杂志评为自1906年以来对学校课程领域影响最大的两本著作。该书自1949年首版以来，已重印30多次，并被译成多国文字。中译本有3个，其一由黄炳煌译，桂冠图书股份有限公司1981年出版；其二由施良方译、瞿葆奎校，人民教育出版社列入“外国教育名著丛书”1994年出版；其三由罗康、张阅译，中国轻工业出版社2014年出版。其中第二个版本影响较大，本导读采用的就是这个版本。

【参考文献】

[1][美]拉尔夫·泰勒.课程与教学的基本原理[M].施良方译.北京:人民教育出版社,1994.

[2][美]拉尔夫·泰勒.课程与教学的基本原理[M].罗康,张阅译.北京:中国轻工业出版社,2014.

[3]张华.课程与教学论[M].上海:上海教育出版社,2000.

[4]单中惠,杨汉麟.西方教育学名著提要[M].南昌:江西人民出版社,2004.

[5][苏]瓦·阿·苏霍姆林斯基.给教师的建议(修订本全一册)[M].杜殿坤编译.北京:教育科学出版社,1984.

(撰稿人:荣维东、唐玖江)

后记

历时近两年的《人文学科经典名著导读》即将付梓了，虽然书稿还有这样或那样的局限和遗憾，但我们还是满怀喜悦。记得两年前的一天，新生年级辅导员找到我们，说急需给大学新生开列一份汉语言文学、汉语国际教育、戏剧影视文学等专业的入门书单，平时我们也常常听到学生和学生家长有这样的需求。于是，我们萌发了编写这样一部读物的念头。

从这部书的策划到具体撰稿，我们西南大学文学院全院教师齐心协力，在巨大的教学、科研压力之下，抽出宝贵时间撰稿。感谢大家的协作和付出。

感谢西南师范大学出版社何雨婷编辑的高效务实工作。何雨婷老师的很多创意，使本书增色不少。

书中一定存在不少缺点和不足，肯请方家批评指正，以便我们再版时改正。

王本朝　张春泉

2018年9月25日